“一带一路”相关国家贸易投资关系研究

西亚北非十六国

李敬　李然　谢晓英／著

B&R

经济日报出版社

“一带一路”相关国家贸易投资关系研究

目　录

引　言

2013年9月和10月，中国国家主席习近平在出访中亚和东南亚相关国家期间，先后提出共建“丝绸之路经济带”和“21世纪海上丝绸之路”（以下简称“一带一路”）的重大倡议，得到国际社会高度关注。2015年3月，经国务院授权，国家发展和改革委员会、外交部和商务部联合发布了《推动共建丝绸之路经济带和21世纪海上丝绸之路的愿景与行动》。在全球化不断深化、世界经济持续低迷、中国发展进入“三期叠加”的背景下，建设“一带一路”对相关国家和地区均具有重大的战略意义。“一带一路”沿线包括65个国家，44亿人口，占全世界人口的63%（随着倡议得到越来越多国家的响应，“一带一路”覆盖范围还可能扩大）。各国资源禀赋各异，潜藏着彼此合作的巨大潜力和空间。要实现合作共赢发展目标，政策沟通、设施联通、贸易畅通、资金融通和民心相通是重要基础和前提。其中投资贸易合作自然是“一带一路”建设的重点内容。2008年世界金融经济危机给我们的重要教训之一是，对外贸易和投资主要依靠欧美发达国家、“一条腿走路”的风险很大，而许多发展中国家经济发展速度加快、市场需求不断扩大，已经成为国际市场中不容忽视的力量。“一带一路”构想将我国巨大的产品制造能力与沿线国家的巨大市场需求联系起来，为互利双赢提供了美好前景。

当然，贸易投资合作的愿景依赖于中国与“一带一路”相关国家及其之间的贸易竞争与互补关系。如果两个国家之间产业结构相似度高，贸易竞争激烈，则贸易合作的空间就小。反之，如果两个国家产业结构不同，且各自具有专业化优势，则两国贸易合作的空间就较大（罗伯特·J. 凯伯，2012）。厘清中国与“一带一路”相关国家之间的贸易关系，对深入推进“一带一路”战略意义重大。通过贸易投资关系的分析，一方面可以分析中国与沿线国家贸易投资合作的前景和重点产业，另一方面可为中国产业转移和结构升级策略的制定提供科学依据。举例来说，如果中国与某国在设备制造业存在的是竞争关系，中国的投资就应该避免向该国投资设备制造业，而如果两国之间在农产品方面是互补关系，农产品相关投资就应该得到政府政策支持。另外，贸易投资关系分析还可为基础设施建设规划提供重要信息。

本丛书从中国视角，全景式地分析了除中国在外的“一带一路”沿线 64 个相关国家的贸易投资关系。本丛书既有这些国家的经济实力、资源禀赋、地域特征、人口状况、产业发展等基本情况的梳理，又有各个国家进出口贸易总量、结构、FDI 流入流出、参与贸易协定等情况的深入分析。同时，详细分析了各国在“一带一路”相关国家的贸易关系和贸易地位，并重点分析了中国与各国的贸易竞争互补关系。本书数据翔实、内容完整，可为各级政府和企业拓展“一带一路”投资与贸易空间提供决策支撑。

本丛书由国家万人计划哲学社会科学领军人才、重庆工商大学经济学院院长、重庆社会科学院“一带一路”投资与贸易研究实验室首席专家李敬主撰。中东欧十六国主要由重庆大学肖伶俐博士编写；东南亚十一国主要由重庆社会科学院科研处副处长陈容编写；南亚八国主要由西南大学雷俐硕士编写；中亚五国和独联体其他六国由重庆社会科学院邓靖博士后编写；俄罗斯和西亚北非十六国中的后八个国家由重庆社会科学院李然博士后编写；西亚北非十六国中的前八个国家以及蒙古国主要由重庆大学的谢晓英硕士编写。

一、总体情况分析

（一）“一带一路”相关国家基本情况

根据现阶段的发展情况，本研究界定的“一带一路”相关国家包括65个国家（随着倡议得到越来越多国家的响应，“一带一路”覆盖范围会进一步扩大）。其中有中国、蒙古国（以下简称蒙古）、俄罗斯联邦（以下简称俄罗斯），还有东南亚11国：印度尼西亚共和国（以下简称印度尼西亚）、马来西亚联邦（以下简称马来西亚）、菲律宾共和国（以下简称菲律宾）、新加坡共和国（以下简称新加坡）、泰王国（以下简称泰国）、文莱达鲁萨兰国（以下简称文莱）、越南社会主义共和国（以下简称越南）、老挝人民民主共和国（以下简称老挝）、缅甸联邦共和国（以下简称缅甸）、柬埔寨王国（以下简称柬埔寨）、东帝汶民主共和国（以下简称东帝汶）；南亚8国：印度共和国（以下简称印度）、巴基斯坦伊斯兰共和国（以下简称巴基斯坦）、孟加拉人民共和国（以下简称孟加拉国）、斯里兰卡民主社会主义共和国（以下简称斯里兰卡）、阿富汗伊斯兰共和国（以下简称阿富汗）、尼泊尔联邦民主共和国（以下简称尼泊尔）、马尔代夫共和国（以下简称马尔代夫）、不丹王国（以下简称不丹）；中亚5国：哈萨克斯坦共和国（以下简称哈萨克斯坦）、乌兹别克斯坦共和国（以下简称乌兹别克斯坦）、土库曼斯坦、吉尔吉斯共和国（以下简称吉尔吉斯斯坦）、塔吉克斯坦共和国（以下简称塔吉克斯坦）；西亚北非16国：沙特阿拉伯王国（以下简称沙特阿拉伯）、阿拉伯联合酋长国（以下简称阿联酋）、阿曼苏丹国（以下简称阿曼）、伊朗伊斯兰共和国（以下简称伊朗）、土耳其共和国（土耳其）、以色列国（以下简称以色列）、阿拉伯埃及共和国（以下简称埃及）、科威特国（以下简称科威特）、伊拉克共和国（以下简称伊拉克）、卡塔尔国（以下简称卡塔尔）、约旦哈希姆王国（以下简称约旦）、黎巴嫩共和国（以下简称黎巴嫩）、巴林王国（以下简称巴林）、也门共和国（以下简称也门）、阿拉伯叙利亚共和国（以下简称叙利亚）、巴勒斯坦国（以下简称巴勒斯坦）；中东欧16国：捷克共和国（以下简称捷克）、匈牙利、阿尔巴尼亚共和国（以下简称阿尔巴尼亚）、爱沙尼亚共和国（以下简称爱沙尼亚）、保加利亚共和国（以下简称保加利亚）、波斯尼亚和黑塞哥维那（以下简称波黑）、波兰共和国（以下简称波兰）、黑山共和国（以下简称黑山）、克罗地亚共和国（以下简称克罗地亚）、拉脱维亚共和国（以下简称拉脱维亚）、立陶宛共和国（以下简称立陶宛）、罗马尼亚、马其顿共和国（以下简称马其顿）、塞尔维亚共和国（以下简称塞尔维亚）、斯洛伐克共和国（以下简称斯洛伐克）、斯洛文尼亚共和国（以下简称斯洛文尼亚）；独联体其他 6 国：乌克兰[①]、白俄罗斯共和国（以下简称白俄罗斯）、格鲁吉亚[②]、阿塞拜疆共和国（以下简称阿塞拜疆）、亚美尼亚共和国（以下简称亚美尼亚）、摩尔多瓦共和国（以下简称摩尔多瓦）。

截至 2015 年，“一带一路”沿线国家中，属于高收入经济体的有 16 个国家、中上等收入经济体的有 22 个国家、中下等收入经济体的有 24 个国家、低收入经济体的有 3 个国家，在“一带一路”国家中的比重分别为 24.62%、33.85%、36.92% 和 4.62%。其中，在高收入经济体中，东南亚有 2 个国家，分别为新加坡、文莱；西亚北非有 7 个国家，分别为沙特阿拉伯、阿联酋、阿曼、以色列、科威特、卡塔尔、巴林；中东欧有 7 个国家，分别为捷克、爱沙尼亚、拉脱维亚、立陶宛、波兰、斯洛伐克、斯洛文尼亚。中上等收入经济体中，东南亚有 2 个国家，分别为马来西亚、泰国；南亚有 1 个国家，为马尔代夫；中亚有 2 个国家，分别为哈萨克斯坦、土库曼斯坦；西亚北非有 5 个国家，分别为伊朗、土耳其、伊拉克、约旦、黎巴嫩；中东欧有 8 个国家，分别为波黑、保加利亚、克罗地亚、匈牙利、黑山、罗马尼亚、波兰、塞尔维亚；独联体 2 个国家，分别为白俄罗斯、阿塞拜疆。此外，中国、俄罗斯也属于中上等收入经济体。中下等收入经济体中，东南亚有 7 个国家，分别为印度尼西亚、菲律宾、越南、老挝、缅甸、柬埔寨、东帝汶；南亚有 5 个国家，为印度、巴基斯坦、孟加拉国、斯里兰卡、不丹；中亚有 2 个国家，分别为乌兹别克斯坦、吉尔吉斯斯坦；西亚北非有 4 个国家，分别为埃及、也门、叙利亚、巴勒斯坦；中东欧有 1 个国家，为阿尔巴尼亚；独联体 4 个国家，分别为乌克兰、亚美尼亚、格鲁吉亚、摩尔多瓦。此外，蒙古国也属于中下等收入经济体。低收入经济体中，中亚有 1 个国家，为塔吉克斯坦；南亚 2 个国家，分别为阿富汗、尼泊尔。

---

① 乌克兰 2014 年宣布启动退出独联体。

② 格鲁吉亚 2009 年正式退出独联体。

（二）中国与“一带一路”相关国家的政治与外交关系情况

除不丹外，中国已先后与“一带一路”沿线63个国家建立了外交关系。目前，中国已与其中39个国家建立了伙伴关系。包括俄罗斯、蒙古国以及南亚国家7个、东南亚国家9个、中东欧国家8个、中亚国家5个、独联体国家2个、西亚北非国家6个。其中，中国与俄罗斯于1991年12月建交，2014年建立了“全面战略协作伙伴关系”，双方在战略全局上建立起建设性的协作关系。2015年4月20日，中国和巴基斯坦外交关系提升为全天候战略合作伙伴关系，双方建立起更高层次的友好关系。

此外，中国与越南、老挝、缅甸、柬埔寨、泰国建立了“全面战略合作伙伴关系”；与印度、斯里兰卡、阿富汗建立了“战略合作伙伴关系”；与波兰、塞尔维亚、哈萨克斯坦、乌兹别克斯坦、白俄罗斯、马来西亚、印度尼西亚、蒙古国、沙特阿拉伯、伊朗、埃及建立了“全面战略伙伴关系”；与捷克、吉尔吉斯斯坦、塔吉克斯坦、土库曼斯坦、乌克兰、阿联酋、卡塔尔、约旦建立了“战略伙伴关系”；与新加坡建立了“全方位合作伙伴关系”；与保加利亚、罗马尼亚、克罗地亚、孟加拉国、尼泊尔、马尔代夫、东帝汶建立了“全面合作伙伴关系”；与匈牙利保持“友好合作伙伴关系”；与阿尔巴尼亚保持“伙伴关系”。

目前，中国还与24个“一带一路”国家保持大使级外交关系。其中，中东欧国家8个；独联体国家4个；东南亚国家2个；西亚北非国家10个。具体包括：波黑、爱沙尼亚、拉脱维亚、立陶宛、黑山、斯洛伐克、斯洛文尼亚、马其顿、格鲁吉亚、阿塞拜疆、亚美尼亚、摩尔多瓦、文莱、菲律宾、阿曼、土耳其、以色列、科威特、伊拉克、黎巴嫩、巴林、也门、叙利亚、巴勒斯坦。

（三）西亚北非十六国的贸易情况

西亚北非16国均为“一带一路”倡议沿线国。这些国家分别是：巴林、埃及、伊朗、伊拉克、以色列、约旦、科威特、黎巴嫩、阿曼、卡塔尔、沙特阿拉伯、巴勒斯坦、叙利亚、土耳其、阿拉伯联合酋长国以及也门。除埃及外，其余15国均来自于西亚。伊朗、以色列、土耳其3国属于非阿拉伯国家。土耳其、叙利亚、以色列、巴勒斯坦、约旦、黎巴嫩、埃及7国位于地中海沿岸，伊朗、伊拉克、科威特、沙特阿拉伯、巴林、卡塔尔、阿联酋、阿曼8国位于波斯湾沿岸，也门位于印度洋沿岸。沙特阿拉伯、伊拉克、伊朗、科威特、阿拉伯联合酋长国、卡塔尔6国属于欧佩克（OPEC）石油输出国组织。

西亚北非地区战略地位十分重要。西亚地处亚洲、非洲、欧洲三大洲的交界地带，位于阿拉伯海、红海、地中海、黑海和里海（内陆湖）之间，被称为“三洲五海之地”，面积约 718 万平方公里，占亚洲总面积的 16%，是联系亚、欧、非三大洲和沟通大西洋、印度洋的枢纽。北非面积约为 837 万平方公里，西北部的直布罗陀海峡扼守地中海与大西洋的通道，东北部的苏伊士运河扼守地中海与红海通道，不仅是扼守印度洋与大西洋的战略性通道，也是陆上交通亚欧非三洲间的重要中转站，地理位置非常重要，是“海上丝绸之路”直达欧洲的最便捷通道。

西亚北非地区贸易发展较快。西亚北非贸易总量从 2005 年的 11052.73 亿美元增加到 2015 年的 20309.40 亿美元，增加了 9256.67 亿美元，年均增长 6.27%，低于“一带一路”1.38 个百分点，超过全球 1.74 个百分点。西亚北非贸易量占“一带一路”贸易量比例，从 2005 年的 20.24% 增加到 38.02%，增加了 17.78 个百分点，西亚北非贸易量占全球贸易量比例，从 2005 年的 5.19% 增加到 11.32%，增加了 6.13 个百分点。

中国与西亚北非国家之间的贸易往来日益频繁，且总体保持贸易顺差状态。2015 年，中国与西亚北非地区贸易总量达 2467.08 亿美元，和 2005 年相比增加了 3 倍左右，年均增长 11.61%；中国与西亚北非地区贸易量占中国总贸易额的比例，从 2005 年的 4.24% 增加到 2015 年的 6.22%，增加了 1.98 个百分点。2015 年，中国出口到西亚北非国家的贸易额为 1411.69 亿美元，中国从西亚北非国家的进口贸易额为 1055.39 亿美元，贸易顺差额为 356.3 亿美元。中国出口到西亚北非地区的产品主要集中于机械器具、音响设备及其他工业制成品，而从西亚北非地区进口的产品集中于以石油为主的矿物燃料等自然资源的进口。

中国与西亚北非国家之间的产品竞争关系较弱，贸易有利于西亚北非国家出口。中国与西亚北非国家之间的贸易竞争关系较弱，且呈下降趋势，2013 年中国与西亚北非国家平均贸易竞争指数为 0.0571，和 2005 年相比下降了 0.0087。分国别看，土耳其与中国的贸易竞争关系最大，贸易竞争指数为 0.1783，但其数值仍小于 0.2，其后依次为以色列、黎巴嫩、埃及、约旦、阿曼、沙特阿拉伯、也门、卡塔尔。中国与西亚北非地区之间的贸易有利于西亚北非国家出口，但互补性呈不断增强态势。2013 年，以中国出口计算的平均贸易互补指数为 0.1730，以西亚北非国家出口计算的平均贸易互补指数为 0.2710，以中国出口计算的贸易互补性指数小于以西亚北非国家出口计算的贸易互补性指数，说明利于西亚北非国家出口。以中国出口计算的平均贸易互补指数从 2005 年的 0.1120 增加到 2013 年的 0.1730，增加了 0.061。分国别看，与中国的贸易互补性较强的国家有以色列和阿曼，与中国的贸易互补性较弱的国家有约旦、黎巴嫩、卡塔尔、沙特阿拉伯、土耳其、埃及、也门。

（四）西亚北非十六国的投资情况

西亚北非地区对外投资规模较小，且吸引外资投入呈快速下滑趋势。2014 年，西亚北非地区对外直接投资流量为 431.59 亿美元，占“一带一路”及全球对外直接投资流量的比例分别为 13.36%、3.19%；对外直接投资存量为 3464.61 亿美元，占“一带一路”及全球对外直接投资存量的比例为 12.87%、1.41%。2014 年，西亚北非地区外资流入流量为 563.66 亿美元，占“一带一路”及全球外资流入流量的 12.77%、4.59%，与 2013 年相比外资流入流量减少了 11.60%；外资流入存量达 9396.07 亿美元，占“一带一路”及全球外资流入存量的 17.11%、3.82%。由于西亚北非地区的矿产资源丰富，其他国家对西亚北非地区的投资大都集中于以矿产业为首的采掘业，美国、欧盟和日本等是西亚北非地区主要的外资来源地，但近年来受西亚北非地区政局动荡的影响，其他地区对西亚北非的资金投入不断减少。

中国与西亚北非国家的合作前景广阔，但面临的政治经济风险巨大。中国政府高度重视发展与西亚北非国家在各个领域的合作，目前中国和西亚北非地区国家间的直接投资存量已超过 100 亿美元，合作领域从能源、基础设施向加工制造、金融、工业园区建设等方面不断拓展。西亚北非地处“一带一路”交汇处，大多数国家拥有丰富的石油和矿产资源，与中国在资源、资金和市场潜力方面高度互补，参与“一带一路”建设，将实现阿拉伯世界与中国更高水平的经济融合，推动西亚北非国家基础设施建设、合作机制和机构建设，为经济增长、创造就业开辟新的领域①。但西亚北非大多数国家依赖于出口石油、发展旅游和外资来实现国民经济的增长，经济结构相对单一，抵抗外界影响的能力差。世界金融危机爆发给处于国际分工边缘的西亚北非以重创，世界对石油的需求递减，西亚北非地区的经济安全得不到有效保障，与此同时，近代史上殖民主义、帝国主义列强几经瓜分，使该地区的民族、语言、宗教及领土、边界问题都相当复杂，投资与贸易形势仍不容乐观。

---

① 资料来源：新华网 http：//news.xinhuanet.com/world/2014-05/29/c_126560434.htm.

二、沙特阿拉伯（Kingdom of Saudi Arabia）

（一）基本情况

沙特阿拉伯经历鼎盛和衰落时期，经过多年征战，阿卜杜勒阿齐兹·阿勒沙特终于统一了阿拉伯半岛，于 1932 年 9 月 23 日宣告建立沙特阿拉伯王国；由于沙特阿拉伯是伊斯兰教的发源地，伊斯兰教为沙特阿拉伯国教。沙特人口规模较小，城镇化率高；2015 年，沙特人口总数为 3154 万人，城镇化率为 83.13%。沙特地理位置位置奇特，地处亚、非、欧三大洲交汇处，是我国“一带一路”战略的交汇地带。此外，沙特石油和淡水资源丰富，是名副其实的“石油王国”，石油储量和产量均居世界首位，沙特石油剩余可采储量 363 亿吨，占世界储量的 26%，居世界首位；天然气剩余可采储量 8.2 万亿立方米，占世界储量的 4.10%，居世界第四位；沙特亦是世界上最大的淡化海水生产国，其海水淡化量占世界总量的 20% 左右。沙特政治局势长期保持稳定，且实行自由经济政策，因此其经济增幅较大；2015 年，沙特 GDP 总额为 64.60 百亿美元，在全球排名 19 位；人均 GDP 为 20481.75 美元，属高收入经济体。

1. 建国历程

沙特阿拉伯历史可追溯至公元 7 世纪，伊斯兰教创始人穆罕默德的继承者建立阿拉伯帝国，8 世纪为鼎盛时期，版图横跨欧、亚、非三洲。11 世纪开始衰落，16 世纪为奥斯曼帝国所统治。19 世纪英国侵入，当时分汉志和内志两部分。1924 年内志酋长阿卜杜勒阿齐兹·阿勒沙特兼并汉志，次年自称为国王。经过多年征战，阿卜杜勒阿齐兹·阿勒沙特终于统一了阿拉伯半岛，于 1932 年 9 月 23 日宣告建立沙特阿拉伯王国，这一天被定为沙特国庆日。

2. 人口状况

沙特阿拉伯人口规模较小，城镇化率高。2015 年，沙特阿拉伯人口总数为 3154 万人，人口密度为 14.37 人 / 平方公里；其中城镇人口为 2622 万人，农村人口数为532万人，占总人口数比例分别为83.13%、16.87%；男性人口1784万人，女性人口1370万人，分别占总人口数的56.55%、43.45%；0–14岁人口数为901万人，15–64岁人口数为2162万人，65岁及以上人口数为90万人，占比分别为28.58%、68.56%、2.86%。从此数据可知沙特阿拉伯为年轻型国家，人口大部分都集中在15–64岁。

表 SA–1　沙特阿拉伯人口总数及其构成（2015年）

指标	年末数（万人）	比重（%）
人口总数	3154	100
其中：农村	532	16.87
城镇	2622	83.13
其中：男性	1784	56.55
女性	1370	43.45
其中：0–14岁	901	28.58
15–64岁	2162	68.56
65岁及以上	90	2.86

数据来源：世界银行，http：//data.worldbank.org/

表 SA–2　沙特阿拉伯人口规模及增幅情况（2005—2015年）

指标	2005	2006	2007	2008	2009	2010	2011	2012	2013	2014	2015
人口总数（万人）	2475	2542	2608	2674	2741	2809	2879	2950	3020	3089	3154
增幅（%）	2.87	2.71	2.60	2.53	2.51	2.48	2.49	2.47	2.37	2.28	2.10

数据来源：世界银行，http：//data.worldbank.org/

从沙特阿拉伯人口规模角度分析，由上表SA–2可知，沙特阿拉伯人口总规模较小，且呈减速增加趋势。图SA–1显示，沙特人口总规模在缓慢增长，2005年人口总数为2475万人，到2015年人数上升至3154万人，增加了27.43%；但从增幅来看，2005年增幅为2.87%，2015年增幅为2.10%，较2005年下降了0.77个百分点。

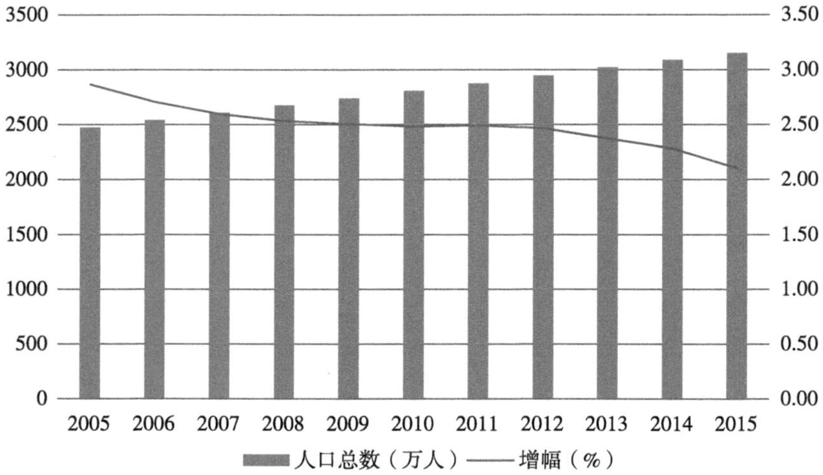

图 SA-1 沙特阿拉伯人口规模及增幅情况（2005—2015 年）

3. 地域状况

沙特阿拉伯地理位置奇特。沙特阿拉伯国土面积约 215 万平方公里，位于阿拉伯半岛。东濒波斯湾，西临红海，同约旦、伊拉克、科威特、阿联酋、阿曼、也门等国接壤，并经法赫德国王大桥与巴林相接。海岸线长 2437 公里，领土面积位居世界第十四位。地势西高东低，西部是希贾兹—阿西尔高原，其南段的希贾兹山脉，海拔 3000 米以上；中部为纳季德高原；东部为平原。红海沿岸地区是宽约 70 公里的红海低地，沙漠约占全国面积的一半，无常年流水的河流、湖泊。西部高原属地中海式气候；其他广大地区属亚热带沙漠气候，炎热干燥。在“一带一路”中，沙特阿拉伯位于西亚北非板块，且同时跨越亚、非、欧三大洲，为“一带一路”战略交汇地带。

4. 资源禀赋

沙特阿拉伯石油和淡水资源丰富。沙特阿拉伯是名副其实的“石油王国”，石油储量和产量均居世界首位，使其成为世界上最富裕的国家之一。沙特石油剩余可采储量 363 亿吨，占世界储量的 26%，居世界首位；天然气剩余可采储量 8.2 万亿立方米，占世界储量的 4.10%，居世界第四位。沙特还有金、铜、铁、锡、铝、锌等矿藏。除此之外，沙特亦是世界上最大的淡化海水生产国，其海水淡化量占世界总量的 20% 左右。[①] 沙特阿拉伯亦是世界上最大的大麦进口国，年均进口约 600 万吨。水果自给率达到60%。但是，沙特森林覆盖率很低，林地面积只占全部土地的1.4%。

5. 经济实力

沙特丰富的自然资源使其成为世界上最富国家之一。2015 年，其国内生产总值

① “走出去”公共服务平台，http：//fec.mofcom.gov.cn/article/gbdqzn/

（GDP）为 64.60 百亿美元，在全球排名 19 位；人均 GDP 为 20481.75 美元。由人均 GDP 衡量的经济水平，沙特阿拉伯属高收入经济体。

表 SA-3 和图 SA-2 展示了 2005—2015 年沙特阿拉伯 GDP 及增长率具体情况：

表 SA-3　沙特阿拉伯 GDP 及增长率情况（2005—2015 年）

指标	2005	2006	2007	2008	2009	2010	2011	2012	2013	2014	2015
GDP（百亿美元）	32.85	37.69	41.60	51.98	42.91	52.68	66.95	73.40	74.43	75.38	64.60
增长率（%）	26.94	14.75	10.36	24.96	−17.45	22.77	27.09	9.63	1.41	1.28	−14.30

数据来源：世界银行，http：//data.worldbank.org/

由图中我们直观看出，沙特 GDP 近十年处于波动上升的状态，期间，沙特经济于 2009 年及 2015 年呈负增长状态。2005 年国内生产总值为 32.85 百亿美元，之后就缓慢上升至 2008 年的 51.98 百亿美元，较上年增长了 24.96%；2008 年金融危机的爆发使得沙特 2009 年国内生产总值（GDP）较大幅度下降至 42.91 百亿美元，比上年减少了 17.45%；随着次贷危机引起的金融危机影响的逐渐衰弱，2010 年，沙特实现经济恢复增长，GDP 值为 52.68 百亿美元；2011 年经济更是急速增长，国内生产总值达 66.95 百亿美元；之后沙特经济减速上升至 2013 年的 74.43 百亿美元；2014 年，沙特 GDP 小幅上升至 75.38 百亿美元；2015 年，GDP 减至 64.60 百亿美元，比上年减少了 14.30%。

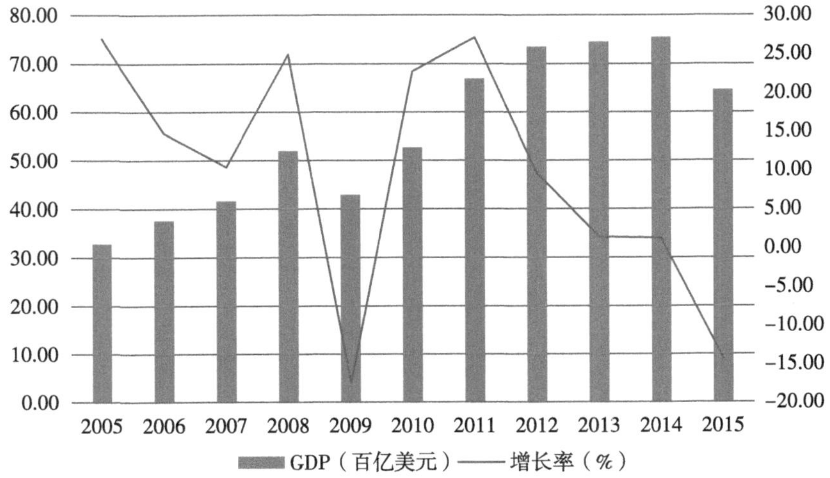

图 SA-2　沙特阿拉伯 GDP 及增长率情况（2005—2015 年）

以“石油王国”著称的沙特阿拉伯必然有着较好的经济实力。沙特人均 GDP 及其增长率情况见表 SA-4 及图 SA-3：

表 SA-4 沙特阿拉伯人均 GDP 及增长率情况（2005—2015 年）

年份	人均 GDP(美元)	增长率（%）
2005	13273.65	23.41
2006	14826.92	11.70
2007	15947.41	7.56
2008	19436.86	21.88
2009	15655.08	-19.46
2010	18753.98	19.79
2011	23256.10	24.01
2012	24883.19	7.00
2013	24646.02	-0.95
2014	24406.47	-0.97
2015	20481.75	-16.08

数据来源：世界银行，http：//data.worldbank.org/

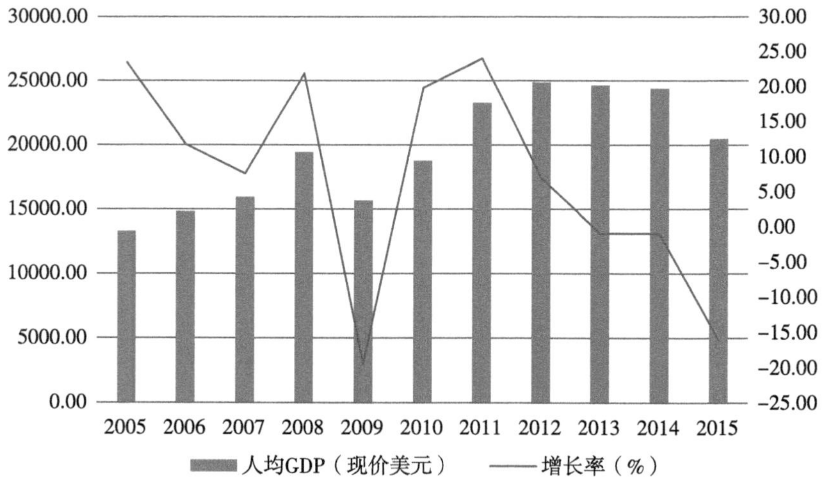

图 SA-3 沙特阿拉伯人均 GDP 及增长率情况（2005—2015 年）

由人均 GDP 衡量的沙特阿拉伯经济，沙特阿拉伯属于高收入经济体。2005 年，沙特阿拉伯人均 GDP 为 13273.65 美元；随后小幅波动上升至 2008 年的 19436.86 美元；受金融危机的影响，2009 年沙特阿拉伯人均 GDP 迅速下降至 15655.08 美元，较上年减少了 19.46%；随着金融危机影响的减弱，沙特阿拉伯经济缓慢回升，人均

GDP 加速增长，2011 年，沙特人均 GDP 达 23256.10 美元，增长率也达近十年的新高，为 24.01%；但由于近年石油价格的不稳定和下滑，2013—2015 年沙特人均 GDP 连续下降，2015 年，沙特人均 GDP 为 20481.75 美元，较上年减少了 16.08%。

（二）产业情况

沙特阿拉伯三次产业结构比重呈现“三、二、一”比例特征。2005—2015 年，沙特阿拉伯三次产业结构从 2005 年的 3∶62∶35 调整为 2015 年的 2∶46∶52；由此可知，沙特农业对 GDP 的贡献小幅下降，下降了 1 个百分点，而第二产业大幅下降，第三产业大幅增加，主要是由于近年来，沙特政府充分利用本国丰富的石油、天然气资源，积极引进国外的先进技术设备，大力发展钢铁、炼铝、水泥、海水淡化、电力工业、农业和服务业等非石油产业，从而沙特依赖石油的单一经济结构有所改观[①]。

沙特农业谷物自给率比较低，只有 20% 多一点，依靠大量进口才能满足需求；第二产业中的采矿业为其重要产业，但近年有下降趋势，2015 年，采矿业占第二产业产值比重为 55.83%，较 2005 年下降了 18.98 个百分点；第三产业最主要的行业包括政府服务业、金融保险、房产租赁及商务服务业、批零贸易和饭店餐饮业以及运输、仓储和通信业，占沙特第三产业产值比重合计 60.90%。

1. 第一产业

（1）第一产业基本情况

近十几年，沙特阿拉伯农业增加值呈现出小幅波动上升趋势，对 GDP 的贡献也相对较小。表 SA-5 及图 SA-4 为沙特阿拉伯农业增加值及增幅具体情况：

表 SA-5　沙特阿拉伯农业增加值及占 GDP 比重情况（2005—2015 年）

年份	农业增加值（百万美元）	增幅（%）	占 GDP 比重（%）
2005	10579.11	4.81	3.22
2006	11113.22	5.05	2.95
2007	11522.88	3.69	2.77
2008	12042.93	4.51	2.32
2009	12246.93	1.69	2.85
2010	12550.13	2.48	2.38
2011	12843.47	2.34	1.92

① 资料来源：http：//fec.mofcom.gov.cn/article/gbdqzn/

续表

年份	农业增加值（百万美元）	增幅（%）	占 GDP 比重（%）
2012	13284.00	3.43	1.81
2013	13796.27	3.86	1.85
2014	14325.07	3.83	1.90
2015	14626.13	2.10	2.26

数据来源：世界银行，http：//data.worldbank.org/

上表显示，2005 年，沙特农业增加值为 10579.11 百万美元，增幅为 4.81%；之后以波动的增幅增加至 2008 年的 12042.93 百万美元；2009 年，沙特农业增加值减速上升至 12246.93 百万美元，增幅为 1.69%，增幅比上年减少 2.82 个百分点；随着金融危机影响的逐渐减弱，沙特农业亦快速恢复，2009—2013 年连年加速上升，2013 年，沙特农业增加值为 13796.27 百万美元，增幅为 3.86%，达 2009 年以来最高增幅；2014 年、2015 年沙特农业出现增长疲乏状态。2015 年，农业增加值为 14626.13 百万美元，增幅为 2.10%，增幅较上年下降 1.73 个百分点，较 2005 年减少了 2.71 个百分点。

而沙特农业对 GDP 的贡献却不断下降。如图 SA-5 所示：2005 年，沙特农业占 GDP 比重为 3.22%；之后一直波动下降至 2012 年的 1.81%；2013—2015 年有小幅度的上升，2015 年，沙特农业对 GDP 的贡献为 2.26%，相比于 2005 年下降了 0.96 个百分点。

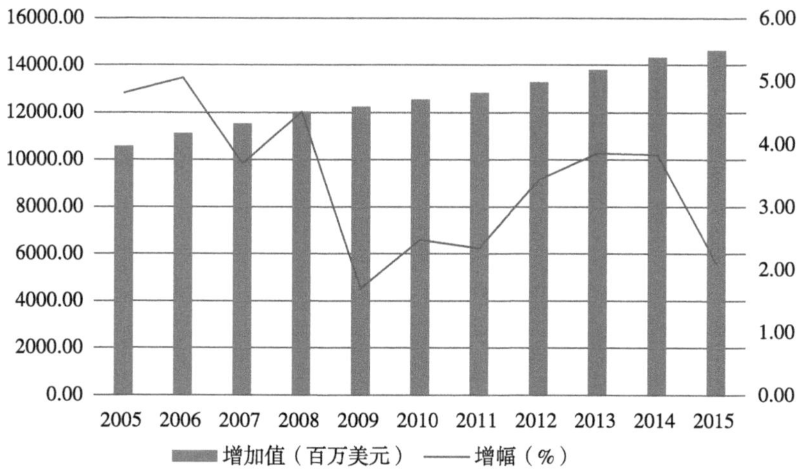

图 SA-4　沙特阿拉伯农业增加值及增幅情况（2005—2015 年）

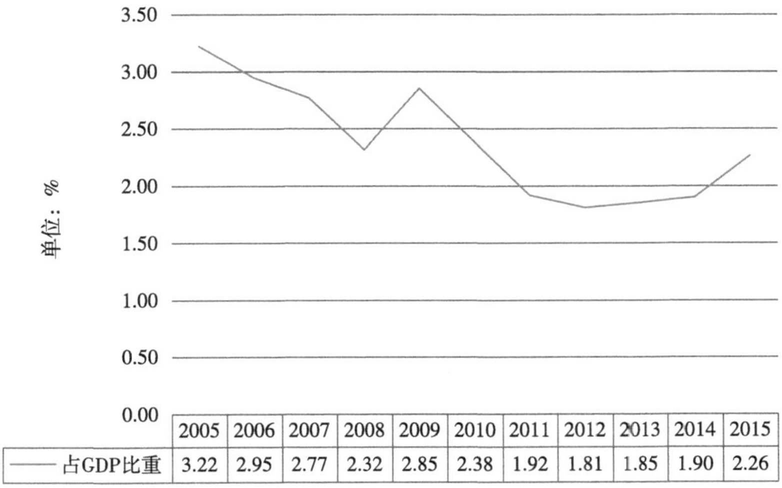

图 SA-5　沙特阿拉伯农业增加值占 GDP 比重情况（2005—2015 年）

（2）第一产业构成

沙特阿拉伯 70% 的面积为半干旱荒地或低级草场，可耕地面积仅占土地面积的 1.6%，约 345 万公顷。尽管沙特在农业生产上不具有优势，但还是取得了可喜成绩。目前沙特主要农产品有小麦、玉米、椰枣、柑橘、葡萄、石榴等。沙特的谷物自给率比较低，只有 20% 多，依靠大量进口才能满足需求。畜牧业主要有绵羊、山羊、骆驼等。水果自给率达到 60%。[①]

2. 第二产业

（1）第二产业基本情况

由于石油和石化工业为沙特阿拉伯国家经济命脉，由此第二产业在沙特阿拉伯整体经济中发挥着重要的作用。沙特阿拉伯工业增加值近十年呈类似“M”状波动变化。沙特阿拉伯2005—2015年工业增加值及相应增幅情况如表SA–6及图SA–6显示：

表 SA–6　沙特阿拉伯工业增加值及增幅情况（2005—2015 年）

年份	工业增加值（百万美元）	增幅（%）	占 GDP 比重（%）
2005	204022.04	37.91	62.11
2006	236983.98	16.16	62.88
2007	262202.00	10.64	63.03
2008	346998.93	32.34	66.76
2009	236089.87	–31.96	55.02

① 资料来源：http：//fec.mofcom.gov.cn/article/gbdqzn/

续表

年份	工业增加值（百万美元）	增幅（%）	占 GDP 比重（%）
2010	308389.60	30.62	58.54
2011	427420.53	38.60	63.84
2012	461391.20	7.95	62.86
2013	446961.33	−3.13	60.05
2014	432449.07	−3.25	57.37
2015	296501.33	−31.44	45.90

数据来源：世界银行，http：//data.worldbank.org/

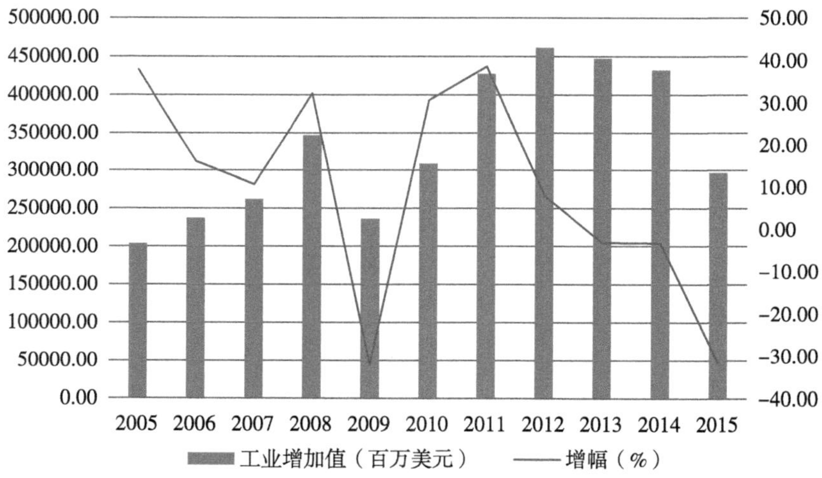

图 SA-6　沙特阿拉伯工业增加值及增幅情况（2005—2015 年）

2005 年，沙特工业增加值为 204022.04 百万美元，增幅为 37.91%；之后减速增加至 2007 年的 262202.00 百万美元；2008 年，沙特工业增加值急剧增加至 346998.93 百万美元，比上年增长 32.34%；随着金融危机的爆发，沙特工业受到了较大的影响，2009 年沙特工业增加值为 236089.87 百万美元，比上年减少了 31.96%；但随着金融危机影响的减弱，以及石油价格的回升，沙特工业形势也逐渐好转，2010—2012 年，沙特工业增加值呈先加速后减速增加状态，直至 2012 年沙特工业增加值达近年最大值 461391.20 百万美元，增幅为 7.95%；后又由于世界石油价格的下滑，沙特工业增加值加速下降，2015 年，沙特工业增加值从 2014 年的 432449.07 百万美元骤降至 296501.33 百万美元，增幅为 −31.44%。

下图 SA-7 为 2005—2015 年沙特阿拉伯工业增加值占 GDP 比重情况：

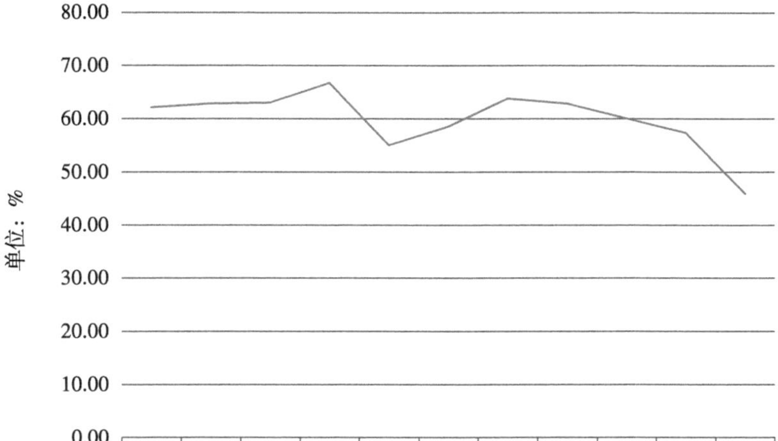

	2005	2006	2007	2008	2009	2010	2011	2012	2013	2014	2015
—— 占GDP比重	62.11	62.88	63.03	66.76	55.02	58.54	63.84	62.86	60.05	57.37	45.90

图 SA-7　沙特阿拉伯工业增加值占 GDP 比重情况（2005—2015 年）

上图显示，十一年间沙特工业增加值占 GDP 比重呈类似“M”形波动趋势，整体呈下降状态。2005 年，沙特工业增加值占 GDP 比重为 62.11%；直至 2008 年，沙特工业增加值对 GDP 的贡献都处于缓慢增加的状态，2008 年，工业增加值对 GDP 贡献比例为 66.76%；2009 年沙特工业增加值对 GDP 的贡献份额急剧下降至 55.02%，比上年下降了 11.74 个百分点；但在 2010 年及 2011 年工业增加值对 GDP 的贡献比例有所增加，2011 年，沙特阿拉伯工业增加值占 GDP 比例为 63.84%；从 2012 年开始，工业增加值对 GDP 的贡献处于缓慢下降趋势，直至 2015 年，工业增加值对 GDP 的贡献份额仅为 45.90%，比 2005 年减少了 16.21 个百分点。

（2）第二产业构成

沙特第二产业中，其主要集中于采矿业以及制造业的生产，而其中采矿业又占取大半比例。从表 SA-7 中可以分析出，沙特采矿业的发展出现倒退现象，2005 年，沙特采矿业产值为 571891.96 百万沙特里亚尔，占比[①]为 74.81%，其产值在 2012 年达历年最高，为 1311448.42 百万沙特里亚尔；随着全球矿产业进入低迷状态，沙特采矿业也在低处运行，到 2015 年，沙特采矿业产值为 634423.57 百万沙特里亚尔，占比为 55.83%，较 2005 年占比少了 18.98 个百分点。

---

① 此处占比为相应产业产值占沙特阿拉伯第二产业总产值的比重。

表 SA-7　沙特阿拉伯第二产业主要行业产值及占比情况（2005—2015 年）

年份	采矿业（百万沙特里亚尔）	占比（%）	制造业（百万沙特里亚尔）	占比（%）	建筑业（百万沙特里亚尔）	占比（%）	电力、燃气及水的生产和供应（百万沙特里亚尔）	占比（%）
2005	571891.96	74.81	117466.30	15.37	58380.16	7.64	16752.91	2.19
2006	669826.82	75.47	135470.62	15.26	64635.86	7.28	17570.92	1.98
2007	734755.88	74.78	154959.27	15.77	74324.75	7.56	18561.81	1.89
2008	1028053.41	79.01	175100.04	13.46	79680.53	6.12	18412.10	1.41
2009	608782.82	68.76	174599.76	19.72	80378.84	9.08	21574.84	2.44
2010	821228.25	71.01	218170.83	18.87	90780.48	7.85	26280.93	2.27
2011	1215517.73	75.84	252003.25	15.72	107021.11	6.68	28284.71	1.76
2012	1311448.42	75.80	270179.53	15.62	118513.03	6.85	30075.77	1.74
2013	1232822.68	73.55	278071.32	16.59	134588.26	8.03	30623.14	1.83
2014	1130053.58	69.68	306188.77	18.88	152964.94	9.43	32478.72	2.00
2015	634423.57	55.83	299691.93	26.37	167563.48	14.75	34646.23	3.05

数据来源：Wind 数据库

沙特除采矿业之外的其他行业都有上升的趋势。2015 年，制造业，建筑业，电力、燃气及水的生产和供应的产值分别为 299691.93 百万沙特里亚尔、167563.48 百万沙特里亚尔、34646.23 百万沙特里亚尔，占比依次为 26.37%、14.75%、3.05%。其中，沙特制造业的上升幅度最大，相比 2005 年，其产值总共增加了 155.13%，占第二产业比例上升了 11 个百分点。

3. 第三产业

（1）第三产业基本情况

沙特第三产业近十年发展较为迅速，且对 GDP 的贡献也大幅增加。2005—2015 年沙特阿拉伯服务等附加值及占 GDP 比重情况由表 SA-8 所示：

表 SA-8　沙特阿拉伯服务等附加值及占 GDP 比重情况（2005—2015 年）

年份	服务等附加值（百万美元）	增幅（%）	占 GDP 比重（%）
2005	113858.45	13.05	34.66
2006	128802.94	13.13	34.17
2007	142239.63	10.43	34.20
2008	160754.93	13.02	30.93

续表

年份	服务等附加值（百万美元）	增幅（%）	占 GDP 比重（%）
2009	180761.07	12.45	42.13
2010	205871.73	13.89	39.08
2011	229242.67	11.35	34.24
2012	259280.53	13.10	35.33
2013	283578.13	9.37	38.10
2014	307057.33	8.28	40.73
2015	334874.40	9.06	51.84

数据来源：世界银行，http：//data.worldbank.org/

由上表可知，2005—2015 年沙特阿拉伯服务等附加值处于持续上升趋势。2005 年，沙特服务等附加值为 113858.45 百万美元，增幅为 13.05%；随后连续上升至 2015 年的 334874.40 百万美元，当年增幅为 9.06%，整体分析，十年间沙特服务等附加值总共增加了 221015.95 百万美元，年均增加 11.39%；增幅总共下降了 3.99 个百分点。

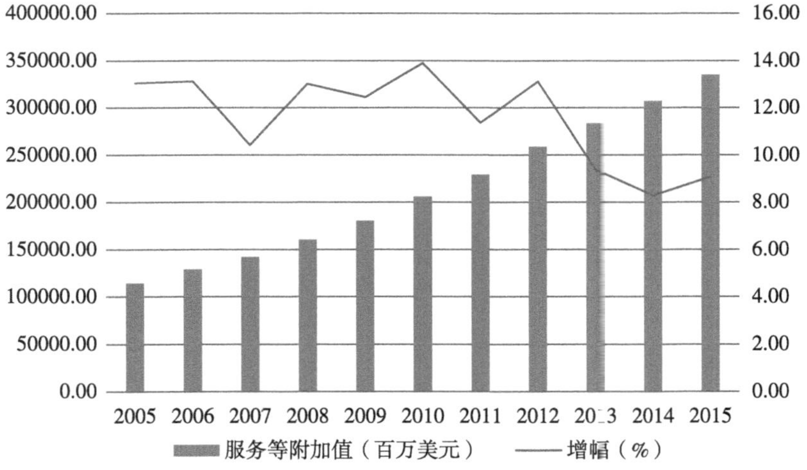

图 SA-8　沙特阿拉伯服务等附加值及占增幅情况（2005—2015 年）

沙特阿拉伯服务业占 GDP 比重如下图 SA-9：

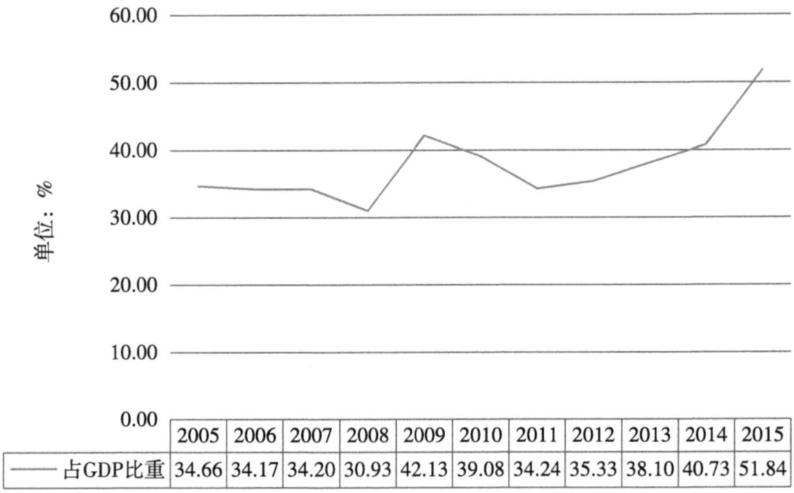

图 SA-9　沙特阿拉伯服务等附加值占 GDP 比重情况（2005—2015 年）

上图显示，沙特阿拉伯第三产业对 GDP 的贡献近年呈“W”状不断攀升。沙特服务等附加值占 GDP 比重先从 2005 年的 34.66% 变化至十年间最低占比值 30.93%；2009 年，沙特服务等附加值对 GDP 的贡献却有较大幅度的上升，贡献比例为 42.13%；紧接着又出现下降状态，直至 2011 年，占比为 34.24%，比上年占比减少了 4.84 个百分点；但从 2012 年开始，沙特第三产业占 GDP 比重出现回升态势，2015 年，占 GDP 比重为 51.84%，比上年增加了 11.11 个百分点，比 2005 年增加了 17.18 个百分点。

（2）第三产业构成

沙特阿拉伯 2005—2015 年第三产业主要产业产值及占比情况如表 SA-9：

表 SA-9　沙特阿拉伯第三产业主要产业产值及占比情况（2005—2015 年）

年份	政府服务业（亿沙特里亚尔）	占比（%）	金融保险、房产租赁及商务服务业（亿沙特里亚尔）	占比（%）	批零贸易和饭店餐饮业（亿沙特里亚尔）	占比（%）	运输、仓储和通信业（亿沙特里亚尔）	占比（%）
2005	1763.50	16.89	1083.39	10.37	771.22	7.38	435.76	4.17
2006	1963.86	16.31	1222.33	10.15	912.03	7.57	498.13	4.14
2007	2003.06	14.87	1368.12	10.16	1103.66	8.20	610.41	4.53
2008	2092.78	12.13	1533.04	8.89	1333.38	7.73	777.74	4.51
2009	2410.47	17.79	1713.00	12.64	1478.36	10.91	888.70	6.56
2010	2808.63	16.72	1826.04	10.87	1745.06	10.39	1012.05	6.02
2011	3123.08	14.32	1950.54	8.94	1979.26	9.07	1152.72	5.29

续表

年份	政府服务业（亿沙特里亚尔）	占比（%）	金融保险、房产租赁及商务服务业（亿沙特里亚尔）	占比（%）	批零贸易和饭店餐饮业（亿沙特里亚尔）	占比（%）	运输、仓储和通信业（亿沙特里亚尔）	占比（%）
2012	3496.49	14.68	2324.38	9.76	2191.44	9.20	1242.79	5.22
2013	3680.70	15.32	2698.05	11.23	2415.86	10.06	1342.58	5.59
2014	3916.26	16.24	2929.91	12.15	2666.49	11.06	1447.13	6.00
2015	4543.69	23.05	3079.75	15.63	2822.96	14.32	1557.38	7.90

数据来源：Wind 数据库

由上表可知，沙特第三产业的主要行业包括政府服务业，金融保险、房产租赁及商务服务业，批零贸易和饭店餐饮业以及运输，仓储和通信业，其中政府服务业，金融保险、房产租赁及商务服务业，批零贸易和饭店餐饮业占沙特服务业大半比例。

十年间，沙特政府服务业，金融保险、房产租赁及商务服务业，批零贸易和饭店餐饮业以及运输、仓储和通信业的产值在沙特第三产业中的重要性都有所增强。2015 年，政府服务业，金融保险、房产租赁及商务服务业，批零贸易和饭店餐饮业以及运输，仓储和通信业的产值分别为 4543.69 亿沙特里亚尔、3079.75 亿沙特里亚尔、2822.96 亿沙特里亚尔、1557.38 亿沙特里亚尔，占沙特第三产业产值的比重分别为 23.05%、15.63%、14.32%、7.90%。相比于 2005 年，产值分别增加了 157.65%、184.27%、266.04%、257.39%，占比依次上升了 6.16 个百分点、5.26 个百分点、6.94 个百分点、3.73 个百分点。由以上分析可知，沙特批零贸易和饭店餐饮业的上升幅度最大，而运输、仓储和通信业的上升幅度相对较小。

（三）进出口贸易情况

沙特阿拉伯于 2005 年加入世界贸易组织，与新加坡签订了自由贸易协议，此外还与阿尔及利亚、阿根廷等国家签署了双边协定，协定涵盖经济、技术以及文化等方面。同时，随着沙特自身经济的进一步发展，其对外贸易规模亦不断增加。沙特实行自由贸易和低关税政策以来，据统计，全球有 163 个国家与沙特有出口贸易关系，有 178 个国家与沙特有进口贸易关系，整体分析，沙特对外贸易长期处于贸易顺差状态，且近十年贸易顺差额呈“M”状变化。

根据联合国贸易和发展会议数据显示，2015 年，沙特贸易总额为 3739.91 亿美元，较上年减少了 27.54%；其中出口总额为 2017.39 亿美元，进口额为 1722.52 亿美元；顺差额为 294.87 亿美元，较上年减少了 82.50%，期间在 2011 年沙特净出口达最高值，额为 2331.13 亿美元。

以“石油王国”著称的沙特主要出口产品是燃料，占阿联酋出口总额的 75.90%，燃料中最主要的是石油；沙特主要的进口产品包括机电产品、运输设备以及金属，占沙特进口总额的 56.03%。同时，据统计，沙特主要的出口市场有中国、日本、美国、韩国、印度、新加坡、法国、巴林、南非、泰国，占沙特总出口市场的 77.10%；主要进口市场有中国、美国、印度、德国、韩国、日本、英国、意大利、瑞士、法国，占沙特总进口市场的 67.40%。由于沙特进出口市场较为分散，其贸易集中度值较低，从而进出口贸易风险偏低。

1. 参与贸易协定情况

沙特与世界贸易组织（WTO）成员间就沙特加入世贸组织的谈判共进行了 12 年，终于于 2005 年 11 月 11 日加入世贸组织，成为世贸组织第 149 个成员，协议于当年 12 月 12 日生效。同时，作为海湾合作委员会（GCC）的成员国，沙特还与新加坡于 2008 年 12 月 15 日签订包括货物和服务在内的自由贸易协议，于 2013 年 9 月 1 日生效。此外还与阿尔及利亚、阿根廷等国家签署了双边协定，协定涵盖经济、技术以及文化等方面。

2. 出口贸易情况

（1）出口贸易总额

经数据的初步整理和计算，得到下表 SA-10，表中展示了沙特阿拉伯 2005—2015 年货物出口总额、增幅及其出口总额占西亚北非区域[①]、“一带一路”[②]以及全球出口总额比例的相关情况：

表 SA-10 沙特阿拉伯货物出口情况（2005—2015 年）

年份	出口总额（亿美元）	增幅（%）	占“区域”比例（%）	占“一带一路”比例（%）	占全球比例（%）
2005	1807.11	43.42	28.78	6.27	1.72
2006	2113.05	16.93	27.73	5.98	1.74
2007	2333.29	10.42	26.12	5.48	1.66

① 西亚北非区域国家包括：沙特阿拉伯、阿曼、埃及、科威特、以色列、土耳其、阿拉伯联合酋长国、伊朗、伊拉克、卡塔尔、约旦、黎巴嫩、巴林、也门、叙利亚、巴勒斯坦。

② “一带一路”国家主要包括中国、俄罗斯、蒙古等“一带一路”沿线 65 个国家。

续表

年份	出口总额（亿美元）	增幅（%）	占“区域”比例（%）	占“一带一路”比例（%）	占全球比例（%）
2008	3134.62	34.34	26.28	5.98	1.94
2009	1923.14	-38.65	22.68	4.74	1.53
2010	2511.43	30.59	23.97	4.86	1.64
2011	3646.99	45.22	25.44	5.62	1.99
2012	3884.01	6.50	25.36	5.77	2.10
2013	3758.73	-3.23	24.60	5.39	1.98
2014	3422.99	-8.93	23.25	4.84	1.80
2015	2017.39	-41.06	20.07	3.35	1.22

数据来源：http：//unctadstat.unctad.org/

依照表 SA-10，制出图 SA-10 及图 SA-11。首先分析沙特货物出口总额及其增幅情况，我们发现沙特出口的变化趋势与其第二产业的变化趋势极其相似，这是由于沙特的出口主要是以石油及石油产品为主。

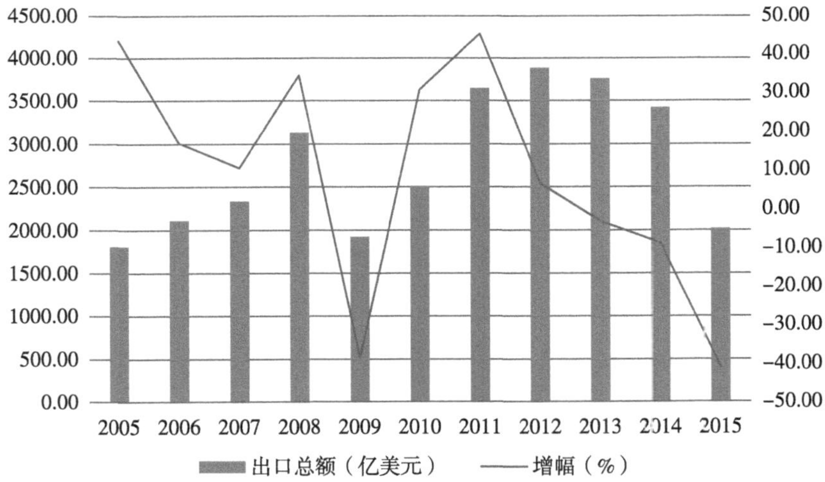

图 SA-10　沙特阿拉伯货物出口总额及增幅情况（2005—2015 年）

由上图可知，沙特出口呈现出“M”形变化趋势。2005—2008 年，沙特出口由 2005 年的 1807.11 亿美元增加到 2008 年的 3134.62 亿美元，增加了 1327.51 亿美元；2009 年，沙特出口受金融危机的影响急剧下降至 1923.14 亿美元，比上年减少了 38.65%；2010—2011 年，随着金融危机影响逐渐减弱，全球矿产品走出低谷，石油价格在高位运行，沙特出口总额迅速回升，2011 年沙特出口额为 3646.99 亿美元，比上年增加了 45.22%；2012 年至 2015 年，沙特出口加速下降，由 2012 年的 3884.01 亿美元降至 2015 年的 2017.39 亿美元，2015 年相比 2012 年出口额减少了 48.06%，2015 年当年增幅为 -41.06%。

图 SA-11 为沙特阿拉伯货物出口相关占比情况：

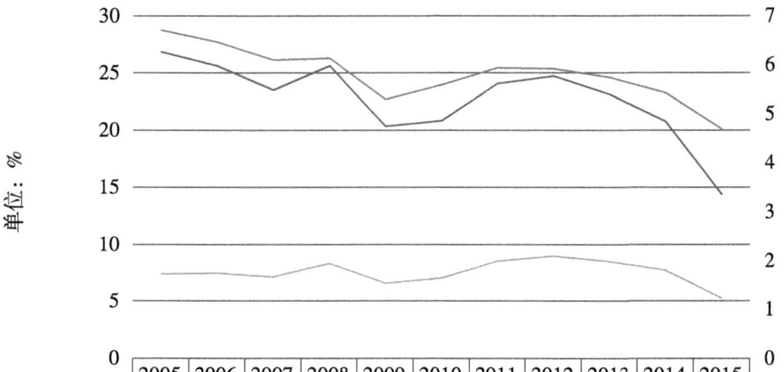

	2005	2006	2007	2008	2009	2010	2011	2012	2013	2014	2015
——占区域比例	28.78	27.73	26.12	26.28	22.68	23.97	25.44	25.36	24.60	23.25	20.07
——占“一带一路”比例	6.27	5.98	5.48	5.98	4.74	4.86	5.62	5.77	5.39	4.84	3.35
——占全球比例	1.72	1.74	1.66	1.94	1.53	1.64	1.99	2.10	1.98	1.80	1.22

图 SA-11　沙特阿拉伯货物出口占比情况（2005—2015 年）

由上图可直观看出，沙特货物出口占“区域”“一带一路”以及全球比例具有极为相似的变化趋势。沙特货物出口在西亚北非 16 国区域中占比近十年处于波动下降的态势，2005 年，沙特出口占区域出口比例为 28.78%；之后一直下降至 2009 年的 22.68%，比 2005 年减少了 6.1 个百分点；2010—2011 年占比有小幅度的上升，2011 年占比为 25.44%，比 2009 年增加了 2.76 个百分点；2012—2015 年沙特货物出口占区域比例缓慢下降，直至 2015 年，其占比降至 20.07%，比上年减少了 3.18 个百分点，比 2005 年整体减少了 8.71 个百分点。

沙特货物出口占“一带一路”比例亦是波动下降，除去 2008 年及 2010—2012 年的小幅上升，沙特货物出口占“一带一路”比例都处于下降的状态。2005 年，占“一带一路”出口总额比例为 6.27%，2015 年占“一带一路”比例为 3.35%，整体下降了 2.92 个百分点。

沙特货物出口占全球出口比例小幅波动。沙特出口占全球出口比例由 2005 年的 1.72% 变化至 2015 年的 1.22%，整体下降了 0.5 个百分点。期间，占比值于 2012 年达最高值，为 2.10%，2015 年占比值为近年最低值。

（2）出口产品结构

如下表 SA-11 所示，沙特阿拉伯的出口产品较为集中，种类单一，由于禀赋原因，其主要集中于燃料的出口，但从趋势看，燃料的出口规模有相对减少趋势。2015 年，沙特燃料出口占沙特出口总额的 75.90%。

表 SA-11　沙特阿拉伯主要出口产品结构及占比情况（2005 年、2015 年）

2005				2015			
产品种类	出口额（亿美元）	排名	占比（%）	产品种类	出口额（亿美元）	排名	占比（%）
燃料	1617.19	1	89.48	燃料	1529.26	1	75.90
化学制品	65.30	2	3.61	塑料或橡胶	152.41	2	7.56
塑料或橡胶	48.15	3	2.66	化学制品	149.62	3	7.43
运输设备	16.46	4	0.91	运输设备	44.23	4	2.20
金属	15.41	5	0.85	金属	39.41	5	1.96
机器、电子设备	13.00	6	0.72	机器、电子设备	27.86	6	1.38
石材和玻璃	5.67	7	0.31	食品	16.13	7	0.80
动物	5.45	8	0.30	动物	15.38	8	0.76
木材	5.14	9	0.28	石材和玻璃	10.93	9	0.54
食品	5.04	10	0.28	木材	10.56	10	0.52
合计	1796.81	——	99.40	合计	1995.79	——	99.05

数据来源：http：//wits.worldbank.org/country-analysis-visualization.html

由上表可知，2015 年，沙特阿拉伯主要出口产品及相应占比分别为：燃料（75.90%）、塑料或橡胶（7.56%）、化学制品（7.43%）、运输设备（2.20%）、金属（1.96%）、机器、电子设备（1.38%）、食品（0.80%）、动物（0.76%）、石材和玻璃（0.54%）以及木材（0.52%）；出口额总计 1995.79 亿美元，占比达 99.05%，几乎占取了沙特阿拉伯出口的全部比例。相比于 2005 年的主要出口产品结构，结构构成变化不大，但相应的结构比有不同程度的变化；如 2015 年燃料出口比例较 2005 年有所下降，2005 年，沙特燃料出口额为 1617.19 亿美元，占比为 89.48%，而 2015 年，沙特燃料出口额为 1529.26 亿美元，占比为 75.90%，占比较 2005 年下降了 13.58 个百分点；除此之外的其他产品出口额和占比都有不同程度的增加。

（3）出口市场结构

2005 年及 2014 年沙特阿拉伯主要出口市场结构及占比情况如下表 SA-12，由表中内容可知，沙特出口市场主要集中于亚洲，其次就是北美洲和欧洲，且有逐渐向亚洲倾斜的趋势。

表 SA-12 沙特阿拉伯主要出口市场结构及占比情况（2005 年、2014 年）

2005					2014				
国家代码	国家及地区	出口额（亿美元）	排名	占比（%）	国家代码	国家及地区	出口额（亿美元）	排名	占比（%）
840	美国	288.26	1	16.00	156	中国	441.68	1	14.00
392	日本	286.91	2	16.00	392	日本	425.41	2	14.00
410	韩国	160.49	3	8.70	840	美国	417.57	3	14.00
156	中国	122.29	4	6.60	410	韩国	331.16	4	11.00
356	印度	109.89	5	5.90	356	印度	300.21	5	9.80
702	新加坡	91.01	6	4.90	702	新加坡	134.98	6	4.40
——	亚洲其他地区	65.04	7	3.50	250	法国	85.63	7	2.80
380	意大利	53.18	8	2.90	48	巴林	78.08	8	2.50
528	荷兰	52.43	9	2.80	710	南非	71.34	9	2.30
48	巴林	46.99	10	2.50	764	泰国	71.11	10	2.30
	合计	1276.49	—	69.80		合计	2357.17	—	77.10

数据来源：http：//atlas.media.mit.edu/zh/profile/country/sau/

对比 2005 年及 2014 年沙特阿拉伯的出口市场结构可知沙特出口市场结构不稳定。2014 年沙特主要出口的市场有：中国、日本、美国、韩国、印度、新加坡、法国、巴林、南非以及泰国，占沙特总出口市场的比例分别为 14.00%、14.00%、14.00%、11.00%、9.80%、4.40%、2.80%、2.50%、2.30%、2.30%，出口额合计 2357.17 亿美元，占比合计 77.10%。2005 年，沙特主要出口市场出口额合计 1276.49 亿美元，占比合计 69.80%，主要出口市场包括美国、日本、韩国、中国、印度、新加坡、亚洲其他地区、意大利、荷兰以及巴林，占比分别为 16.00%、16.00%、8.70%、6.60%、5.90%、4.90%、3.50%、2.90%、2.80%、2.50%。

由分析可知，沙特出口主要集中于亚洲，其次就是美国及欧洲。其中，在 2005 年占沙特出口市场比例靠前的美国在 2014 年都有较小幅度的下降，2014 年占比为 14%，较 2005 年下降了 2 个百分点，排名下降了 2 个名次。而在亚洲市场，对中国的出口大幅上升，2014 年，沙特出口到中国出口额为 441.68 亿美元，占比为 14%，相比 2005 年，出口额上升了 261.17%，占比增加了 7.4 个百分点，排名上升了 3 个名次，成为沙特最大出口市场。除此之外的其他国家占沙特出口市场份额都有小幅度的上升或下降。

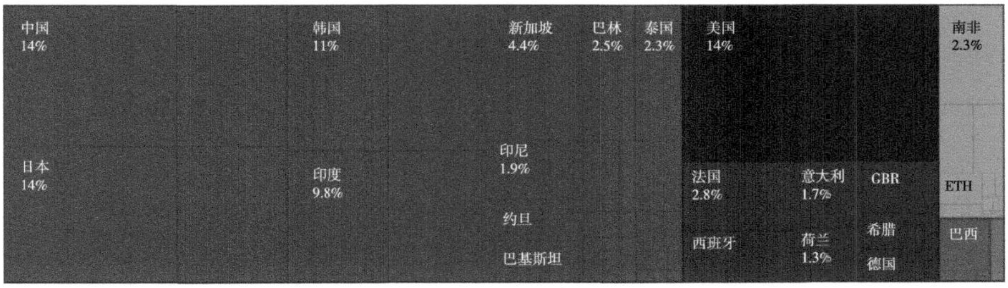

图 SA-12　沙特阿拉伯出口市场结构示意图（2014 年）

3. 进口贸易情况

（1）进口贸易总额

经数据的初步整理，得如下表 SA-13，沙特阿拉伯货物进口总额、增幅及其进口额占西亚北非区域、“一带一路”及全球进口总额比例情况。

表 SA-13　沙特阿拉伯货物进口情况（2005—2015 年）

年份	进口总额（亿美元）	增幅（%）	占“区域”比例（%）	占“一带一路”比例（%）	占全球比例（%）
2005	594.59	25.50	12.46	2.31	0.55
2006	698.00	17.39	12.80	2.27	0.56
2007	902.14	29.25	13.27	2.40	0.63
2008	1151.34	27.62	13.07	2.45	0.70
2009	955.52	-17.01	13.62	2.59	0.75
2010	1068.63	11.84	12.97	2.27	0.69
2011	1315.86	23.14	13.38	2.26	0.71
2012	1555.93	18.24	14.86	2.57	0.84
2013	1681.55	8.07	15.49	2.69	0.89
2014	1738.34	3.38	15.78	2.78	0.91
2015	1722.52	-0.91	16.79	3.19	1.03

数据来源：http：//unctadstat.unctad.org/

由图 SA-13 可知，2005—2015 年间，沙特阿拉伯进口规模除在 2009 年及 2015 年有减小趋势外，其余年份进口规模都处于上升趋势。2005—2008 年沙特阿拉伯货物进口连续上升，由 2005 年的 594.59 亿美元上升至 2008 年的 1151.34 亿美元，2008 年的增幅为 27.62%；受全球金融危机的影响，2009 年沙特货物进口急剧下降，进口额为 955.52 亿美元，比上年减少了 17.01%；随后的 2010—2014 年沙特进口额持续上升，直至 2014 年，沙特货物进口总额为 1738.34 亿美元，当年增幅为 3.38%；2015 年，沙特进口规模减小至 1722.52 亿美元，较上年减少了 0.91%。对比 2005 年及 2015 年沙特进口规模，整体增加了 1127.93 亿美元，年均增加 11.22%。

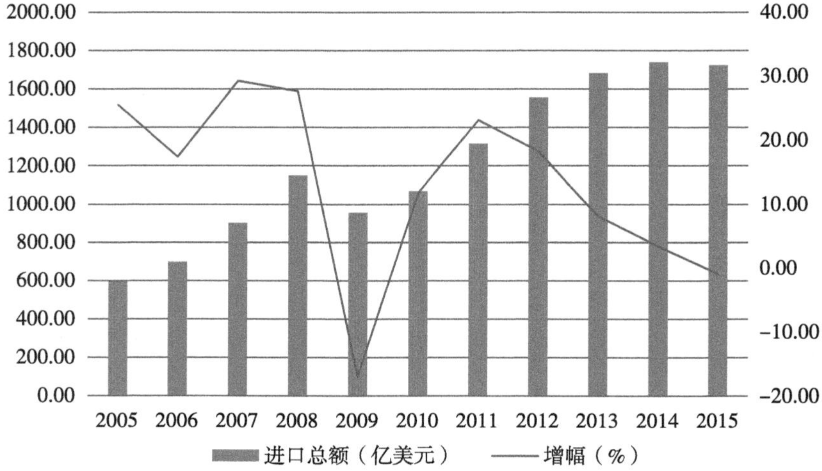

图 SA-13　沙特阿拉伯货物进口总额及增幅情况（2005—2015 年）

依照表 SA-13 制出的沙特货物进口总额占比折线图如下图 SA-14：

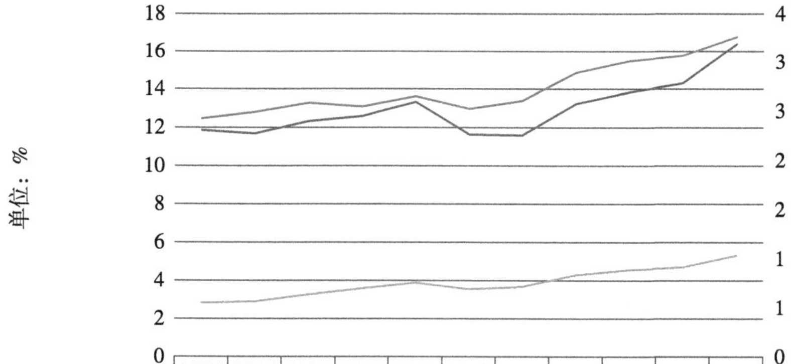

	2005	2006	2007	2008	2009	2010	2011	2012	2013	2014	2015
占“区域”比例	12.46	12.80	13.27	13.07	13.62	12.97	13.38	14.86	15.49	15.78	16.79
占“一带一路”比例	2.31	2.27	2.40	2.45	2.59	2.27	2.26	2.57	2.69	2.78	3.19
占全球比例	0.55	0.56	0.63	0.70	0.75	0.69	0.71	0.84	0.89	0.91	1.03

图 SA-14　沙特阿拉伯货物进口占比情况（2005—2015 年）

图中清晰地显示出，2005—2015 年，沙特货物进口总额在“区域”“一带一路”以及全球的占比都处于波动上升趋势。首先分析沙特货物进口总额在西亚北非 16 国占比情况，沙特进口总额在“区域”内占比超过六分之一比例，且处于小幅波动上升的趋势，从2005年的12.46%变化至2015年的16.79%，整体增加了4.33个百分点。

同时，沙特进口占“一带一路”比例小，但有良好的上升趋。2005年沙特货物进口占“一带一路”比例为2.31%，之后缓慢上升至2009年的2.59%；2010年及2011年占比稍有下降，2011年下降至2.26%；从2012年开始，所占比例加速上升至2015年的3.19%。2005—2015年间，沙特进口占“一带一路”比例整体增加了0.88个百分点。

沙特货物进口占全球比例极小，但有上升趋势。2005年，沙特货物进口占全球货物进口比例仅为0.55%，随后小幅波动上升至2015年的1.03%，整体上升了0.48个百分点。

（2）进口产品结构

沙特阿拉伯进口产品结构较为稳定，且主要集中于机电产品及运输设备的进口。沙特2005年及2015年主要进口产品如下表SA-14：

表SA-14 沙特阿拉伯主要进口产品结构及占比情况（2005年、2015年）

2005				2015			
产品种类	进口额（亿美元）	排名	占比（%）	产品种类	进口额（亿美元）	排名	占比（%）
机电产品	144.56	1	24.29	机电产品	458.62	1	28.00
运输设备	124.64	2	20.94	运输设备	292.29	2	17.84
金属	63.44	3	10.66	金属	166.97	3	10.19
化学制品	48.59	4	8.17	化学制品	141.50	4	8.64
蔬菜	33.90	5	5.70	蔬菜	87.47	5	5.34
动物	28.33	6	4.76	混杂制品	80.38	6	4.91
混杂产品	28.29	7	4.75	石材和玻璃	80.00	7	4.88
纺织原料及纺织品	25.79	8	4.33	食品	76.66	8	4.68
食品	25.76	9	4.33	动物	63.70	9	3.89
塑料或橡胶	22.48	10	3.78	塑料或橡胶	57.23	10	3.49
合计	545.78	——	91.71	合计	1504.82	——	91.86

数据来源：http：//wits.worldbank.org/country-analysis-visualization.html

由上表可知，2015年，沙特阿拉伯主要进口产品及占比为：机器、电子产品（28.00%）、运输设备（17.84%）、金属（10.19%）、化学制品（8.64%）、蔬菜（5.34%）、混杂制品（4.91%）、石材和玻璃（4.88%）、食品（4.68%）、动物

（3.89%）以及塑料或橡胶（3.49%），主要产品进口额合计 1504.82，总占比合计 91.86%。

比较 2005 年与 2015 年沙特进口产品占比，2015 年机电产品的进口额度较 2005 年增加了 314.06 亿美元，占比上升了 3.71 个百分点；运输设备占沙特进口比例较 2005 年进口减少了 3.1 个百分点；同时，石材和玻璃的进口规模相对有所增加，2005 年石材和玻璃进口占比仅为 3.20%，2015 年为 4.88%，上升了 1.68 个百分点；纺织原料及纺织品的进口规模有所减少，2005 年纺织原料及纺织品的占比为 4.33%，2015 年占比仅 3.34%，下降了 0.99 个百分点。

（3）进口市场结构

沙特阿拉伯进口市场较集中，2014 年进口市场排名前十的国家进口额合计 979.80 亿美元，占沙特总进口市场的 67.40%，且其进口市场主要集中在亚洲和欧洲。下表 SA-15 为沙特阿拉伯 2005、2014 年主要进口市场结构及占比情况：

表 SA-15　沙特阿拉伯主要进口市场结构及占比情况（2005 年、2014 年）

2005					2014				
国家代码	国家	进口额（亿美元）	排名	占比（%）	国家代码	国家	进口额（亿美元）	排名	占比（%）
840	美国	77.55	1	13.00	156	中国	204.75	1	14.00
276	德国	51.81	2	8.40	840	美国	153.81	2	11.00
392	日本	48.62	3	7.90	356	印度	130.40	3	8.90
156	中国	41.97	4	6.80	276	德国	114.71	4	7.80
826	英国	34.15	5	5.50	410	韩国	82.87	5	5.70
410	韩国	24.18	6	3.90	392	日本	74.13	6	5.10
380	意大利	24.14	7	3.90	826	英国	67.37	7	4.60
250	法国	23.71	8	3.80	380	意大利	63.27	8	4.30
356	印度	17.96	9	2.90	756	瑞士	49.96	9	3.40
784	阿联酋	17.07	10	2.80	250	法国	38.53	10	2.60
	合计	361.16	——	58.90		合计	979.80	——	67.40

数据来源：http：//atlas.media.mit.edu/zh/profile/country/sau/

2014 年，沙特主要进口市场和占沙特总进口市场比例为：中国（14.00%）、美国（11.00%）、印度（8.90%）、德国（7.80%）、韩国（5.70%）、日本（5.10%）、英国（4.60%）、意大利（4.30%）、瑞士（3.40%）、法国（2.60%）；沙特从主要进口市场进口的进口额合计 979.80 亿美元，占沙特总进口市场的比例合计 67.40%，相较于 2005 年沙特对主要进口市场的进口额增加了 618.64 亿美元，占比上升了 8.5 个百分点。2005 年进口额排名前十的国家包括：美国、德国、日本、中国、英国、韩国、意大利、法国、印度、阿联酋，占比分别为 13.00%、8.40%、7.90%、6.80%、5.50%、3.90%、3.90%、3.80%、2.90%、2.80%。

从表中分析可知，沙特的进口市场主要集中于亚洲和欧洲。具体分析，中国在沙特进口市场中的重要地位日益凸显，2005 年中国占沙特进口市场的 6.80%，进口额为 41.97 亿美元，排名第 4；2015 年占比为 14%，进口额为 204.75 亿美元，排名第 1，占比上升了 7.2 个百分点，排名上升了 3 个名次，成了沙特最大的进口市场国。其他国家在沙特进口市场的占比都有一定程度的变化。

下图为 2014 年沙特阿拉伯进口市场结构示意图：

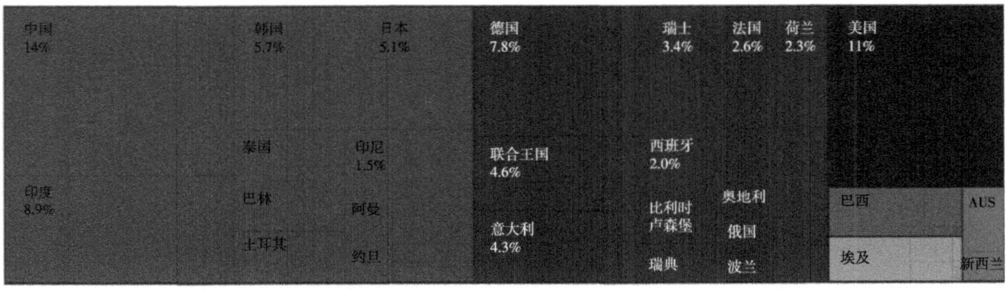

图 SA-15　沙特阿拉伯进口市场结构示意图（2014 年）

4. 贸易集中度

沙特出口贸易集中度和进口贸易集中度都偏低，因而其贸易风险整体偏低。一般来说，贸易集中度越高，贸易市场越集中，从而面临的贸易风险就越高。2013 年，沙特出口贸易集中度为 0.134404，其中，出口到亚洲其他地区的规模排名第 1，占比为 32%，其次就是中国、中北美洲，占比分别为 7.6%、8.5%，排名第 3 和第 2；沙特进口集中度为 0.050832，其中从中国进口规模排名第 1，份额为 14%，其次就是美国和德国，份额分别为 11% 和 7.8%，排名第 2、3。

（四）对外直接投资

近十年，沙特阿拉伯投资环境不断改善，据《2015 年营商环境报告》显示，沙特是西亚北非国家中营商环境最佳的国家之一，同时也是最受投资者欢迎的阿拉伯国家之一。从投资存量上看，约 40% 的外商直接投资集中在沙特的工业领域，如炼油、石化、矿业、建筑、食品、塑料、橡胶等行业[①]。

沙特阿拉伯外资流入规模和对外直接投资规模都较大。联合国贸发会议（UNCTAD）数据显示，2014 年，沙特阿拉伯吸引外资流量为 80.12 亿美元，占“区域”“一带一路”及全球外资流入流量总规模的比例分别为 14.21%、1.82%、0.65%；截至 2014 年底，沙特吸引外资存量总规模为 2159.09 亿美元，占“区域”“一带一路”及全球外资流入存量总规模的比例分别为 22.98%、3.93%、0.88%。

沙特对外直接投资规模大，且近年发展迅速。2014 年，沙特对外直接投资流量规模为 5396.00 百万美元，占“区域”“一带一路”及全球对外直接投资流量总规模的比例分别为 12.50%、1.67%、0.40%；对外直接投资存量规模为 446.99 亿美元，占“区域”“一带一路”及全球对外直接投资存量总规模的比例分别为 12.90%、1.66%、0.18%。对比沙特阿拉伯对外直接投资规模及外资流入规模，其外资流入规模一直超过对外直接投资规模，且呈倒“V”状变化。

1.FDI 流入情况

（1）FDI 流入流量

沙特 FDI 流入流量规模近十多年呈倒“V”型变化趋势。2014 年，沙特阿拉伯外资流入 80.12 亿美元，较 2005 年下降了 33.77%；沙特外资流入占“区域”国家、“一带一路”国家及全球外资流入规模的比例分别为 14.21%、1.82%、0.65%。

2005—2014 年沙特阿拉伯 FDI 流入流量、增幅，占西亚北非 16 国、“一带一路”国家以及全球 FDI 流入总额比例具体情况如下表 SA-16：

表 SA-16　沙特阿拉伯 FDI 流入流量及占比情况（2005—2014 年）

年份	FDI 流入流量（亿美元）	增幅（%）	占“区域”比例（%）	占“一带一路”比例（%）	占全球比例（%）
2005	120.97	522.91	21.04	4.59	1.30
2006	182.93	51.22	19.07	4.85	1.31
2007	243.19	32.94	24.04	5.29	1.30
2008	394.56	62.24	33.87	7.69	2.65
2009	364.58	-7.60	42.53	9.94	3.07
2010	292.33	-19.82	38.80	6.73	2.20

① 资料来源：http：//fec.mofcom.gov.cn/article/gbdqzn/

续表

年份	FDI 流入流量（亿美元）	增幅（%）	占“区域”比例（%）	占“一带一路”比例（%）	占全球比例（%）
2011	163.08	-44.21	24.62	3.48	1.04
2012	121.82	-25.30	18.29	2.67	0.87
2013	88.65	-27.23	13.90	1.91	0.60
2014	80.12	-9.62	14.21	1.82	0.65

数据来源：http：//unctadstat.unctad.org/

依据表 SA-16 做出图 SA-16 及图 SA-17。下图 SA-16 为沙特 2005—2014 年沙特 FDI 流入流量具体情况。具体分析，2005—2008 年，沙特 FDI 流入流量快速增加，2005 年沙特 FDI 流入流量总额为 120.97 亿美元，2008 年 FDI 流入流量达近十年最高值 394.56 亿美元，较 2005 年增加了 273.59 亿美元；从 2009 年开始，沙特 FDI 流入流量便呈现出连续下降态势，从 2008 年的最高值下降至 2014 年的 80.12 亿美元。沙特近年吸引外资总规模不断缩小，其中原因可能是由于外资流入的领域主要是石油相关产业，而近年国际油价一直在低位运行，因此外商持续减少对沙特的投资，造成沙特外资流入总规模的缩小。

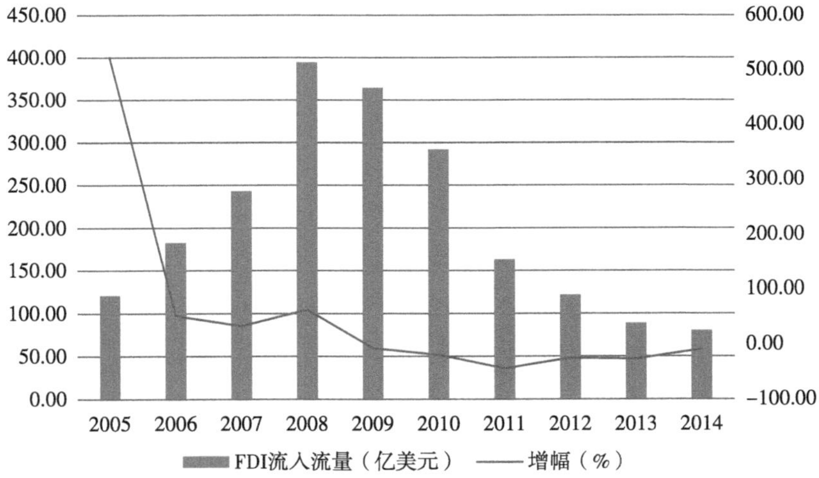

图 SA-16　沙特阿拉伯 FDI 流入流量及增幅情况（2005—2014 年）

下图 SA-17 为沙特 FDI 流入流量相关占比情况：

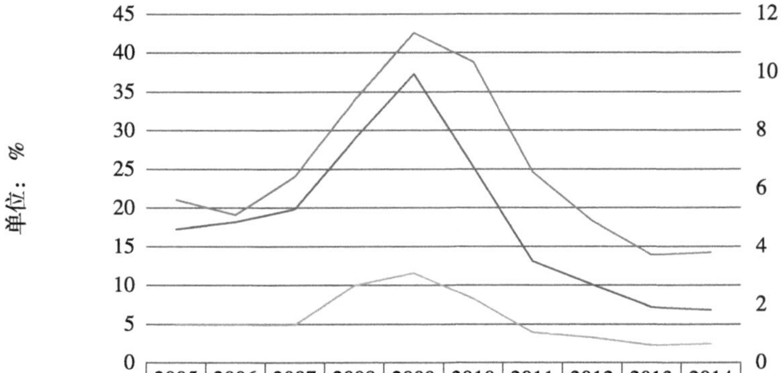

	2005	2006	2007	2008	2009	2010	2011	2012	2013	2014
——占“区域”比例	21.04	19.07	24.04	33.87	42.53	38.80	24.62	18.29	13.90	14.21
——占“一带一路”比例	4.59	4.85	5.29	7.69	9.94	6.73	3.48	2.67	1.91	1.82
——占全球比例	1.30	1.31	1.30	2.65	3.07	2.20	1.04	0.87	0.60	0.65

图 SA-17 沙特阿拉伯 FDI 流入流量相关占比情况（2005—2014 年）

上图显示，2005—2014 年沙特阿拉伯占“区域”“一带一路”及全球比例变化情况基本相似，呈倒“V”型或“Ω”型变化。

具体分析，2005—2014 年间，沙特 FDI 流入流量占“区域”比例偏小，且呈倒“V”形状变化，于 2009 年达最高占比值。沙特 FDI 流入流量占“区域”比例从 2005 年的 21.04% 增加至 2009 年最高占比值 42.53%；2010—2014 年，占比整体大幅下降至 2014 年的 14.21%，比上年上涨了 0.31 个百分点，相比于 2005 年整体下降了 6.83 个百分点。

2005—2014 年，沙特阿拉伯 FDI 流入流量占“一带一路”比例小，且整体有下降趋势。2005—2009，沙特 FDI 流入流量加速上升，由 2005 年的 4.59% 上升至 2009 年的 9.94%，总共上升了 5.35 个百分点；从 2010 年开始，其他国家对沙特的投资额沿线下降，直至 2014 年，沙特 FDI 流入流量占“一带一路”比例降低为 1.82%，比 2009 年降低了 8.12 个百分点，较 2005 年降低了 2.77 个百分点。

2005—2014 年，沙特 FDI 流入流量占全球比例极小，且占比呈“Ω”状变化，整体亦有下降趋势。2005—2007 年沙特 FDI 流入流量占全球比例较为稳定；2008—2009 年，占比缓慢上升，在 2009 年达最高值 3.07%；2010—2011 年有小幅度的下降，2011 年占全球比例降为 1.04%，相比 2009 年降低了 2.03 个百分点；2012—2014 年，占比呈极小幅度波动，在 2014 年，沙特 FDI 流入流量占全球比例为 0.65%，相比 2009 年下降了 2.42 个百分点，较 2005 年下降了 0.65 个百分点。

（2）FDI 流入存量

十年间，沙特外资流入存量呈减速增加状态。整体分析，其外资流入存量十年间年均增加 22.99%，高出“区域”国家整体 8.32 个百分点，高出“一带一路”国家整体 8.43 个百分点，高出全球整体 13.61 个百分点。

2005—2014 年沙特 FDI 流入存量额、增幅，占“区域”、“一带一路”及全球比例相关情况如下表 SA-17：

表 SA-17　沙特阿拉伯 FDI 流入存量及相关占比情况（2005—2014 年）

年份	FDI 流入存量（亿美元）	增幅（%）	占区域比例（%）	占“一带一路”比例（%）	占全球比例（%）
2005	335.35	63.95	12.24	2.07	0.31
2006	506.59	51.06	13.82	2.39	0.37
2007	734.80	45.05	14.55	2.49	0.43
2008	1129.36	53.70	21.69	4.00	0.75
2009	1480.89	31.13	22.45	4.26	0.84
2010	1763.78	19.10	22.99	4.26	0.90
2011	1867.58	5.89	24.71	4.28	0.91
2012	1990.32	6.57	23.04	3.97	0.90
2013	2078.97	4.45	23.82	3.84	0.85
2014	2159.09	3.85	22.98	3.93	0.88

数据来源：http：//unctadstat.unctad.org/

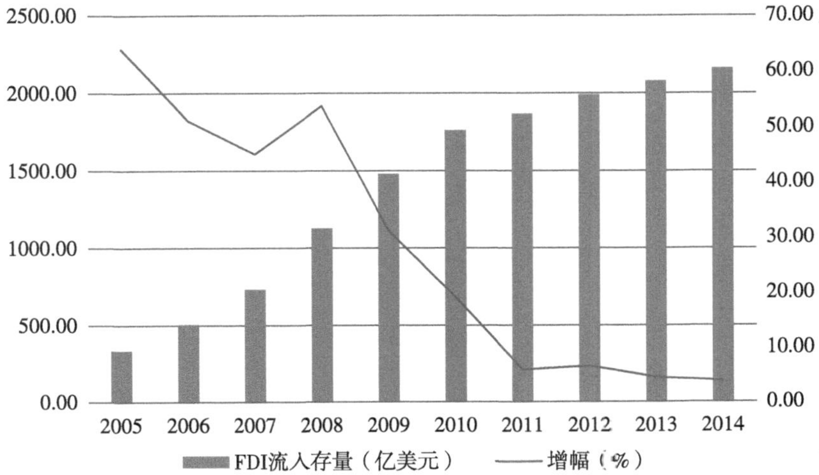

图 SA-18　沙特阿拉伯 FDI 流入存量及增幅情况（2005—2014 年）

依据上表 SA-17 制出图 SA-18 及 SA-19。图 SA-18 显示，沙特 FDI 流入存量近十年呈减速递增状态。2005—2014 年，沙特阿拉伯 FDI 流入存量从 2005 年的 335.35 亿美元增加至 2014 年的 2159.09 亿美元，总共增加了 1823.74 亿美元，年均增加 22.99%。其中，于 2005 年，沙特阿拉伯 FDI 流入存量增幅达最高值 63.95%，2014 年达最低增幅值 3.85%。

沙特 FDI 流入存量占比相关情况如下图 SA-19：

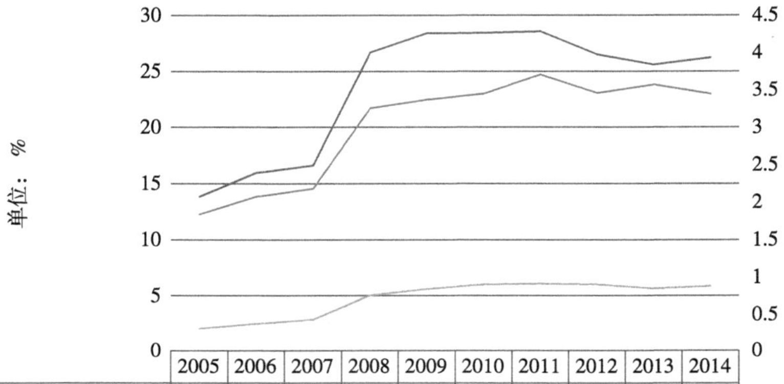

	2005	2006	2007	2008	2009	2010	2011	2012	2013	2014
占“区域”比例	12.24	13.82	14.55	21.69	22.45	22.99	24.71	23.04	23.82	22.98
占“一带一路”比例	2.07	2.39	2.49	4.00	4.26	4.26	4.28	3.97	3.84	3.93
占全球比例	0.31	0.37	0.43	0.75	0.84	0.90	0.91	0.90	0.85	0.88

图 SA-19　沙特阿拉伯 FDI 流入存量相关占比情况（2005—2014 年）

上图显示，2014 年，沙特 FDI 流入存量占“区域”国家 FDI 流入存量总额超过两成比例。2005—2014 年间，沙特 FDI 流入存量整体呈上升趋势，先从 2005 年的 12.24% 增加至 2011 年的 24.71%；而从 2012 年开始，所占比例波动下降至 2014 年的 22.98%；但相较于 2005 年，占比整体上升了 10.74 个百分点。

沙特 FDI 流入存量占“一带一路”比例较小，但呈上升趋势。2014 年，沙特 FDI 流入存量占“一带一路”比例为 3.93%，较 2005 年的 2.07% 上升了 1.86 个百分点。

同时，沙特FDI流入存量占全球比例极小。十年来，最高值为2011年的0.91%，但看其变化形式，其占比有上升趋势。2005 年占比仅为 0.31%，2014 年占比为 0.88%，整体上升了 0.57 个百分点。

整体分析发现，沙特 FDI 流入存量占“一带一路”比例与占“区域”比例有相同的变化状态，但在 2014 年出现分化。2014 年，沙特 FDI 流入存量占“一带一路”比例为 3.93%，比上年减少了 0.09 个百分点，而占“区域”比例 2014 年比 2013 年增加了 1.16 个百分点，占全球比例上升了 0.03 个百分点，说明“一带一路”国家的 FDI 流入存量规模增加幅度大于区域及全球的 FDI 流入存量上升幅度。

2.FDI 流出

（1）FDI 流出流量

经数据的初步整理，得如下表 SA-18，表中详细罗列了 2005—2014 年沙特阿拉伯 FDI 流出流量额、增幅、占“区域”“一带一路”及全球比例的情况，同时，依据表 SA-18，制出图 SA-20 及图 SA-21。

表 SA-18　沙特阿拉伯 FDI 流出流量及相关占比情况（2005—2014 年）

年份	FDI 流出流量（亿美元）	增幅（%）	占区域比例（%）	占“一带一路”比例（%）	占全球比例（%）
2005	–350.14	–544.71	–2.20	–0.46	–0.04
2006	–38.60	–88.98	–0.10	–0.03	0.00
2007	–134.80	249.22	–0.31	–0.06	–0.01
2008	3497.70	–2694.73	7.40	1.50	0.21
2009	2177.20	–37.75	10.68	1.13	0.20
2010	3906.90	79.45	14.40	1.63	0.29
2011	3430.00	–12.21	8.12	1.29	0.22
2012	4402.00	28.34	15.76	1.83	0.34
2013	4943.00	12.29	10.78	1.59	0.38
2014	5396.00	9.16	12.50	1.67	0.40

数据来源：http：//unctadstat.unctad.org/

图 SA-20 为沙特阿拉伯 FDI 流出流量及增幅情况。图中，我们可知沙特近十年对外直接投资规模大幅度增加。2014 年 FDI 流出流量为 5396.00 百万美元，较上年增加了 9.16%；2005 年沙特对外直接投资额为 –350.14 百万美元。其中，2005—2007 年三年的对外直接投资额都为负值。

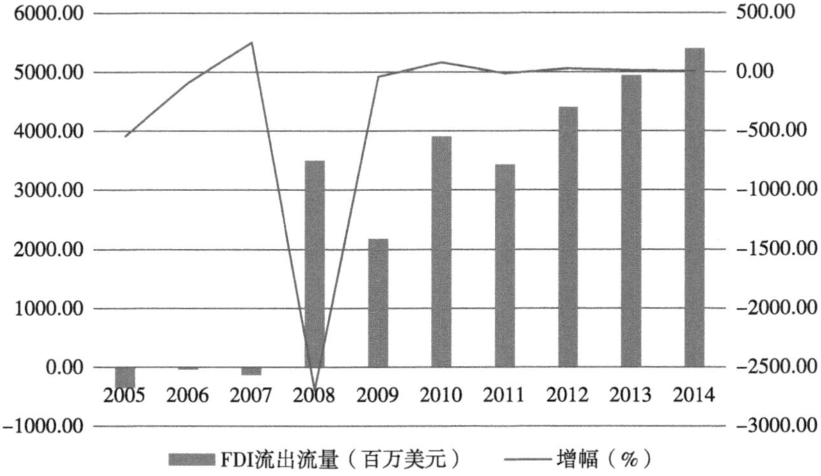

图 SA-20 沙特阿拉伯 FDI 流出流量及增幅情况（2005—2014 年）

图 SA-21 为沙特占“区域”“一带一路”及全球比例折线图：

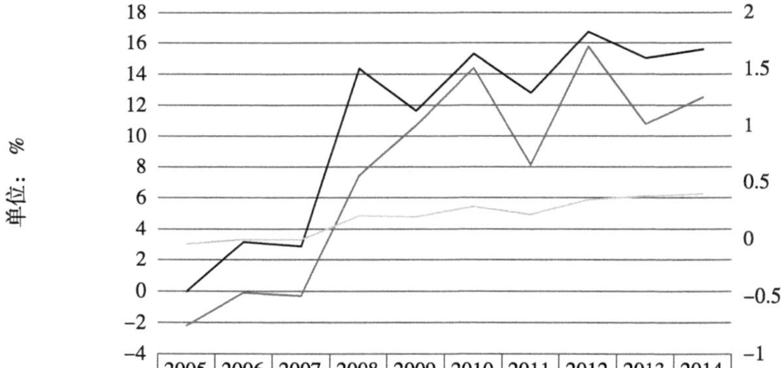

	2005	2006	2007	2008	2009	2010	2011	2012	2013	2014
占“区域”比例	-2.20	-0.10	-0.31	7.40	10.68	14.40	8.12	15.76	10.78	12.50
占“一带一路”比例	-0.46	-0.03	-0.06	1.50	1.13	1.63	1.29	1.83	1.59	1.67
占全球比例	-0.04	0.00	-0.01	0.21	0.20	0.29	0.22	0.34	0.38	0.40

图 SA-21 沙特阿拉伯 FDI 流出流量相关占比情况（2005—2014 年）

图中可以看出，沙特 FDI 流出流量占“区域”“一带一路”及全球 FDI 流出流量总额的比例都极小。但都处于波动上升的趋势。沙特 FDI 流出流量占“区域”比例从 2005 年的 -2.20% 大幅波动上升至 2014 年的 12.50%；占“一带一路”比例从 2005 年的 -0.46% 波动上升至 2014 年的 1.67%；同时占全球比例也是波动上升，从 2005 年的 -0.04% 上升至 2014 年的 0.40%。

（2）FDI流出存量

沙特阿拉伯近十年FDI流出存量整体呈相对稳定的增长状态。表SA-19为2005—2014年沙特阿拉伯FDI流出存量及相关占比情况：

表SA-19　沙特阿拉伯FDI流出存量及相关占比情况（2005—2014年）

年份	FDI流出存量（亿美元）	增幅（%）	占区域比例（%）	占“一带一路”比例（%）	占全球比例（%）
2005	75.52	-4.43	11.42	1.43	0.06
2006	0	-100.00	0.00	0.00	0.00
2007	170.48	——	11.21	1.44	0.09
2008	204.44	19.92	10.43	1.78	0.13
2009	226.21	10.65	10.61	1.57	0.12
2010	265.28	17.27	11.00	1.52	0.13
2011	299.58	12.93	11.00	1.55	0.14
2012	343.60	14.69	12.08	1.54	0.15
2013	393.03	14.39	12.35	1.54	0.16
2014	446.99	13.73	12.90	1.66	0.18

数据来源：http：//unctadstat.unctad.org/

由上表可知，沙特阿拉伯2014年FDI流出存量为446.99亿美元，比2005年的75.52亿美元增加了371.47亿美元，年均增长21.84%，高出“区域”国家1.64个百分点，高出“一带一路”国家2.03个百分点，高出全球国家13.23个百分点；期间，2006年的对外直接投资存量规模为0。

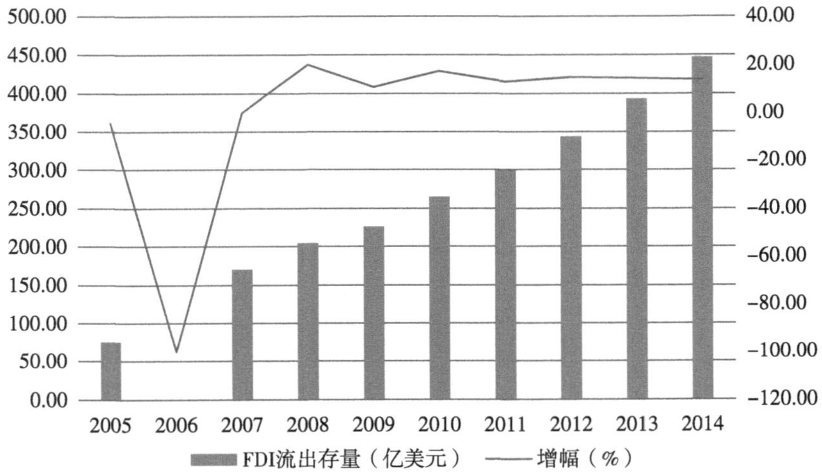

图SA-22　沙特阿拉伯FDI流出存量及增幅情况（2005—2014年）

2005—2014 年沙特阿拉伯对 FDI 流出存量占比如下图 SA-23：

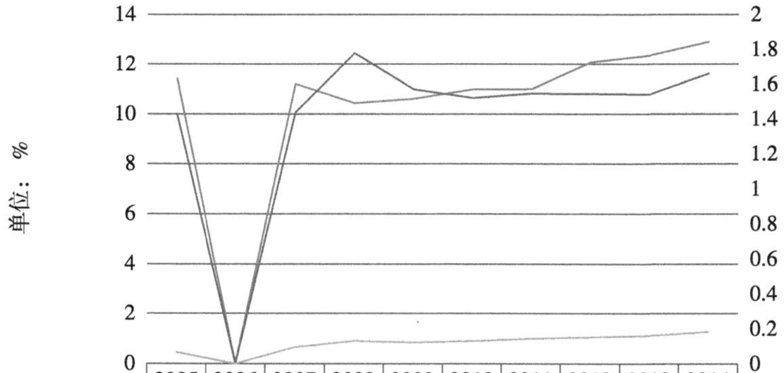

	2005	2006	2007	2008	2009	2010	2011	2012	2013	2014
占“区域”比例	11.42	0.00	11.21	10.43	10.61	11.00	11.00	12.08	12.35	12.90
占“一带一路”比例	1.43	0.00	1.44	1.78	1.57	1.52	1.55	1.54	1.54	1.66
占全球比例	0.06	0.00	0.09	0.13	0.12	0.13	0.14	0.15	0.16	0.18

图 SA-23　沙特阿拉伯 FDI 流出存量相关占比情况（2005—2014 年）

除去 2006 年的特殊情况，沙特阿拉伯 FDI 流出存量相关占比皆呈小幅波动上升趋势。2014 年沙特 FDI 流出存量占“区域”“一带一路”及全球比例分别为 12.90%、1.66% 及 0.18%，较 2005 年占比情况分别增加了 1.48、0.23 及 0.12 个百分点。

3.FDI 净流入

表 SA-20 为 2005—2014 年沙特阿拉伯 FDI 净流入及增幅具体情况：

表 SA-20　沙特阿拉伯 FDI 净流入及增幅情况（2005—2014 年）

指标	2005	2006	2007	2008	2009	2010	2011	2012	2013	2014
FDI 净流入（亿美元）	124.47	183.32	244.54	359.58	342.81	253.26	128.78	77.80	39.22	26.16
增幅（%）	568.03	47.28	33.39	47.05	-4.67	-26.12	-49.15	-39.59	-49.59	-33.30

数据来源：http：//unctadstat.unctad.org/

如图 SA-24 所示，近十年，沙特阿拉伯对外资吸引强度都超过对外直接投资，且差值（FDI 净流入）呈倒“V”状变化，2005 年，沙特阿拉伯 FDI 净流入额为 124.47 亿美元，增幅为 568.05%，为近十年最高增幅；2008 年，沙特阿拉伯 FDI 净流入达最高值，为 359.58 亿美元；接着的 2009—2014 年，沙特 FDI 净流入都处于下降的状态，直至 2014 年，其 FDI 净流入额为 26.16 亿美元，增幅为 –33.30%。

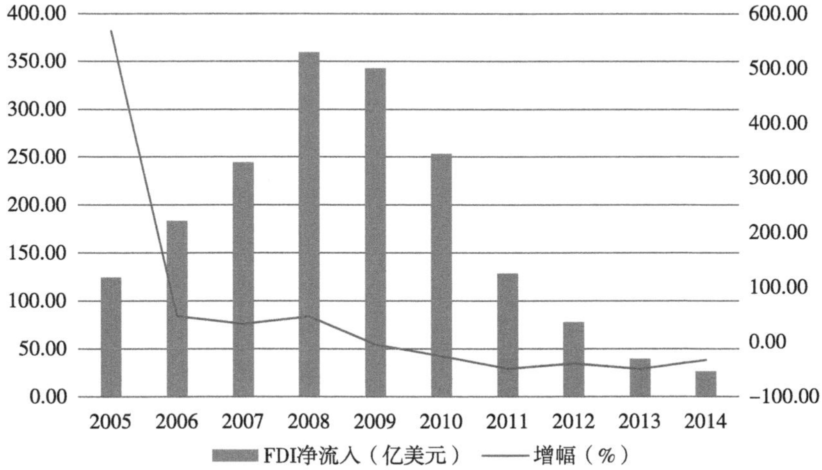

图 SA–24　沙特阿拉伯 FDI 净流入及增幅情况（2005—2014 年）

（五）沙特阿拉伯与“一带一路”其他国家的贸易关系

沙特与“一带一路”沿线国家贸易关系较密切。与沙特有双边贸易关系的国家有中国、新加坡等 31 个国家，与塞尔维亚、柬埔寨、白俄罗斯、波黑、马其顿、亚美尼亚、阿塞拜疆、格鲁吉亚以及马尔代夫 9 个国家为单边贸易关系，而与阿尔巴尼亚、蒙古、以色列、吉尔吉斯斯坦、摩尔多瓦以及东帝汶等 6 个国家无贸易往来。2013 年，沙特与“一带一路”其他国家贸易总额为 802.581 亿美元，其中出口额为 270.84 亿美元，进口额为 531.741 亿美元。沙特与“一带一路”其他国家整体为贸易逆差状态，其中与新加坡为最大贸易顺差关系，与中国为最大贸易逆差关系。

从沙特贸易竞争关系分析，沙特与“一带一路”国家贸易竞争关系整体较弱，且贸易竞争关系有进一步弱化趋势。2005 年平均贸易竞争指数为 0.1896，2013 年平均贸易竞争指数为 0.1866，较 2005 年上升了 0.003 个指数点。其中，沙特与阿塞拜疆、哈萨克斯坦、阿曼、阿尔巴尼亚、俄罗斯、也门、埃及、印度尼西亚、越南以及马来西亚为强烈的贸易竞争关系，说明沙特出口贸易结构与这些国家的出口贸易结构相似程度高。

从贸易互补关系分析，沙特与“一带一路”其他国家贸易互补关系整体较弱，以沙特阿拉伯本国出口计算的平均贸易互补指数从 2005 年的 0.1181 增至 2013 年的 0.1250，上升了 0.0069 个指数点；说明沙特的出口贸易结构与“一带一路”国家的出口贸易结构有一定程度的趋同发展趋势。其中，沙特仅与印度的贸易互补关系最强，与白俄罗斯、立陶宛、约旦等国家贸易互补关系较强。

1. 沙特阿拉伯与“一带一路”其他国家的进出口情况

沙特阿拉伯与“一带一路”沿线国家的进出口贸易较为密切。其中与沙特有出口贸易关系的国家共有40个国家，出口贸易额合计270.840亿美元，占沙特出口总额的7.21%；有进口贸易关系的有43个国家，进口贸易额总计531.741亿美元，占沙特进口总额的31.62%。其中与沙特阿拉伯有较为紧密的出口贸易关系的是中国、新加坡以及印度，占其出口市场的一半份额；与其有着较为紧密的进口贸易关系的国家是中国和印度，约占沙特进口市场的六成比例。同时，沙特与“一带一路”其他国家整体呈贸易逆差状态，2013年，贸易逆差额为260.901亿美元；其中与中国为最大贸易逆差关系，逆差额为113.170亿美元；与新加坡为最大贸易顺差关系，顺差额为21.730亿美元。

（1）出口情况

下表SA-21为2013年沙特阿拉伯与“一带一路”其他国家出口贸易关系：

表SA- 21 沙特阿拉伯与“一带一路”其他国家出口贸易关系（2013年）

国家	出口额（亿美元）	排名	占“一带一路”比例（%）	国家	出口额（亿美元）	排名	占“一带一路”比例（%）
中国	74.228	1	27.41	匈牙利	0.111	24	0.04
新加坡	34.074	2	12.58	哈萨克斯坦	0.056	25	0.02
印度	27.465	3	10.14	阿塞拜疆	0.054	26	0.02
约旦	18.521	4	6.84	拉脱维亚	0.044	27	0.02
土耳其	18.047	5	6.66	罗马尼亚	0.043	28	0.02
埃及	17.623	6	6.51	克罗地亚	0.039	29	0.01
卡塔尔	14.893	7	5.50	斯洛文尼亚	0.035	30	0.01
也门	9.746	8	3.60	斯洛伐克	0.020	31	0.01
阿曼	8.977	9	3.31	立陶宛	0.013	32	0.00
巴基斯坦	8.682	10	3.21	亚美尼亚	0.008	33	0.00
马来西亚	8.654	11	3.20	马尔代夫	0.008	34	0.00
越南	6.379	12	2.36	捷克	0.006	35	0.00
泰国	6.221	13	2.30	塞尔维亚	0.004	36	0.00
印度尼西亚	5.522	14	2.04	柬埔寨	0.003	37	0.00
黎巴嫩	4.302	15	1.59	白俄罗斯	0.002	38	0.00
波兰	3.806	16	1.41	阿尔巴尼亚	0.001	39	0.00

续表

国家	出口额（亿美元）	排名	占“一带一路”比例（%）	国家	出口额（亿美元）	排名	占“一带一路”比例（%）
菲律宾	0.750	17	0.28	蒙古	0.001	40	0.00
斯里兰卡	0.727	18	0.27	波黑	0.000	41	0.00
爱沙尼亚	0.624	19	0.23	以色列	0.000	42	0.00
乌克兰	0.445	20	0.16	吉尔吉斯斯坦	0.000	43	0.00
俄罗斯	0.369	21	0.14	摩尔多瓦	0.000	44	0.00
格鲁吉亚	0.225	22	0.08	马其顿	0.000	45	0.00
保加利亚	0.112	23	0.04	东帝汶	0.000	46	0.00
	——	——	——	总额	270.840	——	100

数据来源：重庆“一带一路”投资与贸易研究实验室

表中显示，沙特阿拉伯与“一带一路”国家有出口贸易关系的共有40个国家，沙特与捷克、塞尔维亚、柬埔寨、白俄罗斯、阿尔巴尼亚、蒙古6国的出口贸易量都较少，如与蒙古的出口贸易额仅为0.001076亿美元。沙特2013年与“一带一路”国家出口贸易额合计为270.840亿美元，占取沙特出口总额的7.21%，说明沙特与“一带一路”国家的出口贸易关系还应进一步加强。

具体而言，沙特与“一带一路”国家的出口贸易关系排名前三的国家及占“一带一路”国家出口总额的比例分别为中国（27.41%）、新加坡（12.58%）、印度（10.14%），出口贸易额依次为74.228亿美元、34.074亿美元、27.465亿美元，占取沙特与“一带一路”国家贸易总额的50.13%。同时，沙特与波黑等6个国家并无出口贸易联系。

（2）进口情况

表SA-22为沙特与“一带一路”其他国家的进口贸易关系：

表SA-22　沙特阿拉伯与“一带一路”其他国家进口贸易关系（2013年）

国家	进口额（亿美元）	排名	占“一带一路”比例（%）	国家	进口额（亿美元）	排名	占“一带一路”比例（%）
中国	187.398	1	35.242	保加利亚	0.875	24	0.165
印度	123.572	2	23.239	菲律宾	0.801	25	0.151
土耳其	31.915	3	6.002	斯洛文尼亚	0.705	26	0.133
泰国	29.806	4	5.605	拉脱维亚	0.672	27	0.126
阿曼	23.634	5	4.445	爱沙尼亚	0.654	28	0.123

续表

国家	进口额（亿美元）	排名	占“一带一路”比例（%）	国家	进口额（亿美元）	排名	占“一带一路”比例（%）
埃及	19.752	6	3.715	斯里兰卡	0.635	29	0.119
印度尼西亚	17.34	7	3.261	克罗地亚	0.432	30	0.081
新加坡	12.344	8	2.321	白俄罗斯	0.052	31	0.010
卡塔尔	11.339	9	2.132	塞尔维亚	0.043	32	0.008
马来西亚	10.813	10	2.034	波黑	0.041	33	0.008
约旦	9.633	11	1.812	哈萨克斯坦	0.022	34	0.004
俄罗斯	7.891	12	1.484	柬埔寨	0.017	35	0.003
乌克兰	7.821	13	1.471	阿尔巴尼亚	0.001	36	0.000
波兰	5.065	14	0.953	亚美尼亚	0.001	37	0.000
巴基斯坦	4.941	15	0.929	阿塞拜疆	0.001	38	0.000
越南	4.709	16	0.886	以色列	0.001	39	0.000
罗马尼亚	4.582	17	0.862	吉尔吉斯斯坦	0.001	40	0.000
捷克	3.567	18	0.671	摩尔多瓦	0.001	41	0.000
黎巴嫩	3.469	19	0.652	马其顿	0.001	42	0.000
也门	2.196	20	0.413	格鲁吉亚	0	43	0.000
立陶宛	1.988	21	0.374	马尔代夫	0	44	0.000
匈牙利	1.549	22	0.291	蒙古	0	45	0.000
斯洛伐克	1.461	23	0.275	东帝汶	0	46	0.000
	——	——	——	总额	531.741	——	100

数据来源：重庆“一带一路”投资与贸易研究实验室

表中显示，沙特阿拉伯与“一带一路”国家有进口贸易关系的共有42个国家，沙特与阿尔巴尼亚、亚美尼亚、以色列、摩尔多瓦、吉尔吉斯斯坦、马其顿、阿塞拜疆等7国的进口贸易量都较少。沙特2013年对“一带一路”其余国家的进口贸易额合计531.741亿美元，占取沙特进口总额的31.62%，说明沙特与“一带一路”国家的进口贸易关系较紧密。

其中，沙特与“一带一路”其他国家的进口贸易关系最为紧密的两个国家是中国（35.242%）和印度（23.239%），进口贸易额分别为187.398亿美元、123.572亿美元，占沙特与“一带一路”国家进口贸易总额的58.481%。

（3）净出口情况

而分析沙特与“一带一路”其他国家总体贸易关系如下表SA-23：

表 SA-23　沙特阿拉伯与“一带一路”其他国家净出口贸易关系（2013 年）

国家	净出口额（亿美元）	排名	国家	净出口额（亿美元）	排名
新加坡	21.73	1	波黑	−0.041	24
约旦	8.888	2	白俄罗斯	−0.05	25
也门	7.55	3	菲律宾	−0.051	26
巴基斯坦	3.741	4	克罗地亚	−0.393	27
卡塔尔	3.554	5	拉脱维亚	−0.628	28
越南	1.67	6	斯洛文尼亚	−0.67	29
黎巴嫩	0.833	7	保加利亚	−0.763	30
格鲁吉亚	0.225	8	波兰	−1.259	31
斯里兰卡	0.092	9	匈牙利	−1.438	32
阿塞拜疆	0.053	10	斯洛伐克	−1.441	33
哈萨克斯坦	0.034	11	立陶宛	−1.975	34
马尔代夫	0.008	12	埃及	−2.129	35
亚美尼亚	0.007	13	马来西亚	−2.159	36
蒙古	0.001	14	捷克	−3.561	37
阿尔巴尼亚	0	15	罗马尼亚	−4.539	38
东帝汶	0	16	乌克兰	−7.376	39
吉尔吉斯斯坦	−0.001	17	俄罗斯	−7.522	40
马其顿	−0.001	18	印度尼西亚	−11.818	41
摩尔多瓦	−0.001	19	土耳其	−13.868	42
以色列	−0.001	20	阿曼	−14.657	43
柬埔寨	−0.014	21	泰国	−23.585	44
爱沙尼亚	−0.03	22	印度	−96.107	45
塞尔维亚	−0.039	23	中国	−113.17	46
	——	——	总额	−260.901	——

数据来源：重庆“一带一路”投资与贸易研究实验室

沙特在2013年与“一带一路”其他国家贸易关系整体表现为贸易逆差状态，逆差额为260.901亿美元。其中，沙特与新加坡为最大贸易顺差关系，顺差额为21.73亿美元，而与中国、印度保持着较大的贸易逆差关系，逆差额分别为113.17亿美元、9.107亿美元。

2. 沙特阿拉伯与“一带一路”其他国家贸易竞争关系

沙特阿拉伯与“一带一路”其他国家贸易竞争关系较弱，且有进一步弱化趋势。2005年沙特与“一带一路”其他国家平均贸易竞争指数为0.1896，2013年平均贸易竞争指数为0.1866，较2005年下降了0.003个指数点。

表SA-24 沙特阿拉伯与“一带一路”其他国家贸易竞争关系情况统计（2005年、2013年）

年份	平均贸易竞争指数	指数分类	国家数量	占比
2005	0.1896	TCT>0.3	9	19.57
		0.2<TCT<0.3	0	0
		TCT<0.2	37	80.43
2013	0.1866	TCT>0.3	10	21.74
		0.2<TCT<0.3	2	4.35
		TCT<0.2	34	73.91

数据来源：重庆“一带一路”投资与贸易研究实验室

一般来说，贸易竞争指数大于0.3，说明两国之间有强烈的贸易竞争关系；大于0.2同时小于0.3，说明两国之间有较强贸易竞争关系，而小于0.2，说明两国之间有较弱贸易竞争关系。而此处的贸易竞争代表两国之间出口贸易结构的相似程度，相似程度越高，贸易竞争指数越大。

从表SA-24中可以看出，沙特与“一带一路”其他国家贸易竞争关系呈两极分化状态。2013年与沙特有强烈贸易竞争关系的“一带一路”国家共有10个，占比为21.74%；而与其有较强贸易竞争关系的国家有2个，占比为4.35%；同时与其有较弱贸易竞争关系的“一带一路”国家有34个，占比为73.91%。相比较于2005年，有强烈竞争关系的国家增加了1个，有较强贸易竞争关系的国家数量增加了2个，而有较弱竞争关系的国家减少了3个。总体来看，沙特阿拉伯的出口贸易结构与“一带一路”其余国家的出口贸易结构有错位发展的趋势，从而使得沙特阿拉伯的出口贸易得以顺利的发展。

表SA-25为2005年及2013年沙特阿拉伯与“一带一路”其他国家贸易竞争关系具体情况：

表 SA-25　沙特阿拉伯与“一带一路”其他国家贸易竞争关系（2005 年、2013 年）

国家代码	国家	2013		2005	
		贸易竞争指数	排名	贸易竞争指数	排名
31	阿塞拜疆	0.9958	1	0.9123	5
417	哈萨克斯坦	0.993	2	0.9855	2
512	阿曼	0.9764	3	0.9744	3
8	阿尔巴尼亚	0.9263	4	0.0656	16
643	俄罗斯	0.8354	5	0.8605	6
887	也门	0.8279	6	0.9877	1
818	埃及	0.7127	7	0.1364	12
360	印度尼西亚	0.3609	8	0.5786	8
704	越南	0.3276	9	0.9266	4
458	马来西亚	0.3031	10	0.4041	9
496	蒙古	0.2974	11	0.0223	25
634	卡塔尔	0.2796	12	0.8337	7
112	白俄罗斯	0.1591	13	0.156	10
608	菲律宾	0.11	14	0.0179	29
268	格鲁吉亚	0.0699	15	0.1302	13
764	泰国	0.0678	16	0.1499	11
440	立陶宛	0.0427	17	0.0961	14
616	波兰	0.0366	18	0.0222	26
100	保加利亚	0.0304	19	0.0497	18
191	克罗地亚	0.0294	20	0.0563	17
642	罗马尼亚	0.026	21	0.067	15
699	印度	0.0258	22	0.0217	27
702	新加坡	0.0224	23	0.0296	21
233	爱沙尼亚	0.0184	24	0.0324	20
792	土耳其	0.0178	25	0.0244	23
156	中国	0.0119	26	0.0476	19
703	斯洛伐克	0.0106	27	0.0286	22
348	匈牙利	0.0102	28	0.0196	28
688	塞尔维亚	0.0089	29	0.0139	30
4428	拉脱维亚	0.0074	30	0.0122	31
70	波黑	0.0072	31	0.0003	42

续表

国家代码	国家	2013		2005	
		贸易竞争指数	排名	贸易竞争指数	排名
422	黎巴嫩	0.0057	32	0.0018	37
203	捷克	0.0056	33	0.0071	34
705	斯洛文尼亚	0.0056	34	0.0016	38
417	吉尔吉斯斯坦	0.0033	35	0.0027	35
376	以色列	0.0026	36	0.0007	40
807	马其顿	0.0024	37	0.024	24
400	约旦	0.002	38	0.001	39
586	巴基斯坦	0.0019	39	0.0075	33
804	乌克兰	0.0016	40	0.0078	32
498	摩尔多瓦	0.0014	41	0.0002	44
51	亚美尼亚	0.0003	42	0.0001	45
144	斯里兰卡	0.0003	43	0.0003	43
626	东帝汶	0.0002	44	0.002	36
116	柬埔寨	0	45	0	46
462	马尔代夫	0	46	0.0004	41
	平均值	0.186554	——	0.189576	——

数据来源：重庆“一带一路”投资与贸易研究实验室

由上表可知，2005 年沙特与“一带一路”其他国家贸易竞争强度排名前十的国家为：也门、哈萨克斯坦、阿曼、越南、阿塞拜疆、俄罗斯、卡塔尔、印度尼西亚、马来西亚以及白俄罗斯，贸易竞争指数依次为：0.9877、0.9855、0.9744、0.9266、0.9123、0.8605、0.8337、0.5786、0.4041、0.156。其中与沙特贸易竞争指数大于 0.3 的国家为也门、哈萨克斯坦、阿曼、越南、阿塞拜疆、俄罗斯、卡塔尔、印度尼西亚、马来西亚，即说明这些国家与沙特有强烈贸易竞争关系；剩余 80.43% 的“一带一路”国家与沙特有较弱的贸易竞争关系。2013 年沙特与“一带一路”其他国家贸易竞争强度排名前十的国家包括：阿塞拜疆、哈萨克斯坦、阿曼、阿尔巴尼亚、俄罗斯、也门、埃及、印度尼西亚、越南以及马来西亚，其贸易竞争指数依次为 0.9958、0.993、0.9764、0.9263、0.8354、0.8279、0.7127、0.3609、0.3276、0.3031。贸易竞争指数大于 0.3 的国家即为上述与沙特有激烈贸易竞争关系的 10 个国家，占比为 21.74%；与蒙古、卡塔尔有较强的贸易竞争强度；同时与白俄罗斯等

73.91% 的“一带一路”国家有较弱的贸易竞争强度。

对比 2005 年、2013 年沙特与“一带一路”其他国家贸易竞争关系的变化发现，沙特与也门、卡塔尔的贸易竞争强度大幅减弱，与也门的贸易竞争强度从 2005 年的 0.9877 下降为 2013 年的 0.8279，下降了 0.1598 个指数点，排名从第 1 下滑至第 6；与卡塔尔的贸易竞争强度从 2005 年的 0.8337 下降至 2013 年的 0.2796，下降了 0.5541 个指数点，排名下滑了 5 个名次。同时，沙特与阿塞拜疆、阿尔巴尼亚以及埃及的贸易竞争强度有大幅度的增强；沙特与阿塞拜疆的贸易竞争指数从 2005 年的 0.9123 上升至 2013 年的 0.9958，上升了 0.0835 个百分点，排名从第 5 上升至第 1，成为沙特最强的贸易竞争对手；而与阿尔巴尼亚的贸易竞争强度从 2005 年的 0.0656 增至 2013 年的 0.9263，增加了 0.8607 个指数点，排名上升了 12 个名次；同样的沙特与埃及的贸易竞争强度上升了 0.5763 个指数点，排名上升了 5 个名次。

3. 沙特阿拉伯与“一带一路”其他国家贸易互补关系

沙特阿拉伯与“一带一路”其他国家贸易互补关系较弱，但近几年有改善趋势，更利于沙特的出口贸易。表 SA-26 为 2005 年及 2013 年沙特阿拉伯与“一带一路”其他国家贸易互补关系情况统计。

表 SA-26 沙特阿拉伯与“一带一路”其他国家贸易互补关系情况统计（2005 年、2013 年）

年份	平均贸易互补指数		指数分类	国家数量	占比（%）
2005	以本国出口计算	0.1181	TCT>0.3	1	2.17
			0.2<TCT<0.3	3	6.52
			TCT<0.2	42	91.30
	以他国家出口计算	0.1543	TCT>0.3	2	4.35
			0.2<TCT<0.3	14	30.43
			TCT<0.2	30	65.22
2013	以本国出口计算	0.1250	TCT>0.3	1	2.17
			0.2<TCT<0.3	5	10.87
			TCT<0.2	40	86.96
	以他国家出口计算	0.1885	TCT>0.3	7	15.22
			0.2<TCT<0.3	16	34.78
			TCT<0.2	23	50.00

数据来源：重庆“一带一路”投资与贸易研究实验室

表 SA-26 显示，以沙特阿拉伯本国出口计算的平均贸易互补指数从 2005 年的

0.1181 增至 2013 年的 0.1250，上升了 0.0069 个指数点。说明沙特阿拉伯出口贸易结构与“一带一路”国家的进口贸易结构有趋同发展的趋势，进而更利于沙特出口贸易。

而按贸易互补指数分类来看，一般来说，贸易互补指数大于 0.3 说明有强贸易互补关系，大于 0.2 同时小于 0.3 说明有较强贸易互补关系，而小于 0.2 说明有较弱贸易互补关系；同时，一国的出口贸易结构与另一国的进口贸易结构相似程度越高，两国之间的贸易互补关系越强。2013 年，以沙特本国出口计算的贸易互补指数大于 0.3 的国家仅有 1 个，而处于 0.2 与 0.3 之间的国家有 5 个，占“一带一路”国家总数比例为 10.87%；剩余的 86.96% 国家的与沙特的贸易互补指数都小于 0.2。

而以他国出口计算的沙特与“一带一路”其他国家的平均贸易互补指数从 2005 年的 0.1543 上升至 2013 年的 0.1885，上升了 0.0342 个指数点。按贸易互补指数分类来看，2013 年，以他国出口计算的贸易互补指数大于 0.3 的国家有 7 个，比 2005 年增加了 5 个国家，此处说明这 7 个国家与沙特的贸易互补关系特强；而处于 0.2 与 0.3 之间的国家有 16 个，占“一带一路”国家总数比例为 34.78%，比 2005 年增加了 2 个国家，这些国家与沙特有较强的贸易互补关系；剩余的 50.00% 国家的与沙特的贸易互补指数都小于 0.2，说明其与沙特有较弱的贸易互补关系。

沙特阿拉伯 2005 年与“一带一路”其他国家贸易互补关系详情如表 SA-27：

表 SA-27 沙特阿拉伯与“一带一路”其他国家贸易互补关系（2005 年）

国家代码	国家	贸易互补指数（以本国出口计算）	排名	贸易互补指数（以他国出口计算）	排名	互补指数差值（以本国出口计算 – 以他国出口计算）
699	印度	0.3278	1	0.2405	9	0.0873
112	白俄罗斯	0.2958	2	0.1554	23	0.1404
440	立陶宛	0.2563	3	0.2276	11	0.0287
400	约旦	0.2134	4	0.2054	15	0.008
764	泰国	0.1955	5	0.2773	4	–0.0818
804	乌克兰	0.1713	6	0.1831	21	–0.0118
807	马其顿	0.1709	7	0.1113	29	0.0596
586	巴基斯坦	0.1701	8	0.0798	36	0.0903
360	印度尼西亚	0.1665	9	0.1725	22	–0.006
702	新加坡	0.1595	10	0.2251	12	–0.0656
688	塞尔维亚	0.1579	11	0.2025	16	–0.0446
376	以色列	0.1434	12	0.1516	24	–0.0082

续表

国家代码	国家	贸易互补指数（以本国出口计算）	排名	贸易互补指数（以他国出口计算）	排名	互补指数差值（以本国出口计算 - 以他国出口计算）
144	斯里兰卡	0.1381	13	0.0805	35	0.0576
417	吉尔吉斯斯坦	0.1337	14	0.0928	33	0.0409
191	克罗地亚	0.1323	15	0.198	18	−0.0657
496	蒙古	0.1316	16	0.0434	41	0.0882
792	土耳其	0.1268	17	0.2657	7	−0.1389
642	罗马尼亚	0.1248	18	0.2238	13	−0.099
156	中国	0.1191	19	0.2794	3	−0.1603
422	黎巴嫩	0.1185	20	0.2284	10	−0.1099
608	菲律宾	0.1179	21	0.1205	27	−0.0026
616	波兰	0.1155	22	0.3089	1	−0.1934
268	格鲁吉亚	0.105	23	0.1026	31	0.0024
703	斯洛伐克	0.1048	24	0.2675	6	−0.1627
417	哈萨克斯坦	0.1001	25	0.0567	38	0.0434
458	马来西亚	0.0973	26	0.1995	17	−0.1022
498	摩尔多瓦	0.093	27	0.1132	28	−0.0202
512	阿曼	0.0904	28	0.0487	39	0.0417
203	捷克	0.0886	29	0.3083	2	−0.2197
704	越南	0.0882	30	0.1304	26	−0.0422
51	亚美尼亚	0.083	31	0.0473	40	0.0357
818	埃及	0.0828	32	0.0847	34	−0.0019
348	匈牙利	0.0805	33	0.272	5	−0.1915
233	爱沙尼亚	0.0757	34	0.2183	14	−0.1426
626	东帝汶	0.0746	35	0.1068	30	−0.0322
70	波黑	0.0729	36	0.1384	25	−0.0655
428	拉脱维亚	0.0727	37	0.1892	20	−0.1165
705	斯洛文尼亚	0.0655	38	0.247	8	−0.1815
887	也门	0.0551	39	0.0414	42	0.0137
8	阿尔巴尼亚	0.055	40	0.0746	37	−0.0196
116	柬埔寨	0.0462	41	0.0182	46	0.028
100	保加利亚	0.0459	42	0.1905	19	−0.1446
643	俄罗斯	0.0449	43	0.0963	32	−0.0514

续表

国家代码	国家	贸易互补指数（以本国出口计算）	排名	贸易互补指数（以他国出口计算）	排名	互补指数差值（以本国出口计算－以他国出口计算）
634	卡塔尔	0.0437	44	0.0206	45	0.0231
31	阿塞拜疆	0.0428	45	0.0323	43	0.0105
462	马尔代夫	0.0368	46	0.0215	44	0.0153
	平均值	0.1181		0.1543		——

数据来源：重庆“一带一路”投资与贸易研究实验室

表中显示，2005年沙特与“一带一路”其他国家贸易互补关系较弱，以沙特出口计算的贸易互补指数均值为0.1181，排名前十的国家及贸易互补指数分别为印度（0.3278）、白俄罗斯（0.2958）、立陶宛（0.2563）、约旦（0.2134）、泰国（0.1955）、乌克兰（0.1713）、马其顿（0.1709）、巴基斯坦（0.1701）、印度尼西亚（0.1665）、新加坡（0.1595）；以他国出口计算的平均贸易互补指数为0.1885，排名前十的国家及贸易互补指数分别为波兰（0.3089）、捷克（0.3083）、中国（0.2794）、泰国（0.2773）、匈牙利（0.272）、斯洛伐克（0.2675）、土耳其（0.2657）、斯洛文尼亚（0.247）、印度（0.2405）、黎巴嫩（0.2284）。一般认为，贸易互补指数差值（以本国出口计算－以他国出口计算）大于0说明利于本国出口，反之利于他国出口。2005年，沙特与“一带一路”其他国家贸易互补指数差值大于0的国家总共有18个，国家分别是白俄罗斯、巴基斯坦、蒙古、印度、马其顿、斯里兰卡、哈萨克斯坦、阿曼、吉尔吉斯斯坦、亚美尼亚、立陶宛、柬埔寨、卡塔尔、马尔代夫、也门、阿塞拜疆、约旦以及格鲁吉亚，占比为39.13%，说明沙特与“一带一路”其他国家进行贸易较利于沙特出口，但还有较大上升空间。

表 SA-28 沙特阿拉伯与“一带一路”其他国家贸易互补关系（2013年）

国家代码	国家	贸易互补指数（以本国出口计算）	排名	贸易互补指数（以他国出口计算）	排名	贸易互补指数差值（以本国出口计算－以他国出口计算）
699	印度	0.3936	1	0.2773	12	0.1163
440	立陶宛	0.2723	2	0.2974	8	−0.0251
112	白俄罗斯	0.2479	3	0.1936	24	0.0543
586	巴基斯坦	0.2372	4	0.097	34	0.1402
764	泰国	0.2333	5	0.3166	7	−0.0833
100	保加利亚	0.2	6	0.2492	16	−0.0492

续表

国家代码	国家	贸易互补指数（以本国出口计算）	排名	贸易互补指数（以他国出口计算）	排名	贸易互补指数差值（以本国出口计算－以他国出口计算）
360	印度尼西亚	0.1976	7	0.1849	25	0.0127
702	新加坡	0.1919	8	0.2434	17	–0.0515
376	以色列	0.1914	9	0.174	28	0.0174
156	中国	0.1753	10	0.3311	6	–0.1558
400	约旦	0.1723	11	0.2012	23	–0.0289
144	斯里兰卡	0.1645	12	0.0715	36	0.093
616	波兰	0.1619	13	0.3853	1	–0.2234
608	菲律宾	0.1578	14	0.1206	32	0.0372
191	克罗地亚	0.1513	15	0.2502	15	–0.0989
70	波黑	0.1463	16	0.1788	26	–0.0325
458	马来西亚	0.1429	17	0.222	20	–0.0791
688	塞尔维亚	0.1294	18	0.2721	13	–0.1427
417	哈萨克斯坦	0.1254	19	0.1202	33	0.0052
642	罗马尼亚	0.1149	20	0.2921	9	–0.1772
512	阿曼	0.1118	21	0.0683	38	0.0435
703	斯洛伐克	0.1101	22	0.3452	5	–0.2351
422	黎巴嫩	0.1068	23	0.2376	18	–0.1308
348	匈牙利	0.1042	24	0.3472	3	–0.243
203	捷克	0.0984	25	0.3575	2	–0.2591
818	埃及	0.0959	26	0.1751	27	–0.0792
704	越南	0.095	27	0.2087	21	–0.1137
268	格鲁吉亚	0.0884	28	0.2222	19	–0.1338
496	蒙古	0.0849	29	0.0508	41	0.0341
8	阿尔巴尼亚	0.0818	30	0.0755	35	0.0063
807	马其顿	0.0796	31	0.1289	30	–0.0493
116	柬埔寨	0.0786	32	0.0467	42	0.0319
51	亚美尼亚	0.0781	33	0.0637	39	0.0144
705	斯洛文尼亚	0.0779	34	0.2903	10	–0.2124
233	爱沙尼亚	0.0761	35	0.2651	14	–0.189
792	土耳其	0.0743	36	0.3466	4	–0.2723
428	拉脱维亚	0.0723	37	0.2845	11	–0.2122
804	乌克兰	0.0659	38	0.2062	22	–0.1403

续表

国家代码	国家	贸易互补指数（以本国出口计算）	排名	贸易互补指数（以他国出口计算）	排名	贸易互补指数差值（以本国出口计算－以他国出口计算）
498	摩尔多瓦	0.0543	39	0.145	29	–0.0907
31	阿塞拜疆	0.0509	40	0.0204	44	0.0305
643	俄罗斯	0.0501	41	0.1281	31	–0.078
634	卡塔尔	0.0487	42	0.0115	45	0.0372
887	也门	0.0486	43	0.0344	43	0.0142
417	吉尔吉斯斯坦	0.0413	44	0.062	40	–0.0207
462	马尔代夫	0.0412	45	0.0012	46	0.04
626	东帝汶	0.0277	46	0.0701	37	–0.0424
	平均值	0.1250	——	0.1885	——	——

数据来源：重庆“一带一路”投资与贸易研究实验室

表 SA–28 显示，2013 年沙特与“一带一路”其他国家贸易互补关系较弱，以沙特出口计算的贸易互补指数平均值为 0.1250，排名前十的国家及贸易互补指数分别为印度（0.3936）、立陶宛（0.2723）、白俄罗斯（0.2479）、巴基斯坦（0.2372）、泰国（0.2333）、保加利亚（0.2）、印度尼西亚（0.1976）、新加坡（0.1919）、以色列（0.1914）、中国（0.1753）；以他国出口计算的平均贸易互补指数为 0.1885，排名前十的国家及贸易互补指数分别为波兰（0.3853）、捷克（0.3575）、匈牙利（0.3472）、土耳其（0.3466）、斯洛伐克（0.3452）、中国（0.3311）、泰国（0.3166）、立陶宛（0.2974）、罗马尼亚（0.2921）以及斯洛文尼亚（0.2903）。2013 年，沙特与“一带一路”其他国家贸易互补指数差值大于 0 的国家总共有 17 个，国家分别是巴基斯坦、印度、斯里兰卡、白俄罗斯、阿曼、马尔代夫、菲律宾、卡塔尔、蒙古、柬埔寨、阿塞拜疆、以色列、亚美尼亚、也门、印度尼西亚、阿尔巴尼亚以及哈萨克斯坦，占比为 36.96%。

对比分析 2005 年以及 2013 年，沙特与印度一直保持着强烈的贸易互补关系，与立陶宛、白俄罗斯保持着较强贸易互补关系，而与保加利亚、巴基斯坦、中国等的贸易互补关系有所增强，由此可以说明沙特与“一带一路”其他国家的贸易关系有所改善，更利于沙特的出口贸易。

（六）中国与沙特阿拉伯的贸易关系

中国和沙特阿拉伯于1990年7月建立全面战略伙伴关系。近年，两国经贸关系迅速发展，依托战略性友好关系，双边经贸合作实现跨越式的发展。2016年1月，习近平主席访问沙特阿拉伯，双方发表《中国和沙特关于建立全面战略伙伴关系的联合声明》，并决定建立两国高级别联合委员会，签署涉及共建“一带一路”及产能、能源、通信、环境、文化、航天、科技等领域14项合作文件①。据统计，沙特为中国在西亚北非地区最大的贸易伙伴，而且中国在沙特进出口贸易市场中排在首位。

联合国贸发会议数据显示：2015年，中国和沙特双边贸易额为518.35亿美元，较上年减少了24.97%；其中，中国出口到沙特出口总额为216.84亿美元，较上年增加了5.38%，中国从沙特进口总额为301.51亿美元，较去年下降了37.84%。中国相对于沙特长期保持着贸易逆差关系，但近年有改善趋势；2015年，中国相对沙特贸易逆差额为84.67亿美元，较上年减少了30.31%。

据联合国商品贸易数据库统计，中国出口到沙特主要商品包括机械器具及其零件，电机、电气、音像设备及其零件和家具、寝具、灯具等产品，此3种商品的出口额占中国出口到沙特出口总额的35.07%；而中国从沙特处主要进口的商品有矿物燃料、矿物油及其蒸馏产品等、有机化学品以及塑料及其制品，占比合计97.72%，其中，矿物燃料、矿物油及其蒸馏产品等的进口比例最大，达中国从沙特进口总额的70.49%。

1. 中国出口到沙特阿拉伯情况

（1）中国出口到沙特阿拉伯的数量关系

十年间，中国出口到沙特的出口规模有较大幅度的增加。下表SA-29为2005—2015年中国出口到沙特阿拉伯出口总规模的具体情况：

表SA-29　中国出口到沙特阿拉伯的数量关系（2005—2015年）

指标	2005	2006	2007	2008	2009	2010	2011	2012	2013	2014	2015
出口额（亿美元）	38.24	50.56	78.40	108.23	89.78	103.66	148.50	184.53	187.40	205.76	216.84
增幅（%）	37.80	32.22	55.06	38.06	-17.05	15.47	43.25	24.26	1.55	9.80	5.38

数据来源：http：//comtrade.un.org/

结合下图SA-25可知，2005—2015年，中国出口到沙特阿拉伯的数量除在2009

① 资料来源：http：//fec.mofcom.gov.cn/article/gbdqzn/

年有所下降外，其余年份都呈上升趋势。中国出口到沙特的出口总额从2005年的38.24亿美元增加至2015年的216.84亿美元，整体增加了178.60亿美元，年均增加18.95%。其中，受全球金融危机的影响，中国出口到沙特的出口额于2009年呈下降状态，出口额为89.78亿美元，较上年减少了17.05%；

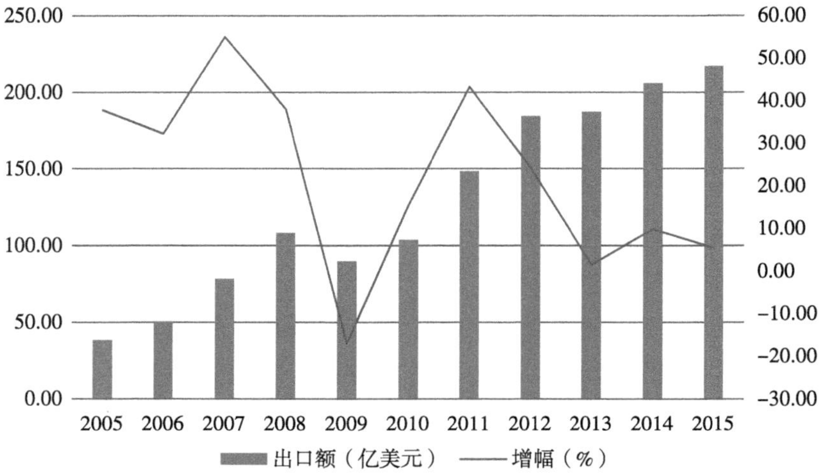

图 SA-25　中国出口到沙特阿拉伯的数量关系（2005—2015年）

（2）中国出口到沙特阿拉伯的出口产品结构关系

中国出口到沙特阿拉伯的产品较为集中。表SA-30及表SA-31为2005年、2015年中国出口到沙特阿拉伯主要产品结构：

表 SA-30　中国出口到沙特阿拉伯产品结构（2005年）

	出口额（百万美元）	排名	占比（%）
针织或钩编的服装及衣着附件	485.43	1	12.69
核反应堆、锅炉、机器、机械器具及其零件	380.37	2	9.95
电机、电气设备及其零件；录音机及放声机、电视图像、声音的录制和重放设备及其零件、附件	355.14	3	9.29
非针织或非钩编的服装及衣着附件	305.53	4	7.99
钢铁制品	194.03	5	5.07
家具；寝具、褥垫、弹簧床垫、软坐垫及类似的填充制品；未列名灯具及照明装置；发光标志、发光铭牌及类似品；活动房屋	192.50	6	5.03
橡胶及其制品	153.84	7	4.02
化学纤维长丝	149.93	8	3.92
陶瓷产品	130.53	9	3.41

续表

	出口额（百万美元）	排名	占比（%）
鞋靴、护腿和类似品及其零件	123.05	10	3.22
合计	2470.35		64.59

数据来源：http：//comtrade.un.org/

表 SA-31　中国出口到沙特阿拉伯产品结构（2015 年）

商品种类	出口额（百万美元）	排名	占比（%）
核反应堆、锅炉、机器、机械器具及其零件	3149.76	1	14.53
电机、电气设备及其零件；录音机及放声机、电视图像、声音的录制和重放设备及其零件、附件	2386.96	2	11.01
家具；寝具、褥垫、弹簧床垫、软坐垫及类似的填充制品；未列名灯具及照明装置；发光标志、发光铭牌及类似品；活动房屋	2065.96	3	9.53
非针织或非钩编的服装及衣着附件	1185.86	4	5.47
车辆及其零件、附件，但铁道及电车道车辆除外	1162.70	5	5.36
钢铁制品	1082.30	6	4.99
钢铁	1003.80	7	4.63
塑料及其制品	982.21	8	4.53
陶瓷产品	920.09	9	4.24
针织或钩编的服装及衣着附件	902.87	10	4.16
合计	14842.51	——	68.45

数据来源：http：//comtrade.un.org/

由以上表格可知，2015 年，中国出口到沙特阿拉伯排名前十的产品及相应占比依次为：核反应堆、锅炉、机器、机械器具及其零件（14.53%），电机、电气设备及其零件等（11.01%），家具等相关产品（9.53%），非针织或非钩编的服装及衣着附件（5.47%），车辆及其零件、附件，但铁道及电车道车辆除外（5.36%），钢铁制品（4.99%），钢铁（4.63%），塑料及其制品（4.53%），陶瓷产品（4.24%），针织或钩编的服装及衣着附件（4.16%），中国出口到沙特阿拉伯的这十类产品的出口额合计 14842.51 百万美元，占中国出口到沙特阿拉伯总出口额的 68.45%。相比 2005 年，中国出口到沙特的产品结构稍有变化，如针织或钩编的服装及衣着附件的出口占比有所减少，从 2005 年的 12.69% 减少到 2015 年的 4.16%，排名从第 1 下降到第 10 名，下降了 9 个名次；而核反应堆、锅炉、机器、机械器具及其零件的出口占比有所上升，从 2005 年的 9.95% 上升至 2005 年的 14.53%，跻身中国对沙特阿拉伯出口所有产品中的第 1 名；剩余的产品的出口量都有不同程度的减少或增加。

2. 中国从沙特阿拉伯进口情况

（1）中国从沙特阿拉伯进口数量关系

十年间，中国从沙特阿拉伯进口总规模呈现先增加后减小的状态。表 SA-32 为 2005—2015 年中国从沙特阿拉伯进口规模的变化情况：

表 SA-32　中国从沙特阿拉伯进口的数量关系（2005—2015 年）

指标	2005	2006	2007	2008	2009	2010	2011	2012	2013	2014	2015
进口额（亿美元）	122.46	150.85	175.60	310.23	236.20	328.29	494.68	548.61	534.51	485.08	301.51
增幅（%）	62.78	23.18	16.41	76.67	-23.86	38.99	50.68	10.90	-2.57	-9.25	-37.84

数据来源：http://comtrade.un.org/

结合下图 SA-26 分析，2005—2015 年间，中国从沙特阿拉伯的进口数量从 2005 年的 122.46 亿美元波动上升至 2012 年的 548.61 亿美元，达近年最高值；期间，2009 年进口数额降至 236.20 亿美元，比上年减少 23.86%；紧接着的 2013-2015 年，中国从沙特进口额缓慢下降至 2015 年的 301.51 亿美元，比 2014 年减少了 37.84%；相较于 2005 年，进口贸易额增加了 179.05 亿美元，年均增加 9.43%。

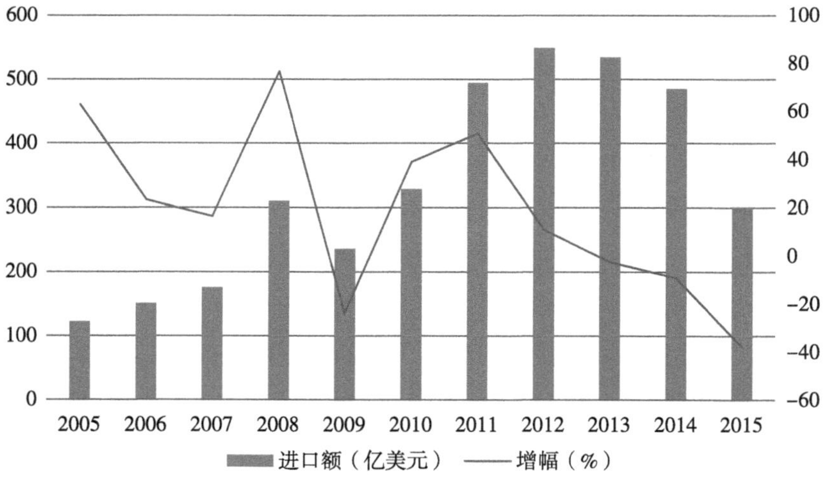

图 SA-26　中国从沙特阿拉伯进口的数量关系（2005—2015 年）

（2）中国从沙特阿拉伯进口的产品结构关系

中国从沙特阿拉伯进口的产品种类单一。表 SA-33 及表 SA-34 为 2005 年及

2015 年中国从沙特阿拉伯进口的主要产品结构：

表 SA-33　中国从沙特阿拉伯进口的主要产品结构（2005 年）

商品种类	进口额（百万美元）	排名	占比（%）
矿物燃料、矿物油及其蒸馏产品；沥青物质；矿物蜡	9284.59	1	75.82
有机化学品	1770.07	2	14.45
塑料及其制品	1061.83	3	8.67
盐；硫磺；泥土及石料；石膏料、石灰及水泥	85.05	4	0.69
矿砂、矿渣及矿灰	17.23	5	0.14
鞣料浸膏及燃料浸膏；鞣酸及其衍生物；燃料、颜料及其他着色料；油漆及清漆；油灰及其他类似胶粘剂；墨水、油墨	11.53	6	0.09
钢铁	4.48	7	0.04
铜及其制品	2.19	8	0.02
生皮（毛皮除外）及皮革	1.62	9	0.01
化学纤维长丝	1.33	10	0.01
合计	12239.92	——	99.94

数据来源：http：//comtrade.un.org/

表 SA-34　中国从沙特阿拉伯进口的主要产品结构（2015 年）

商品种类	进口额（百万美元）	排名	占比（%）
矿物燃料、矿物油及其蒸馏产品；沥青物质；矿物蜡	21253.25	1	70.49
有机化学品	4913.59	2	16.30
塑料及其制品	3295.91	3	10.93
盐；硫磺；泥土及石料；石膏料、石灰及水泥	405.41	4	1.34
铜及其制品	81.67	5	0.27
矿砂、矿渣及矿灰	55.24	6	0.18
无机化学品；贵金属、稀土金属、放射性元素及其同位素的有机及无机化合物	47.01	7	0.16
絮胎、毡呢及无纺织物；特种纱线；线、绳、索、缆及其制品	34.41	8	0.11
铝及其制品	13.61	9	0.05
杂项化学产品	12.48	10	0.04
合计	30112.58	——	99.87

数据来源：http：//comtrade.un.org/

中国从沙特阿拉伯进口的产品尤其集中。2015年，中国从沙特阿拉伯进口排名前十的产品及相应占比分别为：矿物燃料、矿物油及其蒸馏产品等（70.49%），有机化学品（16.30%），塑料及其制品（10.93%），盐；硫磺；泥土及石料；石膏料、石灰及水泥（1.34%），铜及其制品（0.27%），矿砂、矿渣及矿灰（0.18%），无机化学品等（0.16%）、絮胎、毡呢及无纺织物等特种纱线及其制品（0.11%）、铝及其制品（0.05%）、杂项化学产品（0.04%）。中国从沙特阿拉伯进口这十种产品的进口规模合计30112.58百万美元，占比合计99.87%，而其中中国从沙特阿拉伯进口矿物燃料等产品就占取了中国从沙特阿拉伯所有进口产品的七成之多。相比2005年，中国从沙特进口的产品结构较稳定，排名靠前的产品进口总量占比都只有小幅度的变化，

3. 中国与沙特阿拉伯的贸易竞争、互补关系

表SA-35为中国与沙特阿拉伯贸易竞争、互补指数2005年及2013年的统计情况：

表SA-35　中国与沙特阿拉伯贸易竞争、互补关系情况统计（2005年、2013年）

年份	贸易竞争指数	贸易互补指数	
		（以中国出口计算）	（以沙特阿拉伯出口计算）
2005	0.0476	0.2794	0.1191
2013	0.0119	0.3311	0.1753

数据来源：重庆“一带一路”投资与贸易研究实验室

（1）中国与沙特阿拉伯具有强烈的贸易互补关系。2013年，以中国出口计算的贸易互补指数为0.3311，排名16位。

（2）中国与沙特阿拉伯贸易互补关系具有增强的趋势。从以中国出口计算的贸易互补指数看，2005年，乌克兰与中国贸易互补指数为0.2794；2013年为0.3311，2005年至2013年，中国与沙特贸易互补指数增加了18.50%。

（3）以中国出口计算的贸易互补指数大于以沙特阿拉伯出口计算的贸易互补指数，有利于中国出口，同时有利于沙特进口。2005年，以沙特出口计算的贸易互补指数为0.1191，以中国出口计算的贸易互补指数为0.2794；2013年，以沙特出口计算的贸易互补指数为0.1753；以中国出口计算的贸易互补指数为0.3311。

（4）中国与沙特的贸易竞争关系有小幅度的变化。2005年，两国贸易竞争指数为0.0476，贸易竞争关系微弱，排名于中国与“一带一路”国家竞争关系的第33位。2013年，沙特与中国的贸易竞争指数为0.0119，贸易竞争关系较弱，排名为第41位。2005年至2013年，中国与乌克兰的贸易竞争指数下降了0.0357个指数点，排名下降了8位。

三、阿拉伯联合酋长国（The United Arab Emirates）

（一）基本情况

阿拉伯联合酋长国是由各个种族、部落形成分割的社会组织，现是由阿布扎比、迪拜、沙迦、阿治曼、乌姆盖万、哈伊马角和富查伊拉等 7 个酋长国组成的联邦国家。阿联酋人口规模较小，城镇化比率高，但人口密度高，男女比例失衡严重；2015 年，阿联酋人口总数为 916 万人，人口密度为 91.93 人 / 平方公里，城镇化率为 85.54%，男女比例分别为 73.26%、26.74%。阿联酋地理位置优越，东与阿曼毗邻，西与卡塔尔接壤，南部和西南部与沙特阿拉伯王国交界，北临波斯湾（又名阿拉伯湾），与伊朗隔海相望，是扼波斯湾进入印度洋的海上交通要冲。此外，阿联酋石油和天然气资源丰富，目前已探明的石油储量为 978 亿桶，位居世界第 7；已探明的天然气储藏量为 6.09 万亿立方米，亦位居世界第 7。正是由于丰富的石油资源，阿联酋成为海湾地区第二大经济体和世界上最富裕的国家之一；2015 年，阿联酋 GDP 为 37.03 百亿美元，在全球排名 31 位；人均 GDP 为 40438.38 美元，属高收入经济体。

1. 建国历程

阿拉伯联合酋长国是由阿布扎比、迪拜、沙迦、阿治曼、乌姆盖万、哈伊马角和富查伊拉等 7 个酋长国组成的联邦国家。

远古时代，阿联酋所属诸酋长国是阿拉伯半岛的一部分，这一地区居民有较高的造船技术和航海技能，海上贸易发达。20 世纪上半叶的阿联酋由沙丘、稀少绿洲和简陋村庄组成，在此生活的多为游牧民族、渔民和水手。20 世纪 60 年代，随着石油的发现和开采，半游牧社会开始了向现代化的转变。1971 年，开国总统谢赫扎耶德·本·苏尔坦·阿勒纳哈扬成为阿布扎比酋长国的酋长，英国从海湾地区撤军之后，谢赫扎耶德召集其他 6 个酋长国酋长，提出成立联邦政府，阿拉伯联合酋长国由此诞生。[①]

公元7世纪阿联酋隶属阿拉伯帝国。自16世纪开始，葡萄牙、荷兰、法国等殖民主义者相继侵入。19世纪初，英国入侵波斯湾地区，1820年沦为英国的保护国。1971年，英国宣布终止保护条约。同年12月2日，阿拉伯联合酋长国宣告成立，由阿布扎比、迪拜、沙迦、富查伊拉、乌姆盖万和阿治曼6个酋长国组成联邦国家。1972年2月10日，哈伊马角加入联邦。[②]

2. 人口状况

阿联酋人口规模较小，城镇化比率高，男女比例严重失衡。2015年阿联酋总人口数为916万人，人口密度为91.93人/平方公里；其中城镇人口为784万人，农村人口为132万人，占总人口比例分别为85.54%、14.46%；男性人口671万人，女性人口245万人，分别占总人口的73.26%和26.74%，可见阿联酋男女比例失调严重；0–14岁人口为128万人，15–64岁人口为778万人，65岁及以上人口为10万人，占总人口比例分别为13.94%，84.92%，1.14%。此数据表明阿联酋为年轻型国家，极大比例人口都集中在15–64岁。

表 AE–1 阿联酋人口总数及其构成（2015年）

指标	年末数（万人）	比重（%）
人口总数	916	100
其中：城镇	784	85.54
农村	132	14.46
其中：男性	671	73.26
女性	245	26.74
其中：0–14岁	128	13.94
15–64岁	778	84.92
65岁及其以上	10	1.14

数据来源：世界银行，http：//data.worldbank.org/

表AE–2为阿联酋人口总数及相应增幅具体情况：

① 资料来源：http：//fec.mofcom.gov.cn/article/tzhzcj/tzhz/

② 资料来源：http：//www.fmprc.gov.cn/web/gjhdq_676201/gj_676203/yz_676205/1206_676234/1206x0_676236/

表 AE-2　阿联酋人口总数及增幅情况（2005—2015 年）

指标	2005	2006	2007	2008	2009	2010	2011	2012	2013	2014	2015
人口总数（万人）	448	517	601	690	771	833	873	895	904	909	916
增幅（%）	12.56	15.40	16.25	14.81	11.74	8.04	4.80	2.52	1.01	0.55	0.77

数据来源：世界银行，http：//data.worldbank.org/

十年间，阿联酋人口呈先加速后减速增长态势。2005—2007 年，阿联酋总人口数加速增加，从 2005 年的 448 万人加速增加至 2007 年的 601 万人，总共增加了 153 万人，整体增幅为 34.15%；2008–2014 年，阿联酋总人口数开始减速增加，从 2008 年的 690 万人上升至 2014 年的 909 万人，增加了 219 万人；而 2015 年，阿联酋人口总数为 916 万人，当年增幅较上年增幅上升了 0.22 个百分点。相比 2005 年及 2015 年，阿联酋总人数增加了 468 万人，年均增长 7.41%。

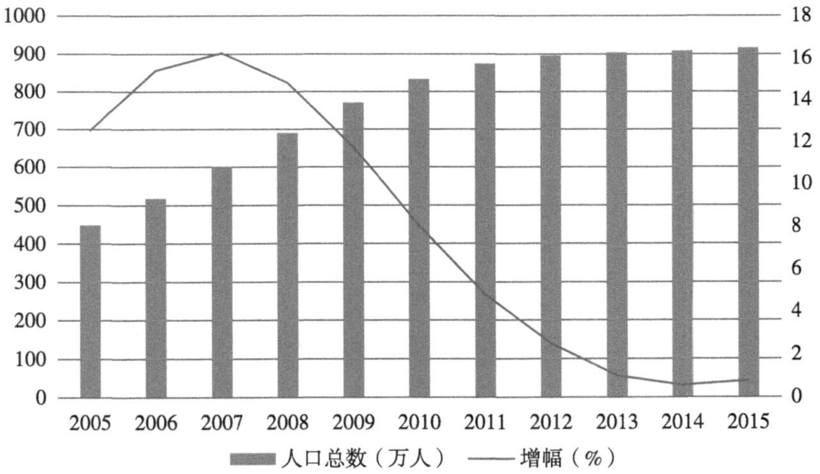

图 AE-1　阿联酋人口总数及增幅情况（2005—2015 年）

3. 地域状况

阿联酋地理位置优越。阿联酋位于阿拉伯半岛东南端，东与阿曼毗邻，西与卡塔尔接壤，南部和西南部与沙特阿拉伯王国交界，北临波斯湾（又名阿拉伯湾），与伊朗隔海相望，是扼波斯湾进入印度洋的海上交通要冲。国土面积约为 8.36 万平方公里（包括沿海岛屿，阿布扎比占总面积的 87%）。其海岸线构成波斯湾的南部和东南海岸以及阿曼湾的部分西海岸。在建造“迪拜棕榈岛”等其他填海工程项目之前，阿联酋的海岸线长约 1318 公里，填海垦地项目使这个数字不断增长。

阿联酋全境呈新月形，境内无淡水河流域或湖泊，沿海是地市较平的平原，半岛的东北部分属山地，横贯其间的哈杰尔山脉最高峰海拔 2438 米。此外，阿联酋绝大部分地区是海拔 200 米以上的沙漠和洼地。沙漠占阿联酋总面积的 65%，其中有一些绿洲，以艾因地区的布赖米绿洲（BULAIMI OASIS）面积最大，同时该绿洲也是阿联酋的主要农业区。①

4. 资源禀赋

阿联酋石油和天然气资源丰富，植物和水产资源其次。阿联酋超过 95% 的石油和天然气位于阿布扎比，目前已探明的石油储量为 978 亿桶，位居世界第 7。已探明的天然气储藏量为 6.09 万亿立方米，亦位居世界第 7。其他的矿产资源还有：硫磺、镁、石灰岩等。阿联酋植物主要是椰枣树，其包含的椰枣树超过 4000 万棵，每年产枣椰树上百万吨，种类有 120 多种。而其海域内水产资源丰富，沿海有珊瑚，盛产珍珠，还有着丰富的渔业资源，已发现鱼类和海洋生物 3000 多种。②

5. 经济实力

阿联酋经济发展水平较好。2015 年，阿联酋 GDP 为 37.03 百亿美元，在全球排名第 31 位；人均 GDP 为 40438.38 美元，由人均 GDP 衡量的经济水平，阿联酋属高收入经济体。

表 AE–3 和图 AE–2 展示了沙特阿拉伯 GDP 及增长率具体情况：

近年来，阿联酋经济呈类似“M”形变化趋势。2005—2008 年，阿联酋国内生产总值（GDP）从 2005 年的 18.06 百亿美元增加至 2008 年的 31.55 百亿美元，总共增加了 13.49 百亿美元；而 2009 年，阿联酋经济下降至 25.35 百亿美元，比上年减少了 19.65%；随后的 2010–2014 年，阿联酋经济快速回升，从 2010 年的 28.60 百亿美元增加至 2014 年的 39.95 百亿美元；而 2015 年，阿联酋经济出现小幅滑落，GDP 值为 37.03 百亿美元，较上年下降了 7.31%。

表 AE–3 阿联酋 GDP 及增长率情况（2005—2015 年）

指标	2005	2006	2007	2008	2009	2010	2011	2012	2013	2014	2015
GDP（百亿美元）	18.06	22.21	25.79	31.55	25.35	28.60	34.85	37.34	38.72	39.95	37.03
增长率（%）	22.19	22.98	16.12	22.33	−19.65	12.82	21.85	7.14	3.70	3.18	−7.31

数据来源：世界银行，http：//data.worldbank.org/

① 资料来源：http：//fec.mofcom.gov.cn/article/tzhzcj/tzhz/

② 资料来源：http：//fec.mofcom.gov.cn/article/tzhzcj/tzhz/

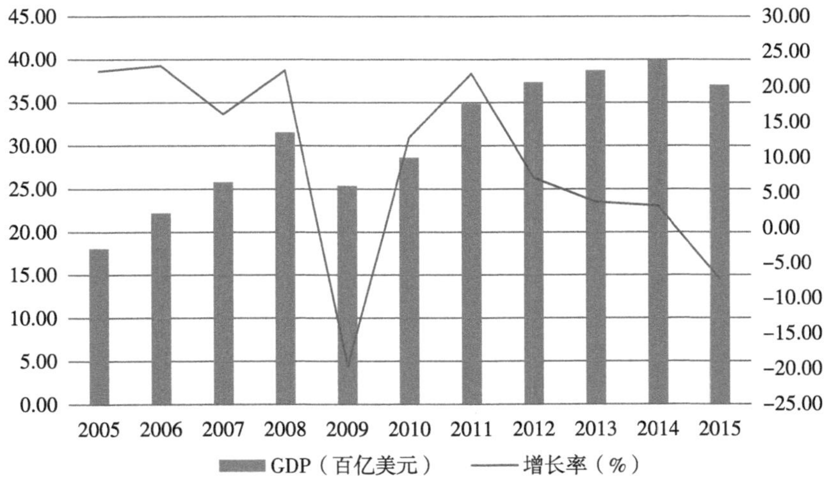

图 AE-2 阿联酋 GDP 及增长率情况（2005—2015 年）

表 AE-4 为 2005—2015 年阿联酋人均 GDP 及相应增长率情况：

表 AE-4 阿联酋人均 GDP 及增长率情况（2005—2015 年）

年份	人均 GDP（现价美元）	增长率（%）
2005	40298.52	8.39
2006	42950.10	6.58
2007	42913.78	-0.08
2008	45720.02	6.54
2009	32905.05	-28.03
2010	34341.91	4.37
2011	39901.22	16.19
2012	41712.12	4.54
2013	42831.09	2.68
2014	43962.71	2.64
2015	40438.38	-8.02

数据来源：世界银行，http：//data.worldbank.org/

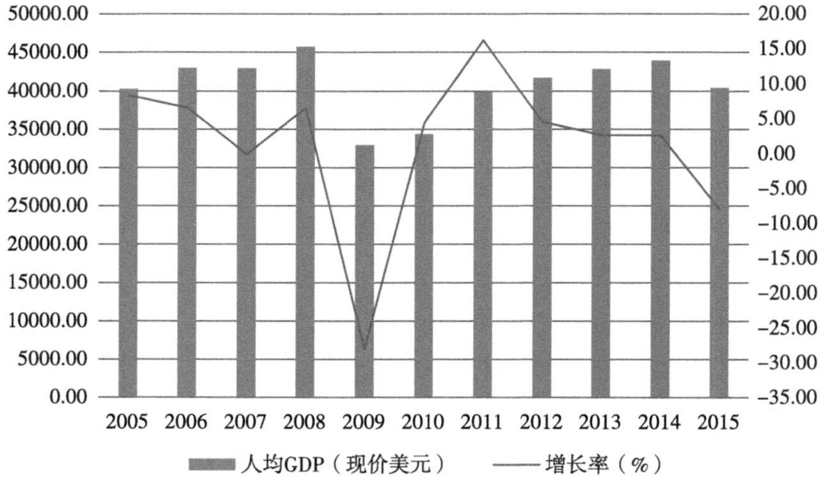

图 AE-3 阿联酋人均 GDP 及增长率情况（2005—2015 年）

2005—2015 年间，阿联酋人均 GDP 多数年份呈增长状态，只有 2007 年、2009 年以及 2015 年处于下降状态。由人均 GDP 衡量的经济水平，阿联酋属高收入经济体。2005 年，阿联酋人均 GDP 值为 40298.52 美元，比上年增加了 8.39%；之后在 2008 年达峰值 45720.02 美元；2009 年达最低值 32905.05 美元，较上年下降了 28.03%；之后人均 GDP 连续增加至 2014 年的 43962.71 美元；但在 2015 年下降至 40438.38 美元，比上年减少了 8.02%，相比于 2005 年整体增加了 0.35%。

（二）产业情况

阿联酋三次产业结构比重呈“二、三、一”比例特征。2005—2014 年，阿联酋三次产业结构从 1.4∶55.6∶43.0 调整为 0.7∶55.0∶44.3。其中，阿联酋农业和工业对 GDP 的贡献率有小幅度下降，而服务业对 GDP 的拉动作用有所增强；这主要是阿联酋为实现可持续发展、致力于推行经济多元化政策、鼓励创新发展的结果，且现在阿联酋已逐步成为中东地区的金融、商贸、物流、旅游中心和商品集散地，从而在一定程度上拉动了其第三产业的发展。阿联酋农业不发达，粮食和主要肉类产品都依赖进口；工业主要是以石油化工业为主，天然气产业以及房地产和建筑业其次；同时，阿联酋服务业主要包括批发零售及修理业、交通运输及房地产业。

1. 第一产业

（1）第一产业基本情况

阿联酋农业不发达，对 GDP 贡献极小。2005—2014 年，阿联酋农业增加值从 25.20 亿美元增加至 27.09 亿美元，增加了 1.89 亿美元，而占 GDP 比重却从 2005 年的 1.40% 减至 2015 年的 0.68%。

表 AE-5 及图 AE-5 为阿联酋农业增加值及增幅具体情况：

表 AE-5　阿联酋农业增加值及相关情况（2005—2014 年）

指标	2005	2006	2007	2008	2009	2010	2011	2012	2013	2014
增加值（亿美元）	25.20	24.30	25.19	26.10	26.29	24.48	25.47	25.82	26.43	27.09
增幅（%）	2.36	-3.57	3.66	3.61	0.73	-6.88	4.04	1.37	2.36	2.50
占 GDP 比重（%）	1.40	1.09	0.98	0.83	1.04	0.86	0.73	0.69	0.68	0.68

数据来源：世界银行，http：//data.worldbank.org/

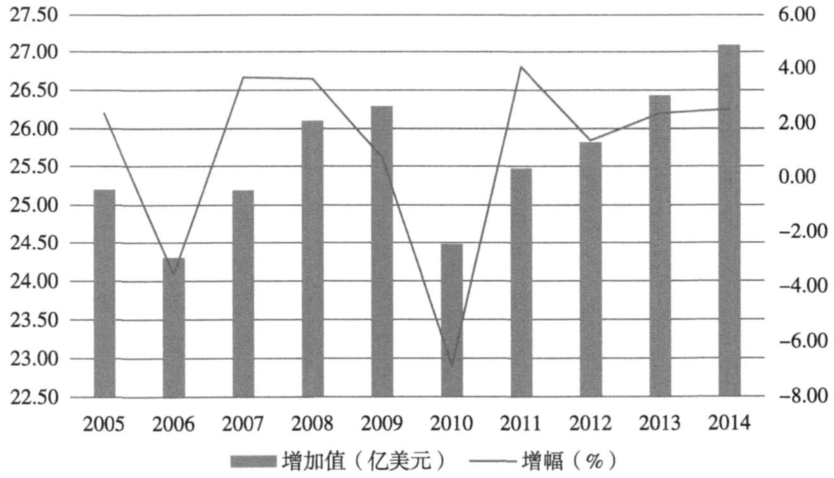

图 AE-4　阿联酋农业增加值及增幅情况（2005—2014 年）

由图 AE-4 中直观看出，阿联酋农业增加值呈波动上升趋势。2005 年阿联酋农业增加值为 25.20 亿美元；在 2006 年，农业增加值出现下降，值为 24.30 亿美元，比上年减少了 3.57%；但 2007-2009 年，阿联酋农业增加值处于上升状态，2009 年，农业增加值为 26.29 亿美元，较上年增加了 0.73%；2010 年又出现下降，增加值降为 24.48 亿美元，较上年降低了 6.88%；随后的 2011-2014 年，阿联酋农业增加值处于上升阶段，直至 2014 年，其增加值为 27.09 亿美元，当年增幅为 2.50%。

而从图 AE-5 中可以看出，阿联酋农业增加值在 2005—2014 年间虽总体处以不断攀升阶段，但是其占 GDP 比例除在 2009 年有小幅上升之外，在其余的年份都处于连年下降状态。2005 年，阿联酋农业增加值在三次产业中对 GDP 的贡献占比为 1.40%，到 2014 年，其占比降至 0.68%，总共下降了 0.72 个百分点。

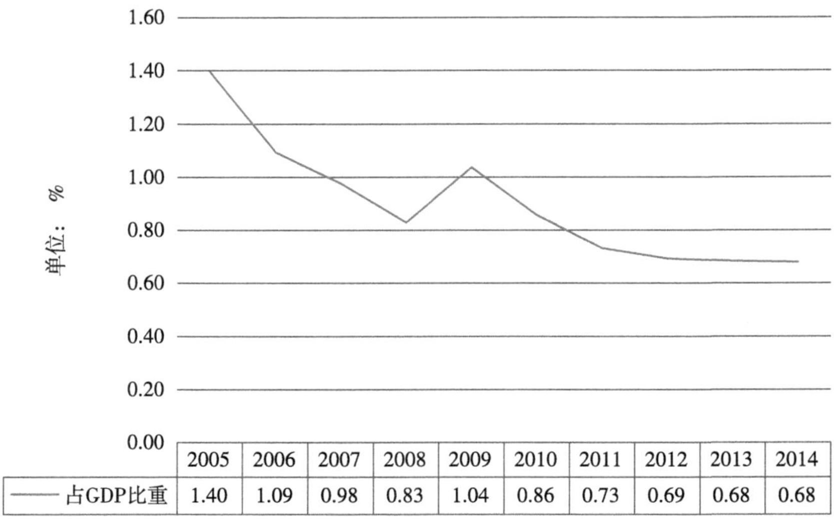

图 AE-5　阿联酋农业增加值占 GDP 比重情况（2005—2014 年）

（2）第一产业构成

阿联酋农业不发达，全国可耕地面积仅 32 万公顷，已耕地面积 27 万公顷。主要农产品有椰枣、玉米、蔬菜、柠檬等。目前，阿联酋粮食依赖进口；渔产品和椰枣可满足阿联酋国内需求；畜牧业规模小，主要肉类产品依赖进口。近年来，政府采取鼓励务农的政策，向农民免费提供种子、化肥和无息贷款，并对农产品全部实行包购包销，以确保农民收入，阿联酋农业因此得到了一定的发展。[①]

2. 第二产业

（1）第二产业基本情况

阿联酋工业增长较为迅速，且占取其经济大半比例。2005—2014 年，阿联酋工业增加值从 2005 年的 1005.02 亿美元上升至 2014 年的 2199.61 亿美元，增加了 1194.59 亿美元，年均增长 9.09%；同时工业增加值占 GDP 比重从 2005 年的 55.64% 小幅下降至 2014 年的 55.07%，总共下降了 0.57 个百分点。

表 AE-6 及图 AE-6 为阿联酋工业增加值及增幅具体情况：

表 AE-6　阿联酋工业增加值及相关情况（2005—2014 年）

指标	2005	2006	2007	2008	2009	2010	2011	2012	2013	2014
增加值（亿美元）	1005.02	1286.12	1414.42	1830.32	1319.59	1570.19	2096.02	2227.66	2229.93	2199.61
增幅（%）	31.56	27.97	9.98	29.40	-27.90	18.99	33.49	6.28	0.10	-1.36
占 GDP 比重（%）	55.64	57.91	54.84	58.02	52.04	54.89	60.14	59.65	57.59	55.07

数据来源：世界银行，http：//data.worldbank.org/

① 资料来源：http：//fec.mofcom.gov.cn/article/tzhzcj/tzhz/

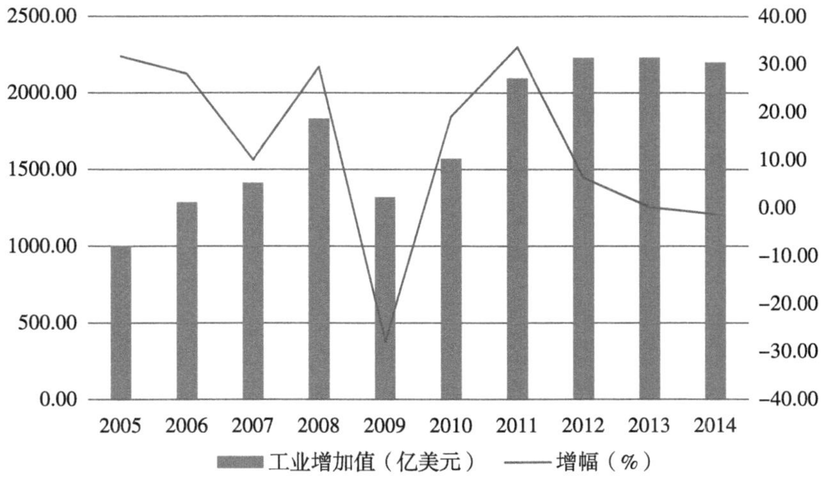

图 AE-6　阿联酋工业增加值及增幅情况（2005—2014 年）

由上图可知，阿联酋工业近十年呈类似“M”形变化趋势。2005—2008 年，阿联酋工业增加值先减速后加速增加，从 2005 年的 1005.02 亿美元增加至 2008 年的 1830.32 亿美元，总共增加了 825.30 亿美元；2009 年，受全球金融危机的影响，阿联酋工业增加值出现近十年间的首次下降，降至 1319.59 亿美元，较 2008 年降低了 27.90%；2010–2014 年，随着全球经济复苏，阿联酋工业也缓慢苏醒，直至 2014 年，其工业增加值达 2199.61 亿美元，虽比上年有小幅下降，但相比于 2005 年，总体增加了 1194.59 亿美元，年均增长 9.09%。

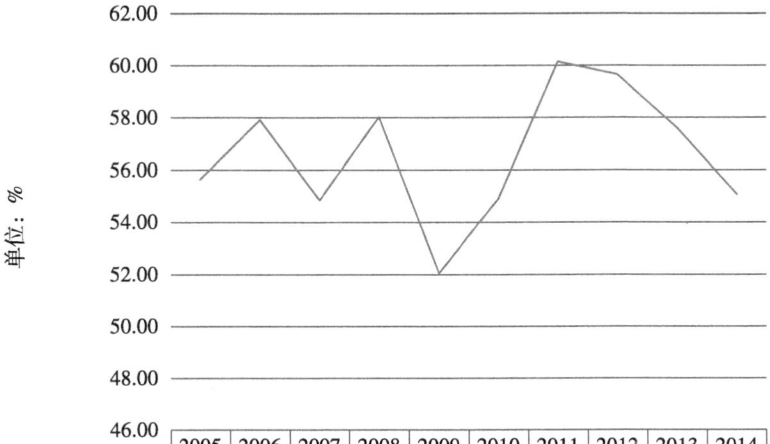

	2005	2006	2007	2008	2009	2010	2011	2012	2013	2014
—— 占GDP 比重（%）	55.64	57.91	54.84	58.02	52.04	54.89	60.14	59.65	57.59	55.07

图 AE-7　阿联酋工业增加值占 GDP 比重情况（2005—2014 年）

同时，分析阿联酋工业增加值占 GDP 比重情况可知，阿联酋工业增加值占 GDP 比重十年间处于大幅波动状态，且对 GDP 贡献占到了三次产业对 GDP 贡献的一半以上。2005 年，阿联酋工业增加值占 GDP 比例为 55.64%；在 2009 年达最低占比值，值为 52.04%；在 2011 年达十年间最高值，值为 60.14%；但此后的几年中，其在 GDP 中的占比一直缓慢下降，直至 2014 年，其占比为 55.07%，相比于 2005 年，总共下降了 0.57 个百分点；十年间振幅为 8.1 个百分点。

（2）第二产业构成

采矿及采石业在阿联酋第二产业中占取重要位置，其产值占阿联酋第二产业产值的 62.80%。2005—2014 年阿联酋第二产业主要行业产值及占比情况如下表：

表 AE-7　阿联酋第二产业主要产业产值及占比情况（2005—2014 年）

单位：亿阿联酋迪拉姆

年份	采矿及采石业（亿阿联酋迪拉姆）	占比（%）	制造业（亿阿联酋迪拉姆）	占比（%）	电力、燃气和水的供应（亿阿联酋迪拉姆）	占比（%）	建筑业（亿阿联酋迪拉姆）	占比 (%)
2005	2282.06	61.83	703.65	19.06	126.12	3.42	579.12	15.69
2006	3060.51	64.80	787.75	16.68	150.96	3.20	724.09	15.33
2007	3218.45	61.96	854.90	16.46	173.96	3.35	947.14	18.23
2008	4291.05	63.84	996.41	14.82	211.97	3.15	1222.42	18.19
2009	2542.52	52.46	856.23	17.67	240.93	4.97	1206.50	24.90
2010	3340.47	57.93	945.46	16.40	257.06	4.46	1223.52	21.22
2011	5060.53	65.74	1117.72	14.52	297.34	3.86	1222.04	15.88
2012	5421.60	66.27	1218.16	14.89	336.88	4.12	1204.45	14.72
2013	5343.39	65.25	1256.31	15.34	344.03	4.20	1245.69	15.21
2014	5073.20	62.80	1323.21	16.38	360.56	4.46	1321.09	16.35

数据来源：Wind 数据库

阿联酋第二产业主要集中在采矿及采石产业，而制造业、电力、燃气和水的供应以及建筑业的产值相对采矿及采石业偏小。2014 年，阿联酋采矿及采石业产值为 5073.20 亿阿联酋迪拉姆，占阿联酋第二产业产值的比重为 62.80%；相比于 2005 年，产值增加了 2791.14 亿阿联酋迪拉姆，占比上升了 0.97 个百分点。而制造业占阿联酋第二产业产值比重下降了 14.06%；电力、燃气和水的供应以及建筑业的占比分别上升了 30.41%、4.21%。

3. 第三产业

（1）第三产业基本情况

阿联酋服务等附加值近十年增长幅度较大，且在 GDP 中占比亦有小幅上升。2005—2014 年，阿联酋服务等附加值从 2005 年的 775.95 亿美元上升至 2014 年的 1767.81 亿美元，增加了 991.86 亿美元，年均增长 9.58%；同时，阿联酋占 GDP 比重从 2005 年的 42.96% 上升至 2014 年的 44.26%，增加了 1.30 个百分点。

表 AE-8 及图 AE-8 为阿联酋服务等附加值及相关情况：

表 AE-8　阿联酋服务等附加值及相关情况（2005—2014 年）

指标	2005	2006	2007	2008	2009	2010	2011	2012	2013	2014
服务等附加值（亿美元）	775.95	910.63	1139.55	1298.33	1189.60	1265.82	1363.77	1480.81	1615.56	1767.81
增幅（%）	12.51	17.36	25.14	13.93	–8.37	6.41	7.74	8.58	9.10	9.42
占 GDP 比重（%）	42.96	41.00	44.18	41.15	46.92	44.25	39.13	39.65	41.73	44.26

数据来源：世界银行，http：//data.worldbank.org/

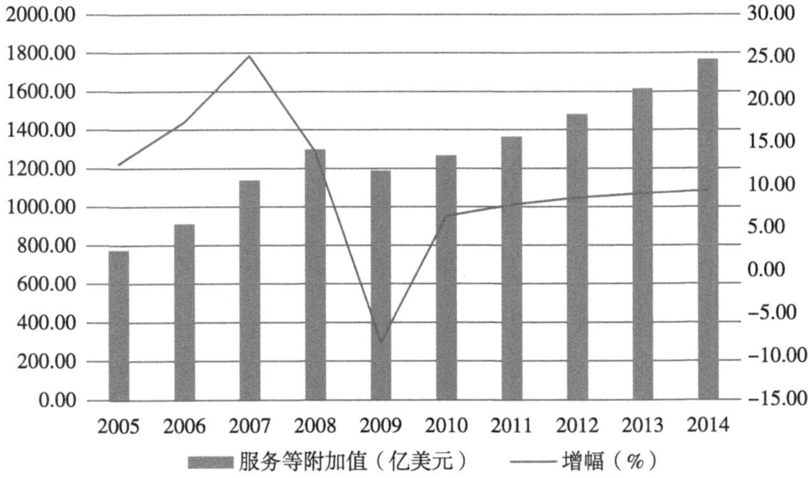

图 AE-8　阿联酋服务等附加值及增幅情况（2005—2014 年）

由图 AE-8 可知，阿联酋服务等附加值十年间除在 2009 年有所下降外，其余年份均处于不断上升状态。2005—2008 年，阿联酋服务等附加值先加速后减速上升，从 2005 年的 775.95 亿美元上升至 2008 年的 1298.33 亿美元，总共增加了 522.38 亿美元，整体增幅为 67.32%；然而附加值在 2009 年出现下降，降至 1189.60 亿美元，比上年减少了 8.37%；随后的 2010–2014 年，服务等附加值不断攀升，直至 2014 年，附加值增加至 1767.81 亿美元，当年增幅为 9.42%。

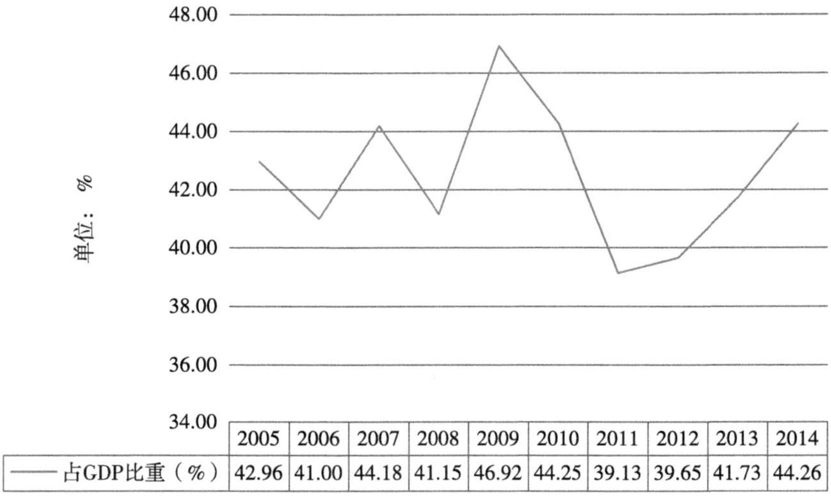

图 AE–9　阿联酋服务等附加值占 GDP 比重情况（2005—2014 年）

阿联酋服务等附加值占 GDP 比重情况如下图 AE–9 所示，其附加值占 GDP 比重十年间一直处于波动状态。2005 年，阿联酋服务等附加值占 GDP 比重为 42.96%，到 2009 年其占比达峰值，为 46.92%；2011 年，阿联酋服务等附加值对 GDP 的贡献达最小值，为 39.13%；但在随后的几年，占比处于回升状态，在 2014 年，占比为 44.26%，相较于 2005 年，整体增加了 1.30 个百分点。十年间，阿联酋服务等附加值占 GDP 比重的振幅为 7.79 个百分点。

（2）第三产业构成

阿联酋第三产业主要行业产值及占比情况如下表 AE–9 所示：

表 AE–9　阿联酋第三产业主要行业产值及占比情况（2005—2014 年）

年份	批发零售及修理业（亿阿联酋迪拉姆）	占比（%）	房地产和商业服务业（亿阿联酋迪拉姆）	占比（%）	运输、仓储和通讯业（亿阿联酋迪拉姆）	占比（%）
2005	901.08	29.34	711.71	23.18	521.96	17.00
2006	1072.63	29.87	814.94	22.69	619.88	17.26

续表

年份	批发零售及修理业（亿阿联酋迪拉姆）	占比（%）	房地产和商业服务业（亿阿联酋迪拉姆）	占比（%）	运输、仓储和通讯业（亿阿联酋迪拉姆）	占比（%）
2007	1321.66	29.17	1111.80	24.54	760.88	16.79
2008	1475.90	28.25	1256.97	24.06	888.15	17.00
2009	1238.49	25.47	1094.69	22.51	885.18	18.20
2010	1319.54	25.62	1126.21	21.87	895.17	17.38
2011	1359.84	24.42	1211.23	21.75	1007.64	18.09
2012	1437.19	23.77	1327.91	21.96	1071.23	17.72
2013	1534.64	23.09	1408.70	21.19	1152.62	17.34
2014	1657.53	22.71	1515.82	20.77	1269.96	17.40
年份	金融公司部门（亿阿联酋迪拉姆）	占比（%）	政府服务部门（亿阿联酋迪拉姆）	占比（%）	社会和个人服务（亿阿联酋迪拉姆）	占比（%）
2005	421.96	13.74	231.31	7.53	121.47	3.96
2006	510.91	14.23	245.16	6.83	137.37	3.83
2007	678.72	14.98	275.75	6.09	166.66	3.68
2008	743.10	14.23	395.76	7.58	208.59	3.99
2009	732.97	15.07	454.44	9.34	219.16	4.51
2010	740.17	14.37	571.51	11.10	235.86	4.58
2011	788.62	14.16	602.04	10.81	298.33	5.36
2012	873.53	14.45	679.61	11.24	328.68	5.44
2013	1060.65	15.96	769.53	11.58	350.56	5.27
2014	1220.55	16.72	875.39	11.99	361.07	4.95

数据来源：Wind 数据库

由上表可知，阿联酋第三产业的主要行业包括批发零售及修理业，房地产和商业服务业，运输、仓储和通讯业，金融公司部门，政府服务部门以及社会和个人服务业，其中，批发零售及修理业，房地产和商业服务业，运输、仓储和通讯业占取阿联酋第三产业大半比例。

十年间，批发零售及修理业、房地产和商业服务业占阿联酋第三产业的比重对于其他产业有一定程度的下降，剩余的运输、仓储和通讯业等行业的占比却有不同幅度的上升。2014 年，阿联酋批发零售及修理业、房地产和商业服务业的产值分别为 1657.53 亿阿联酋迪拉姆，1515.82 亿阿联酋迪拉姆，占比分别为 22.71%、20.77%；相比 2005 年，产值分别增加了 83.95%，112.98%，占比分别下降了 6.63 个百分点、2.41个百分点。运输、仓储和通讯业，金融公司部门，政府服务部门以及社会和个人服务业占比分别上升了0.4个百分点、2.98个百分点、4.46个百分点以及0.99个百分点。

（三）进出口贸易情况

阿联酋于1996年4月10日加入世界贸易组织（WTO），同时与新加坡等国家签订了自由贸易协议。此外，由于交通物流便利，同时基础设施完备、贸易政策宽松，迪拜在全球货运和分送系统中发挥着重要的链接作用，对阿联酋的对外贸易起着较大的拉动作用。据统计，全球有211个国家与阿联酋有出口贸易关系，有199个国家与其有进口贸易关系；总体分析，阿联酋对外贸易整体长期处于贸易顺差状态。

联合国贸发会议数据显示：2015年，阿联酋贸易总量为4950亿美元，较上年减少了20.8%；其中出口额为2650亿美元，较上年减少了29.33%，进口总额为2300亿美元，较上年减少了8.00%；整体贸易顺差额为350亿美元，较上年减少了72%；此前，在2013年达贸易顺差最大额1400.00亿美元，在2005年达最低值，为326.33亿美元。

据统计，2014年阿联酋主要出口货物为燃料和杂项制品，此两种商品的出口额占阿联酋出口总额的58.84%；主要进口产品包括机器和电子设备、石材和玻璃，进口额占阿联酋总进口额的44.80%。

此外，阿联酋的主要出口市场包括日本、印度、韩国、中国、新加坡、泰国、阿曼、巴基斯坦、马来西亚、瑞士，出口额合计1403.36亿美元，占比合计75.00%；前十大进口市场包括中国、印度、美国、德国、英国、日本、韩国、意大利、瑞士、法国，进口额合计1441.31亿美元，占比合计67.50%。由于阿联酋进出口市场较为分散，其贸易集中度数值较低，从而进出口贸易风险偏低。

1. 参与贸易协定情况

阿联酋于1996年4月10日加入世界贸易组织（WTO），亦是首个认可WTO贸易便利化协定（Trade Facilitation Agreement）的阿拉伯国家。此外，阿联酋自1994年起成为关贸总协定（GATT）缔约方，同时，还是大阿拉伯自由贸易区（GAFTA）以及海湾合作委员会（GCC）的成员国。目前，阿联酋作为海湾合作委员会的成员国加入了海合会关税同盟，并与新加坡签订了自由贸易协定和经济一体化协议，正在谈判的国家有日本、中国、印度、巴基斯坦和、土耳其、澳大利亚、韩国和南方共同市场（巴西、阿根廷、乌拉圭、巴拉圭）。阿联酋与新加坡于2008年12月15

日签订包括货物和服务在内的自由贸易协议，于 2013 年 9 月 1 日生效。

2. 出口贸易

（1）出口贸易总额

经数据的初步整理和计算，得到表 AE-10，表中展示了阿联酋 2005—2015 年货物出口总额、增幅及其出口总额占西亚北非区域①、“一带一路”②以及全球出口总额比例的相关情况：

表 AE-10　阿联酋出口及相关占比情况（2005—2015 年）

年份	出口额（亿美元）	增幅（%）	占“区域”比例（%）	占“一带一路”比例（%）	占全球比例（%）
2005	1172.87	28.89	18.68	4.07	1.12
2006	1455.87	24.13	19.10	4.12	1.20
2007	1786.30	22.70	20.00	4.20	1.27
2008	2392.13	33.91	20.05	4.56	1.48
2009	1920.00	−19.74	22.64	4.74	1.53
2010	2140.00	11.46	20.43	4.14	1.40
2011	3020.00	41.12	21.07	4.65	1.65
2012	3490.00	15.56	22.79	5.18	1.89
2013	3790.00	8.60	24.80	5.44	2.00
2014	3750.00	−1.06	25.47	5.30	1.97
2015	2650.00	−29.33	26.37	4.40	1.61

数据来源：http：//unctadstat.unctad.org/

① 西亚北非国家包括：沙特阿拉伯、阿联酋、阿曼、伊朗、土耳其、以色列、埃及、科威特、伊拉克、卡塔尔、约旦、黎巴嫩、巴林、也门、叙利亚、巴勒斯坦。

② “一带一路”国家主要包括中国、俄罗斯、蒙古等“一带一路”沿线 65 个国家。

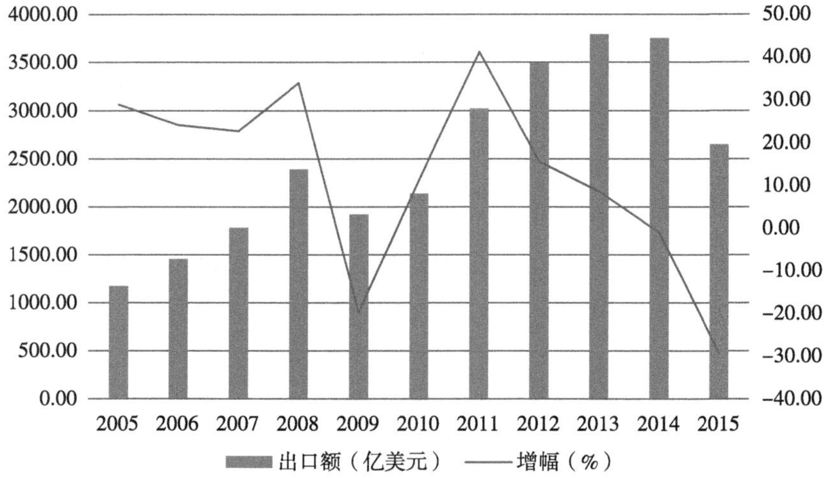

图 AE-10　阿联酋货物出口及增幅情况（2005—2015 年）

由上图可知，2005—2015 年间，阿联酋货物出口额整体呈增加状态，但于 2009 年及 2015 年大幅下降。2005—2008 年，阿联酋货物出口总额从 2005 年的 1172.87 亿美元增加至 2008 年的 2392.13 亿美元，增加了 1219.26 亿美元；2009 年出口额下降至 1920.00 亿美元，比上年减少了 19.74%；2010-2013 年阿联酋货物出口额都有不同程度的增加，2013 年，货物出口额为 3790.00 亿美元，达十一年间最高值；但在 2014 年及 2015 年，阿联酋货物出口出现下降，尤其是 2015 年，出口额大幅降至 2650.00 亿美元，相比 2013 年减少了 1140 亿美元，相比于 2005 年，整体增加了 1477.13 亿美元，年均增加 8.49%。

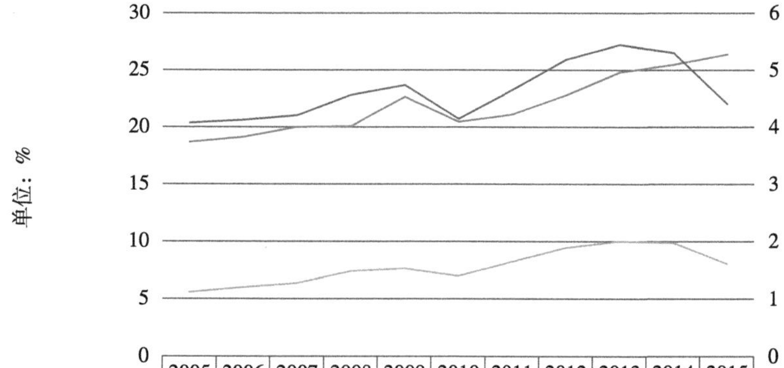

	2005	2006	2007	2008	2009	2010	2011	2012	2013	2014	2015
占“区域”比例	18.68	19.10	20.00	20.05	22.64	20.43	21.07	22.79	24.80	25.47	26.37
占“一带一路”比例	4.07	4.12	4.20	4.56	4.74	4.14	4.65	5.18	5.44	5.30	4.40
占全球比例	1.12	1.20	1.27	1.48	1.53	1.40	1.65	1.89	2.00	1.97	1.61

图 AE-11　阿联酋货物出口占比情况（2005—2015 年）

图 AE–11 显示，阿联酋货物出口约占“区域”出口总额的四分之一，而占“一带一路”及全球比例都较小。2005—2015 年，阿联酋货物出口在“区域”“一带一路”以及全球中的占比都有不同幅度的增加。阿联酋出口占“区域”比例从 2005 年的 18.68% 波动上升至 2015 年的 26.37%，总共增加了 7.69 个百分点，且有进一步上升趋势。阿联酋出口占“一带一路”国家出口比例从 2005 年的 4.07% 上升至 2015 年的 4.40%，仅上升了 0.33 个百分点，其中在 2013 年占比达最高值 5.44%，十年间振幅为 1.37 个百分点。最后，阿联酋货物出口在全球中所占比例较小，但有上升趋势，占比从 2005 年的 1.12% 上升至 2015 年的 1.61%，总共增加了 0.49 个百分点，但从近三年的变化趋势来看，阿联酋出口在全球占比有下降趋势，其中，占比于 2013 年达最高值 2.00%。

（2）出口贸易产品结构

阿联酋出口产品较集中，混杂产品和燃料就占取其出口市场的六成比例。2005 年及 2014 年阿联酋出口产品结构及相应占比情况如下表 AE–11 所示：

表 AE–11　阿联酋出口产品结构及占比情况（2005 年、2014 年）

2005				2014			
产品种类	出口额（亿美元）	排名	占比（%）	产品种类	出口额（亿美元）	排名	占比（%）
燃料	514.55	1	44.57	杂项制品	1156.71	1	30.41
杂项制品	344.96	2	29.88	燃料	1081.22	2	28.43
石材和玻璃	84.55	3	7.32	机器和电子设备	517.27	3	13.60
机器和电子设备	75.61	4	6.55	石材和玻璃	415.80	4	10.93
运输设备	33.85	5	2.93	运输设备	190.26	5	5.00
纺织原料及纺织品	22.23	6	1.93	金属	127.64	6	3.36
金属	19.91	7	1.72	食品	66.62	7	1.75
塑料或橡胶	15.58	8	1.35	化学制品	62.85	8	1.65
食品	12.94	9	1.12	塑料或橡胶	59.57	9	1.57
化学制品	10.31	10	0.89	纺织原料及纺织品	48.21	10	1.27
合计	1134.49	—	98.26	合计	3726.15	—	97.97

数据来源：http：//www.trademap.org/Product_SelProductCountry.aspx

2014 年，阿联酋出口排名前十的产品主要包括混杂产品、燃料、机电、石材和玻璃、运输设备、金属、食品、化学制品、塑料或橡胶、纺织原料及纺织品，十类产品出口总金额为 3726.15 亿美元，占阿联酋出口的 97.97%。其中，阿联酋对杂项制品出口排名第一，出口额为 1156.71 亿美元，占阿联酋总出口额的 30.41%。排名第二的为燃料，出口额为1081.22亿美元，占比紧跟杂项制品，为28.43%，但相较于2005年，燃料产品出口占比大幅下降，2005年燃料出口占比为44.57%，整体降低了16.14个百分点。同时，阿联酋机电设备的出口占比有较大幅度的上升，从2005年的6.55%增加至2014年的13.60%，总共增加了7.05个百分点，排名亦上升了1个名次；除此之外的产品出口都有不同程度的增加或下降。

（3）出口贸易市场结构

2005年及2014年阿联酋出口市场结构及占比情况如下表AE-12，由表中内容可知，阿联酋出口市场主要集中于亚洲国家，少部分集中于欧洲国家和非洲国家。

表AE-12 阿联酋出口市场结构及占比情况（2005年、2014年）

2005					2014				
国家代码	国家及地区	出口额（亿美元）	排名	占比（%）	国家代码	国家及地区	出口额（亿美元）	排名	占比（%）
392	日本	249.81	1	25.00	392	日本	375.44	1	20.00
——	亚洲其他地区	117.84	2	12.00	356	印度	244.48	2	13.00
410	韩国	89.86	3	9.00	410	韩国	147.52	3	7.90
364	伊朗	70.51	4	7.10	156	中国	142.64	4	7.70
764	泰国	51.01	5	5.10	702	新加坡	139.51	5	7.50
356	印度	49.67	6	5.00	764	泰国	115.65	6	6.20
586	巴基斯坦	24.12	7	2.40	512	阿曼	93.80	7	5.00
702	新加坡	23.52	8	2.40	586	巴基斯坦	66.02	8	3.50
512	阿曼	23.13	9	2.30	458	马来西亚	45.16	9	2.40
368	伊拉克	21.56	10	2.20	756	瑞士	33.14	10	1.80
	合计	721.03	—	72.50		合计	1403.36	—	75.00

数据来源：http：//atlas.media.mit.edu/zh/profile/country/are/

对比2005年及2014年阿联酋出口市场结构可知阿联酋出口市场结构较为集中。2014年阿联酋主要出口的市场有：日本、印度、韩国、中国、新加坡、泰国、阿曼、巴基斯坦、马来西亚、瑞士占阿联酋总出口市场的比例分别为20.00%、13.00%、7.90%、7.70%、7.50%、6.20%、5.00%、3.50%、2.40%、1.80%，出口额合计1403.36亿美元，占比合计75.00%。2005年阿联酋出口到排名前十的出口市场的出口额合计721.03亿美元，占比合计为72.50%，出口市场主要包括日本、亚洲其他地区、韩国、伊朗、泰国、印度、巴基斯坦、新加坡、阿曼以及伊拉克，占比分别为25.00%、12.00%、9.00%、7.10%、5.10%、5.00%、2.40%、2.40%、2.30%、2.20%。

对比分析 2005 年及 2014 年阿联酋出口市场结构发现，日本一直是阿联酋最大的出口市场，只是出口到日本的出口规模相对于其他国家稍有下降，2014 年，阿联酋出口到日本出口额 375.44 亿美元，占比为 20%，相比 2005 年，虽然出口额增加了 50.29%，但占比下降了 5 个百分点。同时，阿联酋对印度的出口有大幅度增加，2014 年，阿联酋出口到印度出口总额为 244.48 亿美元，占比为 13%，排名第 2，相比 2005 年，出口额增加了 392.21%，占比上升了 8 个百分点，同时排名上升了 4 个名次。此外，阿联酋出口到中国、新加坡等国家的出口规模有不同程度的增加，而对亚洲其他国家及伊拉克等国家的出口规模有所减少。

下图为阿联酋 2014 年出口市场结构示意图：

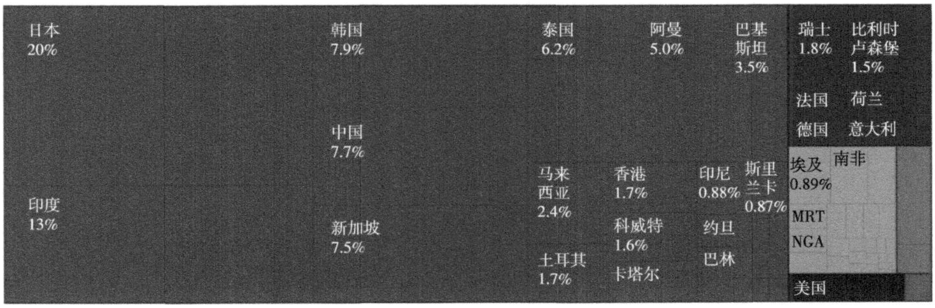

图 AE-12　阿联酋出口市场结构示意图（2014 年）

3. 进口贸易

（1）进口贸易总额

2005—2015 年阿联酋货物进口额、增幅，进口额占西亚北非区域、“一带一路”及全球进口总额比例如下表 AE-13。

表 AE-13　阿联酋货物进口情况（2005—2015 年）

年份	进口额（亿美元）	增幅（%）	占“区域”比例（%）	占“一带一路”比例（%）	占全球比例（%）
2005	846.54	17.44	17.74	3.28	0.79
2006	1000.57	18.20	18.34	3.26	0.81
2007	1325.00	32.42	19.49	3.52	0.93
2008	2003.00	51.17	22.74	4.26	1.22
2009	1500.00	-25.11	21.37	4.07	1.18
2010	1650.00	10.00	20.03	3.50	1.07
2011	2030.00	23.03	20.64	3.48	1.10
2012	2260.00	11.33	21.58	3.73	1.21

续表

年份	进口额（亿美元）	增幅（%）	占“区域”比例（%）	占“一带一路”比例（%）	占全球比例（%）
2013	2390.00	5.75	22.01	3.82	1.26
2014	2500.00	4.60	22.69	4.00	1.32
2015	2300.00	-8.00	22.42	4.26	1.38

数据来源：http：//unctadstat.unctad.org/

由图 AE-13 可知，近十年，阿联酋进口整体呈上升趋势，但在 2009 年及 2015 年出现小幅下降。2005—2008 年阿联酋货物进口大幅度上升，由 2005 年的 846.54 亿美元上升至 2008 年的 2003.00 亿美元，增加了 1156.46 亿美元；2009 年，受美国次贷危机引发的全球金融危机的影响，阿联酋货物进口额急剧下降至 1500 亿美元，较上年减少了 25.11%；随后的 2010-2014 年，阿联酋进口额连续增加至 2014 年的 2500 亿美元；2015 年货物进口额下降至 2300 亿美元，较上年减少了 8.00%。

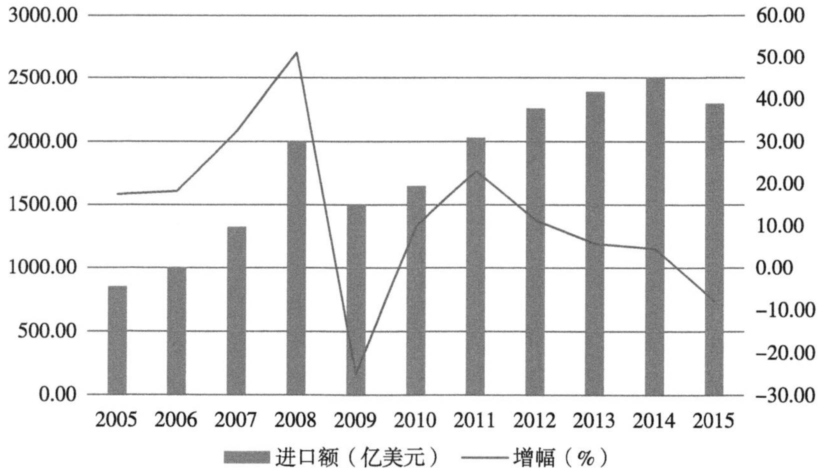

图 AE-13 阿联酋货物进口及增幅情况（2005—2015 年）

依照表 AE-13 制出的阿联酋货物进口总额占比折线图如下图 AE-14。

图 AE-14 显示，阿联酋进口约占“区域”进口总额的五分之一，而占“一带一路”及全球比例都较小。2005—2015 年，阿联酋进口额占“区域”比例从 2005 年的 17.74% 波动上升至 2015 年的 22.42%，总体增加了 4.68 个百分点；占“一带一路”国家进口比例从 2005 年的 3.28% 上升至 2015 年的 4.26%，整体上升了 0.98 个百分点，其在 2008 年及 2015 年达最高占比值 4.26%，从近年的变化趋势中观察得出，阿联酋进口总额占“一带一路”比例有上升趋势；最后，阿联酋进口额在全球中所占比例极小，但整体呈上升趋势，占比从 2005 年的 0.79% 上升至 2015 年的 1.38%，总共增加了 0.59 个百分点。

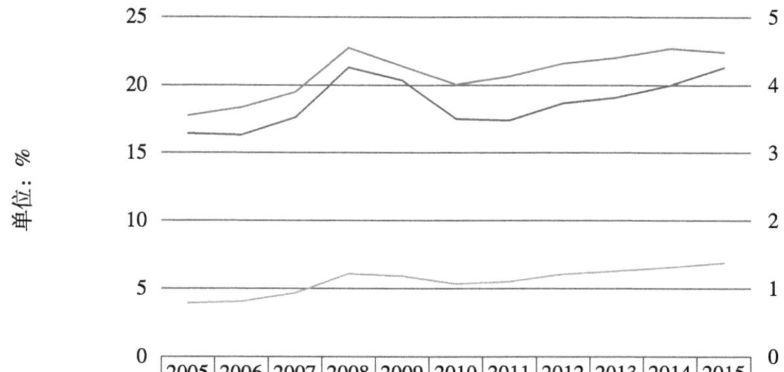

	2005	2006	2007	2008	2009	2010	2011	2012	2013	2014	2015
—占“区域”比例	17.74	18.34	19.49	22.74	21.37	20.03	20.64	21.58	22.01	22.69	22.42
—占“一带一路”比例	3.28	3.26	3.52	4.26	4.07	3.50	3.48	3.73	3.82	4.00	4.26
—占全球比例	0.79	0.81	0.93	1.22	1.18	1.07	1.10	1.21	1.26	1.32	1.38

图 AE-14　阿联酋货物进口占比情况（2005—2015 年）

（2）进口产品结构

阿联酋进口产品逐渐趋于集中，排名前三的进口产品就占取其进口市场的五成比例。表 AE-14 显示了 2005 年及 2014 年阿联酋进口产品结构及相应的占比具体情况：

表 AE-14　阿联酋进口产品结构及占比情况（2005 年、2014 年）

2005				2014			
产品种类	进口额（亿美元）	排名	占比（%）	产品种类	进口额（亿美元）	排名	占比（%）
杂项制品	162.85	1	20.15	机器和电子设备	772.15	1	25.86
机器和电子设备	161.17	2	19.94	石材和玻璃	565.54	2	18.94
石材和玻璃	149.82	3	18.54	杂项制品	389.09	3	13.03
运输设备	83.21	4	10.30	运输设备	331.34	4	11.10
金属	64.00	5	7.92	金属	196.82	5	6.59
化学制品	36.94	6	4.57	化学制品	168.79	6	5.65
纺织原料及纺织品	36.80	7	4.55	纺织原料及纺织品	102.67	7	3.44
塑料或橡胶	24.85	8	3.07	燃料	90.23	8	3.02
蔬菜	24.02	9	2.97	蔬菜	82.13	9	2.75
食品	21.90	10	2.71	食品	81.07	10	2.71
合计	765.56	—	94.72	合计	2779.83	—	93.09

数据来源：http：//www.trademap.org/Product_SelProductCountry.aspx

具体分析上表，2014年，阿联酋进口排名前十的产品主要包括机电、石材和玻璃、混杂产品、运输设备、金属、化学制品、纺织原料及纺织品、燃料、蔬菜以及食品，十类产品进口总金额为2779.83亿美元，占阿联酋出口总额的93.09%。其中，阿联酋对机电产品进口排名第一，进口额为772.15亿美元，占阿联酋进口总额的比例为25.86%，相较于2005年，机电产品的进口总额增加了610.98亿美元，名次上升了一个位次；排名第二的为石材和玻璃产品的进口，2014年进口额为565.54亿美元，占比为18.94%，进口额较2005年增加了415.72亿美元；而杂项制品的进口规模虽在上升，但其占阿联酋进口比例却有所下降，从2005年的20.15%下降至2014年的13.03%，总共下降了7.12个百分点，名次从2005年的第1名下降至2014年的第3名。

（3）进口市场结构

阿联酋进口市场主要集中于亚洲国家和欧洲国家，少部分集中于北美洲和非洲国家。2005年及2014年阿联酋进口市场结构及占比情况如下表AE-15：

表AE-15 阿联酋进口市场结构及占比情况（2005年、2014年）

2005					2014				
国家代码	国家	进口额（亿美元）	排名	占比（%）	国家代码	国家	进口额（亿美元）	排名	占比（%）
256	印度	89.02	1	11.00	156	中国	386.51	1	18.00
156	中国	71.49	2	9.00	356	印度	296.43	2	14.00
826	英国	70.07	3	8.90	840	美国	154.49	3	7.20
840	美国	67.10	4	8.50	276	德国	145.93	4	6.80
276	德国	50.07	5	6.30	826	英国	104.90	5	4.90
292	日本	47.35	6	6.00	392	日本	92.95	6	4.40
250	法国	29.10	7	3.70	410	韩国	72.24	7	3.40
380	意大利	28.78	8	3.60	380	意大利	69.67	8	3.30
496	沙特阿拉伯	27.65	9	3.50	756	瑞士	64.34	9	3.00
410	韩国	22.18	10	2.80	250	法国	53.85	10	2.50
	合计	502.81	——	63.30		合计	1441.31	——	67.50

数据来源：http：//atlas.media.mit.edu/zh/profile/country/are/

由上表可知，2014年阿联酋主要进口的市场有：中国、印度、美国、德国、英国、日本、韩国、意大利、瑞士以及法国，占阿联酋总进口市场比例分别为18.00%、14.00%、7.20%、6.80%、4.90%、4.40%、3.40%、3.30%、3.00%、2.50%，进口额合计1441.31亿美元，占比合计67.50%。2005年，阿联酋主要进口市场合计进口额为502.81亿美元，合计占比为63.30%，主要进口市场包括印度、瑞士、英国、美国、德国、日本、法国、意大利、沙特阿拉伯、韩国，占比分别为11.00%、9.00%、8.90%、8.50%、6.30%、6.00%、3.70%、3.60%、3.50%、2.80%。

对比2005年及2014年阿联酋进口市场结构可知阿联酋进口市场结构变化较大。阿联酋从中国进口的规模大幅增加，对中国的进口额从2005年的71.49亿美元上升至2014年的386.51亿美元，十年间增加了315.02亿美元，同时其占阿联酋进口市场比例亦有较大幅度增加，从2005年的9.00%增加至2014年的18.00%，总共增加了9个百分点，从而成为阿联酋第一大进口货物来源国。同时阿联酋对英国的进口占比有所下降，从2005年的8.90%下降至2014年的4.90%，下降了4个百分点，排名下降了2个名次；剩余的国家中，阿联酋从印度、法国、沙特阿拉伯等国家的进口规模相对其他进口市场进口规模有所下降，而对德国、韩国等国家的进口占比相对其他国家有小幅增加。

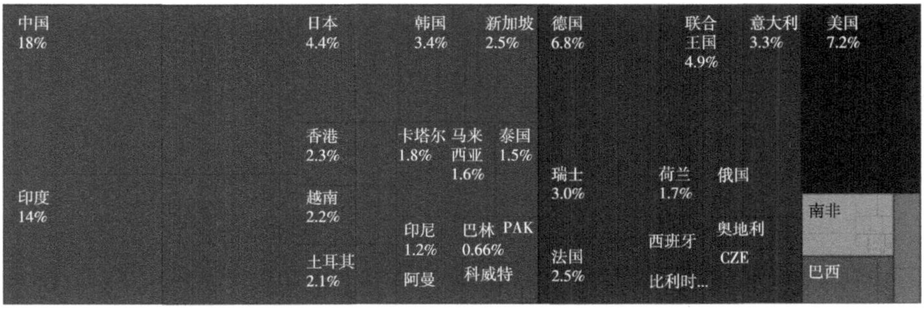

图 AE-15　阿联酋进口市场结构示意图（2014年）

4. 贸易集中度

阿联酋出口贸易集中度和进口贸易集中度偏低，因而其贸易风险整体偏低。一般来说，贸易集中度越高，贸易市场越集中，从而面临的贸易风险就越高。2013年，阿联酋出口集中度指数为0.176277，主要集中于亚洲市场；其中，日本为其第一大货物销往目的地，占阿联酋出口市场的总占比是19%；其次是印度和韩国，占比分别为12%、8.3%。进口贸易集中度指数为0.057799，阿联酋进口市场主要分布于亚洲和欧洲，其中，中国为阿联酋第一大货物来源国，占其总进口市场的18%，其次是印度和美国，占比分别为14%、7.8%。

（四）对外直接投资情况

阿联酋自然资源丰富，政局稳定，地理位置优越等优势使其成为海湾和中东地区最具投资吸引力的国家之一。据阿拉伯投资和出口信贷担保公司数据显示，2003-2013 年间，阿联酋吸引外资项目 3437 个，占阿拉伯国家吸引外资项目总量的 35.6%，阿联酋境内设立外资公司3246家，占阿拉伯国家成立外资公司总数的36%①。其中，中国企业在阿联酋的业务正从商品、工程承包向金融、物流、新能源、旅游等领域不断拓展。

联合国贸发会议（UNCTAD）数据显示，2014 年，阿联酋吸引外资流量为 100.66 亿美元，占“区域”“一带一路”及全球外资流入流量总规模的比例分别为 17.86%、2.28%、0.82%；截至 2014 年底，阿联酋吸引外资存量为 1155.61 亿美元，占“区域”“一带一路”及全球外资流入存量规模的比例分别为 12.30%、2.10%、0.47%。

阿联酋对外直接投资规模小，且近年都在低位运行。2014 年，阿联酋对外直接投资规模为 30.72 亿美元，占“区域”“一带一路”及全球对外直接投资总规模的比例依次为 7.12%、0.95%、0.23%；对外直接投资存量规模为 662.98 亿美元，占“区域”“一带一路”及全球对外直接投资存量总规模的比例依次为 19.14%、2.46%、0.27%。比较阿联酋外资流入规模及对外直接投资规模，阿联酋外资流入规模一直远远超过对外直接投资规模。

1.FDI 流入情况

（1）FDI 流入流量

2005—2014 年阿联酋 FDI 流入流量、增幅，占西亚北非 16 国、“一带一路”国家及全球 FDI 流入总规模比例具体情况如下表 AE-16：

表 AE-16　阿联酋 FDI 流入流量及占比情况（2005—2014 年）

年份	FDI 流入流量（亿美元）	增幅（%）	占“区域”比例（%）	占“一带一路”比例（%）	占全球比例（%）
2005	109.00	8.96	18.96	4.14	1.18
2006	128.06	17.49	13.35	3.39	0.92
2007	141.87	10.78	14.02	3.08	0.76
2008	137.24	-3.26	11.78	2.67	0.92
2009	40.03	-70.83	4.67	1.09	0.34

① 数据来源：http：//fec.mofcom.gov.cn/article/tzhzcj/tzhz/

续表

年份	FDI 流入流量（亿美元）	增幅（%）	占“区域”比例（%）	占“一带一路”比例（%）	占全球比例（%）
2010	55.00	37.40	7.30	1.27	0.41
2011	76.79	39.62	11.59	1.64	0.49
2012	96.02	25.04	14.42	2.11	0.68
2013	104.88	9.23	16.45	2.26	0.71
2014	100.66	-4.03	17.86	2.28	0.82

数据来源：http：//unctadstat.unctad.org/

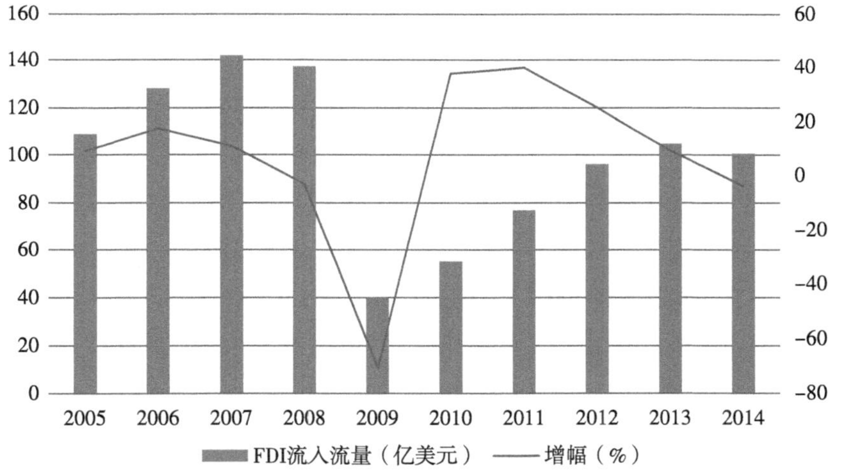

图 AE-16　阿联酋 FDI 流入流量及增幅情况（2005—2014 年）

图 AE-16 为阿联酋 2005-2014 年阿联酋 FDI 流入流量具体情况，图中显示，沙特 FDI 流入流量近十多年呈“M”状变化，整体呈下降趋势。2005—2007 年，阿联酋 FDI 流入流量规模减速增加；由 2005 年的 109.00 亿美元增加至 2007 年的 141.87 亿美元，整体增加了 32.87 亿美元；2008 年，FDI 流入流量小幅下降至 137.24 亿美元，比上年减少了 3.26%；2009 年，外商对阿联酋投资急剧减少，外资流入额降至 40.03 亿美元，较上年减少了 70.83%；之后的 2010-2013 年外资流入连年增加，直至 2013 年，阿联酋外资流入额为 104.88 亿美元，比 2009 年增加了 64.85 亿美元；2014 年，阿联酋外资流入小幅下降至 100.66 亿美元，较上年减少了 4.03%，对比 2005 年阿联酋外资流入整体下降了 8.34 亿美元。

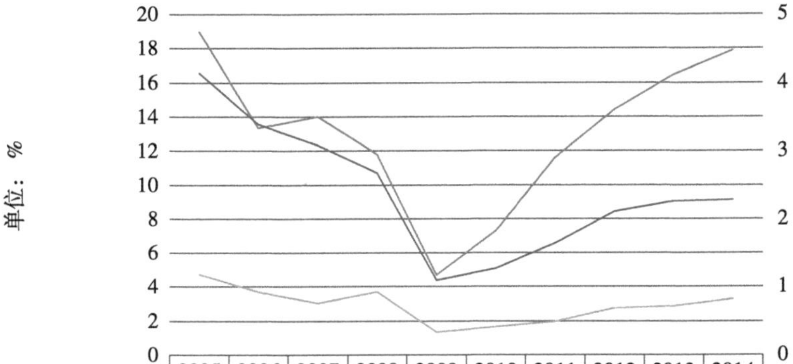

	2005	2006	2007	2008	2009	2010	2011	2012	2013	2014
占“区域”比例	18.96	13.35	14.02	11.78	4.67	7.30	11.59	14.42	16.45	17.86
占“一带一路”比例	4.14	3.39	3.08	2.67	1.09	1.27	1.64	2.11	2.26	2.28
占全球比例	1.18	0.92	0.76	0.92	0.34	0.41	0.49	0.68	0.71	0.82

图 AE-17　阿联酋 FDI 流入流量占比情况（2005—2014 年）

图 AE-17 显示，阿联酋 FDI 流入流量占“区域”FDI 流入流量总额的比例不足五分之一，同时占“一带一路”及全球比例都较小。2005—2014 年，阿联酋 FDI 流入流量在“区域”“一带一路”以及全球中的占比都有不同幅度的下降。首先，FDI 流入流量占“区域”比例从 2005 年的 18.96% 以类似“V”状变化至 2014 年的 17.86%，总体减少了 1.1 个百分点。其中，在 2009 年，占比达最低值 4.67%。其次，阿联酋占“一带一路”国家 FDI 流入流量比例从 2005 年的 4.14% 变化至 2015 年的 2.28%，总共下降了 1.86 个百分点，其中占比在 2009 年达最低值 1.09%；从近年的变化趋势看，阿联酋 FDI 流入流量占“一带一路”进口比例有上升趋势。最后，阿联酋 FDI 流入流量在全球中所占比例极小，且整体处下降趋势：占比从 2014 年的 1.18% 变化至 2015 年的 0.82%，整体下降了 0.36 个百分点，但从近几年变化趋势来看其有上升态势。

（2）FDI 流入存量

2005-2014 年阿联酋 FDI 流入存量额、增幅，占“区域”、“一带一路”及全球 FDI 流入存量比例相关情况如下表 AE-17：

表 AE-17　阿联酋 FDI 流入存量及占比情况（2005—2014 年）

年份	FDI 流入存量（亿美元）	增幅（%）	占“区域”比例（%）	占“一带一路”比例（%）	占全球比例（%）
2005	275.08	65.63	10.04	1.70	0.25
2006	403.14	46.55	11.00	1.90	0.30
2007	545.00	35.19	10.79	1.85	0.32

续表

年份	FDI 流入存量（亿美元）	增幅（%）	占“区域”比例（%）	占“一带一路”比例（%）	占全球比例（%）
2008	682.24	25.18	13.10	2.42	0.46
2009	722.27	5.87	10.95	2.08	0.41
2010	777.27	7.61	10.13	1.88	0.40
2011	854.06	9.88	11.30	1.96	0.42
2012	950.07	11.24	11.00	1.90	0.43
2013	1054.95	11.04	12.09	1.95	0.43
2014	1155.61	9.54	12.30	2.10	0.47

数据来源：http：//unctadstat.unctad.org/

图 AE-18 显示，阿联酋 FDI 流入存量整体呈减速增加状态。2014 年，阿联酋 FDI 流入存量为 1155.61 亿美元，为 2005 年的 4.20 倍，年均增加 17.29%；2005 年，沙特阿拉伯 FDI 流入存量为 275.08 亿美元，当年增幅为 65.63%，为近十年中最高增幅。

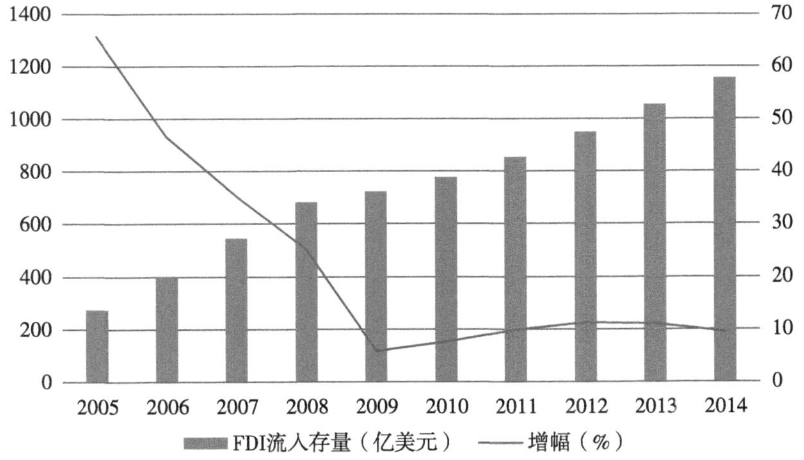

图 AE-18 阿联酋 FDI 流入存量及增幅情况（2005—2014 年）

阿联酋 FDI 流入存量占比相关情况如下图 AE-19：

由图 AE-19 可知，阿联酋 FDI 流入存量占“区域”“一带一路”及全球 FDI 流入存量总额的比例都较小。2005—2014 年，阿联酋 FDI 流入存量在“区域”“一带一路”以及全球中的占比都以不同的幅度波动上升。首先，FDI 流入存量占“区域”比例从 2005 年的 10.04% 波动变化至 2014 年的 12.30%，总体减少了 2.26 个百分点，其中在2008年占比达最高值13.10%；其次，阿联酋占“一带一路”国家FDI流入存量比例从2005年的1.70%波动至2015年的2.10%，上升了0.4个百分点，其中亦在2008年占比达最高值2.42%，从近年的变化趋势看出，：阿联酋FDI流入存量占“一带一路”进口总额比例有上升趋势；最后，阿联酋FDI流入存量在全球中所占比例极小，2014年其占比仅为0.47%，但较2005年上升了0.22个百分点，且从近几年变化趋势来看其有上升态势。

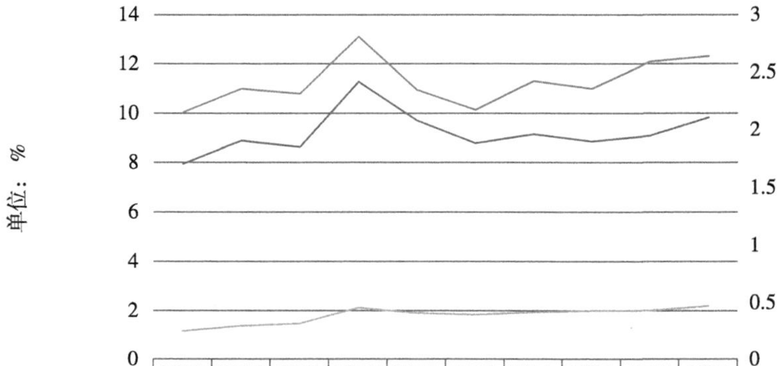

	2005	2006	2007	2008	2009	2010	2011	2012	2013	2014
—— 占“区域”比例	10.04	11.00	10.79	13.10	10.95	10.13	11.30	11.00	12.09	12.30
—— 占“一带一路”比例	1.70	1.90	1.85	2.42	2.08	1.88	1.96	1.90	1.95	2.10
—— 占全球比例	0.25	0.30	0.32	0.46	0.41	0.40	0.42	0.43	0.43	0.47

图 AE-19 阿联酋FDI流入存量占比情况（2005—2014年）

2.FDI流出

（1）FDI流出流量

经数据的初步整理，得如下表AE-18，表中详细罗列了2005—2014年阿联酋FDI流出流量额、增幅、占“区域”“一带一路”及全球FDI流出流量总规模比例的情况。

表 AE-18 阿联酋FDI流出流量及占比情况（2005—2014年）

年份	FDI流出流量（亿美元）	增幅（%）	占“区域”比例（%）	占“一带一路”比例（%）	占全球比例（%）
2005	37.50	69.85	23.53	4.91	0.47
2006	108.92	190.45	28.41	7.26	0.81
2007	145.68	33.75	33.31	6.89	0.68
2008	158.20	8.59	33.47	6.80	0.93

续表

年份	FDI 流出流量（亿美元）	增幅（%）	占“区域”比例（%）	占“一带一路”比例（%）	占全球比例（%）
2009	27.23	-82.79	13.36	1.42	0.25
2010	20.15	-26.00	7.43	0.84	0.15
2011	21.78	8.09	5.16	0.82	0.14
2012	25.36	16.44	9.08	1.05	0.20
2013	29.52	16.40	6.43	0.95	0.23
2014	30.72	4.07	7.12	0.95	0.23

数据来源：http：//unctadstat.unctad.org/

图 AE-20 为阿联酋 FDI 流出流量及增幅情况。图中可直观看出，阿联酋 FDI 流出流量大幅波动，且近几年一直在低位变化。2005—2008 年，阿联酋对外直接投资先加速后减速增加，从 2005 年的 37.50 亿美元变化至近十年对外直接投资规模最大值 158.20 亿美元，总共增加了 120.7 亿美元；但阿联酋在 2009 年的对外直接投资大幅下降至 27.23 亿美元，较 2008 年减少了 82.79%；2010 年，对外直接投资额继续下滑，达近十年最低值 20.15 亿美元；随后的 2011-2014 年，阿联酋对外直接投资缓慢增加，直至 2014 年，对外直接投资额为 30.72 亿美元，比上年增加了 4.07%，较 2005 年减少了 18.08%。

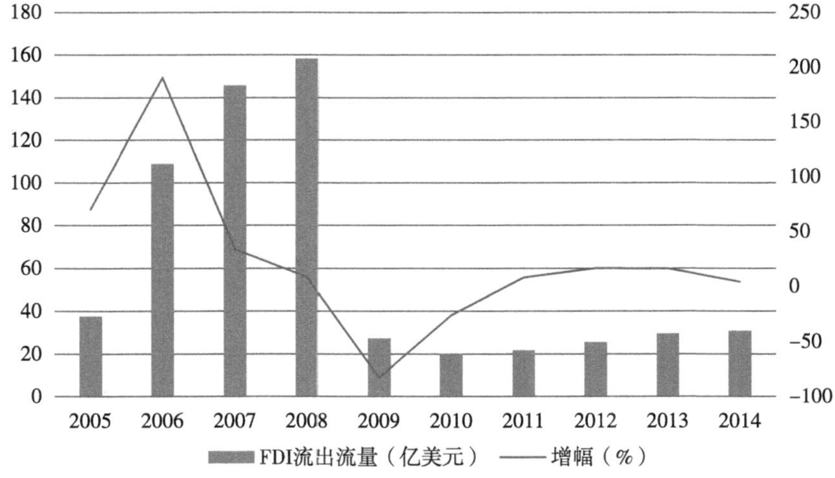

图 AE-20　阿联酋 FDI 流出流量及增幅情况（2005—2014 年）

图 AE-21 为阿联酋 FDI 流出流量占“区域”“一带一路”及全球占比折线图：

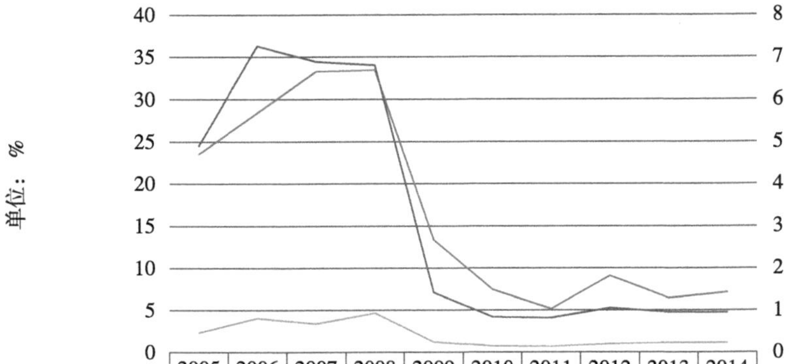

	2005	2006	2007	2008	2009	2010	2011	2012	2013	2014
——占“区域”比例	23.53	28.41	33.31	33.47	13.36	7.43	5.16	9.08	6.43	7.12
——占“一带一路”比例	4.91	7.26	6.89	6.80	1.42	0.84	0.82	1.05	0.95	0.95
——占全球比例	0.47	0.81	0.68	0.93	0.25	0.15	0.14	0.20	0.23	0.23

图 AE-21　阿联酋 FDI 流出流量占比情况（2005—2014 年）

上图显示，阿联酋对外直接投资占“区域”“一带一路”国家及全球对外直接投资总额的比例近十年处于大幅下降状态。2005—2014 年，阿联酋对外直接投资额占“区域”比例从 2005 年的 23.53% 降至 2014 年的 7.12%，整体降低了 16.41 个百分点。期间于 2008 年达最高占比值 33.47%，于 2011 年达最低占比值 5.16%，振幅为 28.31 个百分点。

2005—2014 年，阿联酋对外直接投资额占“一带一路”比例从 2005 年的 4.91% 变化至 2014 年的 0.95%，整体减少了 3.96 个百分点。期间于 2006 年达最大占比值 7.26%，于 2011 年达最低占比值 0.82%，振幅为 6.44 个百分点。

十年间，阿联酋对外直接投资额占全球比例亦是处于下降态势，从 2005 年的 0.47% 降至 2014 年的 0.23%，总共降低了 0.24 个百分点。期间于 2008 年达最高占比值 0.93%，于 2011 年达最低占比值 0.14%，振幅为 0.79 个百分点。

（2）FDI 流出存量

阿联酋对外直接投资存量从最开始的加速上升状态逐渐趋于相对稳定的趋势。2014 年阿联酋对外直接投资存量规模为 662.98 亿美元，占“区域”“一带一路”及全球对外直接投资存量总规模的比例分别为 19.14%、2.46%、0.27%。

阿联酋 2005—2014 年对外直接投资存量规模及相关占比情况如表 AE-19：

结合表 AE-19 及图 AE-22 分析，2005—2014 年，阿联酋对外直接投资存量规模整体呈增加态势；且可分为两个阶段，一是 2005—2008 年的快速增加阶段，一是 2009—2014 年的缓慢增加阶段。阿联酋对外直接投资存量规模先从 2005 年的 95.42

亿美元快速增加至2008年的508.22亿美元，总共增加了412.8亿美元，年均增加74.64%；之后从2009年的535.45亿美元缓慢增加至2014年的662.98亿美元，总共增加了127.53亿美元，年均增加4.37%。对比2005年及2014年，阿联酋对外直接投资存量规模整体增加了567.56亿美元，年均增加24.03%。

表 AE-19　阿联酋 FDI 流出存量及占比情况（2005—2014年）

年份	FDI 流出存量（亿美元）	增幅（%）	占“区域”比例（%）	占“一带一路”比例（%）	占全球比例（%）
2005	95.42	64.75	14.43	1.80	0.08
2006	204.34	114.15	21.74	2.63	0.14
2007	350.02	71.29	23.01	2.95	0.19
2008	508.22	45.20	25.93	4.42	0.32
2009	535.45	5.36	25.12	3.72	0.29
2010	555.60	3.76	23.03	3.19	0.27
2011	577.38	3.92	21.20	2.98	0.27
2012	602.74	4.39	21.18	2.71	0.27
2013	632.26	4.90	19.86	2.48	0.26
2014	662.98	4.86	19.14	2.46	0.27

数据来源：http：//unctadstat.unctad.org/

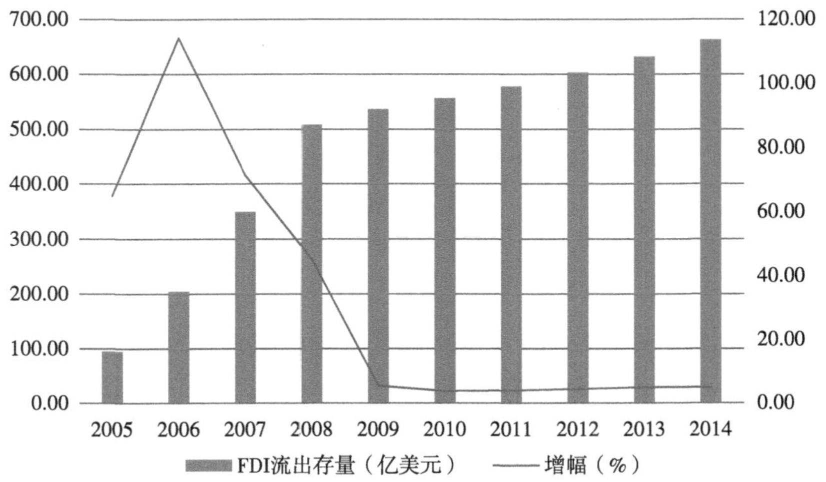

图 AE-22　阿联酋 FDI 流出存量及增幅情况（2005—2014年）

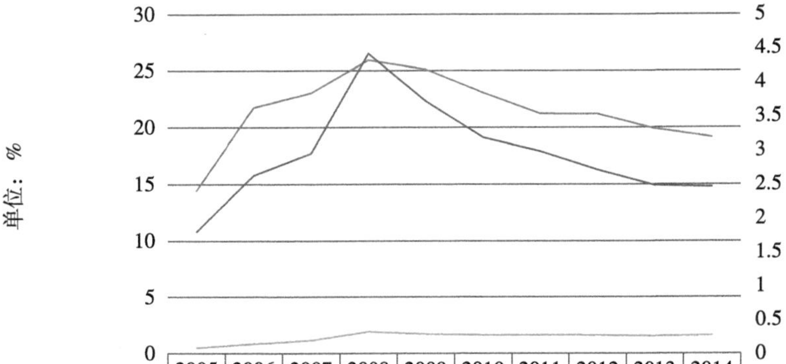

	2005	2006	2007	2008	2009	2010	2011	2012	2013	2014
——占“区域”比例	14.43	21.74	23.01	25.93	25.12	23.03	21.20	21.18	19.86	19.14
——占“一带一路”比例	1.80	2.63	2.95	4.42	3.72	3.19	2.98	2.71	2.48	2.46
——占全球比例	0.08	0.14	0.19	0.32	0.29	0.27	0.27	0.27	0.26	0.27

图 AE-23　阿联酋 FDI 流出存量占比情况（2005—2014 年）

阿联酋对外直接投资存量规模占比情况如上图 AE-23。2005—2014 年，阿联酋对外直接投资存量规模占“区域”对外直接投资存量总规模比例呈类似抛物线状变化；先从 2005 年的 14.43% 上升至十年间最高占比值 25.93%，总共上升了 11.50 个百分点；然后从 2009 年的 25.12% 下降至 2014 年的 19.14%，总共下降了 5.98 个百分点。对比 2005 年及 2014 年，阿联酋对外直接投资存量规模占“区域”比例整体增加了 4.71 个百分点，期间于 2008 年达最高占比值。

而 2005—2014 年间，阿联酋对外直接投资存量规模占“一带一路”比例呈“草帽”状变化。阿联酋对外直接投资存量规模先从 2005 年的 1.80% 快速上升至 2008 年最高占比 4.42%，总共上升了 2.62 个百分点；随后从 2009 年的 3.72% 连续下降至 2014 年的 2.46%，总共下降了 1.26 个百分点。对比 2005 年及 2014 年阿联酋对外直接投资存量规模占“一带一路”比例，整体增加了 0.66 个百分点。

2005—2014 年，阿联酋对外直接投资存量占全球比例极小，但整体有增加趋势。从 2005 年的 0.08% 变化至 2014 年占比值 0.27%，整体增加了 0.19 个百分点，期间于 2008 年达最高占比值 0.32%。

3.FDI 净流入

阿联酋吸引外资规模多数年份超过对外直接投资规模。2005—2014 年间，2007 年、2008 年阿联酋对外直接投资规模超过阿联酋吸引外资规模，其余年份，阿联酋外资流入规模都超过对外直接投资规模。2007 年，阿联酋对外直接投资规模超过外资流入规模 3.81 亿美元，2008 年对外直接投资规模超过外资流入规模 20.97 亿美元。此外，2013 年，阿联酋外资流入规模超过对外直接投资规模 75.36 亿美元，为近年最大值。

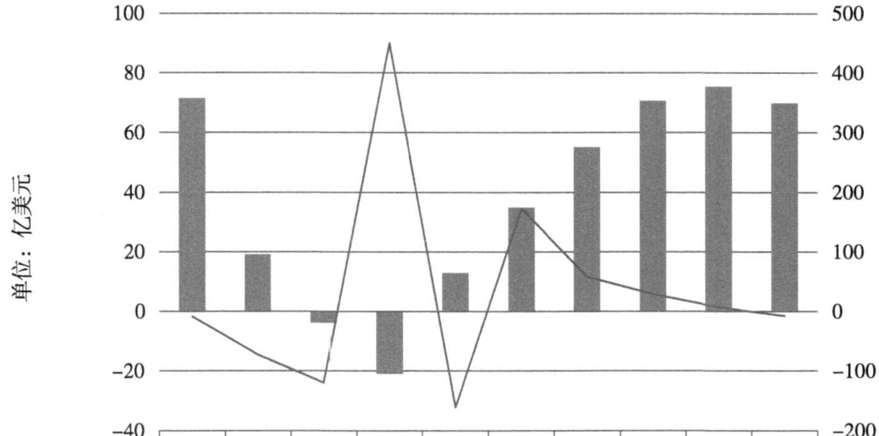

	2005	2006	2007	2008	2009	2010	2011	2012	2013	2014
FDI净流入	71.50	19.14	–3.81	–20.97	12.80	34.85	55.01	70.66	75.36	69.94
增幅（%）	–8.29	–73.23	–119.9	450.01	–161.0	172.33	57.82	28.45	6.66	–7.19

图 AE–24　阿联酋 FDI 净流入及增幅情况（2005—2014 年）

（五）中国与阿联酋的贸易关系

中国与阿联酋自 1984 年 11 月建交以来，双边经贸合作取得了令人瞩目的成就。特别是近年来，中阿关系呈现全面、快速发展势头，两国高层互访和各级别往来不断，在国际和地区事务中相互支持与配合，尤其在 2012 年，中国和阿联酋建立战略伙伴关系，将双方各领域的友好合作关系推上新台阶。同时，阿联酋积极响应中国“一带一路”发展战略，并于 2015 年 3 月正式申请成为亚洲基础设施投资银行的创始成员国。据统计，阿联酋是中国在阿拉伯世界最大的出口市场和第二大贸易伙伴。

联合国贸易与发展会议数据显示：2015 年，中阿双边贸易总额为 486.01 亿美元，较上年下降了 11.31%。其中，中国对阿联酋出口 370.69 亿美元，较上年减少了 5.03%；中国从阿联酋进口 115.32 亿美元，较上年减少了 26.84%。同时，中国对阿联酋长期保持贸易顺差关系，2015 年，贸易顺差额为 255.37 亿美元，较上年增长了 9.74%。

据联合国商品贸易数据库统计，中国出口到阿联酋排名前 3 名的产品包括电机、电气、音像设备及其零件，机械器具及其零件，针织或钩编的服装及衣着附件，占中国出口到阿联酋总出口额比例合计 44.06%；同时，中国从阿联酋进口排名前 3 的产品包括矿物燃料、矿物油及其蒸馏产品等，塑料及其制品以及有机化学品，其中矿物燃料、矿物油及其蒸馏产品的进口占中国从阿联酋进口总额的 74.17%。

1. 中国出口到阿联酋情况

（1）中国出口到阿联酋的数量关系

中国出口到阿联酋的数量增长较快。2005—2015 年，中国出口到阿联酋的出口额及增幅情况如下表 AE-20 所示：

表 AE-20　中国出口到阿联酋的数量关系（2005—2015 年）

指标	2005	2006	2007	2008	2009	2010	2011	2012	2013	2014	2015
出口额（亿美元）	87.30	114.05	171.05	236.44	186.32	212.35	268.13	295.68	334.11	390.34	370.69
增幅（%）	27.61	30.64	49.98	38.23	-21.20	13.97	26.27	10.27	13.00	16.83	-5.03

数据来源：http：//comtrade.un.org/

上表显示，2005—2015 年，中国出口到阿联酋的出口额除在 2009 年及 2015 年有所下降外，其余年份均处于增加状态。中国出口到阿联酋的出口额从 2005 年的 87.30 亿美元增加至 2015 年的 370.69 亿美元，整体增加了 283.39 亿美元，年均增加 15.56%。2005—2008 年、2009—2014 年两个时间段都在不同的梯次处于上升状态，2005—2008 年间出口额增加了 149.14 亿美元，2009—2014 年间增加了 204.02 亿美元；其间 2009 年出口数额为 186.32 亿美元，较 2008 年减少了 21.20%；2015 年出口数额为 370.69 亿美元，较上年减少了 5.03%。

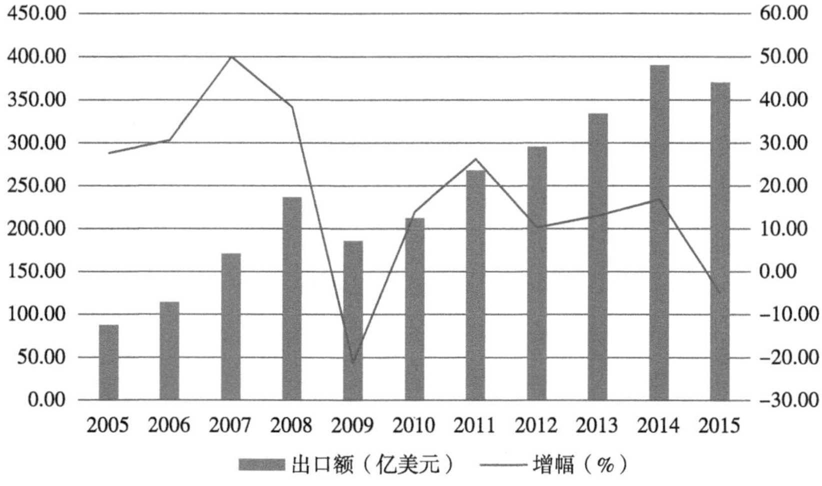

图 AE-25　中国出口到阿联酋的数量关系（2005—2015 年）

（2）中国出口到阿联酋的出口产品结构关系

中国出口到阿联酋的产品较为集中且较为稳定，排名前十的产品就占七成。表

AE-21 及表 AE-22 为 2005 年及 2015 年中国出口到阿联酋主要产品结构：

表 AE-21　中国出口到阿联酋主要产品结构（2005 年）

产品种类	出口额（百万美元）	排名	占比（%）
电机、电气设备及其零件；录音机及放声机、电视图像、声音的录制和重放设备及其零件、附件	1534.72	1	17.58
核反应堆、锅炉、机器、机械器具及其零件	1348.93	2	15.45
针织或钩编的服装及衣着附件	671.30	3	7.69
化学纤维长丝	529.86	4	6.07
非针织或非钩编的服装及衣着附件	394.92	5	4.52
钢铁制品	306.00	6	3.51
鞋靴、护腿和类似品及其零件	293.72	7	3.36
家具；寝具、褥垫、弹簧床垫、软坐垫及类似的填充制品；未列名灯具及照明装置；发光标志、发光铭牌及类似品；活动房屋	275.39	8	3.15
车辆及其零件、附件（铁道及电车道车辆除外）	273.22	9	3.13
其他纺织制成品；成套物品；旧衣着及旧纺织品；碎织物	222.17	10	2.54
合计	5850.23	——	67.00

数据来源：http：//comtrade.un.org/

表 AE-22　中国出口到阿联酋主要产品结构（2015 年）

产品种类	出口额（百万美元）	排名	占比（%）
电机、电气设备及其零件；录音机及放声机、电视图像、声音的录制和重放设备及其零件、附件	7247.41	1	19.55
核反应堆、锅炉、机器、机械器具及其零件	5677.88	2	15.32
针织或钩编的服装及衣着附件	3404.92	3	9.19
非针织或非钩编的服装及衣着附件	2291.27	4	6.18
家具；寝具、褥垫、弹簧床垫、软坐垫及类似的填充制品；未列名灯具及照明装置；发光标志、发光铭牌及类似品；活动房屋	1954.99	5	5.27
鞋靴、护腿和类似品及其零件	1395.43	6	3.76
钢铁制品	1266.47	7	3.42
照相及电影用品	928.85	8	2.51
车辆及其零件、附件（铁道及电车道车辆除外）	891.37	9	2.40
陶瓷产品	848.39	10	2.29
合计	25906.98	——	69.89

数据来源：http：//comtrade.un.org/

由上表可知，2015 年，中国出口到阿联酋排名前十的产品出口额合计为 25906.98 百万美元，占中国出口到阿联酋总出口额的 69.89%，较 2005 年中国出口到阿联酋排名前十的产品总出口额增加了 20056.75 百万美元，年均增加 16.04%，占比增加了 2.89 个百分点。而其中，电机、电气设备及其零件等（19.55%），核反应堆、锅炉、机器、机械器具及其零件（15.32%）的出口就占取中国出口到阿联酋的四成比例，相对于 2005 年出口占比分别上升了 1.79 个百分点、下降了 0.13 个百分点。其余的产品的出口额较 2005 年都有不同比例的增加，占比却有不同方向的变化。

2. 中国从阿联酋进口情况

（1）中国从阿联酋进口的数量关系

中国从阿联酋进口数量增长迅速。2005—2015 年中国从阿联酋进口数量情况如下表：

表 AE-23　中国从阿联酋进口数量关系（2005—2015 年）

指标	2005	2006	2007	2008	2009	2010	2011	2012	2013	2014	2015
进口额（亿美元）	20.46	27.97	30.12	46.13	25.95	44.52	83.07	108.52	128.24	157.63	115.32
增幅（%）	56.90	36.71	7.69	53.15	-43.75	71.56	86.59	30.64	18.17	22.92	-26.84

数据来源：http：//comtrade.un.org/

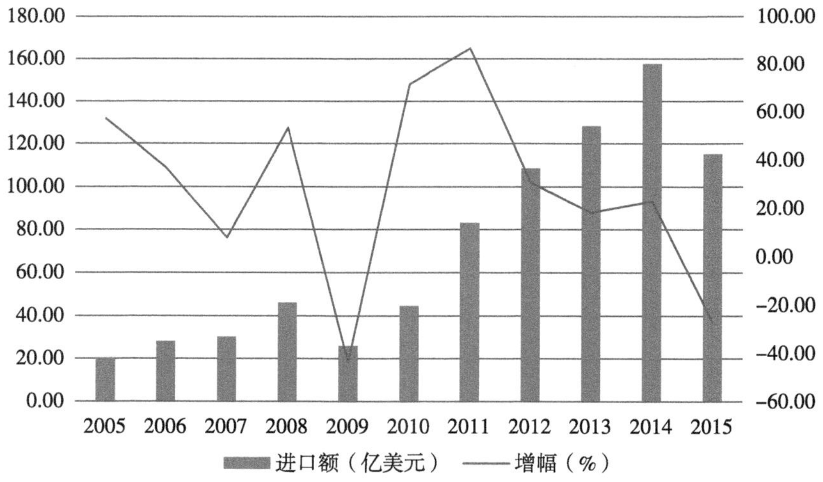

图 AE-26　中国从阿联酋进口数量关系（2005—2015 年）

表 AE-23 显示，2005 年，中国从阿联酋进口总额为 20.46 亿美元，增幅为 56.90%，之后的 2006-2008 年，进口数量都处于不断上升的过程，直至 2008 年，进口额增至 46.13 亿美元；2009 年，受全球金融危机影响，中国对阿联酋的进口规模迅速降至 25.95 亿美元，较上年减少了 43.75%；随后的 2010-2014 年，中国对阿联酋的进口数量以不同的速度增加，直至 2014 年，中方对阿联酋的进口额达 157.63 亿美元，为近十年最高值，相比于 2005 年，总共增加了 137.17 亿美元；而在 2015 年第二次出现下滑，出口额下降至 115.32 亿美元，较上年减少了 26.84%。

（2）中国从阿联酋进口的产品结构关系

中国从阿联酋进口产品结构单一。表 AE-24 及表 AE-25 为 2005 年及 2015 年中国从阿联酋主要进口产品结构。

表 AE-24　中国从阿联酋进口产品结构（2005 年）

产品种类	进口额（百万美元）	排名	占比（%）
矿物燃料、矿物油及其蒸馏产品；沥青物质；矿物蜡	1742.96	1	85.21
塑料及其制品	148.20	2	7.24
铝及其制品	78.60	3	3.84
盐；硫磺；泥土及石料；石膏料、石灰及水泥	57.68	4	2.82
电机、电气设备及其零件；录音机及放声机、电视图像、声音的录制和重放设备及其零件、附件	5.40	5	0.26
铜及其制品	3.37	6	0.16
棉花	1.80	7	0.09
核反应堆、锅炉、机器、机械器具及其零件	1.67	8	0.08
木浆及其他纤维状纤维素浆；回收（废碎）纸或纸板	1.45	9	0.07
鞣料浸膏及燃料浸膏；鞣酸及其衍生物；燃料、颜料及其他着色料；油漆及清漆；油灰及其他类似胶粘剂；墨水、油墨	0.48	10	0.02
合计	2041.61	——	99.79

数据来源：http：//comtrade.un.org/

表 AE-25　中国从阿联酋进口产品结构（2015 年）

产品种类	进口额（百万美元）	排名	占比（%）
矿物燃料、矿物油及其蒸馏产品；沥青物质；矿物蜡	8552.79	1	74.17
塑料及其制品	1680.76	2	14.58
有机化学品	344.32	3	2.99
未分类产品	242.26	4	2.10
盐；硫磺；泥土及石料；石膏料、石灰及水泥	228.94	5	1.99
铜及其制品	165.87	6	1.44
铝及其制品	53.45	7	0.46
矿砂、矿渣及矿灰	41.39	8	0.36

续表

产品种类	进口额（百万美元）	排名	占比（%）
动、植物油、脂及其分解产品；精制的食用油脂；动、植物蜡	38.86	9	0.34
食品工业的残渣及废料；配制的动物饲料	38.74	10	0.34
合计	11387.38	——	98.77

数据来源：http：//comtrade.un.org/

中国从阿联酋进口产品种类尤其集中。2015 年，中国从阿联酋进口排名前十的产品及相应占比依次为：矿物燃料、矿物油及其蒸馏产品；沥青物质；矿物蜡（74.17%）、塑料及其制品（14.58%）、有机化学品（2.99%）、未分类产品（2.10%）、盐；硫磺；泥土及石料；石膏料、石灰及水泥（1.99%）、铜及其制品（1.44%）、铝及其制品（0.46%）、矿砂、矿渣及矿灰（0.36%）、动、植物油、脂及其分解产品；精制的食用油脂；动、植物蜡（0.34%）以及食品工业的残渣及废料；配制的动物饲料（0.34%），出口额合计 11387.38 亿美元，占中国从阿联酋总进口额的 98.77%。其中中国对矿物燃料等相关产品以及塑料及其制成品的进口占中国对阿联酋进口市场的九成比例。相比于 2005 年，排名前十的产品进口额增加了 9345.77 亿美元，是 2005 年的 5.58 倍。

具体分析，2005—2015 年矿物燃料及其相关产品的进口额虽有大幅上升，但占比却有大幅度下降，从 2005 年的 85.21% 降至 2015 年的 74.17%，减少了 11.04 个百分点；同时，对塑料及其制品、有机化学品的进口却有大幅度的增加，在 2005 年，塑料及其制品的占比仅为 7.24%，2015 年上升至 14.58%，增加了 7.34 个百分点；对于有机化学品，2005 年其并未列入中国从阿联酋进口产品排名前十名单，但到 2015 年，其进口额却排名至第 3 位，占比为 2.99%。

四、阿曼苏丹国（The Sultanate of Oman）

（一）基本情况

阿曼是阿拉伯半岛最古老的国家之一。公元前2000年已广泛进行海上和陆路贸易活动，并成为阿拉伯半岛的造船中心；期间，阿曼苏丹国相继被伊巴德教派、葡萄牙统治，英国又于1871年入侵阿曼，将阿曼分为两部分；此后于1967年，阿曼全境统一，改名为“马斯喀特和阿曼苏丹国”；1970年7月23日，卡布斯改国名为“阿曼苏丹国”并沿用至今；1973年，英国军队撤出阿曼。阿曼人口规模总体偏小，城镇化比率高，男女比例不协调；2015年阿曼总人口数为449万人，人口密度为14.51人/平方公里，城镇化率为77.64%；男性占比为66.33%，女性占比为33.67%，可见阿曼人口男女比例失调严重。阿曼地理位置优越，位于阿拉伯半岛东南部，整个东面濒临波斯湾、阿曼湾和阿拉伯海，海岸线长365公里。此外，阿曼油气资源、渔业资源以及矿产资源较丰富；根据《BP世界能源统计年鉴》，截至2014年底，阿曼已探明石油储量52亿桶，天然气储量7000亿立方米。而其渔业资源蕴藏量超过230万吨。阿曼近年经济发展较快；2015年，阿曼GDP值为702.55亿美元；人均GDP为15645.08美元，属于高收入经济体。

1. 建国历程

阿曼是阿拉伯半岛最古老的国家之一。公元前2000年阿曼已广泛进行海上和陆路贸易活动，并成为阿拉伯半岛的造船中心。公元7世纪成为阿拉伯帝国的一部分，11世纪末独立。1429年，伊巴德教派确立在阿曼的统治。1507年，阿曼遭葡萄牙人侵并长期被其殖民统治。1649年，阿曼当地人推翻葡萄牙统治，建立亚里巴王朝。1742年，阿曼被波斯入侵。18世纪中叶，阿曼当地人赶走波斯人，建立赛义德王朝，取国名为“马斯喀特苏丹国”，成为当时印度洋沿岸实力较强的国家之一，势力一度扩张到东非沿海地区。

1856年，时任苏丹赛义德·本·苏尔坦去世后，其两个儿子分别掌管阿曼本土和东非属地。1861年，两地正式分裂。1871年，英国入侵阿曼本土，迫使其接受不平等条约。1913年，阿曼山区部落举行反英起义，建立“阿曼伊斯兰教长国”。1920年，英国殖民者同“教长国”签订《锡卜条约》，承认其独立，阿曼就此分为“马斯喀特苏丹国”和“阿曼伊斯兰教长国”两部分。1955年12月，英国殖民者同其扶持的“苏丹国”军队攻占“教长国”首都尼兹瓦，当地抵抗力量撤入山区，并于1957年7月再度发动反英起义，但最终遭英军大规模镇压而失败。1967年，“马斯喀特苏丹国”苏丹赛义德·本·泰穆尔在英国支持下最终统一阿曼全境，改国名为“马斯喀特和阿曼苏丹国”。1970年7月23日，泰穆尔苏丹被迫逊位，其独子卡布斯登基，改国名为“阿曼苏丹国”并沿用至今。1973年，英国军队撤出阿曼。①

2. 人口状况

阿曼人口规模总体偏小，城镇化比率高，男女比例不协调。2015年阿曼总人口数为449万人，人口密度为14.51人/公里；其中城镇人口为349万人，占比为77.64%，农村人口数为100万人，占比为22.36%；男性人口298万人，占比为66.33%，女性人口151万人，占比为33.67%，男性人口比例为女性的一倍，可见阿曼人口男女比例严重失衡；0–14岁人口数为92万人，占比为20.52%，15–64岁人口数为345万人，占比达76.90%，同时65岁及其以上年龄人口数为12万人，占比仅为2.58%。从此处阿曼人口年龄结构角度分析，阿曼为年轻型国家，有超过七成人口年龄都处于15–64岁年龄阶段。

表 OM–1　阿曼人口总数及其构成（2015年）

指 标	年末数（万人）	比重（%）
人口总数	449	100
其中：城镇	349	77.64
农村	100	22.36
其中：男性	298	66.33
女性	151	33.67
其中：0–14岁	92	20.52
15–64岁	345	76.90
65岁及其以上	12	2.58

数据来源：世界银行，http：//data.worldbank.org/

① 中华人民共和国外交部，http：//www.fmprc.gov.cn/web/

阿曼人口总规模在2005—2015年间处于稳定增加的状态，整体增加了198万人，年均增加5.99%。具体分析，2005—2007年阿曼人口呈减速增加状态，从2005年的251万人增加至2007年的259万人，增加了8万人，增幅从2.45%降至1.57%，减少了0.88个百分点；2008-2012年，阿曼人口数加速增加，从2008年的265万人迅速增至2012年的355万人，增加了90万人，整体增幅为33.96%；随后的几年，阿曼人口减速上升至2015年的449万人，当年增幅为5.90%。

表 OM-2　阿曼人口总数及增幅情况（2005—2015年）

指标	2005	2006	2007	2008	2009	2010	2011	2012	2013	2014	2015
人口总数（万人）	251	255	259	265	276	294	321	355	391	424	449
增幅（%）	2.45	1.59	1.57	2.32	4.15	6.52	9.18	10.59	10.14	8.44	5.90

数据来源：世界银行，http：//data.worldbank.org/

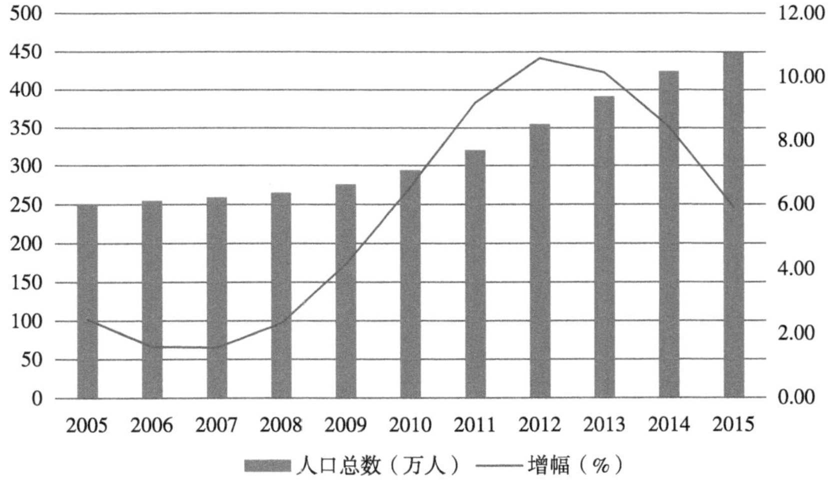

图 OM-1　阿曼人口总数及增幅情况（2005—2015年）

3. 地域状况

阿曼地理位置优越，位于阿拉伯半岛东南部，面积30.95万平方公里，是阿拉伯半岛地区的第三大国，与阿联酋、沙特、也门等国接壤，整个东面濒临波斯湾、阿曼湾和阿拉伯海，海岸线长365公里。

阿曼地形差异分明，境内有山川、沙漠和平原。北起扼守霍尔木兹海峡的穆桑达姆岛，南至马斯喀特东南部肥沃的巴迪纳平原，越过山脉是浩瀚的鲁不哈利沙漠，南部是萨拉拉绿川。山区占全国总面积的15%，境内最高峰是高达3000多米的太阳山。境内有两条主要山脉：一条北起穆桑达姆，南至拉斯哈德角的哈吉尔山脉；另一条是位于西南部的盖拉山脉。东临阿曼湾，由北向南是狭长的平原，面积只占全国面积的 5%。剩下的是沙漠或沙地，占全国面积的 85%。[①]

4. 资源禀赋

阿曼的油气资源、渔业资源以及矿产资源较丰富。根据《BP 世界能源统计年鉴》数据显示，截至 2014 年底，阿曼已探明石油储量 52 亿桶，天然气储量 7000 亿立方米。而其渔业资源蕴藏量超过 230 万吨（其中底层鱼 30 万吨，大型上层鱼 100 万吨，小型上层鱼 100 万 –300 万吨），鱼类和甲壳类超过 150 个品种，沙丁鱼、金枪鱼等大约有 35 个种类。矿产资源有铜、金、银、铬、铁、锰、镁、煤矿等。据估计，铜矿储量为 1500 万吨；金、银、铜的总储量在 3500 万吨；金、银多为伴生矿，多分布在苏哈尔地区。铬矿储量为 250 万吨以上，品味一般为 35% 至 40%，主要分布在苏哈尔和赛迈德两个地区。铁矿储量为 1.2 亿吨，品位为 39% 的铁矾土，多储藏在尼凯尔、伊布拉地区。锰矿储量约 150 万吨，主要分布在拉斯哈德和海迈哈山地区。此外，阿曼还蕴藏丰富的工业矿产，如石灰石、大理石、石膏、磷酸盐、盐石英石、高岭土等。大理石储量达 1.5 亿吨，主要分布在北部山区和南部地区。石灰石储量约 3 亿吨。石膏储量达 12 亿吨以上，主要分布在南部佐法尔省及北部的布莱米和中部的加哈拜地区。煤矿储量约 1.2 亿吨。[②]

5. 经济实力

阿曼近年经济发展较快。2015 年，阿曼国内生产总值（GDP）为 702.55 亿美元；人均 GDP 为 15645.08 美元；同时，由人均 GDP 衡量的国家经济水平来分析，阿曼属于高收入经济体。

表 OM–3 和图 OM–2 展示了阿曼 GDP 及其增长率具体情况：

表 OM–3　阿曼 GDP 及增长率情况（2005—2015 年）

指标	2005	2006	2007	2008	2009	2010	2011	2012	2013	2014	2015
GDP（亿美元）	310.82	372.16	420.85	609.05	483.88	586.41	679.38	763.41	781.83	817.97	702.55
增长率（%）	25.51	19.73	13.08	44.72	–20.55	21.19	15.85	12.37	2.41	4.62	–14.11

数据来源：世界银行，http：//data.worldbank.org/

① 资料来源：http：//fec.mofcom.gov.cn/article/tzhzcj/tzhz/

② 资料来源：http：//fec.mofcom.gov.cn/article/tzhzcj/tzhz/

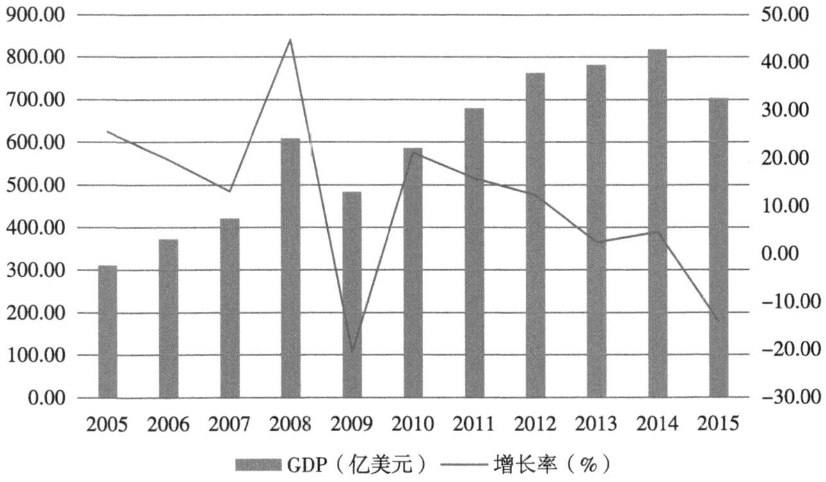

图 OM-2 阿曼 GDP 及增长率情况（2005—2015 年）

由上图可知，2005—2015 年，阿曼经济除在 2009 年及 2015 年有所下降外，其余年份均处于连续上升状态。2005—2008 年，阿曼经济从 2005 年的 310.82 亿美元上升至 2008 年的 609.05 亿美元，增加了 298.23 亿美元；2009 年阿曼经济下降至 483.88 亿美元，较上年下降了 20.55%；2010 年，阿曼 GDP 为 586.41 亿美元，之后增加至 2014 年的 817.97 亿美元，增加了 231.56 亿美元；2015 年，阿曼经济呈负增长状态，当年 GDP 为 702.55 亿美元，较上年下降了 14.11%，相比 2005 年，阿曼经济总体增加了 391.73 亿美元，年均增长 8.50%。

表 OM-4 为 2005—2015 年阿曼人均 GDP 及其增长率相关情况：

表 OM-4 阿曼人均 GDP 及增长率情况（2005—2015 年）

年份	人均 GDP（现价美元）	增长率（%）
2005	12398.59	22.58
2006	14575.16	17.55
2007	16225.66	11.32
2008	22963.38	41.53
2009	17518.83	-23.71
2010	19920.65	13.71
2011	21164.34	6.24
2012	21533.81	1.75
2013	20011.35	-7.07

续表

年份	人均 GDP（现价美元）	增长率（%）
2014	19309.61	-3.51
2015	15645.08	-18.98

数据来源：世界银行，http：//data.worldbank.org/

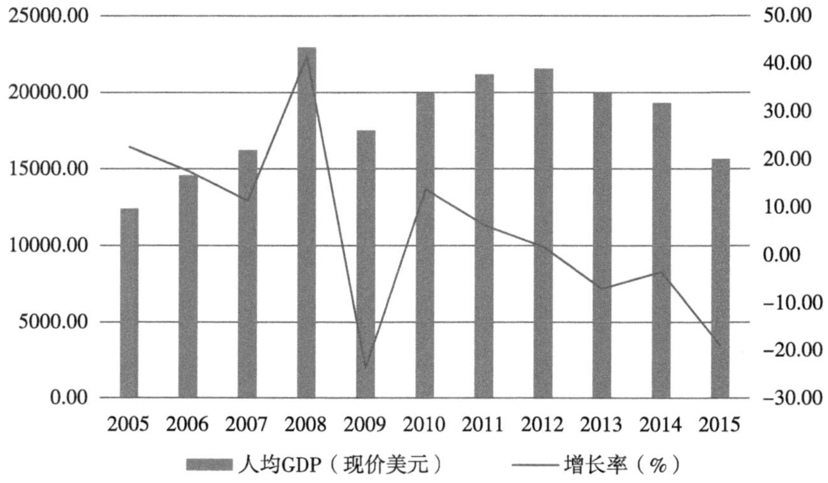

图 OM-3 阿曼人均 GDP 及增长率情况（2005—2015 年）

2005—2015 年，阿曼人均 GDP 处于倒“U”型发展状态，且整体有所增加；期间于 2008 年达最大值 22963.38 美元。2005—2008 年，阿曼人均 GDP 从 2005 年的 12398.59 美元增加至 2008 年的 22963.38 美元，增加了 10564.79 美元；2009 年，阿曼人均 GDP 下降至 17518.83 美元，较上年减少了 23.71%；随后阿曼人均 GDP 呈先增加后下降趋势，2015 年，阿曼人均 GDP 为 15645.08 美元，较上年减少了 18.98%，较 2005 年增加了 3246.49 美元。

（二）产业情况

阿曼三次产业结构比重呈现“二、三、一”比例特征。2005—2014 年，阿曼三次产业结构逐渐向第三产业倾斜，期间，第一产业对 GDP 的贡献小幅下降；第二产业对 GDP 的拉动作用也有小幅的增加；近年，阿曼政府逐渐推行经济多元化政策，努力改变其商品结构单一的情况，同时，阿曼近年旅游业发展较快，从而其第三产业在其国民经济中的作用越来越明显，第三产业增加值占 GDP 比重从 2005 年的 34.

85% 上升至 2014 年的 40.75%，增加了 5.9 个百分点。

1. 第一产业

（1）第一产业基本情况

近年，阿曼农业发展较迅速，但其占 GDP 比例极小，且有下降趋势。2005—2014 年，阿曼农业增加值从 502.47 百万美元增加至 1055.92 百万美元，总体增加了 553.45 百万美元，增幅为 110.15%；同时占 GDP 比重从 2005 年的 1.62% 降至 2014 年的 1.29%，减少了 20.37%。

表 OM-5 及图 OM-4 为阿曼农业增加值及相关情况：

表 OM-5　阿曼农业增加值及相关情况（2005—2014 年）

指标	2005	2006	2007	2008	2009	2010	2011	2012	2013	2014
增加值（百万美元）	502.47	521.72	579.71	679.84	714.43	810.66	853.06	886.87	964.89	1055.92
增幅（%）	4.77	3.83	11.12	17.27	5.09	13.47	5.23	3.96	8.80	9.43
占 GDP 比重（%）	1.62	1.40	1.38	1.12	1.48	1.38	1.26	1.16	1.23	1.29

数据来源：世界银行，http://data.worldbank.org/

图 OM-4 显示，阿曼农业增加值近十年处于连续上升的过程中。阿曼农业增加值从 2005 年的 502.47 百万美元连续增加至 2014 年的 1055.92 百万美元，总共增加了 553.45 百万美元，年均增加 8.60%，且有进一步增加的趋势。

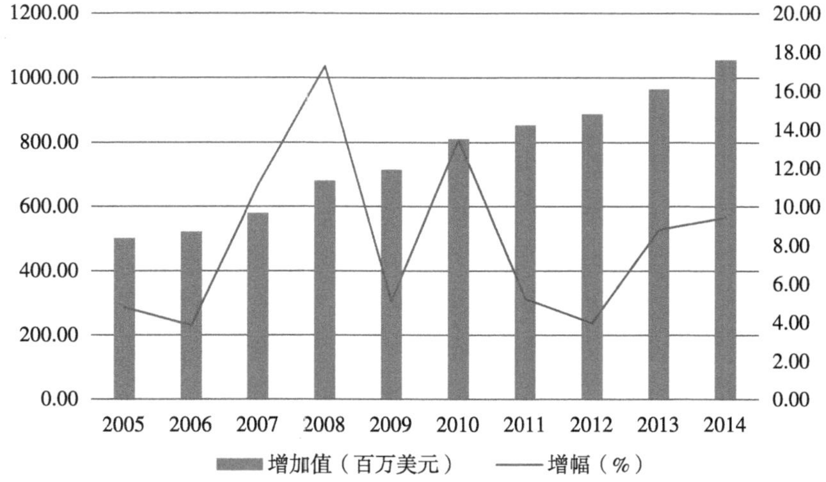

图 OM-4　阿曼农业增加值及增幅情况（2005—2014 年）

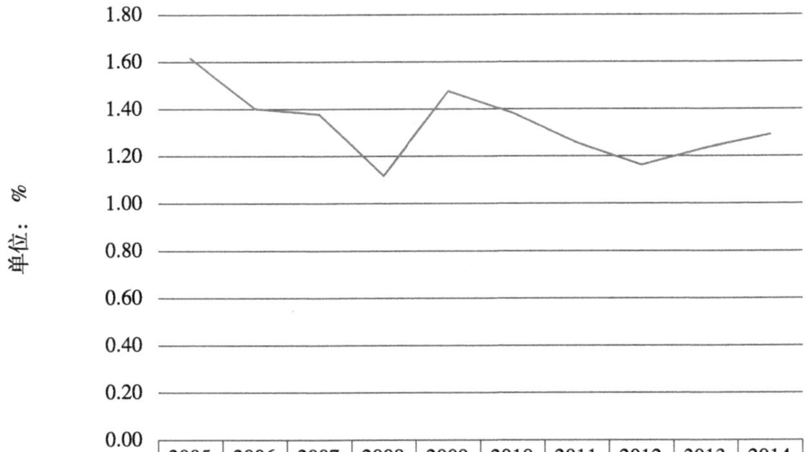

	2005	2006	2007	2008	2009	2010	2011	2012	2013	2014
—— 占GDP 比重	1.62	1.40	1.38	1.12	1.48	1.38	1.26	1.16	1.23	1.29

图 OM-5　阿曼农业增加值占 GDP 比重情况（2005—2014 年）

上图显示，阿曼农业增加值占 GDP 比例在 2005—2014 年间处于波动下降趋势。阿曼农业增加值占 GDP 比例从 2005 年的 1.62% 波动下降至 2014 年的 1.29%，整体下降了 0.33 个百分点。期间，阿曼农业增加值占 GDP 比例于 2008 年达最低占比值 1.12%。从 2005—2014 年十年间整体分析，阿曼农业增加值占比整体有所下降，但从近两年变化趋势分析，阿曼农业增加值对 GDP 的贡献有上升趋势。

（2）第一产业构成

阿曼农业和渔业比较薄弱，2014 年农渔业产值为 10.78 亿美元，占 GDP 的比重约为 1.3%。根据阿曼 2020 年远景规划，农、渔业年均增长应不低于 4.5%，占 GDP 比重届时应达到 3.1%。

阿曼农业种植面积 7.27 万公顷，处较高水平。农业总产量达 124.8 万吨，主要种植椰枣、柠檬、香蕉、芒果、木瓜等水果和蔬菜，农作物以小麦、大麦、高粱为主。其中蔬菜种植面积 5944 公顷，产量 19.3 万吨；水果种植面积 3.9 万公顷，产量 35 万吨田间作物种植面积 9614 公顷，产量 4.6 万吨；四季饲料种植面积 1.8 万公顷，产量 65.8 万吨。存栏牛 34.6 万头，羊 40.4 万头。2012 年，阿曼发放渔业捕捞证（包括新发与更新）10056 份，鱼类捕捞量达 19.1 万吨，绝大多数为传统方式捕捞；出口 7.2 万吨，价值 1.45 亿美元，主要出口到阿联酋、东亚及欧洲各国。[①]

① 资料来源：http：//fec.mofcom.gov.cn/article/tzhzcj/tzhz/

2. 第二产业

（1）第二产业基本情况

阿曼工业较为发达，为其国民经济的重要组成部分，且有进一步增加趋势。2005—2014 年，阿曼工业增加值从 2005 年的 197.48 亿美元上升至 2014 年的 534.38 亿美元，整体增加了 336.90 亿美元，年均增加 11.70%；占 GDP 比重从 2005 年的 63.53% 增加至 2014 年的 65.33%，整体增加了 1.8 个百分点。

表 OM-6 及图 OM-6 为阿曼工业增加值及增幅具体情况：

表 OM-6　阿曼工业增加值及相关情况（2005—2014 年）

指标	2005	2006	2007	2008	2009	2010	2011	2012	2013	2014
增加值（亿美元）	197.48	237.07	257.22	407.67	288.41	375.81	486.77	537.34	538.43	534.38
增幅（%）	41.73	20.05	8.50	58.49	−29.25	30.30	29.53	10.39	0.20	−0.75
占 GDP 比重（%）	63.53	63.70	61.12	66.94	59.60	64.09	71.65	70.39	68.87	65.33

数据来源：世界银行，http：//data.worldbank.org/

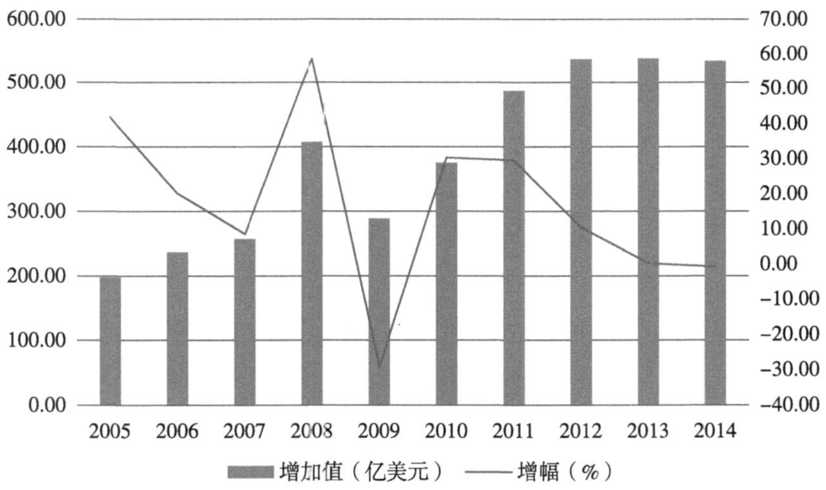

图 OM-6　阿曼工业增加值及增幅情况（2005—2014 年）

由上图可知，十年间，阿曼工业增加值除了在 2009 年及 2014 年有所下降外，其余年份都处于上升趋势中。2005—2008 年，阿曼工业增加值以“V”状的增幅增加，2005 年其工业增加值为 197.48 亿美元；2008 年其工业增加值为 407.67 亿美元，总共增加了 210.19 亿美元；2009 年，受全球金融危机的影响，阿曼工业增加值急剧下降至 288.41 亿美元，较上年减少了 29.25%；之后的 2010-2013 年，阿曼工业增加值呈先增速后减速增加，直至 2013 年，阿曼工业增加值达 538.43 亿美元，为近十年中最高值；但在 2014 年，阿曼工业增加值小幅下滑至 534.38 亿美元，比上年减少了 0.75%。

下图 OM-7 为 2005—2014 年阿曼工业增加值占 GDP 具体情况：

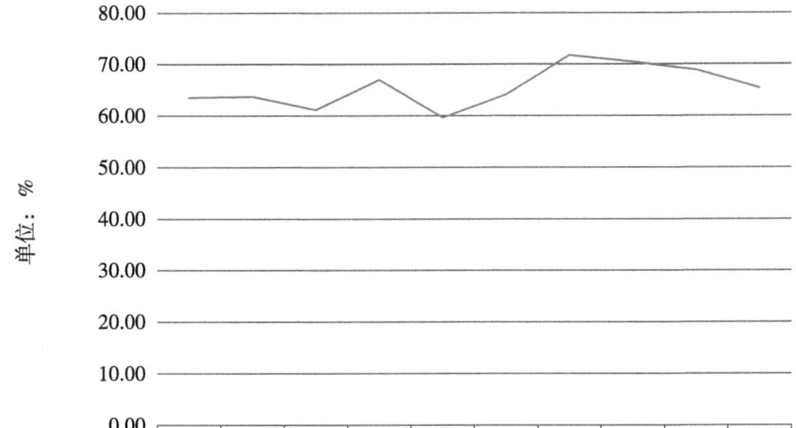

	2005	2006	2007	2008	2009	2010	2011	2012	2013	2014
—— 占GDP比重	63.53	63.70	61.12	66.94	59.60	64.09	71.65	70.39	68.87	65.33

图 OM-7　阿曼工业增加值占 GDP 比重情况（2005—2014 年）

阿曼工业对其国内经济的贡献远超第一、三产业，占比超过六成比例，且十年间处于小幅波动上升趋势。2005 年，阿联酋工业增加值占 GDP 比例为 63.53%，在 2011 年达最高值，占比为 71.65%；此后几年占比有小幅下降，到 2014 年，占比为 65.33%，较 2005 年上升了 1.8 个百分点，且十年间振幅为 12.05 个百分点。

（2）第二产业构成

阿曼工业主要是石油和天然气工业以及石化工业。石油和天然气工业是阿曼的支柱产业，在阿曼国民经济中占取主要地位，更是其国家财政收入的主要来源。根据《对外投资合作指南—阿曼（2015 版）》数据显示，2014 年，阿曼石油产量和进口量分别为 3.44 亿桶和 2.45 亿桶，天然气量（包括进口量）为 302.8 亿立方米；石油出口收入为 351.96 亿美元，液化天然气出口收入 37.98 亿美元。

同时，阿曼政府为实现经济多元化的目标，改变单纯对原油出口的依赖，在苏哈尔建成了以石油为基础的工业区。目前，阿曼主要的石化企业有阿曼炼油厂、苏哈尔炼油厂、阿曼液化天然气公司以及格尔哈特液化天然气公司[①]。

① 资料来源：http：//fec.mofcom.gov.cn/article/tzhzcj/tzhz/

3. 第三产业

（1）第三产业基本情况

阿曼服务业近十年发展迅速，且有强烈的上升趋势；占 GDP 比例亦是大幅增加，约占 GDP 总值的四成比例。2005—2014 年，阿曼服务等附加值从 2005 年的 108.32 亿美元增加至 2014 年的 333.28 亿美元，增加了 224.96 亿美元，年均增加 13.30%；占 GDP 比重亦是从 2005 年的 34.85% 上升至 2014 年的 40.75%，上升了 5.9 个百分点。

表 OM-8 及图 OM-8 为阿曼服务等附加值及其增幅具体情况：

表 OM-8　阿曼服务等附加值及增幅情况（2005—2014 年）

指标	2005	2006	2007	2008	2009	2010	2011	2012	2013	2014
附加值（亿美元）	108.32	129.87	157.84	194.58	188.33	214.84	232.92	269.91	294.68	333.28
增幅（%）	4.65	19.89	21.53	23.28	−3.21	14.08	8.42	15.88	9.18	13.10
占 GDP 比重（%）	34.85	34.90	37.50	31.95	38.92	36.64	34.29	35.35	37.69	40.75

数据来源：世界银行，http：//data.worldbank.org/

十年间，阿曼服务等附加值整体有大幅度的增加。2005—2014 年间，服务等附加值除在 2009 年有小幅下降外，其他年份都以不同的增速连续上升，先是从 2005 年的 108.32 亿美元增加至 2008 年的 194.58 亿美元，增加了 86.26 亿美元；2009 年，受美国次贷危机的影响，阿曼服务等附加值下降至 188.33 亿美元，比上年减少了 3.21%；随后的 2010-2014 年阿曼服务等附加值以波动的增幅连续增加至 2014 年的 333.28 亿美元，当年增幅为 13.10%。

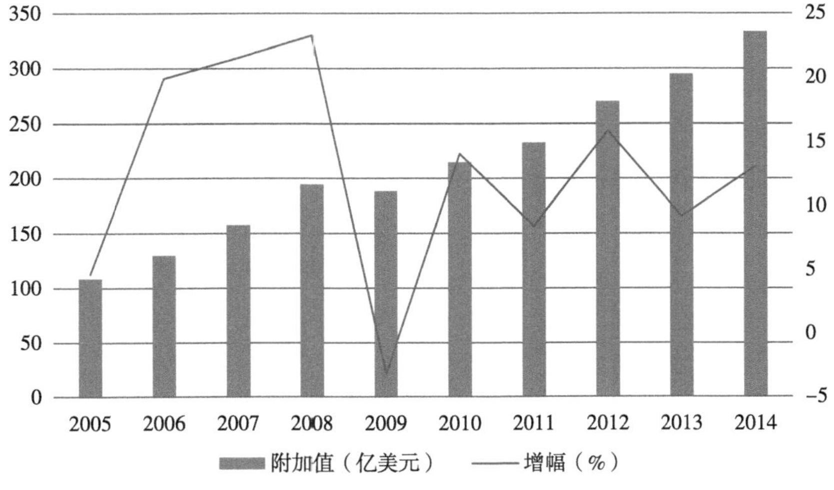

图 OM-8　阿曼服务等附加值及增幅情况（2005—2014 年）

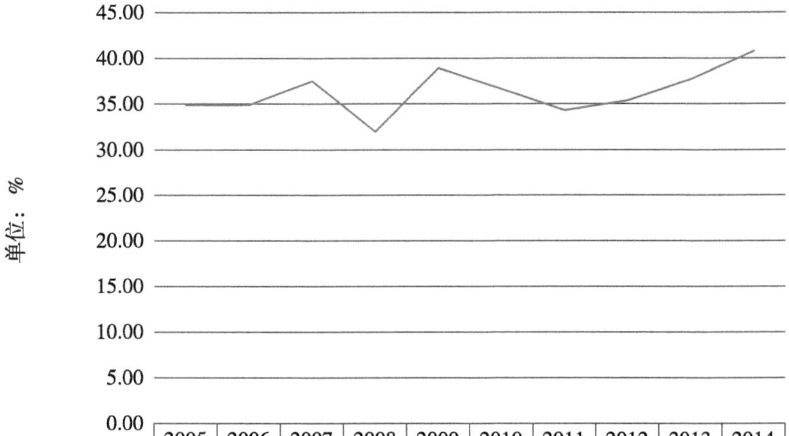

	2005	2006	2007	2008	2009	2010	2011	2012	2013	2014
—— 占GDP比重	34.85	34.90	37.50	31.95	38.92	36.64	34.29	35.35	37.69	40.75

图 OM-9　阿曼服务等附加值占 GDP 比重情况（2005—2014 年）

如上图 OM-9 所示，2005—2014 年，阿曼服务等附加值占 GDP 比重处于小幅波动上升的状态，且在 2014 年超过四成比例。2005 年，其占 GDP 比重为 34.85%；2008 年阿曼服务等附加值占 GDP 比重下降至 31.95%，较 2005 年下降了 2.9 个百分点；2009 年，阿曼服务等附加值占 GDP 比重增加至 38.92%；2010-2014 年，占比先小幅下降后缓慢上升至 2014 年的 40.75%。相比 2005 年及 2014 年，占比整体上升了 16.93%。

2009 年，阿曼服务等附加值虽有所下降，但其对 GDP 的贡献却有所增加，说明金融危机对阿曼服务业的影响小于对第一、二产业的影响。

（2）第三产业构成

旅游业是阿曼政府近年重点发展的行业，2004 年正式成立了旅游部，作用在于规划和推动阿曼旅游业的发展。阿曼在旅游业发展方面有独特优势，一是旅游资源较丰富，二是生态环境保护较好，三是旅游设施较完善。据外交部数据显示，截至 2012 年底，阿曼有星级饭店（包括汽车旅店）238 家（其中五星级 15 家，四星级 18 家），房间 12180 间（套），床位 18565 个。根据阿曼长期发展规划，从 2011 年开始的 10 年，旅游业的年均增长为 5.5%。到 2021 年，旅游业对阿曼 GDP 的贡献率将由 2011 年的 6.8% 增加至 7.7%，产值预计 75 亿美元[①]。

① 资料来源：http：//fec.mofcom.gov.cn/article/tzhzcj/tzhz/

（三）进出口贸易情况

阿曼先于2000年11月加入世界贸易组织，后又与美国及新加坡等国家签署了自由贸易协定。阿曼对外贸易量较大，且有进一步增长趋势。据统计，全球有120国家与阿曼有进口贸易关系，有140个国家与阿曼有贸易出口关系；总体分析，阿曼整体处于贸易逆差状态，逆差主要来源国是中国，顺差来源国主要是阿联酋。

联合国贸发会议数据显示，2015年，阿曼贸易总额为899.20亿美元，较上年增加了8.96%；其中出口额为392.44亿美元，较上年减少了26.26%，进口额为506.76亿美元，较上年增加了72.93%；整体从上年的贸易顺差状态转变为2015年的贸易逆差状态，贸易逆差额为114.32亿美元。

联合国商品贸易统计数据库数据显示，2015年，阿曼主要出口产品为矿物燃料、矿物油及其蒸馏产品等，车辆及其零件、附件以及有机化学品，此3种产品的出口额合计251.08亿美元，占阿曼出口总额的78.65%，其中，阿曼对矿物燃料、矿物油及其蒸馏产品的出口占阿曼出口的62.00%；阿曼主要进口产品为车辆及其零件、附件，机械器具及其零件以及矿物燃料、矿物油及其蒸馏产品等，进口额合计115.16亿美元，占比合计39.70%。

此外，阿曼主要出口市场包括中国、韩国等国家，其中中国为其第一大出口市场，占其总出口市场的44.06%；阿曼主要进口市场国包括阿联酋、日本、中国、印度、美国等，阿联酋为其第一大进口市场国，占其总进口市场的32.47%。

1. 参与贸易协定情况

阿曼于2000年11月加入世界贸易组织（WTO），而且与美国、新加坡签订了涵盖货物与服务等内容的自由贸易协定与经济一体化协议，与巴林、科威特、卡塔尔、沙特阿拉伯以及阿拉伯联合酋长国签署了货物贸易的关税同盟协议。

表 OM-8　阿曼参与贸易协定情况

国家代码	国家	协议类型	覆盖范围	签订时间	生效时间
840	美国	FTA/EIA	商品 & 服务	2006年1月	2009年1月
702	新加坡	FTA/EIA	商品 & 服务	2008年12月	2013年9月
48	巴林	CU	商品	2001年12月	2003年1月
414	科威特	CU	商品	2001年12月	2003年1月
634	卡塔尔	CU	商品	2001年12月	2003年1月

续表

国家代码	国家	协议类型	覆盖范围	签订时间	生效时间
682	沙特阿拉伯	CU	商品	2001 年 12 月	2003 年 1 月
784	阿拉伯联合酋长国	CU	商品	2001 年 12 月	2003 年 1 月

数据来源：https：//rtais.wto.org/UI/PublicMaintainRTAHome.aspx

作为海湾合作委员会（GCC）的成员国，阿曼加入了海合会关税同盟，并参与海合会与欧盟、中国及其他国家的自由贸易协定谈判。此外，阿曼是环印度洋集团的创始国、阿拉伯自由贸易区成员。

2. 出口贸易

（1）出口贸易总额

表 OM-9 为阿曼货物出口及相关的占比情况，大致的可以看出，2005—2015 年，阿曼货物出口整体有所增加，但占“区域”①、“一带一路”②及全球比例都极小。

表 OM-9　阿曼货物出口及相关占比情况（2005—2015 年）

年份	出口额（亿美元）	增幅（%）	占“区域”比例（%）	占“一带一路”比例（%）	占全球比例（%）
2005	186.92	40.10	2.98	0.65	0.18
2006	215.85	15.48	2.83	0.61	0.18
2007	246.92	14.39	2.76	0.58	0.18
2008	377.19	52.76	3.16	0.72	0.23
2009	276.51	–26.69	3.26	0.68	0.22
2010	366.01	32.37	3.49	0.71	0.24
2011	470.92	28.66	3.28	0.73	0.26
2012	521.38	10.72	3.40	0.77	0.28
2013	564.29	8.23	3.69	0.81	0.30
2014	532.21	–5.69	3.62	0.75	0.28
2015	392.44	–26.26	3.90	0.65	0.24

数据来源：http：//unctadstat.unctad.org/

① “区域”国家为西亚北非 16 国，主要包括：沙特阿拉伯、阿联酋、阿曼、伊朗、土耳其、以色列、埃及、科威特、伊拉克、卡塔尔、约旦、黎巴嫩、巴林、也门、叙利亚、巴勒斯坦。

② “一带一路”国家主要包括中国、俄罗斯、蒙古等“一带一路”沿线 65 个国家。

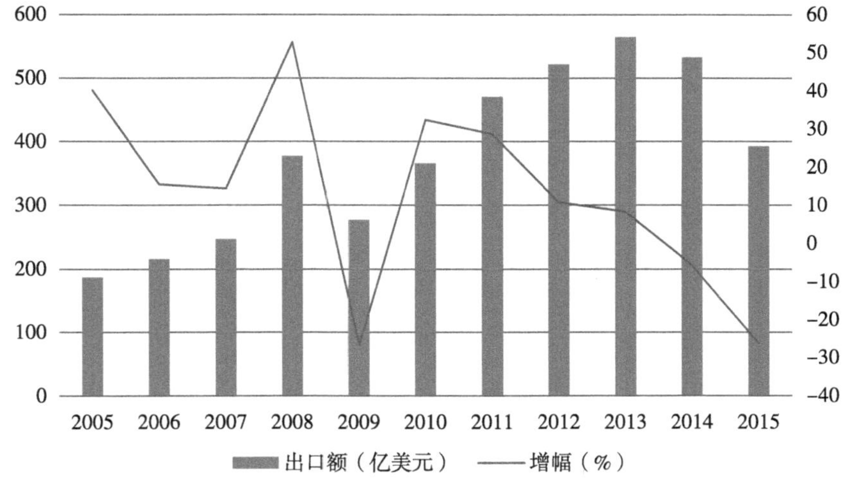

图 OM-10　阿曼货物出口及增幅情况（2005—2015 年）

由表 OM-9 制出的图 OM-10 显示，2005—2015 年，阿曼货物出口规模整体有所增加，但于 2009 年及 2014、2015 年有所下降。2005—2008 年，阿曼货物出口以波动的增幅连续增加，从 2005 年的 186.92 亿美元增加至 2008 年的 377.19 亿美元，总共增加了 190.27 亿美元；2009 年，受全球经济整体衰退的影响，阿曼出口整体下降，出口额为 276.51 亿美元，较上年减少了 26.69%；而 2010-2013 年，阿曼货物出口连续增加至 2013 年的 564.29 亿美元，较 2009 年增加了 287.78 亿美元；但从 2014 年开始，阿曼出口额出现下滑，2015 年，阿曼出口额大幅下降至 392.44 亿美元，较上年减少了 26.26%，但较 2005 年增加了 205.52 亿美元，年均增加 7.70%。

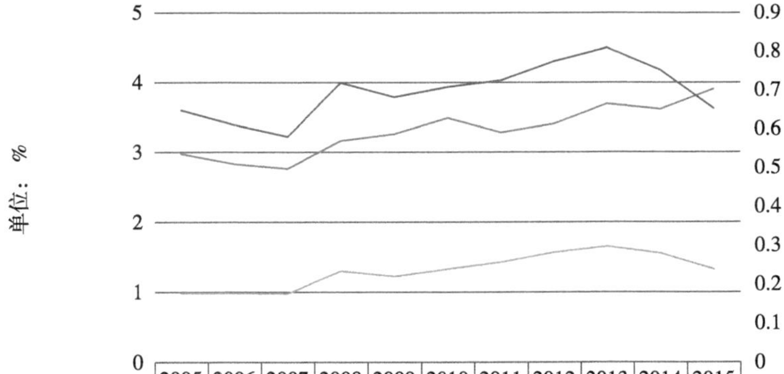

	2005	2006	2007	2008	2009	2010	2011	2012	2013	2014	2015
——占“区域”比例	2.98	2.83	2.76	3.16	3.26	3.49	3.28	3.40	3.69	3.62	3.90
——占“一带一路”比例	0.65	0.61	0.58	0.72	0.68	0.71	0.73	0.77	0.81	0.75	0.65
——占全球比例	0.18	0.18	0.18	0.23	0.22	0.24	0.26	0.28	0.30	0.28	0.24

图 OM-11　阿曼货物出口占比情况（2005—2015 年）

图 OM-11 显示，阿曼货物出口占“区域”“一带一路”及全球货物出口总额的比例都极小，但整体有上升趋势。2005—2015 年，阿曼货物出口占“区域”比例小幅波动上升，从 2005 年的 2.98% 上升至 2015 年的 3.90%，占比增加了 0.92 个百分点。十一年间，阿曼货物出口占“一带一路”国家出口比例处于波动状态，2005 年，其占比仅为 0.65%，随后在 2014 年占比为 0.75%，为近年最高值；但 2015 年又出现下降，回到了 2005 年的占比值 0.65%。然而阿曼占全球比例极小，十一年间从 2005 年的 0.18% 上升至 2015 年的 0.24%，增加了 0.06 个百分点，但从近三年变化趋势来看，其占比有下降趋势。

（2）出口产品结构

阿曼出口产品结构集中，且较为稳定，其中矿物燃料等产品的出口就超过其总出口六成比例。表 OM-10 及表 OM-11 为阿曼 2005 年及 2015 年主要出口产品结构及占比情况：

表 OM-10 阿曼主要出口产品结构及占比情况（2005 年）

产品种类	出口额（亿美元）	排名	占比（%）
矿物燃料、矿物油及其蒸馏产品；沥青物质；矿物蜡	157.72	1	84.38
车辆及其零件、附件（铁道及电车道车辆除外）	10.67	2	5.71
电机、电气设备及其零件；录音机及放声机、电视图像、声音的录制和重放设备及其零件、附件	1.60	3	0.86
肥料	1.54	4	0.83
核反应堆、锅炉、机器、机械器具及其零件	1.27	5	0.68
乳品；蛋品；天然蜂蜜；其他食用动物产品	1.19	6	0.63
钢铁制品	1.05	7	0.56
鱼、甲壳动物、软体动物及其他水生无脊椎动物	0.97	8	0.52
塑料及其制品	0.80	9	0.43
盐；硫磺；泥土及石料；石膏料、石灰及水泥	0.76	10	0.41
合计	177.57	——	95.01

数据来源：http：//comtrade.un.org/

表 OM-11　阿曼主要出口产品结构及占比情况（2015 年）

产品种类	出口额（亿美元）	排名	占比（%）
矿物燃料、矿物油及其蒸馏产品；沥青物质；矿物蜡	197.94	1	62.00
车辆及其零件、附件（铁道及电车道车辆除外）	41.91	2	13.13
有机化学品	11.23	3	3.52
铝及其制品	8.81	4	2.76
塑料及其制品	7.27	5	2.28
肥料	6.84	6	2.14
钢铁	5.13	7	1.61
电机、电气设备及其零件；录音机及放声机、电视图像、声音的录制和重放设备及其零件、附件	4.63	8	1.45
矿砂、矿渣及矿灰	3.81	9	1.19
钢铁制品	3.45	10	1.08
合计	291.02	——	91.16

数据来源：http：//comtrade.un.org/

由上表可知，2015 年，阿曼出口排名前十的产品及占比分别为：矿物燃料等产品（62.00%），车辆及其零件、附件（13.13%），有机化学品（3.52%），铝及其制品（2.76%），塑料及其制品（2.28%），肥料（2.14%），钢铁（1.61%），电机、电气设备及其零件等（1.45%），矿砂、矿渣及矿灰（1.19%）以及钢铁制品（1.08%），十类产品出口额合计 291.02 亿美元，占阿曼出口总额的 91.16%。其中，阿曼对矿物燃料等产品和车辆及其零附件的出口占比就达阿曼出口总额的 75.13%。对比 2005 年及 2015 年阿曼出口产品结构，阿曼对矿物燃料等产品的出口总额虽有上升，但占比却下降了 22.38 个百分点，而对车辆及其零附件的出口占比上升了 7.42 个百分点；同时对其他产品的出口都有不同程度的上升。

（3）出口市场结构

2005 年及 2014 年阿曼出口市场结构及占比情况如下表 OM-12，由表中内容可知：阿曼出口市场集中，且主要集中于亚洲国家，其中中国是阿曼出口贸易的最大合作伙伴，2014 年占据阿曼出口市场的 44.06%。

表 OM-12　阿曼出口市场结构及占比情况（2005 年、2014 年）

2005					2014				
国家代码	国家	出口额（亿美元）	排名	占比（%）	国家代码	国家	出口额（亿美元）	排名	占比（%）
156	中国	50.69	1	27.12	156	中国	223.48	1	44.06
392	日本	27.89	2	14.92	410	韩国	74.97	2	14.78
764	泰国	26.38	3	14.11	——	亚洲其他国家	38.07	3	7.51
——	未详细说明的	20.38	4	10.90	392	日本	36.52	4	7.20
784	阿联酋	13.97	5	7.48	784	阿联酋	20.18	5	3.98
410	韩国	10.55	6	5.64	764	泰国	16.54	6	3.26
——	亚洲其他国家	9.84	7	5.26	356	印度	15.38	7	3.03
702	新加坡	4.77	8	2.55	586	巴基斯坦	12.17	8	2.40
840	美国	4.40	9	2.35	682	沙特阿拉伯	11.36	9	2.24
724	西班牙	3.06	10	1.64	——	未详细说明的	8.05	10	1.59
	合计	171.92	—	91.98		合计	456.71	—	90.05

数据来源：http：//www.trademap.org/Product_SelProductCountry.aspx

2014 年，阿曼出口市场排名前十的国家及相应占比分别是：中国（44.06%）、韩国（14.78%）、亚洲其他国家（7.51%）、日本（7.20%）、阿联酋（3.98%）、泰国（3.26%）、印度（3.03%）、巴基斯坦（2.40%）、沙特阿拉伯（2.24%）、未详细说明的（1.59%），出口额合计 456.71 亿美元，占比合计 90.05%。2005 年，阿曼主要出口市场及占比依次为：中国（27.12%）、日本（14.92%）、泰国（14.11%）、未详细说明的（10.90%）、阿联酋（7.48%）、韩国（5.64%）、亚洲其他国家（5.26%）、新加坡（2.55%）、美国（2.35%）、西班牙（1.64%），阿曼出口到这些国家的出口额合计 171.92 亿美元，占阿曼当年出口额的 91.98%。

对比分析 2005 年及 2014 年阿曼出口市场结构的变化，阿曼对中国的出口大幅增加，从 2005 年的 50.69 亿美元增加至 2014 年的 223.48 亿美元，占比亦是有大比例上升，从 2005 年的 27.12% 上升至 2014 年的 44.06%，上升了 16.94 个百分点；同时对韩国的出口有所增加，从 2005 年的 10.55 亿美元增加至 2014 年的 74.97 亿美元，增加了 64.42 亿美元，占比上升了 9.14 个百分点，排名上升了 4 个位次；而对日本和泰国的出口有所下降，出口到日本的出口额占比从 2005 年的 14.92% 下降至 2015 年的 7.20%，排名降低了 2 个名次，对泰国的出口占比下降了 10.85 个百分点，名次下降了 3 个名次；除此之外出口到其他国家的额度和占比都有不同程度的变化。

3. 进口贸易

（1）进口贸易总额

经数据的初步整理，阿曼货物进口总额、进口额增幅，占西亚北非区域、“一带一路”以及全球出口比重情况如下表 OMN-13。

表 OM-13 阿曼货物进口及相关占比情况（2005—2015 年）

年份	进口额（亿美元）	增幅（%）	占“区域”比例（%）	占“一带一路”比例（%）	占全球比例（%）
2005	89.71	1.99	1.88	0.35	0.08
2006	110.39	23.05	2.02	0.36	0.09
2007	160.25	45.17	2.36	0.43	0.11
2008	231.37	44.38	2.63	0.49	0.14
2009	179.36	-22.48	2.56	0.49	0.14
2010	199.73	11.36	2.42	0.42	0.13
2011	240.19	20.26	2.44	0.41	0.13
2012	286.36	19.22	2.73	0.47	0.15
2013	355.77	24.24	3.28	0.57	0.19
2014	293.05	-17.63	2.66	0.47	0.15
2015	506.76	72.93	4.94	0.94	0.30

数据来源：http：//unctadstat.unctad.org/

依照表 OM-13，制出图 OM-12 及图 OM-13。由图 OM-12 可知，十一年间，阿曼进口规模呈波动增加趋势。2005—2015 年间，阿曼进口除在 2009 年及 2014 年有小幅下降外，其余的年份都以不同的速度增加。2005—2008 年阿曼进口大幅度上升，由 2005 年的 89.71 亿美元上升至 2008 年的 231.37 亿美元，增加了 141.66 亿美元，增幅为 157.91%；2009 年，受美国次贷危机引发的全球金融危机的影响，阿曼进口出现下降，进口额为 179.36 亿美元，较上年减少了 22.48%；2010-2013 年阿曼进口额加速上升，直至 2013 年，阿曼进口总额为 355.77 亿美元，较上年增加了 24.24%；2014 年进口额却出现下降，进口额为 293.05 亿美元，比上年减少了 17.63%；但在 2015 年，阿曼进口骤升至 506.76 亿美元，较上年增加了 72.93%。相比 2005 年及 2015 年，阿曼进口规模整体增加了 417.05 亿美元，年均增加 18.90%。

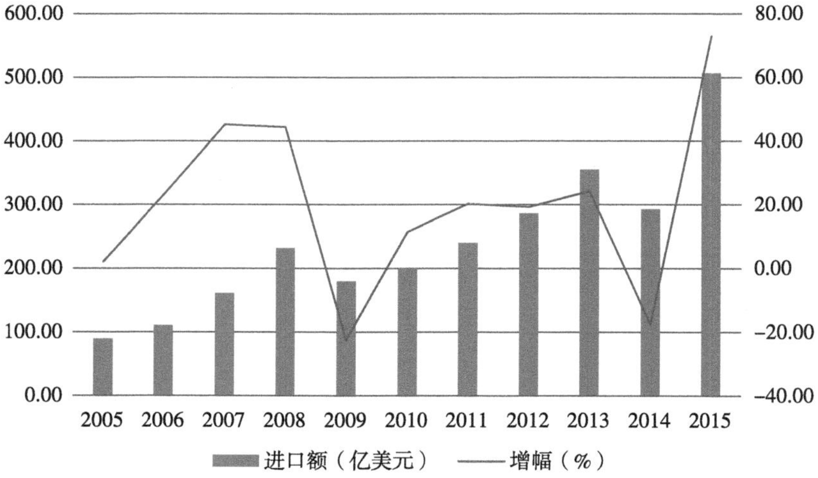

图 OM-12　阿曼货物进口及增幅情况（2005—2015 年）

阿曼 2005—2015 年货物进口相关占比情况图下图 OM-13 所示：

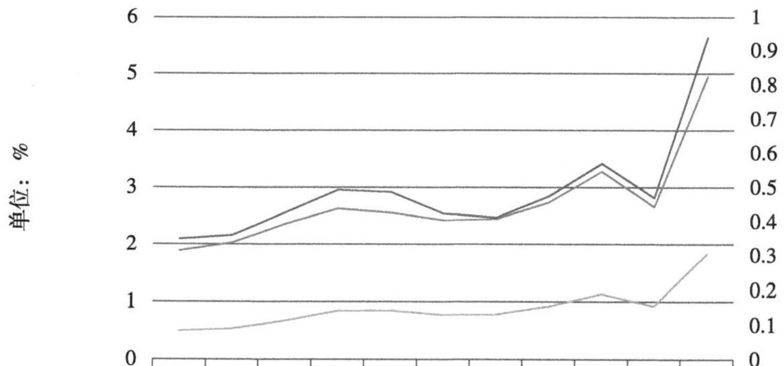

	2005	2006	2007	2008	2009	2010	2011	2012	2013	2014	2015
占“区域”比例	1.88	2.02	2.36	2.63	2.56	2.42	2.44	2.73	3.28	2.66	4.94
占“一带一路”比例	0.35	0.36	0.43	0.49	0.49	0.42	0.41	0.47	0.57	0.47	0.94
占全球比例	0.08	0.09	0.11	0.14	0.14	0.13	0.13	0.15	0.19	0.15	0.30

图 OM-13　阿曼货物进口占比情况（2005—2015 年）

阿曼进口占比如出口一样都极小，但从 2015 年发展变化状态可知其有上升趋势。2005—2015 年阿曼进口占“区域”进口比例从 2005 年的 1.88% 先小幅波动后急速上升至 2015 年 4.94%，总共增加了 3.06 个百分点。阿曼进口占“一带一路”比例从 2005 年的 0.35% 增加至 2015 年的 0.94%，增加了 0.59 个百分点。而阿曼进口占全球比例从 2005 年的 0.08% 增加至 2015 年的 0.30%，增加了 0.22 个百分点。

（2）进口产品结构

阿曼进口产品不如其出口产品集中，且有进一步多元化趋势。表 OM-14 及 OM-15 为阿曼 2005 年及 2015 年主要进口产品及相应的占比情况：

表 OM-14 阿曼进口产品结构及占比情况（2005 年）

产品种类	进口额（亿美元）	排名	占比（%）
车辆及其零件、附件（铁道及电车道车辆除外）	20.70	1	23.07
核反应堆、锅炉、机器、机械器具及其零件	13.08	2	14.59
电机、电气设备及其零件；录音机及放声机、电视图像、声音的录制和重放设备及其零件、附件	6.01	3	6.70
钢铁制品	4.31	4	4.81
矿物燃料、矿物油及其蒸馏产品；沥青物质；矿物蜡	3.82	5	4.26
未列明产品	3.03	6	3.38
钢铁	2.73	7	3.04
塑料及其制品	2.52	8	2.81
乳品；蛋品；天然蜂蜜；其他食用动物产品	2.18	9	2.43
航空器、航天器及其零件	2.14	10	2.39
合计	60.52	——	67.48

数据来源：http：//www.trademap.org/Product_SelProductCountry.aspx

表 OM-15 阿曼进口产品结构及占比情况（2015 年）

产品种类	进口额（亿美元）	排名	占比（%）
车辆及其零件、附件（铁道及电车道车辆除外）	42.32	1	14.59
核反应堆、锅炉、机器、机械器具及其零件	38.23	2	13.18
矿物燃料、矿物油及其蒸馏产品；沥青物质；矿物蜡	34.61	3	11.93
电机、电气设备及其零件；录音机及放声机、电视图像、声音的录制和重放设备及其零件、附件	20.04	4	6.91
钢铁制品	12.92	5	4.46
钢铁	9.96	6	3.43
塑料及其制品	8.46	7	2.92
天然或养殖珍珠、宝石或半宝石、贵金属、包贵金属及其制品；仿首饰、硬币	8.45	8	2.91
有机化学品	7.93	9	2.73
乳品；蛋品；天然蜂蜜；其他食用动物产品	6.12	10	2.11
合计	189.04		65.17

数据来源：http：//www.trademap.org/Product_SelProductCountry.aspx

2015年阿曼进口产品排名前十的产品及相应占比依次为：车辆及其零附件（14.59%），核反应堆、锅炉、机器、机械器具及其零件（13.18%），矿物燃料、矿物油及其蒸馏产品等（11.93%），电机、电气设备及其零件等（6.91%），钢铁制品（4.46%），钢铁（3.43%），塑料及其制品（2.92%），天然或养殖珍珠等（2.91%），有机化学品（2.73%）以及乳品等其他食用动物产品（2.11%）。排名前十的产品进口额合计189.04亿美元，占比合计为65.17%，总体较2005年当年排名前十进口产品的进口额增加了128.52亿美元，占比降低了2.31个百分点。

具体分析，阿曼对车辆及其零附件的进口额虽有所增加，但占比却大幅下降，从2005年的23.07%降至2015年的14.59%，减少了8.48个百分点；同时，对矿物燃料等产品的进口占比却有所上升，从2005年的4.26%上升至2015年的11.93%，增加了7.67个百分点，排名上升了2个名次。

（3）进口市场结构

2005年及2014年阿曼进口市场结构及占比情况如下表OM-16，由表中内容可知，阿曼进口市场主要集中于欧洲和亚洲国家。

表 OM-16　阿曼进口市场结构及占比情况（2005年、2014年）

2005					2014				
国家代码	国家	进口额（亿美元）	排名	占比（%）	国家代码	国家	进口额（亿美元）	排名	占比（%）
784	阿联酋	23.37	1	26.06	784	阿联酋	95.13	1	32.47
392	日本	13.89	2	15.48	392	日本	35.79	2	12.21
276	德国	6.06	3	6.75	156	中国	14.06	3	4.80
840	美国	5.43	4	6.05	356	印度	12.66	4	4.32
356	印度	3.99	5	4.44	840	美国	12.65	5	4.32
826	英国	3.84	6	4.28	682	沙特阿拉伯	12.01	6	4.10
410	韩国	2.83	7	3.16	76	巴西	11.40	7	3.89
682	沙特阿拉伯	2.54	8	2.83	410	韩国	10.73	8	3.66
156	中国	2.13	9	2.37	276	德国	8.63	9	2.95
250	法国	1.85	10	2.06	380	意大利	5.73	10	1.96
	合计	65.93	—	73.48		合计	218.79	—	74.68

数据来源：http：//www.trademap.org/Product_SelProductCountry.aspx

阿曼进口市场较为集中，2014 年排名前十的进口市场占比超过其进口市场的七成比例。2014 年，阿曼排名前十的进口市场包括阿联酋、日本、中国、印度、美国、沙特阿拉伯、巴西、韩国、德国以及意大利，阿曼从其排名前十的进口国家进口的进口额合计 218.79 亿美元，占比合计 74.68%；进口额较 2005 年当年阿曼对排名前十的进口市场进口总额增加了 152.86 亿美元，占比增加了 1.2 个百分点。2005 年阿曼排名前十的进口市场主要包括：阿联酋、日本、德国、美国、印度、英国、韩国、沙特阿拉伯、中国以及法国，进口额合计 65.93 亿美元，占比为 73.48%。

对比分析 2005 年及 2014 年阿曼进口市场结构的变化，可知，阿联酋为阿曼的最大进口贸易伙伴，且两国之间的贸易有进一步增加的趋势。从 2005 年的 23.37 亿美元增加至 2014 年的 95.13 亿美元，占比从 2005 年的 26.06% 上升至 2014 年的 32.47%，增加了 6.41 个百分点；同时对中国的进口贸易有所增加，从 2005 年的 2.13 亿美元增加至 2014 年的 14.06 亿美元，共增加了 11.93 亿美元，占比增加了 2.43 个百分点，排名上升了 6 个名次。

4. 贸易集中度

阿曼出口贸易集中度高，而进口贸易集中度较低。一般来说，贸易集中度越高，贸易市场越集中，其面临的贸易风险就越高，反之亦然。由下图 OM-14 可知，阿曼的出口市场风险高，而进口市场风险较低。2013 年，阿曼出口贸易集中度为 0.6016898，其中乌兹别克斯坦份额为 76.36%，为其最大的出口市场，巴布亚新几内亚的累计份额为 94.11%；阿曼进口贸易集中度为 0.1200058，其中巴哈马累计份额为 100%。

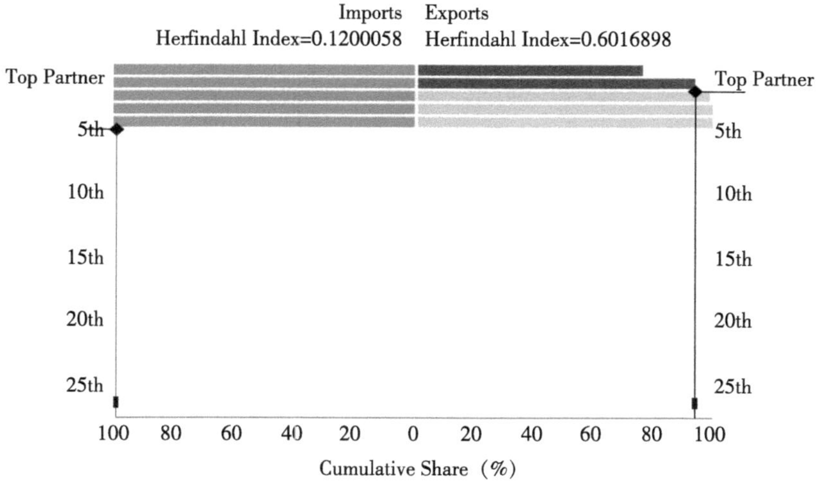

图 OM-14 阿曼贸易集中度累计份额

（四）对外直接投资情况

多年来，阿曼政局稳定，社会安定，经济持续发展；同时，阿曼为了增强投资吸引力，于2004年公布了新的私有化行动计划，电力、邮政、航空、污水处理、危险品及废物处理是私有化重点领域。近年，阿曼为了改变过度依赖油气产业的单一经济结构，全面推进经济多元化战略，大力招商引资，努力发展基建、制造、物流、旅游、渔业等非油气产业。2014年6月以来，国际油价持续下跌，阿曼政府充分利用财政、金融等手段加以应对，并坚持推进杜库姆经济特区、铁路等重大项目建设，努力维护阿曼经济的基本面，稳定境内外投资者对其经济的信心①。

据联合国贸发会议（UNCTAD）数据显示，2014年，阿曼吸引外资流量为1179.93百万美元，占“区域”“一带一路”及全球外资流入流量总规模的比例分别为2.09%、0.27%、0.10%；截至2014年底，阿曼吸引外资存量为197.07亿美元，占“区域”“一带一路”及全球比例分别为2.10%、0.36%、0.08%。

阿曼对外直接投资规模小，但近十年有外资流入流量总规模的大幅增加趋势。2014年，阿曼FDI流出流量为1164.30百万美元，占“区域”“一带一路”及全球国家对外直接投资流量总规模的比重分别为2.70%、0.36%、0.09%；对外直接投资存量规模为74.53亿美元，占“区域”“一带一路”及全球国家对外直接投资存量规模的比重分别为2.15%、0.28%、0.03%。比较阿曼外资流入规模及对外直接投资规模，阿曼外资流入规模远远超过对外直接投资规模，但近年规模差距有缩小趋势。

1.FDI流入情况

（1）FDI流入流量

2005—2014年阿曼FDI流入流量、增幅、占西亚北非区域、“一带一路”国家及全球FDI流入流量总规模比例具体情况如下表OM-17：

表OM-17　阿曼FDI流入流量及占比情况（2005—2014年）

年份	FDI流入流量（百万美元）	增幅（%）	占“区域”比例（%）	占“一带一路”比例（%）	占全球比例（%）
2005	1538.00	1285.59	2.67	0.58	0.17
2006	1597.00	3.84	1.66	0.42	0.11
2007	3332.00	108.64	3.29	0.72	0.18

① 资料来源：http：//fec.mofcom.gov.cn/article/tzhzcj/tzhz/

续表

年份	FDI 流入流量（百万美元）	增幅（%）	占“区域”比例（%）	占“一带一路”比例（%）	占全球比例（%）
2008	2952.00	-11.40	2.53	0.57	0.20
2009	1485.00	-49.70	1.73	0.40	0.13
2010	1243.00	-16.30	1.65	0.29	0.09
2011	874.00	-29.69	1.32	0.19	0.06
2012	1040.30	19.03	1.56	0.23	0.07
2013	1625.50	56.25	2.55	0.35	0.11
2014	1179.93	-27.41	2.09	0.27	0.10

数据来源：http：//unctadstat.unctad.org/

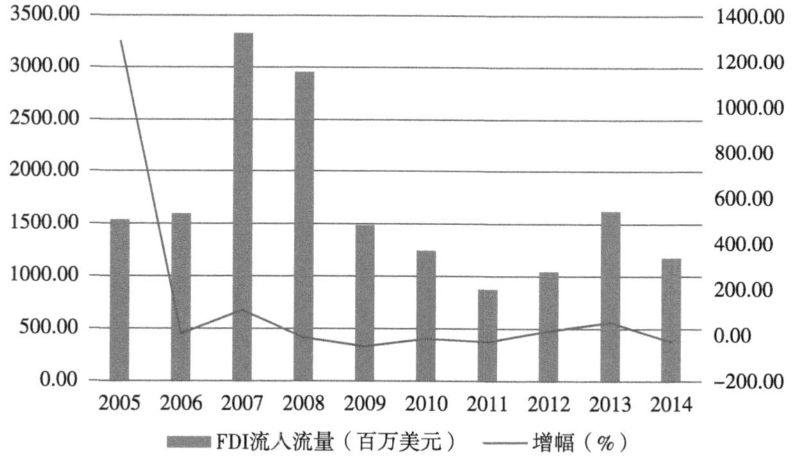

图 OM-15 阿曼 FDI 流入流量及增幅情况（2005—2014 年）

图 OM-15 显示，阿曼 FDI 流入流量十年间呈大幅波动状态。2005—2007 年，阿曼 FDI 流入流量大幅增加，从 2005 年的 1538.00 百万美元增加至 2007 年的最大值 3332.00 百万美元；2008-2011 年，阿曼外资流入连续减少，直至 2011 年，外资流入降至十年来最低值，仅 874.00 百万美元，较 2007 年减少了 2458.00 百万美元；但 2012、2013 年又有不同幅度的增加，2013 年外资流入额为 1625.50 百万美元；2014 年阿曼的外资流入又有所减少，为 1179.93 百万美元，较上年减少了 27.41%。

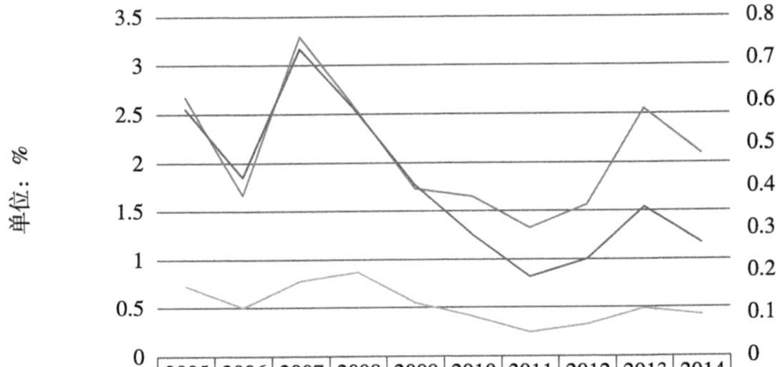

	2005	2006	2007	2008	2009	2010	2011	2012	2013	2014
—— 占“区域”比例	2.67	1.66	3.29	2.53	1.73	1.65	1.32	1.56	2.55	2.09
—— 占“一带一路”比例	0.58	0.42	0.72	0.57	0.40	0.29	0.19	0.23	0.35	0.27
—— 占全球比例	0.17	0.11	0.18	0.20	0.13	0.09	0.06	0.07	0.11	0.10

图 OM-16　阿曼 FDI 流入流量占比情况（2005—2014 年）

图 OM-16 显示，阿曼 FDI 流入流量占比较小，且处于大幅波动下降趋势。2005—2014 年，阿曼 FDI 流入流量占“区域”比例从 2005 年的 2.67% 波动下降至 2014 年的 2.09%，下降了 0.58 个百分点，其在 2007 年占比达最高值 3.92%，在 2011 年达最低值为 1.32%。阿曼 FDI 流入流量占“一带一路”比例从 2005 年的 0.58% 波动下降至 2014 年的 0.27%，总共减少了 0.31 个百分点，十年间振幅为 0.53 个百分点。而阿曼 FDI 流入流量占全球比例极小，2014 年占比为 0.10%，较 2005 年的 0.17% 降低了 0.07 个百分点，且有进一步降低的趋势。

（2）FDI 流入存量

近年，阿曼 FDI 流入存量规模较大，但一直处于减速增加状态，十年间 FDI 流入存量增加了 153.29 亿美元，年均增加 18.19%。

下表 OM-18 为 2005—2014 年阿曼 FDI 流入存量及相关占比具体情况：

表 OM-18　阿曼 FDI 流入存量及占比情况（2005—2014 年）

年份	FDI 流入存量（亿美元）	增幅（%）	占“区域”比例（%）	占“一带一路”比例（%）	占全球比例（%）
2005	43.78	54.15	1.60	0.27	0.04
2006	59.75	36.48	1.63	0.28	0.04
2007	93.07	55.77	1.84	0.32	0.05
2008	122.59	31.72	2.35	0.43	0.08
2009	137.44	12.11	2.08	0.40	0.08
2010	149.87	9.04	1.95	0.36	0.08

续表

年份	FDI 流入存量（亿美元）	增幅（%）	占“区域”比例（%）	占“一带一路”比例（%）	占全球比例（%）
2011	158.61	5.83	2.10	0.36	0.08
2012	169.01	6.56	1.96	0.34	0.08
2013	185.27	9.62	2.12	0.34	0.08
2014	197.07	6.37	2.10	0.36	0.08

数据来源：http：//unctadstat.unctad.org/

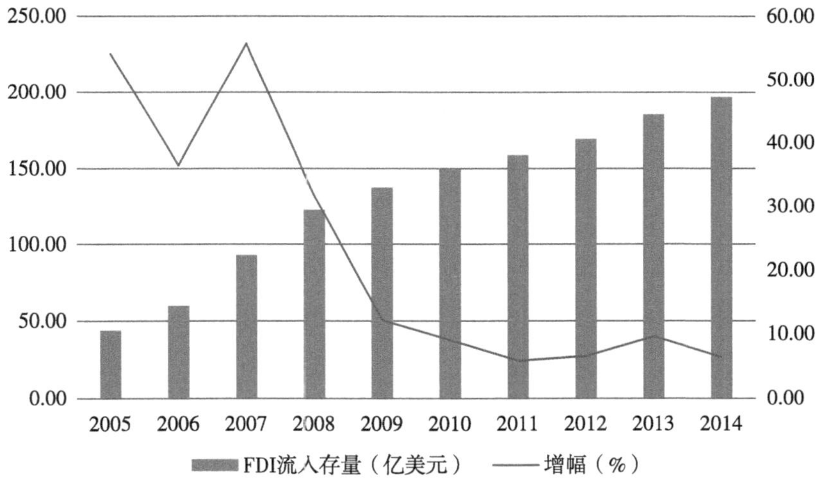

图 OM-17　阿曼 FDI 流入存量及增幅情况（2005—2014 年）

上图显示，十年间，阿曼 FDI 流入存量规模整体呈减速增加状态。2005—2007 年，阿曼外资流入存量规模以“V”状的增幅增加，从 2005 年的 43.78 亿美元增加至 2007 年的 93.07 亿美元，总共增加了 112.59%；2008-2014 年，外资流入存量规模减速增加至 2014 年的 197.07 亿美元，较 2005 年增加了 153.29 亿美元，年均增加 18.19%。从增幅来看，增幅于 2007 年达最高值 55.77%，于 2011 年达最低值 5.83%。

下图显示，阿曼 FDI 流入存量占比极小，但整体有上升趋势。2005—2014 年，阿曼 FDI 流入存量占“区域”比例从 2005 年的 1.60% 波动增加至 2014 年的 2.10%，整体增加了 0.5 个百分点，期间，在 2008 年占比达最高值 2.35%。阿曼 FDI 流入存量占“一带一路”国家 FDI 流入存量总值比例从 2005 年的 0.27% 上升至 2014 年的 0.36%，总共增加了 0.09 个百分点，期间，于 2008 年达最高值 0.43%。占全球比例极小，但同样处于上升趋势，十年间占比总共增加了 0.04 个百分点。

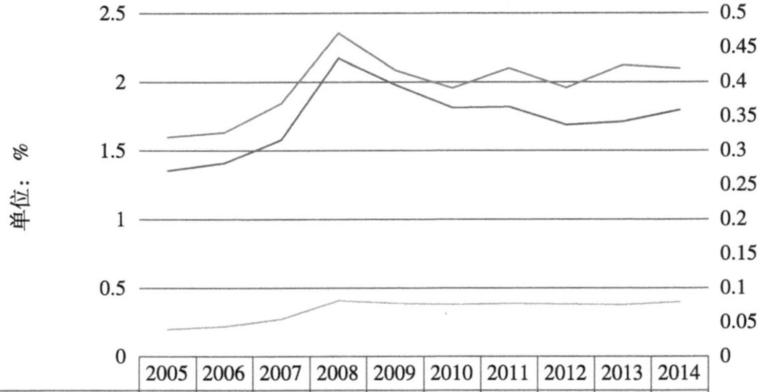

	2005	2006	2007	2008	2009	2010	2011	2012	2013	2014
占“区域”比例	1.60	1.63	1.84	2.35	2.08	1.95	2.10	1.96	2.12	2.10
占“一带一路”比例	0.27	0.28	0.32	0.43	0.40	0.36	0.36	0.34	0.34	0.36
占全球比例	0.04	0.04	0.05	0.08	0.08	0.08	0.08	0.08	0.08	0.08

图 OM-18　阿曼 FDI 流入存量比情况（2005—2014 年）

2.FDI 流出

（1）FDI 流出流量

阿曼对外直接投资规模不大，但处于大幅波动上升趋势中，相关占比也有不同程度的上升。2014 年，阿曼对外直接投资 1164.30 百万美元，虽较 2013 年减少了 15.85%，但比 2005 年增加了 930.30 百万美元，整体增幅为 397.56%。

表 OM-19　阿曼 FDI 流出流量及占比情况（2005—2014 年）

年份	FDI 流出流量（百万美元）	增幅（%）	占“区域”比例（%）	占“一带一路”比例（%）	占全球比例（%）
2005	234.00	457.14	1.47	0.31	0.03
2006	276.00	17.95	0.72	0.18	0.02
2007	-36.00	-113.04	-0.08	-0.02	0.00
2008	585.00	-1725.00	1.24	0.25	0.03
2009	109.00	-81.37	0.53	0.06	0.01
2010	1498.00	1274.31	5.52	0.63	0.11
2011	1232.80	-17.70	2.92	0.46	0.08
2012	876.50	-28.90	3.14	0.36	0.07
2013	1383.60	57.86	3.02	0.45	0.11
2014	1164.30	-15.85	2.70	0.36	0.09

数据来源：http：//unctadstat.unctad.org/

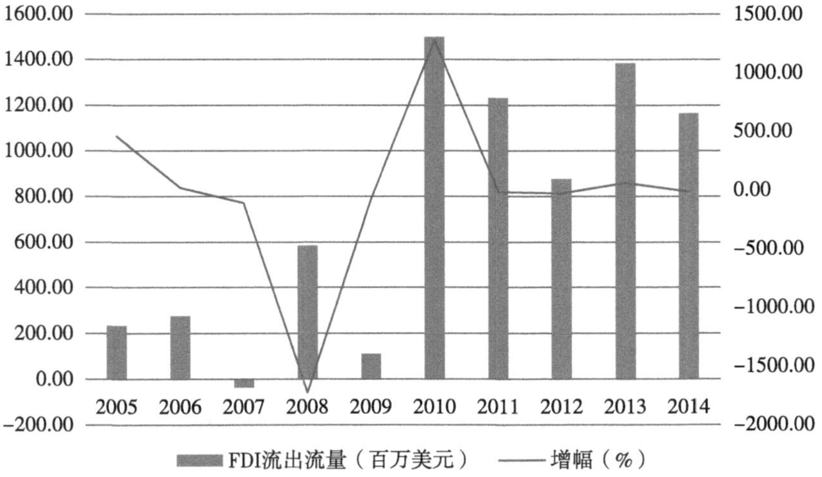

图 OM-19 阿曼 FDI 流出流量及增幅情况（2005—2014 年）

图 OM-19 显示，阿曼对外直接投资十年间大幅波动，整体呈上升趋势。2005-2006 年阿曼对外直接投资小幅增加，从 234 百万美元增加至 276 百万美元；但 2007 年阿曼对外直接投资为负 36 百万美元，随后波动上升至 2010 年的最高值 1498 百万美元，较 2005 年增加了 1264 百万美元；而 FDI 流出流量于 2011、2012 年又出现下降，2012 年对外直接投资额为 876.50 百万美元，较上年减少了 28.90%；紧接着 2013 年对外直接投资增加，但于 2014 年阿曼对外直接投资额减少至 1164.30 百万美元，较上年减少了 15.85%，相比于 2005 年，整体增加了 930.30 百万美元，年均增加 19.52%。

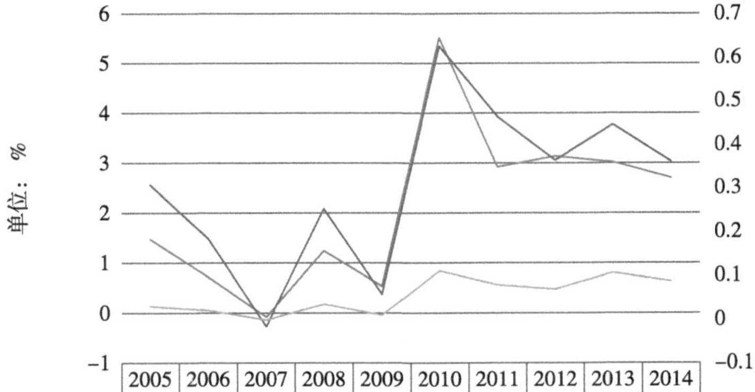

	2005	2006	2007	2008	2009	2010	2011	2012	2013	2014
占“区域”比例	1.47	0.72	-0.08	1.24	0.53	5.52	2.92	3.14	3.02	2.70
占“一带一路”比例	0.31	0.18	-0.02	0.25	0.06	0.63	0.46	0.36	0.45	0.36
占全球比例	0.03	0.02	0.00	0.03	0.01	0.11	0.08	0.07	0.11	0.09

图 OM-20 阿曼 FDI 流出流量占比情况（2005—2014 年）

上图显示，阿曼对外直接投资占比极小，但处于波动上升趋势。2014 年阿曼对外直接投资额占“区域”比例为 2.70%，较 2005 年占比值 1.47% 上升了 1.23 个百分点，期间，占比在 2010 年达峰值 5.52%，在 2007 年达低谷 -0.08%，振幅为 5.6 个百分点。2014 年，阿曼对外直接投资额占“一带一路”比例为 0.36%，较 2005 年增加了 0.05 个百分点，期间振幅为 0.65 个百分点。占全球比例从 2005 年的 0.03% 上升至 2014 年的 0.09%，整体上升了 0.06 个百分点。

（2）FDI 流出存量

近十年，阿曼 FDI 流出存量以大幅变化的增幅连续增加。从 2005 年的 3.64 亿美元增加至 2014 年的 74.53 亿美元，总体增加了 70.89 亿美元，年均增加 39.86%；同时阿曼对外直接投资存量规模相关占比极小，但有较好的发展趋势。

表 OM-20 为 2005—2014 年阿曼 FDI 流出存量及相关占比情况：

表 OM-20　阿曼 FDI 流出存量及占比情况（2005—2014 年）

年份	FDI 流出存量（亿美元）	增幅（%）	占“区域”比例（%）	占“一带一路”比例（%）	占全球比例（%）
2005	3.64	180.00	0.55	0.07	0.00
2006	6.40	75.82	0.68	0.08	0.00
2007	6.04	-5.63	0.40	0.05	0.00
2008	11.89	96.85	0.61	0.10	0.01
2009	12.98	9.17	0.61	0.09	0.01
2010	27.96	115.41	1.16	0.16	0.01
2011	40.29	44.10	1.48	0.21	0.02
2012	49.05	21.74	1.72	0.22	0.02
2013	62.89	28.22	1.98	0.25	0.03
2014	74.53	18.51	2.15	0.28	0.03

数据来源：http：//unctadstat.unctad.org/

下图显示，2005—2014 年，阿曼 FDI 流出存量规模整体大幅增加，先从 2005 年的 3.64 亿美元减速增加至 2007 年的 6.04 亿美元，增加了 2.4 亿美元；之后阿曼 FDI 流出存量以大幅波动的增幅增加至 2014 年的 74.53 亿美元，相比于 2005 年，整体增加了 70.89 亿美元。

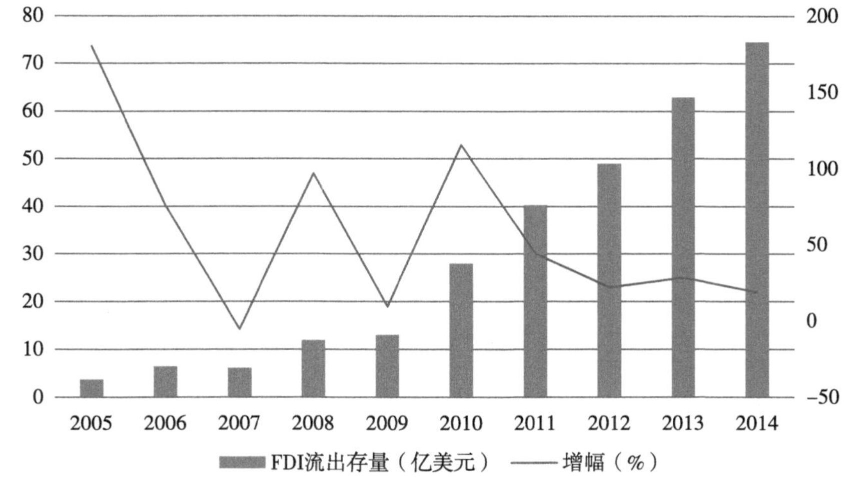

图 OM-21　阿曼 FDI 流出存量及增幅情况（2005—2014 年）

图 OM-22 为阿曼对外直接投资存量相关占比情况。

如图所示，阿曼 FDI 流出存量相关占比都极小，但有逐渐上升趋势。2005—2014 年，阿曼 FDI 流出存量占“区域”比例从 0.55% 增加至 2014 年的 2.15%，总体增加了 1.6 个百分点；而占“一带一路”FDI 流出存量总规模的比例从 0.07% 增加至 2014 年的 0.28%，增加了 0.21 个百分点；占全球比例从 2005 年的 0 占比增加至 2014 年 0.03%，增加了 0.03 个百分点。

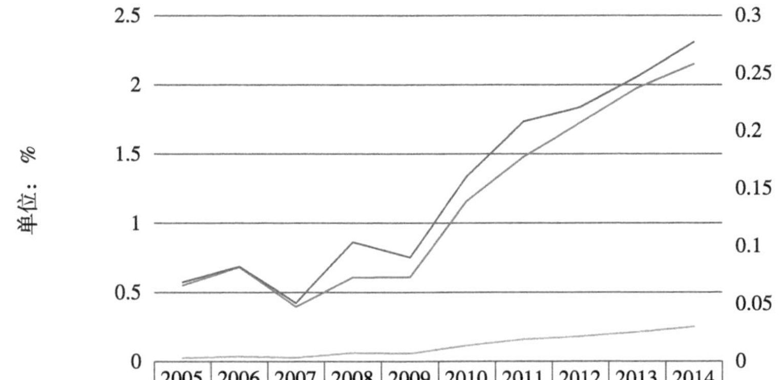

	2005	2006	2007	2008	2009	2010	2011	2012	2013	2014
占“区域”比例	0.55	0.68	0.40	0.61	0.61	1.16	1.48	1.72	1.98	2.15
占“一带一路”比例	0.07	0.08	0.05	0.10	0.09	0.16	0.21	0.22	0.25	0.28
占全球比例	0.00	0.00	0.00	0.01	0.01	0.01	0.02	0.02	0.03	0.03

图 OM-22　阿曼 FDI 流出存量占比情况（2005—2014 年）

3.FDI 净流入

表 OM-21 为 2005—2014 年阿曼 FDI 净流入及占比具体情况：

表 OM-21 阿曼 FDI 净流入及占比情况（2005—2014 年）

指标	2005	2006	2007	2008	2009	2010	2011	2012	2013	2014
净流入（百万美元）	1304	1321	3368	2367	1376	-255.00	-358.80	163.80	241.90	15.63
增幅（%）	1789.86	1.30	154.96	-29.72	-41.87	-118.53	40.71	-145.65	47.68	-93.54

数据来源：http：//unctadstat.unctad.org/

由上表可知，2005—2014 年间，阿曼大多数年份的外资流入规模都超过对外直接投资规模。2010 年及 2011 年阿曼对外直接投资规模超过外资流入规模。2010 年，阿曼对外直接投资规模超过外资流入规模 255.00 百万美元，2011 年，阿曼对外直接投资规模超过外资流入规模 358.80 百万美元，其余的年份，阿曼外资流入规模都超过对外直接投资规模。

整体分析，2005—2007 年，阿曼 FDI 净流入大幅增加，从 2005 年的 1304 百万美元增至 2007 年的 3368 百万美元，增加了 2064 百万美元；之后的 2008-2011 年，阿曼 FDI 净流入连年下降，直至 2011 年，阿曼净流入为 -358.80 百万美元；2012—2014 年，外资流入反超对外直接投资额，在 2014 年，阿曼 FDI 净流入为 15.36 百万美元，比上年减少了 93.54%，较 2005 年减少了 98.80%。

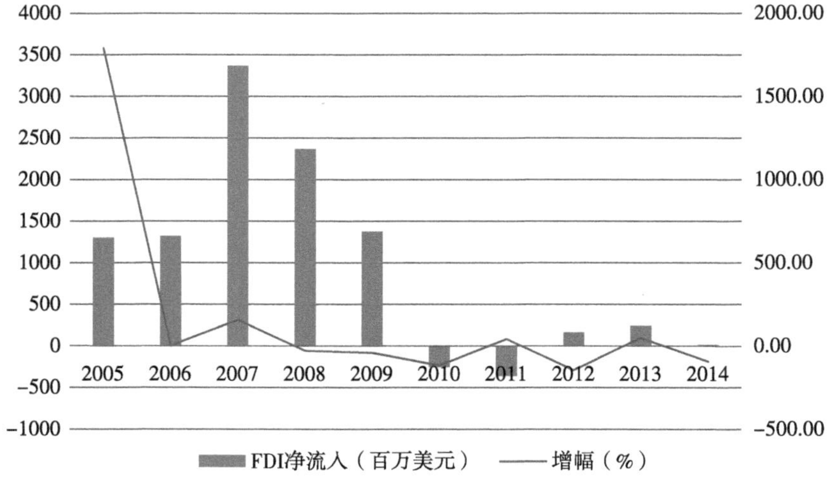

图 OM-23 阿曼 FDI 净流入及增幅变化情况

（五）阿曼与“一带一路”其他国家贸易关系

阿曼与“一带一路”沿线国家贸易往来较频繁。据统计，与阿曼有双边贸易关系的“一带一路”国家有沙特阿拉伯、中国、印度等32个国家，与其有单边贸易关系的有斯洛伐克、塞尔维亚、拉脱维亚、以色列、柬埔寨、阿尔巴尼亚、格鲁吉亚、马尔代夫以及蒙古等9个国家。同时，阿曼与波黑、东帝汶、吉尔吉斯斯坦、马其顿、摩尔多瓦等5个国家无贸易往来。2013年，阿曼与“一带一路”国家贸易总额为176.088亿美元，其中，出口额为84.071亿美元，进口额为92.017亿美元；由此，阿曼与“一带一路”其他国家整体表现为贸易逆差状态，逆差额为7.946亿美元，其中，沙特阿拉伯为其最大贸易顺差国家，顺差额为14.657亿美元，印度为其最大贸易逆差国家，逆差额为19.717亿美元。

从贸易竞争关系分析，阿曼与“一带一路”其他国家贸易竞争关系较强，且有进一步增强趋势。2005年，平均贸易竞争指数为0.1928，2013年平均贸易竞争指数为0.2087，总共上升了0.0159个百分点。其中，阿曼与沙特阿拉伯、阿塞拜疆、哈萨克斯坦、阿尔巴尼亚、也门、俄罗斯、埃及、卡塔尔、印度尼西亚、马来西亚、越南等国家为强烈贸易竞争关系。

从贸易互补关系角度分析，阿曼与“一带一路”其他国家整体贸易互补关系较弱，但从发展角度来看有改善趋势。2013年，以阿曼出口计算的平均贸易互补指数为0.1365，较2005年上升了0.0246个指数点，说明阿曼出口贸易结构与“一带一路”国家的进口贸易结构在一定程度上有趋同发展的趋势，进而更利于阿曼的出口贸易。其中，阿曼与印度、立陶宛、土耳其以及波兰有强贸易互补关系，说明阿曼出口贸易结构（或进口结构）与这些国家进口贸易结构（或出口结构）相似程度较高。

1. 阿曼与“一带一路”其他国家的进出口情况

阿曼与“一带一路”其他国家出口贸易联系较紧密。表OM-22为2013年阿曼与“一带一路”其他国家出口贸易关系的具体情况：

表OM-22　阿曼与“一带一路”其他国家出口贸易关系（2013年）

国家代码	国家	出口额（亿美元）	排名	占比（%）	国家代码	国家	出口额（亿美元）	排名	占比（%）
682	沙特阿拉伯	23.634	1	28.11	348	匈牙利	0.038	24	0.05
156	中国	15.021	2	17.87	705	斯洛文尼亚	0.036	25	0.04
699	印度	12.640	3	15.03	31	阿塞拜疆	0.033	26	0.04

续表

国家代码	国家	出口额（亿美元）	排名	占比（%）	国家代码	国家	出口额（亿美元）	排名	占比（%）
586	巴基斯坦	10.738	4	12.77	804	乌克兰	0.032	27	0.04
634	卡塔尔	3.963	5	4.71	112	白俄罗斯	0.024	28	0.03
702	新加坡	2.568	6	3.05	268	格鲁吉亚	0.014	29	0.02
458	马来西亚	2.488	7	2.96	496	蒙古	0.014	30	0.02
887	也门	2.351	8	2.80	417	哈萨克斯坦	0.012	31	0.01
792	土耳其	1.809	9	2.15	440	立陶宛	0.006	32	0.01
144	斯里兰卡	1.607	10	1.91	8	阿尔巴尼亚	0.006	33	0.01
818	埃及	1.578	11	1.88	191	克罗地亚	0.005	34	0.01
608	菲律宾	1.370	12	1.63	233	爱沙尼亚	0.005	35	0.01
764	泰国	1.125	13	1.34	116	柬埔寨	0.001	36	0.00
360	印度尼西亚	1.003	14	1.19	51	亚美尼亚	0.001	37	0.00
704	越南	0.665	15	0.79	703	斯洛伐克	0.000	38	0.00
400	约旦	0.342	16	0.41	688	塞尔维亚	0.000	39	0.00
422	黎巴嫩	0.283	17	0.34	70	波黑	0.000	40	0.00
203	捷克	0.142	18	0.17	626	东帝汶	0.000	45	0.00
462	马尔代夫	0.127	19	0.15	417	吉尔吉斯斯坦	0.000	42	0.00
100	保加利亚	0.123	20	0.15	4428	拉脱维亚	0.000	43	0.00
643	俄罗斯	0.122	21	0.15	807	马其顿	0.000	46	0.00
642	罗马尼亚	0.086	22	0.10	498	摩尔多瓦	0.000	44	0.00
616	波兰	0.059	23	0.07	376	以色列	0.000	41	0.00
	——	——	—	——		总额	84.071	—	100

数据来源：重庆“一带一路”投资与贸易研究实验室

由上表分析可知，2013年，与阿曼有出口贸易关系的“一带一路”国家共有37个，占比为80.43%，无出口贸易往来的“一带一路”国家共有9个。而其中与阿曼出口贸易额排名前十的国家包括：沙特阿拉伯、中国、印度、巴基斯坦、卡塔尔、新加坡、马来西亚、也门、土耳其以及斯里兰卡，阿曼与这些国家的出口贸易额合计76.819亿美元，占阿曼出口到“一带一路”国家总出口额的91.36%。特别的，阿曼与沙特阿拉伯、中国、印度的出口贸易关系较为紧密，超过阿曼出口到“一带一路”国家的六成比例；阿曼出口到沙特的出口额为22.634亿美元，占比为28.11%，出口到中国的出口额仅次于沙特阿拉伯，为15.021亿美元，占比17.87%，出口到印度12.64亿美元，占比为15.03%。除此之外，阿曼与斯洛伐克、塞尔维亚等9国无出口贸易关系。

表OM-23为阿曼2013年与“一带一路”其他国家进口贸易关系具体情况：

表 OM-23　阿曼与“一带一路”其他国家进口贸易关系（2013年）

国家代码	国家	进口额（亿美元）	排名	占比（%）	国家代码	国家	进口额（亿美元）	排名	占比（%）
699	印度	32.357	1	35.16	887	也门	0.122	24	0.13
156	中国	19.008	2	20.66	144	斯里兰卡	0.106	25	0.12
682	沙特阿拉伯	8.977	3	9.76	112	白俄罗斯	0.087	26	0.09
764	泰国	7.461	4	8.11	31	阿塞拜疆	0.044	27	0.05
634	卡塔尔	5.629	5	6.12	233	爱沙尼亚	0.024	28	0.03
792	土耳其	3.740	6	4.06	705	斯洛文尼亚	0.022	29	0.02
702	新加坡	2.731	7	2.97	440	立陶宛	0.016	30	0.02
458	马来西亚	2.409	8	2.62	191	克罗地亚	0.014	31	0.02
360	印度尼西亚	2.094	9	2.28	4428	拉脱维亚	0.013	32	0.01
586	巴基斯坦	1.888	10	2.05	688	塞尔维亚	0.012	33	0.01
818	埃及	1.022	11	1.11	417	哈萨克斯坦	0.005	34	0.01
616	波兰	0.952	12	1.03	376	以色列	0.002	35	0.00
643	俄罗斯	0.568	13	0.62	116	柬埔寨	0.000	36	0.00
400	约旦	0.531	14	0.58	70	波黑	0.000	37	0.00
804	乌克兰	0.499	15	0.54	417	吉尔吉斯斯坦	0.000	38	0.00
642	罗马尼亚	0.354	16	0.38	8	阿尔巴尼亚	0.000	39	0.00
203	捷克	0.271	17	0.29	51	亚美尼亚	0.000	40	0.00
100	保加利亚	0.255	18	0.28	626	东帝汶	0.000	41	0.00
703	斯洛伐克	0.205	19	0.22	268	格鲁吉亚	0.000	42	0.00
422	黎巴嫩	0.184	20	0.20	462	马尔代夫	0.000	43	0.00
608	菲律宾	0.143	21	0.16	807	马其顿	0.000	44	0.00
348	匈牙利	0.139	22	0.15	496	蒙古	0.000	45	0.00
704	越南	0.133	23	0.14	498	摩尔多瓦	0.000	46	0.00
	——	——	—	——		总额	92.017	—	100.00

数据来源：重庆“一带一路”投资与贸易研究实验室

由上表统计可知，阿曼与“一带一路”其他国家进口贸易联系较紧密。2013年，与其有进口贸易关系的“一带一路”国家共有35个，占比为76.09%，无进口贸易往来的“一带一路”国家共有11个。其中与阿曼进口贸易额排名前十的国家包括：印度、中国、沙特阿拉伯、泰国、卡塔尔、土耳其、新加坡、马来西亚以及印度尼西亚。阿曼与排名前十的国家的进口贸易额合计86.294亿美元，占阿曼从“一带一路”国家总进口额的93.79%。其中，阿曼与印度、中国的进口贸易关系较为紧密，超过阿曼从“一带一路”国家总进口的一半比例；阿曼从印度进口的进口额为32.357亿美元，占阿曼从“一带一路”国家总进口额的35.16%，从中国进口的进口额为19.008亿美元，占比20.66%。除此之外，阿曼与柬埔寨、波黑等11国无进口贸易关系。

表OM-24　沙特阿拉伯与“一带一路”其他国家净出口贸易关系（2013年）

国家代码	国家	净出口额（亿美元）	排名	国家代码	国家	净出口额（亿美元）	排名
682	沙特阿拉伯	14.657	1	191	克罗地亚	-0.009	24
586	巴基斯坦	8.850	2	440	立陶宛	-0.010	25
887	也门	2.229	3	31	阿塞拜疆	-0.012	26
144	斯里兰卡	1.501	4	688	塞尔维亚	-0.012	27
608	菲律宾	1.227	5	4428	拉脱维亚	-0.013	28
818	埃及	0.556	6	233	爱沙尼亚	-0.019	29
704	越南	0.533	7	112	白俄罗斯	-0.062	30
462	马尔代夫	0.127	8	348	匈牙利	-0.100	31
422	黎巴嫩	0.099	9	203	捷克	-0.129	32
458	马来西亚	0.079	10	100	保加利亚	-0.131	33
705	斯洛文尼亚	0.015	11	702	新加坡	-0.163	34
268	格鲁吉亚	0.014	12	400	约旦	-0.189	35
496	蒙古	0.014	13	703	斯洛伐克	-0.204	36
417	哈萨克斯坦	0.008	14	642	罗马尼亚	-0.268	37
8	阿尔巴尼亚	0.006	15	643	俄罗斯	-0.446	38
51	亚美尼亚	0.001	16	804	乌克兰	-0.467	39
116	柬埔寨	0.001	17	616	波兰	-0.893	40
626	东帝汶	0.000	18	360	印度尼西亚	-1.091	41
807	马其顿	0.000	19	634	卡塔尔	-1.666	42
498	摩尔多瓦	0.000	20	792	土耳其	-1.931	43
417	吉尔吉斯斯坦	0.000	21	156	中国	-3.987	44
70	波黑	0.000	22	764	泰国	-6.336	45
376	以色列	-0.002	23	699	印度	-19.717	46
	——	——	—		合计	-7.946	—

数据来源：重庆“一带一路”投资与贸易研究实验室

上表中显示，阿曼与“一带一路”国家贸易整体保持贸易逆差状态，贸易逆差额为7.946亿美元；与沙特阿拉伯为最大贸易顺差关系，顺差额为14.657亿美元；与印度为最大贸易逆差关系，逆差额为19.717亿美元。

同时，阿曼与波黑、东帝汶、吉尔吉斯斯坦、马其顿以及摩尔多瓦无贸易往来，与斯洛伐克、塞尔维亚、拉脱维亚以及以色列为单边出口贸易关系，与柬埔寨、阿尔巴尼亚、亚美尼亚、格鲁吉亚、马尔代夫以及蒙古为单边进口贸易关系。

2. 阿曼与“一带一路”其他国家贸易竞争关系

表OM-25为2005年及2013年阿曼与“一带一路”其他国家贸易竞争关系情况统计：

表OM-25　阿曼与“一带一路”其他国家贸易竞争关系情况统计（2005年、2013年）

	平均贸易竞争指数	指数分类	国家数量	占比（%）
2005	0.1928	TCT>0.3	9	19.57
		0.2<TCT<0.3	1	2.17
		TCT<0.2	36	78.26
2013	0.2087	TCT>0.3	11	23.91
		0.2<TCT<0.3	1	2.17
		TCT<0.2	34	73.91

数据来源：重庆“一带一路”投资与贸易研究实验室

一般来说，贸易竞争指数大于0.3代表阿曼与这些国家有强烈贸易竞争强度；处于0.2和0.3之间，意味着阿曼与这些国家有较强的贸易竞争强度，小于0.2就代表贸易竞争强度较弱。而且，出口贸易竞争强度越高，此国出口贸易结构与其他国家的出口贸易结构相似程度越高。

表OM-25显示，阿曼与“一带一路”国家贸易竞争关系较强，且有进一步增强的趋势。2005年，阿曼与“一带一路”国家平均贸易互补指数为0.1928，2013年平均贸易竞争指数为0.2087，上升了0.0159个百分点。与阿曼有强贸易竞争关系的国家数量从2005年的9个增加至2013年的11个；有较强贸易竞争关系国家数量未变，占比为2.17%；而与其有较弱贸易竞争关系的“一带一路”国家减少两个。总体分析可知，阿曼的出口贸易结构与“一带一路”其他国家的出口贸易结构有趋同化发展趋势。

表OM-26为2005年及2013年阿曼与“一带一路”其他国家贸易竞争关系具体情况：

表 OM-26　阿曼与“一带一路”其他国家贸易竞争关系（2005 年、2013 年）

		2013		2005	
国家代码	国家	贸易竞争指数	排名	贸易竞争指数	排名
682	沙特阿拉伯	0.9764	1	0.9744	3
31	阿塞拜疆	0.9683	2	0.8976	6
417	哈萨克斯坦	0.9652	3	0.9747	2
8	阿尔巴尼亚	0.901	4	0.0652	14
887	也门	0.887	5	0.9796	1
643	俄罗斯	0.8303	6	0.8642	7
818	埃及	0.7396	7	0.2266	10
634	卡塔尔	0.4142	8	0.9252	4
360	印度尼西亚	0.4096	9	0.6775	8
458	马来西亚	0.3816	10	0.4478	9
704	越南	0.3212	11	0.9193	5
496	蒙古	0.2916	12	0.0218	25
112	白俄罗斯	0.196	13	0.129	12
608	菲律宾	0.1074	14	0.0181	28
642	罗马尼亚	0.106	15	0.0165	29
702	新加坡	0.1011	16	0.023	24
440	立陶宛	0.0948	17	0.0412	17
100	保加利亚	0.092	18	0.0357	20
233	爱沙尼亚	0.0875	19	0.0424	16
4428	拉脱维亚	0.0869	20	0.0264	22
268	格鲁吉亚	0.0841	21	0.1289	13
191	克罗地亚	0.0757	22	0.0098	33
764	泰国	0.0737	23	0.1356	11
792	土耳其	0.0648	24	0.0184	27
699	印度	0.0631	25	0.0114	32
348	匈牙利	0.0493	26	0.0382	18
70	波黑	0.0469	27	0.0013	41
616	波兰	0.0467	28	0.0373	19
804	乌克兰	0.023	29	0.0144	30
688	塞尔维亚	0.0221	30	0.0049	37

续表

		2013		2005	
国家代码	国家	贸易竞争指数	排名	贸易竞争指数	排名
703	斯洛伐克	0.0195	31	0.0196	26
156	中国	0.0143	32	0.0436	15
705	斯洛文尼亚	0.0113	33	0.0022	39
417	吉尔吉斯斯坦	0.0107	34	0.0013	42
376	以色列	0.0101	35	0.0323	21
203	捷克	0.0086	36	0.0242	23
807	马其顿	0.0049	37	0.0062	35
400	约旦	0.0042	38	0.0016	40
422	黎巴嫩	0.004	39	0.006	36
586	巴基斯坦	0.0024	40	0.0077	34
51	亚美尼亚	0.0015	41	0.0002	44
498	摩尔多瓦	0.0012	42	0.0005	43
626	东帝汶	0.001	43	0.0001	46
144	斯里兰卡	0.0006	44	0.0126	31
116	柬埔寨	0.0004	45	0.0001	45
462	马尔代夫	0.0001	46	0.0022	38
	平均值	0.2087		0.1928	

数据来源：重庆“一带一路”投资与贸易研究实验室

表中显示，2013 年，阿曼与“一带一路”国家贸易竞争强度排名前十的国家分别为：沙特阿拉伯、阿塞拜疆、哈萨克斯坦、阿尔巴尼亚、也门、俄罗斯、埃及、卡塔尔、印度尼西亚以及马来西亚，贸易竞争指数分别为 0.9764、0.9683、0.9652、0.901、0.887、0.8303、0.7396、0.4142、0.4096、0.3816。对比 2005 年分析，阿曼与也门、哈萨克斯坦、卡塔尔、越南等国家的贸易竞争强度有一定程度的减弱，说明阿曼的出口贸易结构与这些国家的出口贸易结构有错位发展趋势；同时，阿曼与沙特阿拉伯、阿塞拜疆、阿尔巴尼亚等国家的贸易竞争强度有不同程度的增加，说明阿曼的出口贸易结构与这些国家的出口贸易结构有趋同发展趋势。其中，阿曼与阿尔巴尼亚的贸易竞争关系变化最为剧烈，从2005年的0.0652变化至2013年的0.901，整体增加了 0.8358 个指数点，排名亦上升了 10 个名次，同时，双方贸易竞争关系从较弱贸易竞争关系变为激烈的贸易竞争关系。

3. 阿曼与“一带一路”其他国家贸易互补关系

阿曼与“一带一路”其他国家贸易互补关系较弱，但依据近几年变化观察有改善趋势，更利于阿曼的出口贸易。2005 年及 2013 年阿曼与“一带一路”其他国家贸易互补关系情况统计如下表 OM–27 所示：

表 OM–27 阿曼与“一带一路”其他国家贸易互补关系情况统计（2005 年、2013 年）

年份	平均贸易互补指数		指数分类	国家数量	占比（%）
2005	以本国出口计算	0.1119	TCT>0.3	1	2.18
			0.2<TCT<0.3	3	6.52
			TCT<0.2	42	91.30
	以他国出口计算	0.1651	TCT>0.3	3	6.52
			0.2<TCT<0.3	17	36.96
			TCT<0.2	26	56.52
2013	以本国出口计算	0.1365	TCT>0.3	1	2.17
			0.2<TCT<0.3	8	17.39
			TCT<0.2	37	80.43
	以他国出口计算	0.1713	TCT>0.3	3	6.52
			0.2<TCT<0.3	18	39.13
			TCT<0.2	25	54.35

数据来源：重庆“一带一路”投资与贸易研究实验室

表 OM–27 显示，以阿曼本国出口计算的平均贸易互补指数从 2005 年的 0.1119 增至 2013 年的 0.1365，总共上升了 0.0246 个指数点，说明阿曼出口贸易结构与“一带一路”国家的进口贸易结构在一定程度上有趋同发展的趋势，进而更利于阿曼的出口贸易。

按贸易互补指数分类分析，一般来说，贸易互补指数大于 0.3 说明有强贸易互补关系，大于 0.2 同时小于 0.3 说明有较强贸易互补关系，而小于 0.2 说明有较弱贸易互补关系；同时，一国的出口贸易结构与另一国的进口贸易结构相似程度越高，两国之间的贸易互补关系越强。2013 年，以阿曼出口计算的贸易互补指数大于 0.3 的国家仅有 1 个，而处于 0.2 与 0.3 之间的国家有 8 个，较 2005 年多了 5 个国家，占“一带一路”国家总数比例为 17.39%，小于 0.2 的国家有 37 个，占比 80.43%。

而以他国出口计算的阿曼与“一带一路”其他国家的平均贸易互补指数从 2005

年的 0.1651 上升至 2013 年的 0.1713，总共上升了 0.0062 个指数点，说明阿曼进口贸易结构与“一带一路”国家出口贸易结构有趋同发展趋势。按贸易互补指数分类来看，2013 年，以他国出口计算的贸易互补指数大于 0.3 的国家有 3 个，处于 0.2 与 0.3 之间的国家有 18 个，较 2005 年多了 1 个国家，占“一带一路”国家总数比例为 39.13%，其他 54.35% 的国家与阿曼的贸易互补指数都小于 0.2，说明这些国家的出口贸易结构与阿曼的进口贸易结构相似程度较低。

阿曼 2005 年与“一带一路”其他国家贸易互补关系详情如下表 OM-28：

表 OM-28　阿曼与“一带一路”其他国家贸易互补关系（2005 年）

国家代码	国家	贸易互补指数（以本国出口计算）	排名	贸易互补指数（以他国出口计算）	排名	互补指数差值（以本国出口计算 - 以他国出口计算）
112	白俄罗斯	0.348	1	0.2133	17	−0.0181
699	印度	0.2977	2	0.2375	13	−0.0329
440	立陶宛	0.2646	3	0.2622	7	−0.0081
400	约旦	0.2134	4	0.2003	20	−0.0731
764	泰国	0.178	5	0.2666	6	−0.1429
807	马其顿	0.1664	6	0.1449	26	0.1347
804	乌克兰	0.164	7	0.172	22	0.0291
792	土耳其	0.1604	8	0.2881	4	0.0585
688	塞尔维亚	0.1539	9	0.2014	19	−0.1218
702	新加坡	0.1457	10	0.2585	9	−0.1189
586	巴基斯坦	0.1446	11	0.0816	35	−0.2013
360	印度尼西亚	0.1439	12	0.1546	24	−0.159
144	斯里兰卡	0.1376	13	0.0791	36	−0.0394
376	以色列	0.135	14	0.1648	23	−0.1599
348	匈牙利	0.1273	15	0.2872	5	−0.0107
191	克罗地亚	0.1262	16	0.2451	10	−0.0298
818	埃及	0.1253	17	0.1363	28	0.0131
203	捷克	0.1241	18	0.3254	1	0.0071
642	罗马尼亚	0.1209	19	0.2419	11	−0.0096
616	波兰	0.1201	20	0.3171	2	−0.1518
703	斯洛伐克	0.1055	21	0.3138	3	0.0024

续表

国家代码	国家	贸易互补指数（以本国出口计算）	排名	贸易互补指数（以他国出口计算）	排名	互补指数差值（以本国出口计算－以他国出口计算）
608	菲律宾	0.1031	22	0.1208	29	–0.1051
233	爱沙尼亚	0.1029	23	0.2619	8	0.0144
643	俄罗斯	0.1003	24	0.1507	25	0.0168
417	哈萨克斯坦	0.1002	25	0.0931	33	–0.0498
100	保加利亚	0.0986	26	0.2415	12	0.063
156	中国	0.0958	27	0.2176	16	–0.0177
458	马来西亚	0.0883	28	0.1934	21	–0.197
4428	拉脱维亚	0.0854	29	0.2281	15	–0.0237
268	格鲁吉亚	0.0731	30	0.1125	30	0.0002
70	波黑	0.0638	31	0.1369	27	–0.121
422	黎巴嫩	0.0579	32	0.2097	18	–0.0504
634	卡塔尔	0.057	33	0.0568	41	–0.0417
8	阿尔巴尼亚	0.0565	34	0.0746	38	–0.0475
417	吉尔吉斯斯坦	0.0531	35	0.0627	40	0.0602
705	斯洛文尼亚	0.0526	36	0.2357	14	–0.1128
498	摩尔多瓦	0.0509	37	0.1007	32	–0.2083
704	越南	0.0498	38	0.1113	31	–0.0615
496	蒙古	0.0495	39	0.0327	44	–0.1831
682	沙特阿拉伯	0.0487	40	0.0904	34	–0.0886
51	亚美尼亚	0.0475	41	0.0556	42	–0.1277
626	东帝汶	0.044	42	0.0677	39	–0.008
116	柬埔寨	0.0437	43	0.0146	46	0.0215
31	阿塞拜疆	0.0424	44	0.0753	37	–0.011
887	也门	0.0413	45	0.038	43	0.0033
462	马尔代夫	0.0366	46	0.0222	45	–0.1427
	平均值	0.1119	——	0.1651	——	–0.0533

数据来源：重庆“一带一路”投资与贸易研究实验室

由上表数据分析可知，2005 年，阿曼与“一带一路”其他国家贸易互补关系整体较弱。以阿曼出口计算的贸易互补指数平均值为0.1119，排名前十的贸易互补强度的国家分比为：白俄罗斯、印度、立陶宛、约旦、泰国、马其顿、乌克兰、土耳其、塞尔维亚、新加坡，贸易互补指数依次为：0.348、0.2977、0.2646、0.2134、0.178、0.1664、0.164、0.1604、0.1539、0.1457；以他国出口计算的平均贸易互补指数为0.1651，排名前十的国家分别为捷克、波兰、斯洛伐克、土耳其、匈牙利、泰国、立陶宛、爱沙尼亚、新加坡以及克罗地亚，贸易互补指数分别为0.3254、0.3171、0.3138、0.2881、0.2872、0.2666、0.2622、0.2619、0.2585、0.2451。

一般认为，贸易互补指数差值（以本国出口计算－以他国出口计算）大于0说明利于本国出口，反之利于他国出口。2005年，阿曼与“一带一路”国家平均贸易互补指数差值为–0.0533，说明阿曼与“一带一路”国家贸易整体有利于阿曼进口贸易，不利于其出口贸易。其中，阿曼与“一带一路”国家贸易互补指数差值大于0的国家共有13个，分别是马其顿、保加利亚、吉尔吉斯斯、土耳其、乌克兰、柬埔寨、俄罗斯、爱沙尼亚、埃及、捷克、也门、斯洛伐克以及格鲁吉亚，占比28.26%；同时可以从表中发现，与阿曼的贸易互补指数差值最大的是马其顿，差值为0.1347，而最小的是摩尔多瓦，差值为–0.2083，此处可知，阿曼与马其顿贸易整体分析更利于其出口贸易，而与摩尔多瓦贸易更利于其进口贸易。

2013年阿曼与“一带一路”其他国家贸易互补关系具体情况如表OM–29：

表OM–29　阿曼与“一带一路”其他国家贸易互补关系（2013年）

国家代码	国家	贸易互补指数（以本国出口计算）	排名	贸易互补指数（以他国出口计算）	排序	互补指数差值（以本国出口计算－以他国出口计算）
699	印度	0.4002	1	0.2809	5	0.1193
440	立陶宛	0.2828	2	0.3246	1	–0.0418
112	白俄罗斯	0.2716	3	0.2377	16	0.0339
100	保加利亚	0.2181	4	0.2591	9	–0.041
156	中国	0.214	5	0.2387	15	–0.0247
360	印度尼西亚	0.2136	6	0.1568	25	0.0568
586	巴基斯坦	0.2133	7	0.095	35	0.1183
764	泰国	0.2088	8	0.2762	7	–0.0674
702	新加坡	0.2016	9	0.2532	11	–0.0516
688	塞尔维亚	0.1871	10	0.2238	18	–0.0367
376	以色列	0.1815	11	0.1265	29	0.055

续表

国家代码	国家	贸易互补指数（以本国出口计算）	排名	贸易互补指数（以他国出口计算）	排序	互补指数差值（以本国出口计算 - 以他国出口计算）
400	约旦	0.1768	12	0.1737	23	0.0031
144	斯里兰卡	0.1632	13	0.0549	42	0.1083
616	波兰	0.1607	14	0.3049	3	-0.1442
642	罗马尼亚	0.1454	15	0.2562	10	-0.1108
70	波黑	0.1446	16	0.1708	24	-0.0262
348	匈牙利	0.1446	17	0.2679	8	-0.1233
191	克罗地亚	0.1438	18	0.2415	14	-0.0977
608	菲律宾	0.1419	19	0.105	34	0.0369
458	马来西亚	0.138	20	0.2227	19	-0.0847
233	爱沙尼亚	0.1378	21	0.2444	12	-0.1066
428	拉脱维亚	0.1377	22	0.2302	17	-0.0925
792	土耳其	0.1348	23	0.3077	2	-0.1729
498	摩尔多瓦	0.1266	24	0.1182	31	0.0084
422	黎巴嫩	0.1255	25	0.185	22	-0.0595
887	也门	0.1236	26	0.0328	44	0.0908
268	格鲁吉亚	0.1205	27	0.2188	20	-0.0983
818	埃及	0.1198	28	0.1408	28	-0.021
417	哈萨克斯坦	0.1189	29	0.1054	33	-0.0574
496	蒙古	0.1148	30	0.0648	39	0.05
703	斯洛伐克	0.1071	31	0.2795	6	-0.1724
203	捷克	0.0921	32	0.294	4	-0.2019
51	亚美尼亚	0.083	33	0.0689	38	0.0141
704	越南	0.0734	34	0.1463	26	-0.0729
116	柬埔寨	0.0715	35	0.0416	43	0.0299
634	卡塔尔	0.0687	36	0.0593	40	0.0094
682	沙特阿拉伯	0.0683	37	0.1118	32	-0.0435
807	马其顿	0.0679	38	0.1201	30	-0.0522
8	阿尔巴尼亚	0.0675	39	0.085	36	-0.0175
705	斯洛文尼亚	0.0673	40	0.2427	13	-0.1754
626	东帝汶	0.0576	41	0.0589	41	-0.0013

续表

国家代码	国家	贸易互补指数（以本国出口计算）	排名	贸易互补指数（以他国出口计算）	排序	互补指数差值（以本国出口计算 - 以他国出口计算）
804	乌克兰	0.0565	42	0.2123	21	-0.1558
643	俄罗斯	0.0504	43	0.1444	27	-0.094
31	阿塞拜疆	0.0484	44	0.0256	45	0.0228
417	吉尔吉斯斯坦	0.048	45	0.0716	37	0.0473
462	马尔代夫	0.0414	46	0.0006	46	0.0408
	平均值	0.1365	——	0.1713	——	-0.0348

数据来源：重庆“一带一路”投资与贸易研究实验室

2013 年，阿曼与“一带一路”其他国家贸易互补关系较弱，以阿曼出口计算的平均贸易互补指数值为 0.1365，排名前十的国家包括：印度、立陶宛、白俄罗斯、保加利亚、中国、印度尼西亚、巴基斯坦、泰国、新加坡以及塞尔维亚，贸易互补指数对应依次为：0.4002、0.2828、0.2716、0.2181、0.214、0.2136、0.2133、0.2088、0.2016、0.1871；以他国出口计算的平均贸易互补指数为 0.1713，排名前十的国家有立陶宛、土耳其、波兰、捷克、印度、斯洛伐克、泰国、匈牙利、保加利亚以及罗马尼亚，对应的贸易互补指数为 0.3246、0.3077、0.3049、0.294、0.2809、0.2795、0.2762、0.2679、0.2591、0.2562。

2013 年，阿曼与“一带一路”国家平均贸易互补指数差值为 -0.0348，说明阿曼与“一带一路”国家贸易整体有利于阿曼进口贸易。其中，阿曼与“一带一路”国家贸易互补指数差值大于 0 的国家共有 17 个，分别是印度、巴基斯坦、斯里兰卡、也门、印度尼西亚、以色列、蒙古、吉尔吉斯斯坦、马尔代夫、菲律宾、白俄罗斯、柬埔寨、阿塞拜疆、亚美尼亚、卡塔尔、摩尔多瓦以及约旦，占比 36.96%；同时发现，与阿曼的贸易互补指数差值最大的是印度，差值为 0.1193；最小的是捷克，差值为 -0.2019，此处可知，阿曼与印度贸易整体分析更利于其出口贸易，而与捷克贸易整体更利于其进口贸易。

对比分析 2005 年与 2013 年阿曼与“一带一路”国家贸易互补关系，阿曼与中国、印度的贸易互补关系有所增强，与白俄罗斯的贸易互补关系有所减弱。

（六）中国与阿曼的贸易关系

中国与阿曼于1978年5月25日建交，又于1989年成立经贸联委会，目前双方已举行七届联委会会议。第七届经贸联委会于2011年10月在北京成功召开，双方签署了相关会谈纪要。随着两国贸易额不断创出新高，阿曼已成为中国在西亚北非地区的重要贸易伙伴，同时，中阿两国经济技术合作规模不断深入扩大。据统计，阿曼目前是中国第三大原油进口来源国，亦是中国在中东北非地区的第三大贸易伙伴，同时，中国是阿曼第1大出口市场国；由此造成中国相对于阿曼的巨大逆差。2015年，中国对阿曼的贸易逆差高达129.44亿美元，占双边贸易额的75.34%。

联合国贸发会议数据显示：2015年，中国和阿曼双边贸易额为171.80亿美元，较去年下降了33.56%。其中，中国出口到阿曼21.18亿美元，较上年增加了2.54%；中国从阿曼进口150.62亿美元，较去年减少了36.70%。

同时，据联合国商品贸易统计数据库统计，中国出口到阿曼的主要商品包括机械器具及其零件、钢铁制品以及钢铁，这3种商品的出口额占比为42.10%；中国从阿曼进口产品结构单一，主要进口商品有矿物燃料、矿物油及其蒸馏产品等，有机化学品以及矿砂、矿渣及矿灰，此3种商品进口额占中国从阿曼进口总额的99%，其中对矿物燃料、矿物油及其蒸馏产品的进口占比达93.35%；对矿物燃料的大量进口造成了中国对阿曼的巨大贸易逆差。

1. 中国出口到阿曼情况

（1）中国出口到阿曼的数量关系

中国出口到阿曼的出口规模较小，但呈大幅上升状态。2015年，中国出口到阿曼的出口额为2117.93百万美元，较2005年的190.99百万美元增加了1926.94百万美元，年均增加27.20%。

2005—2015年，中国出口到阿曼数量具体情况如下表OM-30：

表OM-30　中国出口到阿曼的数量关系（2005—2015年）

指标	2005	2006	2007	2008	2009	2010	2011	2012	2013	2014	2015
出口额（百万美元）	190.99	339.54	548.03	794.52	747.45	944.50	998.18	1811.58	1900.84	2065.38	2117.93
增幅（%）	72.03	77.78	61.40	44.98	-5.92	26.36	5.68	81.49	4.93	8.66	2.54

数据来源：http：//comtrade.un.org/

具体分析，2005—2008 年间，中国出口到阿曼的出口额整体有大幅度的增加，除在 2009 年有小幅下降外，其余年份都处于连续上升状态。中国出口到阿曼的出口额先从 2005 年的 190.99 百万美元增加至 2008 年的 794.52 百万美元，增加了 603.53 百万美元；2009 年，出口额小幅下降至 747.45 百万美元，较上年减少了 5.92%。此处全球金融危机对中国出口到阿曼的数额影响相比于其他国家较小。随后的 2010–2015 年，中国出口到阿曼的数额大幅增加，从 2010 年的 944.50 百万美元增加至 2015 年的 2117.93 百万美元，总体增加了 1173.43 百万美元。

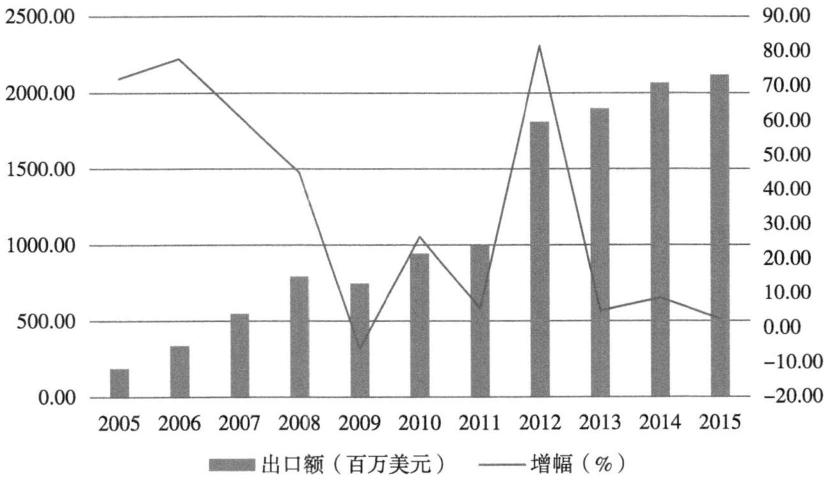

图 OM-24　中国出口到阿曼的数量关系（2005—2015 年）

（2）中国出口到阿曼的出口产品结构关系

中国出口到阿曼的产品结构较稳定且较为集中，排名前十的产品出口额就远超过中国出口到阿曼的出口总额的七成比例。

2005 年及 2015 年中国出口到阿曼的主要产品结构如下表 OM-31 及 OM-32 所示：

表 OM-31　中国出口到阿曼产品结构（2005 年）

产品种类	出口额（百万美元）	排名	占比（%）
核反应堆、锅炉、机器、机械器具及其零件	57.04	1	29.87
电机、电气设备及其零件；录音机及放声机、电视图像、声音的录制和重放设备及其零件、附件	25.17	2	13.18
钢铁制品	14.27	3	7.47
钢铁	11.50	4	6.02
车辆及其零件、附件（铁道及电车道车辆除外）	7.55	5	3.95

续表

产品种类	出口额（百万美元）	排名	占比（%）
肉及食用杂碎	7.45	6	3.90
家具；寝具、褥垫、弹簧床垫、软坐垫及类似的填充制品；未列名灯具及照明装置；发光标志、发光铭牌及类似品；活动房屋	6.98	7	3.66
光学、照相、电影、计量、检验、医疗或外科用仪器及设备、精密仪器及设备；上述物品的零件、附件	5.76	8	3.02
陶瓷产品	5.66	9	2.96
塑料及其制品	5.58	10	2.92
合计	146.96		76.95

数据来源：http：//comtrade.un.org/

表 OM-32　中国出口到阿曼产品结构（2015 年）

产品种类	出口额（百万美元）	排名	占比（%）
核反应堆、锅炉、机器、机械器具及其零件	481.99	1	22.76
钢铁制品	231.71	2	10.94
钢铁	177.86	3	8.40
电机、电气设备及其零件；录音机及放声机、电视图像、声音的录制和重放设备及其零件、附件	161.76	4	7.64
家具；寝具、褥垫、弹簧床垫、软坐垫及类似的填充制品；未列名灯具及照明装置；发光标志、发光铭牌及类似品；活动房屋	158.55	5	7.49
盐；硫磺；泥土及石料；石膏料、石灰及水泥	106.43	6	5.03
有机化学品	100.98	7	4.77
车辆及其零件、附件（铁道及电车道车辆除外）	89.09	8	4.21
陶瓷产品	75.80	9	3.58
塑料及其制品	62.47	10	2.95
合计	1646.64		77.77

数据来源：http：//comtrade.un.org/

由上表可知，2015 年，中国出口到阿曼排名前十的产品分别为：机械器具及其零件，钢铁制品，钢铁，电气设备及其零件；录音机及放声机设备及其零附件，家具及类似的填充制品等，盐；硫磺；泥土及石料等，有机化学品，车辆及其零件附件，陶瓷产品，塑料及其制品，中国出口到阿曼的这十类商品出口额合计 1646.64 百万美元，占中国出口到阿曼出口总额的 77.77%，相比 2005 年中国出口到阿曼排名前十的产品的出口额 146.97 百万美元和合计占比 76.95%，分别增加了 1499.68 百万美元和 0.82 个百分点。其中，中国出口到阿曼的机械器具及其零件的出口规模最大，但相较于 2005 年，相对规模有所缩小，从 2005 年的 29.87% 缩小至 2015 年的 22.76%，总体减小了 7.11 个百分点。同时，中国出口到阿曼的机电设备产品的出口规模相对减少，占比从 2005 年的 13.18% 减少至 2015 年的 7.64%，减少了 5.54 个百分点，排名下降了 2 个名次。中国对于出口到阿曼其余商品的相对出口规模都有不同程度的增加或减小。

2. 中国从阿曼进口情况

（1）中国从阿曼进口的数量关系

十年间，中国从阿曼进口数量规模整体有较大幅度的增加。2005—2015 年中国从阿曼进口数量关系具体情况如下表 OM-33：

表 OM-33　中国从阿曼进口的数量关系（2005—2015 年）

指标	2005	2006	2007	2008	2009	2010	2011	2012	2013	2014	2015
进口额（亿美元）	41.39	61.29	67.23	116.27	54.10	97.79	148.77	169.75	210.41	237.93	150.62
增幅（%）	-3.25	48.08	9.69	72.94	-53.47	80.76	52.13	14.10	23.95	13.08	-36.70

数据来源：http：//comtrade.un.org/

由表 OM-33 及图 OM-25 结合分析可知，中国从阿曼进口数量规模有大幅扩大趋势，但在 2009 年及 2015 年出现一定幅度的下降。2005—2008 年，中国从阿曼进口数量从 41.39 亿美元增加至 116.27 亿美元，增加了 74.88 亿美元；2009 年，受全球金融危机的影响，中国从阿曼进口规模大幅下跌至 54.10 亿美元，较上年减少了 53.47%；但在 2010-2014 年，中国从阿曼进口数额连年增加，直至 2014 年，进口数额达近年最高值 237.93 亿美元，较 2009 年增加了 183.83 亿美元；但在 2015 年，中国从阿曼进口数额出现下降，降至 150.62 亿美元，较上年减少了 36.70%。相比较 2005 年及 2015 年，中国从阿曼进口数量规模总体增加了 109.23 亿美元，年均增加 13.79%。

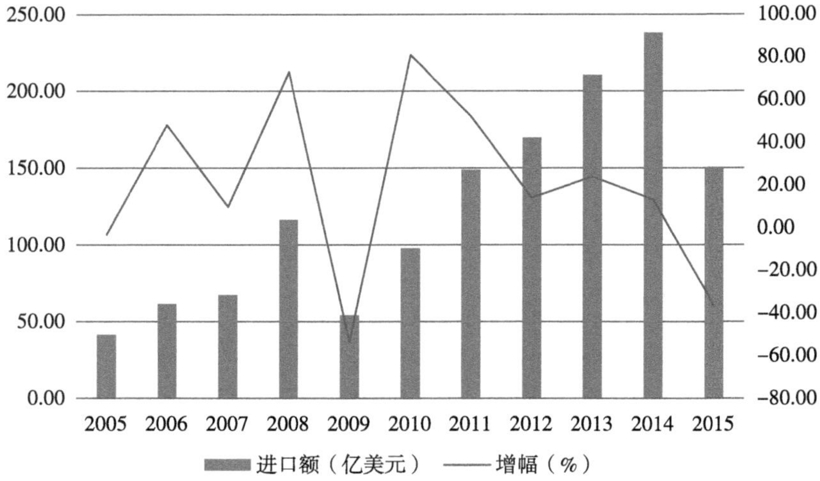

图 OM-25 中国从阿曼进口的数量关系（2005—2015 年）

（2）中国从阿曼进口产品结构关系

中国从阿曼进口产品单一，主要集中于矿物燃料及其相关制品以及有机化学制品、金属等产品的进口，且对比 2005 年及 2015 年中国从阿曼进口产品结构有较大的变化。

表 OM-34 及表 OM-35 为 2005 年及 2015 年中国从阿曼进口总额排名前十的产品种类：

表 OM-34 中国从阿曼主要进口产品结构（2005 年）

产品种类	进口额（百万美元）	排名	占比（%）
矿物燃料、矿物油及其蒸馏产品；沥青物质；矿物蜡	4106.17	1	99.209
铜及其制品	20.30	2	0.490
矿砂、矿渣及矿灰	6.25	3	0.151
鱼、甲壳动物、软体动物及其他水生无脊椎动物	3.61	4	0.087
盐；硫磺；泥土及石料；石膏料、石灰及水泥	2.12	5	0.051
石料、石膏、水泥、石棉、云母及类似材料的制品	0.19	6	0.005
蔬菜、水果、坚果或植物其他部分的制品	0.06	7	0.002
电机、电气设备及其零件；录音机及放声机、电视图像、声音的录制和重放设备及其零件、附件	0.06	8	0.001
家具；寝具、褥垫、弹簧床垫、软坐垫及类似的填充制品；未列名灯具及照明装置；发光标志、发光铭牌及类似品；活动房屋	0.05	9	0.001
塑料及其制品	0.05	10	0.001
合计	4138.86	——	99.998

数据来源：http://comtrade.un.org/

表 OM-35　中国从阿曼主要进口产品结构（2015 年）

产品种类	进口额（百万美元）	排名	占比（%）
矿物燃料、矿物油及其蒸馏产品；沥青物质；矿物蜡	14060.52	1	93.35
有机化学品	635.05	2	4.22
矿砂、矿渣及矿灰	214.73	3	1.43
钢铁	52.42	4	0.35
铝及其制品	37.54	5	0.25
塑料及其制品	26.19	6	0.17
无机化学品；贵金属、稀土金属、放射性元素及其同位素的有机及无机化合物	19.52	7	0.13
盐；硫磺；泥土及石料；石膏料、石灰及水泥	6.06	8	0.04
杂项化学产品	3.29	9	0.02
铜及其制品	2.59	10	0.02
合计	15057.91	——	99.98

数据来源：http：//comtrade.un.org/

由上表分析可知，中国从阿曼进口产品较为单一。2015 年，中国从阿曼进口的主要产品及相应占比依次为：矿物燃料、矿物油及其蒸馏产品等（93.35%），有机化学品等（4.22%），矿砂、矿渣及矿灰等等（1.43%），钢铁（0.35%），铝及其制品等（0.25%），塑料及其制品等（0.17%），无机化学品等（0.13%），盐；硫磺；泥土及石料；石膏料、石灰及水泥等（0.04%），杂项化学产品等（0.02%），铜及其制品等（0.02%），中国从阿曼进口这几种产品的总额合计 15057.91 百万美元，占中国从阿曼进口总额的 99.98%。

具体分析，对比 2005 年及 2015 年发现，中国从阿曼主要进口产品种类发生了较大的变化。2005—2015 年，中国对阿曼的矿物燃料及其相关产品的需求较大，进口数额排名一直在第一位，且超过中国从阿曼进口的九成比例，但从相对需求角度来讲，中国对阿曼矿物燃料及其相关产品的相对需求下降，占比从 2005 年的 99.21% 下降至 2015 年的 93.35%，减少了 5.86 个百分点；同时对有机化学品的需求相对增加，且跻身于中国进口数额排名第二位。

3. 中国与阿曼贸易竞争关系

表 OM-36 为中国与阿曼 2005 年及 2013 年贸易竞争指数、贸易互补指数的统计情况：

表 OM-36 中国与阿曼贸易竞争、互补关系情况统计（2005—2015 年）

年份	贸易竞争指数	贸易互补指数（以中国出口计算）	贸易互补指数（以阿曼出口计算）
2005	0.0436	0.2176	0.0958
2013	0.0143	0.2387	0.214

（1）中国与阿曼的贸易互补关系总体较弱。2013 年，以中国出口计算的贸易互补指数为 0.0143，排名第 36 位。

（2）中国与阿曼贸易互补关系具有增强的趋势。从以中国出口计算的贸易互补指数看，2005 年，阿曼与中国贸易互补指数为 0.2176；2013 年为 0.2387，2005 年至 2013 年，中国与阿曼贸易互补指数增加了 9.70%。以阿曼出口计算的贸易互补指数从 2005 年的 0.0958 增加至 2013 年的 0.2140，总体增加了 0.1182 个指数点。

（3）以中国出口计算的贸易互补指数大于以阿曼出口计算的贸易互补指数，有利于中国出口，同时有利于阿曼进口。2005 年，以阿曼出口计算的贸易互补指数为 0.2176，以中国出口计算的贸易互补指数为 0.0958；2013 年，以阿曼出口计算的贸易互补指数为 0.2387；以中国出口计算的贸易互补指数为 0.214。

（4）中国与阿曼的贸易竞争关系有变弱的趋势。2005 年，两国贸易竞争指数为 0.0436，贸易竞争关系较弱，排名为 35 位。2013 年，中国与阿曼的贸易竞争指数为 0.0143，贸易竞争关系较弱，排名为 39 位。2005 年至 2013 年，中国与阿曼的贸易竞争指数下降了 0.0293，排名下降了 4 位。

五、伊朗伊斯兰共和国（Islamic Republic of Iran）

（一）基本情况

伊朗是一个具有5000多年历史的文明古国。在1979年4月1日，霍梅尼宣布成立伊朗伊斯兰共和国（Islamic Republic of Iran，以下简称伊朗），建立政教合一的政权。伊朗人口总规模较小，但人口密度高，同时城镇化率较高；2015年，伊朗人口规模总数为7911万人，人口密度约48.58人/平方公里，城镇化率为73.38%。伊朗地理位置独特，是中东和海湾地区的政治、经济、文化、军事大国；其地处西亚的心脏地带，南临波斯湾、北接里海。同时，伊朗石油和天然气资源丰富，其已探明石油储量占总储量9.3%，居世界第四位，探明的天然气储量占总储量18.2%，居世界首位。伊朗重要的地缘战略位置，丰富的石油和天然气资源以及历史宗教文化遗产决定了他在中东和海湾地区的重要大国地位。2014年，伊朗国内生产总值（GDP）为42.53百亿美元，人均GDP为5442.87美元，属中上等收入经济体。

1. 建国历程

伊朗，古称波斯，中国的史书上称“安息”，是一个具有5000多年历史的文明古国。公元前6世纪，古波斯帝国盛极一时。公元7世纪以后，阿拉伯人、突厥人、蒙古人、阿富汗人先后侵入并统治伊朗。公元9至10世纪，伊朗东部地区文化昌盛，诗人费尔多西的波斯语长篇史诗《列王记》是波斯文学的辉煌成就。1258年，成吉思汗子孙旭烈兀打败阿巴斯王朝，建立以伊朗为中心的伊利汗国。18世纪后期，伊朗东北部的土库曼人恺伽部落统一伊朗，建立恺伽王朝。19世纪以后，伊朗沦为英、俄的半殖民地。1925年，巴列维王朝建立，1979年1月，国王被迫出走。1979年2月1日，流亡国外的宗教领袖霍梅尼回国；2月5日，霍梅尼任命“自由运动”领袖麦赫迪·巴扎尔甘为临时政府总理，并于2月11日接管了政权，这一天被定为伊朗国庆日，巴列维王朝宣告灭亡。1979 年 4 月 1 日，霍梅尼宣布成立伊朗伊斯兰共和国，建立政教合一政权。①

2. 人口状况

伊朗人口总规模较小，但人口密度高，城镇化率较高，男女比例平衡，且青少年人口较多。2015 年，阿曼人口总数为 7911 万人，人口密度约为 48.58 人 / 平方公里；其中城镇人口为 5805 万人，占比为 73.38%，农村人口为 2106 万人，占比 26.62%；男性人口 3983 万人，女性人口 3928 万人，占比分比为 50.35% 和 49.65%；0–14 岁人口为 1868 万人，15–64 岁人口 5643 万人。65 岁及其以上人口为 400 万人，分别占总人口数的 23.61%、71.33%、5.06%。

表 IR–1　伊朗人口总数及其构成（2015 年）

指标	年末数（万人）	比重（%）
人口总数	7911	100
其中：城镇	5805	73.38
农村	2106	26.62
其中：男性	3983	50.35
女性	3928	49.65
其中：0–14 岁	1868	23.61
15–64 岁	5643	71.33
65 岁及其以上	400	5.06

数据来源：世界银行，http：//data.worldbank.org/

具体分析伊朗人口总规模变化情况，由下表 IR–2 分析可知，近十年，伊朗人口以类似“∽”型的增幅缓慢增加。2005—2015 年，阿曼总人口数从 2005 年的 7012 万人增加至 2015 年的 7911 万人，总共增加了 899 万人，年均增加 1.12%。2005—2007 年，阿曼人口减速增加，从 2005 年的 7012 万人增加至 2007 年的 7172 万人；随后又加速增加至 2013 年的 7715 万人；随后又减速增加至 2015 年的 7911 万人。

① 资料来源：http：//fec.mofcom.gov.cn/article/tzhzcj/tzhz/

表 IR-2 伊朗人口总数及增幅情况（2005—2015 年）

指标	2005	2006	2007	2008	2009	2010	2011	2012	2013	2014	2015
人口总数（万人）	7012	7092	7172	7253	7337	7425	7518	7616	7715	7814	7911
增幅（%）	1.15	1.14	1.13	1.13	1.16	1.20	1.25	1.30	1.30	1.28	1.24

数据来源：世界银行，http：//data.worldbank.org/

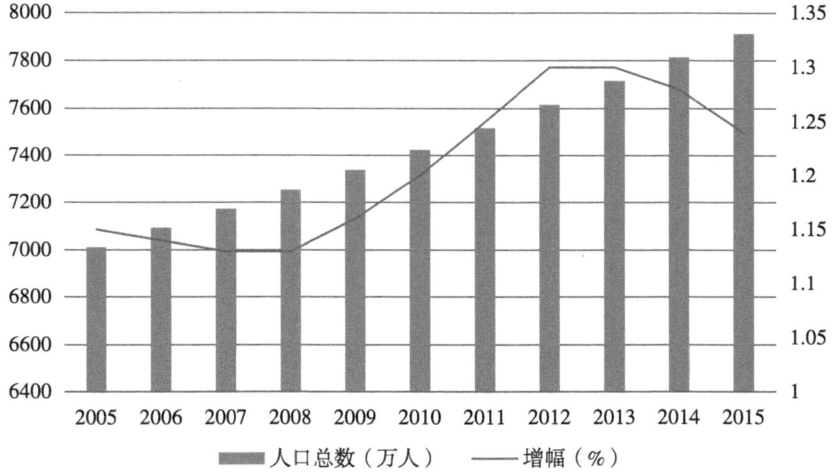

图 IR-1 伊朗人口总数及增幅情况（2005—2015 年）

3. 地域状况

伊朗地理位置独特。其位于北纬 25–40 度，东经 44–63.5 度，在亚洲的西南部，北接土库曼斯坦、阿塞拜疆和亚美尼亚，濒临里海，与俄罗斯和哈萨克斯坦隔海相望；西与土耳其和伊拉克接壤；东邻巴基斯坦和阿富汗；南隔波斯湾、阿曼湾与科威特、巴林、卡塔尔、阿拉伯联合酋长国、阿曼和沙特阿拉伯等国相望，边界线总长 8731 公里，其中 30% 为海岸线。伊朗国土面积 165 万平方公里，全国可耕地面积超过 5200 万公顷，占国土面积的 30% 以上；可耕地面积 1800 万公顷，其中可灌溉耕地 830 万公顷，旱田 940 万公顷。伊朗是一个高原和山地相间的国家，平均海拔在 900–1500 米之间，最高峰达马万德海拔 5671 米，境内 1/4 为沙漠。伊朗境内主要河流有卡伦河（全长 850 公里）和塞菲德河（全长约 1000 公里）。[①]

① 资料来源：http：//fec.mofcom.gov.cn/article/tzhzcj/tzhz/

4. 资源禀赋

伊朗石油、天然气和煤炭蕴藏丰富。根据 2015 年《BP 世界能源统计年鉴》，截至 2014 年底，伊朗探明石油储量达 1578 亿桶，占总储量的 9.3%，居世界第四位；探明天然气储量达 34 万亿立方米，占总储量的 18.2%，超过俄罗斯（32.6 万亿立方米），位居世界第一。

目前，已探明矿山 3800 处，矿藏储量 270 亿吨；其中，铁矿储量 47 亿吨；铜矿储量 33 亿吨（矿石平均品位 0.8%），约占世界总储量的 5%，居世界第三位；锌矿储量 2.3 亿吨（平均品位 20%），居世界第一位；铬矿储量 1500 万吨；金矿储量 150 吨。此外，还有大量的锰、锑、铅、硼、重晶石、大理石等矿产资源。目前，已开采矿种 56 个，年矿产量 1.5 亿吨，占总储量的 0.55%，占全球矿产品总产量的 1.2%。[①]

5. 经济实力

伊朗经济发展水平较高。2014 年，伊朗 GDP 为 42.53 百亿美元，排名世界经济第 29 位，人均 GDP 为 5442.87 美元，按人均 GDP 衡量的国家经济水平，伊朗为中上等收入经济体。

表 IR-3 和图 IR-2 为 2005—2014 年伊朗 GDP 及其增长率具体情况：

表 IR-3　伊朗 GDP 及增长率情况（2005—2014 年）

指标	2005	2006	2007	2008	2009	2010	2011	2012	2013	2014
GDP（百亿美元）	21.98	25.86	33.75	39.72	39.90	46.78	59.20	58.72	51.16	42.53
增长率（%）	19.65	17.65	30.51	17.69	0.45	17.24	26.55	–0.81	–12.87	–16.87

数据来源：世界银行，http：//data.worldbank.org/

近十年，伊朗经济呈先增加后减少的状态。2005—2014 年，其经济整体是处于上升的状态，GDP 整体增加了 20.55 百亿美元，年均增长 7.61%。2005—2011 年，伊朗经济以波动的增速向上攀升，从 2005 年的 21.98 百亿美元增加至 2011 年的 59.20 百亿美元，增加了 37.22 百亿美元；其中 2009 年，伊朗经济受全球金融危机的影响小于其他国家，经济依然呈上升趋势，较 2008 年增加了 0.45%；但在 2012—2014 年，由于西方国家对伊朗实施石油禁运和金融制裁，伊朗经济增速明显放缓，连续三年国内生产总值出现负增长，2014 年当年其国内生产总值（GDP）为 42.53 百亿美元，较上年下降了 16.87%。

① 资料来源：http：//fec.mofcom.gov.cn/article/tzhzcj/tzhz/

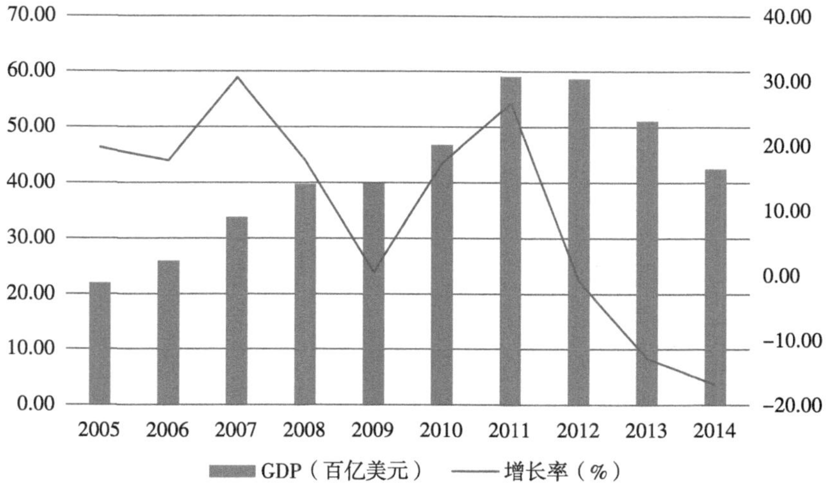

图 IR-2　伊朗 GDP 及增长率情况（2005—2014 年）

表 IR-4　伊朗人均 GDP 及增长率情况（2005—2014 年）

年份	人均 GDP（现价美元）	增长率（%）
2005	3135.19	18.31
2006	3646.84	16.32
2007	4705.39	29.03
2008	5476.16	16.38
2009	5437.82	-0.70
2010	6299.92	15.85
2011	7874.48	24.99
2012	7710.51	-2.08
2013	6631.30	-14.00
2014	5442.87	-17.92

数据来源：世界银行，http://data.worldbank.org/

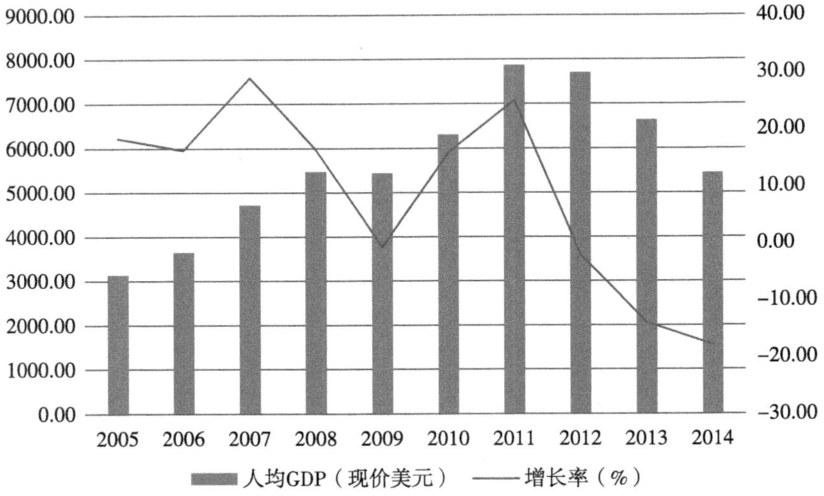

图 IR-3　伊朗人均 GDP 及增长率情况（2005—2015 年）

结合表 IR-4 及图 IR-3 分析，伊朗人均 GDP 呈先波动增加后减少的状态，且由人均 GDP 衡量的经济水平，伊朗属中上等收入经济体。2005—2014 年，伊朗人均 GDP 从 3135.19 美元增加至 2011 年的人均 GDP 最高值 7874.48 美元，较 2005 年增加了 151.16%；之后连续下降至2014年的5442.87美元，当年人均GDP增幅为 -17.92%；相比于 2005 年，伊朗人均 GDP 总体增加了 2307.68 美元，年均增加 6.32%。

（二）产业情况

近十年来，伊朗产业结构不断优化，三次产业发展重心逐渐向第三产业转移，农业也有小幅的发展。2014 年，伊朗三次产业增加值分别为 389 亿美元、1592.63 亿美元、2184.43 亿美元。同时，2005—2014 年间，伊朗三次产业结构比例逐渐从 7：47：46 变化至 9：38：53，第一产业增加值占 GDP 比重增加了 2 个百分点，第二产业下降了 9 个百分点，而第三产业占比上升了 7 个百分点，这意味着伊朗经济正由原来的工业主导型经济逐渐转向服务业主导型经济。

1. 第一产业

（1）第一产业基本情况

伊朗近年农业发展较快，对国民经济的贡献较小，但有上升趋势。2005—2014 年，伊朗农业增加值从 147.24 亿美元增加至 2014 年的 389 亿美元，总共增加了 241.76 亿美元，年均增加 11.40%；占 GDP 比重从 2005 年的 6.62% 增加至 2014 年的 9.34%，整体上升了 2.72 个百分点。

表 IR–5 及图 IR–4 为 2005—2014 年伊朗农业增加值及相关情况：

表 IR–5　伊朗农业增加值及相关情况（2005—2014 年）

指标	2005	2006	2007	2008	2009	2010	2011	2012	2013	2014
增加值（亿美元）	147.24	189.59	250.04	253.86	289.61	317.07	345.88	458.69	458.14	389.00
增幅（%）	12.44	28.76	31.88	1.53	14.08	9.48	9.09	32.62	–0.12	–15.09
占 GDP 比重（%）	6.62	7.22	7.39	6.39	7.34	6.86	5.88	7.88	9.03	9.34

数据来源：世界银行，http：//data.worldbank.org/

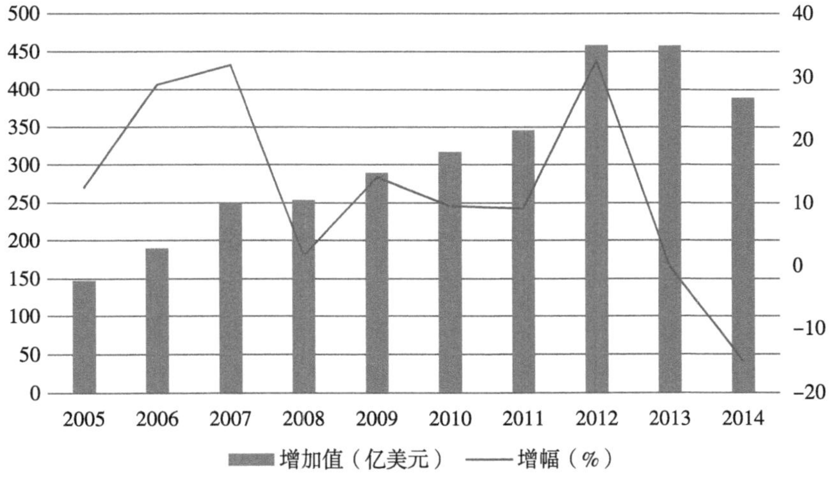

图 IR–4　伊朗农业增加值及增幅情况（2005—2014 年）

上图显示，伊朗农业发展较快，但近两年呈下降状态。2005–2012 年，伊朗农业增加值从 147.24 亿美元增加至 458.69 亿美元，整体增加了 311.45 亿美元，年均增加 17.62%；但 2013 年农业增加值小幅下降，直至 2014 年，增加值大幅下降至 389 亿美元，较上年减少了 15.09%，但相比于 2005 年，整体增加了 164.19%。因此，整体分析，伊朗农业处于上升的趋势中。

由下图 IR–5 所示，而伊朗农业增加值占 GDP 比重呈先小“M”状发展，后急剧上升的状态。2005—2007 年，伊朗农业增加值占 GDP 比重从 2005 年的 6.62% 上升至 2007 年的 7.39%，总共上升了 0.77 个百分点；2008 年，伊朗农业增加值占 GDP 比重大幅度下降至 6.39%；2009 年回升至 7.34%，2010–2011 年连续下降至近年最低值 5.88%；2012—2014 年，伊朗农业增加值占 GDP 比重急剧上升至 2014 年的 9.34%，较 2011 年增加了 3.46 个百分点，相比于 2005 年，整体增加了 2.72 个百分点。

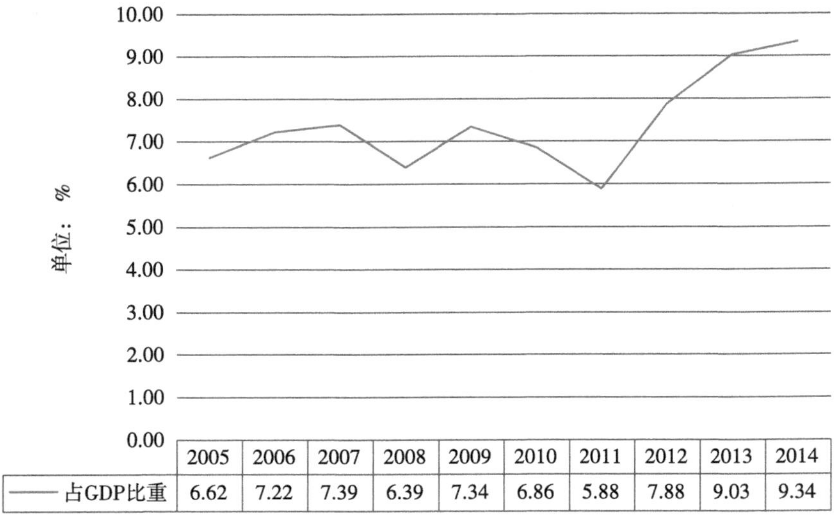

图 IR-5 伊朗农业增加值占 GDP 比重情况（2005—2014 年）

（2）第一产业构成

农业在伊朗国民经济中占有重要地位。2014 年，伊朗农业产值增加值为 389 亿美元，占 GDP 的 9.1%。主要农产品包括：小麦、大米、大麦、棉花、茶叶、甜菜、水果、干果、奶制品、鱼子酱、羊毛等。伊朗主要粮食作物产量不足，只能满足其八成需求。但是，伊朗是中东地区主要的干鲜果品生产和出口国，其中开心果、核桃、柠檬、桔、柑、猕猴桃、无花果以及石榴是主要出口产品。此外，伊朗还是世界第一大藏红花生产国，总产量占世界总量的 95%。①

2. 第二产业

（1）第二产业基本情况

伊朗的工业增加值整体有所上升，但对其整体经济的重要性有所减弱。2005—2014 年，伊朗工业增加值从 2005 年的 1043.28 亿美元增加至 2014 年的 1592.63 亿美元，总体增加了 52.66%。

表 IR-6 及图 IR-6 为 2005—2014 年伊朗工业增加值及相关情况：

表 IR-6 伊朗工业增加值及相关情况（2005—2014 年）

年份	增加值（亿美元）	增幅（%）	占 GDP 比重（%）
2005	1043.28	26.15	46.91

① 资料来源：http：//fec.mofcom.gov.cn/article/tzhzcj/tzhz/

续表

年份	增加值（亿美元）	增幅（%）	占 GDP 比重（%）
2006	1193.16	14.37	45.44
2007	1555.73	30.39	45.99
2008	1795.11	15.39	45.21
2009	1600.71	-10.83	40.55
2010	1915.76	19.68	41.43
2011	2734.08	42.72	46.47
2012	2408.90	-11.89	41.36
2013	2039.01	-15.36	40.19
2014	1592.63	-21.89	38.23

数据来源：世界银行，http：//data.worldbank.org/

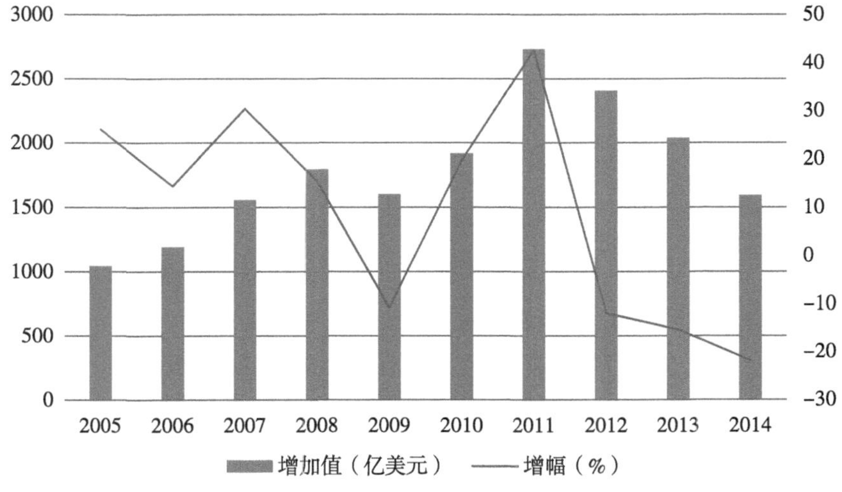

图 IR-6　伊朗工业增加值及增幅情况（2005—2014 年）

具体分析，2005 年，伊朗工业增加值为 1043.28 亿美元，当年增幅为 26.15%；之后以波动的增幅增加至 2008 年的 1795.11 亿美元，较 2005 年增加了 751.83 亿美元；2009 年增加值小幅下降至 1600.71 亿美元，较上年减少了 10.83%；2010、2011 年伊朗工业增加值大幅增加，2011 年，伊朗工业增加值达近年最高值 2734.08 亿美元，与2005年相比增加了162.07%；但这种上升的趋势并没有持续下去，2012—2014年，伊朗工业增加值连续下降，直至2014年，伊朗工业增加值为1592.63亿美元，较上年减少了21.89%。

图IR-7为2005—2014年伊朗工业增加值占GDP比重变化情况：

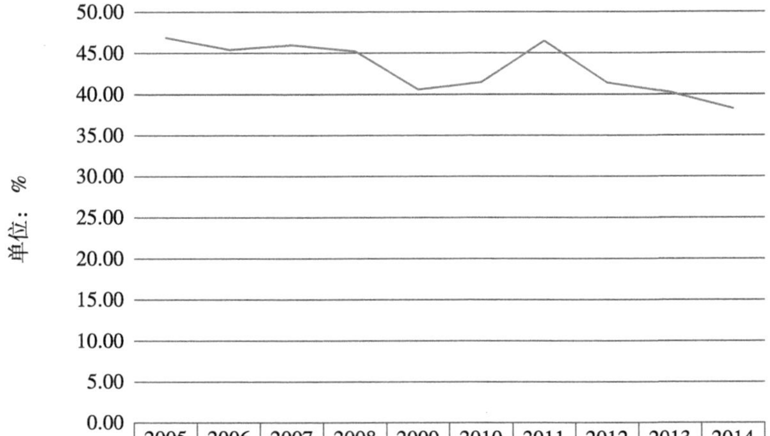

	2005	2006	2007	2008	2009	2010	2011	2012	2013	2014
—— 占GDP比重	46.91	45.44	45.99	45.21	40.55	41.43	46.47	41.36	40.19	38.23

图IR-7　伊朗工业增加值占GDP比重情况（2005—2014年）

如图IR-7所示，十年间，伊朗工业增加值占GDP比重处于小幅波动下降趋势。伊朗工业增加值占GDP比重从2005年的46.91%波动下降至2014年的38.23%，整体下降了8.68个百分点。

（2）第二产业构成

伊朗第二产业主要包括石油天然气工业、工矿业等。众所周知，伊朗是世界石油储藏大国，因此其石油资源十分丰富，伊朗现在开采石油的速度为361.4万桶/天，按伊朗现在的开采速度，伊朗石油可持续开采90年以上。

伊朗的工矿业主要包括矿产开发、制造业、水电气供应和建筑业。伊朗在海湾和西亚地区是工业强国之一。伊朗工业以石油勘探开发为主，另外还有炼油、石化、钢铁、电力、纺织、汽车拖拉机装配、摩托车装配、食品加工、建材、机械加工、地毯、家用电器、化工、有色、冶金、造纸、制药、水泥和榨糖等。[①]

3. 第三产业

（1）第三产业基本情况

十年间，伊朗服务等附加值整体处于增加的状态，且在国民经济中占据越来越

① 资料来源：http：//fec.mofcom.gov.cn/article/tzhzcj/tzhz/

重要的位置。2005—2014 年，伊朗服务等附加值从 1033.56 亿美元增加至 2184.43 亿美元，总共增加了 1150.87 亿美元，年均增加 8.67%。

伊朗服务等附加值及增幅情况如下表 IR-7 及图 IR-8：

表 IR-7　伊朗服务等附加值及相关情况（2005- 2014）

年份	附加值（亿美元）	增幅（%）	占 GDP 比重（%）
2005	1033.56	19.69	46.47
2006	1242.89	20.25	47.34
2007	1577.01	26.88	46.62
2008	1921.25	21.83	48.39
2009	2056.94	7.06	52.11
2010	2391.03	16.24	51.71
2011	2803.22	17.24	47.65
2012	2956.70	5.48	50.77
2013	2576.61	-12.86	50.78
2014	2184.43	-15.22	52.43

数据来源：世界银行，http：//data.worldbank.org/

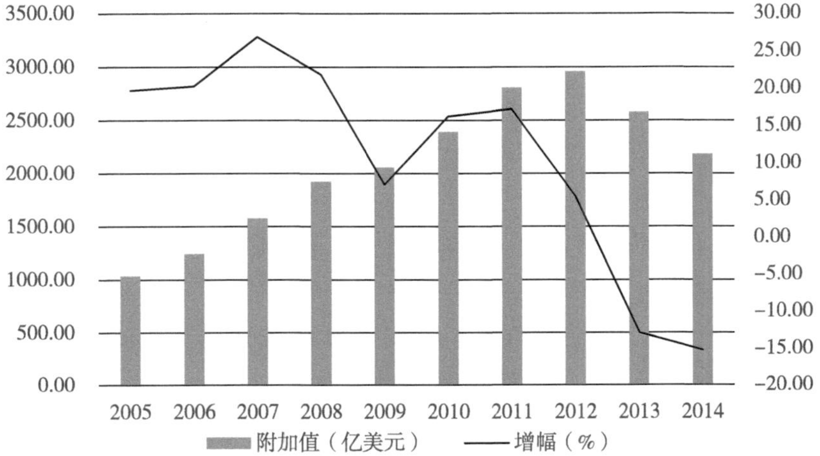

图 IR-8　伊朗服务等附加值及增幅情况（2005—2014 年）

2005—2014 年，伊朗服务等附加值呈现先增加后减少的状态。伊朗服务等附加值从 2005 年的 1033.56 亿美元增加至 2012 年的最大值 2956.70 亿美元，较 2005 年整体增加了 1923.14 亿美元；2013、2014 年，伊朗服务等附加值下降至 2014 年的 2184.43 亿美元，较 2012 年减少了 26.12%，但相比于 2005 年增加了 111.35%，可见伊朗服务等附加值有较好的上升趋势。

同时，伊朗服务等附加值占 GDP 比重变化情况如下图所示，占比处于大幅波动上升趋势。2005-2009 年，伊朗服务等附加值占 GDP 比重从 2005 年的 46.47% 大幅上升至 2009 年的 52.11%，首次突破百分之五十；紧接着又大幅下降至 2011 年的 47.65%；2011-2014 年，伊朗服务等附加值占 GDP 比重呈阶梯式攀升至 2014 年的 52.43%，较 2011 年上升了 4.78 个百分点。比较 2005 年及 2014 年伊朗服务等附加值占 GDP 比重变化情况，整体增加了 5.96 个百分点。

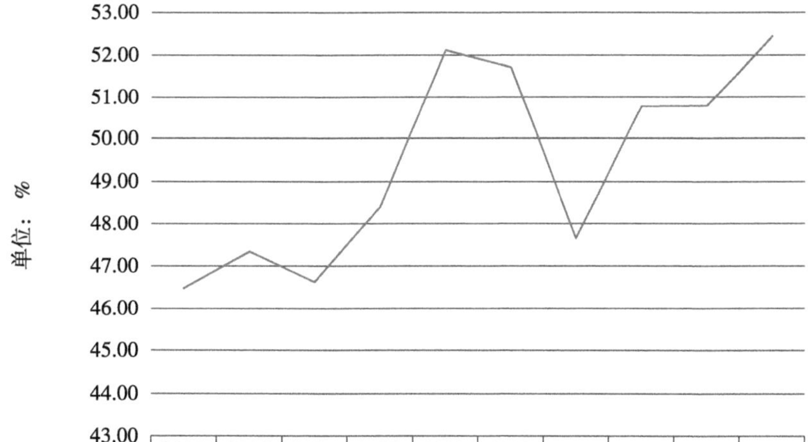

	2005	2006	2007	2008	2009	2010	2011	2012	2013	2014
—— 占GDP比重	46.47	47.34	46.62	48.39	52.11	51.71	47.65	50.77	50.78	52.43

图 IR-9　伊朗服务等附加值及相关占 GDP 比重情况（2005—2014 年）

（2）第三产业构成

伊朗第三产业主要包括交通、仓储及通信行业、旅游及酒店业等。截至 2014 年底，伊朗共有铁路约 1.3 万公里，公路 7.98 万公里（其中高速公路 1.17 万公里），石油管线7018公里，天然气管线19246公里，各类机场54个[①]。同时，伊朗电信业近年来加速私有化进程，使其得到了快速的发展。

由于伊朗具有五千多年的文明史，历史遗迹众多，旅游资源丰富。据伊朗媒体

① 资料来源：http：//fec.mofcom.gov.cn/article/tzhzcj/tzhz/

报道，除大量的自然景观外，伊朗有数万处历史、文化景观，登记在册的历史和文化遗迹多达4000多个。伊朗旅游业客源主要来自于欧洲和东南亚。同时，伊朗旅游业从业人数占人口总数的1.8%。①

（三）进出口贸易情况

对外贸易在伊朗国民经济中占有重要地位。由于工业欠发达，农业较落后，伊朗每年需要使用大量外汇进口生产资料、零配件和生活必需品等。20世纪90年代初期和中期，由于国际市场油价大幅下跌，导致伊朗石油收入减少、外汇紧缺，为此伊朗在对外贸易中实行"积极推行私有化，鼓励非石油产品出口、限制进口"等贸易政策。这一系列贸易政策延续至今，且在未来很长一段时间内，仍将是伊朗对外贸易政策的核心所在。②

目前，伊朗未加入世界贸易组织（WTO）。全球有149个国家与伊朗有出口贸易关系，123个国家与其有进口贸易关系，总体处于贸易顺差状态，且十年来，顺差额亦是连年增加。

联合国贸易与发展会议数据显示，伊朗出口贸易规模整体相对较小，且处于不稳定状态。2015年，伊朗对外贸易额总计1055亿美元，较上年减少24.54%；其中出口额共计630亿美元，当年增幅为-29.05%；进口额合计425亿美元，当年增幅为-16.67%，整体贸易顺差额为205亿美元。

联合国商品贸易统计数据库数据显示，2011年伊朗主要出口产品为燃料，占比为70.51%，而燃料中大部分都是属于油气产品；主要进口产品是机器及电子设备、杂项制品以及金属等产品，进口比例约为59.61%。同时，伊朗主要出口市场是中国、伊拉克、阿联酋、印度、阿富汗、土耳其等国家，进口主要来源地是阿联酋、未分类国家、中国、韩国、德国、土耳其以及瑞士等国家。伊朗贸易集中度整体偏高，导致其贸易风险偏大。

1. 参与贸易协定情况

伊朗尚未加入世界贸易组织（WTO），但是于1992年2月17日，伊朗作为经济合作组织（ECO）成员国，与巴基斯坦以及土耳其签订多边贸易协定，协议涵盖范围为特殊的货物，公布时间为1992年7月10日，并于2003年7月续签。

2004年3月，伊朗和巴基斯坦签署优惠贸易协定；2014年12月，伊朗与巴

① 资料来源：http：//fec.mofcom.gov.cn/article/tzhzcj/tzhz/

② 资料来源：http：//fec.mofcom.gov.cn/article/tzhzcj/tzhz/

基斯坦签署经贸合作备忘录。近年来，伊朗与新加坡有意加强经贸合作；与巴基斯坦、印度等国之间正在商讨签署自由贸易协定。①

2. 出口贸易情况

（1）出口贸易总额

经数据的初步整理和计算，得到如下表 IR-8，表中展示了伊朗 2005—2015 年货物出口总额、增幅及其出口总额占西亚北非区域②、“一带一路”③及全球出口总额的比例情况：

表 IR-8　伊朗货物出口情况（2005—2015 年）

年份	出口额（亿美元）	增幅（%）	占“区域”比例（%）	占“一带一路”比例（%）	占全球比例（%）
2005	562.52	34.91	8.96	1.95	0.54
2006	770.12	36.91	10.10	2.18	0.64
2007	887.33	15.22	9.93	2.09	0.63
2008	1136.68	28.10	9.53	2.17	0.70
2009	788.30	-30.65	9.30	1.94	0.63
2010	1013.16	28.52	9.67	1.96	0.66
2011	1320.00	30.29	9.21	2.03	0.72
2012	1040.00	-21.21	6.79	1.54	0.56
2013	825.00	-20.67	5.40	1.18	0.44
2014	888.00	7.64	6.03	1.26	0.47
2015	630.00	-29.05	6.27	1.05	0.38

数据来源：http：//unctadstat.unctad.org/

由上图可知，2005—2015 年，伊朗货物出口数量一直处于波动的状态。2005—2008 年，伊朗出口额从 562.52 亿美元增加至 2008 年的 1136.68 亿美元，总共增加 102.07%；2009 年，出口数量首次出现下降，降至 788.30 亿美元，较上年减少了 30.65%；2010-2011 年，由于全球经济的复苏，伊朗货物出口出现恢复性的增加，2011 年，货物出口额达近年最大值，为 1320.00 亿美元；2012-2015 年，伊朗货物出口处于波动下降的状态，直至 2015 年，其货物出口额为 630.00 亿美元，较 2011 年

① 资料来源：http：//fec.mofcom.gov.cn/article/tzhzcj/tzhz/

② 西亚北非区域国家包括：沙特阿拉伯、阿曼、埃及、科威特、以色列、土耳其、阿拉伯联合酋长国、伊朗、伊拉克、卡塔尔、约旦、黎巴嫩、巴林、也门、叙利亚、巴勒斯坦。

③ “一带一路”国家主要包括中国、俄罗斯、蒙古等“一带一路”沿线 65 个国家。

减少了 52.27%，但相比于 2005 年，整体增加了 12%。

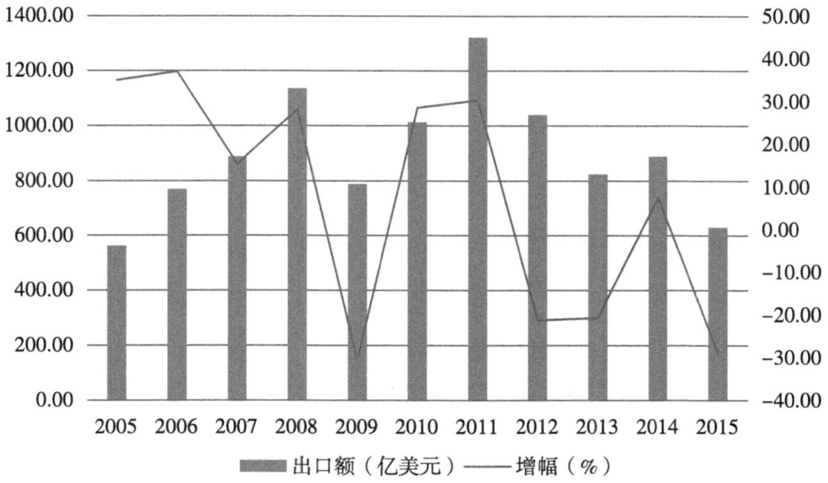

图 IR-10　伊朗货物出口及增幅情况（2005—2015 年）

同时，2005—2015 年伊朗货物出口额相关占比情况变化趋势如下图 IR-11：

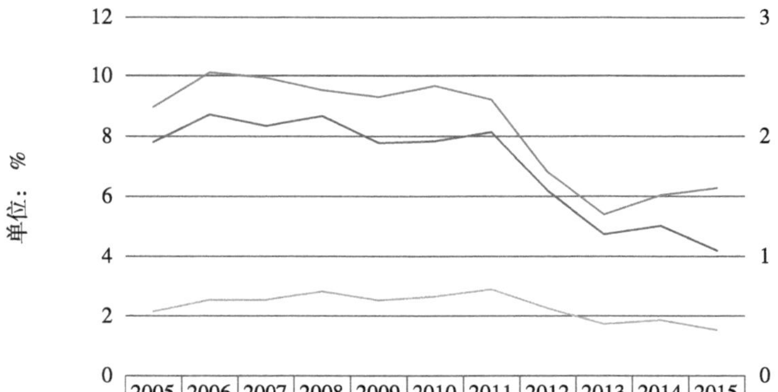

	2005	2006	2007	2008	2009	2010	2011	2012	2013	2014	2015
占“区域”比例	8.96	10.10	9.93	9.53	9.30	9.67	9.21	6.79	5.40	6.03	6.27
占“一带一路”比例	1.95	2.18	2.09	2.17	1.94	1.96	2.03	1.54	1.18	1.26	1.05
占全球比例	0.54	0.64	0.63	0.70	0.63	0.66	0.72	0.56	0.44	0.47	0.38

图 IR-11　伊朗货物出口占比情况（2005—2015 年）

由上图可知，伊朗货物出口占比偏小，且都处于下降趋势。2005—2015 年，伊朗货物出口占“区域”国家出口总额比例先从 8.96% 波动下降至 2013 年的最低值 5.40%，再小幅上升至 2015 年的 6.27%，整体下降了 2.69 个百分点；期间，占比在 2006 年达最大值，为 10.10%。伊朗出口占“一带一路”比例从 2005 年的 1.95% 波动下降至 2015 年的 1.05%，总共下降了 0.90%；期间，占比在 2006 年达最高值

2.18%。同时，占全球比例从2005年的0.54%小幅波动下降至2015年的0.38%，整体下降了0.16%。

伊朗货物出口占“区域”“一带一路”及全球比例在2015年出现分化，占“区域”比例有向上增加的趋势，而占“一带一路”及全球比例有向下减少的趋势，说明区域总体的的货物出口较“一带一路”国家及全球有减少的趋势。

（2）出口产品结构

伊朗出口产品种类单一，燃料产品进口就超过七成比例。下表IR-9为2005年及2011年伊朗主要出口产品结构具体情况：

表IR-9 伊朗主要出口产品结构及占比情况（2005年、2011年）

产品种类	2011年			2005年		
	出口额（亿美元）	排名	占比（%）	出口额（亿美元）	排名	占比（%）
燃料	920.46	1	70.51	520.33	1	86.70
杂项制品	148.44	2	11.37	0.45	16	0.08
化学制品	62.60	3	4.79	13.26	4	2.21
塑料或橡胶	32.49	4	2.49	4.29	6	0.71
纤维及其制成品	31.96	5	2.45	16.09	2	2.68
金属	30.71	6	2.35	15.93	3	2.65
矿产品	18.74	7	1.44	3.27	9	0.55
石材及玻璃	12.75	8	0.98	4.05	7	0.67
纺织原料	11.23	9	0.86	9.64	5	1.61
食品	11.02	10	0.84	3.29	8	0.55
总额	1280.40	——	98.08	590.6	——	98.41

数据来源：http：//www.trademap.org/Product_SelProductCountry.aspx

由上表可知，2011年，伊朗出口排名前十的产品主要包括：燃料、杂项制品、化学制品、塑料或橡胶、纤维及其制成品、金属、矿产品、石材及玻璃、纺织原料和食品，伊朗对这十类产品的出口额合计1280.40亿美元，占伊朗总出口额的98.08%。

其中伊朗对燃料的出口排名第一，且远远超过其他产品的出口规模，2011年，燃料出口额为920.46亿美元，占比达70.51%；杂项制品出口额为148.44亿美元，占比为11.37%，排名第2。相比2005年，伊朗燃料出口额虽有增加，但在所有出口产品中的占比却有所下降，2005年，占比为86.70%，下降了16.19个百分点；而杂项制品的出口大幅上升，从2005年的0.45亿美元增加至2011年的148.44亿美元，年均增加162.86%，占比上升了11.29个百分点，同时排名上升了14个位次；除此之外，伊朗对纤维及其制成品以及金属的出口相对减少，占比分别下降了0.23个百分点、0.3个百分点，排名都下降了3名。

（3）出口市场结构

全球共有149个国家与伊朗有出口贸易关系；伊朗出口市场逐渐向亚洲国家转移。下表为伊朗2005年及2011年伊朗主要出口市场构成：

表IR-10 伊朗出口市场结构及占比情况（2005年、2011年）

2005					2011				
国家代码	国家	出口额（亿美元）	排名	占比（%）	国家代码	国家	出口额（亿美元）	排名	占比（%）
392	日本	170.38	1	28.39	——	亚洲其他国家	613.61	1	47.00
——	未列明国家	165.20	2	27.53	——	未列明国家	381.99	2	29.26
380	意大利	61.92	3	10.32	156	中国	52.87	3	4.05
——	亚洲其他国家	61.31	4	10.22	368	伊拉克	46.47	4	3.56
250	法国	43.19	5	7.20	784	阿联酋	42.70	5	3.27
784	阿联酋	14.53	6	2.42	356	印度	25.94	6	1.99
528	荷兰	10.50	7	1.75	4	阿富汗	18.83	7	1.44
368	伊拉克	9.18	8	1.53	792	土耳其	14.05	8	1.08
356	印度	6.40	9	1.07	702	新加坡	12.07	9	0.92
276	德国	6.37	10	1.06	360	印度尼西亚	11.38	10	0.87
	合计	548.98	—	91.49		合计	1219.91	——	93.44

数据来源：http://www.trademap.org/Product_SelProductCountry.aspx

2011年，伊朗主要出口市场及相应占比分别为亚洲其他国家（47.00%）、未列明国家（29.26%）、中国（4.05%）、伊拉克（3.56%）、阿联酋（3.27%）、印度（1.99%）、阿富汗（1.44%）、土耳其（1.08%）、新加坡（0.92%）以及印度尼西亚（0.87%），伊朗出口到这些国家的出口总额合计1219.91亿美元，占伊朗总出口市场的93.44%。2005年，伊朗对排名前十的出口市场的出口额合计548.98亿美元，占比合计91.49%，主要出口市场包括日本、未列明国家、意大利、亚洲其他国家、法国、阿联酋、荷兰、伊拉克、印度以及德国。

对比分析2005年及2011年伊朗出口市场结构发现，伊朗对日本的出口急剧减少，2005年，伊朗对日本出口170.38亿美元，占比为28.39%，排名2005年伊朗出口市场的第 1 位，但在 2011 年，伊朗对日本出口 5.48 亿美元，占比仅为 0.42%，未列入其出口市场的前十。同时，伊朗对中国的出口大幅增加，2005 年出口到中国 4.95 亿美元，占比为 0.82%，排名第 11 位；2011 年，伊朗出口到中国数量总额为 52.87 亿美元，较 2005 年增加了 47.92 亿美元，占比为 4.05%，较 2005 年上升了 3.23 个百分点，同时排名上升了 8 个位次。

3. 进口贸易情况

（1）进口贸易总额

2005-2015 年伊朗货物进口额、进口额增幅，进口额占西亚北非区域、“一带一路”及全球进口总额比例情况如表 IR-11 所示。

表 IR-11　伊朗货物进口情况（2005—2015 年）

年份	进口额（亿美元）	增幅（%）	占“区域”比例（%）	占“一带一路”比例（%）	占全球比例（%）
2005	400.41	25.22	8.39	1.55	0.37
2006	407.72	1.83	7.47	1.33	0.33
2007	449.42	10.23	6.61	1.19	0.32
2008	574.01	27.72	6.52	1.22	0.35
2009	507.68	-11.56	7.23	1.38	0.40
2010	654.04	28.83	7.94	1.39	0.42
2011	617.60	-5.57	6.28	1.06	0.34
2012	570.92	-7.56	5.45	0.94	0.31
2013	490.00	-14.17	4.51	0.78	0.26
2014	510.00	4.08	4.63	0.82	0.27
2015	425.00	-16.67	4.14	0.79	0.25

数据来源：http：//unctadstat.unctad.org/

由图 IR-12 可知，2005—2015 年间，伊朗货物进口整体呈先上升后下降状态。2005-2010 年，伊朗货物进口数额从 400.41 亿美元增加至 2010 年进口额最大值 654.04 亿美元，总共增加了 253.63 亿美元；期间，受全球金融危机的影响，其进口规模有所缩小，进口额为 507.68 亿美元，较上年减少了 11.56%。2011-2015 年，伊朗进口从 2011 年的 617.60 亿美元下降至 2015 年的 425 亿美元，总共下降了 192.6 亿美元；期间伊朗进口规模于 2014 年有所增加，当年进口数额为 510.00 亿美元，较上年增加了4.08%。相比于2005年及2015年伊朗进口数额，整体增加了6.14%。

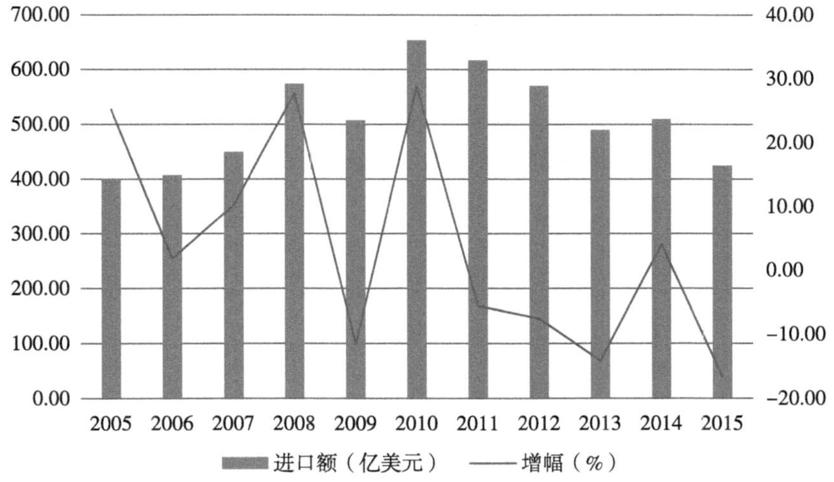

图 IR-12　伊朗货物进口及增幅情况（2005—2015年）

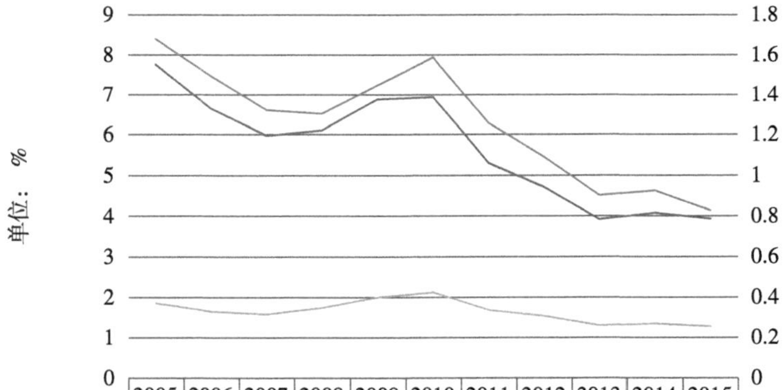

	2005	2006	2007	2008	2009	2010	2011	2012	2013	2014	2015
占“区域”比例	8.39	7.47	6.61	6.52	7.23	7.94	6.28	5.45	4.51	4.63	4.14
占“一带一路”比例	1.55	1.33	1.19	1.22	1.38	1.39	1.06	0.94	0.78	0.82	0.79
占全球比例	0.37	0.33	0.32	0.35	0.40	0.42	0.34	0.31	0.26	0.27	0.25

图 IR-13　伊朗货物进口占比情况（2005—2015年）

图IR-13显示，伊朗货物进口相关占比极小，且处下降趋势。2005年，伊朗货物进占“区域”国家进口总额的比例为8.39%，期间在2009、2010年有所增加，之后又连年下降至2015年的4.14%，整体下降了50.66%。占“一带一路”国家总进口额比例从2005年的1.55%下降至2015年的0.79%，整体下降了49.03%，期间在2009、2010年间占比有小幅回升。同时占全球进口比例极小，且呈下降趋势，从2005年的0.37%下降至2015年的0.25%，下降了0.12个百分点。

（2）进口产品结构

伊朗进口产品种类较出口产品种类更为多样化，排名前 3 的产品约占其进口的六成比例。2005 年及 2011 年伊朗主要进口产品结构及占比情况如表 IR-12 所示：

表 IR-12 伊朗进口产品结构及占比情况（2005 年、2011 年）

产品种类	2011			2005		
	进口额（亿美元）	排名	占比（%）	进口额（亿美元）	排名	占比（%）
机器及电子设备	154.63	1	22.63	122.79	1	31.75
杂项制品	147.51	2	21.59	45.09	3	11.66
金属	105.12	3	15.39	60.21	2	15.57
纤维及其制成品	60.47	4	8.85	22.00	6	5.69
化学制品	50.35	5	7.37	29.42	5	7.61
塑料或橡胶	36.66	6	5.37	18.07	8	4.67
运输设备	35.18	7	5.15	18.74	7	4.85
食品	23.12	8	3.38	6.99	11	1.81
木材	22.08	9	3.23	9.92	9	2.56
活动物及其制品	15.31	10	2.24	2.12	13	0.55
总额	650.43	——	95.20	335.35	——	86.72

数据来源：http：//www.trademap.org/Product_SelProductCountry.aspx

分析上表，2011 年，伊朗排名前十的进口产品及相应占比依次为：机器及电子设备（22.63%）、杂项制品（21.59%）、金属（15.39%）、纤维及其制成品（8.85%）、化学制品（7.37%）、塑料或橡胶（5.37%）、运输设备（5.15%）、食品（3.38%）、木材（3.23%）以及活动物及其制品（2.24%），伊朗对这些产品的进口额合计 650.43 亿美元，占其总进口额的 95.20%。

其中，机电设备、混杂产品以及金属的进口稳居伊朗进口产品的前三，但机电设备的进口相对减少，占比从 2005 年的 31.75% 下降至 2011 年的 22.63%，减少了 9.12 个百分点。

（3）进口市场结构

全球共有 123 个国家与伊朗有进口贸易关系；2005 年及 2011 年伊朗进口市场结构及占比情况如下表 IR-13，由表中内容可知，伊朗进口市场主要集中于欧洲、亚洲国家，且有逐步向亚洲国家倾斜的趋势。

表 IR-13　伊朗进口市场结构及占比情况（2005 年、2011 年）

2005					2011				
国家代码	国家	出口额（亿美元）	排名	占比（%）	国家代码	国家	出口额（亿美元）	排名	占比（%）
784	阿联酋	72.76	1	18.81	784	阿联酋	181.88	1	26.62
276	德国	51.05	2	13.20	——	未分类国家	100.66	2	14.73
250	法国	27.03	3	6.99	156	中国	70.45	3	10.31
156	中国	23.64	4	6.11	410	韩国	44.94	4	6.58
380	意大利	23.51	5	6.08	2776	德国	39.27	5	5.75
410	韩国	20.93	6	5.41	792	土耳其	30.79	6	4.51
756	瑞士	12.17	7	3.15	756	瑞士	26.10	7	3.82
752	瑞典	11.86	8	3.07	250	法国	18.87	8	2.76
392	日本	11.74	9	3.04	380	意大利	17.21	9	2.52
643	俄罗斯	10.52	10	2.72	392	日本	14.15	10	2.07
	合计	265.21	——	68.58		合计	544.32	——	79.67

数据来源：http：//www.trademap.org/Product_SelProductCountry.aspx

由上表可知，阿联酋一直是伊朗的最大货物进口来源国。2011 年，伊朗主要进口市场国家有阿联酋（26.62%）、未分类国家（14.73%）、中国（10.31%）、韩国（6.58%）、德国（5.75%）、土耳其（4.51%）、瑞士（3.82%）、法国（2.76%）、意大利（2.52%）、日本（2.07%）；伊朗从这些国家进口的进口额合计 544.32 亿美元，占伊朗总进口额的 79.67%。2005 年，伊朗从当年排名前十的进口市场的进口额合计 265.21 亿美元。占比合计 68.58%，主要进口国家包括：阿联酋、德国、法国、中国、意大利、韩国、瑞士、瑞典、日本、俄罗斯。

对比 2005 年及 2011 年伊朗进口市场结构发现，阿联酋为伊朗最大的进口国，且有进一步上升趋势，同时，伊朗对中国、韩国等亚洲国家的进口额有较大幅度的增加，而对德国、法国等欧洲国家的进口有所减少。2011 年，伊朗从阿联酋的进口额为 181.88 亿美元，占比为 26.62%，对比 2005 年，进口额增加了 149.97%，占比上升了 41.52%；同时，伊朗对中国进口相对增加，进口额从 2005 年的 23.64 亿美元增加至 2011 年的 70.45 亿美元，占比上升了 68.74%，排名上升了 1 个名次；而伊朗对德国、法国等欧洲国家的进口相对减少，尤其是从德国的进口，从 2005 年的 51.05

亿美元减少至 2011 年的 39.27 亿美元，进口额减少了 23.08%，占比减少了 56.44%，排名下降了 3 个名次。

4. 贸易集中度

伊朗出口贸易集中度较高，而进口贸易集中度较低。一般来说，贸易集中度越高，贸易市场越集中，从而面临的贸易风险就越高。2011 年，伊朗出口贸易集中度为 0.311619，其中，亚洲其他地区为其主要的出口市场国家，占伊朗总进口市场的 47%，而中国在其出口市场中的比例排名第 3，占比为 4.02%。伊朗进口贸易集中度为 0.117863，其中，阿联酋为其主要货物来源国，占比为 26.62%；同时，中国在其进口市场中排名第 3，占比为 10.31%。

（四）对外直接投资

伊朗吸引外资规模较大，且整体有增加趋势；而对外直接投资流量和存量规模都较小，相关占比基本都在低位运行。伊朗吸引外资主要集中在原油、天然气、汽车、铜矿、石化、食品和药品行业。从外资来源地看，亚洲和欧洲是伊朗最主要的外资来源地。目前，欧洲外资企业纷纷撤出伊朗，亚洲企业在伊朗开展规模经营的也数量有限。①

根据联合国贸发会议发布的 2015 年《世界投资报告》显示，2014 年，伊朗吸引外资流量为 21.05 亿美元；占“区域”“一带一路”及全球外资流入流量总规模的比例分别为 3.74%、0.48%、0.17%；截至 2014 年底，伊朗吸引外资存量为 430.47 亿美元，占“区域”“一带一路”及全球外资流入存量总规模的比例分别为 4.58%、0.78%、0.17%。

伊朗对外直接投资规模小，且有进一步减小趋势。2014 年，伊朗 FDI 流出流量为 6.05 亿美元，占“区域”“一带一路”及全球国家对外直接投资流量总规模的比重分别为 1.40%、0.19%、0.04%；对外直接投资存量规模为 40.96 亿美元，占“区域”“一带一路”及全球国家对外直接投资存量规模的比例分别为 1.18%、0.15%、0.02%。比较伊朗外资流入规模和对外直接投资规模，伊朗外资流入规模一直超过对外直接投资规模，且差距整体有缩小趋势。

1.FDI 流入情况

（1）FDI 流入流量

① 资料来源：http：//fec.mofcom.gov.cn/article/tzhzcj/tzhz/

近十年，伊朗 FDI 流入流量处于波动状态，且整体有下降趋势，相关占比亦有不同程度的下降。2014 年，伊朗吸引外资流量为 21.05 亿美元，由于亚洲和欧洲国家的撤资，伊朗吸引外资规模较 2005 年下降了 27.14%；占“区域”“一带一路”及全球外资流入流量总规模的比例分别为 3.74%、0.48%、0.17%，相比 2005 年，占比分别下降了 25.50%、56.36%、45.16%；

表 IR–14 为 2005—2014 年伊朗 FDI 流入流量额及相关占比情况：

表 IR–14　伊朗 FDI 流入流量及占比情况（2005—2014 年）

年份	FDI 流入流量（亿美元）	增幅（%）	占“区域”比例（%）	占“一带一路”比例（%）	占全球比例（%）
2005	28.89	–4.88	5.02	1.10	0.31
2006	23.18	–19.76	2.42	0.61	0.17
2007	20.18	–12.94	1.99	0.44	0.11
2008	19.80	–1.88	1.70	0.39	0.13
2009	29.83	50.66	3.48	0.81	0.25
2010	36.49	22.33	4.84	0.84	0.27
2011	42.77	17.21	6.46	0.91	0.27
2012	46.62	9.00	7.00	1.02	0.33
2013	30.50	–34.58	4.78	0.66	0.21
2014	21.05	–30.98	3.74	0.48	0.17

数据来源：http：//unctadstat.unctad.org/

结合下图 IR–14 分析，2005–2012 年，伊朗 FDI 流入流量呈“√”变化，先从 2005 年的 28.89 亿美元逐渐下降至 2008 年的 19.80 亿美元，总共减少了 31.46%；随后几年连续增加至 2012 年的 46.62 亿美元，总共增加了 135.45%。2013 年，伊朗 FDI 流入流量规模大幅度减小至 30.50 亿美元，2014 年继续减小至 21.05 亿美元，较上年减小了 30.98%，较 2005 年减小了 27.14%。

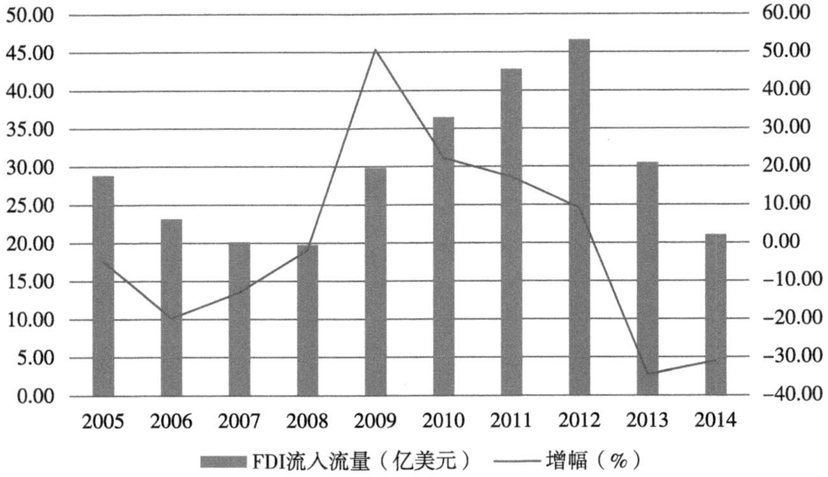

图 IR-14　伊朗 FDI 流入流量及增幅情况（2005—2014 年）

伊朗 FDI 流入流量相关占比变化情况如下图 IR-15 所示：

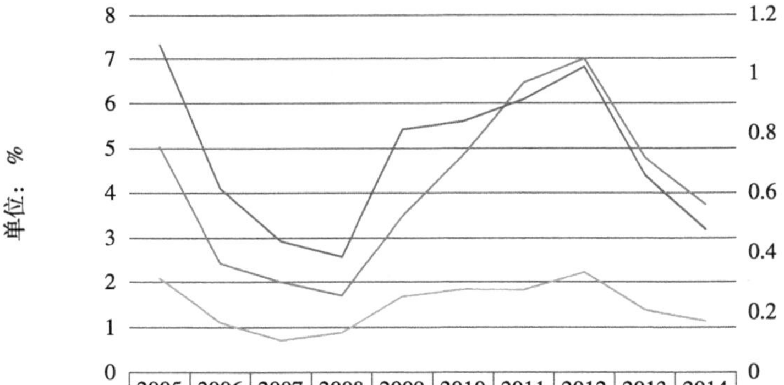

	2005	2006	2007	2008	2009	2010	2011	2012	2013	2014
占“区域”比例	5.02	2.42	1.99	1.70	3.48	4.84	6.46	7.00	4.78	3.74
占“一带一路”比例	1.10	0.61	0.44	0.39	0.81	0.84	0.91	1.02	0.66	0.48
占全球比例	0.31	0.17	0.11	0.13	0.25	0.27	0.27	0.33	0.21	0.17

图 IR-15　伊朗 FDI 流入流量占比情况（2005—2014 年）

从上图可以看出，伊朗 FDI 流入流量相关占比都呈类似“∽”状变化，整体占比极小，且有下降趋势。首先，伊朗FDI流入流量占“区域”比例从2005年的5.02%快速下降至 2008 年的 1.70%，后又增长至 2012 年的 7.00%，2013、2014 年，占比持续下降至 3.74%，相比于 2005 年，整体下降了 1.28 个百分点，期间振幅为 5.3 个百分点。其次，占“一带一路”国家流入流量总规模比例从 2005 年的 1.10% 先下降至2008 年的 0.39%，之后连续上升至 2012 年的占比值 1.02%，紧接着的 2013-2014 年，占比连续下降至0.48%，较2012年下降了0.54个百分点，较2005下降了0.62个百分点。最后占全球FDI流入流量总规模比例从2005年的0.31%波动下降至2014年的0.17%，整体下降了0.14个百分点，期间振幅为0.22个百分点。

（2）FDI流入存量

2005—2014年伊朗FDI流入存量占比快速增长，但相关占比除占全球比例外都处于下降趋势。2014年，伊朗FDI流入存量规模为430.47亿美元，较2005年增加了270.42亿美元，年均增加11.62%，占"区域""一带一路"及全球比例分别为4.58%、0.78%、0.17%；相比2005年，占比分别下降了21.58%、21.21%，占全球比例上升了13.33%。

下表IR-15为2005—2014年伊朗外资流入存量规模及相关占比情况：

表IR-15　伊朗FDI流入存量及占比情况（2005—2014年）

年份	FDI流入存量（亿美元）	增幅（%）	占"区域"比例（%）	占"一带一路"比例（%）	占全球比例（%）
2005	160.05	22.03	5.84	0.99	0.15
2006	183.23	14.48	5.00	0.86	0.13
2007	203.41	11.01	4.03	0.69	0.12
2008	223.21	9.73	4.29	0.79	0.15
2009	253.04	13.36	3.84	0.73	0.14
2010	289.53	14.42	3.77	0.70	0.15
2011	332.30	14.77	4.40	0.76	0.16
2012	378.91	14.03	4.39	0.76	0.17
2013	409.41	8.05	4.69	0.76	0.17
2014	430.47	5.14	4.58	0.78	0.17

数据来源：http：//unctadstat.unctad.org/

如下图所示，2005—2014年伊朗FDI流入存量以类似"∽"状的增幅增加。2005年，伊朗FDI流入存量为160.05亿美元，当年增幅为22.03%；随后减速增加至2008年的223.21亿美元，当年增幅为9.73%；2009-2012年，又小幅增加至2012年的378.91亿美元；2013-2014年，伊朗FDI流入存量减速增加至430.47亿美元，当年增幅为5.14%。

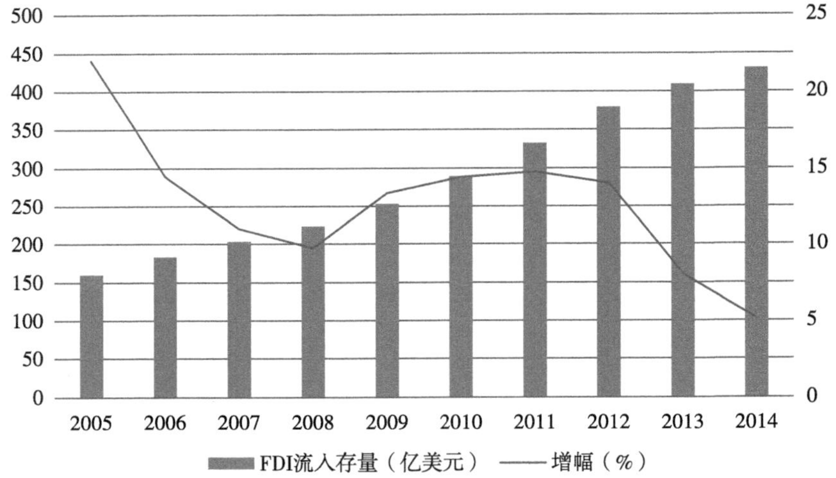

图 IR-16　伊朗 FDI 流入存量及增幅情况（2005—2014 年）

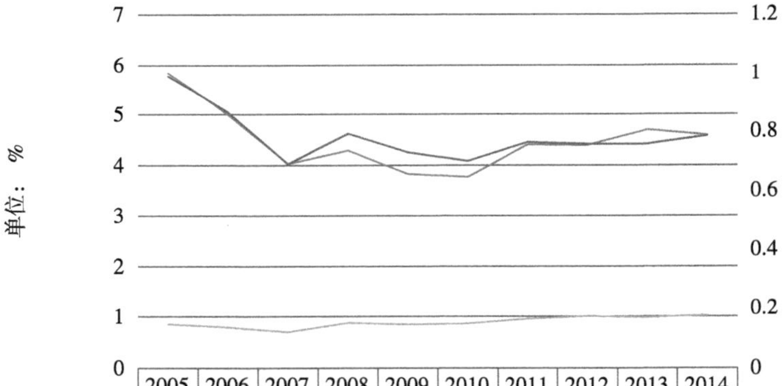

	2005	2006	2007	2008	2009	2010	2011	2012	2013	2014
占“区域”比例	5.84	5.00	4.03	4.29	3.84	3.77	4.40	4.39	4.69	4.58
占“一带一路”比例	0.99	0.86	0.69	0.79	0.73	0.70	0.76	0.76	0.76	0.78
占全球比例	0.15	0.13	0.12	0.15	0.14	0.15	0.16	0.17	0.17	0.17

图 IR-17　伊朗 FDI 流入存量占比情况（2005—2014 年）

伊朗 FDI 流入存量相关占比情况如上图所示，十年来，伊朗 FDI 流入存量相关占比小，且除占全球比例有小幅上升外，占“区域”及占“一带一路”比例都有下降趋势。2005 年，伊朗 FDI 流入存量占“区域”比例从 2005 年的 5.84% 波动下降至 2014 年的 4.58%，总共下降了 1.26 个百分点，其中在 2010 年降至最低占比值，为 3.77%。同时占“一带一路”国家 FDI 流入存量总规模比例从 2005 年的 0.99% 波动下降至 2014 年的 0.78%，总共下降了 0.21 个百分点，期间在 2007 年，达最小占比值 0.69%。而占全球比例从 2005 年的 0.15% 小幅上升至 2014 年的 0.17%，整体增加了 0.02 个百分点。

2.FDI 流出

（1）FDI 流出流量

伊朗对外直接投资流量规模小，相关占比极小，且皆有下降趋势。2014 年，伊朗 FDI 流出流量为 6.05 亿美元，较 2005 年增加了 45.43%；占“区域”“一带一路”及全球国家对外直接投资流量总规模的比例分别为 1.40%、0.19%、0.04%，相比于 2005 年，分别下降了 46.36%、64.81% 及 20%。

伊朗 2005—2014 年 FDI 流出存量及相关占比变化情况如下表 IR-16 所示：

表 IR-16　伊朗 FDI 流出流量及占比情况（2005—2014 年）

年份	FDI 流出流量（亿美元）	增幅（%）	占“区域”比例（%）	占“一带一路”比例（%）	占全球比例（%）
2005	4.16	297.59	2.61	0.54	0.05
2006	1.71	-58.89	0.45	0.11	0.01
2007	3.49	104.09	0.80	0.16	0.02
2008	2.14	-38.68	0.45	0.09	0.01
2009	0.90	-57.94	0.44	0.05	0.01
2010	1.74	93.33	0.64	0.07	0.01
2011	2.27	30.46	0.54	0.09	0.01
2012	14.41	534.80	5.16	0.60	0.11
2013	1.46	-89.87	0.32	0.05	0.01
2014	6.05	314.38	1.40	0.19	0.04

数据来源：http：//unctadstat.unctad.org/

2005—2014 年，伊朗 FDI 流出流量规模整体偏小，但于 2012 年有大幅度的增加。2005 年，伊朗 FDI 流出流量规模为 4.16 亿美元，之后小幅波动至 2011 年的 2.27 亿美元，较 2005 年下降了 1.89 亿美元；2012 年，伊朗对外直接投资规模大幅增加至 14.41 亿美元，较上年增加了 534.80%；但随后的 2013 年伊朗对外直接投资额急剧下降至 1.46 亿美元，较上年减小了 89.87%；2014 年投资规模有所上升，上升至 6.05 亿美元，较 2005 年增加了 45.43%。2005—2014 年，伊朗 FDI 流出流量及增幅变化情况如下图 IR-18：

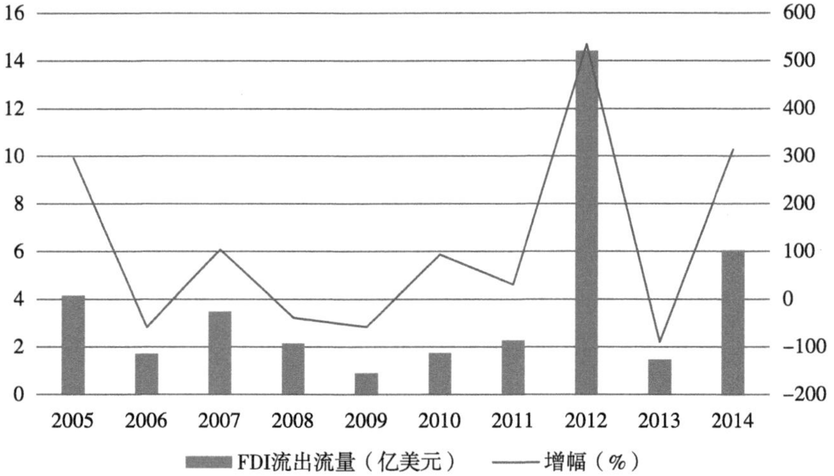

图 IR-18　伊朗 FDI 流出流量及增幅情况（2005—2014 年）

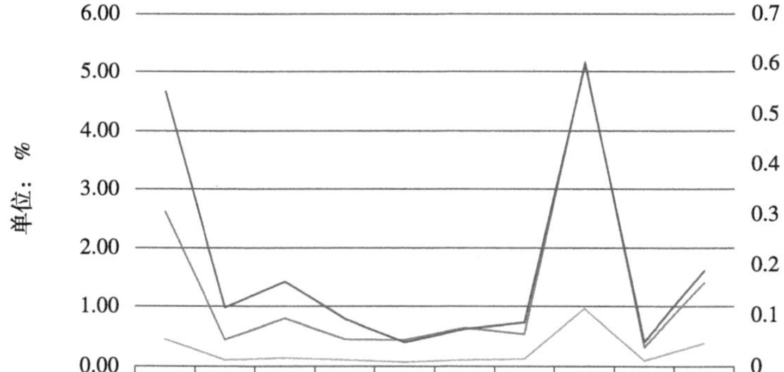

	2005	2006	2007	2008	2009	2010	2011	2012	2013	2014
占“区域”比例	2.61	0.45	0.80	0.45	0.44	0.64	0.54	5.16	0.32	1.40
占“一带一路”比例	0.54	0.11	0.16	0.09	0.05	0.07	0.09	0.60	0.05	0.19
占全球比例	0.05	0.01	0.02	0.01	0.01	0.01	0.01	0.11	0.01	0.04

图 IR-19　伊朗 FDI 流出流量占比情况（2005—2014 年）

伊朗 FDI 流出流量相关占比情况如图 IR-19 所示，十年来，伊朗 FDI 流出流量占“区域”“一带一路”及全球 FDI 流出流量比例处于大幅波动状态，且整体处于下降趋势。

2005—2014 年，伊朗 FDI 流出流量占“区域”FDI 流出流量总规模比例先从 2005 年的 2.61% 大幅下降至 2008 年的 0.45%；随后的 2007-2011 年，占“区域”比例都在较低占比区间波动，振幅为 0.36 个百分点；2012 年，占比大幅增加至十年间最大占比值 5.16%，较上年增加了 4.62 个百分点；但 2013 年及 2014 年又恢复至 2007-2011 年的低位波动状态，2014 年，伊朗 FDI 流出流量占“区域”比例为

1.40%，相比2005年，整体下降了1.21个百分点。

十年间，伊朗FDI流出流量占“一带一路”比例从2005年的0.54%变化至2014年的0.19%，整体下降了0.35个百分点，期间于2012年达最高占比值0.60%，于2009年及2013年达最低占比值0.05%。

而伊朗FDI流出流量占全球比例从2005年的0.05%变化至2014年的0.04%，整体下降了0.01个百分点，期间于2012年达最高占比值0.11%。

（2）FDI流出存量

伊朗对外直接投资存量规模近年增长较快，但相关占比都极小。2014年，伊朗FDI流出存量规模为40.96亿美元，占“区域”“一带一路”及全球比例分别为1.18%、0.15%、0.02%。

2005—2014年伊朗FDI流出存量及相关占比变化情况如下表IR-17所示：

表IR-17 伊朗FDI流出存量及占比情况（2005—2014年）

年份	FDI流出存量（亿美元）	增幅（%）	占“区域”比例（%）	占“一带一路”比例（%）	占全球比例（%）
2005	6.80	157.58	1.03	0.13	0.01
2006	8.51	25.15	0.90	0.11	0.01
2007	12.00	41.01	0.79	0.10	0.01
2008	14.13	17.75	0.72	0.12	0.01
2009	15.03	6.37	0.71	0.10	0.01
2010	16.78	11.64	0.70	0.10	0.01
2011	19.04	13.47	0.70	0.10	0.01
2012	33.46	75.74	1.18	0.15	0.01
2013	34.91	4.33	1.10	0.14	0.01
2014	40.96	17.33	1.18	0.15	0.02

数据来源：http：//unctadstat.unctad.org/

由上表数据可知，2005—2015年间，伊朗对外直接投资存量规模可以分为两阶段，一是2005—2011年的缓慢增加阶段，一是2012—2014年的快速增加阶段。2005年，伊朗对外直接投资存量规模为6.80亿美元，2006-2011年，投资存量规模相对缓慢增加至19.04亿美元，较2005年增加了12.24亿美元；2012—2014年，伊朗对外直接投资存量从2012年的33.46亿美元增加至2014年的40.96亿美元，增加了7.5亿美元。相比2005年及2014年，伊朗FDI流出存量总共增加了34.16亿美元，年均增加22.08%。下图IR-20为伊朗FDI流出存量变化及增幅情况：

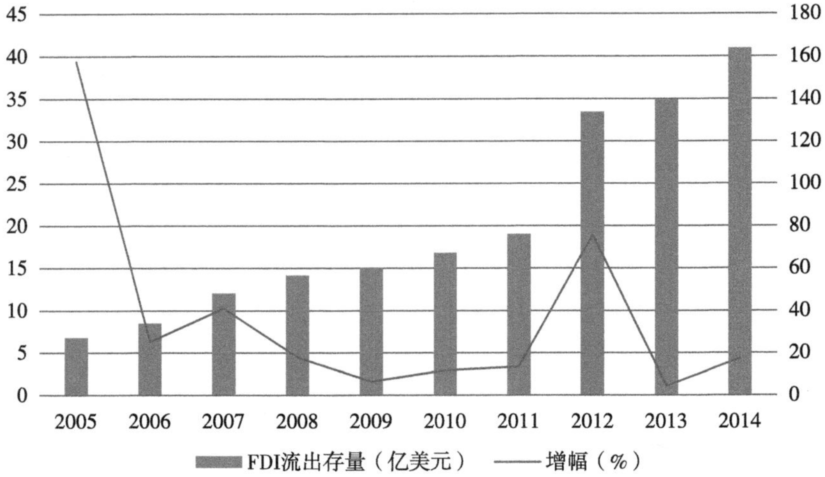

图 IR-20　伊朗 FDI 流出存量及增幅情况（2005—2014 年）

伊朗 FDI 流出存量相关占比变化情况如下图 IR-21 所示，伊朗 FDI 流出存量相关占比极小，但有增加的趋势。2005—2014 年，伊朗 FDI 流出存量占“区域”国家 FDI 流出存量总规模的比例先从 2005 年的 1.03% 沿线下降至 2011 年的最低占比值 0.70%，较 2005 年下降了 0.33 个百分点，后增加至 2014 年的 1.18%，比 2011 年增加了 0.48 个百分点，比 2005 年增加了 0.15 个百分点。占“一带一路”国家 FDI 流出存量总规模比例从 2005 年的 0.13% 波动上升至 2014 年的 0.15%，整体增加了 0.02 个百分点。占全球比例极小。2005—2013 年都为 0.01%，直至 2014 年占比小幅上升至 0.02%。

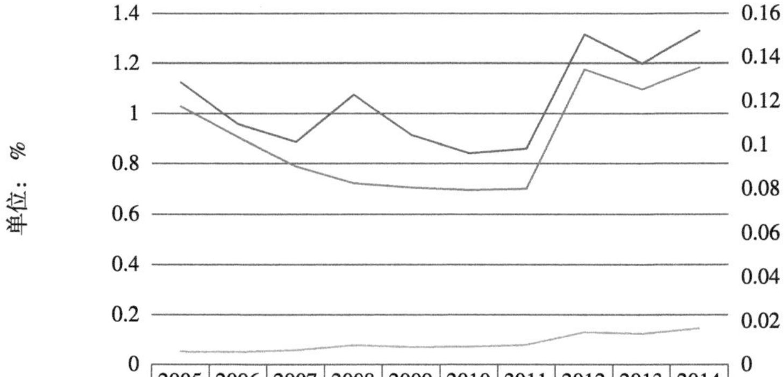

	2005	2006	2007	2008	2009	2010	2011	2012	2013	2014
占“区域”比例	1.03	0.90	0.79	0.72	0.71	0.70	0.70	1.18	1.10	1.18
占“一带一路”比例	0.13	0.11	0.10	0.12	0.10	0.10	0.10	0.15	0.14	0.15
占全球比例	0.01	0.01	0.01	0.01	0.01	0.01	0.01	0.01	0.01	0.02

图 IR-21　伊朗 FDI 流出存量占比情况（2005—2014 年）

3.FDI 净流

近十年，伊朗吸引外资规模远大于其对外直接投资规模，且呈“∽”状变化。下表 IR-18 及图 IR-22 为伊朗 FDI 净流入变化及增幅具体情况：

表 IR-18 伊朗 FDI 净流入及增幅情况（2005—2014 年）

指标	2005	2006	2007	2008	2009	2010	2011	2012	2013	2014
净流入（亿美元）	24.73	21.47	16.69	17.66	28.94	34.75	40.50	32.20	29.04	15.01
增幅（%）	−15.66	−13.21	−22.26	5.82	63.86	20.06	16.56	−20.48	−9.82	−48.32

数据来源：http：//unctadstat.unctad.org/

由上表数据可知，2005—2014 年间，伊朗外资流入规模一直大于其对外直接投资规模，但之间的差值（FDI 净流入）整体有缩小趋势。2005 年，伊朗 FDI 净流入规模为 24.73 亿美元，之后下降至 2007 年的 16.69 亿美元，较 2005 年下降了 8.04 亿美元；2008-2011 年，伊朗 FDI 净流入规模连续增加至 2011 年的 40.50 亿美元；2012—2014 年 FDI 净流入又出现负增长，直至 2014 年，净流入额为 15.01 亿美元，较上年减小了 48.32%，较 2005 年减少了 39.30%。

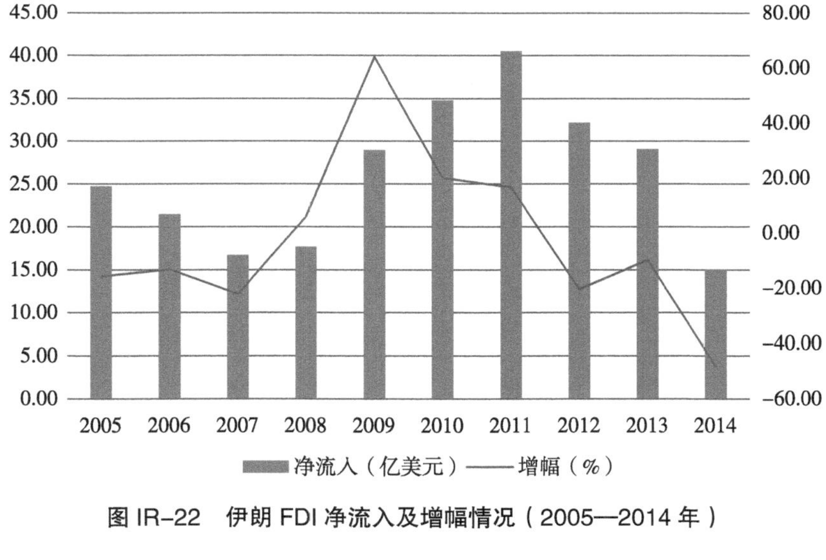

图 IR-22 伊朗 FDI 净流入及增幅情况（2005—2014 年）

（五）中国与伊朗的贸易关系

中国和伊朗交往可追溯至公元前 2 世纪。张骞的副使甘英曾到过伊朗，并打通了中国经伊通往罗马的交通线，即古丝绸之路。此后，两国间往来连绵不断。1971

年8月16日中伊建交，两国为全面战略伙伴关系。1979年伊朗伊斯兰共和国建立后，两国高层互访增多，各领域友好合作关系不断发展。伊朗虽然拥有丰富的人力和自然资源，但先进技术、设备及管理人才相对匮乏，为中资企业在伊朗扩展业务提供了潜在的机遇。

近年来，中国与伊朗在政治、经贸等领域的友好合作关系平稳发展；尤其在经贸合作方面，中伊经贸合作不断深化。2015年，中国与伊朗的贸易总量为338.66亿美元，较上年减少34.68%。其中，中国出口到伊朗的出口总额为178.31亿美元，较上年减少26.74%；中国从伊朗进口总额为160.35亿美元，较上年减少41.71%。2015年，中国与伊朗长期的贸易逆差关系反转为贸易顺差关系，当年贸易顺差额为17.96亿美元。

据联合国商品贸易数据统计库统计，2015年中国出口到伊朗主要商品类别包括锅炉、机器、机械器具及其零件，电机、电气、音像设备及其零件以及车辆及其零件、附件（铁道及电车道车辆除外），此三种产品的出口占比达42.11%。中国从伊朗进口商品主要是矿物燃料、矿物油及其产品、沥青等，占中国从伊朗进口总额的68.62%。

1. 中国出口到伊朗情况

（1）中国出口到伊朗的数量关系

近十年，中国出口到伊朗的出口规模较大，且有进一步上升趋势。2015年，中国出口到伊朗的出口总额为178.31亿美元，增幅为-26.74%，较2005年的出口总额32.97亿美元增加了145.34亿美元，年均增加18.39%。

如下表IR-19为2005—2015年中国出口到伊朗数量及相关增幅具体情况：

表IR-19　中国出口到伊朗的数量关系（2005—2015年）

指标	2005	2006	2007	2008	2009	2010	2011	2012	2013	2014	2015
出口额（亿美元）	32.97	44.89	73.63	81.63	79.19	110.92	147.62	115.99	140.37	243.40	178.31
增幅（%）	29.04	36.15	64.02	10.87	-2.99	40.07	33.08	-21.43	21.02	73.41	-26.74

数据来源：http：//comtrade.un.org/

具体分析，十一年间，中国出口到伊朗的出口总额处于波动上升态势。2005—2008年，中国出口到伊朗的出口额从2005年的32.97亿美元增加至2008年的81.63亿美元，总共增加了48.66亿美元；2009年，中国出口到伊朗的出口额出现负增长，出口额为79.19亿美元，较上年减少了2.99%；随后的几年中，出口数额在2012年及2015年有不同幅度的下降，其余年份都处于上升状态，期间在2014年，出口数额达近年最大值243.40亿美元，较上年增加了73.41%；2015年，中国出口到伊朗出口数额为178.31亿美元，当年增幅为-26.74%。

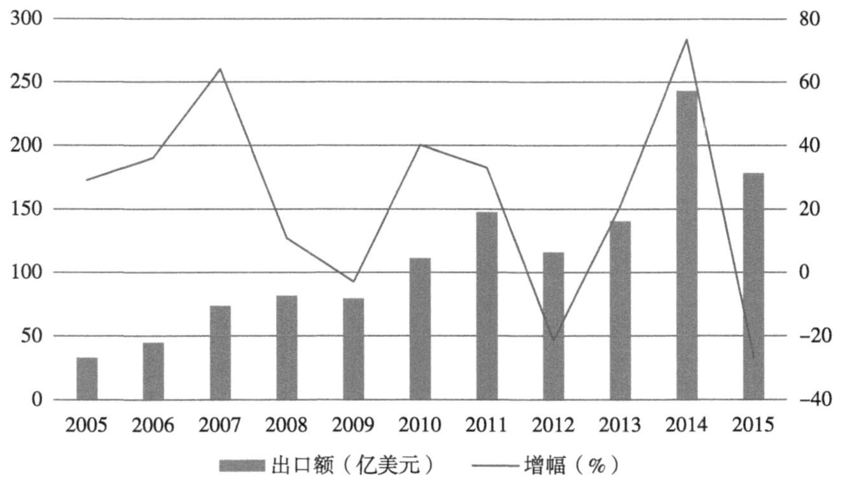

图 IR-23 中国出口到伊朗的数量关系（2005—2015 年）

（2）中国出口到伊朗的产品结构关系

中国出口到伊朗产品较集中，排名前十的出口产品总额接近中国出口到伊朗的出口总额的七成比例。

表 IR-20 及表 IR-21 为 2005 年及 2015 年中国出口到伊朗主要产品结构：

表 IR-20 中国出口到伊朗主要产品结构（2005 年）

产品种类	出口额（百万美元）	排名	占比（%）
锅炉、机器、机械器具及其零件等	571.96	1	17.35
电机、电气设备及其零件；录音机及放声机、电视图像、声音的录制和重放设备及其零件、附件	409.78	2	12.43
化学纤维长丝	339.30	3	10.29
车辆及其零件、附件（铁道及电车道车辆除外）	258.01	4	7.83
铁道及电车道机车、车辆及其零件；铁道及电车道轨道固定装置及其零件、附件；各种机械（包括电动机械）交通信号设备	172.50	5	5.23
钢铁制品	162.56	6	4.93
谷物	127.83	7	3.88
无机化学品；贵金属、稀土金属、放射性元素及其同位素的有机及无机化合物	101.89	8	3.09
矿物燃料、矿物油及其蒸馏产品；沥青物质；矿物蜡	77.42	9	2.35
有机化学品	71.31	10	2.16
合计	2292.56	——	69.54

数据来源：http：//comtrade.un.org/

表 IR-21　中国出口到伊朗产品结构（2015 年）

产品种类	出口额（百万美元）	排名	占比（%）
锅炉、机器、机械器具及其零件等	3481.26	1	19.52
电机、电气设备及其零件；录音机及放声机、电视图像、声音的录制和重放设备及其零件、附件	2257.69	2	12.66
车辆及其零件、附件（铁道及电车道车辆除外）	1771.44	3	9.93
钢铁	910.62	4	5.11
钢铁制品	895.80	5	5.02
塑料及其制品	718.35	6	4.03
家具；寝具、褥垫、弹簧床垫、软坐垫及类似的填充制品；未列名灯具及照明装置；发光标志、发光铭牌及类似品；活动房屋	548.00	7	3.07
纸及纸板；纸浆、纸或纸板制品	406.02	8	2.28
化学纤维长丝	396.59	9	2.22
光学、照相、电影、计量、检验、医疗或外科用仪器及设备、精密仪器及设备；上述物品的零件、附件	379.20	10	2.13
合计	11764.97	——	65.97

数据来源：http：//comtrade.un.org/

上表显示，2015 年，中国出口到伊朗排名前十的产品的出口额合计 11764.97 百万美元，占中国出口到伊朗总出口额的 65.97%；相比于 2005 年，中国出口到伊朗排名前十产品的合计出口额 2292.56 百万美元增加了 9472.41 百万美元，较合计占比 69.54% 下降了 3.57 个百分点。

2015 年，中国出口到伊朗排名前 3 的产品及相应占比依次是锅炉、机器、机械器具及其零件（19.52%），电机、电气设备及其零件；录音机及放声机、电视图像、声音的录制和重放设备及其零件、附件（12.66%），车辆及其零件、附件（铁道及电车道车辆除外）（9.93%）；出口额分别为 3481.26 百万美元、2257.69 百万美元、1771.44 百万美元，约占中国出口到伊朗总额的四成比例。其中，中国出口到伊朗的钢铁及钢铁制品的出口规模大幅增加，同时出口到伊朗的化学纤维长丝，铁道及电车道机车、车辆及其零件等产品规模有所下降。尤其是对铁道及电车道机车、车辆及其零件等产品的出口，在 2005 年出口占比为 5.23%，排名第 5，在 2015 年却并未挤进中国出口到伊朗的出口产品前十名。

2. 中国从伊朗进口情况

（1）中国从伊朗进口的数量关系

中国从伊朗进口规模近年处于波动上升状态，但在 2015 年出现大幅下降。2005

年，中国从伊朗进口总额为 67.87 亿美元；2015 年，中国从伊朗进口总额 160.35 亿美元，较 2005 年增加了 92.48 亿美元，年均增加 8.98%。

表 IR-22 及图 IR-24 为 2005—2015 年中国从伊朗进口的数量关系变化具体情况：

表 IR-22　中国从伊朗进口数量关系（2005—2015 年）

指标	2005	2006	2007	2008	2009	2010	2011	2012	2013	2014	2015
进口额（亿美元）	67.87	99.58	133.02	195.94	132.87	183.01	303.33	248.69	253.90	275.07	160.35
增幅（%）	51.12	46.72	33.58	47.3	-32.19	37.74	65.75	-18.01	2.09	8.34	-41.71

数据来源：http：//comtrade.un.org/

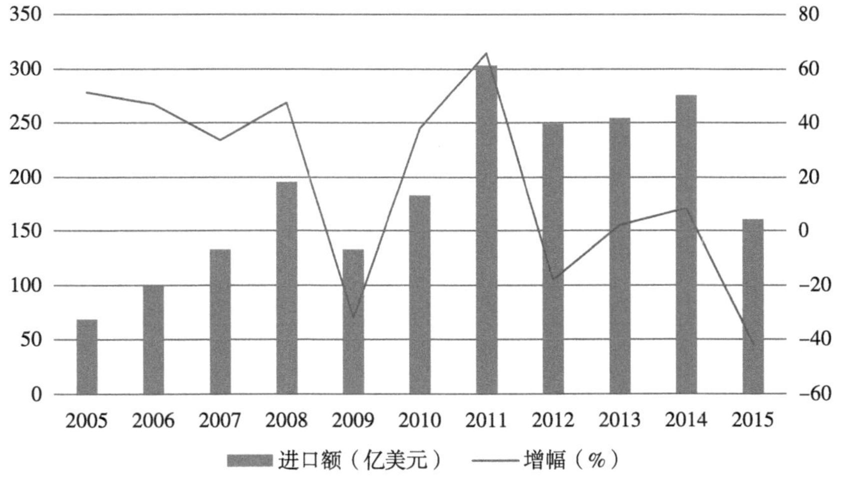

图 IR-24　中国从伊朗进口数量关系（2005—2015 年）

十一年间，中国从伊朗进口数量整体呈上升趋势。2005—2008 年，中国对伊朗的进口总额从 2005 年的 67.87 亿美元增加至 2008 年的 195.94 亿美元，总共增加了 128.07 亿美元；2009 年，由于受全球金融危机的影响，中国对伊朗的进口总额呈负增长，进口贸易额为 132.87 亿美元，较上年减少了 32.19%；2010-2015 年，中国从伊朗进口总额呈波动状态，期间在 2011 年达最高值 303.33 亿美元，较 2010 年增加了 65.75%；2015 年中国对伊朗的进口总额为 160.35 亿美元，较上年减少了 41.71%，较 2005 年增加 136.26%。

（2）中国从伊朗进口的产品结构关系

中国从伊朗进口的产品结构尤其集中，对矿物燃料相关产品的进口约为中国从伊朗进口总额的七成比例。

表 IR-23 及表 IR-24 为 2005 年及 2015 年中国从伊朗主要进口产品结构：

表 IR-23 中国从伊朗主要进口产品结构（2005 年）

产品种类	进口额（百万美元）	排名	占比（%）
矿物燃料、矿物油及其蒸馏产品；沥青物质；矿物蜡	6064.96	1	89.37
矿砂、矿渣及矿灰	271.93	2	4.01
有机化学品	162.79	3	2.40
盐；硫磺；泥土及石料；石膏料、石灰及水泥	91.30	4	1.35
钢铁	63.71	5	0.94
塑料及其制品	59.42	6	0.88
铜及其制品	19.94	7	0.29
食用水果及坚果；甜瓜或柑橘属水果的果皮	13.95	8	0.21
棉花	8.06	9	0.12
锌及其制品	7.26	10	0.11
合计	6763.32	——	99.68

数据来源：http：//comtrade.un.org/

表 IR-24 中国从伊朗主要进口产品结构（2015 年）

产品种类	进口额（百万美元）	排名	占比 (%)
矿物燃料、矿物油及其蒸馏产品；沥青物质；矿物蜡	11002.83	1	68.62
塑料及其制品	2107.53	2	13.14
有机化学品	1332.69	3	8.31
矿砂、矿渣及矿灰	1121.20	4	6.99
盐；硫磺；泥土及石料；石膏料、石灰及水泥	281.10	5	1.75
铝及其制品	95.02	6	0.59
食用水果及坚果；甜瓜或柑橘属水果的果皮	34.78	7	0.22
铜及其制品	18.99	8	0.12
肥皂、有机表面活性剂、洗涤剂、润滑剂、人造蜡、调制蜡、光洁剂、蜡烛及类似品、塑型用膏、“牙科用蜡”及牙科用熟石膏制剂	8.19	9	0.05
地毯及纺织材料的其他铺地制品	4.98	10	0.03
合计	16007.31	——	99.82

数据来源：http：//comtrade.un.org/

上表数据显示，2015 年，中国从伊朗进口排名前十的产品进口额合计 16007.31 百万美元，占中国从伊朗总进口的 99.82%。其中，矿物燃料、矿物油及其蒸馏等一直为中国从伊朗进口的最重要的产品，2015 年，此种产品进口额为 11002.83 百万美元，占中国从伊朗进口总额的68.62%，相对于2005年，其进口额有大幅度增加，但占比有一定程度的减小，占比总共下降了20.75个百分点。此外，中国从伊朗进口的塑料及其制品规模有大幅度增加，2015年，塑料及其制品进口总额为2107.53百万美元，占比为13.14%，排名第2；相比于2005年，进口规模年均增加42.88%，占比上升了12.26个百分点，排名上升了4个名次。除此之外的其他产品的进口规模和占比都有不同幅度的增加或减小。

六、土耳其（The Republic of Turkey）

（一）基本情况

土耳其是一个拥有悠久历史和宗教传统的国家，其历史可追溯至8世纪，1923年10月，土耳其共和国成立（The Republic of Turkey），其中99.8%的居民信仰伊斯兰教。土耳其人口规模较小，人口密度极高，同时城镇化率较高，且其已步入老龄化社会，2015年，土耳其人口总数为7867万人，人口密度102.21人/平方公里，城镇化率为73.4%，65岁以上老人人口占总人口比例7.54%。土耳其地理位置独特，位于亚洲最西部，横跨欧亚两大洲，且三面环海，是欧亚两洲商品集散地和海陆空交通枢纽。此外，土耳其矿产资源、河流资源及森林资源丰富，但石油、天然气等资源匮乏；其中，大理石储量占世界40%，品种数量均居世界第一；森林覆盖率居西亚国家之首。20世纪80年代实行对外开放政策以来，土耳其经济实现跨越式发展，享有“新钻国家”美誉；2015年，土耳其国内生产总值（GDP）达71.82百亿美元，在全球排名17位，人均GDP为9130.03美元，属中上等收入经济体。

1. 建国历程

土耳其史称突厥，8世纪起从阿尔泰山一带迁入小亚细亚。1299年，突厥人建立奥斯曼帝国。1453年，奥斯曼帝国攻陷君士坦丁堡，消灭东罗马帝国；16世纪达到鼎盛，统治区域地跨欧洲、亚洲、非洲三大洲；17世纪开始衰落。在第一次世界大战中，土耳其加入同盟国作战；1918年，因战败而沦为半殖民地。1919年，凯末尔发动民族解放战争；1923年10月29日，土耳其共和国成立。①

2. 人口状况

土耳其人口规模较小，城镇化率较高，男女比例平衡，且其已步入老龄化社会。2015年，土耳其人口总数为7867万人，人口密度为102.21人/平方公里。其中

① 资料来源：http：//fec.mofcom.gov.cn/article/gbdqzn/

城镇人口为 5744 万人，占比为 73.40%，农村人口为 2093 万人，占比为 26.60%；男性人口为 3867 万人，女性人口为 4000 万人，占比分别为 49.16%、50.84%；0–14 岁人口数为 2019 万人，15–64 岁人口数为 5254 万人，65 岁及其以上年龄人口为 593 万人，占比分别为 25.67%、66.79%、7.54%，其中老龄人口超过国家标准 0.54 个百分点。

表 TR–1　土耳其人口总数及其构成（2015 年）

指标	年末数（万人）	比重（%）
人口总数	7867	100
其中：城镇	5774	73.40
农村	2093	26.60
其中：男性	3867	49.16
女性	4000	50.84
其中：0–14 岁	2019	25.67
15–64 岁	5254	66.79
65 岁及其以上	593	7.54

数据来源：世界银行，http：//data.worldbank.org/

土耳其人口数量及相应增幅情况如表 TR–2 及图 TR–1 所示：2005—2015 年间，土耳其人口以较为稳定的趋势增长。2015 年，其人口总数为 7867 万人，较 2005 年的 6786 万人增加了 1081 万人，年均增加 1.49%。从增幅来看，土耳其人口以"∽"型的增幅变化，且对比 2005 年及 2015 年土耳其人口增幅，总体增加了 0.15 个百分点，说明土耳其人口总数有进一步增加的趋势。

表 TR–2　土耳其人口总数及增幅情况（2005—2015 年）

指标	2005	2006	2007	2008	2009	2010	2011	2012	2013	2014	2015
人口总数（万人）	6786	6870	6952	7034	7126	7231	7352	7485	7622	7752	7867
增幅（%）	1.33	1.24	1.19	1.18	1.31	1.47	1.67	1.81	1.83	1.71	1.48

数据来源：世界银行，http：//data.worldbank.org/

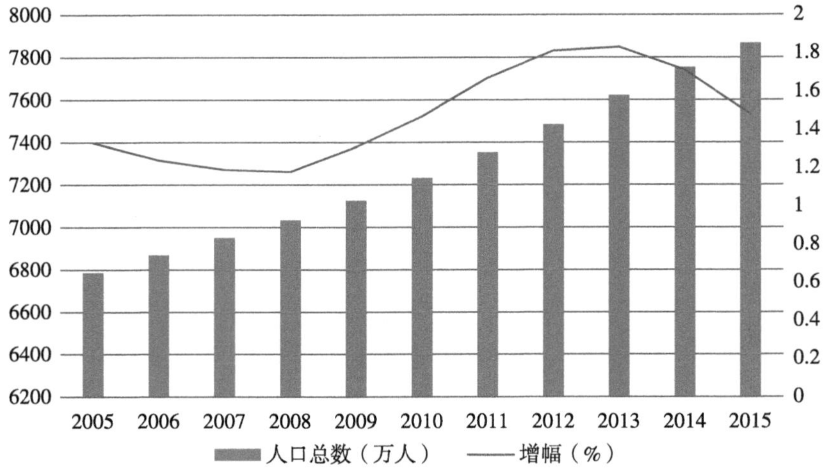

图 TR-1　土耳其人口总数及增幅情况（2005—2015 年）

3. 地域状况

土耳其地理位置优越。其位于亚洲最西部，横跨欧洲、亚洲两大洲。国土面积 78.36 万平方公里，其中 97% 位于亚洲的小亚细亚半岛（又称安纳托利亚半岛）；3% 位于欧洲的巴尔干半岛，成为东色雷斯。土耳其三面环海，北为黑海，西为爱琴海和马尔马拉海，南为地中海，海岸线长 7200 公里。土耳其与亚、欧 8 个国家相邻，陆地边境线长 2648 公里。东有格鲁吉亚、亚美尼亚、阿塞拜疆、伊朗；南有伊拉克、叙利亚；西有保加利亚、希腊；北部隔海与罗马尼亚、俄罗斯、乌克兰相望；南部隔海与塞浦路斯相对。①

4. 资源禀赋

土耳其矿产资源、河流资源及森林资源丰富，但石油、天然气等资源匮乏。土耳其矿产资源主要包括大理石、硼矿、铬、钍和煤等，总值超过 2 万亿美元。其中，大理石储量占世界 40%，品种数量均居世界第一。三氧化二硼储量 7000 万吨，价值 3560 亿美元；钍储量占全球总储量的 22%；铬矿储量 1 亿吨，居世界前列。此外，黄金、白银、煤储量分别为 450 吨、1100 吨和 85 亿吨。② 土耳其河流、湖泊众多，著名的底格里斯河和幼发拉底河均发源于土耳其境内。同时，土耳其森林面积达 22 万平方公里，森林覆盖率居西亚国家之首。

5. 经济实力

土耳其经济发展水平较高，是继中国、俄罗斯等“金砖”国家之后又一蓬勃发

① 资料来源：http：//fec.mofcom.gov.cn/article/gbdqzn/
② 资料来源：http：//fec.mofcom.gov.cn/article/gbdqzn/

展的新兴经济体。2015 年，土耳其 GDP 为 71.82 百亿美元，在全球排名 17 位，人均 GDP 为 9130.03 美元，属于中上等收入经济体。

表 TR-3 和图 TR-2 为 2005—2015 年土耳其 GDP 及其增长率详细情况：

表 TR-3 土耳其 GDP 及增长率情况（2005—2015 年）

指标	2005	2006	2007	2008	2009	2010	2011	2012	2013	2014	2015
GDP（百亿美元）	48.30	53.09	64.72	73.03	61.46	73.12	77.48	78.89	82.32	79.88	71.82
增长率（%）	23.15	9.92	21.91	12.84	-15.84	18.97	5.96	1.82	4.35	-2.96	-10.09

数据来源：世界银行，http：//data.worldbank.org/

土耳其 GDP 近十一年呈小幅波动变化状态。2005—2008 年，土耳其经济减速上升，从 2005 年的 48.30 百亿美元上升至 2008 年的 73.03 百亿美元，增加了 24.73 百亿美元；2009 年受金融危机的影响，土耳其 GDP 小幅下降至 61.46 百亿美元，较上年减少了 15.84%；2010-2015 年，土耳其经济呈倒“U”状变化，于 2013 年达近年最高值，为 82.32 百亿美元；但 2014、2015 年土耳其经济下滑，直至 2015 年，土耳其 GDP 值为 71.82 百亿美元，较 2013 年减少了 12.76%；但较 2005 年增加了 23.52 百亿美元，整体增长 48.70%。

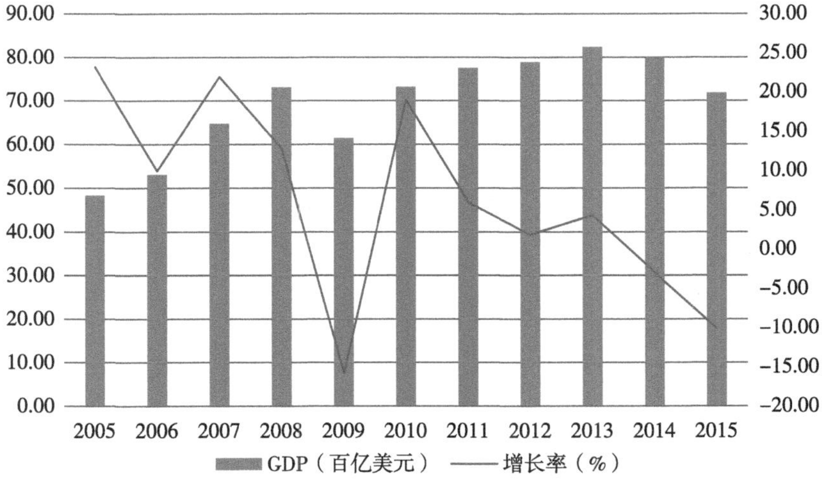

图 TR-2 土耳其 GDP 及增长率情况（2005—2015 年）

而土耳其人均 GDP 及其增幅情况如下表 TR-4：

表 TR-4　土耳其人均 GDP 及增长率情况（2005—2015 年）

年份	人均 GDP（现价美元）	增长率（%）
2005	7117.23	21.55
2006	7727.27	8.57
2007	9309.51	20.48
2008	10382.32	11.52
2009	8623.95	-16.94
2010	10111.52	17.25
2011	10538.44	4.22
2012	10539.37	0.01
2013	10800.36	2.48
2014	10303.90	-4.60
2015	9130.03	-11.39

数据来源：世界银行，http：//data.worldbank.org/

除却 2009 年的特殊情况，土耳其人均 GDP 整体呈倒“U”型变化。2005—2008 年，土耳其人均 GDP 从 2005 年的 7117.23 美元增加至 2008 年的 10382.32 美元，增加了 3265.09 美元；2009 年，土耳其人均 GDP 下降至 8623.95 美元，较上年减少了 16.94%；随后，在 2013 年，土耳其人均 GDP 达近年最高值为 10800.36 美元；但 2014 年、2015 年，土耳其人均 GDP 呈下降状态，2015 年，土耳其人均 GDP 值为 9130.03 美元，较 2013 年降低了 15.47%，但较 2005 年整体增加了 28.28%。

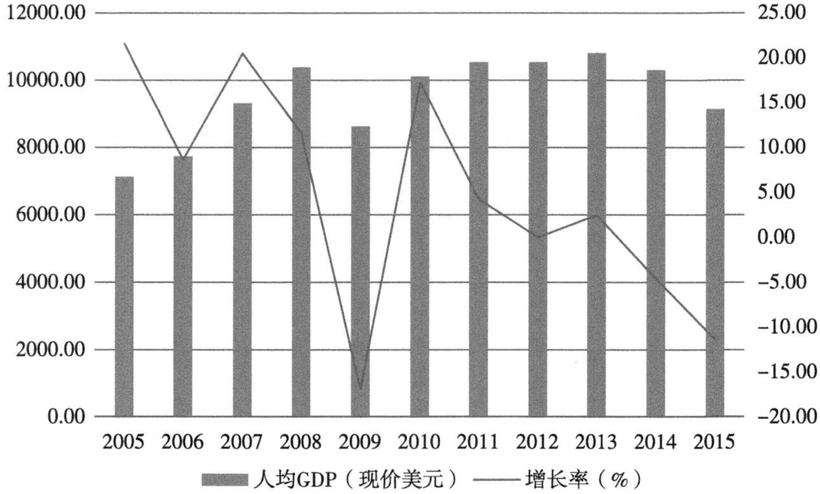

图 TR-3　土耳其人均 GDP 及增长率情况（2005—2015 年）

（二）产业情况

土耳其三次产业结构比重呈现“三、二、一”比例特征。2005—2015 年，土耳其三次产业结构从 11：28：61 调整为 8：27：65；其中，农业和工业对 GDP 的贡献都有小幅度的下降，第三产业的主导地位愈发重要。土耳其农业基本能够实现自给自足，自给自足率达 98%；在第二产业中，制造业和房地产业占据重要地位，占土耳其第二产业产值比例合计 85.35%；第三产业中，批发零售业、交通仓储和邮政业以及房地产业起着主要的拉动作用，占土耳其第三产业比例合计 57.51%。

1. 第一产业

（1）第一产业基本情况

土耳其农业发展缓慢，且对 GDP 贡献较小。2005—2015 年，土耳其农业增加值从 2005 年的 451.84 亿美元增加至 2015 年的 545.18 亿美元，总共增加了 20.66%；占 GDP 比重从 2005 年的 10.80% 下降至 2015 年的 8.59%，总共减少了 2.21 个百分点。

2005—2015 年土耳其农业增加值及相关增幅情况如下表 TR-5 及图 TR-4：

表 TR-5　土耳其农业增加值及相关情况（2005—2015 年）

年份	增加值（亿美元）	增幅（%）	占 GDP 比重（%）
2005	451.84	21.54	10.80
2006	438.63	–2.92	9.37
2007	493.72	12.56	8.53
2008	555.28	12.47	8.46
2009	508.20	–8.48	9.11
2010	617.07	21.42	9.46
2011	618.68	0.26	9.01
2012	621.84	0.51	8.84
2013	607.51	–2.30	8.33
2014	569.28	–6.29	8.01
2015	545.18	–4.23	8.59

数据来源：世界银行，http：//data.worldbank.org/

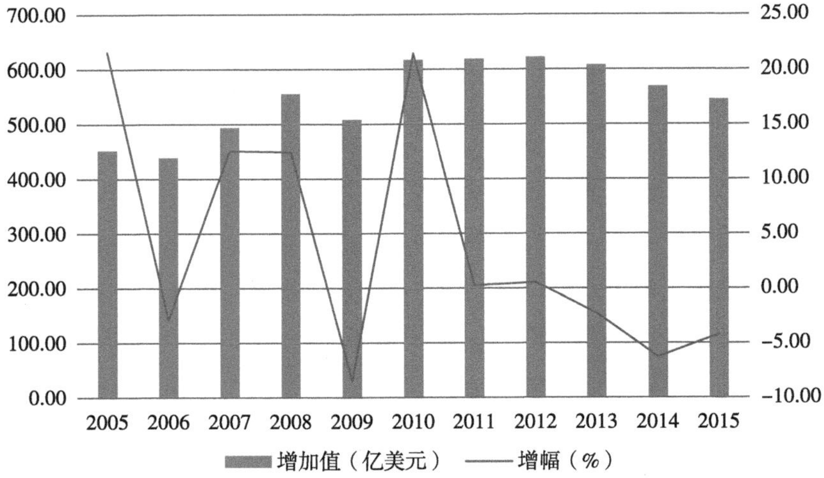

图 TR-4　土耳其农业增加值及增幅情况（2005—2015 年）

2005—2015 年，土耳其农业增加值整体呈现倒“U”型发展。土耳其农业增加值先从 2005 年的 451.84 亿美元小幅波动上升至 2010 年的 617.07 亿美元，总体增加了 165.23 亿美元；2011-2012 年，土耳其农业增加值缓慢增加至 2012 年的 621.84 亿美元，较 2010 年仅增加了 4.77 亿美元；而后的 2013-2015 年，土耳其农业增加值沿弧线下降，直至 2015 年，其农业增加值为 545.18 亿美元，较 2012 年减少了 12.33%，相比 2005 年，总共增加了 20.66%。

土耳其 2005—2015 年农业增加值占 GDP 比重如下图 TR-5 所示：

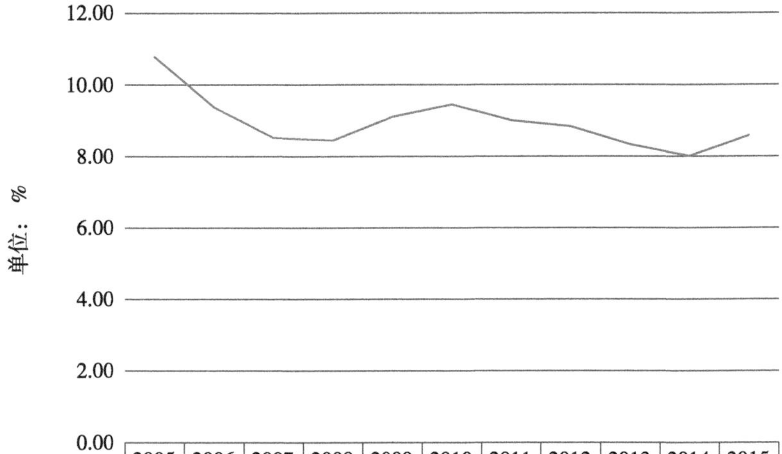

	2005	2006	2007	2008	2009	2010	2011	2012	2013	2014	2015
占GDP比重	10.80	9.37	8.53	8.46	9.11	9.46	9.01	8.84	8.33	8.01	8.59

图 TR-5　土耳其农业增加值占 GDP 比重情况（2005—2014 年）

由上图可知，土耳其农业增加值占 GDP 比例呈小幅波动下降的趋势。2005 年，其占比为 10.80%；随后波动下降至 2014 年的 8.01%，整体下降了 2.79 个百分点；但随后的 2015 年，小幅上升至 8.59%，较上年增加了 0.58 个百分点；相比 2005 年，整体减少了 20.46%。

（2）第一产业构成

土耳其农业基础较好，生活的必需原料如粮、棉、油、糖等主要的必需农副产品基本能够实现自给自足。据外交部报告显示，土耳其粮食自给率 98.8%。而在土耳其农业中，产量较大的农产品包括烟草、棉花、稻谷、橄榄、甜菜、柑橘、牲畜等[①]。而且，近年来，土耳其农业机械化程度较以往有所提高，机耕面积不断扩大；同时，土耳其木材加工业较为发达。

2. 第二产业

（1）第二产业基本情况

土耳其工业发展缓慢，且对 GDP 的贡献处下降趋势。2005—2015 年，土耳其工业增加值从 2005 年的 1191.35 亿美元增加至 2015 年的 1681.40 亿美元，整体增加了 41.13%；占 GDP 比重从 2005 年的 28.46% 下降至 2015 年的 26.49%，下降了 1.97 个百分点。

土耳其 2005—2015 年工业增加值及增幅情况如表 TR-6 及图 TR-6 如示：

表 TR-6 土耳其工业增加值及相关情况（2005—2015 年）

年份	增加值（亿美元）	增幅（%）	占 GDP 比重（%）
2005	1191.35	22.99	28.46
2006	1319.11	10.72	28.19
2007	1606.51	21.79	27.75
2008	1784.83	11.10	27.18
2009	1408.28	-21.10	25.25
2010	1722.04	22.28	26.39
2011	1886.87	9.57	27.47
2012	1875.31	-0.61	26.67
2013	1940.10	3.45	26.61
2014	1926.19	-0.72	27.10
2015	1681.40	-12.71	26.49

数据来源：世界银行，http：//data.worldbank.org/

① 资料来源：http：//www.fmprc.gov.cn/web/

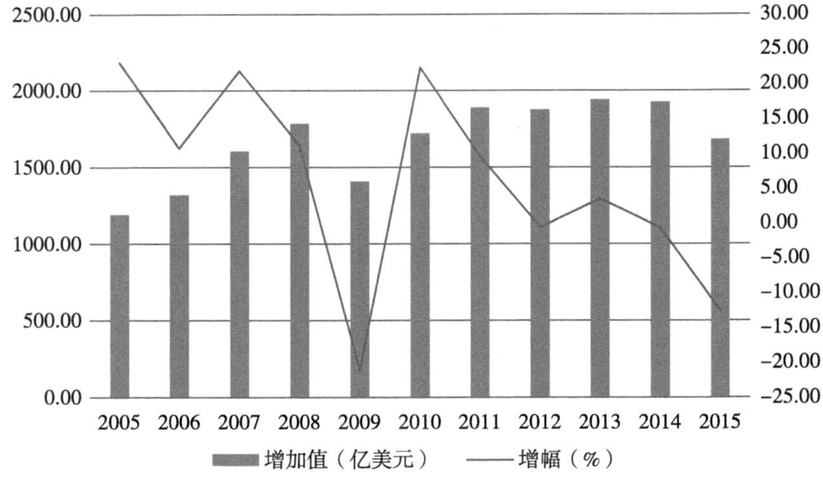

图 TR-6　土耳其工业增加值及增幅情况（2005—2015 年）

2005—2015 年，土耳其工业增加值呈“M”形波动趋势。2005 年，土耳其工业增加值为 1191.35 亿美元，之后以波动的增幅增加至 2008 年的 1784.83 亿美元，总共增加了 593.48 亿美元；2009 年，土耳其工业增加值下降至 1408.28 亿美元，较上年降低了 21.10%；随后的 2010-2013 年，工业增加值缓慢增加至 2013 年的 1940.10 亿美元，比 2009 年增加了 37.76%；从 2014 年开始，土耳其工业增加值呈现负增长，直至 2015 年，土耳其增加值为 1681.40 亿美元，比上年减少了 12.71%，比 2005 年增加了 41.13%。

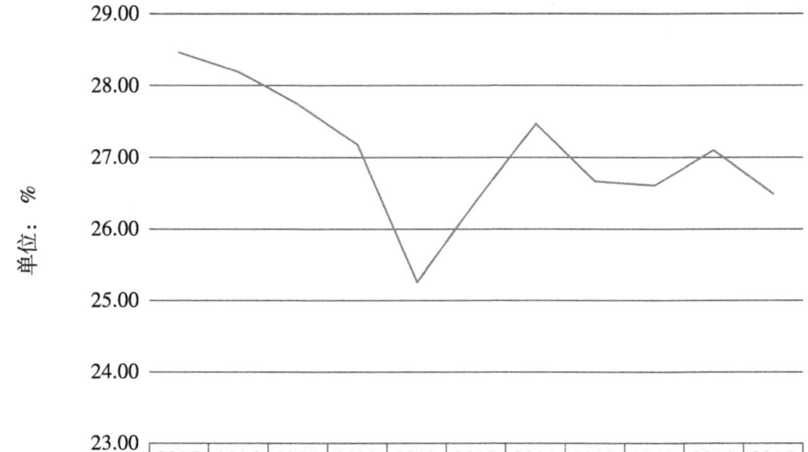

	2005	2006	2007	2008	2009	2010	2011	2012	2013	2014	2015
占GDP比重	28.46	28.19	27.75	27.18	25.25	26.39	27.47	26.67	26.61	27.10	26.49

图 TR-7　土耳其工业增加值占 GDP 比重情况（2005—2015 年）

如上图所示，土耳其工业增加值占 GDP 比重呈波动下降趋势。2005 年，其占 GDP 比例为 28.46%，而后连续下降至 2009 年最低占比值 25.25%，较 2005 年下降了 3.21 个百分点；其后增加至 2011 年的 27.47%；但从 2012 年开始，土耳其工业增加值占比出现负增长，虽在 2014 年有小幅上升，但在 2015 年，占比继续下降，2015 年，占比为 26.49%，较 2011 年减少了 0.98 个百分点，较 2005 年整体下降了 1.97 个百分点。

（2）第二产业构成

土耳其第二产业主要行业产值及占比如下表 TR-7 所示：

表 TR-7　土耳其第二产业主要行业产值及占比（2005—2015 年）

年份	制造业（亿土耳其里拉）	占比（%）	建筑业（亿土耳其里拉）	占比（%）	电力、燃气及水生产和供应业（亿土耳其里拉）	占比（%）	采矿业（亿土耳其里拉）	占比（%）
2005	1110.89	69.40	286.94	17.93	126.58	7.91	76.29	4.77
2006	1293.30	68.63	358.49	19.02	143.03	7.59	89.52	4.75
2007	1406.83	67.21	410.13	19.59	170.85	8.16	105.31	5.03
2008	1525.16	65.66	446.58	19.22	216.63	9.33	134.58	5.79
2009	1436.39	65.80	365.78	16.76	238.32	10.92	142.35	6.52
2010	1707.55	65.98	456.70	17.65	265.79	10.27	157.85	6.10
2011	2091.65	66.18	577.51	18.27	300.01	9.49	191.33	6.05
2012	2196.41	65.21	621.57	18.45	338.08	10.04	212.00	6.29
2013	2402.00	65.03	695.57	18.83	376.84	10.20	219.16	5.93
2014	2765.49	65.60	797.65	18.92	397.81	9.44	254.53	6.04
2015	3044.38	66.57	858.83	18.78	423.93	9.27	246.26	5.38

数据来源：Wind 数据库

土耳其第二产业主要集中在制造业和建筑业，而电力、燃气及水生产和供应业以及采矿业的产值都相对较小。2015 年，土耳其制造业和建筑业的产值分比为 3044.38 亿土耳其里拉、858.83 亿土耳其里拉，占土耳其第二产业产值比例依次为 66.57%、18.78%；相比于 2005 年，制造业产值、建筑业产值增加了 174.05%、199.31%，占比分别下降了 2.83 个百分点、上升了 0.85 个百分点。而电力、燃气及水生产和供应业以及采矿业的产值都有大幅度的增加，且相关占比也有上升趋势；2015 年，其产值分别为 423.93 亿土耳其里拉、246.26 亿土耳其里拉，占比分别为 9.27%、5.38%。

3. 第三产业

（1）第三产业基本情况

土耳其服务业发展较快，对国民经济的的增长起重要作用，且整体有进一步向上增长趋势。2005—2015 年，土耳其服务等附加值从 2005 年的 2542.29 亿美元增加至 2015 年的 4120.43 亿美元，整体增加了 62.08%；占 GDP 比重从 2005 年的 60.74% 上升至 2015 年的 64.92%，整体上升了 4.18 个百分点。

表 TR–8 及图 TR–8 为土耳其服务等附加值及相关情况：

表 TR–8　土耳其服务等附加值及相关情况（2005—2015 年）

年份	增加值（亿美元）	增幅（%）	占 GDP 比重（%）
2005	2542.29	23.15	60.74
2006	2921.42	14.91	62.43
2007	3689.81	26.30	63.73
2008	4226.05	14.53	64.36
2009	3660.62	–13.38	65.64
2010	4185.69	14.34	64.15
2011	4362.83	4.23	63.52
2012	4534.99	3.95	64.49
2013	4743.62	4.60	65.06
2014	4612.13	–2.77	64.89
2015	4120.43	–10.66	64.92

数据来源：世界银行，http：//data.worldbank.org/

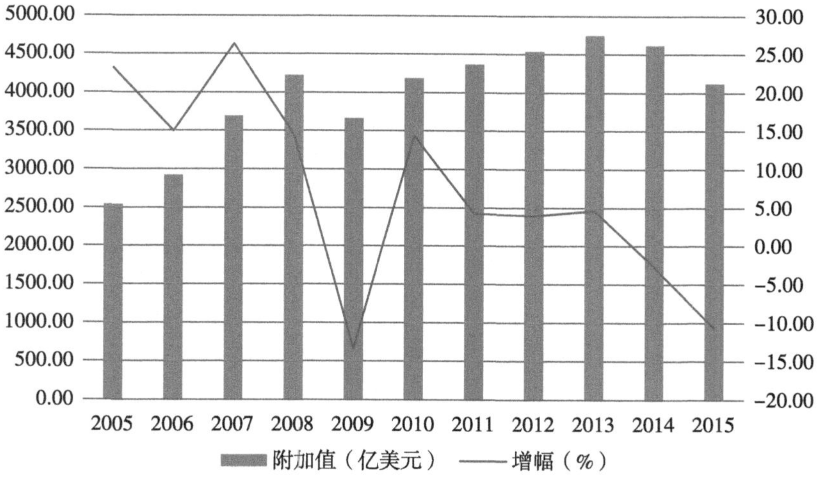

图 TR–8　土耳其服务等附加值及增幅情况（2005—2015 年）

2005—2015 年，土耳其服务等附加值呈类似“M”状的波动趋势。2005 年，土耳其服务等附加值为 2542.29 亿美元，之后以波动的增幅增加至 2008 年的 4226.05 亿美元；2009 年，土耳其服务等附加值出现负增长，附加值减少为 3660.62 亿美元，较上年减少了 13.38%；2010–2013 年，土耳其服务等附加值缓慢向上攀升至 2013 年的最大值 4743.62 亿美元，较 2009 年增加了 29.59%；2014、2015 年，土耳其服务等附加值呈负增长状态，直至 2015 年，值为 4120.43 亿美元，比上年减少了 10.66%，但较 2005 年增长 62.08%。

土耳其服务等附加值占 GDP 比重情况如下图 TR–9：

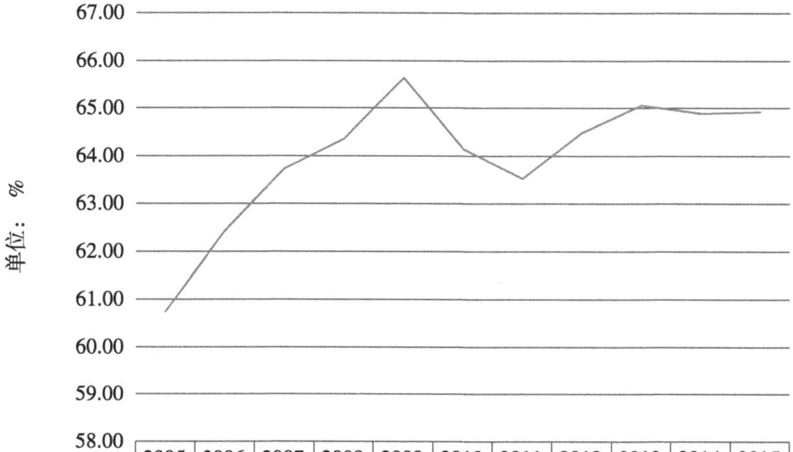

	2005	2006	2007	2008	2009	2010	2011	2012	2013	2014	2015
—— 占GDP比重	60.74	62.43	63.73	64.36	65.64	64.15	63.52	64.49	65.06	64.89	64.92

图 TR–9　土耳其服务等附加值占 GDP 比重情况（2005—2015 年）

上图显示，土耳其服务等附加值占 GDP 比重呈波动上升趋势。2005 年，土耳其服务等附加值占 GDP 比重为 60.74%，随后几年连续上升至 2009 年的 65.64%，较 2005 年上升了 4.9 个百分点；但 2009-2011 年，占比下降，2011 年，占比为 63.52%，较 2009 年减少了 2.12 个百分点；2012—2013 年，占比缓慢上升，2013 年占比为 65.06%，较 2011 年增加了 1.54 个百分点；2014—2015 年，占比小幅下降至 2015 年的 64.92%，较 2013 年减少了 0.14 个百分点，较 2005 年增加了 4.18 个百分点。

（2）第三产业构成

土耳其第三产业主要行业产值及占比情况如下表 TR-9 所示：

表 TR-9　土耳其第三产业主要行业产值及占比情况（2005—2015 年）

年份	批发和零售业（亿土耳其里拉）	占比（%）	交通运输、仓储和邮政业（亿土耳其里拉）	占比（%）	房地产业（亿土耳其里拉）	占比（%）
2005	795.64	22.67	739.32	21.07	615.53	17.54
2006	940.90	22.55	874.73	20.96	762.30	18.27
2007	1022.96	21.28	984.28	20.47	932.62	19.40
2008	1153.57	20.97	1134.43	20.63	1087.14	19.77
2009	1026.16	18.09	1063.96	18.75	1201.48	21.18
2010	1198.93	19.06	1219.85	19.39	1263.70	20.09
2011	1546.48	21.16	1510.09	20.66	1331.25	18.22
2012	1682.96	20.66	1706.29	20.95	1427.99	17.53
2013	1883.90	20.86	1869.58	20.70	1558.39	17.26
2014	2086.96	20.68	2086.87	20.68	1716.81	17.01
2015	2274.71	20.30	2275.51	20.30	1895.74	16.91
年份	公共管理和国防；社会安全（亿土耳其里拉）	占比（%）	金融和保险业（亿土耳其里拉））	占比（%）	教育（亿土耳其里拉））	占比（%）
2005	260.19	7.41	182.93	5.21	177.79	5.07
2006	296.21	7.10	218.61	5.24	212.49	5.09
2007	329.98	6.86	273.93	5.70	246.42	5.13
2008	364.37	6.62	330.37	6.01	278.88	5.07
2009	412.71	7.27	426.88	7.52	318.24	5.61
2010	460.90	7.33	405.02	6.44	368.15	5.85
2011	522.49	7.15	405.76	5.55	427.31	5.85
2012	609.31	7.48	465.38	5.71	494.32	6.07
2013	663.37	7.35	524.83	5.81	555.80	6.15

续表

年份	批发和零售业（亿土耳其里拉）	占比（%）	交通运输、仓储和邮政业（亿土耳其里拉）	占比（%）	房地产业（亿土耳其里拉）	占比（%）
2014	740.83	7.34	539.69	5.35	649.42	6.43
2015	828.62	7.39	611.30	5.45	745.76	6.65

数据来源：Wind 数据库

由上表可知，土耳其第三产业的主要行业包括批发和零售业，交通运输、仓储和邮政业，房地产业，公共管理和国防；社会安全，金融和保险业以及教育业，其中，批发零售业，交通运输、仓储和邮政业以及房地产业为土耳其第三产业支柱产业。

十一年中，三大支柱产业的产值相对于其他产业都有不同幅度的下降，而金融业和保险业、教育业的产值相对其他产业有小幅上升。2015 年，土耳其批发零售业、交通仓储和邮政业以及房地产业的产值分别为 2274.71 亿土耳其里拉、2275.51 亿土耳其里拉、1895.74 亿土耳其里拉，占土耳其第三产业总产值的比例依次为 20.30%、20.30%、16.91%；相比于 2005 年，批发零售业产值增加了 185.90%，占比下降了 2.37 个百分点；交通运输、仓储和邮政业产值增加了 207.78%，占比下降了 0.77 个百分点；房地产业产值增加了 207.98%，占比下降了 0.63 个百分点。同时，2005—2015 年，金融业和保险业占比上升了 0.24 个百分点，教育业占比上升了 1.58 个百分点。

（三）进出口贸易情况

土耳其实行经济开放政策以来，与欧盟、欧洲自由贸易联盟（EFTA）、以色列、立陶宛、拉脱维亚、塞尔维亚等组织和国家签订了双边自由贸易协议。同时，随着土耳其自身国民经济的快速发展，其对外贸易总量、涵盖国家范围亦是日趋增加。土耳其对外贸易总量大，且整体有增加趋势。据统计，全球有 205 个国家与土耳其有出口贸易关系，有 211 个国家与其有进口贸易关系。总体分析，土耳其整体处于贸易逆差状态，逆差主要来源地依次是中国、德国以及俄罗斯；十年来，土耳其贸易逆差状态并未改善，且有进一步恶化的趋势。

2015 年，土耳其贸易总额为 3510.82 亿美元，较上年减少 12.18%；其中出口总额为 1438.83 亿美元，当年增幅为 -8.71%；进口总额为 2071.99 亿美元，当年增幅为 -14.44%；整体贸易逆差额为 633.16 亿美元，较上年增加了 25.13%。土耳其主要出口产品为纺织原料及针织品、机电设备以及运输设备，占比合计 45.68%；主要的进口商品是机器及电子设备、杂项制品以及金属类产品，占比合计 48.86%。

据统计，土耳其前 10 大货物出口目的地包括德国、英国、伊拉克、意大利、美国、法国、瑞士、西班牙、阿联酋以及伊朗等国家，合计出口额为 704.30 亿美元，占其总出口额的 48.97%；前十大货物来源地是：中国、德国、俄罗斯、美国、意大利、未列明国家、法国、韩国、伊朗以及印度，合计进口额为 1245.31 亿美元，占土耳其总进口额的 60.09%。由于土耳其进出口贸易集中度都偏低，因此其进出口贸易风险偏低。

1. 参与贸易协定情况

土耳其于 1995 年加入世界贸易组织（WTO），土耳其先后与以色列、立陶宛、拉脱维亚、塞尔维亚等国家签订了双边自由贸易协议，与欧盟签署了关税同盟协议。此外，土耳其还与南非、墨西哥等国家缔结双边自由贸易协定。下表 TR-10 为土耳其参与贸易协定贸易情况：

表 TR-10　土耳其参与贸易协定情况

国家代码	国家	协议类型	协议覆盖范围	签订时间	生效时间
364	伊朗	PSA	商品	1992/2/17	1992/2/17
586	巴基斯坦	PSA	商品	1992/2/17	1992/2/17
352	冰岛	FTA	商品	1991/12/10	1992/4/1
438	列支敦士登	FTA	商品	1991/12/10	1992/4/1
578	挪威	FTA	商品	1991/12/10	1992/4/1
756	瑞士	FTA	商品	1991/12/10	1992/4/1
40	奥地利	CU	商品	1995/3/6	1996/1/1
56	比利时	CU	商品	1995/3/6	1996/1/1
100	保加利亚	CU	商品	1995/3/6	1996/1/1
191	克罗地亚	CU	商品	1995/3/6	1996/1/1
196	塞浦路斯	CU	商品	1995/3/6	1996/1/1
203	捷克	CU	商品	1995/3/6	1996/1/1
208	丹麦	CU	商品	1995/3/6	1996/1/1
233	爱沙尼亚	CU	商品	1995/3/6	1996/1/1
246	芬兰	CU	商品	1995/3/6	1996/1/1
250	法国	CU	商品	1995/3/6	1996/1/1
276	德国	CU	商品	1995/3/6	1996/1/1

续表

国家代码	国家	协议类型	协议覆盖范围	签订时间	生效时间
300	希腊	CU	商品	1995/3/6	1996/1/1
348	匈牙利	CU	商品	1995/3/6	1996/1/1
372	爱尔兰	CU	商品	1995/3/6	1996/1/1
380	意大利	CU	商品	1995/3/6	1996/1/1
428	拉脱维亚	CU	商品	1995/3/6	1996/1/1
440	立陶宛	CU	商品	1995/3/6	1996/1/1
442	卢森堡	CU	商品	1995/3/6	1996/1/1
470	马其他	CU	商品	1995/3/6	1996/1/1
528	荷兰	CU	商品	1995/3/6	1996/1/1
616	波兰	CU	商品	1995/3/6	1996/1/1
620	葡萄牙	CU	商品	1995/3/6	1996/1/1
642	罗马尼亚	CU	商品	1995/3/6	1996/1/1
703	斯洛伐克	CU	商品	1995/3/6	1996/1/1
705	斯洛文尼亚	CU	商品	1995/3/6	1996/1/1
724	西班牙	CU	商品	1995/3/6	1996/1/1
752	瑞典	CU	商品	1995/3/6	1996/1/1
376	以色列	FTA	商品	1996/3/14	1997/5/1
807	马其顿	FTA	商品	1999/9/7	2000/9/1
70	波黑	FTA	商品	2002/7/3	2004/7/1
275	巴勒斯坦	FTA	商品	2004/7/20	2005/6/1
788	突尼斯	FTA	商品	2004/11/25	2005/7/1
504	摩洛哥	FTA	商品	2004/4/7	2006/1/1
760	叙利亚	FTA	商品	2004/12/23	2007/1/1
818	埃及	FTA	商品	2005/12/27	2007/3/1
8	阿尔巴尼亚	FTA	商品	2006/12/22	2008/5/1
268	格鲁吉亚	FTA	商品	2007/11/21	2008/11/1
499	黑山	FTA	商品	2008/11/26	2010/3/1
688	塞尔维亚	FTA	商品	2009/6/1	2010/9/1
400	约旦	FTA	商品	2009/12/1	2011/3/1
152	智利	FTA	商品	2009/7/11	2011/3/11

续表

国家代码	国家	协议类型	协议覆盖范围	签订时间	生效时间
410	韩国	FTA	商品	2012/8/1	2013/5/1
480	毛里求斯	FTA	商品	2011/9/9	2013/6/1

数据来源：https：//rtais.wto.org/UI/PublicAllRTAList.aspx

由上表可知，土耳其作为经济合作组织（ECO）成员，于 1992 年 2 月与其中的巴基斯坦和伊朗签订协议，由此巴基斯坦和伊朗成为土耳其最早的签署贸易协定的国家，协议涵盖范围主要是特殊商品类；随后，土耳其先后与欧洲自由贸易联盟（EFTA）、奥地利、比利时、保加利亚、克罗地亚、塞浦路斯、捷克、丹麦、爱沙尼亚、芬兰等 20 个国家签署了自由贸易协定（FTA），涵盖的范围是主要是商品；期间，土耳其于 1996 年 1 月与欧盟签署了关税同盟协议。

2. 出口贸易情况

（1）出口贸易总额

土耳其货物出口增长较快，在“区域”①、“一带一路”②以及全球中占比小，但整体处于上升趋势。2005—2015 年，土耳其出口总额增加了 95.82%，占“区域”“一带一路”及其全球出口总额比例分别上升了 22.39%、下降了 6.27%、上升了 24.29%。

经数据的初步整理和计算，得到下表 TR-11，表中展示了土耳其 2005—2015 年货物出口总额、增幅及其出口占西亚北非区域、“一带一路”以及全球出口总额比例的相关情况：

表 TR-11　土耳其货物出口情况（2005—2015 年）

年份	出口额（亿美元）	增幅（%）	占“区域”比例（%）	占“一带一路”比例（%）	占全球比例（%）
2005	734.76	16.32	11.70	2.55	0.70
2006	855.35	16.41	11.22	2.42	0.71
2007	1072.72	25.41	12.01	2.52	0.77
2008	1320.27	23.08	11.07	2.52	0.82

① “区域”国家为西亚北非 16 国，主要包括：沙特阿拉伯、阿联酋、阿曼、伊朗、土耳其、以色列、埃及、科威特、伊拉克、卡塔尔、约旦、黎巴嫩、巴林、也门、叙利亚、巴勒斯坦。

② “一带一路”国家主要包括中国、俄罗斯、蒙古等“一带一路”沿线 65 个国家。

续表

年份	出口额（亿美元）	增幅（%）	占"区域"比例（%）	占"一带一路"比例（%）	占全球比例（%）
2009	1021.43	−22.63	12.05	2.52	0.81
2010	1138.83	11.49	10.87	2.20	0.74
2011	1349.07	18.46	9.41	2.08	0.74
2012	1524.62	13.01	9.96	2.26	0.82
2013	1518.03	−0.43	9.94	2.18	0.80
2014	1576.10	3.83	10.71	2.23	0.83
2015	1438.83	−8.71	14.32	2.39	0.87

数据来源：http：//unctadstat.unctad.org/

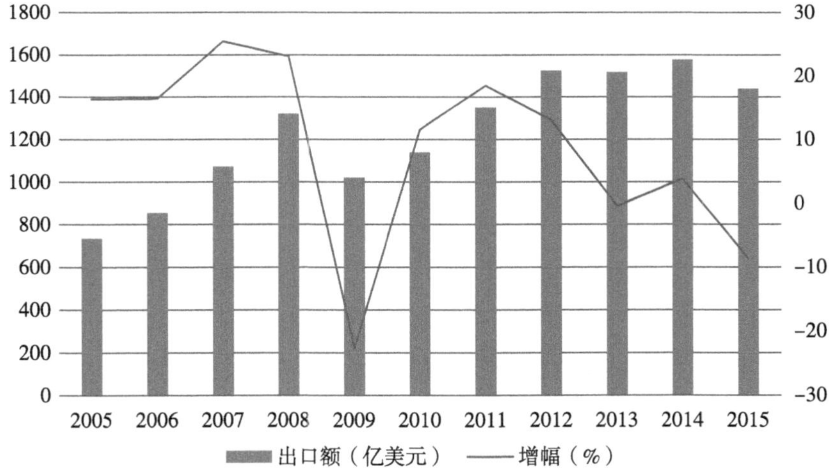

图 TR-10　土耳其货物出口及增幅情况（2005—2015 年）

2005—2015 年，土耳其出口规模呈"M"状发展变化，整体有所增加。2005 年其货物出口额为 734.76 亿美元，之后先加速后减速增加至 2008 年的 1320.27 亿美元，总共增加了 585.51 亿美元；2009 年受全球金融危机的影响，土耳其货物出口额呈现负增长，出口额为 1021.43 亿美元，较上年减少了 22.63%；2010–2014 年，土耳其出口缓慢增长，直至 2014 年，其出口额增长至 1576.10 亿美元，为近年土耳其货物出口最大值，较 2009 年增加了 554.67 亿美元；2015 年，土耳其货物出口呈负增长，出口额为 1438.83 亿美元，较上年减少了 8.71%，但较 2005 年增加了 95.82%。

土耳其货物出口相关占比情况如下图 TR-11 所示：

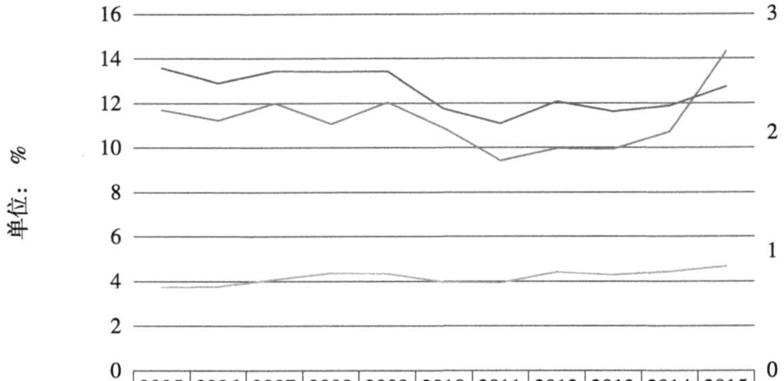

	2005	2006	2007	2008	2009	2010	2011	2012	2013	2014	2015
——占“区域”比例	11.70	11.22	12.01	11.07	12.05	10.87	9.41	9.96	9.94	10.71	14.32
——占“一带一路”比例	2.55	2.42	2.52	2.52	2.52	2.20	2.08	2.26	2.18	2.23	2.39
——占全球比例	0.70	0.71	0.77	0.82	0.81	0.74	0.74	0.82	0.80	0.83	0.87

图 TR-11　土耳其货物出口占比情况（2005—2015 年）

土耳其出口相关占比小，占“区域”出口比例仅超过一成比例，占“一带一路”及全球比例都极小。2005—2015 年，土耳其出口占“区域”比例从 2005 年的 11.70% 波动上升至 2015 年的 14.32%，增加了 2.62 个百分点，期间在 2011 年，占比达最低值，为 9.41%，振幅为 4.91 个百分点。而占“一带一路”比例却呈下降趋势，从 2005 年的 2.55% 下降至 2015 年的 2.39%，整体下降了 0.16 个百分点。占全球比例从 2005 年的 0.70% 小幅波动上升至 2015 年的 0.87%，总体增加了 0.17 个百分点。相比 2015 年土耳其出口占“区域”“一带一路”及全球的比例，占“区域”及全球比例出现上升趋势，但占“一带一路”比例却下降，说明“一带一路”国家的货物出口较“区域”、全球整体的货物出口增长快，导致土耳其货物出口占“区域”比例相对下降。

（2）出口产品结构

土耳其出口产品种类有多元化发展趋势。2005 年及 2015 年土耳其主要出口产品结构及占比情况如下表 TR-12 所示：

表 TR-12　土耳其出口产品结构及占比情况（2005 年、2015 年）

产品种类	2015			2005		
	出口额（亿美元）	排名	占比（%）	出口额（亿美元）	排名	占比（%）
纺织原料及针织品	260.79	1	18.13	189.00	1	25.72
机器及电子设备	206.12	2	14.33	106.70	3	14.52

续表

产品种类	2015			2005		
	出口额（亿美元）	排名	占比（%）	出口额（亿美元）	排名	占比（%）
运输设备	190.20	3	13.22	111.04	2	15.11
金属	166.26	4	11.56	94.59	4	12.87
石材及玻璃	144.47	5	10.04	33.94	6	4.62
纤维及其制成品	81.68	6	5.68	43.52	5	5.92
塑料或橡胶	74.26	7	5.16	27.31	8	3.72
食品	69.28	8	4.82	31.08	7	4.23
杂项制品	61.96	9	4.31	15.92	11	2.17
化学制品	49.49	10	3.44	20.69	10	2.82
总额	1304.51	——	90.69	673.79	——	91.70

数据来源：http：//www.trademap.org/Product_SelProductCountry.aspx

上表显示，2015 年，土耳其出口排名前的十产品种类及相应占比依次为纺织原料（18.13%）、机器及电子设备（14.33%）、运输设备（13.22%）、金属（11.56%）、石材及玻璃（10.04%）、纤维及其制成品（5.68%）、塑料或橡胶（5.16%）、食品（4.82%）、杂项制品（4.31%）、化学制品（3.44%）。土耳其对这十类产品的出口额合计 1304.51 亿美元，占土耳其出口总额的 90.69%。

具体分析，纺织原料及针织品是土耳其最重要的出口产品，2015 年，其出口规模达 260.79 亿美元，较 2005 年增加了 37.98%，但从占比来看，其出口规模相对其他产品有缩小趋势，占比为 18.13%，较 2005 年下降了 7.59 个百分点；而其余产品的出口规模都有不同程度的增加或减小，变动幅度都较小。

（3）出口市场结构

全球与土耳其有出口贸易关系的国家有 205 个，其出口市场分布较其他国家均匀，且对前几名国家的相对出口份额变化不大，主要集中于欧洲国家。表 TR-13 为土耳其 2005 年及 2015 年主要出口市场结构及相关占比情况：

表 TR-13　土耳其出口市场结构及占比情况（2005 年、2015 年）

2005					2015				
国家代码	国家及地区	出口额（亿美元）	排名	占比（%）	国家代码	国家及地区	出口额（亿美元）	排名	占比（%）
276	德国	94.55	1	12.87	276	德国	134.18	1	9.33
826	英国	59.17	2	8.05	826	英国	105.57	2	7.34
380	意大利	56.18	3	7.65	368	伊拉克	85.51	3	5.94
840	美国	49.11	4	6.68	380	意大利	68.88	4	4.79
250	法国	38.06	5	5.18	840	美国	63.96	5	4.45
——	免税区	30.59	6	4.16	250	法国	58.51	6	4.07
724	西班牙	30.11	7	4.10	756	瑞士	56.81	7	3.95
368	伊拉克	27.50	8	3.74	724	西班牙	47.43	8	3.30
528	荷兰	24.70	9	3.36	784	土耳其	46.81	9	3.25
643	俄罗斯	23.77	10	3.24	364	伊朗	36.64	10	2.55
	合计	433.74	——	59.03		合计	704.30	——	48.97

数据来源：http：//www.trademap.org/Product_SelProductCountry.aspx

2015 年，土耳其主要出口市场及占比依次为德国（9.33%）、英国（7.34%）、伊拉克（5.94%）、意大利（4.79%）、美国（4.45%）、法国（4.07%）、瑞士（3.95%）、西班牙（3.30%）、土耳其（3.25%）以及伊朗（2.55%），土耳其出口到这些国家的出口额合计 704.30 亿美元，占土耳其总出口市场的 48.97%。2005 年，土耳其出口到主要出口市场国包括：德国、英国、意大利、美国、法国、免税区、西班牙、伊拉克、荷兰以及俄罗斯；土耳其出口到这些国家的出口额合计 433.74 亿美元，占比合计 59.03%。

对比 2005 年及 2015 年土耳其主要出口市场变化发现，德国和英国一直是土耳其最重要的出口市场，2015 年，土耳其出口到德国和英国出口额分别为 134.18 亿美元、105.57 亿美元，占比为 9.33%、7.34%，排名依次为第 1、2 名，相比于 2005 年，虽出口总额有所增加，但出口规模相对于土耳其对其他国家的出口规模相对减小，占比分别减小了 27.51%、8.82%。同时，可以明显地看出，土耳其对伊拉克的出口大幅增加，从 2005 年的 27.50 亿美元增加至 2015 年的 85.51 亿美元，年均增加 12.01%；占土耳其出口市场的比例增加了 2.2 个百分点，排名上升了 5 个名次。

3. 进口贸易情况

（1）进口贸易总额

土耳其进口增长较出口增长慢，但相关占比较出口大，其中占“区域”进口比例超过两成比例，有下降趋势。2005—2015 年，土耳其进口额增加了 77.44%；占“区域”比例下降了 17.42%；占“一带一路”比例下降了 15.45%；占全球比例上升了 14.81%。

表 TR-14 及图 TR-12 为土耳其货物进口额及其增幅情况：

表 TR-14　土耳其货物进口情况（2005—2015 年）

年份	进口额（亿美元）	增幅（%）	占“区域”比例（%）	占“一带一路”比例（%）	占全球比例（%）
2005	1167.74	19.72	24.46	4.53	1.08
2006	1395.76	19.53	25.59	4.55	1.13
2007	1700.63	21.84	25.01	4.52	1.20
2008	2019.64	18.76	22.93	4.29	1.23
2009	1409.28	−30.22	20.08	3.82	1.11
2010	1855.44	31.66	22.52	3.94	1.20
2011	2408.42	29.80	24.48	4.13	1.31
2012	2365.45	−1.78	22.59	3.91	1.27
2013	2516.61	6.39	23.18	4.02	1.33
2014	2421.77	−3.77	21.98	3.87	1.27
2015	2071.99	−14.44	20.20	3.83	1.24

数据来源：http：//unctadstat.unctad.org/

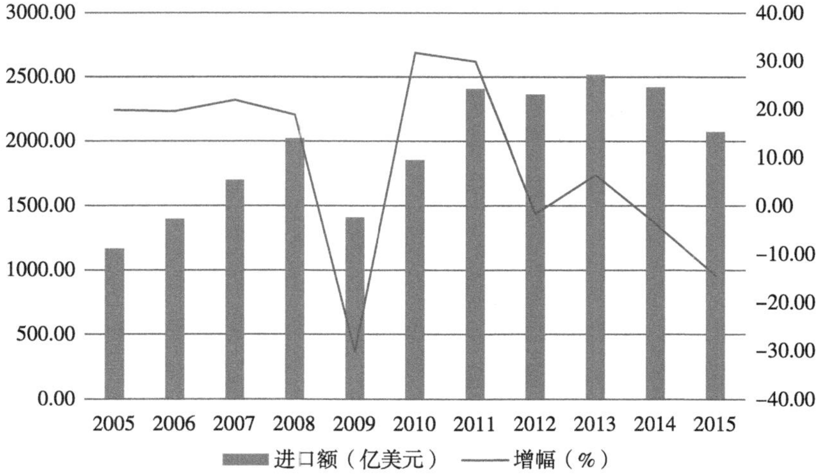

图 TR-12　土耳其货物进口及增幅情况（2005—2015 年）

2005—2015 年，土耳其进口呈“M”形变化趋势。2005 年，其进口额为 1167.74 亿美元，增幅为 19.72%；2006-2008 年，进口额以相对稳定的增幅增加至 2008 的 2019.64 亿美元，较 2005 年增加了 851.9 亿美元；2009 年受金融危机影响较大，土耳其货物进口额大幅下降至 1409.28 亿美元，较上年减少了 30.22%；2010-2013 年，进口额波动增加至 2013 年的最大值 2516.61 亿美元，较 2009 年增加了 78.57%；但 2014 年、2015 年土耳其货物进口连续下降至 2015 年的 2071.99 亿美元，较 2013 年减少了 17.67%，较 2005 年增加了 77.44%。

土耳其 2005—2015 年货物进口相关占比变化情况如下图 TR-13：

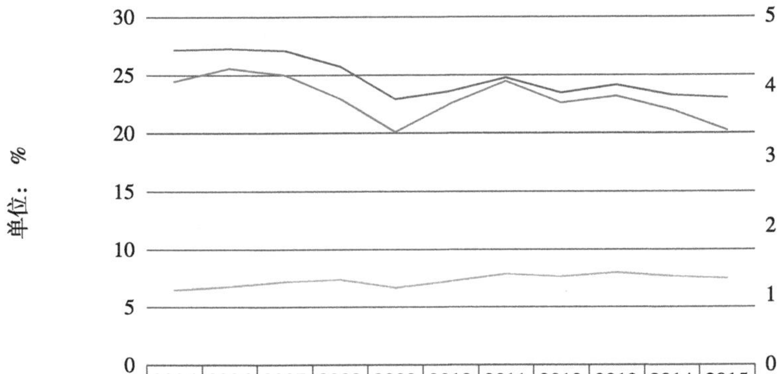

	2005	2006	2007	2008	2009	2010	2011	2012	2013	2014	2015
——占“区域”比例	24.46	25.59	25.01	22.93	20.08	22.52	24.48	22.59	23.18	21.98	20.20
——占“一带一路”比例	4.53	4.55	4.52	4.29	3.82	3.94	4.13	3.91	4.02	3.87	3.83
——占全球比例	1.08	1.13	1.20	1.23	1.11	1.20	1.31	1.27	1.33	1.27	1.24

图 TR-13　土耳其货物进口占比情况（2005—2015 年）

2005—2015 年，土耳其货物进口相关占比整体呈向下发展趋势。2005—2015 年，土耳其进口占“区域”国家总进口额比例整体呈“M”状变化，2005 年进口占比值为 24.46%，之后先小幅上升后大幅下降至 2009 年的 20.08%，比 2005 年下降了 4.38 个百分点；2011 年，占比上升至 24.48%，比 2009 年上升了 4.4 个百分点；后波动下降至 2015 年的 20.20%，较 2005 年下降了 17.42%。占“一带一路”比例从 2005 年的 4.53% 小幅波动下降至 2015 年的 3.83%，总共下降了 0.7 个百分点。占全球比例从 2005 年的 1.08% 极小幅波动上升至 2015 年的 1.24%，总共上升了 0.16 个百分点。

对比分析，占全球比例处于上升趋势，可知全球整体货物进口的发展较“区域”国家、“一带一路”国家出口发展慢。

（2）进口产品结构

土耳其进口产品种类多样，排前 4 名的产品进口总额超过土耳其所有进口产品的五成比例。表 TR-15 为土耳其主要进口产品结构及占比情况：

表 TR-15　土耳其进口产品结构及占比情况（2005 年、2015 年）

产品种类	2015			2005		
	进口额（亿美元）	排名	占比（%）	进口额（亿美元）	排名	占比（%）
机器及电子设备	431.82	1	20.84	260.64	1	22.32
杂项制品	325.66	2	15.72	39.59	9	3.39
金属	254.94	3	12.30	145.68	3	12.47
运输设备	222.57	4	10.74	121.16	4	10.38
化学制品	176.75	5	8.53	115.16	5	9.86
塑料或橡胶	148.07	6	7.15	70.01	6	6.00
燃料	144.17	7	6.96	212.56	2	18.20
纺织原料	112.23	8	5.42	67.29	7	5.76
纤维及其制成品	68.75	9	3.32	19.74	11	1.69
石材及玻璃	60.07	10	2.90	51.52	8	4.41
总额	1945.03	——	93.88	1103.35	——	94.48

数据来源：http：//www.trademap.org/Product_SelProductCountry.aspx

2015 年，土耳其进口产品排名前十的产品包括：机器及电子设备、杂项制品、金属、运输设备、化学制品、塑料或橡胶、燃料、纺织原料、纤维及其制成品以及石材及玻璃，占比分别为 20.84%、15.72%、12.30%、10.74%、8.53%、7.15%、6.96%、5.42%、3.32%、2.90%，进口额依次为 431.82 亿美元、325.66 亿美元、254.94 亿美元、222.57 亿美元、176.75 亿美元、148.07 亿美元、144.17 亿美元、112.23 亿美元、68.75 亿美元、60.07 亿美元。土耳其对这些产品进口的进口额合计 1945.03 亿美元，占比合计 93.88%。

由上表可知，机电设备一直是土耳其的进口规模最大的产品，其在 2015 年进口额达 431.82 亿美元，占土耳其总进口额的 20.84%，排名土耳其进口额第 1 位；但比较 2005 年土耳其对机电设备进口占比有所减少，下降了 1.48 个百分点。同时，土耳其对燃料的进口规模大幅下降，从 2005 年的 212.56 亿美元下降至 2015 年的 144.17 亿美元，总共下降了 32.17%；占比从 18.20% 下降至 6.96%，下降了 11.24 个百分点，排名下降了 5 个名次，而土耳其对杂项制品的进口大幅增加，进口额整体增加了 722.58%，占比上升了 12.33 个百分点，排名上升了 7 个名次。

（3）进口市场结构

全球与土耳其有进口贸易关系的国家共有 211 个，主要集中于亚洲和欧洲国家，且有逐步向亚洲发展的趋势。2005 年及 2014 年土耳其进口市场结构及占比情况如下表 TR-16 所示：

表 TR-16 土耳其进口市场结构及占比情况（2005 年、2015 年）

2005					2015				
国家代码	国家	进口额（亿美元）	排名	占比（%）	国家代码	国家	进口额（亿美元）	排名	占比（%）
276	德国	136.34	1	11.68	156	中国	248.73	1	12.00
643	俄罗斯	129.06	2	11.05	276	德国	213.52	2	10.30
380	意大利	75.67	3	6.48	643	俄罗斯	204.00	3	9.85
156	中国	68.85	4	5.90	840	美国	111.28	4	5.37
250	法国	58.88	5	5.04	380	意大利	106.39	5	5.13
840	美国	53.76	6	4.60	——	未列明国家	97.88	6	4.72
826	英国	46.96	7	4.02	250	法国	75.84	7	3.66
756	瑞士	40.57	8	3.47	410	韩国	70.57	8	3.41
724	西班牙	35.55	9	3.04	364	伊朗	60.96	9	2.94
410	韩国	34.85	10	2.98	356	印度	56.14	10	2.71
	合计	680.49	——	58.26		合计	1245.31	——	60.09

数据来源：http：//www.trademap.org/Product_SelProductCountry.aspx

2015 年，土耳其主要进口市场及相应占比依次为：中国（12.00%）、德国（10.30%）、俄罗斯（9.85%）、美国（5.37%）、意大利（5.13%）、未列明国家（4.72%）、法国（3.66%）、韩国（3.41%）、伊朗（2.94%）以及印度（2.71%），土耳其从这些国家进口的进口额合计 1245.31 亿美元，占土耳其全部进口市场的 60.09%。2005 年，土耳其主要进口市场包括：德国、俄罗斯、意大利、中国、法国、美国、英国、瑞士、西班牙以及韩国。

对比 2005 年及 2015 年土耳其主要进口市场的变化，土耳其对中国的进口规模大幅增加，从 2005 年的 68.85 亿美元增加至 2015 年的 248.73 亿美元，整体增加了 261.26%；占比从 2005 年的 5.90% 上升至 2015 年的 12.00%，上升了 6.10 个百分点，排名上升了 3 个名次；同时，土耳其从德国进口规模相对减小，占比从 2005 年的

11.68% 下降至 2015 年的 10.3%，总共下降了 1.38 个百分点；而且对意大利的进口规模占比也减少了 20.83%，排名下降了 2 个名次。

4. 贸易集中度

伊朗出口贸易集中度和进口贸易集中度都低，因而其贸易风险整体偏低。一般来说，贸易集中度越高，贸易市场越集中，从而面临的贸易风险就越高。2013 年，土耳其出口贸易集中度为 0.03528617，其中，德国为其主要的出口市场国家，累积份额为 9.03%，排名第 1，而伊拉克和英国在其出口市场中排名第 2、3 名，累计份额分别为 16.90%、22.68%。伊朗进口贸易集中度为 0.0481691；俄罗斯为其最重要进口国，累积份额为 10.00%，同时中国、德国也在其进口市场中占有重要位置，累计份额依次为 19.77%、29.38%，排名分别为第 2、3 名。

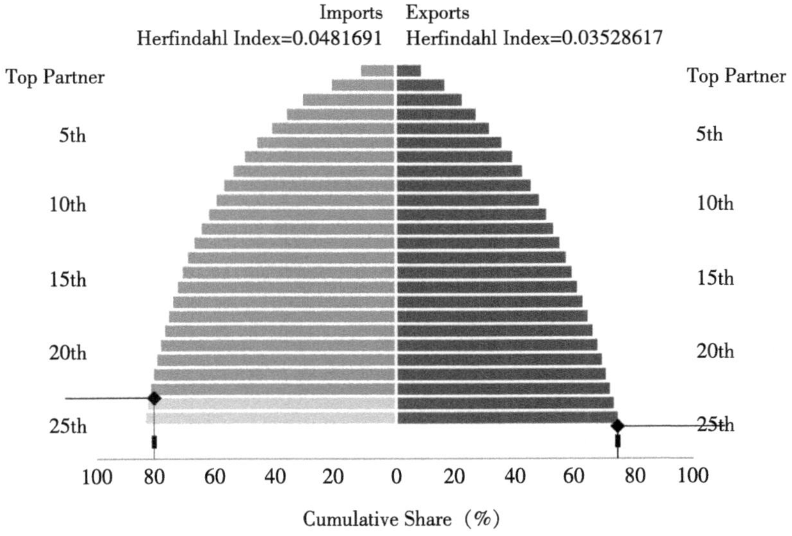

图 TR-14　土耳其贸易集中度份额累计图

（四）对外直接投资

近十年，土耳其政治、社会趋于稳定，经济高速发展，土耳其投资环境日益改善，因此备受外国投资者青睐。由此，土耳其吸引外资规模大，且有缓慢增加趋势；但土耳其对外直接投资规模小。其中，土耳其流入的外资超过一半都来自欧盟国家，且其已成为欧洲复兴发展银行（EBRD）最大的投资目的地国家，投资额超过十亿欧元。其中，外资主要流入土耳其制造业、电力、天然气和供水行业、房地产以及金融行业。①

联合国贸发会议（UNCTAD）数据显示，2014 年，土耳其吸引外资流量为 121.46 亿美元，占“区域”“一带一路”及全球外资流入流量总规模的比例分别为 21.55%、2.75%、0.99%；截至 2014 年底，土耳其吸引外资存量为 1686.45 亿美元，占“区域”“一带一路”及全球外资流入总存量比例分别为 17.95%、3.07%、0.68%。

土耳其对外直接投资规模小，但近十年有大幅增加趋势。2014 年，土耳其对外直接投资 66.58 亿美元，占“区域”“一带一路”及全球国家对外直接投资流量总规模的比重分别为 15.43%、2.06%、0.49%；截至 2014 年底，土耳其对外直接投资存量规模为 400.88 亿美元，占“区域”“一带一路”及全球国家对外直接投资存量规模的比重分别为 11.57%、1.49%、0.16%。比较土耳其外资流入规模及对外直接投资规模，土耳其外资流入规模远远超过对外直接投资规模。

1.FDI 流入情况

（1）FDI 流入流量

近十年，土耳其外资流入流量规模大，流入规模和相关占比处于小幅波动趋势，但整体呈增加状态。2005 年，土耳其外资流入流量为 100.31 亿美元，之后波动上升至 2014 年的 121.46 亿美元，整体增加了 21.08%；占“区域”比例从 2005 年的 17.45% 增加至 2014 年的 21.55%，总共增加了 23.50%；占“一带一路”比例下降了 27.82%；占全球比例下降了 8.33%。

表 TR-17 及图 TR-15 为 2005—2014 年土耳其 FDI 流入流量及占比情况：

表 TR-17　土耳其 FDI 流入流量及占比情况（2005—2014 年）

年份	FDI 流入流量（亿美元）	增幅（%）	占“区域”比例（%）	占“一带一路”比例（%）	占全球比例（%）
2005	100.31	260.18	17.45	3.81	1.08
2006	201.85	101.23	21.04	5.35	1.45
2007	220.47	9.22	21.79	4.79	1.18
2008	198.51	-9.96	17.04	3.87	1.33
2009	85.85	-56.75	10.02	2.34	0.72

① 资料来源：http：//fec.mofcom.gov.cn/article/gbdqzn/

续表

年份	FDI 流入流量（亿美元）	增幅（%）	占“区域”比例（%）	占“一带一路”比例（%）	占全球比例（%）
2010	90.86	5.84	12.06	2.09	0.68
2011	161.36	77.59	24.36	3.44	1.03
2012	132.83	-17.68	19.94	2.91	0.95
2013	123.57	-6.97	19.38	2.66	0.84
2014	121.46	-1.71	21.55	2.75	0.99

数据来源：http：//unctadstat.unctad.org/

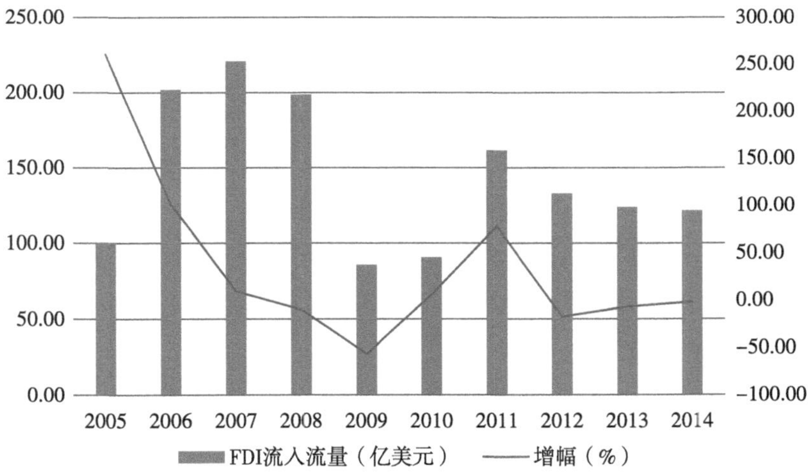

图 TR-15　土耳其 FDI 流入流量及增幅情况（2005—2014 年）

2005—2014 年，土耳其 FDI 流入流量呈大幅波动状态。2005 年，土耳其 FDI 流入流量为 100.31 亿美元；之后减速增加至 2007 年最大值 220.47 亿美元；2008-2009 年，土耳其 FDI 流入流量下降至 2009 年的 85.85 亿美元，当年增幅为 -56.75%；2010-2011 年，FDI 流入流量大幅上升至 2011 年的 161.36 亿美元，当年增幅为 77.59%；但 2012—2014 年，FDI 流入流量呈负增长，直至 2014 年，土耳其 FDI 流入流量为 121.46 亿美元，较 2011 年下降了 24.73%，较 2005 年增加了 21.08%。

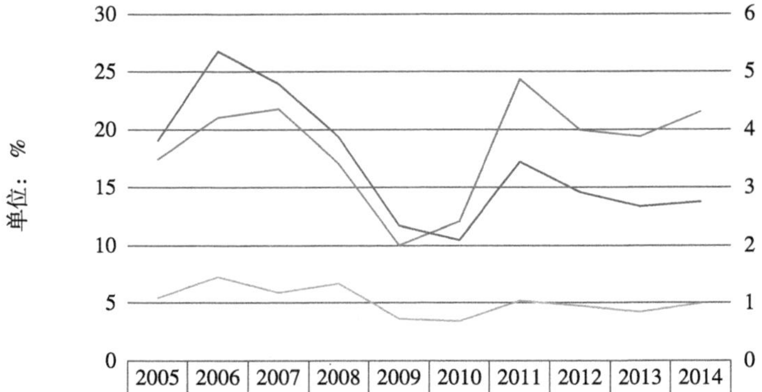

	2005	2006	2007	2008	2009	2010	2011	2012	2013	2014
占“区域”比例	17.45	21.04	21.79	17.04	10.02	12.06	24.36	19.94	19.38	21.55
占“一带一路”比例	3.81	5.35	4.79	3.87	2.34	2.09	3.44	2.91	2.66	2.75
占全球比例	1.08	1.45	1.18	1.33	0.72	0.68	1.03	0.95	0.84	0.99

图 TR-16　土耳其 FDI 流入流量占比情况（2005—2014 年）

上图展示了土耳其 2005—2014 年 FDI 流入流量相关占比情况，我们可直观看出，2015 年，土耳其 FDI 流入流量在“区域”中占比超过五分之一，且有上升趋势，占“一带一路”及全球比例较小。2005—2014 年，土耳其 FDI 流入流量占“区域”比例呈倒“Ω”变化，2005 年，占比为 17.45%，而后呈抛物线下降至 2009 年的 10.02%，总共下降了 7.43 个百分点；2010-2011 年，占比上升至 24.36%，较 2009 年增加了 14.34 个百分点；2012—2014 年，占比波动上升至 21.55%，较 2005 年整体增加了 4.1 个百分点。

占“一带一路”比例从 2005 年的 3.81% 波动下降至 2014 年的 2.75%，整体下降了 1.06 个百分点。占全球比例从 2005 年的 1.08% 小幅波动下降至 2014 年的 0.99%，整体下降了 0.09 个百分点。其中，仅占“一带一路”比例有上升趋势，说明“一带一路”国家的 FDI 流入流量增长较“区域”国家及全球 FDI 流入流量增长慢。

（2）FDI 流入存量

土耳其 2005—2014 年 FDI 流入存量及增幅情况如下表 TR-18 及图 TR-17：

表 TR-18　土耳其 FDI 流入存量及占比情况（2005—2014 年）

年份	FDI 流入存量（亿美元）	增幅（%）	占“区域”比例（%）	占“一带一路”比例（%）	占全球比例（%）
2005	713.22	84.82	26.02	4.41	0.65
2006	951.27	33.38	25.95	4.49	0.70

续表

年份	FDI 流入存量（亿美元）	增幅（%）	占“区域”比例（%）	占“一带一路”比例（%）	占全球比例（%）
2007	1551.60	63.11	30.72	5.26	0.91
2008	803.84	-48.19	15.44	2.85	0.54
2009	1436.91	78.76	21.78	4.14	0.82
2010	1870.16	30.15	24.38	4.52	0.95
2011	1364.98	-27.01	18.06	3.13	0.67
2012	1900.16	39.21	21.99	3.79	0.86
2013	1491.68	-21.50	17.09	2.75	0.61
2014	1686.45	13.06	17.95	3.07	0.68

数据来源：http：//unctadstat.unctad.org/

由以上数据可知，2005—2014 年，FDI 流入存量从 2005 年的 713.22 亿美元增加至 1686.45 亿美元，总共增加了 973.23 亿美元，年均增加 10.03%。

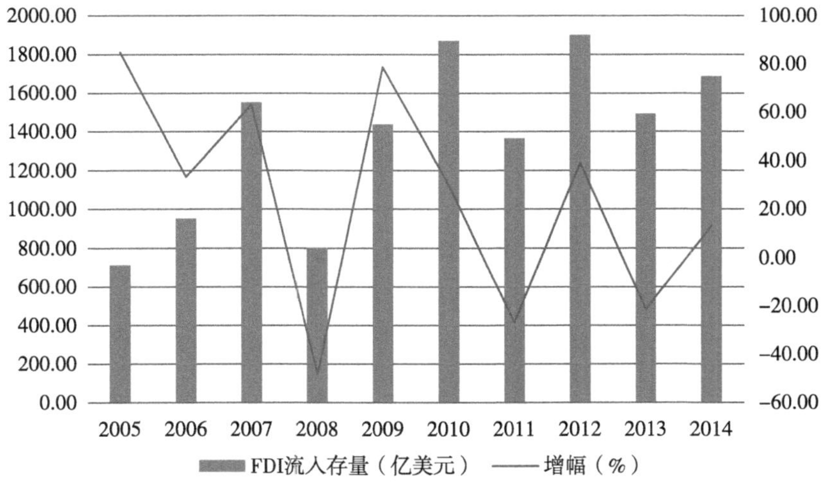

图 TR-17　土耳其 FDI 流入存量及增幅情况（2005—2014 年）

土耳其 FDI 流入存量占比情况变化如下图 TR-18 所示：

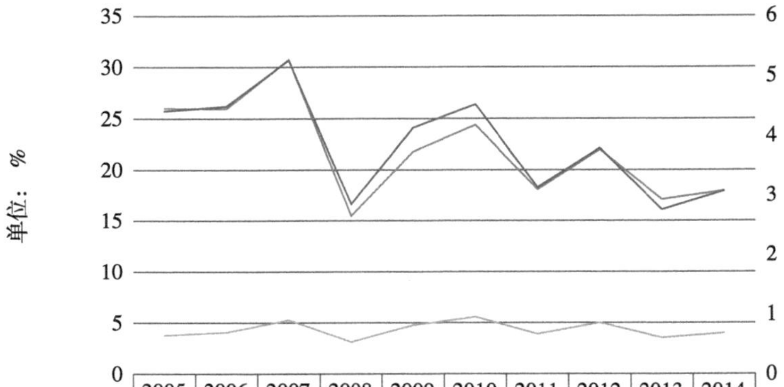

	2005	2006	2007	2008	2009	2010	2011	2012	2013	2014
占“区域”比例	26.02	25.95	30.72	15.44	21.78	24.38	18.06	21.99	17.09	17.95
占“一带一路”比例	4.41	4.49	5.26	2.85	4.14	4.52	3.13	3.79	2.75	3.07
占全球比例	0.65	0.70	0.91	0.54	0.82	0.95	0.67	0.86	0.61	0.68

图 TR-18　土耳其 FDI 流入存量占比情况（2005—2014 年）

由上图可知，土耳其 FDI 流入存量在“区域”国家中有较重要的地位，但其重要性在逐渐减弱，占“区域”比例从 2005 年的 26.02% 下降至 2014 年的 17.95%，整体下降了 8.07 个百分点。占“一带一路”比例较小，且有进一步下降趋势，2005 年占比为 4.41%，2014 年占比为 3.07%，总共下降了 1.34 个百分点。占全球比例极小，但整体有小幅上升趋势，从 2005 年的 0.65% 上升至 2014 年的 0.68%，上升了 0.03 个百分点。

2.FDI 流出

（1）FDI 流出流量

土耳其 FDI 流出流量规模小，但呈大幅波动上升趋势，同时相关占比也处于波动上升趋势中。2005—2014 年，土耳其 FDI 流出流量总共增加了 55.94 亿美元，年均增加 22.60%；占“区域”比例上升了 8.75 个百分点；占“一带一路”比例上升了 0.67 个百分点；占全球比例上升了 0.36 个百分点。

土耳其 FDI 流出流量及相关占比情况如下表 TR-19 及图 TR-19：

表 TR-19　土耳其 FDI 流出流量及占比情况（2005—2014 年）

年份	FDI 流出流量（亿美元）	增幅（%）	占“区域”比例（%）	占“一带一路”比例（%）	占全球比例（%）
2005	10.64	36.41	6.68	1.39	0.13
2006	9.24	-13.16	2.41	0.62	0.07
2007	21.06	127.92	4.81	1.00	0.10

续表

年份	FDI 流出流量（亿美元）	增幅（%）	占“区域”比例（%）	占“一带一路”比例（%）	占全球比例（%）
2008	25.49	21.04	5.39	1.10	0.15
2009	15.53	-39.07	7.62	0.81	0.14
2010	14.69	-5.41	5.41	0.61	0.11
2011	23.30	58.61	5.52	0.88	0.15
2012	41.06	76.22	14.70	1.70	0.32
2013	35.27	-14.10	7.69	1.14	0.27
2014	66.58	88.77	15.43	2.06	0.49

数据来源：http：//unctadstat.unctad.org/

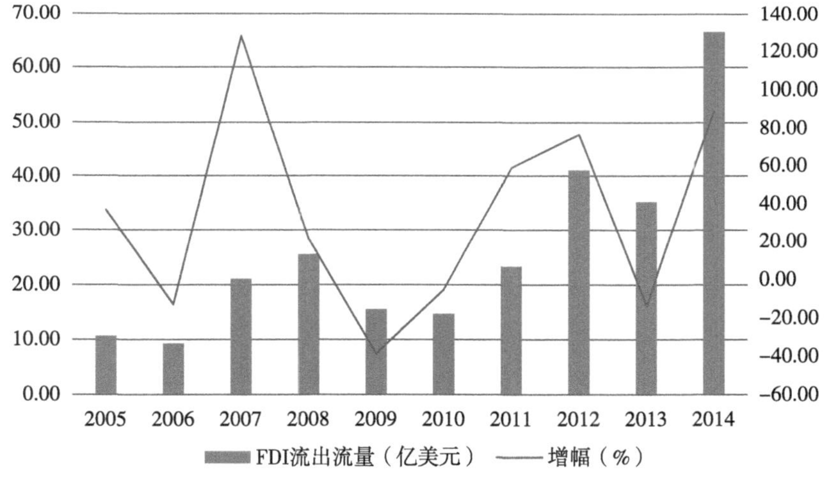

图 TR-19　土耳其 FDI 流出流量及增幅情况（2005—2014 年）

如图所示，土耳其对外直接投资额呈大幅波动上升趋势。2005 年，土耳其对外直接投资额为 10.64 亿美元，增幅为 36.41%；2006-2010 年，其对外直接投资额呈“Ω”状变化。直至 2010 年，土耳其对外直接投资规模为 14.69 亿美元，较上年减小了 5.41%；2011-2014 年，土耳其对外直接投资额波动上升至 2014 年的 66.58 亿美元，当年增幅为 88.77%。比较 2005 年及 2014 年，土耳其对外直接投资整体增加了 55.94 亿美元，年均增加 22.60%。

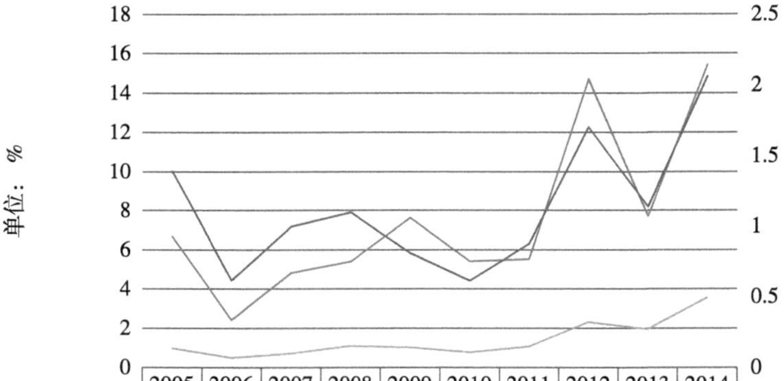

	2005	2006	2007	2008	2009	2010	2011	2012	2013	2014
——占“区域”比例	6.68	2.41	4.81	5.39	7.62	5.41	5.52	14.70	7.69	15.43
——占“一带一路”比例	1.39	0.62	1.00	1.10	0.81	0.61	0.88	1.70	1.14	2.06
——占全球比例	0.13	0.07	0.10	0.15	0.14	0.11	0.15	0.32	0.27	0.49

图 TR-20　土耳其 FDI 流出流量占比情况（2005—2014 年）

而土耳其 FDI 流出流量相关占比情况如图 TR-20 所示，占“区域”及“一带一路”比例较小，但处于大幅波动上升状态；占全球比例极小，亦有缓慢增加态势。2005 年，土耳其对外直接投资占“区域”比例为 6.68%；之后在 2006 年达最低占比值 2.41%，较上年下降了 4.27 个百分点；随后大幅波动上升至 2014 年的 15.43%，较 2005 年整体上升了 8.75 个百分点，期间振幅为 13.02 个百分点。占“一带一路”比例从 2005 年的 1.39% 大幅波动上升至 2014 年的 2.06%，总体增加了 0.67 个百分点，期间在 2010 年占比达最低值，为 0.61%，振幅为 1.45 个百分点。而占全球比例从 2005 年的 0.13% 小幅波动上升至 2014 年的 0.49%，总共上升了 0.36 个百分点。

（2）FDI 流出存量

土耳其对外直接投资存量规模发展较快，但除占全球对外直接投资存量规模比例有小幅上升外，占“区域”、“一带一路”比例都有小幅度下降。对外直接投资存量从 2005 年的 83. 15 亿美元增加至 2014 年的 400.88 亿美元，年均增加 19.10%；占“区域”比例整体下降了 1.01 个百分点，占“一带一路”比例整体下降了 0.08 个百分点；占全球比例上升了 0.09 个百分点。

2005—2014 年土耳其 FDI 流出存量及占比情况如下表 TR-20 及图 TR-21：

表 TR-20　土耳其 FDI 流出存量及占比情况（2005—2014 年）

年份	FDI 流出存量（亿美元）	增幅（%）	占“区域”比例（%）	占“一带一路”比例（%）	占全球比例（%）
2005	83.15	17.78	12.58	1.57	0.07

续表

年份	FDI 流出存量（亿美元）	增幅（%）	占“区域”比例（%）	占“一带一路”比例（%）	占全球比例（%）
2006	88.66	6.63	9.43	1.14	0.06
2007	122.10	37.72	8.03	1.03	0.07
2008	178.46	46.16	9.11	1.55	0.11
2009	222.50	24.68	10.44	1.55	0.12
2010	225.09	1.16	9.33	1.29	0.11
2011	276.81	22.98	10.17	1.43	0.13
2012	309.68	11.87	10.88	1.39	0.14
2013	333.73	7.77	10.49	1.31	0.14
2014	400.88	20.12	11.57	1.49	0.16

数据来源：http://unctadstat.unctad.org/

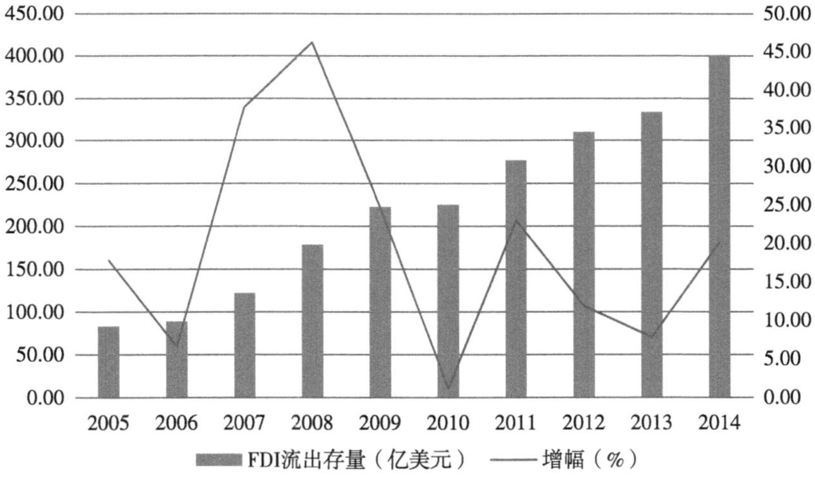

图 TR-21 土耳其 FDI 流出存量及增幅情况（2005—2014 年）

2005—2014 年，土耳其 FDI 流出存量快速增长。土耳其 FDI 流出存量从 2005 年的 83.15 亿美元快速增加至 2014 年的 400.88 亿美元，整体增加了 382.12%。期间，土耳其FDI流出存量增幅于2008年达最大值，为46.16%，于2010年达最小值1.16%。

而土耳其 FDI 流出存量相关占比情况如下图所示，仅占“区域”对外直接投资存量一成比例，占“一带一路”、全球比例极小，且其中占“一带一路”比例整体有下降趋势。土耳其 FDI 流出存量占“区域”比例先从 2005 年的 12.58% 下降至 2007 年的最低值 8.03%，后波动上升至 2014 年的 11.57%，整体下降了 1.01 个百分点。占

“一带一路”比例从2005年的1.57%波动下降至2014年的1.49%，整体下降了0.08个百分点；虽然占“区域”及“一带一路”比例十年间整体都有下降状态，但从近三四年的变化态势来看，占比有上升趋势。同时，土耳其FDI流出存量占全球比例从2005年的0.07%小幅上升至2014年的0.16%，整体增加了0.09个百分点。

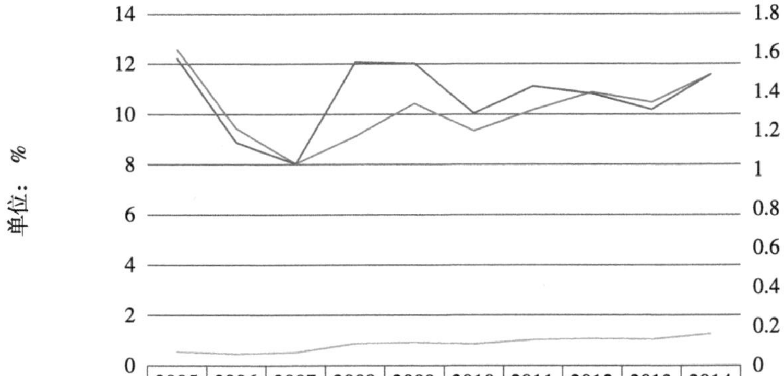

	2005	2006	2007	2008	2009	2010	2011	2012	2013	2014
—— 占“区域”比例	12.58	9.43	8.03	9.11	10.44	9.33	10.17	10.88	10.49	11.57
—— 占“一带一路”比例	1.57	1.14	1.03	1.55	1.55	1.29	1.43	1.39	1.31	1.49
—— 占全球比例	0.07	0.06	0.07	0.11	0.12	0.11	0.13	0.14	0.14	0.16

图 TR-22　土耳其 FDI 流出存量占比情况（2005—2014 年）

3.FDI 净流入

土耳其外资流入规模近十年都远远超越其对外直接投资总规模。2014年，其外资流入总规模超越其对外直接投资总规模54.88亿美元，比上年减小了37.85%。

表TR–21为2005—2014年土耳其FDI净流入及相关增幅具体情况：

表 TR–21　土耳其 FDI 净流入及增幅情况（2005—2014 年）

指标	2005	2006	2007	2008	2009	2010	2011	2012	2013	2014
FDI 净流入（亿美元）	89.67	192.61	199.41	173.02	70.32	76.17	138.06	91.77	88.30	54.88
增幅（%）	347.23	114.80	3.53	–13.23	–59.36	8.32	81.25	–33.53	–3.78	–37.85

数据来源：http：//unctadstat.unctad.org/

由上表可知，土耳其FDI净流入规模先从2005年的89.67亿美元增加至2007年的最大值199.41亿美元，总共增加了109.74亿美元；但在2008–2009年，土耳其FDI净流入规模大幅下跌，跌至2009年的70.32亿美元，较2008年下跌了59.36%；2010–2014年，土耳其FDI净流入规模在较低水平波动，期间在2011年达最大值，为 138.06 亿美元，2014 年 FDI 净流入额为 54.88 亿美元，较上年减少了 37.85%，较 2005 年减少了 38.80%。

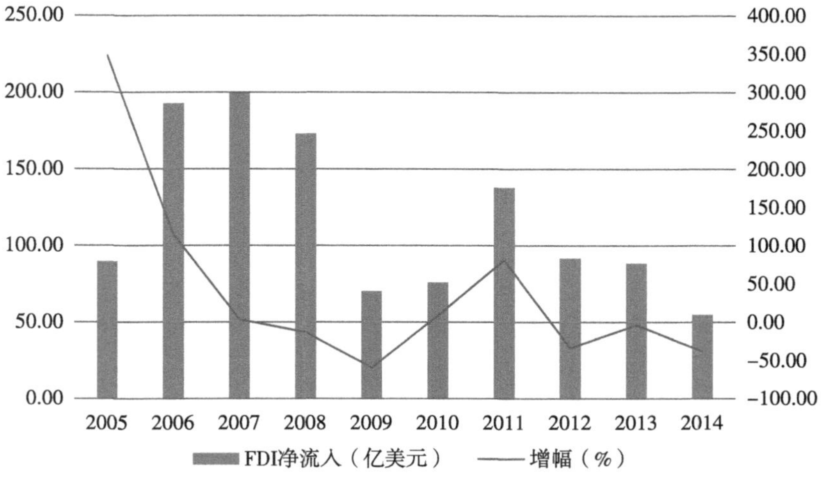

图 TR-23　土耳其 FDI 净流入及增幅情况（2005—2014 年）

（五）土耳其与“一带一路”其他国家的贸易关系

土耳其与“一带一路”沿线国家贸易关系较密切。与土耳其有双边贸易关系的有中国、俄罗斯等 44 个国家，与其有单边贸易关系的国家仅有亚美尼亚，而与东帝汶无贸易往来。2013 年，土耳其与“一带一路”国家贸易总额为 1189.142 亿美元，其中出口总额 447.756 亿美元，进口总额 741.386 亿美元。而土耳其与“一带一路”国家整体保持着贸易逆差关系，逆差额为 293.630 亿美元；同时，中国为其最大贸易逆差国，逆差额为 141.461 亿美元，俄罗斯为其最大贸易顺差国，顺差额为 24.344 亿美元。

从贸易竞争关系分析，土耳其与“一带一路”其他国家贸易竞争关系整体较强，且有进一步增强的趋势。2013 年，土耳其平均贸易竞争指数为 0.2067，较 2005 年增加了 0.0539 个指数点。其中，土耳其与波兰、立陶宛、泰国、黎巴嫩、罗马尼亚、印度、克罗地亚、保加利亚、白俄罗斯以及爱沙尼亚等“一带一路”国家有强烈贸易竞争关系，说明土耳其出口贸易结构与这些国家的出口贸易结构相似程度高。

从贸易互补关系分析，土耳其与“一带一路”其他国家整体贸易互补关系强，有利于土耳其的出口贸易。2013 年，以土耳其出口计算的平均贸易互补指数为 0.3091，较 2005 年上升了 0.0489 个指数点，说明土耳其出口贸易结构与“一带一路”国家的进口贸易结构有趋同发展的趋势。其中，格鲁吉亚、斯洛文尼亚、阿尔巴尼亚、罗马尼亚、摩尔多瓦、波兰、俄罗斯、波黑、拉脱维亚以及克罗地亚等国家与土耳其有强烈贸易互补关系，说明土耳其的出口贸易结构与这些国家的进口贸易结构相似程度高。

1. 土耳其与“一带一路”其他国家的进出口情况

土耳其与“一带一路”沿线国家的进出口贸易往来较为密切，整体保持贸易逆差关系。2013 年，下表 46 个国家中都与其有出口贸易联系，出口额合计 447.756 亿美元；与其有进口贸易联系的国家有 45 个，出口额合计 741.386 亿美元，由此可知贸易逆差额为 293.630 亿美元。与土耳其有密切出口贸易关系的国家分别是俄罗斯、中国以及埃及。约占其出口到“一带一路”国家总额的三成比例；与其有密切进口贸易关系的国家有中国、俄罗斯以及印度，占土耳其从“一带一路”国家进口总额的五成比例，由此可知土耳其与中国、俄罗斯保持着密切的双边贸易关系。

土耳其与“一带一路”其他国家 2013 年的出口贸易关系如下表：

表 TR-22　土耳其与“一带一路”其他国家出口贸易关系（2013 年）

国家代码	国家	出口额（亿美元）	排名	占比（%）	国家代码	国家	出口额（亿美元）	排名	占比（%）
643	俄罗斯	69.642	1	15.55	512	土耳其	3.740	24	0.84
156	中国	36.009	2	8.04	702	新加坡	3.551	25	0.79
818	埃及	32.004	3	7.15	112	白俄罗斯	3.032	26	0.68
682	沙特阿拉伯	31.915	4	7.13	807	马其顿	2.940	27	0.66
31	阿塞拜疆	29.604	5	6.61	586	巴基斯坦	2.859	28	0.64
376	以色列	26.497	6	5.92	498	摩尔多瓦	2.760	29	0.62
642	罗马尼亚	26.163	7	5.84	70	波黑	2.741	30	0.61
804	乌克兰	21.892	8	4.89	458	马来西亚	2.721	31	0.61
616	波兰	20.589	9	4.60	8	阿尔巴尼亚	2.665	32	0.60
100	保加利亚	19.712	10	4.40	634	卡塔尔	2.441	33	0.55
268	格鲁吉亚	12.459	11	2.78	360	印度尼西亚	2.310	34	0.52
398	哈萨克斯坦	10.394	12	2.32	764	泰国	2.240	35	0.50
422	黎巴嫩	8.186	13	1.83	191	克罗地亚	2.016	36	0.45
203	捷克	7.722	14	1.72	233	爱沙尼亚	1.974	37	0.44
400	约旦	7.442	15	1.66	428	拉脱维亚	1.512	38	0.34
688	塞尔维亚	7.196	16	1.61	608	菲律宾	1.356	39	0.30
705	斯洛文尼亚	6.662	17	1.49	704	越南	1.073	40	0.24

续表

国家代码	国家	出口额（亿美元）	排名	占比（%）	国家代码	国家	出口额（亿美元）	排名	占比（%）
348	匈牙利	6.522	18	1.46	496	蒙古	0.481	41	0.11
887	也门	6.052	19	1.35	144	斯里兰卡	0.367	42	0.08
699	印度	5.869	20	1.31	116	柬埔寨	0.108	43	0.02
703	斯洛伐克	4.361	21	0.97	462	马尔代夫	0.059	44	0.01
440	立陶宛	4.033	22	0.90	51	亚美尼亚	0.001	45	0
417	吉尔吉斯斯坦	3.883	23	0.87	626	东帝汶	0.001	46	0
	——	——	—	——		合计	447.756	—	100

数据来源：重庆“一带一路”投资与贸易研究实验室

上表显示的46个“一带一路”国家都与土耳其有出口贸易关系，出口贸易总量为447.756亿美元，其中其产品销往国主要是俄罗斯和中国。与土耳其贸易量排名前十的“一带一路”国家依次为俄罗斯、中国、埃及、沙特阿拉伯、阿塞拜疆、以色列、罗马尼亚、乌克兰、波兰、保加利亚，出口额分别为69.642亿美元、36.009亿美元、32.004亿美元、31.915亿美元、29.604亿美元、26.497亿美元、26.163亿美元、21.892亿美元、20.589亿美元、19.712亿美元，占土耳其出口到“一带一路”国家出口总额的比例依次为15.55%、8.04%、7.15%、7.13%、6.61%、5.92%、5.84%、4.89%、4.60%、4.40%；同时，土耳其与亚美尼亚、东帝汶等国家有较小的出口贸易量。

表TR-23　土耳其与“一带一路”其他国家进口贸易关系（2013年）

国家代码	国家	进口额（亿美元）	排名	占比（%）	国家代码	国家	进口额（亿美元）	排名	占比（%）
156	中国	177.470	1	23.94	688	塞尔维亚	2.190	24	0.30
643	俄罗斯	151.221	2	20.40	233	爱沙尼亚	2.168	25	0.29
699	印度	45.555	3	6.14	144	斯里兰卡	1.914	26	0.26
804	乌克兰	38.055	4	5.13	268	格鲁吉亚	1.829	27	0.25
642	罗马尼亚	33.855	5	4.57	422	黎巴嫩	1.829	28	0.25
616	波兰	30.415	6	4.10	512	土耳其	1.809	29	0.24
100	保加利亚	26.599	7	3.59	428	拉脱维亚	1.735	30	0.23
398	哈萨克斯坦	25.951	8	3.50	191	克罗地亚	1.733	31	0.23

续表

国家代码	国家	进口额（亿美元）	排名	占比（%）	国家代码	国家	进口额（亿美元）	排名	占比（%）
376	以色列	25.154	9	3.39	440	立陶宛	1.686	32	0.23
203	捷克	22.052	10	2.97	112	白俄罗斯	1.678	33	0.23
348	匈牙利	18.890	11	2.55	498	摩尔多瓦	1.271	34	0.17
682	沙特阿拉伯	18.047	12	2.43	70	波黑	1.140	35	0.15
818	埃及	17.461	13	2.36	400	约旦	1.032	36	0.14
360	印度尼西亚	15.362	14	2.07	8	阿尔巴尼亚	0.873	37	0.12
703	斯洛伐克	12.752	15	1.72	417	吉尔吉斯斯坦	0.857	38	0.12
704	越南	11.739	16	1.58	807	马其顿	0.717	39	0.10
764	泰国	11.195	17	1.51	608	菲律宾	0.383	40	0.05
458	马来西亚	8.943	18	1.21	116	柬埔寨	0.270	41	0.04
634	卡塔尔	7.854	19	1.06	887	也门	0.267	42	0.04
31	阿塞拜疆	5.260	20	0.71	496	蒙古	0.004	43	0
702	新加坡	5.251	21	0.71	51	亚美尼亚	0.004	44	0
586	巴基斯坦	4.070	22	0.55	462	马尔代夫	0.001	45	0
705	斯洛文尼亚	2.845	23	0.38	626	东帝汶	0.000	46	0
	——	——	—	——	——	合计	741.386	—	100

数据来源：重庆“一带一路”投资与贸易研究实验室

上表显示的46个“一带一路”国家中除去东帝汶的其余国家都与土耳其有进口贸易关系，进口贸易总量为741.386亿美元，其中中国与俄罗斯为其最大的进口产品来源国。与土耳其进口贸易量排名前十的“一带一路”国家依次为中国、俄罗斯、印度、乌克兰、罗马尼亚、波兰、保加利亚、哈萨克斯坦、以色列、捷克，进口额分别为177.470亿美元、151.221亿美元、45.555亿美元、38.055亿美元、33.855亿美元、30.415亿美元、26.599亿美元、25.951亿美元、25.154亿美元、22.052亿美元，占土耳其从“一带一路”国家进口总额的比例依次为23.94%、20.40%、6.14%、5.13%、4.57%、4.10%、3.59%、3.50%、3.39%、2.97%；此外，土耳其与马尔代夫、亚美尼亚等国家的进口贸易量极小，仅为0.001亿美元、0.004亿美元。

表 TR-24　土耳其与“一带一路”其他国家净出口贸易关系（2013 年）

国家代码	国家	净出口额（亿美元）	排名	国家代码	国家	净出口额（亿美元）	排名
31	阿塞拜疆	24.344	1	51	亚美尼亚	-0.003	24
818	埃及	14.543	2	116	柬埔寨	-0.162	25
682	沙特阿拉伯	13.868	3	233	爱沙尼亚	-0.194	26
268	格鲁吉亚	10.630	4	428	拉脱维亚	-0.223	27
400	约旦	6.410	5	586	巴基斯坦	-1.211	28
422	黎巴嫩	6.357	6	144	斯里兰卡	-1.547	29
887	也门	5.785	7	702	新加坡	-1.700	30
688	塞尔维亚	5.006	8	634	卡塔尔	-5.413	31
705	斯洛文尼亚	3.817	9	458	马来西亚	-6.222	32
417	吉尔吉斯斯坦	3.026	10	100	保加利亚	-6.887	33
440	立陶宛	2.347	11	642	罗马尼亚	-7.692	34
807	马其顿	2.223	12	703	斯洛伐克	-8.391	35
512	土耳其	1.931	13	764	泰国	-8.955	36
8	阿尔巴尼亚	1.792	14	616	波兰	-9.826	37
70	波黑	1.601	15	704	越南	-10.666	38
498	摩尔多瓦	1.489	16	348	匈牙利	-12.368	39
112	白俄罗斯	1.354	17	360	印度尼西亚	-13.052	40
376	以色列	1.343	18	203	捷克	-14.330	41
608	菲律宾	0.973	19	398	哈萨克斯坦	-15.557	42
496	蒙古	0.477	20	804	乌克兰	-16.163	43
191	克罗地亚	0.283	21	699	印度	-39.686	44
462	马尔代夫	0.058	22	643	俄罗斯	-81.579	45
626	东帝汶	0.001	23	156	中国	-141.461	46
	——	——	——		合计	-293.630	——

数据来源：重庆“一带一路”投资与贸易研究实验室

如上表所示，2013 年，土耳其与“一带一路”其他国家贸易关系整体表现为贸易逆差状态，逆差额为 293.630 亿美元。其中，阿塞拜疆为其最大贸易顺差国，顺差额为 24.344 亿美元，而与中国、俄罗斯罗保持较大贸易逆差关系，逆差额分别为

141.461 亿美元、81.579 亿美元。

2. 土耳其与“一带一路”其他国家的贸易竞争关系

表 TR-25 为 2005 年及 2013 年土耳其与“一带一路”其他国家贸易竞争关系情况统计：

表 TR-25　土耳其与“一带一路”其他国家贸易竞争关系情况统计（2005 年、2013 年）

年份	平均贸易竞争指数	指数分类	国家数量	占比（%）
2005	0.1528	TCT>0.3	6	13.04
		0.2<TCT<0.3	9	19.57
		TCT<0.2	31	67.39
2013	0.2067	TCT>0.3	17	36.96
		0.2<TCT<0.3	4	8.70
		TCT<0.2	25	54.35

数据来源：重庆“一带一路”投资与贸易研究实验室

一般来说，贸易竞争指数大于 0.3，说明国家之间有强烈贸易竞争关系；大于 0.2 同时小于 0.3，说明有较强贸易竞争关系；而小于 0.2 说明国家间有较弱贸易竞争关系。同时，贸易竞争强度代表着两国之间出口贸易结构的相似程度，相似程度越高，贸易竞争指数越大。

由上表可知，土耳其与“一带一路”其他国家贸易竞争关系整体较强，且有进一步增强的趋势。2005 年，土耳其与“一带一路”其他国家平均贸易竞争指数为 0.1528；2013 年，土耳其平均贸易竞争指数为 0.2067，较 2005 年增加了 0.0539 个指数点。

从贸易竞争指数分类来看，与土耳其有强烈贸易竞争关系的国家从 2005 年的 6 个增加至 2013 年的 17 个，增加了 11 个国家，占比 36.96%；与其有较强贸易竞争关系的国家从 2005 年的 9 个减少至 2013 年的 4 个，占比 8.70%；同样的，与其有较弱贸易竞争关系的国家数从 2005 年的 31 个减小至 2013 年的 25 个，整体减少了 6 个国家，现占比 54.35%。

总体分析，土耳其与“一带一路”国家平均贸易竞争指数有所上升，说明土耳其的出口贸易结构与“一带一路”国家的整体出口贸易结构有趋同发展的趋势。

表 TR-26 为 2005 年及 2013 年土耳其与“一带一路”其他国家贸易竞争关系具体情况：

表 TR-26　土耳其与“一带一路”其他国家贸易竞争关系（2005 年、2013 年）

国家代码	国家	2013		2005	
		贸易竞争指数	排名	贸易竞争指数	排名
616	波兰	0.4695	1	0.4592	2
440	立陶宛	0.4218	2	0.3026	5
764	泰国	0.4179	3	0.2802	8
422	黎巴嫩	0.4128	4	0.1505	21
642	罗马尼亚	0.404	5	0.3211	4
699	印度	0.4033	6	0.1991	16
191	克罗地亚	0.3832	7	0.2428	9
100	保加利亚	0.3776	8	0.3005	6
112	白俄罗斯	0.374	9	0.2224	12
233	爱沙尼亚	0.3594	10	0.2139	14
428	拉脱维亚	0.3556	11	0.283	7
688	塞尔维亚	0.3505	12	0.121	25
417	吉尔吉斯斯坦	0.3464	13	0.0638	34
703	斯洛伐克	0.3448	14	0.5022	1
702	新加坡	0.3281	15	0.1351	23
348	匈牙利	0.3156	16	0.2243	11
203	捷克	0.3090	17	0.4151	3
705	斯洛文尼亚	0.2813	18	0.2148	13
70	波黑	0.2582	19	0.1378	22
268	格鲁吉亚	0.2466	20	0.1077	26
818	埃及	0.2256	21	0.0737	31
458	马来西亚	0.1999	22	0.102	27
586	巴基斯坦	0.1892	23	0.1719	18
156	中国	0.1783	24	0.1601	19
804	乌克兰	0.1728	25	0.1595	20
643	俄罗斯	0.1631	26	0.0887	28
8	阿尔巴尼亚	0.1174	27	0.1302	24
144	斯里兰卡	0.1153	28	0.2097	15
400	约旦	0.11	29	0.1736	17
807	马其顿	0.1097	30	0.234	10
498	摩尔多瓦	0.1072	31	0.0766	30

续表

国家代码	国家	2013		2005	
		贸易竞争指数	排名	贸易竞争指数	排名
496	蒙古	0.0814	32	0.0401	36
704	越南	0.0741	33	0.0362	38
360	印度尼西亚	0.0736	34	0.0452	35
116	柬埔寨	0.0729	35	0.0252	40
512	土耳其	0.0648	36	0.0184	44
51	亚美尼亚	0.0593	37	0.0229	43
608	菲律宾	0.0456	38	0.0326	39
634	卡塔尔	0.043	39	0.0237	42
376	以色列	0.039	40	0.07	32
887	也门	0.0257	41	0.0041	46
626	东帝汶	0.0218	42	0.0396	37
398	哈萨克斯坦	0.0204	43	0.0117	45
31	阿塞拜疆	0.0179	44	0.0697	33
682	沙特阿拉伯	0.0178	45	0.0244	41
462	马尔代夫	0.0024	46	0.0874	29
	平均值	0.2067	——	0.1528	——

数据来源：重庆“一带一路”投资与贸易研究实验室

从上表可知，2013年，土耳其与“一带一路”国家平均贸易指数为0.2067，较2005年增加了0.0539个指数点；与土耳其的贸易竞争关系排名前十的“一带一路”国家分别为：波兰、立陶宛、泰国、黎巴嫩、罗马尼亚、印度、克罗地亚、保加利亚、白俄罗斯以及爱沙尼亚，贸易竞争指数依次为：0.4695、0.4218、0.4179、0.4128、0.404、0.4033、0.3832、0.3776、0.374、0.3594。

对比可知，近十年来土耳其与波兰的贸易竞争强度小幅度增加，排名上升了1个名次；而其中贸易竞争指数增幅最大的是黎巴嫩，由2005年的0.1505增加至2013年的0.4128，成为土耳其出口贸易的强烈竞争对手；其次就是印度，与土耳其的贸易竞争指数从2005年的0.1991增加至2013年的0.4033，成为土耳其强烈的出口贸易竞争对手；同时，土耳其与斯洛伐克及捷克的贸易竞争指数有大幅度下降，指数分别下降了0.1574指数点、0.1061指数点，排名依次下降了13、14个名次。

3. 土耳其与"一带一路"其他国家的贸易互补关系

表 TR-27 为 2005 年及 2013 年土耳其与"一带一路"其他国家贸易互补关系情况统计：

表 TR-27　土耳其与"一带一路"其他国家贸易互补关系情况统计（2005 年、2013 年）

年份	平均贸易互补指数		指数分类	国家数量	占比（%）
2005	以本国出口计算	0.2602	TCT>0.3	15	32.61
			0.2<TCT<0.3	21	45.65
			TCT<0.2	10	21.74
	以他国出口计算	0.1958	TCT>0.3	9	19.57
			0.2<TCT<0.3	12	26.09
			TCT<0.2	25	54.35
2013	以本国出口计算	0.3091	TCT>0.3	31	67.39
			0.2<TCT<0.3	12	26.09
			TCT<0.2	3	6.52
	以他国出口计算	0.2060	TCT>0.3	14	30.43
			0.2<TCT<0.3	10	21.74
			TCT<0.2	22	47.83

数据来源：重庆"一带一路"投资与贸易研究实验室

一般来说，贸易互补指数大于 0.3 说明有强贸易互补关系，大于 0.2 同时小于 0.3 说明有较强贸易互补关系，而小于 0.2 说明有较弱贸易互补关系；同时，一国的出口贸易结构与另一国的进口贸易结构相似程度越高，两国之间的贸易互补关系越强。

表 TR-27 显示，土耳其与"一带一路"其他国家整体贸易互补关系强，且有进一步增强趋势。以土耳其本国出口计算的平均贸易互补指数从 2005 年的 0.2602 增至 2013 年的 0.3091，上升了 0.0489 个指数点。说明土耳其出口贸易结构与"一带一路"国家的进口贸易结构有趋同发展的趋势。

按贸易互补指数分类分析，2013 年，以本国出口计算的贸易互补指数大于 0.3 的国家有 31 个，占"一带一路"国家总数比例 67.39%，较 2005 年增加了 16 个国家；贸易互补指数处于 0.2 与 0.3 之间的国家有 12 个，占比为 26.09%，较 2005 年少了 9 个国家；小于 0.2 的国家仅 3 个，占比 6.52%，较 2005 年减少了 7 个国家。

而以他国出口计算的土耳其与"一带一路"其他国家的平均贸易互补指数从 2005 年的 0.1958 上升至 2013 年的 0.2060，上升了 0.0102 个指数点，说明土耳其进口结构与“一带一路”国家的出口贸易结构有趋同发展趋势。按贸易互补指数分类来看，2013 年，以他国出口计算的贸易互补指数大于 0.3 的国家有 14 个，占比 30.43%，较 2005 年增加了 5 个国家；处于 0.2 与 0.3 之间的国家有 10 个，占“一带一路”国家总数比例为 21.74%，较 2005 年减少了 2 个；其余的 47.83% 的国家与土耳其的贸易互补指数都小于 0.2，较 2005 年减少了 12%。

2005 年土耳其与“一带一路”其他国家贸易互补关系详情如下表 TR-28 所示：

表 TR-28　土耳其与“一带一路”其他国家贸易互补关系（2005 年）

国家代码	国家	贸易互补指数（以本国出口计算）	排名	贸易互补指数（以他国出口计算）	排名	贸易互补指数差值（以本国出口计算 - 以他国出口计算）
100	保加利亚	0.3788	1	0.2783	12	0.1005
70	波黑	0.3615	2	0.1292	33	0.2323
191	克罗地亚	0.3582	3	0.2345	19	0.1237
428	拉脱维亚	0.355	4	0.2527	17	0.1023
705	斯洛文尼亚	0.3531	5	0.2725	14	0.0806
616	波兰	0.3479	6	0.3617	2	−0.0138
8	阿尔巴尼亚	0.3429	7	0.078	39	0.2649
233	爱沙尼亚	0.3389	8	0.3009	8	0.038
642	罗马尼亚	0.3336	9	0.2837	11	0.0499
688	塞尔维亚	0.3239	10	0.239	18	0.0849
203	捷克	0.3211	11	0.3643	1	−0.0432
440	立陶宛	0.3194	12	0.2667	16	0.0527
703	斯洛伐克	0.3073	13	0.3306	4	−0.0233
643	俄罗斯	0.3012	14	0.313	5	−0.0118
348	匈牙利	0.301	15	0.3612	3	−0.0602
422	黎巴嫩	0.298	16	0.1794	25	0.1186
807	马其顿	0.2979	17	0.1387	30	0.1592
498	摩尔多瓦	0.2948	18	0.0741	42	0.2207
512	土耳其	0.2881	19	0.1604	27	0.1277
268	格鲁吉亚	0.2866	20	0.121	36	0.1656
398	哈萨克斯坦	0.2854	21	0.1906	22	0.0948
682	沙特阿拉伯	0.2657	22	0.1268	35	0.1389
144	斯里兰卡	0.2596	23	0.0759	41	0.1837

续表

国家代码	国家	贸易互补指数（以本国出口计算）	排名	贸易互补指数（以他国出口计算）	排名	贸易互补指数差值（以本国出口计算－以他国出口计算）
376	以色列	0.256	24	0.1852	24	0.0708
400	约旦	0.2514	25	0.1532	28	0.0982
496	蒙古	0.2447	26	0.0699	43	0.1748
804	乌克兰	0.2424	27	0.2012	21	0.0412
31	阿塞拜疆	0.2331	28	0.1372	31	0.0959
51	亚美尼亚	0.2292	29	0.0469	44	0.1823
112	白俄罗斯	0.2279	30	0.2179	20	0.01
634	卡塔尔	0.2246	31	0.1477	29	0.0769
704	越南	0.2224	32	0.1868	23	0.0356
417	吉尔吉斯斯坦	0.2195	33	0.1356	32	0.0839
462	马尔代夫	0.2175	34	0.0469	45	0.1706
458	马来西亚	0.204	35	0.3005	9	−0.0965
764	泰国	0.2006	36	0.309	6	−0.1084
702	新加坡	0.1908	37	0.3013	7	−0.1105
586	巴基斯坦	0.1874	38	0.1011	37	0.0863
360	印度尼西亚	0.181	39	0.2681	15	−0.0871
626	东帝汶	0.174	40	0.076	40	0.098
887	也门	0.1677	41	0.1004	38	0.0673
818	埃及	0.1667	42	0.1705	26	−0.0038
156	中国	0.1645	43	0.2966	10	−0.1321
699	印度	0.1533	44	0.2762	13	−0.1229
116	柬埔寨	0.1526	45	0.0167	46	0.1359
608	菲律宾	0.1392	46	0.129	34	0.0102
	平均数	0.2602	——	0.1958	——	0.0644

数据来源：重庆“一带一路”投资与贸易研究实验室

2005年，土耳其与“一带一路”其他国家贸易互补关系整体较强。以土耳其出口计算的贸易互补指数平均值为0.2602，排名前十的贸易互补强度的国家分别为：保加利亚、波黑、克罗地亚、拉脱维亚、斯洛文尼亚、波兰、阿尔巴尼亚、爱沙尼亚、罗马尼亚以及塞尔维亚，贸易互补指数依次为：0.3788、0.3615、0.3582、0.355、0.3531、0.3479、0.3429、0.3389、0.3336、0.3239；以他国出口计算的平均贸易互补指数为0.1958，排名前十的国家分别为捷克、波兰、匈牙利、斯洛伐克、俄罗斯、泰国、新加坡、爱沙尼亚、马来西亚以及中国，贸易互补指数分别为0.3643、0.3617、0.3612、0.3306、0.313、0.309、0.3013、0.3009、0.3005、0.2966。

一般认为，贸易互补指数差值（以本国出口计算－以他国出口计算）大于0说明利于本国出口，反之利于他国出口。表中显示，2005年，土耳其与“一带一路”国家平均贸易互补指数差值为0.0644，说明土耳其与“一带一路”国家贸易整体有利于土耳其出口贸易；其中，土耳其贸易互补指数差值大于0的国家共有34个，占比73.91%，贸易互补指数差值排名前十的“一带一路”国家分别是阿尔巴尼亚、波黑、摩尔多瓦、斯里兰卡、亚美尼亚、蒙古、马尔代夫、格鲁吉亚、马其顿以及沙特阿拉伯。同时发现，与土耳其贸易互补指数差值最大的“一带一路”国家是阿尔巴尼亚，差值为0.2649，而最小的是中国，差值为－0.1321，此处可知土耳其与阿尔巴尼亚进行贸易有利于土耳其出口贸易，而与中国贸易有利于其进口贸易。

表TR-29 土耳其与“一带一路”其他国家贸易互补关系（2013年）

国家代码	国家	贸易互补指数（以本国出口计算）	排名	贸易互补指数（以他国出口计算）	排名	贸易互补指数差值（以本国出口计算－以他国出口计算）
268	格鲁吉亚	0.3923	1	0.1543	28	0.2380
705	斯洛文尼亚	0.3858	2	0.3160	12	0.0698
8	阿尔巴尼亚	0.3789	3	0.0808	39	0.2981
642	罗马尼亚	0.3763	4	0.3337	9	0.0426
498	摩尔多瓦	0.3753	5	0.1435	29	0.2318
616	波兰	0.374	6	0.3731	1	0.0009
643	俄罗斯	0.3682	7	0.2432	20	0.1250
70	波黑	0.3652	8	0.1950	25	0.1702
428	拉脱维亚	0.3648	9	0.3537	4	0.0111
191	克罗地亚	0.3633	10	0.2790	16	0.0843
398	哈萨克斯坦	0.3618	11	0.1185	34	0.2433
100	保加利亚	0.3617	12	0.3133	13	0.0484
233	爱沙尼亚	0.3538	13	0.3519	5	0.0019
807	马其顿	0.3507	14	0.1208	33	0.2299
688	塞尔维亚	0.3477	15	0.2855	15	0.0622
682	沙特阿拉伯	0.3466	16	0.0743	41	0.2723
203	捷克	0.3395	17	0.3495	6	−0.01

续表

国家代码	国家	贸易互补指数（以本国出口计算）	排名	贸易互补指数（以他国出口计算）	排名	贸易互补指数差值（以本国出口计算－以他国出口计算）
422	黎巴嫩	0.3344	18	0.2533	19	0.0811
51	亚美尼亚	0.333	19	0.0491	43	0.2839
440	立陶宛	0.3280	20	0.3440	7	-0.016
496	蒙古	0.3234	21	0.0888	37	0.2346
804	乌克兰	0.3223	22	0.2065	23	0.1158
703	斯洛伐克	0.321	23	0.3195	11	0.0015
417	吉尔吉斯斯坦	0.3206	24	0.2384	21	0.0822
348	匈牙利	0.3180	25	0.3537	3	-0.0357
634	卡塔尔	0.3161	26	0.0963	36	0.2198
112	白俄罗斯	0.3136	27	0.2578	18	0.0558
144	斯里兰卡	0.3126	28	0.0680	42	0.2446
376	以色列	0.3110	29	0.1588	27	0.1522
400	约旦	0.3102	30	0.1322	31	0.1780
512	土耳其	0.3077	31	0.1348	30	0.1729
360	印度尼西亚	0.2982	32	0.2023	24	0.0959
818	埃及	0.2778	33	0.2232	22	0.0546
458	马来西亚	0.2772	34	0.2780	17	-0.0008
31	阿塞拜疆	0.2756	35	0.0776	40	0.198
704	越南	0.2718	36	0.1820	26	0.0898
764	泰国	0.2670	37	0.3254	10	-0.0584
462	马尔代夫	0.2277	38	0.0011	46	0.2266
608	菲律宾	0.2264	39	0.1315	32	0.0949
887	也门	0.2261	40	0.0879	38	0.1382
702	新加坡	0.2256	41	0.3605	2	-0.1349
586	巴基斯坦	0.2095	42	0.1010	35	0.1085
116	柬埔寨	0.2092	43	0.0401	44	0.1691
699	印度	0.1868	44	0.3351	8	-0.1483
156	中国	0.1846	45	0.3133	14	-0.1287
626	东帝汶	0.1750	46	0.0309	45	0.1441
	平均数	0.3091		0.2060		0.1030

数据来源：重庆“一带一路”投资与贸易研究实验室

2013 年，土耳其与“一带一路”其他国家有强贸易互补关系，以土耳其出口计算的平均贸易互补指数值为0.3091，排名前十的国家包括：格鲁吉亚、斯洛文尼亚、阿尔巴尼亚、罗马尼亚、摩尔多瓦、波兰、俄罗斯、波黑、拉脱维亚以及克罗地亚，贸易互补指数对应依次为：0.3923、0.3858、0.3789、0.3763、0.3753、0.374、0.3682、0.3652、0.3648、0.3633；以他国出口计算的平均贸易互补指数为 0.2060，排名前十的国家有波兰、新加坡、拉脱维亚、匈牙利、爱沙尼亚、捷克、立陶宛、印度、罗马尼亚以及泰国，对应的贸易互补指数为 0.3731、0.3605、0.3537、0.3537、0.3519、0.3495、0.3440、0.3351、0.3337、0.3254。

2013 年，土耳其与“一带一路”国家平均贸易互补指数差值为 0.1030，说明土耳其与“一带一路”国家贸易整体更利于土耳其出口；其中，土耳其贸易互补指数差值大于 0 的国家共有 38 个，占比 82.61%，差值排在前列的“一带一路”国家分别是阿尔巴尼亚、亚美尼亚、沙特阿拉伯、斯里兰卡、哈萨克斯坦、格鲁吉亚、蒙古、摩尔多瓦、马其顿以及马尔代夫。同时发现，与土耳其贸易互补指数差值最大的“一带一路”国家是阿尔巴尼亚，差值为 0.2981，而最小的是印度，差值为 –0.1483，此处可知土耳其与阿尔巴尼亚进行贸易有利于土耳其出口，而与印度贸易更利于其进口。

对比，2005 年与 2013 年，土耳其与阿尔巴尼亚保持着强贸易互补关系，与阿尔巴尼亚进行贸易有利于其出口，而与印度、新加坡以及中国等国家贸易更利于其进口。

（六）中国与土耳其的贸易关系

土耳其是与中国共建“丝绸之路经济带”和“21 世纪海上丝绸之路”的重要合作伙伴。且与中国发展阶段相同，是中国企业“走出去”的理想目的地。1971 年 8 月 4 日，中国和土耳其建交，为大师级外交关系。[①] 中土建交 45 年，双边关系经受住国际风云变化的考验，取得了长足的发展。上世纪 80 年代以来，两国高层互访增多，双边关系发展较快。2015 年 7 月，土耳其总统埃尔多安对华进行国事访问，双方签署《中华人民共和国政府和土耳其共和国政府关于建立副总理级合作委员会的谅解备忘录》；同年 11 月，习近平主席赴土耳其出席二十国集团领导人安塔利亚峰会。其间，习近平主席同土耳其总统埃尔多安会谈，就双边关系、国际和地区问题交换意见，并宣布建立两国外长磋商机制。[②] 据统计，中国为土耳其除德国和俄罗斯两国之外

① 资料来源”http：//fec.mofcom.gov.cn/article/tzhzcj/tzhz/

② 资料来源：http：//www.fmprc.gov.cn/web/

的第3大贸易伙伴；同时，中国亦是土耳其第1大进口市场和第19大出口市场。

联合国贸发会议数据显示：2015年，中土双边贸易额为215.90亿美元，较去年下降了6.17%。其中中国出口到土耳其186. 30亿美元，较上年减少了3.50%；中国从土耳其进口29.60亿美元，较上年减少了20.06%。中土长期保持着贸易顺差关系，2015年，中相对于土耳其贸易顺差额为156.70亿美元。

同时，据联合国商品贸易数据库统计，中国出口到土耳其排名前二的商品包括：电机、电气设备、音响设备及其零件、机械器具及其零件以及钢铁，此2种商品的出口占比合计达42.60%。中国从土耳其进口排名前2的商品主要包括：盐；硫磺；泥土及石料；石膏料、石灰及水泥和矿砂、矿渣及矿灰，此两类商品占中国从土耳其进口总额的50.24%。

1. 中国出口到土耳其情况

（1）中国出口到土耳其的数量关系

中国出口到土耳其数量较大，且处于小幅波动上升趋势。2015年，中国出口到土耳其数量为186.30亿美元，较上年减少了3.50%，但相比于2005年，总共增加了143.76亿美元，年均增加15.92%。

表TR–30为2005—2015年中国出口到土耳其数量及增幅具体情况：

表TR–30 中国出口到土耳其的数量关系（2005—2015年）

指标	2005	2006	2007	2008	2009	2010	2011	2012	2013	2014	2015
出口额（亿美元）	42.54	73.03	104.84	106.06	83.34	119.42	156.14	155.85	177.47	193.06	186.30
增幅（%）	50.80	71.67	43.56	1.16	–21.42	43.29	30.75	–0.19	13.87	8.78	–3.50

数据来源：http：//comtrade.un.org/

2005—2015年间，中国出口到土耳其出口额整体处于小幅波动上升趋势。2005年，中国出口到土耳其出口总额为42.54亿美元，之后增加至2008年的106.06亿美元，相比2005年总共增加了63.52亿美元；2009年，出口额小幅下降至83.34亿美元，较上年减少了21.42%；2010-2015年，出口额增加至2015年的186.30亿美元，较2014年减少了3.50%，较2005年增加了337.94%。期间在2014年，中国出口到土耳其的出口总额达最高值193.06亿美元。下图TR–24为2005—2015年中国出口到土耳其出口额及增幅变化的直观显示：

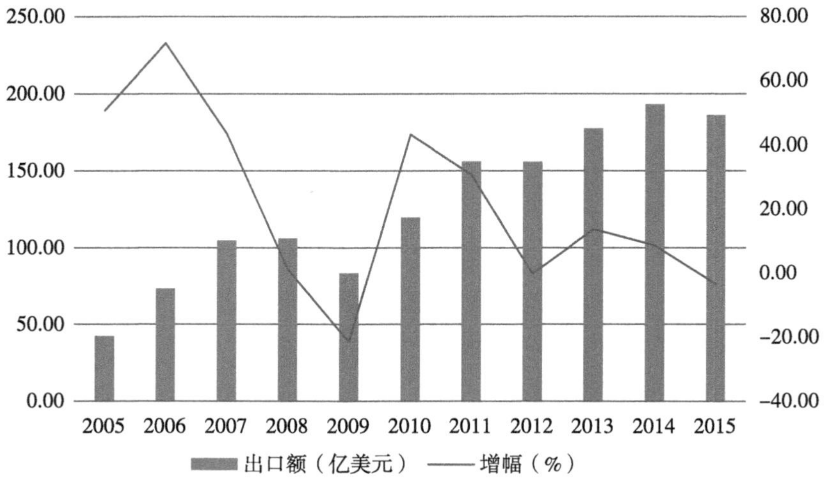

图 TR-24 中国出口到土耳其的数量关系（2005—2015 年）

（2）中国出口到土耳其产品结构关系

中国出口到土耳其产品越来越集中，2015 年，中国出口到土耳其的核反应堆、锅炉、机器、机械器具及其零件以及电机、电气设备及其零件等相关产品的出口额就超过中国出口到土耳其总出口额的四成比例。

表 TR-31 及表 TR-32 为 2005 年及 2015 年中国出口到土耳其主要产品：

表 TR-31 中国出口到土耳其主要产品结构（2005 年）

产品种类	出口额（百万美元）	排名	占比（%）
核反应堆、锅炉、机器、机械器具及其零件	831.44	1	19.55
电机、电气设备及其零件；录音机及放声机、电视图像、声音的录制和重放设备及其零件、附件	804.76	2	18.92
车辆及其零件、附件（铁道及电车道车辆除外）	244.54	3	5.75
塑料及其制品	161.71	4	3.80
光学、照相、电影、计量、检验、医疗或外科用仪器及设备、精密仪器及设备；上述物品的零件、附件	144.74	5	3.40
矿物燃料、矿物油及其蒸馏产品；沥青物质；矿物蜡	133.25	6	3.13
化学纤维长丝	111.80	7	2.63
有机化学品	97.61	8	2.29
特种机织物；簇绒织物；花边；装饰毯；装饰带；刺绣品	91.66	9	2.15
化学纤维短纤	83.95	10	1.97
合计	2705.46	——	63.59

数据来源：http：//comtrade.un.org/

表 TR-32　中国出口到土耳其主要产品结构（2015 年）

产品种类	出口额（百万美元）	排名	占比（%）
电机、电气设备及其零件；录音机及放声机、电视图像、声音的录制和重放设备及其零件、附件	4099.01	1	22.00
核反应堆、锅炉、机器、机械器具及其零件	3838.10	2	20.60
钢铁	1204.37	3	6.46
光学、照相、电影、计量、检验、医疗或外科用仪器及设备、精密仪器及设备；上述物品的零件、附件	797.18	4	4.28
塑料及其制品	758.95	5	4.07
钢铁制品	642.96	6	3.45
有机化学品	602.67	7	3.23
车辆及其零件、附件（铁道及电车道车辆除外）	579.76	8	3.11
家具；寝具、褥垫、弹簧床垫、软坐垫及类似的填充制品；未列名灯具及照明装置；发光标志、发光铭牌及类似品；活动房屋	487.59	9	2.62
化学纤维长丝	466.03	10	2.50
合计	13476.62		72.32

数据来源：http：//comtrade.un.org/

由上表可知，2015 年，中国出口到土耳其排名前十的产品出口总额为 13476.62 百万美元，占中国出口到土耳其总出口额的 72.32%。其中，中国出口到土耳其的电机、电气设备及其零件；录音机及放声机、电视图像、声音的录制和重放设备及其零件、附件（22.00%）以及核反应堆、锅炉、机器、机械器具及其零件（20.60%）的出口规模最大，出口规模分别为 4099.01 百万美元、3838.10 百万美元；相比于 2005 年，出口额分别增加了 409.35% 及 361.62%；占比分别上升了 16.28%、5.37%。此外，出口到土耳其的钢铁产品的规模亦有较大的变化，2015 年，中国出口到土耳其钢铁的规模为 1204.37 亿美元，占比为 6.46%，排名第 3；相比于 2005 年，钢铁的出口规模并未挤进中国出口到土耳其的前十名。除此之外，其他产品的出口规模和占比都有不同幅度的增加或减小。

2. 中国从土耳其进口情况

（1）中国从土耳其进口数量关系

中国从土耳其进口额远小于其出口额，但十年间，进口额整体有增加趋势。2015 年，中国从土耳其进口额为 29.60 亿美元，较上年减少了 20.06%，但相比于 2005 年，整体增加了 23.38 亿美元，年均增加 16.88%。

表 TR-33 为 2005—2014 年中国从土耳其进口的数量及增幅具体情况：

表 TR-33　中国从土耳其进口的数量关系（2005—2015 年）

指标	2005	2006	2007	2008	2009	2010	2011	2012	2013	2014	2015
进口额（亿美元）	6.22	7.66	12.94	19.63	17.45	31.64	31.23	35.12	44.86	37.03	29.60
增幅（%）	5.25	23.15	68.93	51.70	–11.11	81.32	–1.30	12.46	27.73	–17.45	–20.06

数据来源：http：//comtrade.un.org/

上表显示，中国从土耳其进口数量相对偏小，但整体有增加趋势。2005-2013 年，中国从土耳其进口数量处波动上升状态，从 2005 年的 6.22 亿美元波动上升至 2013 年的 44.86 亿美元，总共增加了 38.64 亿美元，期间在 2009 年及 2011 年出口数量有所下降，2009 年为 17.45 亿美元，较上年下降了 11.11%；2011 年出口数量为 31.23 亿美元，较上年减少了 1.30%；2014—2015 年，出口数额连年下降至 29.60 亿美元，较 2013 年下降了 34.02%，但相比于 2005 年整体上升了 375.88%。下图 TR-25 为 2005—2015 年中国从土耳其进口数量及增幅变化直观显示：

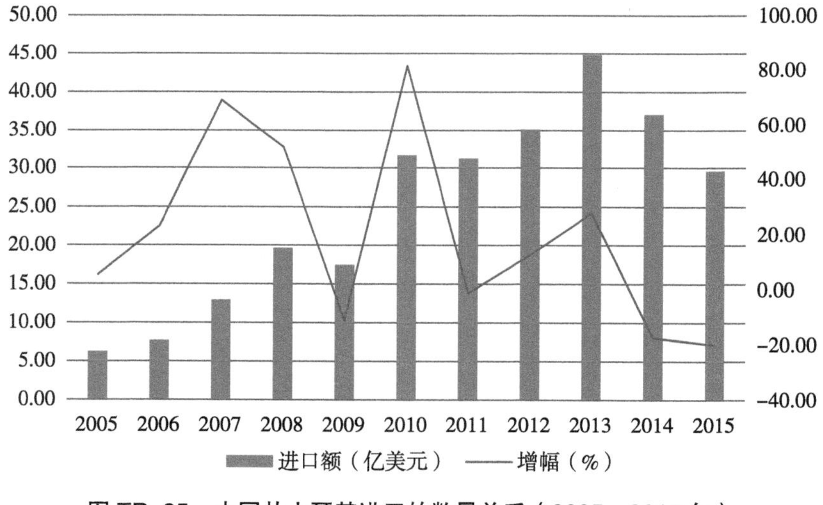

图 TR-25　中国从土耳其进口的数量关系（2005—2015 年）

（2）中国从土耳其进口产品结构关系

中国从土耳其进口产品趋于多元化，但对排在前两名的产品进口规模相对其他产品进口规模进一步扩大。2015 年，对盐；硫磺；泥土及石料；石膏料、石灰及水泥（28.15%）以及矿砂、矿渣及矿灰（22.09%）的进口占中国从土耳其进口总数量的五成比例。

表 TR-34 及表 TR-35 为 2005 年及 2015 年中国从土耳其进口的主要产品结构：

表 TR-34 中国从土耳其主要进口产品结构（2005 年）

产品种类	进口额（百万美元）	排名	占比（%）
盐；硫磺；泥土及石料；石膏料、石灰及水泥	149.84	1	24.10
矿砂、矿渣及矿灰	125.91	2	20.25
钢铁	105.64	3	16.99
无机化学品；贵金属、稀土金属、放射性元素及其同位素的有机及无机化合物	54.28	4	8.73
核反应堆、锅炉、机器、机械器具及其零件	35.63	5	5.73
化学纤维短纤	30.37	6	4.88
羊毛、动物细毛或粗毛；马毛纱线及其机织物	9.28	7	1.49
铜及其制品	8.98	8	1.44
棉花	6.98	9	1.12
鞣料浸膏及燃料浸膏；鞣酸及其衍生物；燃料、颜料及其他着色料；油漆及清漆；油灰及其他类似胶粘剂；墨水、油墨	6.89	10	1.11
合计	533.80		85.84

数据来源：http：//comtrade.un.org/

表 TR-35 中国从土耳其主要进口产品结构（2015 年）

产品种类	进口额（百万美元）	排名	占比（%）
盐；硫磺；泥土及石料；石膏料、石灰及水泥	833.25	1	28.15
矿砂、矿渣及矿灰	653.83	2	22.09
无机化学品；贵金属、稀土金属、放射性元素及其同位素的有机及无机化合物	239.01	3	8.08
核反应堆、锅炉、机器、机械器具及其零件	184.41	4	6.23
非针织或非钩编的服装及衣着附件	124.75	5	4.22
针织或钩编的服装及衣着附件	120.76	6	4.08
电机、电气设备及其零件；录音机及放声机、电视图像、声音的录制和重放设备及其零件、附件	78.22	7	2.64
棉花	69.24	8	2.34
钢铁制品	60.19	9	2.03
化学纤维短纤	47.16	10	1.59
合计	2410.82		81.45

数据来源：http：//comtrade.un.org/

2015 年，中国从土耳其进口的主要产品进口数额合计 2410.82 百万美元，占中国从土耳其总进口额的比例合计 81.45%。其中，中国对盐；硫磺；泥土及石料；石膏料、石灰及水泥（28.15%）以及矿砂、矿渣及矿灰（22.09%）的进口额分别为 833.25 百万美元，653.83 百万美元；相比 2005 年，这两类产品的进口数额分别增加了 683.41 百万美元、527.92 百万美元，占比分别上升了 16.80%、9.09%。同时，中国对钢铁的进口数额有较大的变化，2005 年，中国从土耳其对钢铁的进口规模为 105.64 百万美元，占比为 16.99%，排名在中国从土耳其进口的所有产品中第 3 名，但在 2015 年，中国对钢铁的进口规模并未进入前十。除此之外的其他产品的进口都有一定程度的变动。

3. 中国与土耳其贸易竞争、互补关系

2005 年及 2013 年中国与土耳其贸易竞争、互补指数如下表 TR–36：

表 TR–36　中国与土耳其的贸易竞争、互补关系

年份	贸易竞争指数	贸易互补指数	
		（以中国出口计算）	（以土耳其出口计算）
2005	0.1601	0.2966	0.1645
2013	0.1783	0.3133	0.1846

数据来源：重庆“一带一路”投资与贸易研究实验室

（1）中国与土耳其有强贸易互补关系。2013 年，以中国出口计算的贸易互补指数为 0.3133，排名 21 位。

（2）中国与土耳其贸易互补关系具有增强的趋势。从以中国出口计算的贸易互补指数看，2005 年，土耳其与中国贸易互补指数为 0.2966；2013 年为 0.3133，2005 年至 2013 年，中国与土耳其贸易互补指数增加了 5.63%。

（3）以中国出口计算的贸易互补指数大于以土耳其出口计算的贸易互补指数，有利于中国出口，同时有利于土耳其进口。2005 年，以土耳其出口计算的贸易互补指数为 0.1645，以中国出口计算的贸易互补指数为 0.2966；2013 年，以土耳其出口计算的贸易互补指数为 0.1846；以中国出口计算的贸易互补指数为 0.3133。

（4）中国与土耳其的贸易竞争关系有小幅度增强趋势。2005 年，两国贸易竞争指数为 0.1601，贸易竞争关系较弱，排名为 11 位。2013 年，土耳其与中国的贸易竞争指数为 0.1783，贸易竞争关系较弱，排名为 12 位。2005 年至 2013 年，中国与乌克兰的贸易竞争指数上升了 0.0182 个指数点，排名下降了 1 位。

七、以色列（The State of Israel）

（一）基本情况

以色列历史可追溯至3500年前的犹太人的远祖——希伯来人，公元前13世纪末开始在摩西率领下从埃及迁至巴勒斯坦地区，后定居此地形成民族，之后经过部族的统一、分裂以及其他地区的征服和入侵，最后于1948年5月14日，以色列国正式宣布成立。以色列人口规模小，城镇化率高，但人口老龄化较为严重；2015年，以色列人口数为838万人，人口密度为387.26人/平方公里，城镇化率为92.14%，65岁以上年龄人口占比为11.24%，超过国际老龄化占比标准4.24个百分点。以色列地理位置特殊，地处亚洲西部，北部与黎巴嫩接壤，东北部与叙利亚、东部与约旦、西南部与埃及为邻，西濒地中海，南临亚喀巴湾。此外，以色列自然资源比较贫乏，主要资源是死海中含有的较丰富的钾盐、镁和溴等矿产。以色列经济发展较好；2015年，以色列GDP为29.61百亿美元，在全球排名第40位；人均GDP为35329.51美元，属于高收入经济体。

1. 建国历程

犹太人的远祖是幼发拉底河与底格里斯河之间两河流域的古代闪族的一个支脉——希伯来人。3500年前过着游牧生活。公元前13世纪末开始在摩西率领下从埃及迁至巴勒斯坦地区，后定居此地，形成民族。

大约公元前1000年左右，大卫王在军事征战中统一了以色列12个部族，建立了以耶路撒冷为首都的以色列国。所罗门王去世后，以色列先分裂为南北两个犹太国家，后陷入长期异族统治时期，先后被亚述、巴比伦、波斯、古希腊和罗马帝国征服。公元70年，犹太人被罗马人赶出巴勒斯坦地区，开始了长达近2000年的全民族大流亡。

公元7世纪，巴勒斯坦地区被阿拉伯帝国征服，此后阿拉伯人成为该地区的主要居民。公元16世纪，巴勒斯坦地区被土耳其奥斯曼帝国吞并。

19世纪末，欧洲犹太资产阶级发起“犹太复国运动”，鼓励全世界的犹太人返回巴勒斯坦，重建犹太国家。1897年，在瑞士巴塞尔召开的第一届犹太复国主义大会上，西奥多·赫茨尔正式提出了犹太复国主义的政治纲领。1917年，英国占领巴勒斯坦，并于同年11月2日发表了《贝尔福宣言》，表示赞成在巴勒斯坦为犹太人建立一个民族家园。此后，世界各地犹太人大批移居巴勒斯坦。1947年11月29日，联合国大会通过181号决议，决定在巴勒斯坦地区分别建立犹太国和阿拉伯国。1948年5月14日（犹太历5708年8月5日），以色列国正式宣布成立。[①]

2. 人口状况

以色列人口总规模小，人口密度极高，但城镇化率高，人口老龄化较为严重。2015年，以色列人口总数为838万人，人口密度为387.26人/平方公里，其中城镇人口为772万人，占比高达92.14%，农村人口66万人，占比为7.86%；男性人口416万人，女性人口422万人，较男性人口多出6万人，占比分比为49.59%、50.41%；0–4岁人口数为233万人，15–64岁年龄人口511万人，65岁及其以上年龄人口数为94万人，占比依次为27.83%、60.93%、11.24%，其中老龄人口占比超过国际标准4.24个百分点。

表 IL–1　以色列人口总数及其构成（2015年）

指标	年末数（万人）	比重（%）
人口总数	838	100
其中：城镇	772	92.14
农村	66	7.86
其中：男性	416	49.59
女性	422	50.41
其中：0–14岁	233	27.83
15–64岁	511	60.93
65岁及其以上	94	11.24

数据来源：世界银行，http：//data.worldbank.org/

以色列人口总规模增长较为缓慢。2005—2015年间，以色列人口总数除了在2009年以较大幅度增加，其余年份都以相对较平稳的增幅增加；人口总数从2005年的693万人增加至2015年的838万人，总体增加了145万人，年均增加1.92%。增幅在2009年达最高值，为2.46%，较增幅最低值1.73%多了0.73个百分点。

① 资料来源：http：//fec.mofcom.gov.cn/article/tzhzcj/tzhz/

表 IL-2　以色列人口总数及增幅情况（2005—2015 年）

指标	2005	2006	2007	2008	2009	2010	2011	2012	2013	2014	2015
人口总数（万人）	693	705	718	731	749	762	777	791	806	822	838
增幅（%）	1.76	1.73	1.84	1.81	2.46	1.74	1.97	1.80	1.90	1.99	1.95

数据来源：世界银行，http：//data.worldbank.org/

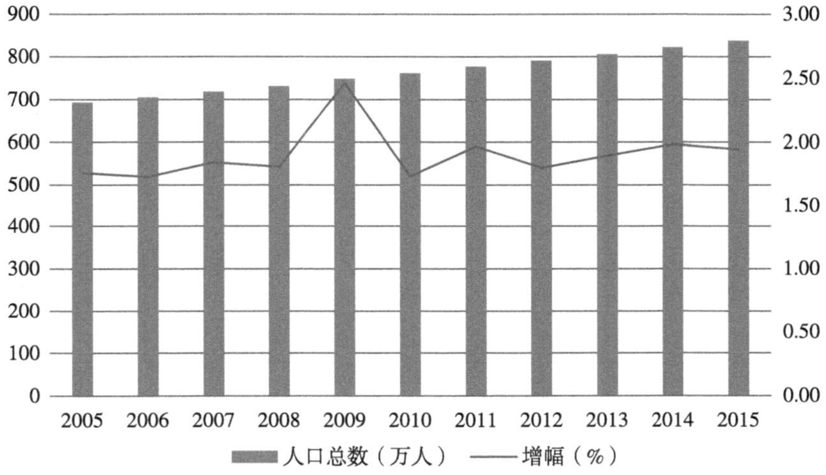

图 IL-1　以色列人口总数及增幅情况（2005—2015 年）

3. 地域状况

以色列地理位置特殊。以色列地处亚洲西部，北部与黎巴嫩接壤，东北部与叙利亚、东部与约旦、西南部与埃及为邻，西濒地中海，南临亚喀巴湾。整个国土呈狭长形，长约 470 公里，东西最宽处约 135 里，海岸线长 198 公里。以色列实际控制国土面积约为 2.5 万平方公里。可划分为 4 个自然地理区域：地中海沿岸狭长的平原、中北部蜿蜒起伏的山脉和高地、南部内盖夫沙漠和东部纵贯南北的约旦河谷和阿拉瓦谷地。北部加利利高原海拔 1000 米以上，高原与地中海之间大小不等的海滨平原，土地肥沃，是以色列主要农业区。位于东北部的太巴列湖面积 170 平方公里，低于海平面 212 米，是以色列重要的蓄水库。东部与约旦交界处的死海面积 1050 平方公里，低于海平面 417 米，是世界最低点，有“世界的肚脐”之称，湖中含有丰富的盐矿。最高山峰为梅隆山（Mt. Meron），海拔 1208 米。主要河流有约旦河、亚尔库恩河、基松河。[①]

① 资料来源：http：//fec.mofcom.gov.cn/article/tzhzcj/tzhz/

4. 资源禀赋

以色列自然资源比较贫乏，主要资源是死海中含有的较丰富的钾盐、镁和溴等矿产。近年，以色列在地中海海域连续发现了多个大型天然气田，目前已进入开发阶段。水资源极度缺乏，主要来自约旦河、加利利湖和一些小河。动植物资源相对丰富，已识别植物超过2800种，可看到的鸟类达300多种，还有80多种爬行动物等。①

5. 经济实力

以色列经济发展较好。2015年，以色列GDP为29.61百亿美元，在全球排名第40位，人均GDP为35329.51美元，属于高收入经济体，且有进一步上升趋势。

表IL-3和图IL-2展示了以色列GDP及其增长率具体情况：

表 IL-3　以色列 GDP 及增长率情况（2005—2015 年）

指标	2005	2006	2007	2008	2009	2010	2011	2012	2013	2014	2015
GDP（百亿美元）	14.28	15.45	17.96	21.68	20.81	23.43	26.18	25.96	29.24	30.57	29.61
增长率（%）	5.47	8.19	16.25	20.71	-4.01	12.59	11.74	-0.84	12.63	4.55	-3.14

数据来源：世界银行，http：//data.worldbank.org/

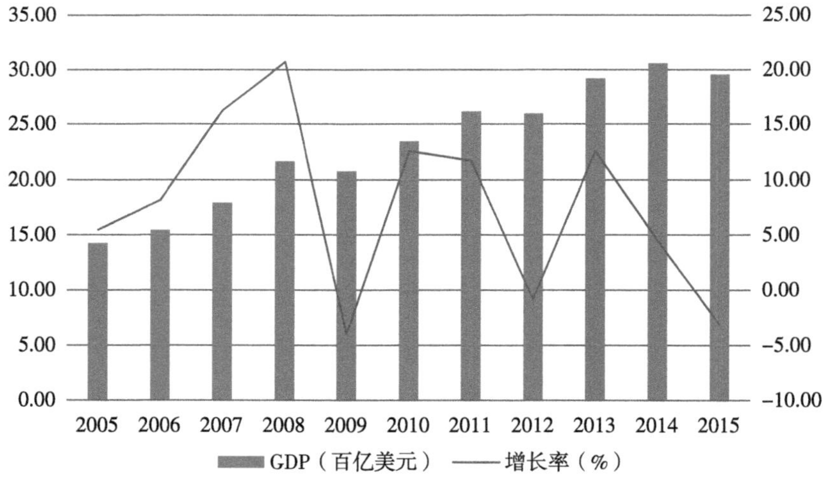

图 IL-2　以色列 GDP 及增长率情况（2005—2015 年）

以色列经济近年处于小幅波动上升状态。2005—2015年间，以色列国内生产总值（GDP）从14.28百亿美元增加至29.61百亿美元，整体增加了15.33百亿美元，

① 资料来源：http：//fec.mofcom.gov.cn/article/tzhzcj/tzhz/

年均增长 7.57%。期间，以色列经济在 2009、2012 以及 2015 年呈现出负增长，2009 年以色列 GDP 值为 20.81 百亿美元，较上年减少了 4.01%，2012 年，以色列经济下滑至 25.96 百亿美元，较上年下降了 0.84%，同样，在 2015 年，以色列经济再次出现倒退，国内生产总值为 29.61 百亿美元，较上年减少了 3.14%。

而以色列 2005—2015 年人均 GDP 及其增长率情况如下：

表 IL-4　以色列人均 GDP 及增长率情况（2005—2015 年）

年份	人均 GDP（现价美元）	增长率（%）
2005	20611.18	3.64
2006	21905.02	6.28
2007	25008.60	14.17
2008	29657.44	18.59
2009	27795.88	–6.28
2010	30736.36	10.58
2011	33707.32	9.67
2012	32818.86	–2.64
2013	36281.20	10.55
2014	37206.18	2.55
2015	35329.51	–5.04

数据来源：世界银行，http：//data.worldbank.org/

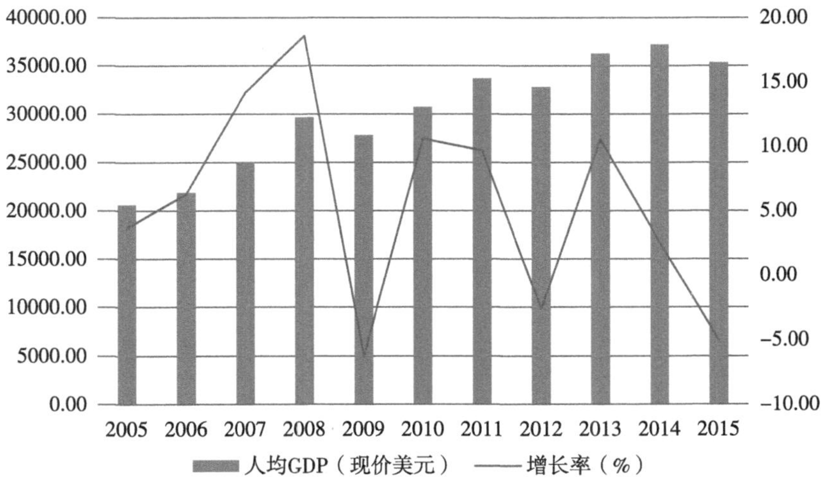

图 IL-3　以色列人均 GDP 及增长率情况（2005—2015 年）

以人均 GDP 衡量的以色列的经济水平，以色列为高收入经济体，且有进一步上升趋势。以色列人均 GDP 与 GDP 呈相似的波动趋势。2005—2015 年，以色列人均 GDP 从 2005 年的 20611.18 美元增加至 2015 年的 35329.51 美元，总体增加了 71.41%，期间在 2009、2012 以及 2015 年出现了小幅度下降，但整体是处于上升的趋势中。

（二）产业情况

2014 年，以色列产业在 GDP 构成中，农业、制造业和服务业三次产业的占比分别为 2.4%、25.7% 以及 71.9%[①]。以色列是经济多元化的工业发达国家，其经济以知识和技术密集型产业为主。因此，以色列三次产业中，服务业在其国民经济中占据重要地位。

1. 第一产业

（1）第一产业基本情况[②]

（2）第一产业构成

以色列自然环境恶劣，但农业较发达，享有欧洲“冬季厨房”的美誉。2012 年，以色列农业总收入 290 亿谢克尔，占 GDP 的 2.5%，农业产出种类依次为：蔬果（45.3%）、家禽（17.6%）、牛羊畜牧产品（22.0%）、粮农作物（7.0%）、鲜花和园艺（3.7%）、其他农产品（4.4%）。以色列农业科技含量很高，其滴灌设备、新品种开发举世闻名。农村经济主要以基布兹、莫沙夫及个体农场为主。同时，以色列主要农作物有小麦、棉花、蔬菜、柑桔等。粮食接近自给，水果、蔬菜生产自给有余，并大量出口。[③]

2. 第二产业

（1）第二产业基本情况

（2）第二产业构成

以色列第二产业主要是制造业。20 世纪 60 年代末开始，随着劳动成本不断提高，一些传统的劳动密集型产业逐步被淘汰，高科技或技术含量高的产业成为发展重点。主要部门有：机械制造、军工、飞机制造、化工、电子和通讯设备、精密仪器和医用激光器材、太阳能利用、建材、纺织、造纸、钻石加工等。2014 年，制造

① 数据来源于：http：//fec.mofcom.gov.cn/article/tzhzcj/tzhz/
② 由于以色列相关产业数据并未公布，因此此处以及第二、三产业未分析其三次产业产出基本情况。
③ 数据来源于：http：//fec.mofcom.gov.cn/article/tzhzcj/tzhz/

业出口总额467亿美元，同比增长1.3%（2013年为461亿美元）。[①]

3. 第三产业

（1）第三产业基本情况

（2）第三产业构成

以色列第三产业主要是信息通讯和高科技产业以及旅游业。以色列是第二个硅谷，因此高新技术发展在全球处于领先地位，有着很强的学术基础建设、丰富的军事和民事研发经验，同时得到了政府和私有企业的大力支持，其高科技研发投入占国民生产总值的比重居世界第三，仅次于日本和瑞士。得益于以色列在一些高科技领域的独创性，以色列信息通讯产业发达，是该国处于前沿的高科技行业之一。同时旅游业在以色列经济中占有重要的地位。其复杂的地形地貌、众多的古迹和宗教场所，以及一年四季灿烂的阳光和地中海沿岸现代化的休假设施，每年都吸引着无数旅游观光者。2013年，以色列接待外国游客数量超过350万人次，同比增长0.5%，创历史新高，旅游业收入约400亿谢克尔（约合11.5亿美元），同比增长11.1%。[②]

（三）进出口贸易情况

以色列于1995年4月21日加入世界贸易组织（WTO），并且于2010年5月加入经济合作与发展组织（OECD），此外，以色列还与欧盟、欧洲自由贸易联盟（EFTA）、美国、墨西哥、土耳其以及加拿大等国家签订了自由贸易协定。十年间，以色列贸易总规模较大，且涵盖范围也日趋增加。据统计，全球有166个国家与以色列有出口贸易关系，有187个国家与其有进口贸易关系；总体分析，以色列整体处于贸易逆差状态。

据联合国贸发会议数据显示，2015年，以色列贸易总额为1284.86亿美元，较上年减少了10.88%；其中出口额636.73亿美元，较上年减少了7.3%；进口额648.13亿美元，较上年减少了14.14%，整体贸易逆差额为11.4亿美元，较上年减少了83.23%，说明贸易逆差状态有所改善。以色列主要出口产品为石材及玻璃、机器及电子设备以及化学制品，此3种产品的出口占以色列总出口额的73.54%，主要的进口产品为石材及玻璃、机电设备、化学制品，此3种产品的进口份额为48.28%。

此外，以色列主要的出口市场包括美国、中国香港、英国、未列明国家、中国、比利时、印度、荷兰、越南以及土耳其，以色列出口到主要出口市场出口额合

① 数据来源于：http：//fec.mofcom.gov.cn/article/tzhzcj/tzhz/

② 数据来源于：http：//fec.mofcom.gov.cn/article/tzhzcj/tzhz/

计 449.01 亿美元，占其出口总额的 70.09%，美国占比就达 28.89%；主要进口市场有美国、未列明国家、中国、瑞士、德国、比利时、意大利、土耳其、荷兰以及英国，合计进口额为 416.43 亿美元，占以色列进口市场的 67.08%。由于以色列进出口贸易集中度都偏低，其进出口市场分散，因此其进出口贸易风险偏低。

1. 参与贸易协定情况

以色列截至目前参与贸易协定情况如下表 IL–5 所示：

表 IL–5　以色列参与贸易协定情况

国家代码	国家	协议类型	覆盖范围	签订时间	生效时间
840	美国	FTA	商品	1985 年 4 月	1985 年 8 月
352	冰岛	FTA	商品	1992 年 9 月	1993 年 1 月
440	立陶宛	FTA	商品	1992 年 9 月	1993 年 1 月
578	挪威	FTA	商品	1992 年 9 月	1993 年 1 月
756	瑞士	FTA	商品	1992 年 9 月	1993 年 1 月
124	加拿大	FTA	商品	1996 年 3 月	1997 年 1 月
792	土耳其	FTA	商品	1996 年 3 月	1997 年 5 月
40	奥地利	FTA	商品	1995 年 11 月	2000 年 6 月
56	比利时	FTA	商品	1995 年 11 月	2000 年 6 月
100	保加利亚	FTA	商品	1995 年 11 月	2000 年 6 月
191	克罗地亚	FTA	商品	1995 年 11 月	2000 年 6 月
196	塞浦路斯	FTA	商品	1995 年 11 月	2000 年 6 月
203	捷克	FTA	商品	1995 年 11 月	2000 年 6 月
208	丹麦	FTA	商品	1995 年 11 月	2000 年 6 月
233	爱沙尼亚	FTA	商品	1995 年 11 月	2000 年 6 月
246	芬兰	FTA	商品	1995 年 11 月	2000 年 6 月
250	法国	FTA	商品	1995 年 11 月	2000 年 6 月
276	德国	FTA	商品	1995 年 11 月	2000 年 6 月
300	希腊	FTA	商品	1995 年 11 月	2000 年 6 月
348	匈牙利	FTA	商品	1995 年 11 月	2000 年 6 月
372	爱尔兰	FTA	商品	1995 年 11 月	2000 年 6 月
380	意大利	FTA	商品	1995 年 11 月	2000 年 6 月
428	拉脱维亚	FTA	商品	1995 年 11 月	2000 年 6 月
438	列支敦士登	FTA	商品	1995 年 11 月	2000 年 6 月
442	卢森堡	FTA	商品	1995 年 11 月	2000 年 6 月

续表

国家代码	国家	协议类型	覆盖范围	签订时间	生效时间
470	马其他	FTA	商品	1995年11月	2000年6月
528	荷兰	FTA	商品	1995年11月	2000年6月
616	波兰	FTA	商品	1995年11月	2000年6月
620	葡萄牙	FTA	商品	1995年11月	2000年6月
642	罗马尼亚	FTA	商品	1995年11月	2000年6月
703	斯洛伐克	FTA	商品	1995年11月	2000年6月
705	斯洛文尼亚	FTA	商品	1995年11月	2000年6月
724	西班牙	FTA	商品	1995年11月	2000年6月
752	瑞典	FTA	商品	1995年11月	2000年6月
484	墨西哥	FTA	商品	2000年4月	2000年7月

数据来源：https：//rtais.wto.org/UI/PublicMaintainRTAHome.aspx

由上表可知，以色列与美国最先签订自由贸易协定，签订时间为1985年4月22日，于1985年8月19日生效，协定涵盖商品的自由贸易。此后，以色列先后与欧洲自由贸易联盟（EFTA）、加拿大、土耳其以及欧盟（EU）签订自由贸易协定，协定都只涵盖了商品的自由贸易。

2. 出口贸易情况

（1）出口贸易总额

以色列货物出口增加较缓，相关占比整体都处于下降趋势。2005—2015年，以色列出口额从427.70亿美元增加至2015年的636.73亿美元，增加了48.87%；占“区域”[①]比例下降了6.90%；占“一带一路”[②]比例下降了28.38%；占全球比例下降了4.88%。

表IL-6及图IL-4为2005—2015年以色列货物出口及增幅情况：

表IL-6　以色列货物出口情况（2005—2015年）

年份	出口额（亿美元）	增幅（%）	占“区域”比例（%）	占“一带一路”比例（%）	占全球比例（%）
2005	427.70	10.75	6.81	1.48	0.41
2006	467.89	9.40	6.14	1.32	0.39

① “区域”国家包括西亚北非区域16个国家：沙特阿拉伯、阿联酋、阿曼、伊朗、土耳其、以色列、埃及、科威特、伊拉克、卡塔尔、约旦、黎巴嫩、巴林、也门、叙利亚、巴勒斯坦。

② “一带一路”国家主要包括中国、俄罗斯、蒙古等“一带一路”沿线65个国家。

续表

年份	出口额（亿美元）	增幅（%）	占“区域”比例（%）	占“一带一路”比例（%）	占全球比例（%）
2007	540.91	15.61	6.06	1.27	0.39
2008	613.37	13.40	5.14	1.17	0.38
2009	479.35	-21.85	5.65	1.18	0.38
2010	584.13	21.86	5.58	1.13	0.38
2011	677.96	16.06	4.73	1.04	0.37
2012	631.41	-6.87	4.12	0.94	0.34
2013	667.81	5.76	4.37	0.96	0.35
2014	686.86	2.85	4.67	0.97	0.36
2015	636.73	-7.30	6.34	1.06	0.39

数据来源：http：//unctadstat.unctad.org/

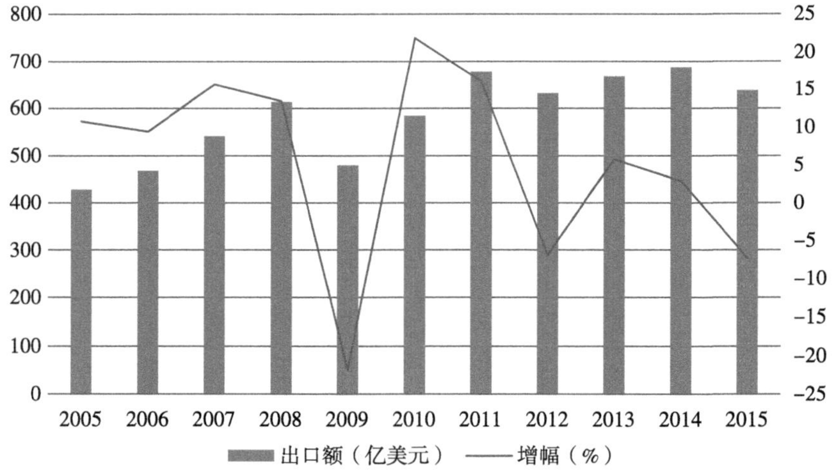

图 IL-4　以色列货物出口及增幅情况（2005—2015 年）

以色列货物出口呈“M”形波动，整体有上升趋势。2005 年，以色列货物出口额为 427.70 亿美元，增幅为 10.75%；之后以小幅波动的增幅增加至 2008 年的 613.37 亿美元，比 2005 年增加了 43.41%；2009 年，受全球金融危机的影响，以色列货物出口出现负增长，出口额下降至 479.35 亿美元，较上年减少了 21.85%；2010-2014 年，以色列货物出口波动增加至 2014 年的 686.86 亿美元，当年增幅为 2.85%；但 2015 年又出现负增长，出口额为 636.73 亿美元，较上年减少了 7.30%，但较 2005 年，整体增加了 48.87%。

以色列货物出口相关占比变化情况如下图所示：

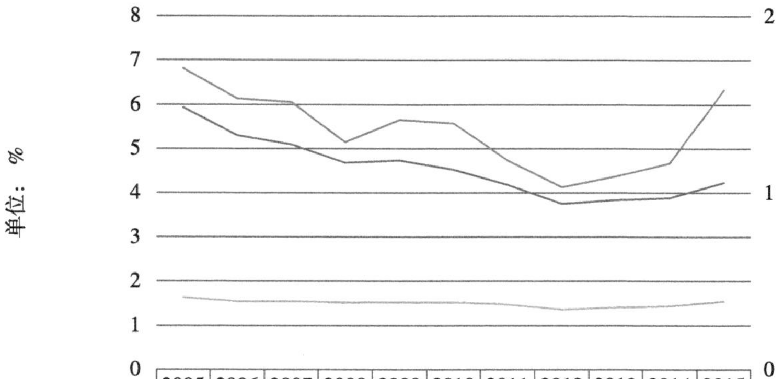

	2005	2006	2007	2008	2009	2010	2011	2012	2013	2014	2015
——占“区域”比例	6.81	6.14	6.06	5.14	5.65	5.58	4.73	4.12	4.37	4.67	6.34
——占“一带一路”比例	1.48	1.32	1.27	1.17	1.18	1.13	1.04	0.94	0.96	0.97	1.06
——占全球比例	0.41	0.39	0.39	0.38	0.38	0.38	0.37	0.34	0.35	0.36	0.39

图 IL–5　以色列货物出口占比情况（2005—2015 年）

以色列货物出口占比小，且有进一步下降趋势。占“区域”比例从 2005 年的 6.81% 先波动下降至最小占比值 4.12% 后快速上升至 2015 年的 6.34%，但整体分析，总共下降了 0.47 个百分点；占“一带一路”比例从 2005 年的 1.48% 缓慢下降至 2012 年的 0.94%，后又小幅上升至 2015 年的 1.06%，总体下降了 0.42 个百分点；同时占全球比例从 2005 年的 0.41% 下降至 2015 年的 0.39%，总共下降了 0.02 个百分点。

（2）出口产品结构

以色列出口产品结构较稳定，但出口规模排名前 4 的产品占比有所减小。2005 年及 2015 年以色列主要出口产品结构及占比情况如下表 IL–7 所示：

表 IL–7　以色列出口产品结构及占比情况（2005 年、2015 年）

产品种类	2015			2005		
	出口额（亿美元）	排名	占比（%）	出口额（亿美元）	排名	占比（%）
石材及玻璃	186.25	1	29.07	166.90	1	39.02
机器及电子设备	145.10	2	22.65	85.09	2	19.89
化学制品	139.77	3	21.82	68.29	3	15.97
杂项制品	51.55	4	8.05	27.98	4	6.54
运输设备	31.45	5	4.91	11.96	8	2.80
塑料或橡胶	24.34	6	3.80	19.22	5	4.49

续表

产品种类	2015			2005		
	出口额（亿美元）	排名	占比（%）	出口额（亿美元）	排名	占比（%）
金属	20.43	7	3.19	15.71	6	3.67
纤维及其制成品	13.41	8	2.09	10.39	9	2.43
纺织原料	9.30	9	1.45	12.25	7	2.86
食品	7.41	10	1.16	5.40	10	1.26
总额	629.01	——	98.19	423.19	——	98.93

数据来源：http：//www.trademap.org/Product_SelProductCountry.aspx

2015 年，以色列出口规模排名前十的产品包括：石材及玻璃、机器及电子设备、化学制品、杂项制品、运输设备、塑料或橡胶、金属、纤维及其制成品、纺织原料以及食品，十类产品出口总金额合计 629.01 亿美元，占比[①]合计 98.19%。2005 年，以色列主要出口货物总额合计 423.19 亿美元，占比合计 98.93%，排名前十的出口产品跟 2015 年的主要出口产品种类一致。

具体分析，以色列 2015 年对石材及玻璃、机器及电子设备、化学制品、杂项制品的出口规模排名前四，占比分别为 29.07%、22.65%、21.82%、8.05%，超过以色列出口总规模的八成比例；除此之外，以色列对运输设备的出口有一定幅度的增加，从 2005 年的 11.96 亿美元增加至 2015 年的 31.45 亿美元，总体增加了 162.96%，占比上升了 75.36%，排名上升了 3 个名次。

（3）出口市场结构

以色列出口市场主要集中于欧洲和亚洲国家，美国是其出口贸易的最大出口国。以色列 2005 年及 2015 年的主要出口市场国家如下表 IL–8：

表 IL–8　以色列主要出口市场结构及占比情况（2005 年、2015 年）

2005					2015				
国家代码	国家及地区	出口额（亿美元）	排名	占比（%）	国家代码	国家及地区	出口额（亿美元）	排名	占比（%）
840	美国	154.99	1	36.24	840	美国	181.24	1	28.29
56	比利时	36.80	2	8.60	344	中国香港	53.13	2	8.29
344	中国香港	23.74	3	5.55	826	英国	39.92	3	6.23

① 此处占比 = 相应产品出口额 / 以色列出口总额

续表

2005					2015				
国家代码	国家及地区	出口额（亿美元）	排名	占比（%）	国家代码	国家及地区	出口额（亿美元）	排名	占比（%）
826	英国	16.50	4	3.86	——	未列明国家	38.37	4	5.99
——	未列明国家	16.24	5	3.80	156	中国	32.51	5	5.08
276	德国	13.46	6	3.15	56	比利时	24.87	6	3.88
528	荷兰	12.60	7	2.95	356	印度	22.53	7	3.52
356	印度	12.23	8	2.86	528	荷兰	21.54	8	3.36
792	土耳其	9.03	9	2.11	704	越南	17.89	9	2.79
756	瑞士	9.00	10	2.10	792	土耳其	17.01	10	2.66
	合计	304.59	—	71.22		合计	449.01	—	70.09

数据来源：http：//www.trademap.org/Product_SelProductCountry.aspx

2015 年，以色列主要出口国家和地区包括美国、中国香港、英国、未列明国家、中国、比利时、印度、荷兰、越南以及土耳其，占比[①]分别为 28.29%、8.29%、6.23%、5.99%、5.08%、3.88%、3.52%、3.36%、2.79%、2.66%，占比合计 70.09%，较 2005 年的合计占比下降了 1.13 个百分点，2015 年以色列出口到主要市场的出口额合计 449.01 亿美元，较 2005 年增加了 47.41%。2005 年，以色列主要出口市场国家和地区包括美国、比利时、中国香港、英国、未列明国家、德国、荷兰、印度、土耳其以及瑞士。

对比 2005 年及 2015 年以色列出口市场结构变化发现，美国一直是以色列货物的主要销往地，2015 年，以色列出口到美国出口额为 181.24 亿美元，占比为 28.29%，虽然出口额较 2005 年的 154.99 亿美元增加了 16.94%，但占比较 2005 年的 36.24% 下降了 7.95 个百分点；同时，以色列对比利时的出口有大幅度的下降，出口额从 2005 年的 36.80 亿美元下降至 2015 年的 24.87 亿美元，总体下降了 32.42%，占比下降了 4.72 个百分点，同时排名下降了 4 个名次；除此之外，以色列对英国、中国等国家的出口都有不同幅度的增加。

3. 进口贸易情况

（1）进口贸易总额

以色列货物进口呈“M”状波动，2005—2015 年，货物进口规模整体有所增

① 此处占比 = 以色列出口到相应国家的出口额 / 以色列出口总额

加，但相关占比小，且有进一步下降趋势。2015 年，以色列货物进口 648.13 亿美元，较 2005 年增长了 37.48%；占“区域”比例为 6.32%，较 2005 年下降了 36.03%；占“一带一路”比例为 1.2%，较 2005 年下降了 34.43%；占全球比例为 0.39%，较 2005 年下降了 11.36%。

以色列 2005—2015 年货物进口额及占比情况如下表 IL-9 所示：

表 IL-9　以色列货物进口情况（2005—2015 年）

年份	进口额（亿美元）	增幅（%）	占“区域”比例（%）	占“一带一路”比例（%）	占全球比例（%）
2005	471.42	9.98	9.88	1.83	0.44
2006	503.34	6.77	9.23	1.64	0.41
2007	590.39	17.29	8.68	1.57	0.41
2008	676.56	14.60	7.68	1.44	0.41
2009	492.78	–27.16	7.02	1.34	0.39
2010	612.09	24.21	7.43	1.30	0.40
2011	758.30	23.89	7.71	1.30	0.41
2012	753.92	–0.58	7.20	1.25	0.40
2013	748.61	–0.70	6.89	1.20	0.40
2014	754.83	0.83	6.85	1.21	0.40
2015	648.13	–14.14	6.32	1.20	0.39

数据来源：http：//unctadstat.unctad.org/

以色列进口近年呈“M”状波动，整体有上升趋势。2005 年，以色列进口规模为 471.42 亿美元，增幅为 9.98%；之后连续上升至 2008 年的 676.56 亿美元，较 2005 年总共增加了 205.14 亿美元；2009 年，受全球金融危机的影响，以色列进口规模大幅下降至 492.78 亿美元，较上年减小了 27.16%；2010–2014 年，以色列进口先迅速增长，后小幅波动增加至 2014 年的 754.83 亿美元，较 2009 年增加了 53.18%；但 2015 年，以色列进口出现负增长，进口规模为 648.13 亿美元，较上年下降了 14.14%，但整体较 2005 年增加了 37.48%。

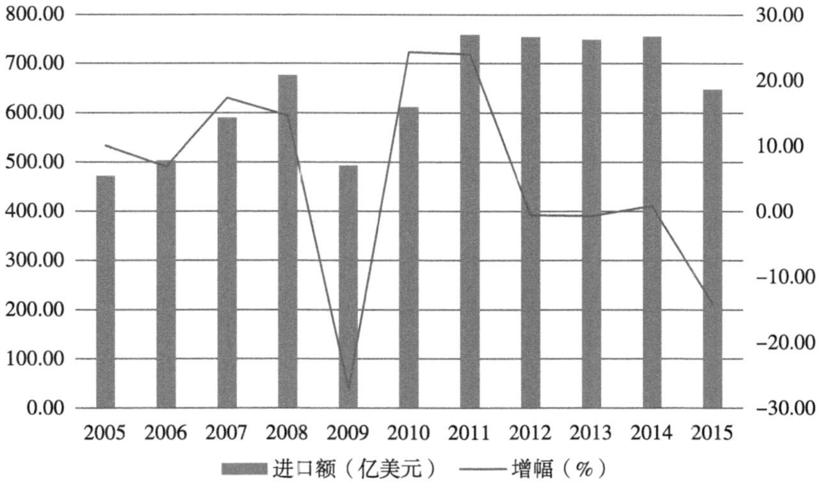

图 IL-6 以色列货物进口及增幅情况（2005—2015 年）

以色列货物进口相关占比变化情况如下图 IL-7：

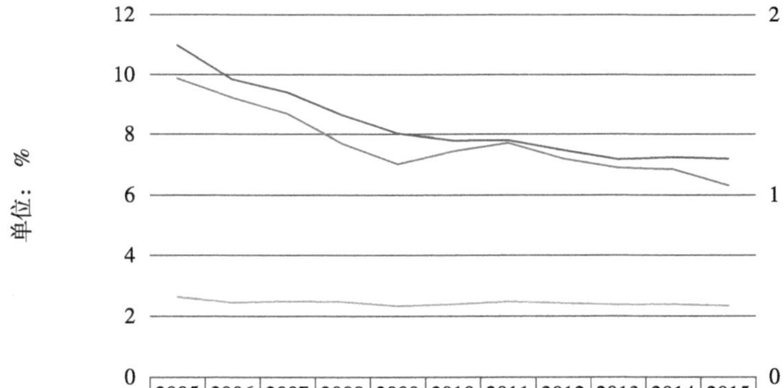

	2005	2006	2007	2008	2009	2010	2011	2012	2013	2014	2015
占“区域”比例	9.88	9.23	8.68	7.68	7.02	7.43	7.71	7.20	6.89	6.85	6.32
占“一带一路”比例	1.83	1.64	1.57	1.44	1.34	1.30	1.30	1.25	1.20	1.21	1.20
占全球比例	0.44	0.41	0.41	0.41	0.39	0.40	0.41	0.40	0.40	0.40	0.39

图 IL-7 以色列货物进口占比情况（2005—2015 年）

上图显示，以色列货物进口相关占比小，且有进一步下降趋势。2005—2015 年，以色列货物进口占“区域”比例整体下降了 3.56 个百分点，从 2005 年的 9.88% 先下降至 2009 年的 7.02%，2010-2011 年，又小幅向上增长，但从 2012 年开始又连续下降至 2015 年的 6.32%。占“一带一路”比例从 2005 年的 1.83% 连年下降至 2015 年的 1.20%，整体下降了 0.63 个百分点；占全球比例变化幅度最小，大多数年份处于 0.40% 上下 0.01 个百分点波动，2005 年，占比值为 0.44%，之后小幅波动至

2015 年的 0.39%，整体下降了 0.05 个百分点。

（2）进口产品结构

以色列进口产品结构较为稳定，且排名前 4 的进口产品占据以色列进口总规模超过一半以上。以色列主要进口产品结构及相关占比情况如表 IL-10 所示：

表 IL-10　以色列进口产品结构及占比情况（2005 年、2015 年）

产品种类	2015			2005		
	进口额（亿美元）	排名	占比（%）	进口额（亿美元）	排名	占比（%）
机器及电子设备	144.71	1	23.31	91.54	2	20.33
石材及玻璃	81.08	2	13.06	104.69	1	23.25
燃料	73.91	3	11.91	67.59	3	15.01
化学制品	59.59	4	9.60	35.04	4	7.78
运输设备	54.48	5	8.78	31.17	5	6.92
杂项制品	41.06	6	6.62	22.48	7	4.99
金属	34.18	7	5.51	24.53	6	5.45
塑料或橡胶	27.34	8	4.41	17.56	8	3.90
纺织原料	24.21	9	3.90	14.91	9	3.31
食品	21.86	10	3.52	10.99	10	2.44
合计	562.42	——	90.62	420.50	——	93.38

数据来源：http：//www.trademap.org/Product_SelProductCountry.aspx

由上表可知，2015 年，以色列排名前十的进口产品包括机器及电子设备、石材及玻璃、燃料、化学制品、运输设备、杂项制品、金属、塑料或橡胶、纺织原料以及食品，占比[①]分别为 23.31%、13.06%、11.91%、9.60%、8.78%、6.62%、5.51%、4.41%、3.90%、3.52%。排名前十的产品进口额合计 562.42 亿美元，占比合计 90.62%。2005 年，排名前十的进口产品规模合计 420.50 亿美元，占比合计 93.38%，产品主要包括石材及玻璃、机器及电子设备、燃料、化学制品、运输设备、金属、杂项制品、塑料或橡胶、纺织原料以及食品。

对比 2005 年及 2015 年以色列进口产品的变化发现，以色列对机电产品类产品的进口大幅增加，2015 年，以色列对机电设备类产品进口 144.71 亿美元，占比为 23.31%，排名第 1，相比 2005 年，进口额增加了 58.08%，占比上升了 14.66%，排名上升了 1 个名次；同时对石材及玻璃的进口大幅降低，2015 年，其进口规模为 81.08

① 此处占比 = 相应产品进口额 / 以色列进口总额

亿美元，占比为13.06%，排名第2，相比2005年，进口额下降了22.55%，占比降了43.83%，排名下降了1个名次。除此之外的其他产品的进口规模和占比都以不同的幅度有所上升或下降。

（3）进口市场结构

以色列进口市场主要集中于欧洲，同时美国逐渐成为其最大的货物进口来源国。2005年及2015年，以色列主要进口国家如下表IL-11所示：

表IL-11　以色列进口市场结构及占比情况（2005年、2015年）

2005					2015				
国家代码	国家及地区	进口额（亿美元）	排名	占比（%）	国家代码	国家及地区	进口额（亿美元）	排名	占比（%）
——	未列明国家	64.22	1	14.26	840	美国	80.89	1	13.03
840	美国	60.65	2	13.47	——	未列明国家	66.46	2	10.71
56	比利时	45.58	3	10.12	156	中国	57.68	3	9.29
276	德国	29.87	4	6.63	756	瑞士	44.26	4	7.13
826	英国	25.52	5	5.67	276	德国	38.07	5	6.13
756	瑞士	24.65	6	5.47	56	比利时	32.75	6	5.28
156	中国	18.88	7	4.19	380	意大利	24.91	7	4.01
380	意大利	17.34	8	3.85	792	土耳其	24.46	8	3.94
528	荷兰	16.25	9	3.61	528	荷兰	24.21	9	3.90
344	中国香港	12.78	10	2.84	826	英国	22.74	10	3.66
	合计	315.74		70.11		合计	416.43		67.08

数据来源：http：//www.trademap.org/Product_SelProductCountry.aspx

2015年，以色列主要进口市场国家包括美国、未列明国家、中国、瑞士、德国、比利时、意大利、土耳其、荷兰以及英国，占比[①]依次为13.03%、10.71%、9.29%、7.13%、6.13%、5.28%、4.01%、3.94%、3.90%、3.66%；以色列对其进口额合计416.43亿美元，占比合计67.08%，远超以色列全部进口市场的六成比例，相比2005年当年主要进口市场进口规模增加了31.89%，占比下降了4.32%。2005年，主要进口市场进口规模为315.74亿美元，占比为70.11%，国家包括未列明国家、美国、比利时、德国、英国、瑞士、中国、意大利、荷兰以及中国香港。

对比2005年及2015年，以色列主要进口市场结构的变化，以色列对中国及

① 此处占比 = 以色列从到相应国家进口的出口额 / 以色列进口总额

瑞士等国家的进口规模相对增加，对比利时，英国等国家的进口规模相对减小。首先，2015 年，以色列从中国进口 57.68 亿美元，占比为 9.29%，排名以色列进口市场的第 3 名，相比 2005 年，进口规模年均增加 11.82%，占比上升了 5.1 个百分点，排名上升了 4 个名次；同时，2015 年，以色列对英国的进口规模为 22.74 亿美元，占比为 3.66%，排名第 10 名，相对比 2005 年，进口规模减小了 10.89%，排名下降了 5 个名次。

4. 贸易集中度

以色列进出口市场较分散，从而其进出口贸易集中度较低，因而其贸易风险整体偏低。一般来说，贸易市场越集中，贸易集中度越高，面临的贸易风险也越高。2013 年，以色列出口贸易集中度为 0.1000526，其中美国为其最主要的出口市场，占据其出口市场的 26.21%，其次中国和英国的累计份额依次为 34.26%、40.03%；以色列进口贸易集中度为 0.07824822，其中亚洲其他地区的份额为以色列进口市场第 1，占比为 19.87%，其次是美国和中国，累积份额依次为 31.20%，39.06%，排名分别为第 2、3 名。

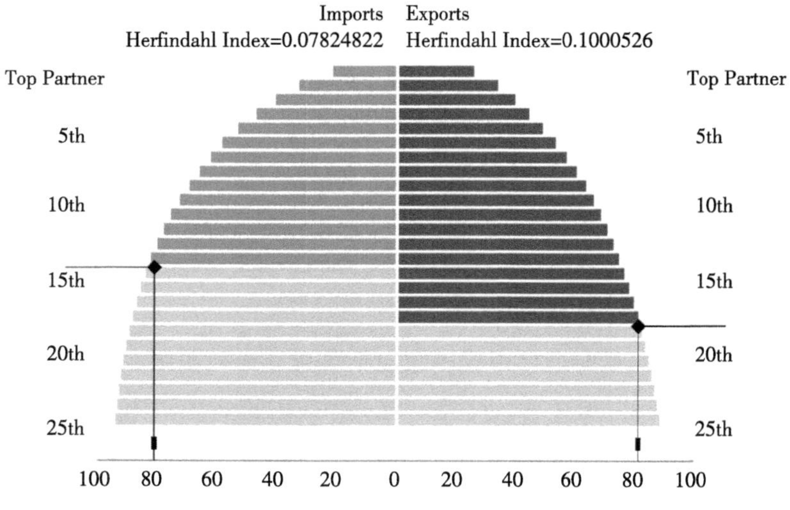

图 IL–8　以色列贸易集中度份额累计图

（四）对外直接投资

不同于其他以自然资源和服务业为主的新兴市场国家，以色列自然资源匮乏，吸引外资主要依靠高科技行业。以色列高端人才资源丰富，科研实力雄厚，创业条件优越，微软、谷歌等高科技跨国公司均在以色列投资设立分公司或研发中心。从以色列外资来源国分析，美国仍然是以色列最大的海外投资者，开曼群岛位居第二，而加拿大、荷兰其次，占比分别为 26.5%、11.6%、5.4%、5.2%。从外资流入领域分析，以色列外商直接投资主要流入以色列商贸服务业、工业制造业，占比分别为 48.1%、38.1%。

据联合国贸发会议（UNCTAD）数据显示，2014 年，以色列吸引外资流量为 64.32 亿美元，占"区域""一带一路"及全球外资流入流量总规模的比例依次为 11.41%、1.46%、0.52%；截至 2014 年底，吸引外资存量 986.97 亿美元，占"区域""一带一路"及全球外资流入存量总规模的比例依次为 10.50%、1.80%、0.40%。

同时，以色列对外直接投资规模较小。2014 年，以色列对外直接投资流量规模为 39.75 亿美元，占"区域""一带一路"及全球对外直接投资流量总规模的比例分别为 9.21%、1.23%、0.29%；对外直接投资存量规模为 780.16 亿美元，占"区域""一带一路"及全球对外直接投资存量总规模的比例分别为 22.52%、2.90%、0.32%。比较以色列外商直接投资流入及其对外直接投资规模，其外资流入规模近几年都超过对外直接投资规模，但十年间处于波动状态。

1.FDI 流入情况

（1）FDI 流入流量

近十年，以色列 FDI 流入流量处于波动状态，相关占比亦呈大幅波动趋势。2014 年，以色列 FDI 流入流量为 64.32 亿美元，占"区域""一带一路"及全球 FDI 流入流量总规模比例分别为 11.41%、1.46%、0.52%，相比于 2005 年，以色列 FDI 流入流量整体增长 33.50%，占"区域"比例上升 36.16%，占"一带一路"比例下降 20.22%，同时占全球比例整体保持平稳。

表 IL-12 为以色列 2005—2014 年 FDI 流入流量及相关占比变化情况：

表 IL-12　以色列 FDI 流入流量及占比情况（2005—2014 年）

年份	FDI 流入流量（亿美元）	增幅（%）	占"区域"比例（%）	占"一带一路"比例（%）	占全球比例（%）
2005	48.18	63.49	8.38	1.83	0.52
2006	152.96	217.48	15.94	4.05	1.10
2007	87.98	–42.48	8.70	1.91	0.47
2008	108.75	23.61	9.33	2.12	0.73
2009	46.07	–57.64	5.37	1.26	0.39
2010	54.58	18.47	7.24	1.26	0.41
2011	90.95	66.64	13.73	1.94	0.58

续表

年份	FDI 流入流量（亿美元）	增幅（%）	占“区域”比例（%）	占“一带一路”比例（%）	占全球比例（%）
2012	80.55	–11.43	12.09	1.77	0.57
2013	118.04	46.54	18.51	2.55	0.80
2014	64.32	–45.51	11.41	1.46	0.52

数据来源：http：//unctadstat.unctad.org/

由以上数据可知，2005—2014 年，以色列 FDI 流入流量一直处于波动状态中。期间 2007、2009、2012 及 2014 年以色列 FDI 流入流量呈负增长，2006 年，FDI 流入流量增幅为十年间最大值，其余年份相对于上年均有不同幅度增加。2005 年，以色列 FDI 流入流量为 48.18 亿美元，增幅为 63.49%；2006 年，FDI 流入流量大幅增加至 152.96 亿美元，较上年增加了 217.48%，2007、2009 及 2012 年 FDI 流入流量依次为 87.98 亿美元、46.07 亿美元、80.55 亿美元，增幅分别为 –42.48%、–57.64%、–11.43%。2014 年，以色列外资流入额为 64.32 亿美元，较上年减少了 45.51%，但较 2005 年整体增加了 33.50%。下图为 2005—2014 年以色列外资流入的变化及增幅情况。

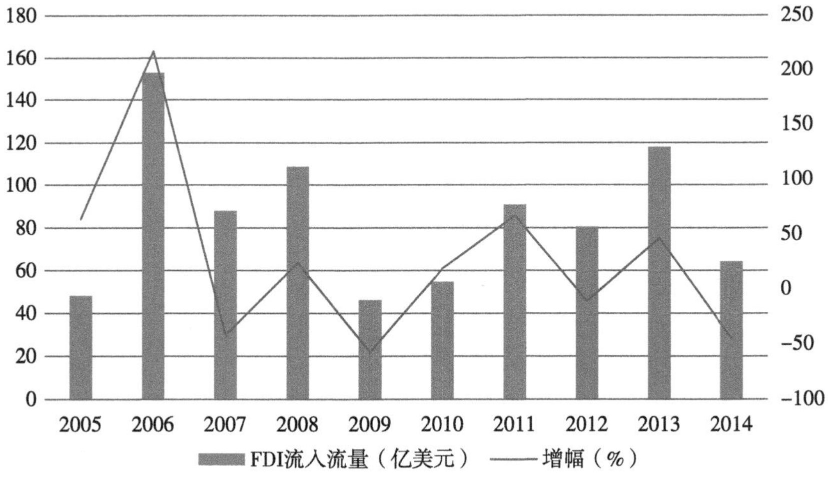

图 IL–9　以色列 FDI 流入流量及增幅情况（2005—2014 年）

而以色列 FDI 流入流量相关占比较小，占“区域”FDI 流入总流量仅一成比例，占“一带一路”及全球比例都是极小。下图 IL–10 为 2005—2014 年以色列 FDI 流入流量及增幅情况：

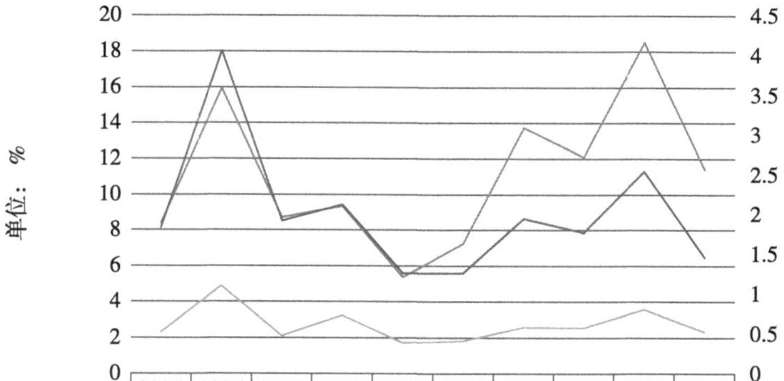

	2005	2006	2007	2008	2009	2010	2011	2012	2013	2014
占“区域”比例	8.38	15.94	8.70	9.33	5.37	7.24	13.73	12.09	18.51	11.41
占“一带一路”比例	1.83	4.05	1.91	2.12	1.26	1.26	1.94	1.77	2.55	1.46
占全球比例	0.52	1.10	0.47	0.73	0.39	0.41	0.58	0.57	0.80	0.52

图 IL-10　以色列 FDI 流入流量占比情况（2005—2014 年）

由上图可知，首先，以色列 FDI 流入流量占“区域”比例从 2005 年的 8.38% 迅速增加至 2006 年的 15.94%，但随后的 2007-2009 年，占比快速波动下降至十年间最低值 5.37%，较 2006 年下降了 10.57 个百分点；2010-2013 年，占“区域”比例又大幅波动上升至 2013 年的最高占比值，为 18.51%，较 2009 年增加了 13.14 个百分点；但 2014 年，占比大幅下降至 11.41%，较上年下降了 7.1 个百分点，较 2005 年增加了 3.03 个百分点。

同时，占“一带一路”国家外资流入总额比例从 2005 年的 1.83% 快速增加至 2006 年的 4.05%；2007-2009 年，急剧下降至近年最低占比值 1.26%，较 2006 年下降了 2.79 个百分点；2010 年保持 2009 年的占比情况；2010-2013 年，占“一带一路”比例波动上升至 2.55%，较 2010 年增加了 1.29 个百分点；但 2014 年同样出现占比下降情况，占比为 1.46%，较上年下降了 1.09 个百分点，同时较 2005 年下降了 0.37 个百分点。

最后，占全球比例亦是处于波动状态，但整体占比大小未变。2005 年占全球比例为 0.52%；随后在 2006 年达最高值 1.10%，在 2009 年达最低值 0.39%，但在 2014 年，占比大小又恢复至 2005 年状态。期间振幅为 0.71 个百分点。

（2）FDI 流入存量

以色列 FDI 流入存量增长快，而相关占比整体有下降趋势。2014 年，以色列 FDI 流入存量规模为 986.97 亿美元，占“区域”比例为 10.50%，占“一带一路”比例为 1.80%，占全球比例为 0.40%；相比于 2005 年，以色列 FDI 流入存量规模年均增加 13.81%，相关占比分别下降了 6.58%，5.76% 以及上升了 42.86%。

以色列 2005—2014 年外资流入存量规模及相关占比情况如下表 IL-13 所示：

表 IL-13 以色列 FDI 流入存量及占比情况（2005—2014 年）

年份	FDI 流入存量（亿美元）	增幅（%）	占“区域”比例（%）	占“一带一路”比例（%）	占全球比例（%）
2005	308.11	23.86	11.24	1.91	0.28
2006	442.73	43.69	12.08	2.09	0.33
2007	499.89	12.91	9.90	1.69	0.29
2008	497.48	-0.48	9.55	1.76	0.33
2009	557.91	12.15	8.46	1.61	0.32
2010	602.20	7.94	7.85	1.46	0.31
2011	644.96	7.10	8.53	1.48	0.32
2012	747.03	15.83	8.65	1.49	0.34
2013	879.72	17.76	10.08	1.62	0.36
2014	986.97	12.19	10.50	1.80	0.40

数据来源：http：//unctadstat.unctad.org/

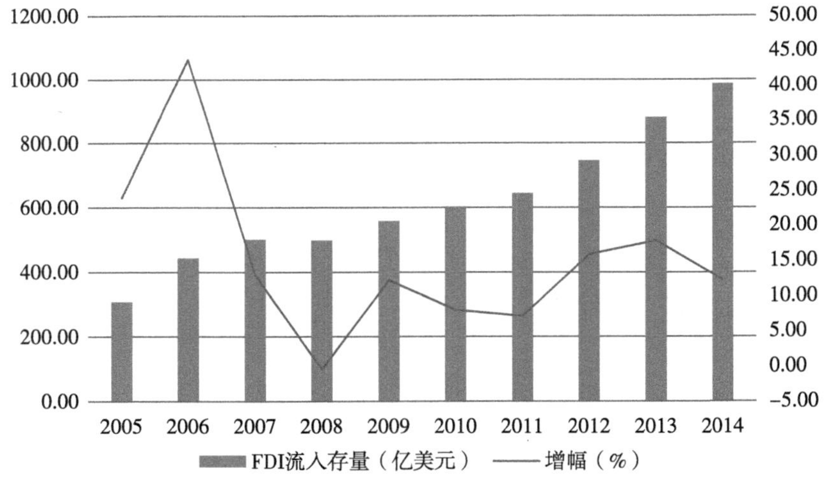

图 IL-11 以色列 FDI 流入存量及增幅情况（2005—2014 年）

如上图所示，以色列 FDI 流入存量规模整体增长较快。2005—2007 年，以色列外资流入存量规模以倒“V”状的增幅变化，从 2005 年的 308.11 亿美元增加至 2007 年的 499.89 亿美元，总共增加了 62.24%；随后的 2008-2014 年，外资流入存量规模都以波动的增幅增加至 2014 年的 986.97 亿美元，当年增幅为 12.19%，相比于 2005

年，外资流入存量规模整体增加了 678.86 亿美元，增幅下降了 11.67 个百分点。

同时，以色列 FDI 流入存量规模相关占比情况变化轨迹如下图 IL-12：

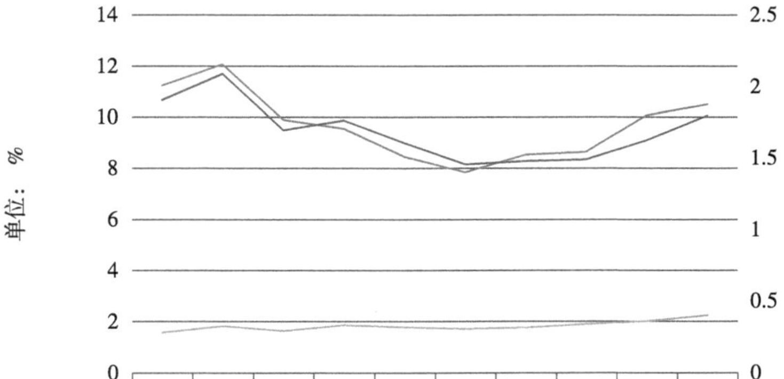

	2005	2006	2007	2008	2009	2010	2011	2012	2013	2014
—— 占“区域”比例	11.24	12.08	9.90	9.55	8.46	7.85	8.53	8.65	10.08	10.50
—— 占“一带一路”比例	1.91	2.09	1.69	1.76	1.61	1.46	1.48	1.49	1.62	1.80
—— 占全球比例	0.28	0.33	0.29	0.33	0.32	0.31	0.32	0.34	0.36	0.40

图 IL-12　以色列 FDI 流入存量相关占比情况（2005—2014 年）

上图显示，2005—2014 年，以色列 FDI 流入存量占“区域”国家 FDI 流入存量总规模约一成比例，而占“一带一路”及全球比例都较小。2005 年，以色列 FDI 流入存量占“区域”比例为 11.24%，后波动至 2010 年的最低占比值为 7.85%，较 2005 年下降了 3.39 个百分点；但 2011–2014 年，占比缓慢上升至 10.50%，较 2010 年增加了 2.65 个百分点，较 2005 年下降了 0.74 个百分点。期间振幅为 4.23 个百分点。

其次，占“一带一路”比例从 2005 年的 1.91% 波动下降至 2014 年的 1.80%，总体下降了 0.11 个百分点，期间在 2010 年达最小占比值，为 1.46%，在 2006 年达最高占比值 2.09%，振幅为 0.63 个百分点。

最后，以色列 FDI 流入量占全球比例处小幅波动上升状态。从 2005 年的 0.28% 小幅波动上升至 2014 年的 0.40%，整体增加了 0.12 个百分点。对比相关占比变化情况，仅占全球比例整体处上升趋势，说明全球整体 FDI 流入存量规模的增加较“区域”“一带一路”国家的 FDI 流入存量规模增加慢。

2.FDI 流出

（1）FDI 流出流量

以色列 FDI 流出流量处于大幅波动趋势，相关占比小，且有下降趋势。2014 年，以色列对外直接投资流量规模为 39.75 亿美元，占“区域”“一带一路”及全球比例分别为 9.21%、1.23%、0.29%，相比 2005 年，对外直接投资规模整体增加了

34.93%，占比分别下降了 50.19%、68.05%、21.62%。

以色列2005—2014年对外直接投资流量规模及相关占比具体情况如下表IL-14：

表 IL-14 以色列 FDI 流出流量及占比情况（2005—2014 年）

年份	FDI 流出流量（亿美元）	增幅（%）	占“区域”比例（%）	占“一带一路”比例（%）	占全球比例（%）
2005	29.46	-35.12	18.49	3.85	0.37
2006	154.38	424.03	40.26	10.29	1.15
2007	86.05	-44.26	19.67	4.07	0.40
2008	72.10	-16.21	15.26	3.10	0.43
2009	17.51	-75.71	8.59	0.91	0.16
2010	80.10	357.45	29.52	3.35	0.59
2011	91.66	14.43	21.70	3.44	0.58
2012	32.58	-64.46	11.66	1.35	0.25
2013	46.71	43.37	10.18	1.51	0.36
2014	39.75	-14.90	9.21	1.23	0.29

数据来源：http：//unctadstat.unctad.org/

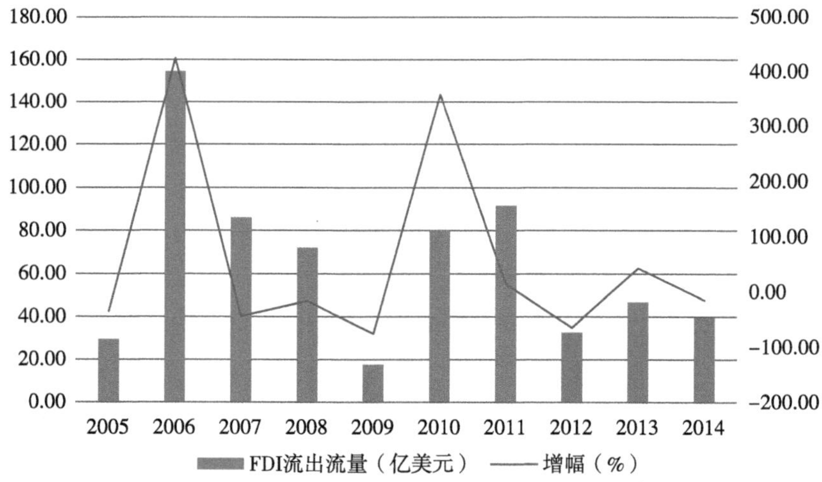

图 IL-13 以色列 FDI 流出流量及增幅情况（2005—2014 年）

2005—2014 年间，以色列对外直接投资流量规模近年处于大幅波动状态。2005 年，其对外直接投资流量规模为 29.46 亿美元，增幅为 -35.12%；2006 年，以色列对外直接投资大幅度增加至 154.38 亿美元，较上年增加了 424.03%；2007-2009 年，以色列对外直接投资规模连续下降，至 2009 年，投资额仅为 17.51 亿美元，较上年减小了 75.71%；随后的 2010–2014 年，以色列对外直接投资规模波动至 2014 年的 39.75 亿美元，当年增幅为 –14.90%，相比于 2005 年，投资规模整体增加了 34.93%。

2005—2014 年以色列 FDI 流出流量相关占比情况如下图 IL–14 所示：

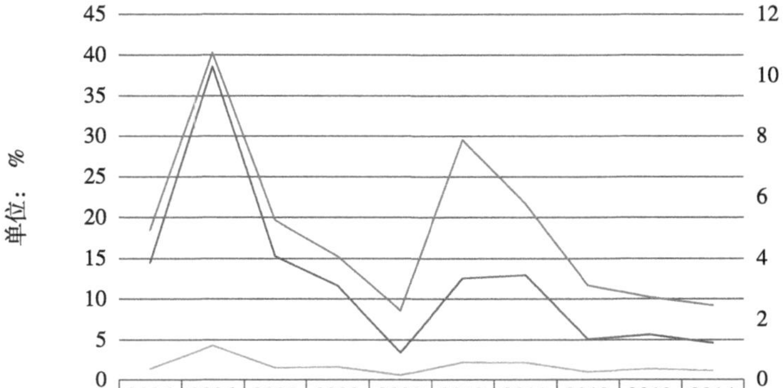

	2005	2006	2007	2008	2009	2010	2011	2012	2013	2014
——占“区域”比例	18.49	40.26	19.67	15.26	8.59	29.52	21.70	11.66	10.18	9.21
——占“一带一路”比例	3.85	10.29	4.07	3.10	0.91	3.35	3.44	1.35	1.51	1.23
——占全球比例	0.37	1.15	0.40	0.43	0.16	0.59	0.58	0.25	0.36	0.29

图 IL–14　以色列 FDI 流出流量占比情况（2005—2014 年）

如上图所示，以色列 FDI 流出流量占比小，且处于大幅波动下降趋势。2005 年，以色列对外直接投资额占“区域”国家对外投资总量比例为 18.49%；2006 年大幅增加至占比最大值 40.26%，超过“区域”国家对外直接投资规模的四成比例；但 2007–2009 年，占比持续下降至近年最低占比值 8.59%，较 2006 年下降了 78.66%；2010 年，占比值出现一定幅度的回升，但 2011–2014 年又连年下降，直至 2014 年，占“区域”比例为 9.21%，较 2010 年下降了 68.80%。2005—2014 年期间占比振幅为 31.67 个百分点。

其次，占“一带一路”国家对外直接投资总规模比例从 2005 年的 3.85% 迅速上升至 2006 年最高占比值 10.29%；2007–2009 年，占“一带一路”比例以比占“区域”比例更快的下降速度下降至 2009 年的 0.91%，较 2006 年总共下降了 91.16%；2010–2011 年，占比出现小幅回升，但随后的 2012—2014 年，占比连年下降，直至 2014 年，占比仅为 1.23%，较上年下降了 0.28 个百分点，较 2005 年整体下降了 2.62 个百分点，2005—2014 年期间占比振幅为 9.38 个百分点。

最后，占全球比例从 2005 年的 0.37% 小幅波动下降至 2014 年的 0.29%，总体下降了 0.08 个百分点，2005—2014 年期间占比振幅为 0.99 个百分点。

（2）FDI 流出存量

以色列 FDI 流出存量增长迅速，但相关占比有持续下降的趋势。2014 年，以色列 FDI 流出存量规模为 780.16 亿美元，占“区域”“一带一路”以及全球比例分别为 22.52%、2.90%、0.32%；相比 2005 年，以色列 FDI 流出存量规模年均增加 14.47%，占“区域”比下降了 35.58%，占“一带一路”比例下降了 33.64%，而占全球比例上升了 60%。

以色列 FDI 流出存量及相关占比变化情况如下表 IL-15：

表 IL-15　以色列 FDI 流出存量及占比情况（2005—2014 年）

年份	FDI 流出存量（亿美元）	增幅（%）	占“区域”比例（%）	占“一带一路”比例（%）	占全球比例（%）
2005	231.14	24.78	34.96	4.37	0.20
2006	393.29	70.15	41.83	5.06	0.27
2007	498.40	26.73	32.77	4.20	0.27
2008	544.17	9.18	27.77	4.73	0.34
2009	574.38	5.55	26.94	3.99	0.31
2010	689.72	20.08	28.59	3.95	0.34
2011	707.83	2.63	25.99	3.65	0.34
2012	711.72	0.55	25.01	3.20	0.32
2013	753.74	5.90	23.68	2.96	0.31
2014	780.16	3.51	22.52	2.90	0.32

数据来源：http：//unctadstat.unctad.org/

由上表可知，2005—2014 年间，以色列 FDI 流出存量持续增加，但近年出现增长疲乏状态。2005 年，以色列 FDI 流出存量规模为 231.14 亿美元，当年增幅为 24.78%，2006 年，以色列 FDI 流出存量急剧增加至 393.29 亿美元，较上年增加了 70.15%；随后的 2007–2014 年，以色列 FDI 流出存量规模先以大幅下降的增幅增加，后小幅波动增加至 2014 年的 780.16 亿美元，相比 2005 年，总共增加了 549.02 亿美元，年均增加 14.47%。从增幅角度分析，以色列 FDI 流出存量增幅从 2005 年的 24.78% 下降至 2014 年的 3.51%，整体下降了 21.27 个百分点。

而以色列 FDI 流出存量占比处于连续波动下降趋势，其中占“区域”FDI 流出存量规模超过两成比例，占“一带一路”及全球比例都较小。首先，2005 年，占“区域”比例为 34.96%；2006 年小幅上升至 41.83%，较上年增加了 6.87 个百分点；2007–2014 年，占“区域”比例除在 2010 年有小幅增加外，其余年份都连续下降，直至 2014 年，以色列 FDI 流出存量占“区域”比例下降至 22.52%，相比于 2005 年，占比整体下降了 35.58%。

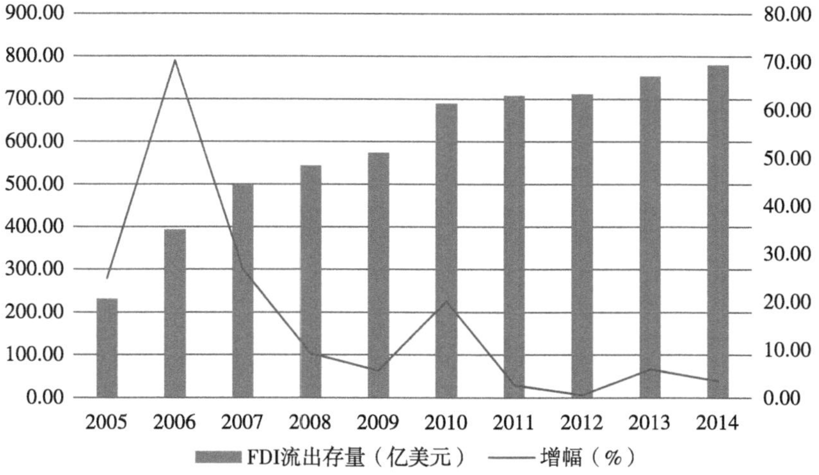

图 IL-15　以色列 FDI 流出存量及增幅情况（2005—2014 年）

同时，以色列 FDI 流出存量占“一带一路”国家 FDI 流出存量总规模比例除在 2006 年以及 2008 年出现了小幅增加外其余年份都处于连续下降的状态，从 2005 年的 4.37% 连年下降至 2014 年的 2.90%，整体下降了 33.64%。

最后，占全球 FDI 流出存量总规模比例有小幅上升趋势。2005 年占比值为 0.20%，随后的年份都处于小幅波动状态，直至 2014 年，其占比值为 0.32%，相比于 2005 年增加了 0.12 个百分点。

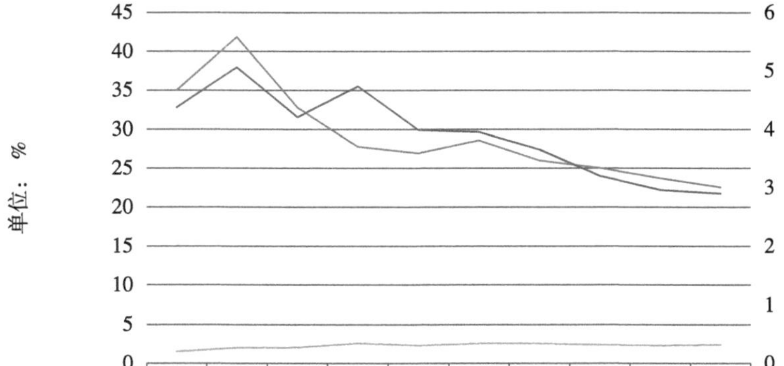

	2005	2006	2007	2008	2009	2010	2011	2012	2013	2014
占“区域”比例	34.96	41.83	32.77	27.77	26.94	28.59	25.99	25.01	23.68	22.52
占“一带一路”比例	4.37	5.06	4.20	4.73	3.99	3.95	3.65	3.20	2.96	2.90
占全球比例	0.20	0.27	0.27	0.34	0.31	0.34	0.34	0.32	0.31	0.32

图 IL-16　以色列 FDI 流出存量占比情况（2005—2014 年）

3.FDI 净流入

以色列外资流入规模多数年份超过对外直接投资规模。以色列 2005—2014 年 FDI 净流入具体信息如下表 IL-16 所示：

表 IL-16　以色列 FDI 净流入及增幅情况（2005—2014 年）

指标	2005	2006	2007	2008	2009	2010	2011	2012	2013	2014
FDI 净流入（亿美元）	18.72	-1.42	1.94	36.65	28.56	-25.52	-0.71	47.97	71.34	24.55
增幅（%）	-217.51	-107.59	-236.29	1792.57	-22.08	-189.37	-97.21	-6845.35	48.70	-65.57

数据来源：http：//unctadstat.unctad.org/

2005—2014 年，以色列 FDI 净流入从 2005 年的 18.72 亿美元增加至 2014 年的 24.56 亿美元，整体增加了 31.20%。十年间，FDI 净流入为负值的有 2006、2010 以及 2011 年，占所有年份的 30%；为正值的年份占比为 70%；而且，在十年间，以色列 FDI 净流入波动幅度较大，净流入最大值为 71.34 亿美元，即以色列外资流入规模超过其对外直接投资规模 71.34 亿美元，最低值为 2010 年的 -25.52 亿美元，即以色列对外直接投资总规模超过外资流入总规模 25.52 亿美元。

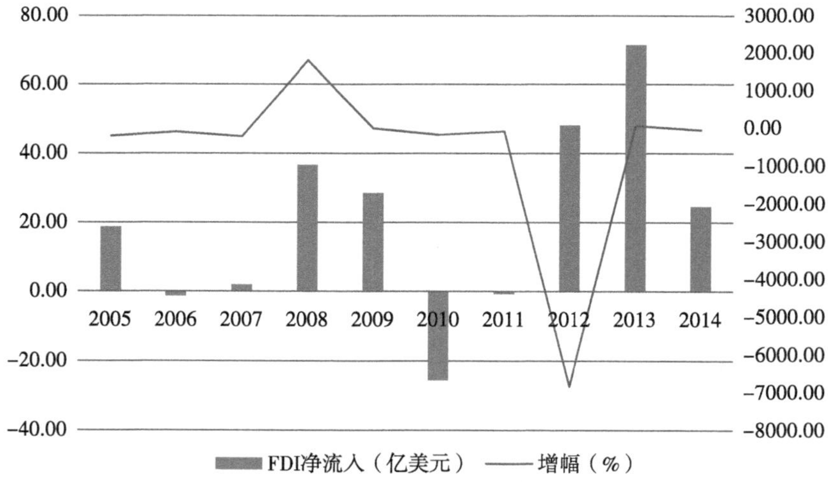

图 IL-17　以色列 FDI 净流入及增幅情况（2005—2014 年）

（五）以色列与“一带一路”其他国家的贸易关系

以色列与“一带一路”沿线国家贸易较频繁。与以色列有双边贸易的“一带一路”国家共有 5 个国家，与其有单边贸易关系的国家有蒙古、吉尔吉斯斯坦、黎巴嫩、马来西亚、马尔代夫、阿曼、巴基斯坦、卡塔尔以及沙特阿拉伯，而以色列与东帝汶、也门无贸易往来。2013 年，以色列与“一带一路”国家贸易总额为 379.609 亿美元，其中出口额 144.210 美元，进口总额 235.399 亿美元。而以色列与“一带一路”国家整体保持着较大贸易逆差关系，逆差额为 91.189 亿美元，占以色列与“一带一路”贸易总额的 24.02%；其中马来西亚为其最大贸易顺差国，顺差额为 14.571 亿美元，中国为其最大贸易逆差国，逆差额为 47.591 亿美元。

从贸易竞争关系分析，以色列与“一带一路”其他国家贸易竞争关系整体较弱，且有进一步减弱的趋势。2005 年，以色列与“一带一路”其他国家平均贸易竞争指数为 0.0807，2013 年，以色列平均贸易竞争指数为 0.0563，较 2005 年增加了 0.0244 个指数点。其中，以色列与印度的贸易竞争关系最强，贸易竞争指数为 0.4454；与剩余的“一带一路”国家贸易竞争关系都较弱。

从贸易互补关系分析，以色列与“一带一路”其他国家贸易互补关系整体较强，以他国出口计算的以色列与“一带一路”其他国家的平均贸易互补指数从 2005 年的 0.1883 上升至 2013 年的 0.2286，上升了 0.0403 个指数点，说明以色列进口贸易结构与“一带一路”国家的出口贸易结构有趋同发展趋势，更利于以色列的进口。其中，以色列与新加坡、马来西亚、罗马尼亚、捷克、匈牙利、波兰以及中国有较强贸易互补关系。

1. 以色列与“一带一路”其他国家的进出口情况

以色列与“一带一路”沿线国家的进出口贸易往来较为密切，整体保持贸易逆差关系。2013 年，下表 46 个国家中 95.65% 的国家与其有出口贸易联系，出口额合计 144.210 亿美元；与其有进口贸易联系的国家有 35 个，出口额合计 235.399 亿美元，由此可知贸易逆差额为 -91.189 亿美元。与以色列有密切出口贸易关系的国家分别是中国、土耳其以及印度。超过其出口到“一带一路”国家总额的四成比例；与其有密切进口贸易关系的国家有中国、印度、土耳其，超过以色列从“一带一路”国家进口总额的六成比例，由此可知，以色列与中国、印度和土耳其保持着密切的双边贸易关系。

以色列与“一带一路”其他国家 2013 年的出口贸易关系如下表所示：

表 IL-17　以色列与“一带一路”其他国家出口贸易关系（2013 年）

国家代码	国家	出口额（亿美元）	排名	占比（%）	国家代码	国家	出口额（亿美元）	排名	占比（%）
156	中国	28.862	1	20.01	100	保加利亚	0.539	24	0.37

续表

国家代码	国家	出口额（亿美元）	排名	占比（%）	国家代码	国家	出口额（亿美元）	排名	占比（%）
792	土耳其	25.154	2	17.44	112	白俄罗斯	0.443	25	0.31
699	印度	22.380	3	15.52	440	立陶宛	0.433	26	0.30
458	马来西亚	14.571	4	10.10	360	印度尼西亚	0.248	27	0.17
643	俄罗斯	10.363	5	7.19	191	克罗地亚	0.210	28	0.15
702	新加坡	8.216	6	5.70	233	爱沙尼亚	0.177	29	0.12
704	越南	6.782	7	4.70	703	斯洛伐克	0.170	30	0.12
764	泰国	5.354	8	3.71	8	阿尔巴尼亚	0.159	31	0.11
804	乌克兰	3.566	9	2.47	688	塞尔维亚	0.113	32	0.08
616	波兰	2.149	10	1.49	807	马其顿	0.087	33	0.06
348	匈牙利	1.608	11	1.12	51	亚美尼亚	0.040	34	0.03
203	捷克	1.485	12	1.03	417	吉尔吉斯斯坦	0.030	35	0.02
705	斯洛文尼亚	1.428	13	0.99	70	波黑	0.015	36	0.01
498	摩尔多瓦	1.246	14	0.86	496	蒙古	0.012	37	0.01
818	埃及	1.198	15	0.83	116	柬埔寨	0.009	38	0.01
642	罗马尼亚	1.125	16	0.78	462	马尔代夫	0.004	39	0
31	阿塞拜疆	1.062	17	0.74	586	巴基斯坦	0.003	40	0
608	菲律宾	0.993	18	0.69	634	卡塔尔	0.003	41	0
400	约旦	0.984	19	0.68	512	阿曼	0.002	42	0
417	哈萨克斯坦	0.871	20	0.60	682	沙特阿拉伯	0.001	43	0
144	斯里兰卡	0.853	21	0.59	422	黎巴嫩	0.001	44	0
268	格鲁吉亚	0.657	22	0.46	887	也门	0.000	45	0
4428	拉脱维亚	0.604	23	0.42	626	东帝汶	0.000	46	0
	——	——	—	——		合计	144.210	—	100

数据来源：重庆“一带一路”投资与贸易研究实验室

2013 年，如上图所示的 46 个“一带一路”国家中 44 个国家与以色列有出口贸易关系，出口贸易总量为 144.210 亿美元。其中其产品销往国主要是俄罗斯和中国。与以色列贸易量排名前十的“一带一路”国家依次为中国、土耳其、印度、马来西亚、俄罗斯、新加坡、越南、泰国、乌克兰以及波兰，出口额分别为 28.862 亿美元、25.154 亿美元、22.380 亿美元、14.571 亿美元、10.363 亿美元、8.216 亿美元、6.782 亿美元、5.354 亿美元、3.566 亿美元、2.149 亿美元，占以色列出口到“一带一路”国家出口总额的比例依次为20.01%、17.44%、15.52%、10.10%、7.19%、5.70%、4.70%、3.71%、2.47%、1.49%；同时，以色列与沙特阿拉伯、黎巴嫩等国家有较小的出口贸易量，而与也门、东帝汶没有发生出口贸易关系。

表 IL-18　以色列与“一带一路”其他国家进口贸易关系（2013 年）

国家代码	国家	进口额（亿美元）	排名	占比（%）	国家代码	国家	进口额（亿美元）	排名	占比（%）
156	中国	76.453	1	32.48	428	拉脱维亚	0.300	24	0.13
699	印度	40.165	2	17.06	191	克罗地亚	0.228	25	0.10
792	土耳其	26.497	3	11.26	688	塞尔维亚	0.166	26	0.07
643	俄罗斯	20.848	4	8.86	233	爱沙尼亚	0.142	27	0.06
31	阿塞拜疆	12.607	5	5.36	116	柬埔寨	0.060	28	0.03
417	哈萨克斯坦	8.183	6	3.48	498	摩尔多瓦	0.047	29	0.02
804	乌克兰	7.018	7	2.98	112	白俄罗斯	0.047	30	0.02
764	泰国	6.847	8	2.91	807	马其顿	0.037	31	0.02
203	捷克	6.296	9	2.67	268	格鲁吉亚	0.024	32	0.01
702	新加坡	4.942	10	2.10	51	亚美尼亚	0.019	33	0.01
616	波兰	4.782	11	2.03	70	波黑	0.012	34	0.01
704	越南	4.045	12	1.72	8	阿尔巴尼亚	0.004	35	0
642	罗马尼亚	3.741	13	1.59	496	蒙古	0.000	36	0
348	匈牙利	3.567	14	1.52	417	吉尔吉斯斯坦	0.000	37	0
703	斯洛伐克	1.461	15	0.62	422	黎巴嫩	0.000	38	0
360	印度尼西亚	1.460	16	0.62	458	马来西亚	0.000	39	0
100	保加利亚	1.206	17	0.51	462	马尔代夫	0.000	40	0
400	约旦	1.131	18	0.48	512	阿曼	0.000	41	0
144	斯里兰卡	0.992	19	0.42	586	巴基斯坦	0.000	42	0
608	菲律宾	0.821	20	0.35	634	卡塔尔	0.000	43	0
818	埃及	0.480	21	0.20	682	沙特阿拉伯	0.000	44	0
705	斯洛文尼亚	0.445	22	0.19	626	东帝汶	0.000	45	0
440	立陶宛	0.326	23	0.14	887	也门	0.000	46	0
	——	——	—	——		合计	235.399	—	100

数据来源：重庆“一带一路”投资与贸易研究实验室

上表所示的46个“一带一路”国家中有35个国家都与以色列有进口贸易关系，进口贸易总量为235.399亿美元，其中中国与印度为其最大的进口产品来源国。与以色列进口贸易量排名前十的“一带一路”国家依次为中国、印度、土耳其、俄罗斯、阿塞拜疆、哈萨克斯、乌克兰、泰国、捷克以及新加坡，进口额分别为76.453亿美、40.165亿美元、26.497亿美元、20.848亿美元、12.607亿美元、8.183亿美元、7.018亿美元、6.847亿美元、6.296亿美元、4.942亿美元，占以色列从“一带一路”国家进口总额的比例依次为32.48%、17.06%、11.26%、8.86%、5.36%、3.48%、2.98%、2.91%、2.67%、2.10%；此外，以色列与波黑、阿尔巴尼亚等国家的进口贸易量极小，仅为0.012亿美元、0.004亿美元，同时，与也门、东帝汶等11个国家无进口贸易往来。

表 IL-19 以色列与“一带一路”其他国家净出口贸易关系（2013年）

国家代码	国家	净出口（亿美元）	排名	国家代码	国家	净出口（亿美元）	排名
458	马来西亚	14.571	1	422	黎巴嫩	0.001	24
702	新加坡	3.274	2	887	也门	0.000	25
704	越南	2.737	3	626	东帝汶	0.000	26
498	摩尔多瓦	1.199	4	191	克罗地亚	−0.018	27
705	斯洛文尼亚	0.983	5	116	柬埔寨	−0.051	28
818	埃及	0.718	6	688	塞尔维亚	−0.053	29
268	格鲁吉亚	0.633	7	144	斯里兰卡	−0.138	30
112	白俄罗斯	0.396	8	400	约旦	−0.147	31
4428	拉脱维亚	0.304	9	100	保加利亚	−0.667	32
608	菲律宾	0.171	10	360	印度尼西亚	−1.211	33
8	阿尔巴尼亚	0.155	11	703	斯洛伐克	−1.290	34
440	立陶宛	0.107	12	792	土耳其	−1.343	35
807	马其顿	0.050	13	764	泰国	−1.492	36
233	爱沙尼亚	0.036	14	348	匈牙利	−1.959	37
417	吉尔吉斯斯坦	0.030	15	642	罗马尼亚	−2.616	38
51	亚美尼亚	0.021	16	616	波兰	−2.634	39
496	蒙古	0.011	17	804	乌克兰	−3.452	40
462	马尔代夫	0.004	18	203	捷克	−4.810	41
70	波黑	0.003	19	417	哈萨克斯坦	−7.312	42
586	巴基斯坦	0.003	20	643	俄罗斯	−10.485	43
634	卡塔尔	0.003	21	31	阿塞拜疆	−11.545	44
512	阿曼	0.002	22	699	印度	−17.786	45
682	沙特阿拉伯	0.001	23	156	中国	−47.591	46
	——	——	——		合计	−91.189	——

数据来源：重庆“一带一路”投资与贸易研究实验室

如上表所示，2013 年，土耳其与“一带一路”其他国家贸易关系整体表现为贸易逆差状态，逆差额为 91.189 亿美元。其中，马来西亚为其最大贸易顺差国，顺差额为 14.571 亿美元，而与中国、印度保持较大贸易逆差关系，逆差额分别为 47.591 亿美元、17.786 亿美元。

此外，以色列与东帝汶、也门无贸易贸易往来，与蒙古、吉尔吉斯斯坦、黎巴嫩、马来西亚、马尔代夫、阿曼、巴基斯坦、卡塔尔、沙特阿拉伯为单边贸易关系，剩余的 35 个国家为双边贸易关系。

2. 以色列与“一带一路”其他国家的贸易竞争关系

表 IL–20 为 2005 年及 2013 年以色列与“一带一路”其他国家贸易竞争关系情况统计：

表 IL–20　以色列与“一带一路”其他国家贸易竞争关系情况统计（2005 年、2013 年）

	平均贸易竞争指数	指数分类	国家数量	占比（%）
2005	0.0807	TCT>0.3	2	4.35
		0.2<TCT<0.3	1	2.17
		TCT<0.2	43	93.48
2013	0.0563	TCT>0.3	1	2.17
		0.2<TCT<0.3	0	0.00
		TCT<0.2	45	97.83

数据来源：重庆“一带一路”投资与贸易研究实验室

一般来说，贸易竞争指数大于 0.3，说明国家之间有强贸易竞争关系；大于 0.2 同时小于 0.3，说明有较强贸易竞争关系；而小于 0.2 说明国家间有较弱贸易竞争关系。同时，贸易竞争又代表着两国之间出口贸易结构的相似程度，相似程度越高，贸易竞争指数越大。

由上表可知，以色列与“一带一路”其他国家贸易竞争关系整体较弱，且有进一步减弱的趋势。2005 年，以色列与“一带一路”其他国家平均贸易竞争指数为 0.0807，2013 年，以色列平均贸易竞争指数为 0.0563，较 2005 年减小了 0.0244 个指数点。按照贸易竞争指数分类分析，2013 年，与以色列有强烈贸易竞争关系的国家仅 1 个，较 2005 年减少了 1 个；与其有较强贸易关系的国家从 2005 年的 1 个减少至 2013 年的 0 个；同样的，与其有较弱贸易竞争关系的国家数从 2005 年的 43 个增加至 2013 年的 45 个，整体增加了 2 个国家，现占比 97.83%。

总体分析，以色列与“一带一路”国家平均贸易竞争指数有所下降，说明以色列的出口贸易结构与“一带一路”国家的整体出口贸易结构有错位发展的趋势。

表 IL-21 为 2005 年及 2013 年以色列与“一带一路”其他国家贸易竞争关系具体情况：

表 IL-21　以色列与“一带一路”其他国家贸易竞争关系（2005 年、2013 年）

国家代码	国家	2013		2005	
		贸易竞争指数	排名	贸易竞争指数	排名
699	印度	0.4454	1	0.6859	1
51	亚美尼亚	0.1854	2	0.6028	2
705	斯洛文尼亚	0.1572	3	0.0692	17
144	斯里兰卡	0.1566	4	0.2259	3
702	新加坡	0.1331	5	0.1358	7
764	泰国	0.1182	6	0.0744	15
458	马来西亚	0.1148	7	0.0605	19
422	黎巴嫩	0.1089	8	0.103	12
400	约旦	0.1071	9	0.0604	20
348	匈牙利	0.0902	10	0.1444	5
156	中国	0.0843	11	0.0615	18
191	克罗地亚	0.0761	12	0.0237	30
642	罗马尼亚	0.0702	13	0.0346	25
428	拉脱维亚	0.0689	14	0.1236	9
616	波兰	0.065	15	0.122	10
100	保加利亚	0.0635	16	0.1438	6
498	摩尔多瓦	0.0615	17	0.0031	37
233	爱沙尼亚	0.0559	18	0.1934	4
203	捷克	0.0545	19	0.1134	11
792	土耳其	0.039	20	0.07	16
440	立陶宛	0.0377	21	0.0247	28
688	塞尔维亚	0.0358	22	0.0361	24
704	越南	0.0341	23	0.0108	32
70	波黑	0.0242	24	0.0091	35
703	斯洛伐克	0.0238	25	0.0794	14
268	格鲁吉亚	0.0214	26	0.0107	33

续表

国家代码	国家	2013		2005	
		贸易竞争指数	排名	贸易竞争指数	排名
818	埃及	0.0181	27	0.1251	8
112	白俄罗斯	0.017	28	0.0328	26
807	马其顿	0.0168	29	0.0243	29
626	东帝汶	0.0163	30	0.0488	22
643	俄罗斯	0.0128	31	0.0915	13
586	巴基斯坦	0.0118	32	0.0097	34
804	乌克兰	0.0117	33	0.0389	23
512	阿曼	0.0101	34	0.0323	27
608	菲律宾	0.0085	35	0.0159	31
634	卡塔尔	0.0073	36	0.0595	21
360	印度尼西亚	0.0064	37	0.0036	36
417	吉尔吉斯斯坦	0.0062	38	0.002	39
887	也门	0.0054	39	0.0001	46
682	沙特阿拉伯	0.0026	40	0.0007	42
8	阿尔巴尼亚	0.0017	41	0.0028	38
116	柬埔寨	0.0015	42	0.001	40
496	蒙古	0.0008	43	0.0004	44
31	阿塞拜疆	0.0007	44	0.0009	41
398	哈萨克斯坦	0.0004	45	0.0002	45
462	马尔代夫	0.0001	46	0.0005	43
	平均值	0.0563	——	0.0807	——

数据来源：重庆“一带一路”投资与贸易研究实验室

从上表中可知，2013 年，以色列与“一带一路”国家平均贸易指数为 0.0563，较 2005 年增加了 0.0244 个指数点；与以色列的贸易竞争关系排名前十的“一带一路”国家分别为：印度、亚美尼亚、斯洛文尼亚、斯里兰卡、新加坡、泰国、马来西亚、黎巴嫩、约旦以及匈牙利，贸易竞争指数依次为：0.4454、0.1854、0.1572、0.1566、0.1331、0.1182、0.1148、0.1089、0.1071、0.0902。

对比可知，以色列与印度的贸易竞争强度有所下降，从 2005 年的 0.6859 下降至 2013 年的 0.4454，总体下降了 0.2405 个指数点；而与亚美尼亚的贸易竞争强度发生强烈变化，从 2005 年的 0.6028 变化至 2013 年的 0.1854，总体下降了 0.4174 个指数点，从强烈贸易竞争关系变为较弱的贸易竞争关系，说明以色列的出口贸易结构与亚美尼亚的出口贸易结构有错位发展的趋势；除此之外，以色列与斯洛文尼亚、泰国、马来西亚以及约旦等国家的贸易竞争指数有小幅上升，与匈牙利、爱沙尼亚以及埃及等国家的贸易竞争指数小幅下降。

3. 以色列与“一带一路”其他国家的贸易互补关系

表 IL–22 为 2005 年及 2013 年以色列与“一带一路”其他国家贸易互补关系情况统计：

表 IL–22　以色列与“一带一路”其他国家贸易互补关系情况统计（2005 年、2013 年）

年份	平均贸易互补指数		指数分类	国家数量	占比（%）
2005	以本国出口计算	0.1482	TCT>0.3	0	0.00
			0.2<TCT<0.3	5	10.87
			TCT<0.2	41	89.13
	以他国出口计算	0.1883	TCT>0.3	7	15.22
			0.2<TCT<0.3	15	32.61
			TCT<0.2	24	52.17
2013	以本国出口计算	0.1665	TCT>0.3	0	0.00
			0.2<TCT<0.3	7	15.22
			TCT<0.2	39	84.78
	以他国出口算	0.2286	TCT>0.3	14	30.43
			0.2<TCT<0.3	12	26.09
			TCT<0.2	20	43.48

数据来源：重庆“一带一路”投资与贸易研究实验室

一般来说，贸易互补指数大于 0.3 说明有强烈贸易互补关系，大于 0.2 同时小于 0.3 说明有较强贸易互补关系，而小于 0.2 说明有较弱贸易互补关系；同时，一国的出口贸易结构与另一国的进口贸易结构相似程度越高，两国之间的贸易互补关系越强。

表 IL–22 显示，以色列与“一带一路”其他国家整体贸易互补关系较强。以以色列本国出口计算的平均贸易互补指数从 2005 年的 0.1482 增至 2013 年的 0.1665，整体上升了 0.0183 个指数点，说明以色列出口贸易结构与“一带一路”国家的进口贸易结构有趋同发展趋势。

按贸易互补指数分类分析，2013 年，以以色列计算的贸易互补指数大于 0.3 的国家有 0 个；贸易互补指数处于 0.2 与 0.3 之间的国家有 7 个，占比例为 15.22%，较 2005 年增加了 2 个国家；小于 0.2 的国家有 39 个，占比 84.78%，较 2005 年减少了 2 个国家。

而以他国出口计算的以色列与“一带一路”其他国家的平均贸易互补指数从 2005 年的 0.1883 上升至 2013 年的 0.2286，整体上升了 0.0403 个指数点。按贸易互补指数分类来看，2013 年，以他国出口计算的贸易互补指数大于 0.3 的国家有 14 个，占比 30.43%，较 2005 年增加了 7 个国家；处于 0.2 与 0.3 之间的国家有 12 个，占“一带一路”国家总数比例为 26.09%，较 2005 年减少了 3 个；剩余的 43.48% 的国家与以色列的贸易互补指数都小于 0.2，较 2005 年减少了 16.67%。

2005 年以色列与“一带一路”其他国家贸易互补关系详情如下表 IL-23 所示：

表 IL-23　以色列与“一带一路”其他国家贸易互补关系（2005 年）

国家代码	国家	贸易互补指数（以本国出口计算）	排名	贸易互补指数（以他国出口计算）	排名	贸易互补指数差值（以本国出口计算 - 以他国出口计算）
100	保加利亚	0.2654	1	0.2219	19	0.0435
818	埃及	0.254	2	0.1163	34	0.1377
51	亚美尼亚	0.2282	3	0.1522	27	0.076
643	俄罗斯	0.2136	4	0.2308	17	-0.0172
348	匈牙利	0.2053	5	0.3046	7	-0.0993
203	捷克	0.198	6	0.3109	5	-0.1129
699	印度	0.1959	7	0.3383	1	-0.1424
616	波兰	0.1863	8	0.2863	9	-0.1
233	爱沙尼亚	0.186	9	0.2522	13	-0.0662
792	土耳其	0.1852	10	0.256	12	-0.0708
428	拉脱维亚	0.185	11	0.2434	14	-0.0584
112	白俄罗斯	0.1707	12	0.2073	22	-0.0366
512	阿曼	0.1648	13	0.135	31	0.0298
702	新加坡	0.1615	14	0.3098	6	-0.1483
703	斯洛伐克	0.1605	15	0.2877	8	-0.1272
191	克罗地亚	0.1559	16	0.2334	15	-0.0775
440	立陶宛	0.154	17	0.2758	10	-0.1218
458	马来西亚	0.1519	18	0.3262	3	-0.1743
682	沙特阿拉伯	0.1516	19	0.1434	30	0.0082

续表

国家代码	国家	贸易互补指数（以本国出口计算）	排名	贸易互补指数（以他国出口计算）	排名	贸易互补指数差值（以本国出口计算－以他国出口计算）
634	卡塔尔	0.1498	20	0.1087	38	0.0411
642	罗马尼亚	0.1498	21	0.2324	16	–0.0826
268	格鲁吉亚	0.1492	22	0.1152	35	0.034
705	斯洛文尼亚	0.1482	23	0.228	18	–0.0798
764	泰国	0.1477	24	0.3311	2	–0.1834
422	黎巴嫩	0.1469	25	0.1801	23	–0.0332
144	斯里兰卡	0.1386	26	0.1112	37	0.0274
688	塞尔维亚	0.1383	27	0.2098	21	–0.0715
400	约旦	0.1322	28	0.1666	25	–0.0344
704	越南	0.1303	29	0.2179	20	–0.0876
498	摩尔多瓦	0.1291	30	0.1004	40	0.0287
70	波黑	0.1287	31	0.1229	33	0.0058
804	乌克兰	0.1283	32	0.1617	26	–0.0334
398	哈萨克斯坦	0.1226	33	0.1672	24	–0.0446
156	中国	0.1206	34	0.3121	4	–0.1915
8	阿尔巴尼亚	0.119	35	0.0753	42	0.0437
417	吉尔吉斯斯坦	0.1155	36	0.0942	41	0.0213
462	马尔代夫	0.1138	37	0.0476	45	0.0662
807	马其顿	0.1128	38	0.1475	29	–0.0347
608	菲律宾	0.1074	39	0.1249	32	–0.0175
586	巴基斯坦	0.1046	40	0.1038	39	0.0008
31	阿塞拜疆	0.1042	41	0.1509	28	–0.0467
360	印度尼西亚	0.1042	42	0.2699	11	–0.1657
496	蒙古	0.088	43	0.0483	44	0.0397
887	也门	0.0828	44	0.1114	36	–0.0286
116	柬埔寨	0.0749	45	0.0213	46	0.0536
626	东帝汶	0.0559	46	0.0719	43	–0.016
	平均数	0.1482	——	0.1883	——	–0.0401

数据来源：重庆“一带一路”投资与贸易研究实验室

2005年，以色列与“一带一路”其他国家贸易互补关系整体较弱。以以色列出口计算的贸易互补指数平均值为0.1482，排名前十的贸易互补强度的国家分别为：保加利亚、埃及、亚美尼亚、俄罗斯、匈牙利、捷克、印度、波兰、爱沙尼亚、土耳其，贸易互补指数依次为：0.2654、0.254、0.2282、0.2136、0.2053、0.198、0.1959、0.1863、0.186、0.1852；以他国出口计算的平均贸易互补指数为0.1883，排名前十的国家分别为印度、泰国、马来西亚、中国、捷克、新加坡、匈牙利、斯洛伐克、波兰以及立陶宛，贸易互补指数分别为0.3383、0.3311、0.3262、0.3121、0.3109、0.3098、0.3046、0.2877、0.2863、0.2758。

一般认为，贸易互补指数差值（以本国出口计算－以他国出口计算）大于0说明利于本国出口，反之利于他国出口。表中显示，2005年，土耳其与“一带一路”国家平均贸易互补指数差值为–0.0401，说明以色列与“一带一路”国家贸易整体有利于以色列进口贸易。其中，与以色列贸易互补指数差值大于0的国家共有16个，排名前十的“一带一路”国家分别是埃及、亚美尼亚、马尔代夫、柬埔寨、阿尔巴尼亚、保加利亚、卡塔尔、蒙古、格鲁吉亚以及阿曼，占比为37.48%；同时发现，与以色列贸易互补指数差值最大的“一带一路”国家是埃及，差值为0.1377，而最小的是中国，差值为–0.1915，此处可知以色列与埃及进行贸易利于土耳其出口贸易，而与中国贸易更利于其进口贸易。

下表为2013年以色列与“一带一路”其他国家贸易互补关系及排名情况：

表IL–24　以色列与“一带一路”其他国家贸易互补关系（2013年）

国家代码	国家	贸易互补指数（以本国出口计算）	排名	贸易互补指数（以他国出口计算）	排名	贸易互补指数差值（以本国出口计算－以他国出口计算）
702	新加坡	0.2303	1	0.3263	9	–0.096
458	马来西亚	0.2263	2	0.3443	4	–0.118
642	罗马尼亚	0.2162	3	0.2925	17	–0.0763
203	捷克	0.2155	4	0.3541	3	–0.1386
348	匈牙利	0.2154	5	0.3409	8	–0.1255
616	波兰	0.2128	6	0.3589	2	–0.1461
156	中国	0.2121	7	0.3439	5	–0.1318
705	斯洛文尼亚	0.1969	8	0.3021	13	–0.1052
643	俄罗斯	0.1951	9	0.2944	15	–0.0993
428	拉脱维亚	0.1913	10	0.3011	14	–0.1098
100	保加利亚	0.188	11	0.2925	16	–0.1045

续表

国家代码	国家	贸易互补指数（以本国出口计算）	排名	贸易互补指数（以他国出口计算）	排名	贸易互补指数差值（以本国出口计算－以他国出口计算）
699	印度	0.1839	12	0.3708	1	–0.1869
704	越南	0.1835	13	0.2674	20	–0.0839
688	塞尔维亚	0.1821	14	0.267	21	–0.0849
191	克罗地亚	0.1816	15	0.2797	19	–0.0981
233	爱沙尼亚	0.1814	16	0.3034	12	–0.122
764	泰国	0.1781	17	0.3435	6	–0.1654
498	摩尔多瓦	0.1774	18	0.1498	36	0.0276
703	斯洛伐克	0.176	19	0.3123	10	–0.1363
440	立陶宛	0.1753	20	0.3413	7	–0.166
422	黎巴嫩	0.175	21	0.2301	24	–0.0551
398	哈萨克斯坦	0.1749	22	0.215	25	–0.0401
682	沙特阿拉伯	0.174	23	0.1914	28	–0.0174
360	印度尼西亚	0.1733	24	0.2575	22	–0.0842
51	亚美尼亚	0.1698	25	0.1194	41	0.0504
804	乌克兰	0.1647	26	0.1808	30	–0.0161
268	格鲁吉亚	0.1642	27	0.1673	33	–0.0031
634	卡塔尔	0.1626	28	0.1471	37	0.0155
818	埃及	0.1596	29	0.2852	18	–0.1256
144	斯里兰卡	0.1592	30	0.1072	42	0.052
792	土耳其	0.1588	31	0.311	11	–0.1522
112	白俄罗斯	0.1587	32	0.2523	23	–0.0936
70	波黑	0.1558	33	0.1712	32	–0.0154
31	阿塞拜疆	0.1516	34	0.1933	27	–0.0417
8	阿尔巴尼亚	0.1496	35	0.2115	26	–0.0619
807	马其顿	0.1486	36	0.1359	39	0.0127
400	约旦	0.1457	37	0.1758	31	–0.0301
586	巴基斯坦	0.1291	38	0.1037	43	0.0254
462	马尔代夫	0.1267	39	0.002	46	0.1247
512	阿曼	0.1265	40	0.1815	29	–0.055
608	菲律宾	0.1202	41	0.1518	35	–0.0316

续表

国家代码	国家	贸易互补指数（以本国出口计算）	排名	贸易互补指数（以他国出口计算）	排名	贸易互补指数差值（以本国出口计算－以他国出口计算）
417	吉尔吉斯斯坦	0.1186	42	0.1265	40	−0.0079
496	蒙古	0.1178	43	0.1428	38	−0.025
887	也门	0.103	44	0.1548	34	−0.0518
116	柬埔寨	0.092	45	0.0543	45	0.0377
626	东帝汶	0.0615	46	0.06	44	0.0015
	平均数	0.1665		0.2286		−0.0621

数据来源：重庆“一带一路”投资与贸易研究实验室

2013 年，以色列与“一带一路”其他国家贸易互补关系较强，以以色列出口计算的平均贸易互补指数值为 0.1665，排名前十的国家包括：新加坡、马来西亚、罗马尼亚、捷克、匈牙利、波兰、中国、斯洛文尼亚、俄罗斯以及拉脱维亚，贸易互补指数对应依次为：0.2303、0.2263、0.2162、0.2155、0.2154、0.2128、0.2121、0.1969、0.1951、0.1913；以他国出口计算的平均贸易互补指数为 0.2286，排名前十的国家有印度、波兰、捷克、马来西亚、中国、泰国、立陶宛、匈牙利、新加坡以及斯洛伐克，对应的贸易互补指数为 0.3708、0.3589、0.3541、0.3443、0.3439、0.3435、0.3413、0.3409、0.3263、0.3123。

2013 年，以色列与“一带一路”国家平均贸易互补指数差值为 −0.0621，说明以色列与“一带一路”国家贸易利于以色列进口；其中，以色列贸易互补指数差值大于 0 的国家共仅 9 个，分别是马尔代夫、斯里兰卡、亚美尼亚、柬埔寨、摩尔多瓦、巴基斯坦、卡塔尔、马其顿以及东帝汶，占比 19.57%；同时发现，与以色列贸易互补指数差值最大的“一带一路”国家是马尔代夫，差值为 0.1247，而最小的是印度，差值为 −0.1869，此处可知以色列与马尔代夫进行贸易更利于以色列出口，而与印度贸易更利于其进口。

（六）中国与以色列的贸易关系

中国与以色列于 1992 年 1 月 24 日正式建立大师级外交关系，建交后双边关系发展顺利，合作领域不断拓宽。且于2008年8月，以色列总统佩雷斯来华参加北京奥运会开幕式，中以双方签署贸易协定、文化交流协定、民用航空协定、劳务输出协议、体育合作备忘录、教育合作协议、旅游合作协定、邮电通讯合作协议、工业技术研发框架和关于将加强经济贸易合作的备忘录等。2014年，佩雷斯第二次以总统身份访华，更进一步推进了中以的高层交往。同时，中国和以色列经济互补性增强且发展快，贸易总额逐年增长，届时，中国是以色列在亚洲的第一大贸易伙伴，也是其在全球的第二大贸易伙伴。

联合国贸发会议数据显示：2015年，中以双方贸易总额为114.28亿美元，较上年增加了5.04%，其中，中国出口到以色列86.24亿美元，较上年增加了11.44%，中国从以色列进口额为28.04亿美元，较上年减少了10.73%；中国对以色列长期保持着贸易顺差关系，2015年，中国对以色列贸易顺差额为58.20亿美元，占双方贸易额的50.93%。

同时，据联合国商品贸易数据库统计，中国出口到以色列排名前3的商品包括：电机、电气、音像设备及其零件等，机械器具及其零件以及针织或钩编的服装及衣着附件，此3种商品的出口占比合计34.02%；中国从以色列进口排前2名的商品主要包括电机、电气、音像设备及其零件等，医疗仪器及精密器械等以及宝石或半宝石、贵金属、包贵金属及其制品等，此3种商品的进口占比合计63.55%。

1. 中国出口到以色列情况

（1）中国出口到以色列的数量关系

中国出口到以色列规模较小，但有增加趋势。2015年，中国出口到以色列数额为86.24亿美元，较上年增长了11.44%，较2005年增加了66.70亿美元，年均增长16.01%。

表IL-25为2005—2015年中国出口到以色列数量变化具体情况：

表 IL-25　中国出口到以色列的数量关系（2005—2015年）

指标	2005	2006	2007	2008	2009	2010	2011	2012	2013	2014	2015
出口额（亿美元）	19.54	25.61	36.73	42.57	36.53	50.37	67.41	69.88	76.45	77.39	86.24
增幅（%）	26.72	31.06	43.42	15.90	–14.19	37.89	33.83	3.66	9.40	1.23	11.44

数据来源：http：//comtrade.un.org/

2005—2015年间，中国出口到以色列出口额整体呈大幅增加趋势，但于2009年有所下降。2005—2008年间，中国出口到以色列出口额从2005年的19.54亿美元先加速后减速增加至 2008 年的 42.57 亿美元，总共增加了 23.03 亿美元；2009 年，受全球金融危机的影响，中国出口到以色列数量下降至 36.53 亿美元，较上年减少了 14.19%；随后的 2010–2015 年，中国出口到以色列出口总额连续增加至 2015 年的 86.24 亿美元，当年增幅为 11.44%。图 IL–18 为 2005—2015 年中国出口到以色列数量关系及增幅变化直观显示：

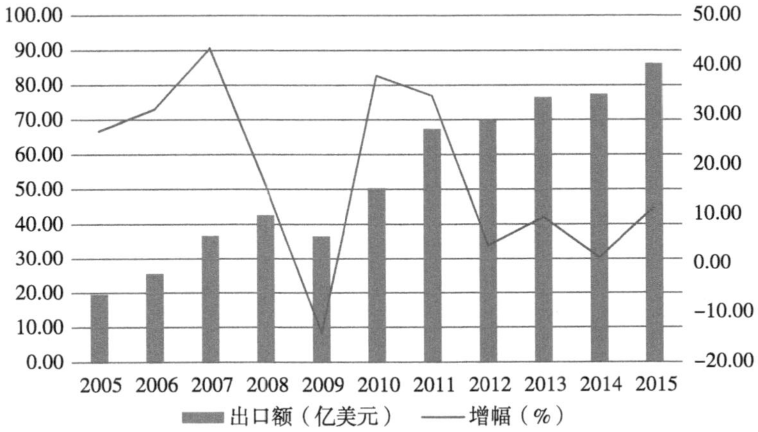

图 IL–18　中国出口到以色列的数量关系（2005—2015 年）

（2）中国出口到以色列的产品结构关系

中国出口到以色列产品较集中，出口数额排名前三的产品占中国出口到以色列产品总额的三成比例。

2005 年及 2015 年中国出口到以色列主要产品结构如表 IL–26 及表 IL–27 所示：

表 IL–26　中国出口到以色列主要产品结构（2005 年）

产品种类	出口额（百万美元）	排名	占比（%）
电机、电气设备及其零件；录音机及放声机、电视图像、声音的录制和重放设备及其零件、附件	256.05	1	13.10
核反应堆、锅炉、机器、机械器具及其零件	224.71	2	11.50
针织或钩编的服装及衣着附件	221.44	3	11.33
有机化学品	113.39	4	5.80
非针织或非钩编的服装及衣着附件	101.13	5	5.17
天然或养殖珍珠、宝石或半宝石、贵金属、包贵金属及其制品；仿首饰、硬币	82.71	6	4.23
塑料及其制品	66.60	7	3.41
鞋靴、护腿和类似品及其零件	57.67	8	2.95

续表

产品种类	出口额（百万美元）	排名	占比（%）
家具；寝具、褥垫、弹簧床垫、软坐垫及类似的填充制品；未列名灯具及照明装置；发光标志、发光铭牌及类似品；活动房屋	57.20	9	2.93
木及木制品；木炭	56.49	10	2.89
合计	1237.39		63.31

数据来源：http：//comtrade.un.org/

表 IL-27　中国出口到以色列主要产品结构（2015 年）

产品种类	出口额（百万美元）	排名	占比（%）
电机、电气设备及其零件；录音机及放声机、电视图像、声音的录制和重放设备及其零件、附件	1076.62	1	12.48
核反应堆、锅炉、机器、机械器具及其零件	949.12	2	11.00
针织或钩编的服装及衣着附件	908.82	3	10.54
家具；寝具、褥垫、弹簧床垫、软坐垫及类似的填充制品；未列名灯具及照明装置；发光标志、发光铭牌及类似品；活动房屋	462.80	4	5.37
有机化学品	438.61	5	5.09
非针织或非钩编的服装及衣着附件	430.25	6	4.99
钢铁	357.98	7	4.15
塑料及其制品	347.95	8	4.03
鞋靴、护腿和类似品及其零件	309.75	9	3.59
钢铁制品	279.70	10	3.24
合计	5561.60		64.48

数据来源：http：//comtrade.un.org/

2015 年，中国出口到以色列排名前十的产品出口额合计 5561.60 百万美元，占中国出口到以色列总出口额的 64.48%。其中，中国出口到以色列的产品中对电机、电气设备及其零件；录音机及放声机、电视图像、声音的录制和重放设备及其零件、附件（12.48%），核反应堆、锅炉、机器、机械器具及其零件（11.00%），针织或钩编的服装及衣着附件（10.54%）三大类产品的出口数额分别为 1076.62 百万美元、949.12 百万美元、908.82 百万美元，相比于 2005 年，出口数额分别增加了 320.47%、322.38%、310.41%；而相关占比分别下降了 4.73%、4.35%、6.97%。除此之外，中国出口到以色列的钢铁、塑料及其制成品等相关产品的出口规模有所增加，而对非针织或非钩编的服装及衣着附件等产品的出口相对其他产品的出口规模有所下降。

2. 中国从以色列进口情况

（1）中国从以色列进口的数量关系

中国从以色列进口总规模较小，但有小幅增加趋势。2015 年，中国从以色列进口额为 28.04 亿美元，较上年减少 10.73%，较 2005 年增加了 17.30 亿美元。

2005—2015 年中国从以色列进口数量及增幅具体情况如下表 IL-28：

表 IL-28　中国从以色列进口数量关系（2005—2015 年）

指标	2005	2006	2007	2008	2009	2010	2011	2012	2013	2014	2015
进口额（亿美元）	10.74	13.14	16.54	17.93	15.24	26.07	30.38	29.23	31.81	31.41	28.04
增幅（%）	13.89	22.35	25.88	8.40	-15.00	71.06	16.53	-3.79	8.83	-1.26	-10.73

数据来源：http：//comtrade.un.org/

上表显示，2005—2008 年，中国从以色列进口的进口数量呈小幅增加状态，从 2005 年的 10.74 亿美元增加至 2008 年的 17.93 亿美元，总共增加了 66.95%；2009 年进口数额呈现负增长，减小至 15.24 亿美元，较上年减小了 15.00%；2010 年，中国从以色列进口数额大幅增加至 26.07 亿美元；随后的 2011-2015 年，中国从以色列进口数额在较高位波动，2015 年中国从以色列进口数额为 28.04 亿美元，较上年减少了 10.73%，较 2005 年增加了 161.08%。下图为中国从以色列进口数量及增幅的双 Y 图：

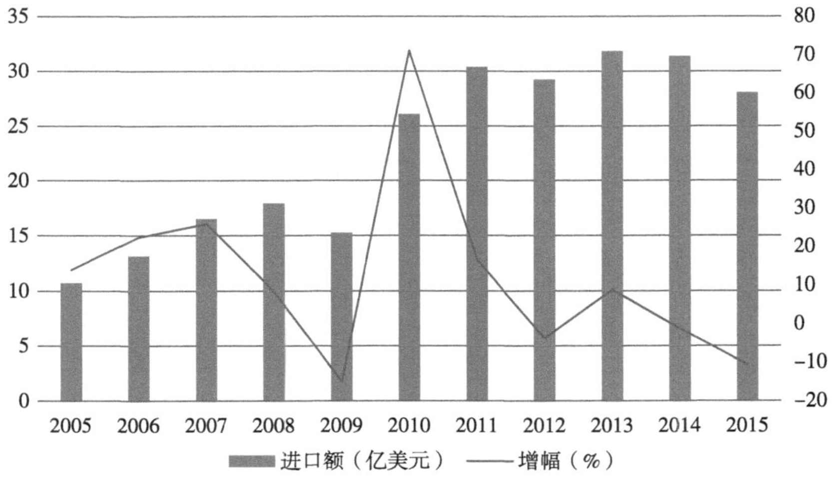

图 IL-19　中国从以色列进口数量关系（2005—2015 年）

（2）中国从以色列进口的产品结构关系

中国从以色列进口的产品尤其集中，进口排名前三的产品数额占中国从以色列总进口额的六成比例。

表 IL-29 及表 IL-30 为 2005 年及 2015 年中国从以色列进口的主要进口产品结构相关情况：

表 IL-29　中国从以色列主要进口产品结构（2005 年）

产品种类	进口额（百万美元）	排名	占比（%）
电机、电气设备及其零件；录音机及放声机、电视图像、声音的录制和重放设备及其零件、附件	265.70	1	24.75
天然或养殖珍珠、宝石或半宝石、贵金属、包贵金属及其制品；仿首饰、硬币	223.12	2	20.78
光学、照相、电影、计量、检验、医疗或外科用仪器及设备、精密仪器及设备；上述物品的零件、附件	217.96	3	20.30
肥料	110.12	4	10.26
核反应堆、锅炉、机器、机械器具及其零件	65.32	5	6.08
有机化学品	45.47	6	4.24
无机化学品；贵金属、稀土金属、放射性元素及其同位素的有机及无机化合物	31.24	7	2.91
贱金属工具、器具、利口器、餐匙、餐叉及其零件	18.65	8	1.74
未分类产品	16.97	9	1.58
塑料及其制品	14.26	10	1.33
合计	1008.81		93.97

数据来源：http：//comtrade.un.org/

表 IL-30　中国从以色列进口产品结构（2015 年）

产品种类	进口额（百万美元）	排名	占比（%）
电机、电气设备及其零件；录音机及放声机、电视图像、声音的录制和重放设备及其零件、附件	800.89	1	28.56
光学、照相、电影、计量、检验、医疗或外科用仪器及设备、精密仪器及设备；上述物品的零件、附件	547.71	2	19.53
天然或养殖珍珠、宝石或半宝石、贵金属、包贵金属及其制品；仿首饰、硬币	433.53	3	15.46
肥料	320.29	4	11.42
核反应堆、锅炉、机器、机械器具及其零件	229.55	5	8.19
塑料及其制品	83.66	6	2.98

续表

产品种类	进口额（百万美元）	排名	占比（%）
无机化学品；贵金属、稀土金属、放射性元素及其同位素的有机及无机化合物	57.02	7	2.03
贱金属工具、器具、利口器、餐匙、餐叉及其零件	56.68	8	2.02
有机化学品	54.18	9	1.93
其他贱金属、金属陶瓷及其制品	38.38	10	1.37
合计	2621.89		93.49

数据来源：http：//comtrade.un.org/

2015 年，中国从以色列进口的主要产品进口数额合计 2621.89 百万美元，占中国从以色列总进口额的 93.49%。其中，中国对电机、电气设备及其零件；录音机及放声机、电视图像、声音的录制和重放设备及其零件、附件（28.56%），光学、照相、电影、计量、检验、医疗或外科用仪器及设备、精密仪器及设备；上述物品的零件、附件（19.53%），天然或养殖珍珠、宝石或半宝石、贵金属、包贵金属及其制品；仿首饰、硬币（15.46%）的进口数额分别为 800.89 百万美元、547.71 百万美元、433.53 百万美元，相比 2005 年，进口规模都有大幅度增加，除机电设备占比上升了 15.39%，其余两种产品占比分别下降了 0.77 个百分点、5.32 个百分点。此外，中国从以色列进口的有机化学品规模相对减小，占比下降了 2.31 个百分点，排名下降了 3 个名次；除此之外的其他产品的进口规模和占比都有不同幅度的增加或减小。

3. 中国与以色列贸易竞争、互补关系

中国与以色列 2005 年及 2013 年贸易竞争、互补关系情况统计情况如下表 IL-31 所示：

表 IL-31　中国与以色列贸易竞争、互补关系情况统计（2005 年、2013 年）

年份	贸易竞争指数	贸易互补指数	
		（以中国出口计算）	（以以色列出口计算）
2005	0.0615	0.3121	0.1206
2013	0.0843	0.3439	0.2121

数据来源：重庆"一带一路"投资与贸易研究实验室

（1）中国与以色列有强贸易互补关系。2013 年，以中国出口计算的贸易互补指数为 0.3439，排名第 12 位。

（2）中国与以色列贸易互补关系具有增强的趋势。从以中国出口计算的贸易互

补指数看，2005 年，以色列与中国贸易互补指数为 0.3121；2013 年为 0.3439，2005 年至 2013 年，中国与以色列贸易互补指数增加了 10.19%。

（3）以中国出口计算的贸易互补指数大于以以色列出口计算的贸易互补指数，有利于中国出口，同时有利于以色列进口。2005 年，以以色列出口计算的贸易互补指数为 0.1206，以中国出口计算的贸易互补指数为 0.3121；2013 年，以以色列出口计算的贸易互补指数为 0.2121；以中国出口计算的贸易互补指数为 0.3439。

（4）中国与以色列的贸易竞争关系较弱。2005 年，两国贸易竞争指数为 0.0615，排名为 28 位；2013 年，以色列与中国的贸易竞争指数为 0.0843，排名为 21 位。2005 年至 2013 年，中国与以色列的贸易竞争指数上升了 0.0228，排名下降了 7 位。

八、阿拉伯埃及共和国（The Arab Republic of Egypt）

（一）基本情况

埃及历史悠久，是世界四大文明发祥地之一，素有“世界名胜古迹博物馆”之称。1958 年，埃及与叙利亚合并成立阿拉伯联合共和国；1961 年，叙利亚发生政变，退出“阿联”；1971 年 9 月 1 日，“阿联”改名为阿拉伯埃及共和国（The Arab Republic of Egypt）。埃及是中东人口最多的国家，亦是非洲人口第二大国，虽人口密度高，但城镇化率低，90% 的人信仰伊斯兰教逊尼派；2015 年，埃及人口总数为 9151 万人，人口密度为 91.93 人 / 平方公里，城镇化率为 43.14%。埃及地理位置重要，其地处欧亚非三大洲的交通要冲，北部隔地中海与欧洲相望，东部经阿里什直通巴勒斯坦，西与利比亚为邻，南与苏丹交界，东临红海并与巴勒斯坦、以色列接壤，又由于苏伊士运河沟通了大西洋与印度洋，因此埃及战略位置和经济意义都尤为重要。由于埃及境内 94% 都为沙漠地区，由此，埃及自然资源较贫乏。埃及经济整体发展较好，为非洲第三大经济体，但由于国内政治不安，社会动荡，人口众多，导致其人民生活水平低；2015 年，埃及国内生产总值（GDP）为 33.08 百亿美元，排在世界第 38 位，而人均 GDP 为 3614.75 美元，属中下等收入经济体。

1. 建国历程

埃及是世界四大文明古国之一。公元前 3200 年，美尼斯统一埃及建立了第一个奴隶制国家，当时国王称法老。主要经历了早王国、古王国、中王国、新王国和后王朝时期，共 30 个王朝。古王国开始大规模建金字塔。中王国经济发展、文艺复兴。新王国生产力显著提高，开始对外扩张，成为军事帝国。后王朝时期，内乱频繁，外患不断，国力日衰。公元前 525 年，埃及成为波斯帝国的一个行省。在此后的一千多年间，埃及相继被希腊和罗马征服。公元 641 年，阿拉伯人入侵，埃及逐渐阿拉伯化，成为伊斯兰教一个重要中心。1517 年埃及被土耳其人征服，成为奥斯曼帝国的一个行省。1882 年英军占领后成为英国“保护国”。1922 年 2 月 28 日，英国宣布埃及成为独立国家，但保留对国防、外交、少数民族等问题的处置权。1952 年 7 月 23 日，以纳赛尔为首的自由军官组织推翻法鲁克王朝，成立革命指导委员会，掌握国家政权。1953 年 6 月 18 日，宣布成立埃及共和国。1958 年 2 月，埃及同叙利亚合并成立阿拉伯联合共和国。1961 年，叙利亚发生政变，退出“阿联”。1971 年 9 月 1 日，埃及改名为阿拉伯埃及共和国（The Arab Republic of Egypt）。2014 年 6 月 3 日，塞西在总统选举中，赢得 96.91% 的选票，当选埃及总统。[①]

2. 人口状况

埃及人口规模较大，但人口密度高，城镇化率低。表 EG-1 为 2015 年埃及人口总数及其构成统计情况：

表 EG-1　埃及人口总数及其构成（2015 年）

指标	年末数（万人）	比重（%）
人口总数	9151	100
其中：城镇	3947	43.14
农村	5204	56.87
其中：男性	4624	50.53
女性	4527	49.47
其中：0–14 岁	3034	33.16
15–64 岁	5639	61.62
65 岁及其以上	478	5.22

数据来源：世界银行，http：//data.worldbank.org/

埃及约有 96% 的人口居住在尼罗河谷和三角洲地区。2015 年，埃及人口总数为 9151 万人，人口密度为 91.93 人 / 平方公里；其中城镇人口 3974 万人，农村人口 5204 万人，占比分别为 43.14%、56.87%；男性人口 4624 万人，女性人口 4527 万人，占比分别为 50.53%、49.47%；0–14 岁人口数为 3034 万人，15–64 岁人口数为 5639 万人，65 岁及其以上人口数为 478 万人，占比分别为 33.16%、61.62%、5.22%。

表 EG-2 和图 EG-1 为埃及 2005—2015 年埃及人口总数及相应增幅情况：

① http：//fec.mofcom.gov.cn/article/tzhzcj/tzhz/

表 EG-2　埃及人口总数及增幅情况（2005—2015 年）

指标	2005	2006	2007	2008	2009	2010	2011	2012	2013	2014	2015
人口总数（万人）	7494	7627	7761	7898	8044	8204	8379	8566	8761	8958	9151
增幅（%）	1.82	1.77	1.76	1.77	1.85	1.99	2.13	2.24	2.28	2.25	2.15

数据来源：世界银行，http：//data.worldbank.org/

由上表可以分析出，近十几年，埃及人口增长较为缓慢。2005—2015 年，埃及人口数从 7494 万人增加至 2015 年的 9151 万人，整体增加了 1657 万人，总增幅为 22.11%，年均仅增加 2.02%。

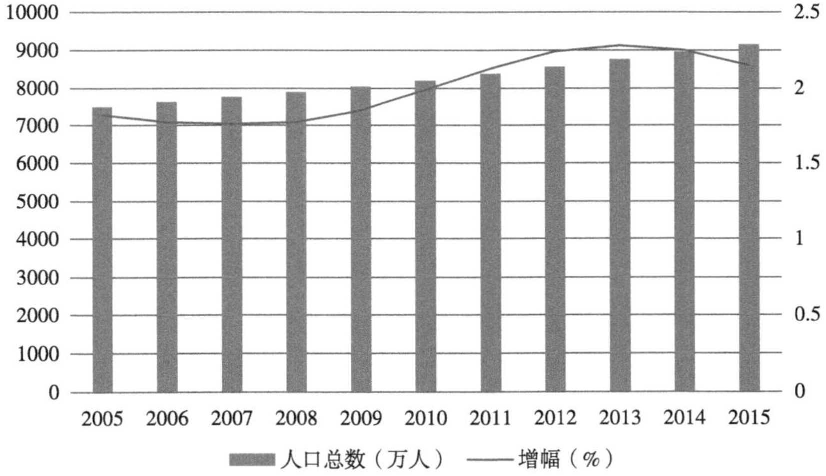

图 EG-1　埃及人口总数及增幅情况（2005—2015 年）

3. 地域状况

埃及地理位置重要。其地处欧亚非三大洲的交通要冲，北部隔地中海与欧洲相望，东部经阿里什直通巴勒斯坦。西与利比亚为邻，南与苏丹交界，东临红海并与巴勒斯坦、以色列接壤，东南与约旦、沙特阿拉伯相望，海岸线长约 2900 多千米。尼罗河纵贯南北，全长 6700 公里，在埃及境内长 1530 公里。苏伊士运河沟通了大西洋与印度洋，战略位置和经济意义都十分重要。同时，埃及在“一带一路”地图上，处于“丝绸之路经济带”和“21 世纪海上丝绸之路”的交汇点。

埃及大部分位于非洲东北部，只有苏伊士运河以东的西奈半岛位于亚洲西南部。按自然地理，埃及可分为 4 个区：尼罗河谷和三角洲、西部利比亚沙漠、东部阿拉伯沙漠和西奈半岛。尼罗河谷和三角洲地区地标平坦。西部的利比亚沙漠是撒哈拉沙漠的东北部分，为自南向北倾斜的高原。西奈半岛面积约 6 万平方公里，大部分为沙漠，南部山地有埃及最高峰圣卡特琳山，海拔 2629 米，地中海沿岸多沙丘。开罗以南通称上埃及，以北为下埃及。

4. 资源禀赋

埃及境内 94% 都为沙漠地区，因此埃及自然资源较贫乏。其最主要的水资源来自于尼罗河，根据尼罗河流域 9 国签订的和水分配协议，目前埃及享有尼罗河水的份额为 550 亿立方米，占埃及淡水资源总额的 90% 左右。此外，埃及积极对农业灌溉水再次利用。除水资源外，埃及是非洲地区重要的石油和天然气生产国，石油和天然气的探明储量分别位居非洲国家第五位和第四位，其已探明的矿产储量为：石油 44.5 亿桶，天然气 2.19 万亿立方米，磷酸盐约 70 亿吨，铁矿 6000 万吨。此外还有锰、煤、金、锌、铬、银、钼、铜和滑石等。①

5. 经济实力

埃及整体经济发展近年较好，为非洲第三大经济体。2015 年，埃及 GDP 为 33.08 百亿美元，在全球所有经济体中排名第 38 位；而人均 GDP 为 3614.75 美元，属中下等收入经济体。

埃及 2005—2015 年 GDP 及相关增长率情况如下表 EG-3 所示：

表 EG-3　埃及 GDP 及增长率情况（2005—2015 年）

指标	2005	2006	2007	2008	2009	2010	2011	2012	2013	2014	2015
GDP（百亿美元）	8.97	10.75	13.05	16.28	18.90	21.89	23.60	27.64	28.60	30.15	33.08
增长率（%）	13.83	19.84	21.40	24.75	16.09	15.82	7.81	17.12	3.47	5.42	9.72

数据来源：世界银行，http：//data.worldbank.org/

埃及经济近年稳定发展，且其中并未受到全球金融危机的影响而面临经济下行的局面。2005 年，埃及 GDP 值为 8.97 百亿美元，增长率为 13.83%；而后一直至 2009 年，埃及 GDP 都以倒“V”形状的增长率向上攀升，在 2008 年，埃及 GDP 增长率达最大值，为 24.75%；2009 年，埃及 GDP 值为 18.90 百亿美元，较 2005 年增加了 9.93 百亿美元；从 2009 年开始，埃及经济增速逐步放缓，尤其 2011 年初以来的政局动荡，让埃及经济增速进一步放缓；直至 2014 年，埃及 GDP 为 30.15 百亿美元，较 2005 年增加了 21.18 百亿美元；埃及总统塞西上台后，随着相应政策的实施，埃及国民经济增速有所回升，2015 年，埃及 GDP 达 33.08 百亿美元，较上年增长了

① 资料来源；http：//fec.mofcom.gov.cn/article/tzhzcj/tzhz/

9.72%，比 2005 年增加了 24.11 百亿美元，年均增加 13.94%。

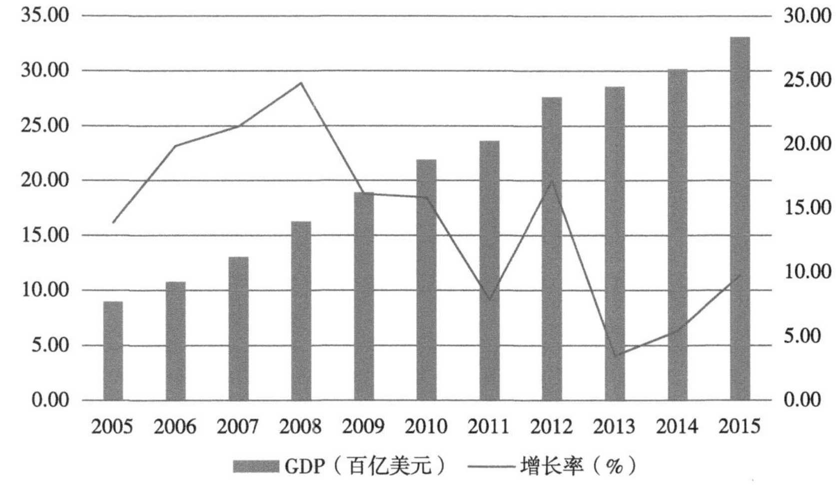

图 EG-2　埃及 GDP 及增长率情况（2005—2015 年）

下表 EG-4 为埃及人均 GDP 及相应增长率情况：

表 EG-4　埃及人均 GDP 及增长率情况（2005—2015 年）

年份	人均 GDP（现价美元）	增长率（%）
2005	1196.73	11.71
2006	1409.18	17.75
2007	1681.31	19.31
2008	2061.61	22.62
2009	2349.29	13.95
2010	2668.04	13.57
2011	2816.67	5.57
2012	3226.13	14.54
2013	3264.45	1.19
2014	3365.71	3.10
2015	3614.75	7.40

数据来源：世界银行，http：//data.worldbank.org/

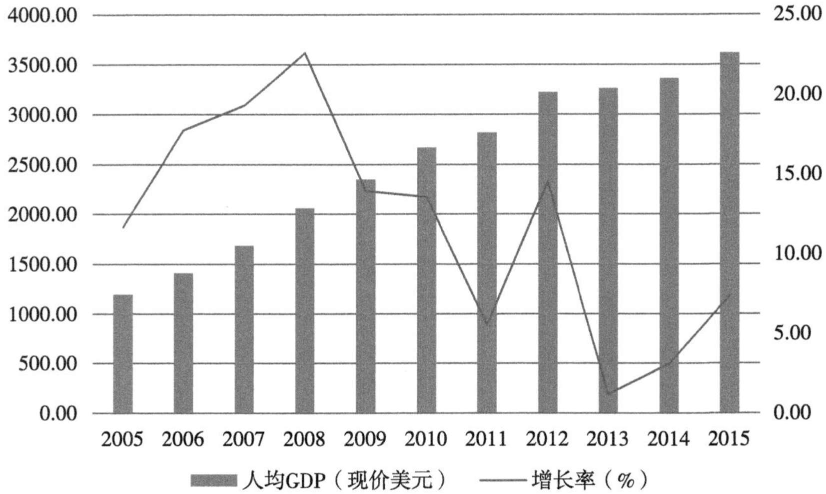

图 EG-3　埃及人均 GDP 及增长率情况（2005—2015 年）

埃及人均 GDP 近年以不同的增速缓慢上升，由人均 GDP 衡量的经济水平，埃及处于中下等收入经济体。2005—2015 年，埃及人均 GDP 从 2005 年的 1196.73 美元增加至 2015 年的 3614.75 美元，整体增加了 2418.02 美元，年均增加 11.69%；同时，增长率在 2008 年达最高值，为 22.62%，在 2013 年达最低值，为 1.19%。

（二）产业情况

埃及三次产业结构比重呈现三、二、一比例特征。2005—2015 年，埃及三次产业结构从 15：36：49 调整为 11：36：53；其中，农业其对 GDP 的贡献率相对二、三产业有所下降，整体下降了 4 个百分点；工业对 GDP 的贡献比例较为稳定；而服务业对埃及 GDP 的拉动作用愈发明显。

埃及农业在国民经济中占重要地位，但随着人口的增长，埃及仍需进口粮食，是世界上最大的食品进口国之一，农产品主要出口棉花、土豆和大米；埃及工业主要是油气工业和纺织工业，其炼油能力居非洲大陆首位，而且拥有较完整地纺织工业产业链；此外，埃及服务业主要集中于旅游业和交通运输业，为四大文明古国之一的埃及，有大量的埃及古代文明的遗迹，由此大力拉动了旅游业的发展。

1. 第一产业

（1）第一产业基本情况

埃及农业近年发展较快，但对 GDP 贡献减小。2005—2015 年，埃及农业增加值从 125.40 亿美元增加至 2015 年的 374.31 亿美元，年均增加 11.56%；占 GDP 比重从

2005 年的 14.88% 下滑至 2015 年的 11.18%，整体下降了 24.87%。

表 EG-5 为 2005—2015 年农业增加值及其增幅状况：

表 EG-5　埃及农业增加值及相关情况（2005—2015 年）

指标	2005	2006	2007	2008	2009	2010	2011	2012	2013	2014	2015
增加值（亿美元）	125.40	142.28	175.10	205.64	245.64	292.01	327.31	314.93	325.36	346.40	374.31
增幅（%）	11.46	13.46	23.07	17.44	19.45	18.88	12.09	–3.78	3.31	6.47	8.06
占GDP比重（%）	14.88	14.07	14.07	13.22	13.63	13.99	14.52	11.14	10.99	11.09	11.18

数据来源：世界银行，http：//data.worldbank.org/

由上表详情可知，2005—2015 年，埃及农业增加值除在 2012 年有小幅下降外，其余年份都处上升状态。2005 年，埃及农业增加值为 125.40 亿美元；2006-2011 年，埃及农业增加值以波动的增幅增加，至 2011 年，增加值为 327.31 亿美元，较 2005 年增加了 201.91 亿美元；2012 年，埃及农业增加值小幅下降，值为 314.93 亿美元，较上年减少了 3.78%；但随后的 2013-2015 年，增加值加速增加至 2015 年的 374.31 亿美元，较 2012 年增加了 18.85%，比 2005 年增加了 198.49%。图 EG-4 为埃及农业增加值及增幅变化轨迹。

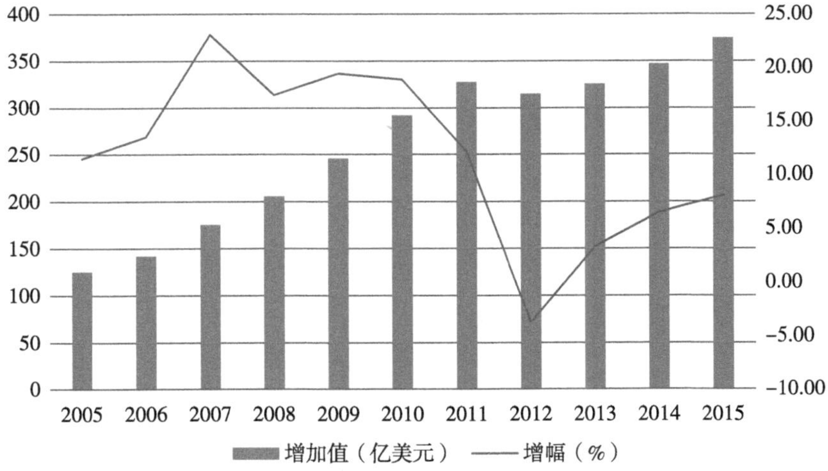

图 EG-4　埃及农业增加值及增幅情况（2005—2014 年）

2005—2015 年农业增加值占 GDP 比重情况如下图 EG-5 所示，近十几年处于波动下降趋势。2005 年，其占比为 14.88%；2006-2008 年小幅下降，至 2008 年，占比为 13.22%，较 2005 年下降了 1.66 个百分点；2009-2011 年，埃及农业增加值占比小幅增加至2011年的14.52%，较2008年上升了1.3个百分点，之后2012—2013年，占比以较大幅度下降至2013年的10.99%，较2011年下降了3.53个百分点；2014—2015年，占比上升至11.18%。

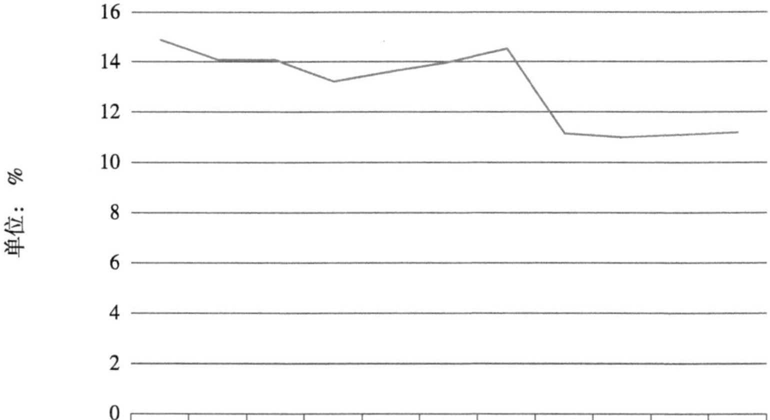

	2005	2006	2007	2008	2009	2010	2011	2012	2013	2014	2015
—— 占GDP比重	14.88	14.07	14.07	13.22	13.63	13.99	14.52	11.14	10.99	11.09	11.18

图 EG-5 埃及农业增加值占 GDP 比重情况（2005—2015 年）

（2）第一产业构成

埃及是传统农业国，可耕地面积占全国总面积的3.5%。主要农作物有棉花、小麦、水稻、玉米等。小麦自给率为58%，玉米为56.6%，肉类为80%，石油为61.9%，食糖为86.2%。近几年，随着埃及农业政策的改革，基础设施的改善，埃及农业稳步增长。但随着人口增加，埃及仍需进口粮食，是世界最大的粮食进口国之一。主要出口产品为棉花、大米、土豆和柑橘；其中，埃及棉花年产量约40万吨，占世界总产量40%；在2014年埃及柑橘继续占领世界第六大柑橘生产商以及第二大出口商的地位，产量达250万吨。据农业部报告显示，埃及2015年大米产量为270万吨，而消费量为360万吨。①

2. 第二产业

（1）第二产业基本情况

埃及工业增加值发展迅速，对GDP的贡献在三次产业中远超三成比例。2005—2015年，埃及工业增加值从2005年的306.27亿美元增加至2015年的1215.82亿美元，年均增加14.78%；占GDP比重从2005年的36.33%变化至2015年的36.32%，总共下降了0.01个百分点。

① 资料来源：http：//fec.mofcom.gov.cn/article/tzhzcj/tzhz/

下表 EG-6 及图 EG-6 为埃及 2005—2015 年十一年工业增加值及占比情况：

表 EG-6 埃及工业增加值及相关情况（2005—2014 年）

指标	2005	2006	2007	2008	2009	2010	2011	2012	2013	2014	2015
增加值（亿美元）	306.27	388.61	457.53	589.61	676.87	783.28	848.47	1096.57	1151.08	1218.77	1215.82
增幅（%）	12.05	26.88	17.74	28.87	14.80	15.72	8.32	29.24	4.97	5.88	–0.24
占 GDP 比重（%）	36.33	38.43	36.76	37.91	37.55	37.53	37.63	38.78	38.89	39.01	36.32

数据来源：世界银行，http：//data.worldbank.org/

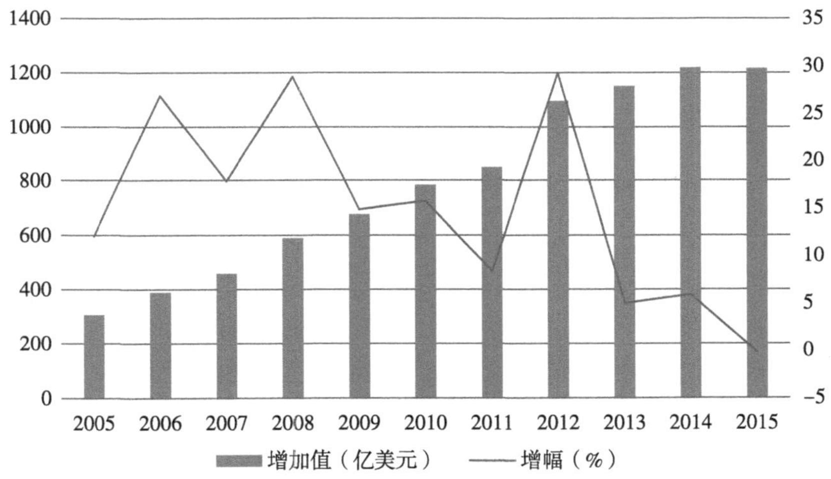

图 EG-6 埃及工业增加值及增幅情况（2005—2014 年）

2005—2015 年，埃及工业增加值以波动的增幅连续增加。2005 年，埃及工业增加值为 306.27 亿美元，随后的 2006-2015 年，其工业增加值都呈增加状态，在 2012 年，增幅达最大，为 29.24%；但随后几年，埃及的工业增加值减速增加至 2015 年的 1215.82 亿美元，总体增加了 909.55 亿美元。

埃及工业增加值占 GDP 比重变化情况如下图 EG-7 所示，呈大幅波动状态，到 2015 年又回至 2005 年的状态，且稍有下降。2005—2007 年，埃及工业增加值以倒“V”状变化，从 2005 年的 36.33% 变化至 2007 年的 36.76%；2008 年出现小幅上升，占比为 37.91%；2009-2010 年又呈负增长，2010 年，占比为 37.53%，较 2008 年减少了 0.38 个百分点；2011-2014 年，埃及工业增加值占 GDP 比重先缓慢后快速增加，至 2014 年，其占比值为 39.01%，较 2010 年增加了 1.48 个百分点；但 2015 年，占比急剧下降至 36.32%，较上年减少了 2.69 个百分点，较 2005 年下降了 0.01 个百分点。

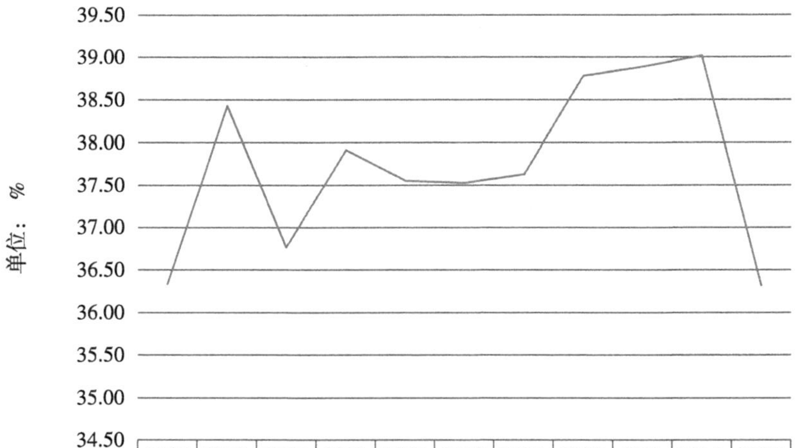

	2005	2006	2007	2008	2009	2010	2011	2012	2013	2014	2015
—— 占GDP比重	36.33	38.43	36.76	37.91	37.55	37.53	37.63	38.78	38.89	39.01	36.32

图 EG-7　埃及工业增加值占 GDP 比重情况（2005—2014 年）

（2）第二产业构成

埃及第二产业主要包括纺织工业以及油气工业。目前，埃及炼油能力居非洲大陆首位，现有 10 座炼厂，日处理原油能力 97.5 万桶。现有 4 套 LNG 装置，年生产能力 1870 万吨。埃及与 2004 年制定了首个石化产业发展规划，计划在未来 20 年里，利用国内外 100 亿美元投资兴建 14 个大型石化企业，使石油产品年生产能力达到 1500 万吨，产值 70 亿美元。

而埃及的纺织工业产业链较完整。纺织业占埃及 GDP 比重 3%，占制造业总产值的 27%。埃及大部分纺织品销往欧盟和美国。埃及目前约有 5500 家纺织企业，吸纳就业约 150 万人，占全国工业就业人口的 30%。埃及东方纺织公司是世界上最大的极致地毯生产公司，年生产量达 1.1 亿立方米。其产量占埃及市场份额的 85%，占美国地毯市场的 25%，欧洲的 20%。同时，埃及国有纺织工业运营步履艰难。3 家最大的纺织公司 90% 的订单来自军方。其沉重的债务负担、老旧的设备和僵化的劳工政策使其无法与进口产品和私营企业竞争。①

3. 第三产业

（1）第三产业基本情况

埃及服务业飞速发展，且占据埃及国民经济重要地位。2005—2015 年，埃及服务等附加值从 411.32 亿美元快速增加至 1757.44 亿美元，年均增加 15.63%；占 GDP 比重从 2005 年的 48.79% 上升至 2015 年的 52.50%，整体上升了 3.71 个百分点。

① 资料来源：http：//fec.mofcom.gov.cn/article/tzhzcj/tzhz/

埃及服务等附加值及增幅情况如下表 EG-7 及图 EG-8：

表 EG-7 埃及服务等附加值及相关情况（2005—2015 年）

指标	2005	2006	2007	2008	2009	2010	2011	2012	2013	2014	2015
附加值（亿美元）	411.32	480.35	611.87	759.84	880.02	1011.98	1078.91	1416.25	1483.74	1558.72	1757.44
增幅（%）	15.70	16.78	27.38	24.18	15.82	15.00	6.61	31.27	4.77	5.05	12.75
占 GDP 比重（%）	48.79	47.50	49.17	48.86	48.82	48.48	47.85	50.08	50.12	49.90	52.50

数据来源：世界银行，http：//data.worldbank.org/

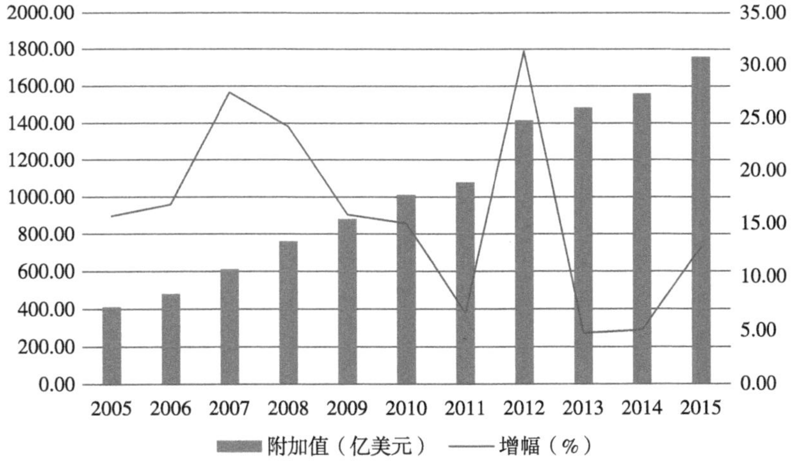

图 EG-8 埃及服务等附加值及增幅情况（2005—2015 年）

2005—2015 年，埃及服务等附加值以大幅波动的增幅快速增加。2005 年，其附加值为 411.32 亿美元，增幅为 15.70%；随后的 2006-2009 年，附加值以倒“V”型的增幅增加至 2009 年的 880.02 亿美元，较 2005 年增加了 468.70 亿美元；2010-2015 年，附加值增加至 2015 年的 1757.44 亿美元，当年增幅为 12.75%，附加值较 2005 年整体增加了 1346.12 亿美元。

埃及服务等附加值占 GDP 比重情况如下图所示，其处于波动上升趋势。2005-2012 年，埃及服务等附加值以“W”状变化，2005 年，占比为 48.79%，之后减至 2006 年的最低占比值，为 47.50%，随后波动至 2012 年的 50.08%，占比首次突破百分之五十；2013-2015 年，埃及服务等附加值呈反身“L”状增加至 2015 年的 52.50%，是近十一年间最高占比值，较 2005 年增加了 3.71 个百分点。

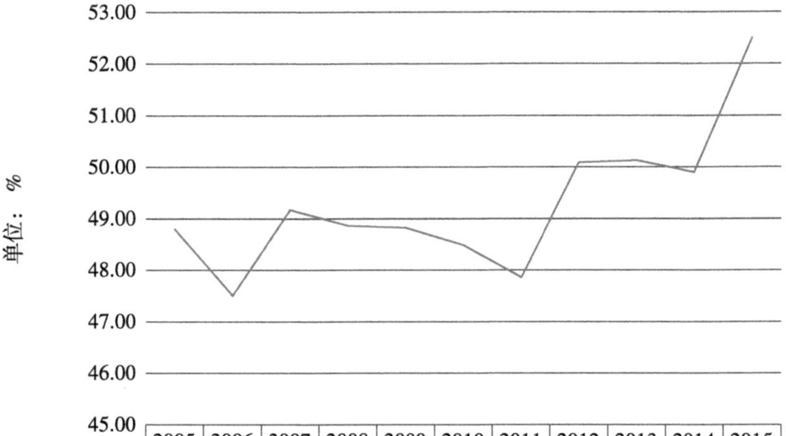

	2005	2006	2007	2008	2009	2010	2011	2012	2013	2014	2015
—— 占GDP比重	48.79	47.50	49.17	48.86	48.82	48.48	47.85	50.08	50.12	49.90	52.50

图 EG-9　埃及服务等附加值占 GDP 比重情况（2005—2015 年）

（2）第三产业构成

埃及第三产业主要是旅游业和交通运输业。埃及旅游业对 GDP 的贡献率约 11%。据埃及旅游部统计数据，2013 年，埃及旅游收入为 59 亿美元，2014 年为 73 亿美元。2014/2015 财年埃及旅游收入为 78 亿美元。埃及旅游业从业人数达 350 万，直接从业者为 180 万人，间接从业者为 170 万人。目前，埃及有酒店房间 22.5 万个，其中 65% 在红海和南西奈地区。

而埃及境内的苏伊士运河在 2013/2014 财年运载船只约 1.8 万艘，创汇 54 亿美元。2014 年，埃及总统塞西宣布启动新苏伊士运河扩建项目，根据计划，将在苏伊士运河中段开凿一条 72 公里长的新运河。埃及政府乐观估计，新航道将使通行时间从目前的 11 小时减少到 3 小时，每日通航船只可由目前的 49 艘提高到 97 艘。每年约有 1800 余艘中国籍商船通行苏伊士运河，缴纳通行费超过 3 亿美元。[①]

（三）进出口贸易情况

埃及贸易政策活跃，签订了多个双边及多边贸易协议，并与欧盟（EU）、欧洲自由贸易联盟（EFTA）等签订了自由贸易协议。同时，埃及贸易频繁，全球有 173 个国家与埃及有出口贸易往来，有 174 个国家与埃及有进口贸易关系；但是，由于埃及国内资源贫乏，人口众多，其大量的生活资料都需进口，从而其外贸连年呈逆

① 资料来源：http：//fec.mofcom.gov.cn/article/tzhzcj/tzhz/

差状态；为了改善此现象，埃及实施限进增出和国产品替代等政策。

据统计，2015 年，埃及对外贸易总额为 840.95 亿美元，较上年减少了 13.88%；其中出口额为 190.51 亿美元，较上年减少了 27.75%；进口总额为 650.44 亿美元，较上年减少了 8.75%；总体贸易逆差额为 459.93 亿美元，较上年增加了 2.40%。

联合国商品贸易数据库数据显示，埃及主要的出口产品为燃料、化学制品、纺织原料及针织品（棉花）、纤维及其制成品，这四种产品的出口额占埃及出口总额的 57.46%；主要的进口商品包括机电产品、燃料、纤维及其制成品以及金属，占埃及进口总额的 53.42%。

同时，据统计，埃及前 10 大货物出口目的地包括：意大利、沙特阿拉伯、印度、土耳其、美国、英国、阿联酋、利比亚、法国以及其他地区，合计出口额为 136.32 亿美元，占埃及出口到所有市场的 50.83%；前 10 大进口市场包括中国、德国、美国、科威特、意大利、乌克兰、俄罗斯、土耳其、沙特阿拉伯以及印度，合计进口额为 395.88 亿美元，占比合计 55.52%。由于埃及的进出口贸易市场较分散，贸易集中度偏低，因此其贸易的风险度亦大大降低。

1. 参与贸易协定情况

埃及贸易政策活跃，签订了多个双边及多边贸易协议，于 1995 年 6 与 30 日加入世界贸易组织（WTO），加入的区域贸易协定包括泛阿拉伯自由贸易区（PAFTA）、东南非共同市场（COMESA）等；与欧盟（EU）、欧洲自由贸易联盟（EFTA）等签订了自由贸易协议（FTA）。下表 EG-8 为埃及参与贸易协定统计情况：

表 EG-8　埃及参与贸易协定情况

国家代码	国家	协议类型	覆盖范围	签订日期	生效日期
434	利比亚	FTA	商品	1990 年 12 月	1991 年 6 月
760	叙利亚	FTA	商品	1991 年 7 月	1991 年 12 月
352	冰岛	FTA	商品	1991 年 12 月	1992 年 4 月
438	列支敦士登	FTA	商品	1991 年 12 月	1992 年 4 月
578	挪威	FTA	商品	1991 年 12 月	1992 年 4 月
756	瑞士	FTA	商品	1991 年 12 月	1992 年 4 月
40	奥地利	FTA	商品	1995 年 3 月	1996 年 1 月
56	比利时	FTA	商品	1995 年 3 月	1996 年 1 月
100	保加利亚	FTA	商品	1995 年 3 月	1996 年 1 月
191	克罗地亚	FTA	商品	1995 年 3 月	1996 年 1 月
196	塞浦路斯	FTA	商品	1995 年 3 月	1996 年 1 月

续表

国家代码	国家	协议类型	覆盖范围	签订日期	生效日期
203	捷克	FTA	商品	1995 年 3 月	1996 年 1 月
208	丹麦	FTA	商品	1995 年 3 月	1996 年 1 月
233	爱沙尼亚	FTA	商品	1995 年 3 月	1996 年 1 月
246	芬兰	FTA	商品	1995 年 3 月	1996 年 1 月
250	法国	FTA	商品	1995 年 3 月	1996 年 1 月
276	德国	FTA	商品	1995 年 3 月	1996 年 1 月
300	希腊	FTA	商品	1995 年 3 月	1996 年 1 月
348	匈牙利	FTA	商品	1995 年 3 月	1996 年 1 月
372	爱尔兰	FTA	商品	1995 年 3 月	1996 年 1 月
380	意大利	FTA	商品	1995 年 3 月	1996 年 1 月
428	拉脱维亚	FTA	商品	1995 年 3 月	1996 年 1 月
440	立陶宛	FTA	商品	1995 年 3 月	1996 年 1 月
442	卢森堡	FTA	商品	1995 年 3 月	1996 年 1 月
470	马其他	FTA	商品	1995 年 3 月	1996 年 1 月
528	荷兰	FTA	商品	1995 年 3 月	1996 年 1 月
616	波兰	FTA	商品	1995 年 3 月	1996 年 1 月
620	葡萄牙	FTA	商品	1995 年 3 月	1996 年 1 月
642	罗马尼亚	FTA	商品	1995 年 3 月	1996 年 1 月
703	斯洛伐克	FTA	商品	1995 年 3 月	1996 年 1 月
705	斯洛文尼亚	FTA	商品	1995 年 3 月	1996 年 1 月
724	西班牙	FTA	商品	1995 年 3 月	1996 年 1 月
752	瑞典	FTA	商品	1995 年 3 月	1996 年 1 月
400	约旦	FTA	商品	1998 年 12 月	1998 年 12 月
422	黎巴嫩	FTA	商品	1998 年 9 月	1999 年 1 月
788	突尼斯	FTA	商品	1998 年 3 月	1999 年 3 月
504	摩洛哥	FTA	商品	1998 年 5 月	1999 年 4 月
368	伊拉克	FTA	商品	2001 年 1 月	2001 年 7 月
792	土耳其	FTA	商品	2005 年 12 月	2007 年 3 月

数据来源：https：//rtais.wto.org/UI/PublicAllRTAList.aspx

由上表可知，埃及最先于1990年12月与列支敦士登签订自由贸易协议，协议涵盖范围主要是商品的贸易，协议于1991年6月生效；之后于1992年11月与欧洲自由贸易联盟（EFTA）中部分国家签订自由贸易协议；随后又与欧盟（EU）于1995年3月自由贸易协议，协议覆盖的内容都是货物的贸易，除此之外，埃及还与土耳其签订了自由贸易协议，于2007年3月生效。

其中，埃及对从叙利亚进口的免税商品包括：羊、土豆种、小扁豆、腌制内脏、果树嫁接支、大麦、糠、盐、水泥、药品（人用）、原毛、短绒、棉纱等19种产品。埃及对叙利亚出口的免税产品包括：葡萄糖、药品（人用）、油墨、棉纱、芬芳油、铝板、轮胎、锯、剃刀、把手、汽车过滤器等17种产品。

埃及进口利比亚的免税大类商品包括：树脂、塑料及细胞提取物。埃方出口的免税商品包括：纺织原料及制品、食品。

埃及进口摩洛哥免税商品包括：铁矿砂、铜矿砂、铅和锌矿、疫苗、鱼类产品、全脂奶粉、豆子、小扁豆、腌制凤尾鱼、即食人造黄油、儿童奶、番茄酱、鱼粉、天然石墨、糖业废料、硫酸钡、软木、光纤。埃及对摩洛哥出口的免税产品包括：白水泥、硝酸铵、硫酸钠、芳香植物的种子、番茄酱和调味酱、焦炭、木炭、白明胶、瓷砖、原铝、水泵、灯泡和灯管、空调、农机、电机、吸尘器、影印机。同时，对于关税在25%以下的商品，每年削减5%的关税；对于关税在25%以上的商品在今后5年内逐步降低到25%的水平。[①]

2. 出口贸易情况

（1）出口贸易总额

埃及货物出口规模呈倒“U”型变化，整体有小幅增加趋势；相关占比极小，且整体有下降趋势。2015年，埃及货物出口额为190.51亿美元，占“区域”[②]、“一带一路”[③]及全球货物出口总额比例分别为1.90%、0.32%、0.12%；相比2005年，出口额整体增加47.54%，占“区域”“一带一路”比例下降了7.77%、28.89%，占全球比例整体保持稳定。

2005—2015年埃及出口相关情况如下表EG-9所示：

① 资料来源：中华人民共和国驻阿拉伯埃及共和国大使馆商务经济参赞处，http：//eg.mofcom.gov.cn/aarticle/ddgk/zwjingji/201108/20110807714709.html

② “区域”主要代表西亚北非16国，包括：沙特阿拉伯、阿曼、埃及、科威特、以色列、土耳其、阿拉伯联合酋长国、伊朗、伊拉克、卡塔尔、约旦、黎巴嫩、巴林、也门、叙利亚、巴勒斯坦。

③ “一带一路”国家主要包括中国、俄罗斯、蒙古等“一带一路”沿线65个国家。

表 EG-9 埃及货物出口情况（2005—2015 年）

年份	出口额（亿美元）	增幅（%）	占“区域”比例（%）	占“一带一路”比例（%）	占全球比例（%）
2005	129.12	33.65	2.06	0.45	0.12
2006	167.28	29.55	2.19	0.47	0.14
2007	192.24	14.92	2.15	0.45	0.14
2008	262.24	36.41	2.20	0.50	0.16
2009	230.62	-12.06	2.72	0.57	0.18
2010	264.38	14.64	2.52	0.51	0.17
2011	305.28	15.47	2.13	0.47	0.17
2012	294.09	-3.67	1.92	0.44	0.16
2013	284.93	-3.11	1.86	0.41	0.15
2014	263.67	-7.46	1.79	0.37	0.14
2015	190.51	-27.75	1.90	0.32	0.12

数据来源：http：//unctadstat.unctad.org/

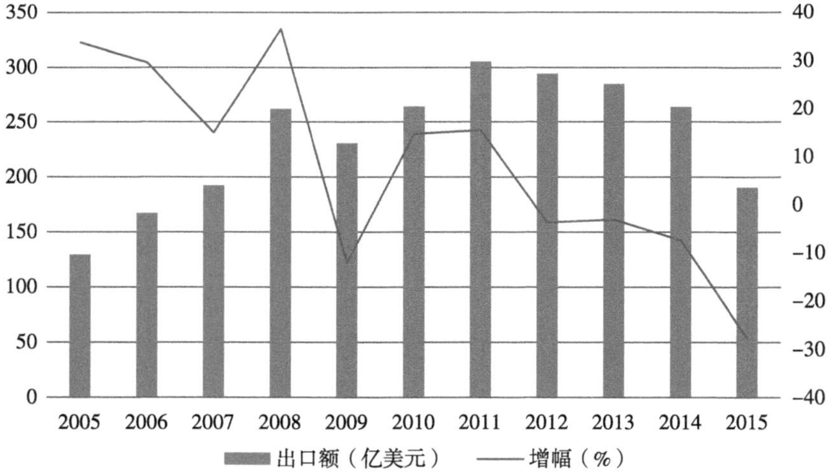

图 EG-10 埃及货物出口及增幅情况（2005—2015 年）

上图 EG-10 显示，埃及货物出口规模整体呈倒“U”状变化。2005 年，埃及货物出口额为 129.12 亿美元，当年增幅为 33.65%；2006-2008 年，埃及货物出口规模增加至 262.24 亿美元；2009 年，受 2008 年全球金融危机的影响，埃及出口呈负增长，出口额下降至 230.62 亿美元，较上年减少了 12.06%；2010–2011 年，埃及货物出口小幅增加至 2011 年的最高值 305.28 亿美元，较 2009 年增加了 32.37%；随后的 2012–2015 年，埃及货物出口规模连年下降至 2015 年的 190.51 亿美元，较 2011 年下降了 37.59%，较 2005 年整体上升了 47.54%。

下图 EG–11 为埃及货物出口相关占比变化情况：

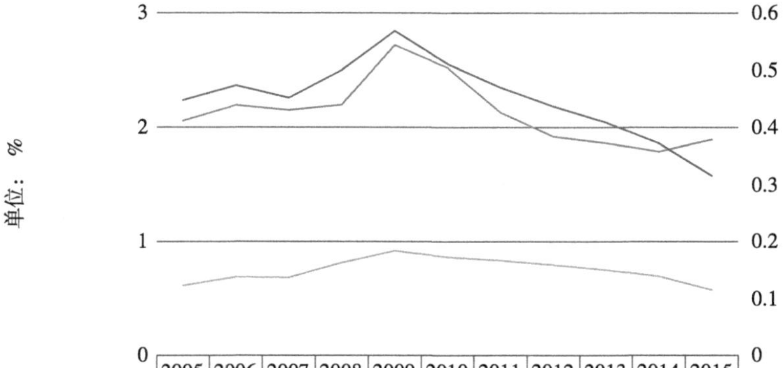

	2005	2006	2007	2008	2009	2010	2011	2012	2013	2014	2015
——占“区域”比例	2.06	2.19	2.15	2.20	2.72	2.52	2.13	1.92	1.86	1.79	1.90
——占“一带一路”比例	0.45	0.47	0.45	0.50	0.57	0.51	0.47	0.44	0.41	0.37	0.32
——占全球比例	0.12	0.14	0.14	0.16	0.18	0.17	0.17	0.16	0.15	0.14	0.12

图 EG–11　埃及货物出口占比情况（2005—2015 年）

由上图可知，埃及货物出口相关占比极小，且有进一步下降趋势。首先，占“区域”比例以类似“Ω”状变化，先从 2005 年的 2.06% 小幅波动上升至 2009 年的 2.72%，后又沿线波动下降至 2015 年的 1.90%，整体下降了 0.16 个百分点；其次，占“一带一路”比例从 2005 年的 0.45% 先上升至 2009 年的 0.57%，后快速下降至 2015 年的 0.32%，总共下降了 0.13 个百分点；最后占全球比例亦是呈先上升后下降趋势，从 2005 年的 0.12% 上升至 2009 年的 2.72%，后又下降至 2015 年的 0.12%，相比 2005 年，占全球比例整体稳定。

由以上分析可知，埃及货物出口总量在 2009 年大幅下降，可是相关占比在 2009 年却都有不同幅度的上升，说明 2009 年全球金融危机对埃及的出口影响小于对其他国家出口的影响。

（2）出口产品结构

埃及出口产品结构变化较大，其中燃料为其重要的出口产品。表 EG–10 为埃及主要出口产品结构及占埃及出口总额比例情况：

表 EG-10 埃及出口产品结构及占比情况（2005 年、2014 年）

产品种类	2014			2005		
	出口额（亿美元）	排名	占比（%）	出口额（亿美元）	排名	占比（%）
燃料	62.70	1	23.39	54.85	1	51.52
化学制品	31.03	2	11.57	2.80	8	2.63
纺织原料	30.16	3	11.25	6.51	5	6.12
纤维及其制成品	30.16	4	11.25	7.57	4	7.11
机电设备	22.02	5	8.21	0.81	11	0.76
金属	19.42	6	7.24	8.54	3	8.02
塑料或橡胶	17.57	7	6.55	3.15	7	2.96
石材及玻璃	17.00	8	6.34	1.54	10	1.45
食品	13.37	9	4.99	1.67	9	1.57
杂项制品	7.33	10	2.73	12.40	2	11.65
总额	250.76	——	93.52	99.84	——	93.79

数据来源：http：//www.trademap.org/Product_SelProductCountry.aspx

2014 年，埃及产品出口额排名前十的产品主要包括燃料、化学制品、纺织原料、纤维及其制成品、机器及电子设备、金属、塑料或橡胶、石材及玻璃、食品以及杂项制品，占埃及总出口额的比例分别为 23.39%、11.57%、11.25%、11.25%、8.21%、7.24%、6.55%、6.34%、4.99%、2.73%，前十类产品出口额合计 250.76 亿美元，占比合计 93.52%。

对比 2005 年及 2014 年埃及主要出口产品结构变化发现，燃料一直是埃及最重要的出口产品，但出口规模占比相对于其他产品有大幅度的减小；2014 年，埃及燃料产品出口总额为 62.70 亿美元，占比为 23.39%，相比于 2005 年，虽然燃料出口总规模增加了 14.31%，但占比却缩小了 54.60%。同时，埃及对杂项制品的出口也有大幅度降低，2014 年杂项制品的出口额为 7.33 亿美元，占比为 2.73%，相较于 2005 年，出口规模下降了 40.89%，占比下降了 76.57%，同时排名下降了 8 个名次。而埃及对化学制品的出口快速增加，2014 年，其化学制品出口额为 31.03 亿美元，占比为 11.57%，相比 2005 年，出口额年均增加 30.64%，占比增加 8.94 个百分比，排名亦是上升了 6 个名次；除此之外，埃及对机电产品、纺织品等产品出口有所增加，而对金属等产品的出口规模占比有所减少。

（3）出口市场结构

埃及出口市场结构比较集中。排名前十的出口市场占取埃及总出口市场的一半比例。埃及 2005 及 2014 年主要出口市场如下表 EG-11 所示：

表 EG-11 埃及出口市场结构及占比情况（2005 年、2014 年）

2005					2014				
国家代码	国家及地区	出口额（亿美元）	排名	占比（%）	国家代码	国家及地区	出口额（亿美元）	排名	占比（%）
——	免税区	11.87	1	11.15	380	意大利	24.54	1	9.15
380	意大利	10.80	2	10.14	682	沙特阿拉伯	19.82	2	7.39
840	美国	9.57	3	8.99	356	印度	19.23	3	7.17
724	西班牙	8.06	4	7.57	792	土耳其	14.51	4	5.41
	其他地区	7.81	5	7.34	840	美国	11.29	5	4.21
356	印度	5.28	6	4.96	826	英国	10.11	6	3.77
528	荷兰	5.03	7	4.72	784	阿联酋	9.94	7	3.71
682	沙特阿拉伯	3.81	8	3.58	434	利比亚	9.90	8	3.69
250	法国	3.68	9	3.46		其他地区	8.64	9	3.22
792	土耳其	3.34	10	3.14	250	法国	8.34	10	3.11
	合计	69.25	—	65.05		合计	136.32	—	50.83

数据来源：http：//www.trademap.org/Product_SelProductCountry.aspx

2014 年，埃及出口市场排名前十的国家主要包括：意大利、沙特阿拉伯、印度、土耳其、美国、英国、阿联酋、利比亚、其他地区以及法国，对应的占比依次为 9.15%、7.39%、7.17%、5.41%、4.21%、3.77%、3.71%、3.69%、3.22%、3.11%，出口到此些国家的出口额合计 136.32 亿美元，占比合计 50.83%。2005 年，埃及主要出口市场包括免税区、意大利、美国、西班牙、其他地区、印度、荷兰、沙特阿拉伯、法国以及土耳其，出口额合计 69.25 亿美元，占比合计 65.05%。

对比发现，埃及出口到意大利的出口额有所上升，从 2005 年的 10.80 亿美元增加至 2014 年的 24.54 亿美元，整体上升了 127.22%，从而成为埃及第一大货物销往国；同时埃及出口到沙特阿拉伯的出口规模大幅增加，从 2005 年的 3.81 亿美元增加至 2014 年的 19.82 亿美元，年均增加 20.11%，占比整体上升了 106.42%，排名升了 6 个名次，从而成为埃及产品的第二大销往国；除此之外，埃及对印度、土耳其等国家的出口规模有不同幅度的增加，而对美国、西班牙等国家的出口规模相对减小。

3. 进口贸易情况

（1）进口贸易总额

埃及货物进口处于波动上升趋势；相关占比较小，但整体有上升趋势。2015年，埃及货物进口额为650.44亿美元，占“区域”“一带一路”及全球总进口额比例分别为6.34%、1.20%、0.39%；相比于2005年，埃及货物进口额增长了189.74%，占比分别增加了34.89%、37.93%、85.71%。

埃及货物进口相关情况如下表EG-12及图EG-12：

表 EG-12 埃及货物进口情况（2005—2015年）

年份	进口额（亿美元）	增幅（%）	占“区域”比例（%）	占“一带一路”比例（%）	占全球比例（%）
2005	224.49	40.75	4.70	0.87	0.21
2006	273.00	21.61	5.00	0.89	0.22
2007	371.00	35.90	5.46	0.99	0.26
2008	483.82	30.41	5.49	1.03	0.29
2009	449.46	-7.10	6.40	1.22	0.35
2010	529.23	17.75	6.42	1.12	0.34
2011	589.03	11.30	5.99	1.01	0.32
2012	692.00	17.48	6.61	1.14	0.37
2013	596.62	-13.78	5.49	0.95	0.32
2014	712.82	19.48	6.47	1.14	0.38
2015	650.44	-8.75	6.34	1.20	0.39

数据来源：http：//unctadstat.unctad.org/

如图EG-12显示，2005—2015年，埃及货物进口呈波动上升趋势。2005—2008年，埃及货物进口额从2005年的224.49亿美元增加至2008年的483.82亿美元，总共增加了259.33亿美元；2009年，受金融危机的影响，埃及进口小幅下降至449.46亿美元，较上年下降了7.10%；2010-2012年，埃及货物进口额沿线增加至2012年的692.00亿美元，较2009年增加了53.96%；随后的2013-2015年，埃及货物进口波动至2015年的650.44亿美元，较上年下降了8.75%，但较2005年整体增加了189.74%。

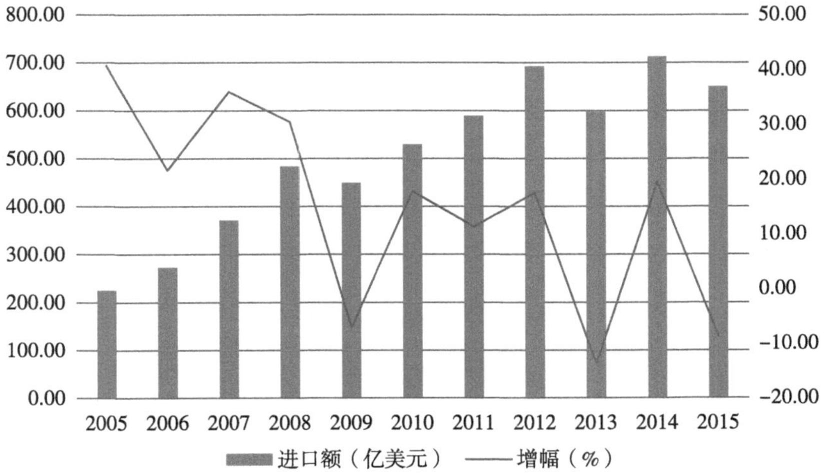

图 EG-12　埃及货物进口及增幅情况（2005—2015 年）

埃及货物进口相关占比情况变化轨迹如下图 EG-13 所示：

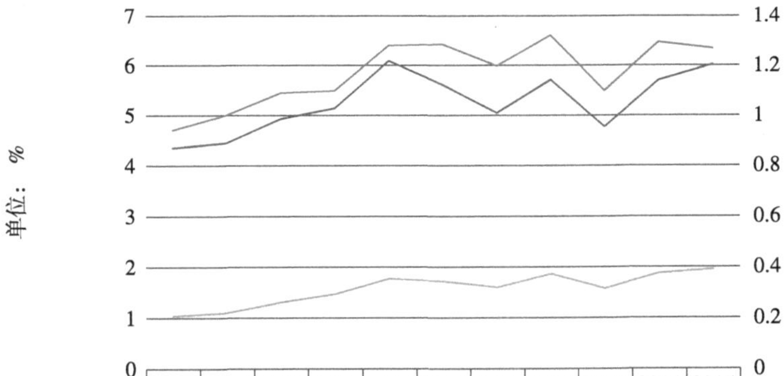

	2005	2006	2007	2008	2009	2010	2011	2012	2013	2014	2015
占“区域”比例	4.70	5.00	5.46	5.49	6.40	6.42	5.99	6.61	5.49	6.47	6.34
占“一带一路”比例	0.87	0.89	0.99	1.03	1.22	1.12	1.01	1.14	0.95	1.14	1.20
占全球比例	0.21	0.22	0.26	0.29	0.35	0.34	0.32	0.37	0.32	0.38	0.39

图 EG-13　埃及货物进口占比情况（2005—2015 年）

埃及进口占比小，但有波动上升趋势。埃及进口占“区域”国家总进口额比例先从 2005 年的 4.70% 波动上升至 2012 年的最高占比值 6.61%，之后波动上升至 2015 年的 6.34%，相比 2005 年，整体增加了 1.64 个百分点，期间振幅为 1.91 个百分点。其次，埃及进口占“一带一路”国家进口总额的比例从 2005 年的 0.87% 沿线增加至 2009 年的最高占比值 1.22%，后波动至 2015 年的 1.20%，较 2005 年整体上升了 0.33 个百分点，期间振幅为 0.35 个百分点。最后占全球比例从 2005 年的 0.21%

波动上升至 2015 年的 0.39%，整体增加了 0.18 个百分点。

整体分析发现，埃及货物进口占全球比例增长最多，说明“区域”及“一带一路”国家的进口整体增长比全球进口增长快。

（2）进口产品结构

埃及进口产品结构变化较大，其中机电产品及燃料产品为其主要进口产品。表 EG-13 为埃及 2005、2014 年主要进口产品结构及相关占比具体情况：

表 EG-13 埃及进口产品结构及占比情况（2005 年、2014 年）

产品种类	2014			2005		
	进口额（亿美元）	排名	占比（%）	进口额（亿美元）	排名	占比（%）
机电产品	104.51	1	14.65	28.45	2	14.36
燃料	98.99	2	13.88	26.75	3	13.50
纤维及其制成品	91.81	3	12.87	26.75	4	13.50
金属	85.77	4	12.02	19.25	5	9.72
化学制品	62.31	5	8.73	16.14	6	8.15
运输设备	53.95	6	7.56	8.18	9	4.13
塑料或橡胶	42.77	7	6.00	9.45	8	4.77
纺织原料	36.45	8	5.11	4.97	12	2.51
木材	34.11	9	4.78	10.88	7	5.49
动物及其制品	32.40	10	4.54	6.23	11	3.15
总额	643.07	——	90.14	157.05	——	79.28

数据来源：http：//www.trademap.org/Product_SelProductCountry.aspx

由上表可知，2014 年，埃及进口额前十的产品包括机电产品、燃料、纤维及其制成品、金属、化学制品、运输设备、塑料或橡胶、纺织原料、木材和动物及其制品，占比分别为 14.65%、13.88%、12.87%、12.02%、8.73%、7.56%、6.00%、5.11%、4.78%、4.54%；这十类产品进口额合计 643.07 亿美元，占埃及总进口额的 90.14%。

对比 2005 年及 2014 年埃及进口产品结构，埃及对机电产品的进口大幅增加，从 2005 年的 28.45 亿美元增加至 2014 年的 104.51 亿美元，年均增加 15.55%，占比从 2005 年的 14.36% 上升至 2014 年的 14.65%，总共增加了 0.29 个百分点，排名亦是从 2005 年的第 2 名上升至 2014 年的第 1 名，成为埃及最大规模的进口产品；同时，埃及对纺织原料的进口有所增加，进口额从 2005 年的 4.97 亿美元下降至 2015

年的 36.45 亿美元，整体增加了 31.48 亿美元，排名上升了 4 个名次；除此之外的产品进口规模都有小幅度的增加或减小。

（3）进口市场结构

埃及进口市场主要集中于欧洲和亚洲，且有逐渐向亚洲倾斜的趋势。下表 EG-14 为埃及 2005 年、2014 年主要进口市场结构：

表 EG-14　埃及主要进口市场结构及占比情况（2005 年、2014 年）

2005					2014				
国家代码	国家	进口额（亿美元）	排名	占比（%）	国家代码	国家	进口额（亿美元）	排名	占比（%）
	免税区	25.15	1	12.70	156	中国	80.58	1	11.30
840	美国	17.70	2	8.93	276	德国	55.40	2	7.77
276	德国	10.26	3	5.18	840	美国	51.99	3	7.29
682	沙特阿拉伯	9.57	4	4.83	414	科威特	35.16	4	4.93
156	中国	9.15	5	4.62	380	意大利	32.65	5	4.58
414	科威特	8.43	6	4.25	804	乌克兰	30.10	6	4.22
380	意大利	8.30	7	4.19	643	俄罗斯	29.36	7	4.12
643	俄罗斯	8.27	8	4.18	792	土耳其	28.54	8	4.00
12	阿尔及利亚	6.94	9	3.50	682	沙特阿拉伯	27.38	9	3.84
804	乌克兰	6.89	10	3.48	356	印度	24.72	10	3.47
	合计	110.66	—	55.86		合计	395.88	—	55.52

数据来源：http：//www.trademap.org/Product_SelProductCountry.aspx

2014 年，埃及主要进口市场国家包括中国、德国、美国、科威特、意大利、乌克兰、俄罗斯、土耳其、沙特阿拉伯以及印度，占埃及总进口额比例为别为 11.3%、7.77%、7.29%、4.93%、4.58%、4.22%、4.12%、4.00%、3.84%、3.47%。埃及从以上国家进口的进口额合计 395.88 亿美元，占埃及总进口市场的 55.52%。2005 年埃及主要进口市场包括免税区、美国、德国、沙特阿拉伯、中国、科威特、意大利、俄罗斯、阿尔及利亚以及乌克兰，从这些国家进口的进口额合计 110.66 亿美元，占比合计 55.86%。

对比 2005 年及 2014 年，从埃及主要进口市场结构变化发现，埃及的进口市场主要集中在亚洲和欧洲。同时从 2014 年数据分析，中国为埃及第一大产品进口来源国，进口额为 80.58 亿美元，占比为 11.30%，相比 2005 年，埃及从中国进口规模年均增加了 27.34%，占比上升了 144.59%，排名上升了 4 个名次；但是，埃及从沙特阿拉伯进口的进口规模相对下降，占比从 2005 年的 4.83% 下降至 2014 年的 3.84%，总共下降了 20.50%，排名下降了 5 个名次；除此之外，埃及对德国、意大利、乌克兰、科威特等国家的进口规模和占比都有一定幅度的增长，从美国等国家的进口规模有不同幅度的减小。

4. 贸易集中度

埃及出口贸易集中度和进口贸易集中度都低，因而其贸易风险整体偏低。一般来说，贸易集中度越高，贸易市场越集中，从而面临的贸易风险就越高。2013 年，埃及出口贸易集中度为 0.03737777，意大利为其第一大货物出口目的国，占其出口总额的 9.39%，印度和沙特阿拉伯为其第 2、3 大出口市场，累计份额分别为 16.81%、23.67%；其次，埃及进口贸易集中度为 0.0416984，其中，中国为其第一大货物进口来源国，占其进口市场的 10.50%，而德国和美国为其第 2、3 大货物来源国，累计份额分别为 18.37%，26.19%。

下图 EG-14 为埃及进出口贸易集中度份额累计图：

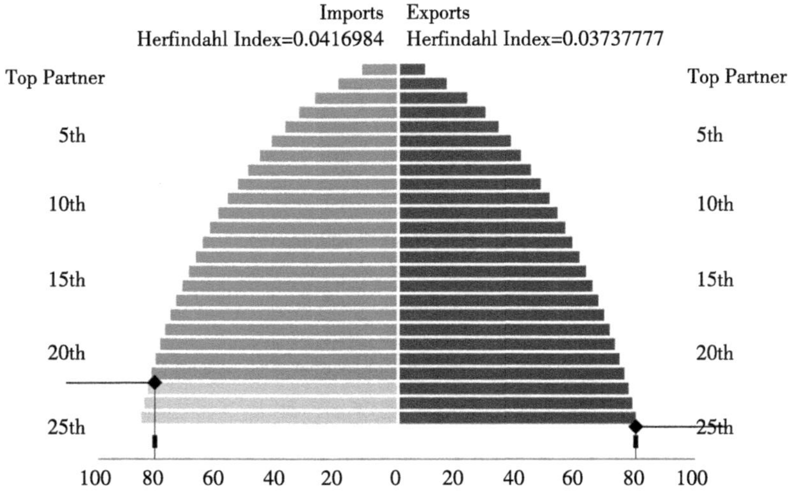

图 EG-14 埃及进出口贸易集中度堆积图

（四）对外直接投资

埃及政局在 2011 年 1 月发生剧变后持续动荡，经济环境不断恶化，外资方对埃及的信心受到重挫，加之欧洲主权债务危机不断扩散，“阿拉伯之春”蔓延至部分海湾阿拉伯国家，使得埃及吸收外资规模不断下滑。[①] 但自从塞西政府执政后，埃及局势趋稳，埃及对外资的吸引力亦缓慢恢复。埃及外资主要来源于欧盟和阿拉伯国家，其中沙特、阿联酋及英国对埃及投资排名前三[②]。而外资流入的主要行业包括石油天然气、通信和信息技术以及工业，除此之外，还有服务业、金融业、建筑业、房地产业和旅游业等。

联合国贸发会议（UNCTAD）数据显示，2014 年，埃及吸引外资流量为 47.83 亿美元，占“区域”“一带一路”及全球外资流入流量总规模的比例分别为 8.49%、1.08%、0.39%；截至 2014 年底，埃及吸引外资存量为 878.82 亿美元，占“区域”“一带一路”及全球外资流入存量总规模的比例分别为 9.35%、1.60%、0.36%。

十年间，埃及对外直接投资规模小，增长也较缓慢。2014 年，埃及对外直接投资额为 2.53 亿美元，占“区域”“一带一路”及全球对外直接投资流量总规模的比例分别为 0.59%、0.08%、0.02%；对外直接投资存量规模为 68.39 亿美元，占“区域”“一带一路”及全球国家对外投资存量规模的比重分别为 1.97%、0.25%、0.03%。比较埃及外资流入规模及对外直接投资规模，土耳其外资流入规模一直远远超过对外直接投资规模。

1.FDI 流入情况

（1）FDI 流入流量

埃及 FDI 流入流量规模整体呈先增加后减小的变化趋势；相关占比小，且整体呈下降趋势。2014 年，埃及 FDI 流入流量规模为 47.83 亿美元，相比 2005 年下降了 11.03%，同时占“区域”“一带一路”及全球 FDI 流入流量比例分别为 8.49%、1.08%、0.39%，相比 2005 年，占比分别下降了 9.20%、47.06%、32.76%。

表 EG-15 为埃及 FDI 流入流量及相关占比变化情况：

表 EG-15　埃及 FDI 流入流量及占比情况（2005—2014 年）

年份	FDI流入流量（亿美元）	增幅（%）	占“区域”比例（%）	占“一带一路”比例（%）	占全球比例（%）
2005	53.76	149.24	9.35	2.04	0.58
2006	100.43	86.81	10.47	2.66	0.72
2007	115.78	15.28	11.45	2.52	0.62
2008	94.95	−18.00	8.15	1.85	0.64

① 资料来源：http：//fec.mofcom.gov.cn/article/tzhzcj/tzhz/

② 资料来源：http：//fec.mofcom.gov.cn/article/tzhzcj/tzhz/

续表

年份	FDI流入流量（亿美元）	增幅（%）	占“区域”比例（%）	占“一带一路”比例（%）	占全球比例（%）
2009	67.12	-29.31	7.83	1.83	0.57
2010	63.86	-4.86	8.48	1.47	0.48
2011	-4.83	-107.56	-0.73	-0.10	-0.03
2012	60.31	-1348.65	9.05	1.32	0.43
2013	41.92	-30.49	6.57	0.90	0.29
2014	47.83	14.10	8.49	1.08	0.39

数据来源：http：//unctadstat.unctad.org/

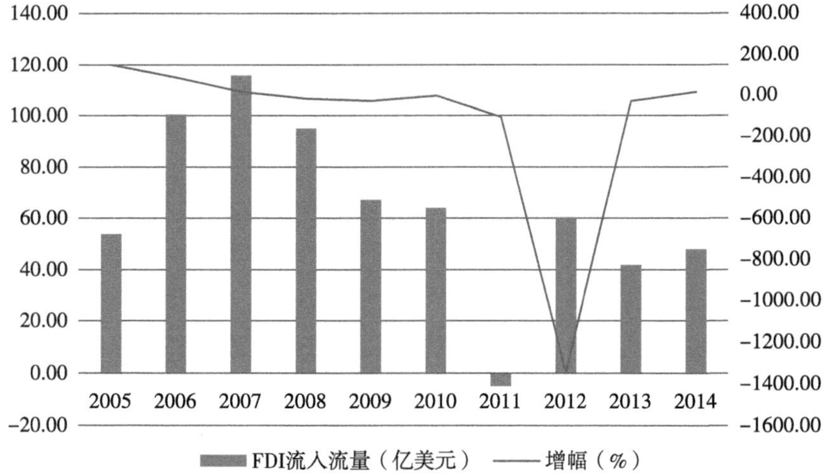

图 EG-15 埃及 FDI 流入流量及增幅情况（2005—2014 年）

2005-2010 年，埃及外资流入规模呈倒“V”状变化，2005 年，其外资流入规模为 53.76 亿美元；2007 年，外资流入规模达最大值 115.78 亿美元；之后几年连续下降至 2010 年的 63.86 亿美元，当年增幅为 -4.86%；2011 年，埃及政局动荡，投资环境恶化，其 FDI 流入流量为负值，值为 -4.83 亿美元；2012 年，外资流入规模快速增加，直至 2014 年，埃及外资流入规模为 47.83 亿美元，较上年增长了 14.10%，但较 2005 年下降了 11.03%。

下图为埃及 FDI 流入流量相关占比变化情况：

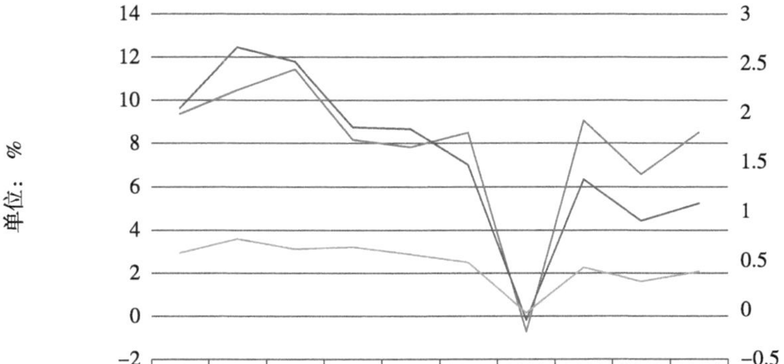

	2005	2006	2007	2008	2009	2010	2011	2012	2013	2014
——占“区域”比例	9.35	10.47	11.45	8.15	7.83	8.48	-0.73	9.05	6.57	8.49
——占“一带一路”比例	2.04	2.66	2.52	1.85	1.83	1.47	-0.10	1.32	0.90	1.08
——占全球比例	0.58	0.72	0.62	0.64	0.57	0.48	-0.03	0.43	0.29	0.39

图 EG-16　埃及 FDI 流入流量占比情况（2005—2014 年）

由图 EG-16 可知，2005—2014 年埃及 FDI 流入流量相关占比小，且整体呈下降趋势。2005 年，埃及外资流入规模占“区域”国家外资流入总规模比例为 9.35%，随后几年波动下降至 2011 年的 -0.73%，2012—2014 年，外资流入占“区域”比例上升至 8.49%，相比 2005 年，整体下降了 0.86 个百分点，期间振幅为 12.18 个百分点。占“一带一路”国家外资流入总规模的比例亦以相似的趋势变化，从 2005 年的 2.04% 变化至 2014 年的 1.08%，整体下降了 0.96 个百分点。占全球比例从 2005 年的 0.58% 变动至 2014 年的 0.39%，总共下降了 0.19 个百分点，期间振幅为 0.75 个百分点。

（2）FDI 流入存量

埃及 FDI 流入存量增长较快，但近年增长出现疲乏状态。埃及 FDI 流入存量占“区域”国家 FDI 流入流量总规模的比重约一成比例，占“一带一路”及全球比例小。2014 年，埃及 FDI 流入存量规模为 878.82 亿美元，较 2005 年增加了 590 亿美元，年均增加 13.16%；占“区域”“一带一路”及全球比例分比为 9.35%、1.60%、0.36%，相比 2005 年，相关占比分别下降了 11.29%、10.61%，上升了 38.46%。

埃及 2005—2014 年 FDI 流入存量及相关占比情况如下表 EG-16：

表 EG-16 埃及 FDI 流入存量及占比情况（2005—2014 年）

年份	FDI 流入存量（亿美元）	增幅（%）	占“区域”比例（%）	占“一带一路”比例（%）	占全球比例（%）
2005	288.82	22.87	10.54	1.79	0.26
2006	389.25	34.77	10.62	1.84	0.29
2007	505.03	29.74	10.00	1.71	0.29
2008	599.97	18.80	11.52	2.13	0.40
2009	667.09	11.19	10.11	1.92	0.38
2010	730.95	9.57	9.53	1.77	0.37
2011	726.12	-0.66	9.61	1.66	0.36
2012	786.43	8.31	9.10	1.57	0.36
2013	831.14	5.69	9.52	1.53	0.34
2014	878.82	5.74	9.35	1.60	0.36

数据来源：http：//unctadstat.unctad.org/

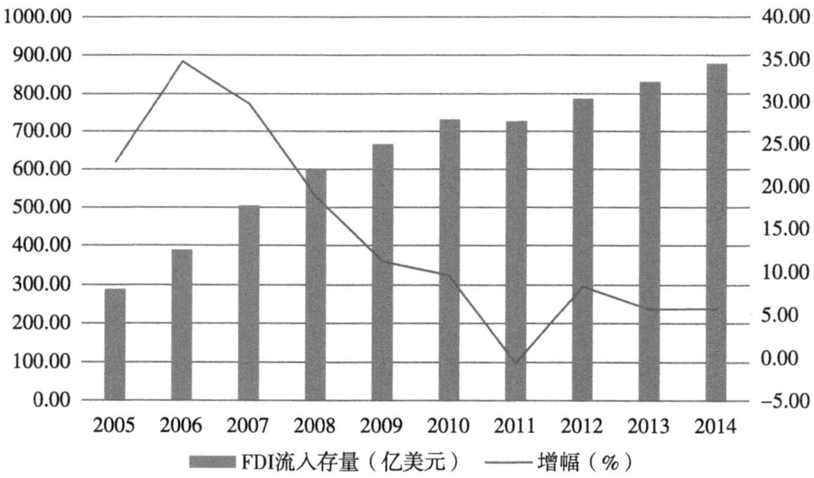

图 EG-17 埃及 FDI 流入存量及增幅情况（2005—2014 年）

2005—2014 年间，埃及 FDI 流入存量规模大部分年份都处减速增加状态。2005 年，埃及 FDI 流入存量规模为 288.82 亿美元，然后先加速增加至 2006 年的 389.25 亿美元，较上年增加了 34.77%；之后以波动下降的增幅增加至 2014 年的 878.82 亿美元，当年增幅为 5.74%，相比 2005 年，整体年均增加 13.16%。

下图 EG-18 为埃及 FDI 流入存量相关占比在 2005—2014 年间变动情况：

由下图可知，埃及 FDI 流入存量相关占比占“区域”比例约一成比例外，占“一带一路”及全球比例都极小。占“区域”比例从 2005 年的 10.54% 波动下降至 2014 年的 9.35%，整体下降了 1.19 个百分点，期间，在 2008 年达最大占比值 11.52%，2012 年达最小占比值 9.10%，振幅为 2.42 个百分点。占“一带一路”比例从 2005 年的 1.79% 波动下降至 2014 年的 1.60%，期间振幅为 0.6 个百分点。占全球比例从 2005 年的 0.26% 小幅上升至 2014 年的 0.36%，总体增加了 0.1 个百分点。

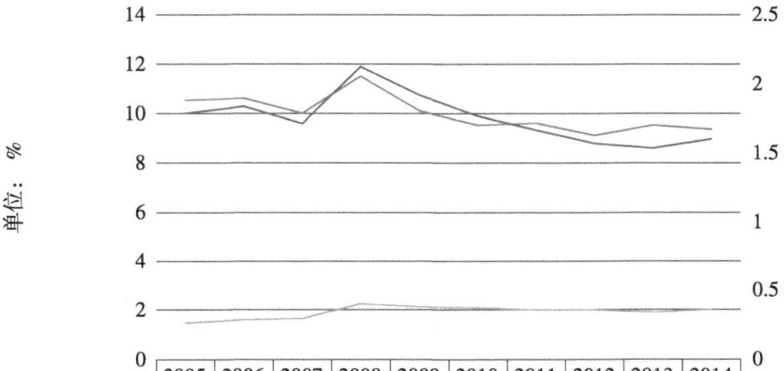

	2005	2006	2007	2008	2009	2010	2011	2012	2013	2014
占“区域”比例	10.54	10.62	10.00	11.52	10.11	9.53	9.61	9.10	9.52	9.35
占“一带一路”比例	1.79	1.84	1.71	2.13	1.92	1.77	1.66	1.57	1.53	1.60
占全球比例	0.26	0.29	0.29	0.40	0.38	0.37	0.36	0.36	0.34	0.36

图 EG-18　埃及 FDI 流入存量占比情况（2005—2014 年）

2.FDI 流出

（1）FDI 流出流量

埃及 FDI 流出流量规模小，且相关占比亦是极小。2014 年，埃及 FDI 流出流量规模为 2.53 亿美元，占“区域”“一带一路”及全球 FDI 流出流量比例分别为 0.59%、0.08%、0.02%；相比 2005 年，埃及 FDI 流出流量规模整体增加了 1.61 亿美元，占比依次上升了 0.01 个百分点，下降了 0.04 个百分点，上升了 0.01 个百分点。

表 EG-17 为 2005—2014 年埃及 FDI 流出流量及相关占比具体情况：

表 EG-17　埃及 FDI 流出流量及占比情况（2005—2014 年）

年份	FDI 流出流量（亿美元）	增幅（%）	占“区域”比例（%）	占“一带一路”比例（%）	占全球比例（%）
2005	0.92	-42.14	0.58	0.12	0.01
2006	1.48	60.87	0.39	0.10	0.01
2007	6.65	349.32	1.52	0.31	0.03
2008	19.20	188.72	4.06	0.83	0.11

续表

年份	FDI 流出流量（亿美元）	增幅（%）	占“区域”比例（%）	占“一带一路”比例（%）	占全球比例（%）
2009	5.71	-70.26	2.80	0.30	0.05
2010	11.76	105.95	4.33	0.49	0.09
2011	6.26	-46.77	1.48	0.24	0.04
2012	2.11	-66.29	0.76	0.09	0.02
2013	3.01	42.65	0.66	0.10	0.02
2014	2.53	-15.95	0.59	0.08	0.02

数据来源：http：//unctadstat.unctad.org/

2005—2014 年，埃及 FDI 流出流量规模小，且有较大的波动。2005 年，埃及 FDI 流出流量为 0.92 亿美元，之后大幅增加至 2008 年的 19.20 亿美元，较 2005 年整体增加了 18.28 亿美元；但随后的 2009—2014 年，埃及 FDI 流出流量先大幅下降，之后一直在低位变动，2014 年，埃及 FDI 流出流量规模为 2.53 亿美元，较上年减小了 15.95%，较 2005 年增加了 175%。图 EG-19 为 FDI 流出流量及增幅情况：

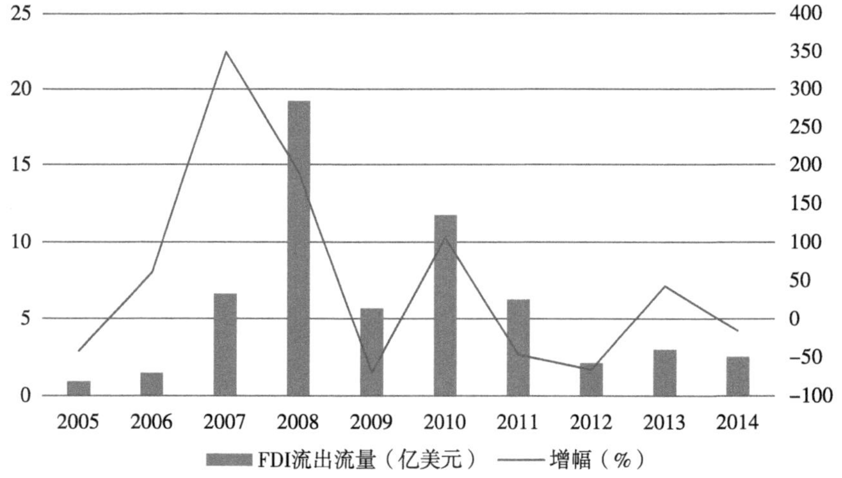

图 EG-19　埃及 FDI 流出流量及增幅情况（2005—2014 年）

埃及 FDI 流出流量占比变化情况如下图 EG-20 所示：

由下图可知，2005—2014 年间，埃及 FDI 流出流量规模小，且波幅较大。2005 年，埃及 FDI 流出流量占“区域”比例为 0.58%，2006 -2012 年，占“区域”比例呈“M”状变化至 2012 年的 0.76 个百分点，其中在 2010 年上升至占比最高值 4.33%；随后的 2013 年及 2014 年占比值小幅下降至 0.59%，2005—2014 年占“区域”比例整体上升了 0.01 个百分点。占“一带一路”国家对外直接投资总规模比例从 2005 年的 0.12% 以相似于占“区域”比例的相似变化趋势变化至 2014 年的 0.08%，总体下降了 0.04 个百分点。类似的，埃及对外直接投资占全球比例从 2005 年的 0.01% 极小幅波动至 2014 年的 0.02%，整体增加了 0.01 个百分点，期间于 2008 年达最大占比 0.11%。

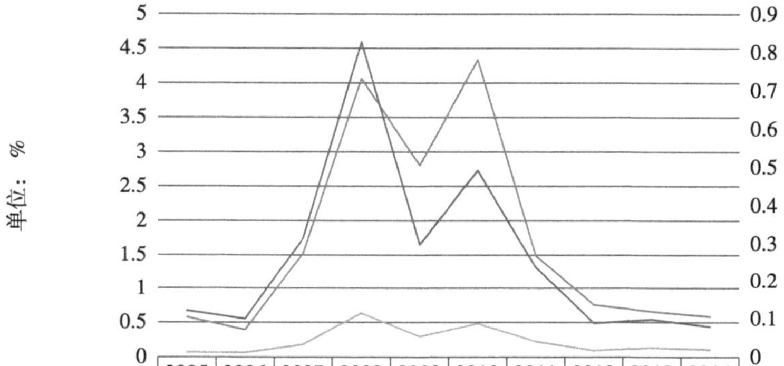

	2005	2006	2007	2008	2009	2010	2011	2012	2013	2014
占“区域”比例	0.58	0.39	1.52	4.06	2.80	4.33	1.48	0.76	0.66	0.59
占“一带一路”比例	0.12	0.10	0.31	0.83	0.30	0.49	0.24	0.09	0.10	0.08
占全球比例	0.01	0.01	0.03	0.11	0.05	0.09	0.04	0.02	0.02	0.02

图 EG-20　埃及 FDI 流出流量占比情况（2005—2014 年）

（2）FDI 流出存量

埃及 FDI 流出存量规模较小，相关占比极小，但整体有小幅上升趋势。2014 年，埃及对外直接投资存量规模为 68.39 亿美元，占“区域”“一带一路”及全球比重分别为 1.97%、0.25%、0.03%，相比于 2005 年，埃及对外直接投资规模年均增加 24.28%，相关占比分别增加了 0.51 个百分点、0.07 个百分点及 0.02 个百分点。

表 EG-18 为埃及 2005—2014 年对外直接投资存量规模及相关占比情况：

表 EG-18　埃及 FDI 流出存量及占比情况（2005—2014 年）

年份	FDI 流出存量（亿美元）	增幅（%）	占“区域”比例（%）	占“一带一路”比例（%）	占全球比例（%）
2005	9.67	10.51	1.46	0.18	0.01
2006	11.16	15.41	1.19	0.14	0.01
2007	17.81	59.59	1.17	0.15	0.01
2008	37.01	107.80	1.89	0.32	0.02
2009	42.73	15.46	2.00	0.30	0.02

续表

年份	FDI 流出存量（亿美元）	增幅（%）	占“区域”比例（%）	占“一带一路”比例（%）	占全球比例（%）
2010	54.48	27.50	2.26	0.31	0.03
2011	60.74	11.49	2.23	0.31	0.03
2012	62.85	3.47	2.21	0.28	0.03
2013	65.86	4.79	2.07	0.26	0.03
2014	68.39	3.84	1.97	0.25	0.03

数据来源：http：//unctadstat.unctad.org/

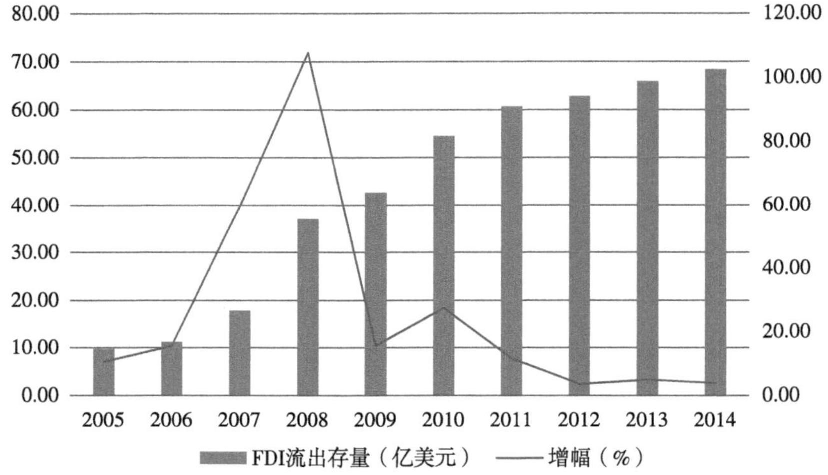

图 EG-21　埃及 FDI 流出存量及增幅情况（2005—2014 年）

2005—2014 年间，埃及对外直接投资存量规模以抛物线左半形状变化。2005 年，埃及对外直接投资存量为 9.67 亿美元，之后连续增加至 2014 年的 68.39 亿美元，整体增加了 58.72 亿美元。

埃及 FDI 流出存量相关占比变化情况如下图 EG-22 所示。

下图显示，埃及对外直接投资存量规模相关占比小，但都有小幅增加趋势。埃及对外直接投资存量占“区域”国家对外直接投资存量规模的比重从 2005 的 1.46% 波动上升至 2014 年的 1.97%，整体增加了 0.51 个百分点，期间于 2010 年达最大占比值 2.26%，于 2007 年达最低占比值 1.17%。占“一带一路”比例从 2005 年的 0.18% 波动上升至 2014 年的 0.25%，整体增加了 0.07 个百分点，振幅为 0.18 个百分点。占全球比例从 2005 年的 0.01% 小幅增加至 2014 年的 0.03%，整体增加了 0.02 个百分点。

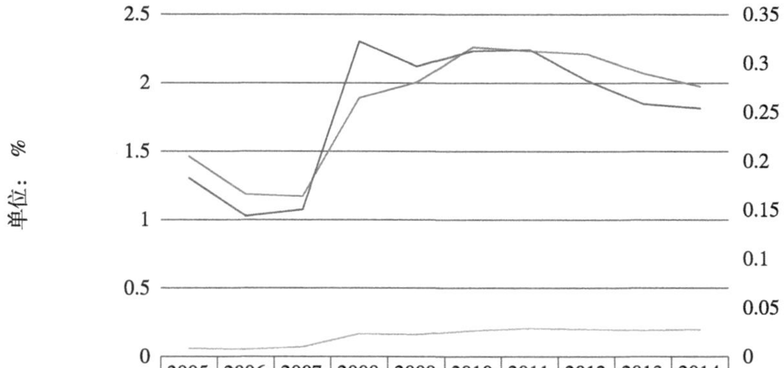

	2005	2006	2007	2008	2009	2010	2011	2012	2013	2014
占“区域”比例	1.46	1.19	1.17	1.89	2.00	2.26	2.23	2.21	2.07	1.97
占“一带一路”比例	0.18	0.14	0.15	0.32	0.30	0.31	0.31	0.28	0.26	0.25
占全球比例	0.01	0.01	0.01	0.02	0.02	0.03	0.03	0.03	0.03	0.03

图 EG-22 埃及 FDI 流出存量占比情况（2005—2014 年）

3.FDI 净流入

表 EG-19 埃及 FDI 净流入及增幅情况（2005—2014 年）

指标	2005	2006	2007	2008	2009	2010	2011	2012	2013	2014
FDI净流入（亿美元）	52.84	98.94	109.13	75.74	61.41	52.10	-11.09	58.20	38.91	45.31
增幅（%）	164.38	87.27	10.30	-30.59	-18.93	-15.15	-121.28	-625.02	-33.14	16.43

数据来源：http：//unctadstat.unctad.org/

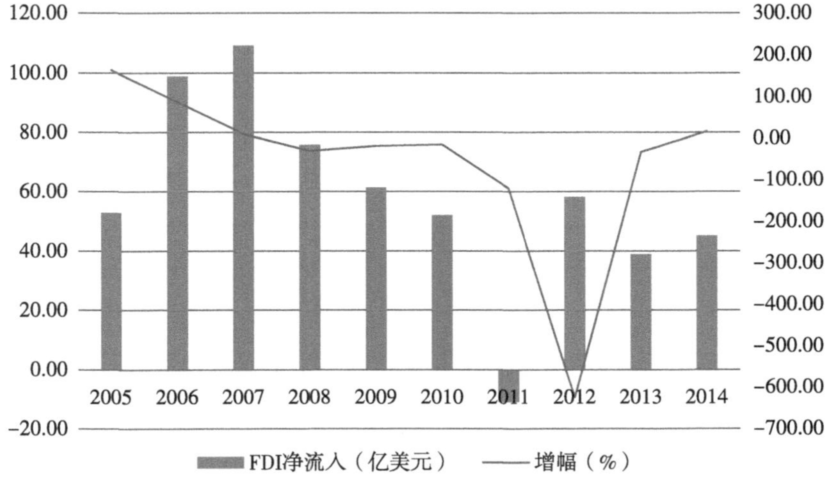

图 EG-23 埃及 FDI 净流入及增幅情况（2005—2014 年）

近十年，大多数年份的埃及外资流入规模超过其对外直接投资规模。2005—2014年，埃及FDI净流入从52.84亿美元波动下降至2014年的45.31亿美元，减少了7.53亿美元。十年来，FDI了净流入为负值的年份仅有2011年，净流入量为-11.09亿美元，说明埃及当年的对外直接投资规模超过外资流入总规模11.09亿美元，剩余年份的FDI净流入都为正值，但呈现出先增加后连续下降的趋势。

（五）埃及与“一带一路”其他国家的贸易关系

1. 埃及与“一带一路”其他国家的进出口情况

（1）出口

十年来，埃及出口到“一带一路”其他国家出口额有较大幅度的增加。从2005年的23.811亿美元增加至2013年的98.867亿美元，增加了75.056亿美元，年均增长19.48%。

埃及向“一带一路”沿线国家的出口主要集中于印度、沙特阿拉伯以及土耳其。2005年，埃及出口到印度、沙特阿拉伯、土耳其的出口总额为12.435亿美元，占埃及出口到“一带一路”沿线国家出口总额的52.22%。2013年，埃及出口到印度、沙特阿拉伯、土耳其的出口额为58.564亿美元，占埃及出口到“一带一路”沿线国家出口总额的59.24%。

表EG-20 埃及与“一带一路”其他国家出口贸易关系（2005年）

国家代码	国家	出口额（亿美元）	占比（%）	排名	国家代码	国家	出口额（亿美元）	占比（%）	排名
699	印度	5.28	22.17	1	616	波兰	0.037	0.16	24
682	沙特阿拉伯	3.812	16.01	2	191	克罗地亚	0.033	0.14	25
792	土耳其	3.343	14.04	3	31	阿塞拜疆	0.033	0.14	26
702	新加坡	2.471	10.38	4	144	斯里兰卡	0.03	0.13	27
400	约旦	1.963	8.24	5	203	捷克	0.023	0.10	28
422	黎巴嫩	1.74	7.31	6	4428	拉脱维亚	0.022	0.09	29
156	中国	1.093	4.59	7	417	哈萨克斯坦	0.018	0.08	30
887	也门	0.882	3.70	8	116	柬埔寨	0.016	0.07	31
586	巴基斯坦	0.643	2.70	9	268	格鲁吉亚	0.015	0.06	32
643	俄罗斯	0.448	1.88	10	440	立陶宛	0.01	0.04	33
804	乌克兰	0.329	1.38	11	704	越南	0.006	0.03	34

续表

国家代码	国家	出口额（亿美元）	占比（%）	排名	国家代码	国家	出口额（亿美元）	占比（%）	排名
642	罗马尼亚	0.324	1.36	12	703	斯洛伐克	0.006	0.03	35
360	印度尼西亚	0.191	0.80	13	70	波黑	0.005	0.02	36
376	以色列	0.171	0.72	14	498	摩尔多瓦	0.003	0.01	37
764	泰国	0.147	0.62	15	51	亚美尼亚	0.001	0.00	38
458	马来西亚	0.136	0.57	16	462	马尔代夫	0.001	0.00	39
705	斯洛文尼亚	0.127	0.53	17	233	爱沙尼亚	0.001	0.00	40
634	卡塔尔	0.113	0.47	18	112	白俄罗斯	0	0.00	41
100	保加利亚	0.075	0.31	19	496	蒙古	0	0.00	42
608	菲律宾	0.072	0.30	20	807	马其顿	0	0.00	43
512	阿曼	0.071	0.30	21	417	吉尔吉斯斯坦	0	0.00	44
8	阿尔巴尼亚	0.07	0.29	22	688	塞尔维亚	0	0.00	45
348	匈牙利	0.05	0.21	23	626	东帝汶	0	0.00	46

数据来源：重庆“一带一路”投资与贸易研究实验室

表 EG-21 埃及与“一带一路”其他国家出口贸易关系（2013 年）

国家代码	国家	出口额（亿美元）	占比（%）	排名	国家代码	国家	出口额（亿美元）	占比（%）	排名
699	印度	21.351	21.60	1	8	阿尔巴尼亚	0.169	0.17	24
682	沙特阿拉伯	19.752	19.98	2	268	格鲁吉亚	0.159	0.16	25
792	土耳其	17.461	17.66	3	702	新加坡	0.121	0.12	26
400	约旦	8.518	8.62	4	348	匈牙利	0.11	0.11	27
422	黎巴嫩	7.043	7.12	5	4428	拉脱维亚	0.096	0.10	28
156	中国	5.6	5.66	6	704	越南	0.096	0.10	29
643	俄罗斯	2.666	2.70	7	191	克罗地亚	0.09	0.09	30
887	也门	2.434	2.46	8	703	斯洛伐克	0.073	0.07	31
634	卡塔尔	2.188	2.21	9	112	白俄罗斯	0.068	0.07	32
458	马来西亚	1.366	1.38	10	417	哈萨克斯坦	0.068	0.07	33
586	巴基斯坦	1.326	1.34	11	608	菲律宾	0.067	0.07	34
642	罗马尼亚	1.049	1.06	12	233	爱沙尼亚	0.034	0.03	35
512	阿曼	1.022	1.03	13	31	阿塞拜疆	0.031	0.03	36
100	保加利亚	0.948	0.96	14	70	波黑	0.024	0.02	37

续表

国家代码	国家	出口额（亿美元）	占比（%）	排名	国家代码	国家	出口额（亿美元）	占比（%）	排名
360	印度尼西亚	0.944	0.95	15	688	塞尔维亚	0.023	0.02	38
203	捷克	0.787	0.80	16	462	马尔代夫	0.02	0.02	39
705	斯洛文尼亚	0.716	0.72	17	51	亚美尼亚	0.008	0.01	40
804	乌克兰	0.667	0.67	18	807	马其顿	0.008	0.01	41
616	波兰	0.655	0.66	19	498	摩尔多瓦	0.007	0.01	42
376	以色列	0.48	0.49	20	116	柬埔寨	0.001	0.00	43
764	泰国	0.228	0.23	21	417	吉尔吉斯斯坦	0	0.00	44
440	立陶宛	0.198	0.20	22	496	蒙古	0	0.00	45
144	斯里兰卡	0.195	0.20	23	626	东帝汶	0	0.00	46

数据来源：重庆“一带一路”投资与贸易研究实验室

（2）进口

十年来，埃及与“一带一路”沿线国家的进口贸易关系日趋紧密。2005-2013年，埃及与“一带一路”其他国家的进口额从2005年的94.997亿美元增加至2013年的279.011亿美元，增加了184.014亿美元，年均增加14.42%。

同时，埃及与“一带一路”沿线国家的进口市场结构亦有较大的变化，对沙特阿拉伯、俄罗斯等国家的进口有所下降，而对中国、土耳其以及印度等国家的进口有所增加。2005年，埃及与沙特阿拉伯、中国、俄罗斯、土耳其以及印度的进口额分别为20.462亿美元、19.340亿美元、10.485亿美元、6.873亿美元、5.811亿美元，分别排名于埃及在“一带一路”进口市场中的1、2、3、5、6名；2013年，埃及从这几个国家的进口额依次变化为17.623亿美元、83.627亿美元、25.034亿美元、32.004亿美元、29.008亿美元。分别排名于埃及在“一带一路”进口市场中的第6、1、5、2、3名。

表 EG-22　埃及与“一带一路”其他国家进口贸易关系（2005年）

国家代码	国家	进口额（亿美元）	占比（%）	排名	国家代码	国家	进口额（亿美元）	占比（%）	排名
682	沙特阿拉伯	20.462	21.54	1	191	克罗地亚	0.328	0.35	24
156	中国	19.340	20.36	2	112	白俄罗斯	0.325	0.34	25
643	俄罗斯	10.485	11.04	3	703	斯洛伐克	0.299	0.31	26
804	乌克兰	7.988	8.41	4	688	塞尔维亚	0.212	0.22	27
792	土耳其	6.873	7.23	5	887	也门	0.212	0.22	28

续表

国家代码	国家	进口额（亿美元）	占比（%）	排名	国家代码	国家	进口额（亿美元）	占比（%）	排名
699	印度	5.811	6.12	6	512	阿曼	0.178	0.19	29
458	马来西亚	4.596	4.84	7	144	斯里兰卡	0.137	0.14	30
360	印度尼西亚	2.905	3.06	8	608	菲律宾	0.083	0.09	31
764	泰国	2.658	2.80	9	233	爱沙尼亚	0.067	0.07	32
642	罗马尼亚	1.921	2.02	10	70	波黑	0.059	0.06	33
702	新加坡	1.521	1.60	11	4428	拉脱维亚	0.051	0.05	34
616	波兰	1.259	1.33	12	417	哈萨克斯坦	0.033	0.03	35
203	捷克	1.167	1.23	13	807	马其顿	0.013	0.01	36
348	匈牙利	1.126	1.19	14	268	格鲁吉亚	0.012	0.01	37
376	以色列	0.938	0.99	15	440	立陶宛	0.008	0.01	38
100	保加利亚	0.673	0.71	16	498	摩尔多瓦	0.008	0.01	39
422	黎巴嫩	0.545	0.57	17	496	蒙古	0.001	0.00	40
586	巴基斯坦	0.521	0.55	18	8	阿尔巴尼亚	0.000	0.00	41
704	越南	0.451	0.47	19	51	亚美尼亚	0.000	0.00	42
634	卡塔尔	0.448	0.47	20	116	柬埔寨	0.000	0.00	43
705	斯洛文尼亚	0.448	0.47	21	417	吉尔吉斯斯坦	0.000	0.00	44
400	约旦	0.446	0.47	22	462	马尔代夫	0.000	0.00	45
31	阿塞拜疆	0.389	0.41	23	626	东帝汶	0.000	0.00	46

数据来源：重庆“一带一路”投资与贸易研究实验室

表 EG-23　埃及与“一带一路”其他国家进口贸易关系（2013 年）

国家代码	国家	进口额（亿美元）	占比（%）	排名	国家代码	国家	进口额（亿美元）	占比（%）	排名
156	中国	83.627	29.97	1	31	阿塞拜疆	0.584	0.21	24
792	土耳其	32.004	11.47	2	634	卡塔尔	0.569	0.20	25
699	印度	29.008	10.40	3	440	立陶宛	0.508	0.18	26
804	乌克兰	27.206	9.75	4	4428	拉脱维亚	0.452	0.16	27
643	俄罗斯	25.034	8.97	5	144	斯里兰卡	0.445	0.16	28
682	沙特阿拉伯	17.623	6.32	6	887	也门	0.417	0.15	29
360	印度尼西亚	11.018	3.95	7	705	斯洛文尼亚	0.397	0.14	30
764	泰国	9.108	3.26	8	112	白俄罗斯	0.349	0.13	31

续表

国家代码	国家	进口额（亿美元）	占比（%）	排名	国家代码	国家	进口额（亿美元）	占比（%）	排名
458	马来西亚	8.613	3.09	9	233	爱沙尼亚	0.201	0.07	32
642	罗马尼亚	6.173	2.21	10	688	塞尔维亚	0.162	0.06	33
702	新加坡	4.757	1.70	11	70	波黑	0.16	0.06	34
203	捷克	2.825	1.01	12	608	菲律宾	0.16	0.06	35
616	波兰	2.753	0.99	13	268	格鲁吉亚	0.099	0.04	36
100	保加利亚	2.368	0.85	14	417	哈萨克斯坦	0.094	0.03	37
704	越南	2.2	0.79	15	8	阿尔巴尼亚	0.022	0.01	38
348	匈牙利	1.785	0.64	16	807	马其顿	0.009	0.00	39
512	阿曼	1.578	0.57	17	116	柬埔寨	0.007	0.00	40
586	巴基斯坦	1.556	0.56	18	498	摩尔多瓦	0.004	0.00	41
400	约旦	1.302	0.47	19	51	亚美尼亚	0.001	0.00	42
703	斯洛伐克	1.263	0.45	20	417	吉尔吉斯斯坦	0	0.00	43
376	以色列	1.198	0.43	21	462	马尔代夫	0	0.00	44
422	黎巴嫩	0.732	0.26	22	496	蒙古	0	0.00	45
191	克罗地亚	0.64	0.23	23	626	东帝汶	0	0.00	46

数据来源：重庆“一带一路”投资与贸易研究实验室

（3）净出口

埃及与“一带一路”沿线国家整体呈贸易逆差关系。2005-2013 年，埃及与“一带一路”沿线其他国家的贸易逆差额从 2005 年的 -71.186 亿美元增至 2013 年的 -180.144 亿美元，增加了 108.958 亿美元。

2013 年，在“一带一路”沿线国家中，约旦、黎巴嫩以及沙特阿拉伯为埃及排名前 3 的贸易顺差国家，而中国、乌克兰、俄罗斯为埃及在“一带一路”国家中排名前 3 的贸易逆差国家。

表 EG-24 埃及与“一带一路”其他国家净出口贸易关系（2013 年）

国家代码	国家	净出口额（亿美元）	排名	国家代码	国家	净出口额（亿美元）	排名
400	约旦	7.216	1	112	白俄罗斯	-0.281	24
422	黎巴嫩	6.311	2	440	立陶宛	-0.31	25
682	沙特阿拉伯	2.129	3	4428	拉脱维亚	-0.356	26

续表

国家代码	国家	净出口额（亿美元）	排名	国家代码	国家	净出口额（亿美元）	排名
887	也门	2.017	4	191	克罗地亚	–0.55	27
634	卡塔尔	1.619	5	31	阿塞拜疆	–0.553	28
705	斯洛文尼亚	0.319	6	512	阿曼	–0.556	29
8	阿尔巴尼亚	0.147	7	376	以色列	–0.718	30
268	格鲁吉亚	0.06	8	703	斯洛伐克	–1.19	31
462	马尔代夫	0.02	9	100	保加利亚	–1.42	32
51	亚美尼亚	0.007	10	348	匈牙利	–1.675	33
498	摩尔多瓦	0.003	11	203	捷克	–2.038	34
626	东帝汶	0	12	616	波兰	–2.098	35
417	吉尔吉斯斯坦	0	13	704	越南	–2.104	36
496	蒙古	0	14	702	新加坡	–4.636	37
807	马其顿	–0.001	15	642	罗马尼亚	–5.124	38
116	柬埔寨	–0.006	16	458	马来西亚	–7.247	39
417	哈萨克斯坦	–0.026	17	699	印度	–7.657	40
608	菲律宾	–0.093	18	764	泰国	–8.88	41
70	波黑	–0.136	19	360	印度尼西亚	–10.074	42
688	塞尔维亚	–0.139	20	792	土耳其	–14.543	43
233	爱沙尼亚	–0.167	21	643	俄罗斯	–22.368	44
586	巴基斯坦	–0.23	22	804	乌克兰	–26.539	45
144	斯里兰卡	–0.25	23	156	中国	–78.027	46

数据来源：重庆“一带一路”投资与贸易研究实验室

2. 埃及与“一带一路”其他国家的贸易竞争关系

一般来说，贸易竞争指数大于0.3，说明国家之间有强烈贸易竞争关系；大于0.2同时小于0.3，说明有较强贸易竞争关系；而小于0.2说明国家间有较弱贸易竞争关系。同时，贸易竞争代表着两国之间出口贸易结构的相似程度，相似程度越高，贸易竞争指数越大。

近十年来，埃及与“一带一路”国家的贸易竞争关系愈加强激烈。2005–2013年，埃及与“一带一路”国家的平均贸易竞争指数从0.0895增长至0.2601，增长了0.1706个指数点。也就是说，埃及与“一带一路”国家从较弱的贸易竞争关系变为较强的贸易竞争关系。

从贸易竞争指数分类来看，与埃及有强烈贸易竞争关系的国家从 2005 年的 3 个增加至 2013 年的 14 个，增加了 11 个国家，占比 30.43%；与其有较强贸易关系的国家从 2005 年的 1 个增加至 2013 年的 10 个，占比 21.74%；同样的，与其有较弱贸易竞争关系的国家数从 2005 年的 42 个减小至 2013 年的 22 个，整体减少了 20 个国家，现占比 47.83%。

表 TR-25　埃及与“一带一路”其他国家贸易竞争关系情况统计（2005 年、2013 年）

年份	平均贸易竞争指数	指数分类	国家数量	占比（%）
2005	0.0895	TCT>0.3	3	6.52
		0.2<TCT<0.3	1	2.17
		TCT<0.2	42	91.30
2013	0.2601	TCT>0.3	14	30.43
		0.2<TCT<0.3	10	21.74
		TCT<0.2	22	47.83

数据来源：重庆“一带一路”投资与贸易研究实验室

贸易竞争指数（CS）显示，2013 年，与埃及的贸易竞争关系排名前十的“一带一路”国家分别为：俄罗斯、也门、阿曼、阿塞拜疆、哈萨克斯坦、沙特阿拉伯、阿尔巴尼亚、马来西亚、卡塔尔以及白俄罗斯，贸易竞争指数依次为：0.7582、0.7442、0.7396、0.7256、0.7248、0.7127、0.6759、0.499、0.4769、0.4305。

对比可知，近十年来埃及与俄罗斯、也门、阿曼、阿塞拜疆、哈萨克斯坦以及沙特阿拉伯等国家的贸易竞争强度大幅增加，都从较弱或较强的贸易竞争关系变为强烈的贸易竞争关系；而与乌克兰等国家的贸易竞争强度大大减弱，从 2005 年 0.4719 变化为 2013 年的 0.0865，排名从第 1 名下降至第 35 名。

表 TR-26　埃及与“一带一路”其他国家贸易竞争关系（2005 年、2013 年）

国家代码	国家	2013		2005	
		贸易竞争指数	排名	贸易竞争指数	排名
643	俄罗斯	0.7582	1	0.1897	7
887	也门	0.7442	2	0.195	6
512	阿曼	0.7396	3	0.2266	4
31	阿塞拜疆	0.7256	4	0.1254	12
417	哈萨克斯坦	0.7248	5	0.1355	11
682	沙特阿拉伯	0.7127	6	0.1364	10

续表

国家代码	国家	2013		2005	
		贸易竞争指数	排名	贸易竞争指数	排名
8	阿尔巴尼亚	0.6759	7	0.0183	34
458	马来西亚	0.499	8	0.1956	5
634	卡塔尔	0.4769	9	0.3679	3
112	白俄罗斯	0.4305	10	0.0457	25
360	印度尼西亚	0.4232	11	0.4382	2
422	黎巴嫩	0.3299	12	0.0322	28
440	立陶宛	0.3267	13	0.02	32
699	印度	0.3038	14	0.0366	27
191	克罗地亚	0.2787	15	0.0148	36
417	吉尔吉斯斯坦	0.2735	16	0.0129	39
704	越南	0.2671	17	0.1469	8
496	蒙古	0.2498	18	0.0046	41
233	爱沙尼亚	0.2412	19	0.1408	9
100	保加利亚	0.2343	20	0.1129	14
702	新加坡	0.2263	21	0.0648	20
764	泰国	0.2256	22	0.0389	26
792	土耳其	0.2256	23	0.0737	19
4428	拉脱维亚	0.2132	24	0.101	15
616	波兰	0.1835	25	0.0962	16
705	斯洛文尼亚	0.155	26	0.0156	35
642	罗马尼亚	0.1177	27	0.0268	29
586	巴基斯坦	0.1145	28	0.0519	24
608	菲律宾	0.1119	29	0.06	22
70	波黑	0.1071	30	0.014	37
498	摩尔多瓦	0.0982	31	0.004	42
688	塞尔维亚	0.0952	32	0.0204	31
348	匈牙利	0.0932	33	0.0898	17
703	斯洛伐克	0.0891	34	0.0624	21
804	乌克兰	0.0865	35	0.4719	1
400	约旦	0.0838	36	0.0101	40
268	格鲁吉亚	0.0707	37	0.023	30

续表

国家代码	国家	2013		2005	
		贸易竞争指数	排名	贸易竞争指数	排名
156	中国	0.0672	38	0.0194	33
203	捷克	0.0541	39	0.0827	18
807	马其顿	0.0458	40	0.0139	38
144	斯里兰卡	0.0345	41	0.0535	23
116	柬埔寨	0.0243	42	0.0009	44
376	以色列	0.0181	43	0.1251	13
51	亚美尼亚	0.007	44	0.0013	43
626	东帝汶	0.0006	45	0.0001	46
462	马尔代夫	0	46	0.0001	45

数据来源：重庆“一带一路”投资与贸易研究实验室

3. 埃及与“一带一路”其他国家的贸易互补关系

一般来说，贸易互补指数大于0.3说明有强贸易互补关系，大于0.2同时小于0.3说明有较强贸易互补关系，而小于0.2说明有较弱贸易互补关系；同时，一国的出口贸易结构与另一国的进口贸易结构相似程度越高，两国之间的贸易互补关系越强。

埃及与“一带一路”其他国家整体贸易互补关系强，且有进一步增强趋势。以埃及出口计算的平均贸易互补指数从2005年的0.125增至2013年的0.2287，上升了0.1037个指数点。说明埃及出口贸易结构与“一带一路”国家的进口贸易结构有趋同发展的趋势。

按贸易互补指数分类分析，2013年，以埃及出口计算的贸易互补指数大于0.3的国家有4个，占“一带一路”国家总数比例8.7%，较2005年增加了4个国家；贸易互补指数处于0.2与0.3之间的国家有29个，占比例为63.04%，较2005年增加了27个国家；小于0.2的国家数量为13个，占比28.26%，较2005年减少了31个国家。

而以他国出口计算的埃及与“一带一路”其他国家的平均贸易互补指数从2005年的0.1389上升至2013年的0.1774，上升了0.0385个指数点，说明埃及进口贸易结构与“一带一路”国家的出口贸易结构有趋同发展趋势。按贸易互补指数分类来看，2013年，以他国出口计算的贸易互补指数大于0.3的国家数量仅为1个较2005年增加1个；处于0.2与0.3之间的国家有19个，占“一带一路”国家总数比例为41.30%，较2005年增加了11个；剩余56.52%的“一带一路”国家与埃及的贸易互补指数都小于0.2，较2005年减少了12个国家。

表 EG-27　埃及与“一带一路”其他国家贸易互补关系情况统计（2005 年、2013 年）

年份	平均贸易互补指数		指数分类	国家数量	占比（%）
2005	以本国出口计算	0.125	TCT>0.3	0	0.00
			0.2<TCT<0.3	2	4.35
			TCT<0.2	44	95.65
	以他国出口算	0.1389	TCT>0.3	0	0.00
			0.2<TCT<0.3	8	17.39
			TCT<0.2	38	82.61
2013	以本国出口计算	0.2287	TCT>0.3	4	8.70
			0.2<TCT<0.3	29	63.04
			TCT<0.2	13	28.26
	以他国出口算	0.1774	TCT>0.3	1	2.17
			0.2<TCT<0.3	19	41.30
			TCT<0.2	26	56.52

数据来源：重庆“一带一路”投资与贸易研究实验室

贸易互补指数（TCI）显示，2013 年，与埃及间贸易互补关系排名前十的“一带一路”国家依次为约旦、保加利亚、克罗地亚、波黑、菲律宾、立陶宛、斯里兰卡、以色列、巴基斯坦以及波兰等国家，以埃及出口计算的贸易互补指数分别为 0.3638、0.3147、0.3093、0.3051、0.2985、0.2904、0.2853、0.2852、0.2712、0.2695。相比于 2005，埃及与约旦、保加利亚、克罗地亚以及波黑国家间的贸易互补关系有较大的变化，都从 2005 年的较弱贸易互补关系变化为 2013 年的强烈的贸易互补关系。

表 EG-28　埃及与“一带一路”其他国家贸易互补关系（2005 年）

国家代码	国家	贸易互补指数（以本国出口计算）	排名	贸易互补指数（以他国出口计算）	排名
360	印度尼西亚	0.2966	1	0.2078	7
887	也门	0.2816	2	0.1117	29
100	保加利亚	0.1945	3	0.1853	15
112	白俄罗斯	0.1771	4	0.1668	21
792	土耳其	0.1705	5	0.1667	22
804	乌克兰	0.165	6	0.1881	13
348	匈牙利	0.1601	7	0.2312	3

续表

国家代码	国家	贸易互补指数（以本国出口计算）	排名	贸易互补指数（以他国出口计算）	排名
203	捷克	0.156	8	0.2341	2
616	波兰	0.1523	9	0.2282	5
608	菲律宾	0.1473	10	0.1029	32
688	塞尔维亚	0.1456	11	0.1807	16
400	约旦	0.1445	12	0.1212	27
643	俄罗斯	0.1442	13	0.2083	6
191	克罗地亚	0.1426	14	0.1575	24
440	立陶宛	0.1409	15	0.1723	20
807	马其顿	0.1373	16	0.071	36
512	阿曼	0.1363	17	0.1253	25
144	斯里兰卡	0.134	18	0.0707	37
703	斯洛伐克	0.1332	19	0.189	12
417	哈萨克斯坦	0.1325	20	0.0945	33
586	巴基斯坦	0.1295	21	0.0599	41
642	罗马尼亚	0.1292	22	0.1803	18
233	爱沙尼亚	0.1238	23	0.2299	4
8	阿尔巴尼亚	0.1212	24	0.0625	40
4428	拉脱维亚	0.117	25	0.1866	14
376	以色列	0.1163	26	0.254	1
764	泰国	0.1091	27	0.1935	11
699	印度	0.1087	28	0.1954	10
268	格鲁吉亚	0.1021	29	0.103	31
70	波黑	0.1014	30	0.1159	28
458	马来西亚	0.1002	31	0.1965	9
702	新加坡	0.1001	32	0.2009	8
156	中国	0.0979	33	0.1757	19
634	卡塔尔	0.0974	34	0.1647	23
422	黎巴嫩	0.095	35	0.1233	26
705	斯洛文尼亚	0.0901	36	0.1804	17
462	马尔代夫	0.0887	37	0.015	45
498	摩尔多瓦	0.0883	38	0.0832	34

续表

国家代码	国家	贸易互补指数（以本国出口计算）	排名	贸易互补指数（以他国出口计算）	排名
682	沙特阿拉伯	0.0847	39	0.0828	35
704	越南	0.0789	40	0.1107	30
31	阿塞拜疆	0.0772	41	0.0664	39
417	吉尔吉斯斯坦	0.0718	42	0.0678	38
496	蒙古	0.0672	43	0.0303	44
51	亚美尼亚	0.062	44	0.0307	43
116	柬埔寨	0.0555	45	0.0098	46
626	东帝汶	0.0462	46	0.0562	42

数据来源：重庆“一带一路”投资与贸易研究实验室

表 EG-29　埃及与“一带一路”其他国家贸易互补关系（2013 年）

国家代码	国家	贸易互补指数（以本国出口计算）	排名	贸易互补指数（以他国出口计算）	排名
400	约旦	0.3638	1	0.1649	26
100	保加利亚	0.3147	2	0.2611	12
191	克罗地亚	0.3093	3	0.208	20
70	波黑	0.3051	4	0.1727	25
608	菲律宾	0.2985	5	0.1416	31
440	立陶宛	0.2904	6	0.2623	11
144	斯里兰卡	0.2853	7	0.0627	41
376	以色列	0.2852	8	0.1596	28
586	巴基斯坦	0.2712	9	0.0874	38
616	波兰	0.2695	10	0.301	1
688	塞尔维亚	0.2692	11	0.2458	14
498	摩尔多瓦	0.2644	12	0.1613	27
112	白俄罗斯	0.2642	13	0.2374	17
764	泰国	0.2625	14	0.2662	10
360	印度尼西亚	0.2545	15	0.1978	21
699	印度	0.2467	16	0.2844	4
642	罗马尼亚	0.2454	17	0.2983	2

续表

国家代码	国家	贸易互补指数（以本国出口计算）	排名	贸易互补指数（以他国出口计算）	排名
8	阿尔巴尼亚	0.2436	18	0.0897	37
422	黎巴嫩	0.2431	19	0.182	22
804	乌克兰	0.2409	20	0.2254	19
417	吉尔吉斯斯坦	0.2355	21	0.1459	30
702	新加坡	0.231	22	0.241	16
807	马其顿	0.229	23	0.1151	33
417	哈萨克斯坦	0.2261	24	0.1137	34
792	土耳其	0.2232	25	0.2778	6
705	斯洛文尼亚	0.2181	26	0.2717	8
51	亚美尼亚	0.2169	27	0.0404	43
268	格鲁吉亚	0.214	28	0.1559	29
458	马来西亚	0.2126	29	0.2411	15
4428	拉脱维亚	0.2125	30	0.2823	5
703	斯洛伐克	0.2098	31	0.232	18
203	捷克	0.2027	32	0.2748	7
233	爱沙尼亚	0.2018	33	0.2695	9
348	匈牙利	0.199	34	0.2979	3
156	中国	0.1988	35	0.2473	13
704	越南	0.1864	36	0.1752	24
496	蒙古	0.1802	37	0.0617	42
626	东帝汶	0.1768	38	0.0366	45
682	沙特阿拉伯	0.1751	39	0.0959	35
462	马尔代夫	0.1612	40	0.0056	46
634	卡塔尔	0.1598	41	0.0773	39
116	柬埔寨	0.1551	42	0.0388	44
643	俄罗斯	0.1477	43	0.1767	23
31	阿塞拜疆	0.141	44	0.0667	40
512	阿曼	0.1408	45	0.1198	32
887	也门	0.1395	46	0.0916	36

数据来源：重庆“一带一路”投资与贸易研究实验室

表 EG-30　埃及与“一带一路”国家 TCI 值排名前 10 的国家（2005 年、2013 年）

2005				2013			
国家代码	国家	贸易互补指数（以本国出口计算）	地区	国家代码	国家	贸易互补指数（以他国出口计算）	地区
360	印度尼西亚	0.2966	东南亚	400	约旦	0.3638	西亚北非
887	也门	0.2816	西亚北非	100	保加利亚	0.3147	中东欧
100	保加利亚	0.1945	中东欧	191	克罗地亚	0.3093	中东欧
112	白俄罗斯	0.1771	独联体	70	波黑	0.3051	中东欧
792	土耳其	0.1705	西亚北非	608	菲律宾	0.2985	东南亚
804	乌克兰	0.165	独联体	440	立陶宛	0.2904	中东欧
348	匈牙利	0.1601	中东欧	144	斯里兰卡	0.2853	南亚
203	捷克	0.156	中东欧	376	以色列	0.2852	西亚北非
616	波兰	0.1523	中东欧	586	巴基斯坦	0.2712	南亚
608	菲律宾	0.1473	东南亚	616	波兰	0.2695	中东欧

数据来源：重庆“一带一路”投资与贸易研究实验室

埃及排列前十的贸易互补国主要分布在中东欧地区。2013 年，埃及与“一带一路”国家 TCI 值排名前十位的国家有 5 国家来自于中东欧，分别有 2 个国家来自西亚北非和南亚，有 1 个国家来东南亚。和 2005 年比较，埃及与中东欧地区的贸易互补关系有大幅度的改变，2005 年，埃及与中东欧地区的贸易互补关系都较弱，而在2013年，与其有强烈贸易互补关系的4个国家中，3个都为中东欧国家。

（六）中国与埃及的贸易系

中国和埃及共建“一带一路”互补优势明显。埃及地处亚非欧三大洲的交通要冲，处于“一带一路”西端交汇地带的区位优势突出。双方对外开放的发展战略有许多相同之处与契合点，这将大大激发两国在各领域务实合作的潜能。自 1956 年 5 月 30 日建交以来，中埃双方关系发展顺利，并且于 1994 年 4 月建立战略伙伴关系；2014 年 12 月，中埃两国关系提升为全面战略伙伴关系；于 2016 年 1 月，两国签署关于加强全面战略伙伴关系的五年实施纲要。目前，埃及是中国在西亚北非地区重要的经贸合作伙伴。而且，据统计中国已成为埃及第一大贸易伙伴和第一大货物进口来源国，中国和埃及长期保持着贸易顺差关系。

联合国贸发会议数据显示，2015 年，中埃双方贸易额为 128.79 亿美元，较上年增长了 10.83%。其中中国出口到埃及出口额为 119.63 亿美元，较上年增长 14.36%，中国从埃及进口总额为 9.16 亿美元，较上年减少 20.97%；中国相对于埃及贸易顺差额为 110.47 亿美元，较上年增长 18.76%。

同时，根据联合国商品贸易数据库统计，中国出口到埃及排名前 2 的商品是电机、电气、音像设备及其零件以及机械器具及其零件，此 2 两种商品出口总额为 3074.37 百万美元，占中国出口到埃及出口总额的 25.70%；中国从埃及进口排前两名的商品为矿物燃料、矿物油及其蒸馏产品等和盐；硫磺；泥土及石料；石膏料、石灰及水泥，此两类商品进口总额为 747.41 百万美元，占中国从埃及总进口额的 81.60%。

1. 中国出口到埃及情况

（1）中国出口到埃及的数量关系

中国出口到埃及的出口规模大，且有进一步增长趋势。2015 年，中国对埃及的出口额为 119.63 亿美元，比 2005 年增加了 100.29 亿美元，年均增长 19.99%。

2005—2015 年，中国对埃及的出口规模及对应的增幅具体情况如表 EG-31 所示：

表 EG-31　中国出口到埃及的数量关系（2005—2015 年）

指标	2005	2006	2007	2008	2009	2010	2011	2012	2013	2014	2015
出口额（亿美元）	19.34	29.76	44.68	58. 74	51.07	60.41	72.83	82.24	83.63	104.61	119.63
增幅（%）	39.34	53.88	50.13	31.47	–13.06	18.29	20.56	12.92	1.69	25.09	14.36

数据来源：http：//comtrade.un.org/

2005—2015 年，中国出口到埃及的出口规模快速增长。2005—2008 年，中国出口到埃及的出口数额从 2005 年的 19.34 亿美元增长至 2008 年的 58.74 亿美元，总共增长了 39.4 亿美元；2009 年，受全球金融危机的影响，中国出口到埃及的出口额小幅下降至 51.07 亿美元，较 2008 年下降了 13.06%；2010–2015 年，中国出口到埃及的出口规模连续增加至 2015 年的 119.63 亿美元，较 2009 年增长了 68.56 亿美元，较 2005 年增长了 100.29 亿美元。图 EG-24 为中国出口到埃及数额及相应增幅直观显示：

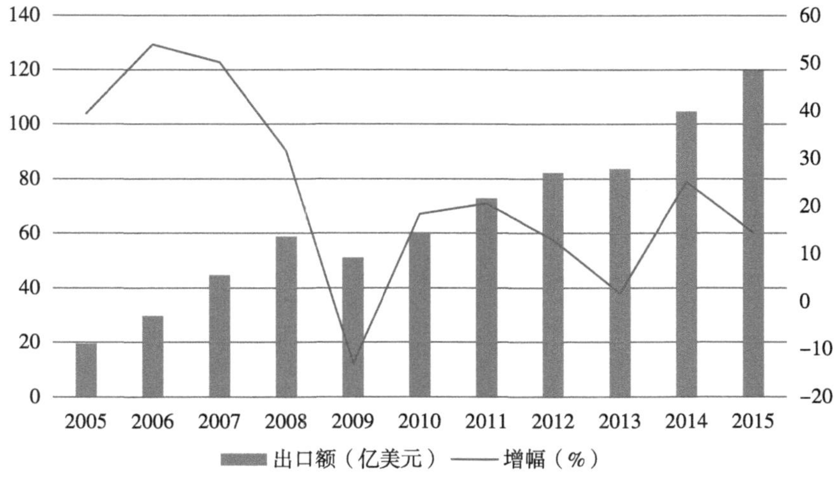

图 EG-24　中国出口到埃及的数量关系（2005—2015 年）

（2）中国出口到埃及的产品结构关系

中国出口到埃及的产品较集中，出口规模排名前三的产品的出口额占取中国出口到埃及总出口额的三成比例。

表 EG-32 及表 EG-33 为 2005 年及 2015 年中国出口到埃及的主要产品的出口规模及相应的占比情况：

表 EG-32　中国出口到埃及产品结构（2005 年）

产品种类	出口额（百万美元）	排名	占比（%）
核反应堆、锅炉、机器、机械器具及其零件	298.99	1	15.46
电机、电气设备及其零件；录音机及放声机、电视图像、声音的录制和重放设备及其零件、附件	240.72	2	12.45
针织或钩编的服装及衣着附件	147.34	3	7.62
化学纤维长丝	97.12	4	5.02
车辆及其零件、附件，但铁道及电车道车辆除外	76.38	5	3.95
非针织或非钩编的服装及衣着附件	75.95	6	3.93
有机化学品	71.98	7	3.72
塑料及其制品	70.24	8	3.63
钢铁制品	61.79	9	3.19
鞋靴、护腿和类似品及其零件	48.15	10	2.49
合计	1188.66	——	61.46

数据来源：http：//comtrade.un.org/

表 EG-33 中国出口到埃及产品结构（2015 年）

产品种类	出口额（百万美元）	排名	占比（%）
电机、电气设备及其零件；录音机及放声机、电视图像、声音的录制和重放设备及其零件、附件	1671.51	1	13.97
核反应堆、锅炉、机器、机械器具及其零件	1402.86	2	11.73
针织或钩编的服装及衣着附件	722.65	3	6.04
车辆及其零件、附件（铁道及电车道车辆除外）	617.70	4	5.16
塑料及其制品	587.41	5	4.91
钢铁	570.96	6	4.77
钢铁制品	453.96	7	3.79
鞋靴、护腿和类似品及其零件	436.86	8	3.65
非针织或非钩编的服装及衣着附件	421.71	9	3.53
光学、照相、电影、计量、检验、医疗或外科用仪器及设备、精密仪器及设备；上述物品的零件、附件	411.13	10	3.44
合计	7296.75	——	60.99

数据来源：http：//comtrade.un.org/

对比分析表 EG-32 及表 EG-33：中国出口到埃及的主要产品出口规模合计 7296.75 百万美元，占中国对埃及总出口额的 60.99%，相比于 2005 年，中国当年出口到埃及排名前十产品的合计出口额增长了 513.86%，合计占比下降了 0.47 个百分点。其中，中国出口到埃及的产品中对电机、电气、音像设备及其零件（13.97%），机械器具及其零件（11.73%），针织或钩编的服装及衣着附件（6.04%）的出口规模分别为 1671.51 百万美元、1402.86 百万美元、722.65 百万美元，相比于 2005 年，出口规模分别增加了 1430.79 百万美元、1103.87 百万美元、575.31 百万美元，占比分别上升了 1.52 个百分点，下降了 3.73 个百分点，下降了 1.58 个百分点。除此之外，中国出口到埃及的产品中对车辆及其零件、附件等产品的进口规模占比减小，对塑料及其制品等产品的出口规模占比有所增加。

2. 中国从埃及进口情况

（1）中国从埃及进口的数量关系

中国从埃及进口数量规模小，但近十一年整体看来有增大趋势。2015 年，中国从埃及进口规模为 9.16 亿美元，较 2005 年增加了 7.05 亿美元。

表 EG-34 为 2005—2015 年中国从埃及进口数额及相应增幅具体情况。

由下表可知，2005—2011 年，中国从埃及进口数量规模快速增加，从 2005 年的 2.11 亿美元增加至 2011 年的 15.18 亿美元，总共增加了 13.07 亿美元；2012 年，进口数额出现负增长，为13.21亿美元，较上年减少了12.98%；在2013年，中国从埃及进口的进口额达近年最大值，为18.52亿美元，当年增幅为40.20%；但2014—2015年，出口额又下降至2015的9.16亿美元，较上年减少了2.43亿美元，较2005年增加了7.05亿美元。

表 EG-34　中国从埃及进口数量关系（2005—2015 年）

指标	2005	2006	2007	2008	2009	2010	2011	2012	2013	2014	2015
进口额（亿美元）	2.11	2.17	2.40	4.29	7.53	9.18	15.18	13.21	18.52	11.59	9.16
增幅（%）	12.23	2.84	10.60	78.75	75.52	21.91	65.36	-12.98	40.20	-37.42	-20.97

数据来源：http：//comtrade.un.org/

图 EG-25 为中国从埃及进口数量及相应增幅变化具体情况：

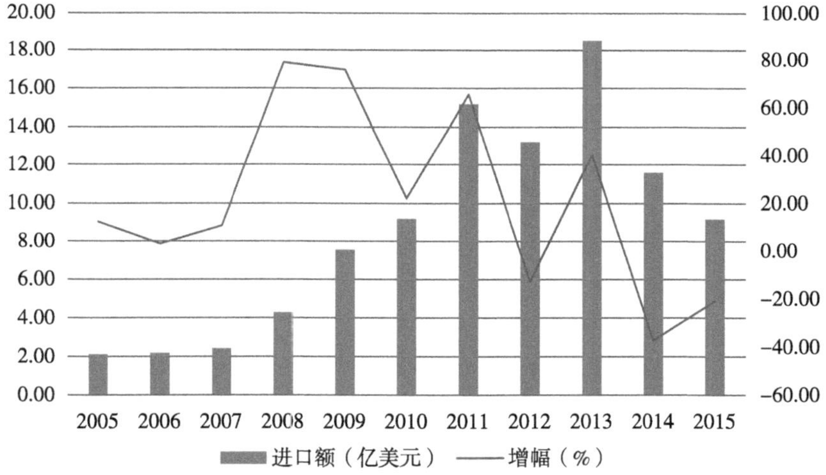

图 EG-25　中国从埃及进口数量关系（2005—2015 年）

（2）中国从埃及进口的产品结构关系

中国从埃及进口的产品集中，其中对矿物燃料、矿物油及其蒸馏等产品的进口接近中国从埃及进口的所有产品的七成比例。

2005年及2015年中国从埃及主要进口产品进口额及相关占比情况如下表EG-35及表EG-36：

表 EG-35　中国从埃及主要进口产品结构（2005 年）

产品种类	进口额（百万美元）	排名	占比（%）
盐；硫磺；泥土及石料；石膏料、石灰及水泥	74.81	1	35.43
钢铁	47.46	2	22.48
塑料及其制品	25.20	3	11.93

续表

产品种类	进口额（百万美元）	排名	占比（%）
棉花	25.01	4	11.84
矿物燃料、矿物油及其蒸馏产品；沥青物质；矿物蜡	16.21	5	7.68
其他植物纺织纤维；纸纱线及其机织物	11.63	6	5.51
铜及其制品	2.08	7	0.98
地毯及纺织材料的其他铺地制品	1.63	8	0.77
核反应堆、锅炉、机器、机械器具及其零件	1.61	9	0.76
玻璃及其制品	0.82	10	0.39
合计	206.46	——	97.78

数据来源：http：//comtrade.un.org/

表 EG-36 中国从埃及主要进口产品结构（2015 年）

产品种类	进口额（百万美元）	排名	占比（%）
矿物燃料、矿物油及其蒸馏产品；沥青物质；矿物蜡	620.55	1	67.75
盐；硫磺；泥土及石料；石膏料、石灰及水泥	126.86	2	13.85
肥皂、有机表面活性剂、洗涤剂、润滑剂、人造蜡、调制蜡、光洁剂、蜡烛及类似品、塑型用膏、“牙科用蜡”及牙科用熟石膏制剂	28.68	3	3.13
矿砂、矿渣及矿灰	25.76	4	2.81
食用水果及坚果；甜瓜或柑橘属水果的果皮	21.47	5	2.34
生皮（毛皮除外）及皮革	18.48	6	2.02
棉花	15.29	7	1.67
非针织或非钩编的服装及衣着附件	12.45	8	1.36
地毯及纺织材料的其他铺地制品	9.30	9	1.02
塑料及其制品	6.80	10	0.74
合计	885.64	——	96.69

数据来源：http：//comtrade.un.org/

2015 年，中国从埃及进口主要产品的进口额合计 885.64 百万美元，占比合计 96.69 百万美元，相比 2005 年，中国从埃及主要进口产品合计进口额整体增加了 328.96%。其中，中国从埃及进口的矿物燃料、矿物油及其蒸馏产品的进口规模大幅增加，2015 年此产品的进口额为 620.55 百万美元，占中国从埃及总进口额的比例为 67.75%，排名第 1；相比 2005 年，中国从埃及进口的矿物燃料、矿物油及其蒸馏产品的进口规模整体增加604.34百万美元，占比上升了60.07个百分点，排名上升了4个名次，成为中国从埃及进口规模最大的产品。相对的，中国从埃及对盐；硫磺；泥土及石料；石膏料、石灰及水泥的进口规模相对其他产品的进口规模大幅度减小，占比从2005年的35.43%下降至2015年的13.85%，总共下降了21.58个百分点，排名下降了1个名次。除此之外，中国从埃及进口的钢铁、塑料及其制成品的进口规模相对有所减小，而对矿砂、矿渣及矿灰和食用水果及坚果；甜瓜或柑橘属水果的果皮等产品的进口规模相对有所增加。

3. 中国与埃及的贸易竞争、互补关系

表EG-37为中国与埃及贸易竞争、互补指数2005及2013年的统计情况：

表EG-37　中国与埃及贸易竞争、互补关系情况统计（2005年、2013年）

年份	贸易竞争指数	贸易互补指数	
		以中国出口计算	以埃及出口计算
2005	0.0194	0.1757	0.0979
2013	0.0672	0.2473	0.1988

数据来源：重庆“一带一路”投资与贸易研究实验室

（1）中国与埃及具有较强的贸易互补关系。2013年，以中国出口计算的贸易互补指数为0.2473，排名第33位。

（2）中国与埃及贸易互补关系具有增强的趋势。从以中国出口计算的贸易互补指数看，2005年，埃及与中国贸易互补指数为0.1757；2013年为0.2473，2005年至2013年，中国与埃及贸易互补指数增加了40.75%。

（3）以中国出口计算的贸易互补指数大于以埃及出口计算的贸易互补指数，有利于中国出口，同时有利于埃及进口。2005年，以中国出口计算的贸易互补指数为0.1757，以埃及出口计算的贸易互补指数为0.0979；2013年，以中国出口计算的贸易互补指数为0.2473；以埃及出口计算的贸易互补指数为0.1988。

（4）中国与埃及的贸易竞争关系有小幅度的变化。2005年，两国贸易竞争指数为0.0194，贸易竞争关系微弱，排名于埃及与“一带一路”国家竞争关系的43位。2013年，埃及与中国的贸易竞争指数为0.0672，贸易竞争关系较弱，排名为25位。2005年至2013年，中国与埃及的贸易竞争指数增加了0.0478个指数点，排名上升了18位。

九、科威特（The State of Kuwait）

（一）基本情况

科威特历史起源于阿拉伯帝国，之后经历哈立德家族、萨巴赫家族的统治，建立了科威特酋长国，后相继成为奥斯曼帝国的一个县，英国的保护国，最终于 1961 年 6 月宣布独立，但在 1990 年 8 月被伊拉克侵入，1991 年 2 月 26 日复国，成为独立的科威特酋长国。科威特人口规模相对偏小，人口密度大，城镇化率极高，男女比例相对不协调；2015 年，科威特人口总数为 389 万人，人口密度为 218.41 平方公里，城镇化率为 98.34%，男女比例为 56∶44。科威特位于阿拉伯湾（波斯湾）西北岸，与沙特阿拉伯和伊拉克相邻，同伊朗隔海相望。国土面积 17820 平方公里，海岸线长 290 公里。此外，科威特石油和天然气储量丰富。现已探明的石油储量为 1049 亿桶，占世界储量的 10%，居世界第五位。天然气储量为 1.78 万亿立方米，占世界储量的 1.1%，居世界第 19 位。同时，科威特整体经济发展水平较好，2015 年，科威特 GDP 为 11.28 百亿美元，人均 GDP 为 28984.64 美元，属于高收入经济体。

1. 建国历程

科威特 7 世纪时是阿拉伯帝国的一部分。1581 年起哈立德家族统治科威特。1710 年居住在阿拉伯半岛内的阿奈扎部落中的萨巴赫家族迁移到科威特，1756 年取得统治权，建立了科威特酋长国。1871 年科威特成为奥斯曼帝国巴士拉省的一个县。1899 年英国强迫科威特签订秘密协定，成为科威特的宗主国。1961 年 6 月 19 日科威特宣布独立，同年成为阿拉伯国家联盟和联合国成员国。1990 年 8 月 2 日，科威特被伊拉克侵占，1991 年 2 月 26 日复国。[①]

2. 人口状况

科威特人口规模相对偏小，但人口密度大，城镇化率极高、男女比例相对不协

① 资料来源：http：//fec.mofcom.gov.cn/article/tzhzcj/tzhz/

调。2015 年，科威特人口总数仅为 389 万人，人口密度为 218.43 人 / 平方公里；其中城镇人口为 383 万人，农村人口仅 6 万人，占比分别为 98.34%、1.66%；男性人口 219 万人，女性人口 170 万人，较男性人口少 49 万人，占比分别为 56.18%、43.82%；0–14 岁人口数为 87 万人，15–64 岁人口数为 294 万人，65 岁及其以上年龄人口数为 8 万人，占比分别为 22.32%、75.71%、1.97%。

表 KW–1　科威特口总数及其构成（2015 年）

指标	年末数（万人）	比重（%）
人口总数	389	100
其中：城镇	383	98.34
农村	6	1.66
其中：男性	219	56.18
女性	170	43.82
其中：0–14 岁	87	22.32
15–64 岁	294	75.71
65 岁及其以上	8	1.97

数据来源：世界银行，http：//data.worldbank.org/

十一年间，科威特人口总规模以倒“U”型的增幅缓慢增加。2005—2008 年，科威特人口加速增加，从 226 万人增加至 271 万人，增加了 45 万人；2009–2015 年，科威特人口减速增加至 2015 的 389 万人，整体较 2005 年增加了 163 万人，年均增加 5.58%。

表 KW–2　科威特人口总数及增幅情况（2005—2015 年）

指标	2005	2006	2007	2008	2009	2010	2011	2012	2013	2014	2015
人口总数（万人）	226	239	254	271	288	306	324	342	359	375	389
增幅（%）	4.15	5.75	6.28	6.69	6.27	6.25	5.88	5.56	4.97	4.46	3.73

数据来源：世界银行，http：//data.worldbank.org/

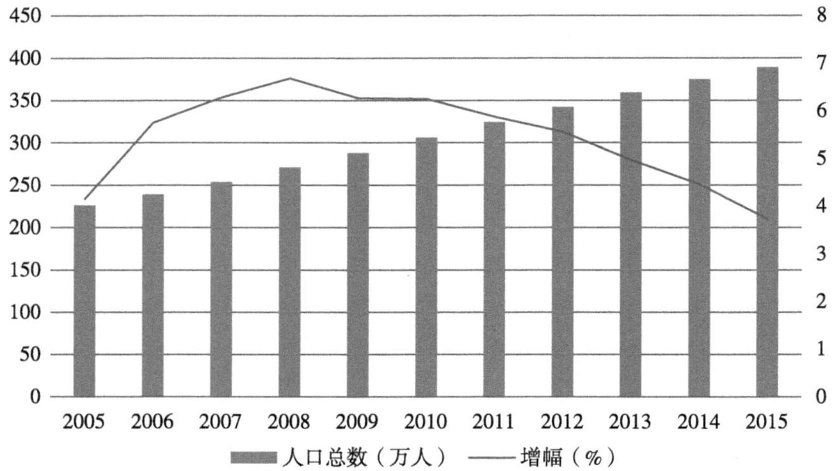

图 KW-1 科威特人口总数及增幅情况（2005—2015 年）

3. 地域状况

科威特位于阿拉伯湾（波斯湾）西北岸，与沙特阿拉伯和伊拉克相邻，同伊朗隔海相望。国土面积 178181.78 万平方公里，海岸线长 290 公里。有布比延、法拉卡等 9 个岛屿，水域面积 5625 平方公里。绝大部分国土为沙漠，地势较平坦，境内无山川、河流和湖泊，地下淡水贫乏。①

4. 资源禀赋

科威特石油和天然气储量丰富。现已探明的石油储量为 1049 亿桶，占世界储量的 10%，居世界第五位。天然气储量为 1.78 万亿立方米，占世界储量的 1.1%，居世界第 19 位②。

5. 经济实力

科威特整体经济发展水平较好，且近年呈“M”状波动发展。2015 年，科威特 GDP 为 1128.12 亿美元；人均 GDP 为 28984.64 美元，属于高收入经济体。

表 KW-3 和图 KW-2 为 2005—2015 年科威特 GDP 及相关增长率情况：

表 KW-3 科威特 GDP 及增长率情况（2005—2015 年）

指标	2005	2006	2007	2008	2009	2010	2011	2012	2013	2014	2015
GDP（亿美元）	807.98	1015.51	1146.41	1473.96	1059.00	1154.19	1540.28	1740.70	1741.61	1636.12	1128.12
增长率（%）	35.93	25.69	12.89	28.57	−28.15	8.99	33.45	13.01	0.05	−6.06	-31.05

数据来源：世界银行，http：//data.worldbank.org/

① 数据来源：http：//fec.mofcom.gov.cn/article/tzhzcj/tzhz/

② 数据来源：http：//fec.mofcom.gov.cn/article/tzhzcj/tzhz/

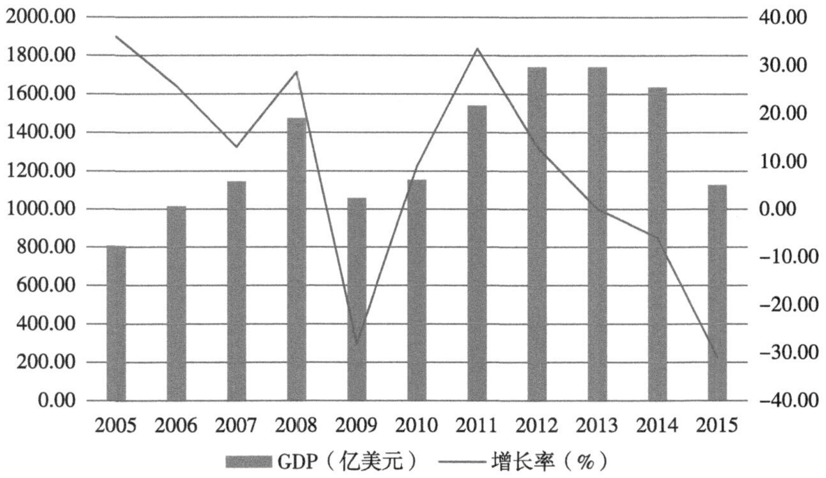

图 KW-2 科威特 GDP 及增长率情况（2005—2015 年）

科威特 GDP 近年呈“M”形发展变化。2005—2008 年，科威特 GDP 一路减速增加，从 807.98 亿美元增加至 1473.96 亿美元，增加了 665.98 亿美元；2009 年，受金融危机的影响，科威特经济呈负增长，GDP 值下降至 1059.00 亿美元，较上年减少了 28.15%；2010-2013 年，科威特整体经济缓慢复苏，至 2013 年其 GDP 增至 1741.61 亿美元；但 2014 年以及 2015 年，科威特经济又出现下滑现象，2015 年，其 GDP 值为 1128.12 亿美元，较上年减少了 31.05%，但较 2005 年整体增加了 39.62%。

而科威特 2005—2015 年人均 GDP 相关情况如下表 KW-4：

表 KW-4 科威特人均 GDP 及增长率情况（2005—2015 年）

年份	人均 GDP（现价美元）	增长率（%）
2005	35694.38	30.09
2006	42498.74	19.06
2007	45159.34	6.26
2008	54484.3	20.65
2009	36754.95	-32.54
2010	37725.14	2.64
2011	47551.38	26.05
2012	50903.90	7.05
2013	48463.15	-4.79

续表

年份	人均 GDP（现价美元）	增长率（%）
2014	43593.7	-10.05
2015	28984.64	-33.51

数据来源：世界银行，http：//data.worldbank.org/

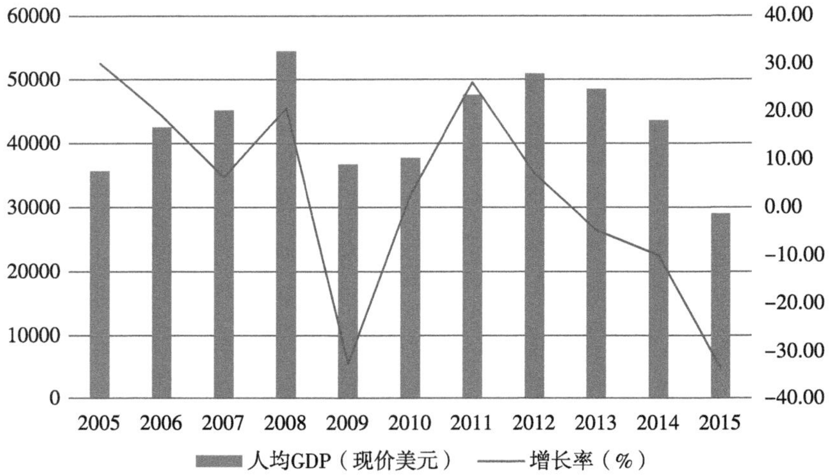

图 KW-3 科威特人均 GDP 及增长率情况（2005—2015 年）

以人均 GDP 衡量的经济水平来划分，科威特属于高收入经济体。2005—2015 年，科威特人均 GDP 呈“M”形波动减少趋势。2005 年，科威特人均 GDP 为 35694.38 美元；直至 2008 年，科威特人均 GDP 都是处于减速增加的状态，2008 年，其人均 GDP 值为 54484.3 美元，其为近年科威特人均 GDP 最高值；2009 年，人均 GDP 下降至 36754.95 美元，比上年减少了 32.54%；2010-2012 年，人均 GDP 先加速后减速增加，2012 年人均 GDP 值为 50903.90 美元，较 2009 年增加了 38.50%；2013-2015 年，科威特人均 GDP 加速下降，2015 年，人均 GDP 值为 28984.64 美元，较上年减少了 33.51%，相比 2005 年，人均 GDP 总体减少了 18.80%。

（二）产业情况

科威特三次产业结构比重呈现二、三、一比例特征。2010-2014 年，科威特三次产业结构从 0.4 : 61.1 : 38.5 调整为 0.4 : 64.3 : 35.3；其中农业对 GDP 的贡献极小，但随着科威特政府对农业的重视，其农业有着较平稳的发展，第二产业在科威特国民经济中占重要位置，且重要性有所增加，同时第三产业对科威特的经济拉动力有所减弱。科威特第二产业主要是以石油开采、炼化和石油化工为主。

1. 第一产业

（1）第一产业基本情况

近年科威特农业发展缓慢，且对 GDP 贡献较小。2010–2014 年，科威特农业增加值从 521.28 百万美元增加至 732.61 百万美元，总体增加 211.33 美元；同时，占 GDP 比重从 2010 年的 0.42% 小幅下降至 2014 年的 0.41%，减少了 0.01 个百分点。

表 KW–5 及图 KW–4 为科威特农业增加值及相关具体情况：

表 KW–5　科威特农业增加值及相关情况（2010–2014）

指标	2010	2011	2012	2013	2014
增加值（百万美元）	521.28	676.09	626.3	618.48	732.61
增幅（%）	——	29.70	–7.36	–1.25	18.45
占 GDP 比重（%）	0.42	0.41	0.33	0.33	0.41

数据来源：世界银行，http：//data.worldbank.org/

图 KW–4 显示，科威特农业近几年小幅波动增加。2010 年，科威特农业增加值为 521.28 百万美元；2011 年小幅上升至 676.09 百万美元，比上年增加 29.70%；2012、2013 年，科威特农业增加值连续缩小，至 2013 年，其农业增加值为 618.48 百万美元，比 2011 年减少了 8.52%；2014 年，科威特农业增加值恢复增长，当年增加值为 732.61 百万美元，较上年增加了 18.45%，较 2005 年增加了 40.54%。

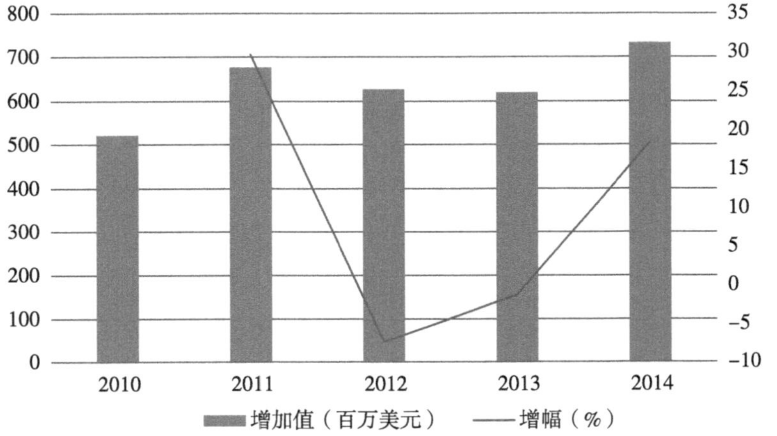

图 KW–4　科威特农业增加值及增幅情况（2010–2014）

下图为2010–2014年科威特农业增加值占国民经济占比情况：

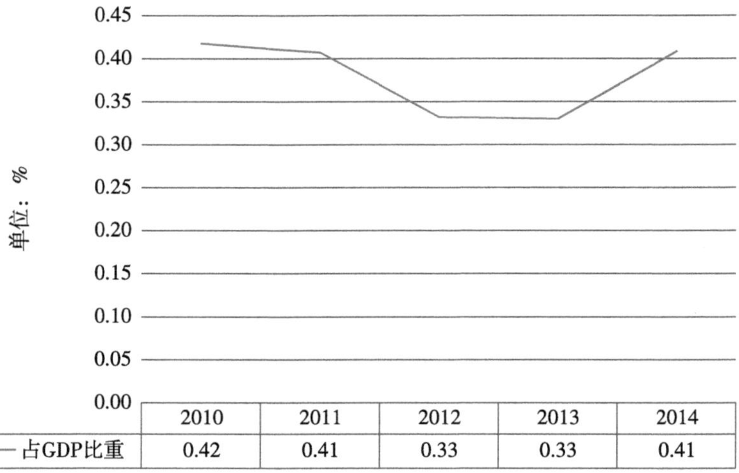

图 KW–5　科威特农业增加值占 GDP 比重情况（2005—2014 年）

由上图可知，科威特农业增加值占GDP近几年呈“碗”状变化，2010年，占比为0.42%，之后缓慢下降，至2012年，占比为0.33%，2013年占比保持2012年的状态，2014年，科威特农业增加值占GDP比值小幅上升，占比为0.41%，较上年增加了0.08个百分点，较2010年减少了0.01个百分点。

（2）第一产业构成

科威特农业较不发达。科威特可耕面积约14182公顷，无土培植面积约156公顷。近年来，政府重视发展农业，农业产值占国内生产总值的0.3%。以种植蔬菜为主，农牧产品主要依靠进口。渔业资源丰富，盛产大虾、石斑鱼和黄花鱼，年产量在1万吨左右，产值约1300万科威特第纳尔。[①]

2. 第二产业

（1）第二产业基本情况

科威特工业较发达，为其国民经济重要组成成分。2010–2014年，科威特工业增加值从762.52亿美元增加至1153.20亿美元，总体增加了390.68亿美元，年均增加10.90%；占GDP比重从2010年的61.05%增加至2014年的64.27%，总共增加了3.22个百分点。

表KW–6及图KW–6为科威特工业增加值及增幅情况：

① 资料来源：http：//fec.mofcom.gov.cn/article/tzhzcj/tzhz/

表 KW-6　科威特工业增加值及相关情况（2005—2014 年）

指标	2010	2011	2012	2013	2014
增加值（亿美元）	762.52	1120.17	1302.26	1273.10	1153.20
增幅（%）	——	46.90	16.26	-2.24	-9.42
占 GDP 比重（%）	61.05	67.43	69.08	67.91	64.27

数据来源：世界银行，http：//data.worldbank.org/

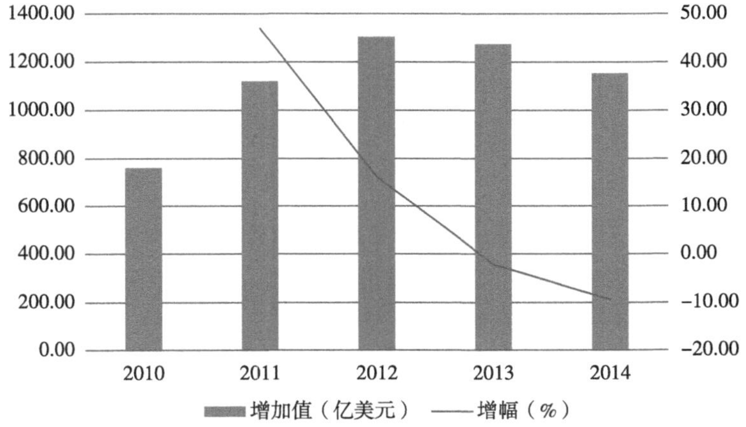

图 KW-6　科威特工业增加值及增幅情况（2005—2014 年）

科威特工业增加值近几年呈倒“U”型发展，从 2010 年的 762.52 亿美元减速增加至 2012 年的 1302.26 亿美元，增加了 539.74 亿美元；随后的 2013-2014 年，科威特工业增加值加速减小，2014 年科威特工业增加值为 1153.20 亿美元，较 2012 年减少了 11.45%，较 2010 年增加了 51.24%。

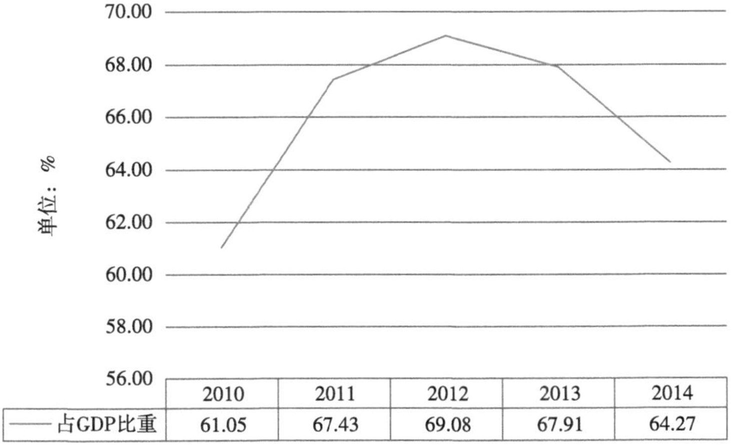

图 KW-7　科威特工业增加值占 GDP 比重情况（2005—2014 年）

（2）第二产业构成

科威特第二产业以石油开采、炼化和石油化工为主，且石油、天然气工业为国民经济主要支柱。2014 年原油日产量 293 万桶，炼化能力 93.4 万桶 / 天。科威特石油公司成为世界十大石油公司之一，全面负责科威特国内外的原油和成品油销售。科威特原有公司负责国内石油生产是世界第七大石油公司。①

3. 第三产业

（1）第三产业基本情况

科威特服务等附加值近年增长缓慢，占 GDP 比重有下降趋势。2010–2014 年，科威特服务等附加值从 481.36 亿美元增加至 633.75 亿美元，整体增加 31.66%；占 GDP 比重从 2010 年的 38.54% 减少至 2014 年的 35.32%，总共降低了 3.22 个百分点。

科威特服务等附加值及相关占比情况如下表 KW–7 及图 KW–8：

表 KW–7 科威特服务等附加值及占比情况（2005—2014 年）

指标	2010	2011	2012	2013	2014
附加值（亿美元）	481.36	534.31	576.53	595.27	633.75
增幅（%）	——	11.00	7.90	3.25	6.46
占 GDP 比重（%）	38.54	32.16	30.58	31.76	35.32

数据来源：世界银行，http：//data.worldbank.org/

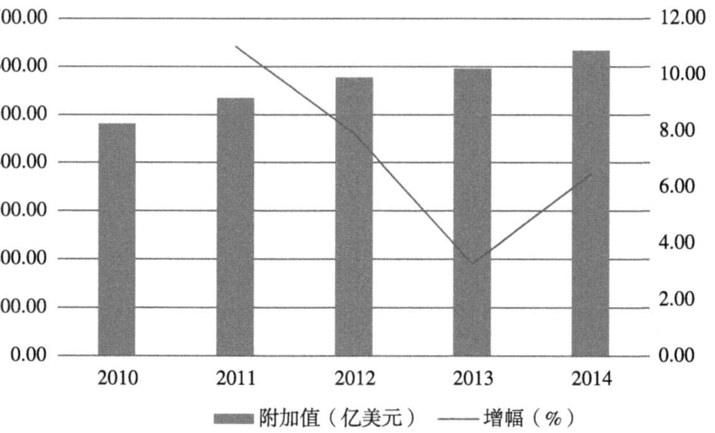

图 KW–8 科威特服务等附加值及增幅情况（2005—2014 年）

① 资料来源：http：//fec.mofcom.gov.cn/article/tzhzcj/tzhz/

科威特近年服务等附加值缓慢增加，2010–2013 年，科威特服务等附加值减速增加，从 2010 年的 481.36 亿美元增加至 2013 年的 595.27 亿美元，增加了 23.66%；2014 年，科威特服务等附加值增至 633.75 亿美元，较上年增加了 6.46%，较 2010 年增加了 31.66%。

而科威特服务等附加值占 GDP 比重如下图所示，科威特近年服务业占 GDP 比重呈“圆弧”型变化。2010 年，科威特服务等附加值占 GDP 比重为 38.54%，之后缓慢下降至 2012 年的最低值 30.58%，比 2010 年整体下降了 7.96 个百分点；后又缓慢上升至 2014 年的 35.32%，比 2012 年上升了 4.74 个百分点，比 2010 年下降了 3.22 个百分点。虽然相较于 2010 年，科威特占比有所下降，但从近两年变化趋势，可知科威特服务等附加值有上升的趋势。

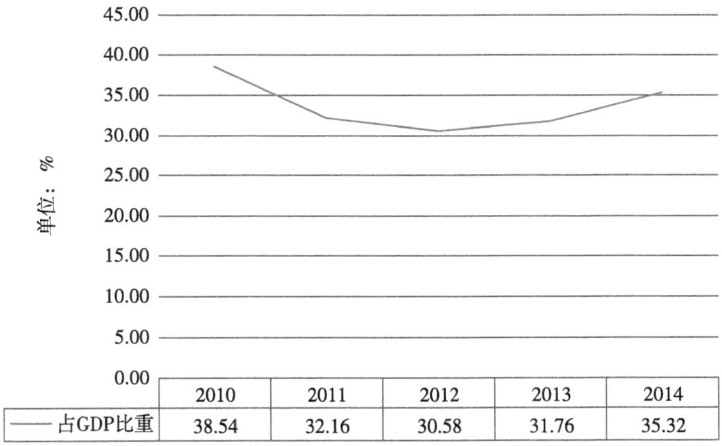

图 KW–9　科威特服务等附加值及相关占 GDP 比重情况（2005—2014 年）

（2）第三产业构成[①]

（三）进出口贸易情况

科威特于 1995 年 1 月 1 日加入世界贸易组织（WTO）。据统计，科威特经济自由度在全球排名第 74 位，对外贸易依存度已达到 95%。随着科威特自身经济的发展，对外贸易在其经济中占有重要地位。科威特对外贸易总量相对较小，且处于相对不稳定状态。但从其对外贸易频繁度分析，全球有 152 个国家与其有出口贸易关系，有 195 个国家与其有进口贸易关系；整体分析，科威特整体处于且一直处于贸

① 中华人民共和国外交部并未公布科威特第三产业结构数据

易顺差状态。

联合国贸发会议（UNCTAD）数据显示，2015年，科威特贸易总额为866.31亿美元，较上年减少了36.21%；其中出口总额为550.92亿美元，较上年减少了47.19%，进口额为315.39亿美元，较上年增加了0.17%；贸易顺差额为235.53亿美元，较上年增加67.66%。

2014年，科威特主要出口产品为燃料，出口额为945.27亿美元，占科威特出口总额的93.47%，其主要进口产品是机电产品、运输设备以及金属类产品，此三类产品进口额为153.6亿美元，占科威特进口总额的48.78%。

据统计，2014年，科威特主要出口市场有韩国、印度、日本、美国、中国、新加坡、埃及、巴基斯坦、荷兰以及英国，主要出口市场的出口额合计733.24亿美元，占科威特总出口市场的84.60%，主要进口市场有中国、美国、阿联酋、日本、韩国、德国、沙特阿拉伯、印度、意大利以及英国，主要进口市场的进口额合计222.96亿美元，占科威特总进口市场的64.60%。由于科威特进出口贸易市场较分散，因此其进出口贸易集中度较低，从而其进出口贸易风险偏低。

1. 参与贸易协定情况

科威特于1995年1月1日加入世界贸易组织（WTO），同时为海湾合作委员会（GCC）的成员国。科威特根据区域及双边贸易协定提供的优惠政策，辐射市场主要是其贸易伙伴，即海湾国家、非洲非阿拉伯国家。同时作为海湾合作委员会（GCC）的成员国，科威特与新加坡于2008年12月签订自由贸易协议及经济一体化协议。另外，科威特还与多个国家签订了多种投资协定和投资协议。

表 KW-8　科威特参与贸易协定情况

国家代码	国家	协议类型	覆盖范围	签订时间	生效时间
702	新加坡	FTA/EIA	商品 & 服务	2008年12月	2013年9月
48	巴林	CU	商品	2001年12月	2003年1月
512	阿曼	CU	商品	2001年12月	2003年1月
634	卡塔尔	CU	商品	2001年12月	2003年1月
682	沙特阿拉伯	CU	商品	2001年12月	2003年1月
784	阿拉伯联合酋长国	CU	商品	2001年12月	2003年1月

数据来源：https：//rtais.wto.org/UI/PublicMaintainRTAHome.aspx

2. 出口贸易情况

（1）出口贸易总额

科威特出口规模呈“M”状变化，相关占比小，且呈下降趋势。2015 年，科威特出口规模为 550.92 亿美元，占“区域”[①]“一带一路”[②]及全球出口比例分别为 5.48%、0.92%、0.33%；相比于 2005 年，货物出口规模增加了 22.78%，占比分别下降了 23.36%、41.03% 以及 23.26%。

科威特 2005—2015 年出口具体情况如下表 KW-9：

表 KW-9 科威特货物出口情况（2005—2015 年）

年份	出口额（亿美元）	增幅（%）	占“区域”比例（%）	占“一带一路”比例（%）	占全球比例（%）
2005	448.69	56.89	7.15	1.56	0.43
2006	560.16	24.85	7.35	1.59	0.46
2007	626.91	11.92	7.02	1.47	0.45
2008	874.57	39.50	7.33	1.67	0.54
2009	540.08	-38.25	6.37	1.33	0.43
2010	699.78	29.57	6.68	1.35	0.46
2011	1021.03	45.91	7.12	1.57	0.56
2012	1189.12	16.46	7.76	1.77	0.64
2013	1151.05	-3.20	7.53	1.65	0.61
2014	1043.15	-9.37	7.09	1.47	0.55
2015	550.92	-47.19	5.48	0.92	0.33

数据来源：http：//unctadstat.unctad.org/

① “区域”国家为西亚北非 16 国，主要包括：沙特阿拉伯、阿曼、埃及、科威特、以色列、土耳其、阿拉伯联合酋长国、伊朗、伊拉克、卡塔尔、约旦、黎巴嫩、巴林、也门、叙利亚、巴勒斯坦。

② “一带一路”国家主要包括中国、俄罗斯、蒙古等“一带一路”沿线 65 个国家。

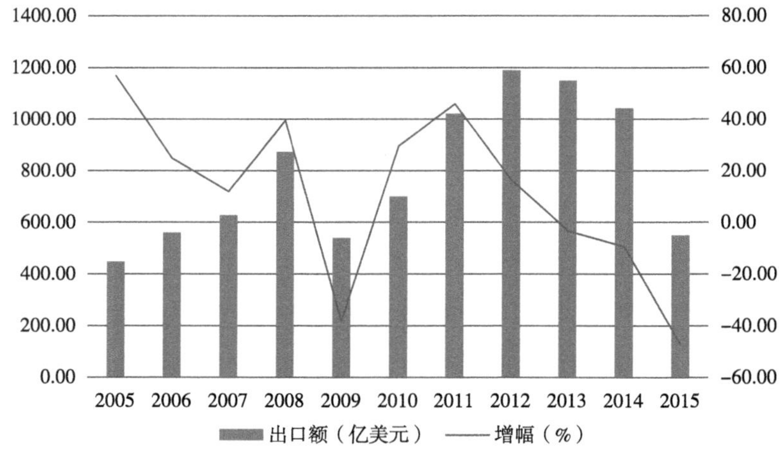

图 KW-10 科威特货物出口及增幅情况（2005—2015 年）

2005—2015 年，科威特出口规模呈“M”状变化。2005—2008 年，科威特出口以波动下降的增幅增加，2005 年货物出口额为 448.69 亿美元，增幅为 56.89%，2008 年货物出口总额为 874.57 亿美元，较 2005 年增加了 425.88 亿美元；2009 年，受全球金融危机的影响，科威特货物出口规模出现负增长，当年出口额为 540.08 亿美元，较上年减少了 38.25%；2010-2012 年，科威特货物出口迅速回升，至 2012 年，货物出口总额达 1189.12 亿美元，为近年最高值；但 2013-2014 年，科威特货物出口规模缓慢缩小，2015 年大幅下降，当年出口规模仅为 550.92 亿美元，较上年减小了 47.19%，但与 2005 年相比，整体增加了 22.78%。

科威特货物出口相关占比变化情况如下图 KW-11：

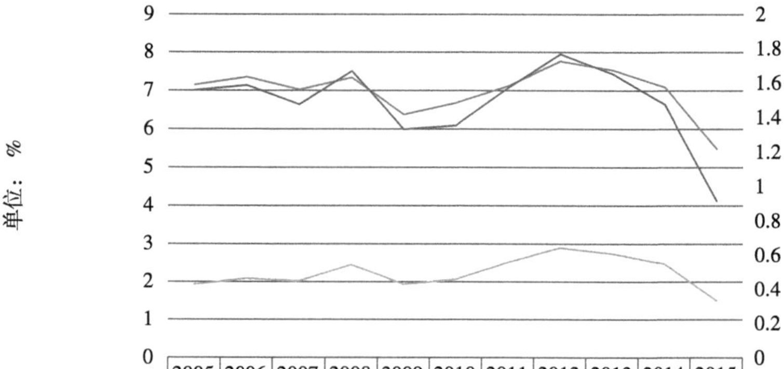

	2005	2006	2007	2008	2009	2010	2011	2012	2013	2014	2015
——占“区域”比例	7.15	7.35	7.02	7.33	6.37	6.68	7.12	7.76	7.53	7.09	5.48
——占“一带一路”比例	1.56	1.59	1.47	1.67	1.33	1.35	1.57	1.77	1.65	1.47	0.92
——占全球比例	0.43	0.46	0.45	0.54	0.43	0.46	0.56	0.64	0.61	0.55	0.33

图 KW-11 科威特货物出口占比情况（2005—2015 年）

科威特出口相关占比大幅波动，且整体有下降趋势。首先，科威特出口占“区域”出口总额比例从2005年的7.15%先小幅波动下降至2009年的6.37%，后沿线上升至2012年最高占比值7.76%；可是，在2013–2015年，占“区域”比例大幅下降至5.48%，相比2005年，整体下降了1.67个百分点。其次，占“一带一路”比例从2005年的1.56%以相似于占“区域”比例的波动方向波动下降至2015年的0.92%，整体下降了0.64个百分点，期间，振幅为0.85个百分点。占全球比例亦是波动下降，从2005年的0.43%下降至2015年的0.33%，整体下降了0.1个百分点，期间振幅为0.31个百分点。

（2）出口产品结构

科威特出口产品结构相对稳定，且尤其集中，对燃料的出口超过科威特出口总规模的九成比例。表KW–10为科威特主要出口产品结构及占比具体情况：

表KW–10 科威特出口产品结构及占比情况（2006年、2014年）

产品种类	2014			2006		
	出口额（亿美元）	排名	占比（%）	出口额（亿美元）	排名	占比（%）
燃料	945.27	1	93.47	531.39	1	94.89
化学制品	22.45	2	2.22	3.63	4	0.65
塑料或橡胶	11.02	3	1.09	10.93	2	1.95
运输设备	10.40	4	1.03	5.06	3	0.90
机器及电子设备	4.66	5	0.46	2.13	6	0.38
金属	4.37	6	0.43	2.25	5	0.40
石材及玻璃	3.73	7	0.37	1.49	7	0.27
食品	2.14	8	0.21	0.66	9	0.12
杂项制品	1.85	9	0.18	0.86	8	0.15
动物及其制品	1.84	10	0.18	0.31	12	0.05
总额	1007.73	——	99.64	558.71	——	99.76

数据来源：http：//www.trademap.org/Product_SelProductCountry.aspx

2014年，科威特出口规模排名前十的产品种类包括：燃料、化学制品、塑料或橡胶、运输设备、机器及电子设备、金属、石材及玻璃、食品、杂项制品以及动物及其制品，占科威特出口产品的比例分别为93.47%、2.22%、1.09%、1.03%、0.46%、0.43%、0.37%、0.21%、0.18%、0.18%，这十类出口产品出口额合计1007.73亿美元，占科威特总出口额的99.64%，相比2006年科威特出口规模排名前十的出口产品合计出口额增加了80.37%，占比下降了0.12%。

对比分析 2006 年及 2014 年科威特出口产品结构，发现燃料一直是科威特最重要的出口产品，但出口规模相对其他产品有小幅下降趋势，2014 年燃料出口规模为 945.27 亿美元，占比为 93.47%，虽然相对 2006 年的出口规模大幅增加了 77.89%，但占比却小幅下降了 1.42 个百分点。同时，科威特对化学制品的出口有较大幅度的增加，从 2006 年的 3.63 亿美元增加至 2014 年的 22.45 亿美元，出口规模年均增加 25.58%，占比整体增加了 1.57 个百分点，排名上升了 2 个名次；除此之外，科威特对其他产品的出口规模都有不同幅度的增加或减小。

（3）出口市场结构

科威特出口市场基本上都集中于亚洲国家。科威特 2005 年及 2014 年出口结构市场及相应占比情况如下表 KW-11 所示：

表 KW-11　科威特出口市场结构及占比情况（2005 年、2014 年）

2014					2005				
国家代码	国家	出口额（亿美元）	排名	占比（%）	国家代码	国家	出口额（亿美元）	排名	占比（%）
410	韩国	152.85	1	17.00	392	日本	67.99	1	22.00
356	印度	138.22	2	16.00	410	韩国	53.35	2	17.00
392	日本	111.50	3	13.00	840	美国	39.14	3	13.00
840	美国	101.30	4	12.00	702	新加坡	33.23	4	11.00
156	中国	93.38	5	11.00	528	荷兰	16.19	5	5.20
702	新加坡	31.51	6	3.60	586	巴基斯坦	11.93	6	3.90
818	埃及	31.43	7	3.60	356	印度	11.78	7	3.80
586	巴基斯坦	28.18	8	3.20	156	中国	9.27	8	3.00
528	荷兰	24.24	9	2.80	250	法国	9.26	9	3.00
826	英国	20.63	10	2.40	826	英国	8.00	10	2.60
	合计	733.24		84.60		合计	260.14		84.50

数据来源：http：//atlas.media.mit.edu/zh/profile/country/kwt/#Origins

2014 年，科威特货物主要销往国家包括韩国、印度、日本、美国、中国、新加坡、埃及、巴基斯坦、荷兰以及英国，占科威特出口市场总出口额的占比分别为 17.00%、16.00%、13.00%、12.00%、11.00%、3.60%、3.60%、3.20%、2.80%、2.40%，出口到主要出口市场的出口额合计 733.24 亿美元，占比合计 84.60%。2005 年，科威特出口到主要出口市场的出口额合计 260.14 亿美元，占比合计 84.50%，出口市场国家有日本、韩国、美国、新加坡、荷兰、巴基斯坦、印度、中国、法国以及英国。

对比 2005 年及 2014 年科威特主要市场结构，科威特出口到日本出口规模相对减小，占比从 2005 年的 22% 下降至 2014 年的 13%，总体下降了 9 个百分点，同时从科威特的第一出口市场下降至第三位；另外，科威特出口到中国的出口规模有较大幅度的增加，从 2005 年的 9.27 亿美元增加至 2014 年的 93.38 亿美元，年均增加 29.26%。

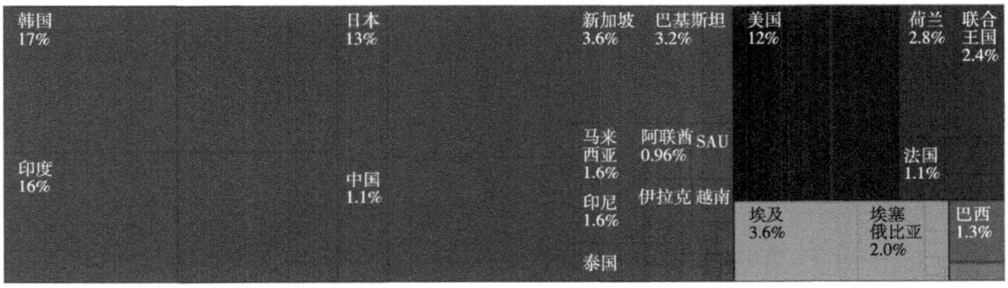

图 KW-12　科威特主要出口市场国家示意图

3. 进口贸易情况

（1）进口贸易总额

科威特货物进口近年快速增长，相关占比小，整体有下降趋势。2015 年，科威特货物进口额为 315.39 亿美元，占“区域”“一带一路”及全球占比分别为 3.07%、0.58%、0.19%；相比 2005 年，进口额增加了 99.60%，占比依次上升了 7.25%，下降了 4.92%、上升了 26.67%。

科威特 2005—2015 年货物进口额变化情况及相关占比情况如下表 KW-12：

表 KW-12　科威特货物进口情况（2005—2015 年）

年份	进口额（亿美元）	增幅（%）	占“区域”比例（%）	占“一带一路”比例（%）	占全球比例（%）
2005	158.01	25.10	3.31	0.61	0.15
2006	172.43	9.13	3.16	0.56	0.14
2007	213.62	23.89	3.14	0.57	0.15
2008	248.40	16.28	2.82	0.53	0.15
2009	198.92	–19.92	2.83	0.54	0.16
2010	226.75	13.99	2.75	0.48	0.15
2011	250.90	10.65	2.55	0.43	0.14
2012	272.59	8.64	2.60	0.45	0.15

续表

年份	进口额（亿美元）	增幅（%）	占“区域”比例（%）	占“一带一路”比例（%）	占全球比例（%）
2013	292.99	7.48	2.70	0.47	0.15
2014	314.84	7.46	2.86	0.50	0.17
2015	315.39	0.17	3.07	0.58	0.19

数据来源：http：//unctadstat.unctad.org/

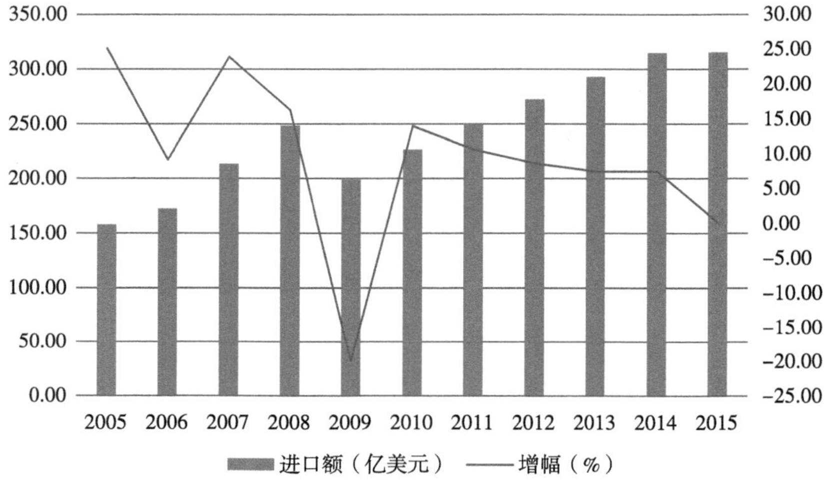

图 KW-13 科威特货物进口及增幅情况（2005—2015 年）

2005—2015 年，科威特进口规模快速增长。2005 年，科威特货物进口规模为 158.01 亿美元，增幅为 25.10%；2006-2008 年，科威特货物进口以波动的增幅连续增加至 2008 年的 248.40 亿美元，较 2005 年增长了 57.21%；2009 年，受全球金融危机的影响，科威特货物进口规模下降至 198.92 亿美元，较上年下降了 19.92%；2010-2015 年间，科威特货物进口先加速后减速增加至 2015 年的 315.39 亿美元，较上年增长了 0.17%，较 2005 年增长了 99.60%。

同时，科威特货物进口相关占比变化情况如下图 KW-14 所示：

2005—2014 年间，科威特货物进口相关占比小，且整体处于下降趋势。首先，占“区域”比例先从 2005 的 3.31% 小幅波动一路下降至 2011 年的最低占比值，占比为 2.55%，比 2005 年下降了 0.76 个百分点；之后沿线上升至 2015 年的 3.07%，比 2011 年上升了 0.52 个百分点，但从整体对比，比 2005 年下降了 0.24 个百分点。其次，占“一带一路”比例同样地先从 2005 年的 0.61% 小幅波动下降至 2011 年的最低占比值，占比为 0.43%，比 2005 年总共下降了 0.18 个百分点，但 2012-2015

年，占比沿线上升至 2015 年的 0.58%，较 2011 年增加了 0.15 个百分点，但整体较 2005 年下降了 0.03 个百分点。最后，占全球比例从 2005 年的 0.15% 小幅波动上升至 2015 年的 0.19%，整体上升了 0.04 个百分点。

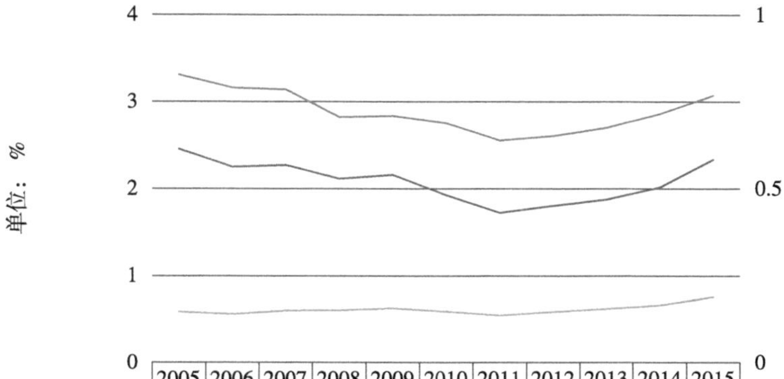

	2005	2006	2007	2008	2009	2010	2011	2012	2013	2014	2015
——占“区域”比例	3.31	3.16	3.14	2.82	2.83	2.75	2.55	2.60	2.70	2.86	3.07
——占“一带一路”比例	0.61	0.56	0.57	0.53	0.54	0.48	0.43	0.45	0.47	0.50	0.58
——占全球比例	0.15	0.14	0.15	0.15	0.16	0.15	0.14	0.15	0.15	0.17	0.19

图 KW-14　科威特货物进口占比情况（2005—2015 年）

对比科威特货物进口占“区域”“一带一路”及全球比例的整体变化趋势，发现“区域”及“一带一路”国家的货物进口规模的增长较全球整体货物进口规模增长快。

（2）进口产品结构

科威特进口产品结构较稳定，且排名前四的产品的进口规模占科威特所有产品进口规模的近五成比例。

表 KW-13　科威特进口产品结构及占比情况（2006 年、2014 年）

产品种类	2014			2006		
	进口额（亿美元）	排名	占比（%）	进口额（亿美元）	排名	占比（%）
机电产品	71.50	1	22.71	34.25	1	19.87
运输设备	52.21	2	16.58	28.87	2	16.74
金属	29.89	3	9.49	26.57	3	15.41
化学制品	27.82	4	8.84	12.43	4	7.21
石材及玻璃	20.19	5	6.41	7.84	9	4.55
纤维及其制成品	19.26	6	6.12	9.55	5	5.54
杂项制品	18.32	7	5.82	9.23	6	5.36
食品	15.65	8	4.97	8.60	8	4.99

续表

产品种类	2014			2006		
	进口额（亿美元）	排名	占比（%）	进口额（亿美元）	排名	占比（%）
纺织原料	15.27	9	4.85	8.89	7	5.16
活动物及其制品	14.78	10	4.69	6.97	10	4.04
总额	284.89	——	90.48	153.20	——	88.87

数据来源：http：//www.trademap.org/Product_SelProductCountry.aspx

上表显示，2014 年，科威特主要进口产品包括机电产品、运输设备、金属、化学制品、石材及玻璃、纤维及其制成品、杂项制品、食品、纺织原料、动物及其制品，占比分别为 22.71%、16.58%、9.49%、8.84%、6.41%、6.12%、5.82%、4.97%、4.85%、4.69%，这几类产品的进口额合计 284.89 亿美元，占比合计 90.48%，相比 2006 年，前十类产品合计进口额增加了 85.96%，合计占比上升了 1.81%。2005 年，前十类进口产品进口额为 153.20 亿美元，占比合计 88.87%。

对比 2006 年及 2014 年科威特主要进口产品结构发现，机电产品、运输设备、金属以及化学制品的进口规模一直排在科威特进口的前列，而且机电产品的进口规模相对于其他产品的进口相对增加，进口额从 2006 年的 34.25 亿美元增加至 2014 年的 71.50 亿美元，上升了 108.76%，占比上升了 2.84 个百分点。同时，科威特对石材及玻璃的进口规模大幅增加，从 2006 年的 7.84 亿美元增加至 2014 年的 20.19 亿美元，整体增加了 157.53%，占比从 2006 年的 4.55% 上升至 2014 年的 6.41%，整体上升了 40.88%，排名上升了 4 个名次。

（3）进口市场结构

科威特产品主要从亚洲和欧洲进口，其中，中国为科威特重要产品进口来源国。表 KW-14 为 2005 年及 2014 年科威特主要进口市场结构及相应占比情况：

表 KW-14　科威特主要进口市场结构及占比情况（2005 年、2014 年）

2014					2005				
国家代码	国家	进口额（亿美元）	排名	占比（%）	国家代码	国家	进口额（亿美元）	排名	占比（%）
156	中国	44.59	1	13.00	840	美国	17.83	1	13.00
840	美国	38.19	2	11.00	276	德国	13.16	2	9.60

续表

2014					2005				
国家代码	国家	进口额（亿美元）	排名	占比（%）	国家代码	国家	进口额（亿美元）	排名	占比（%）
784	阿联酋	29.00	3	8.40	496	沙特阿拉伯	11.82	3	8.60
392	日本	21.88	4	6.30	392	日本	11.73	4	8.50
410	韩国	20.73	5	6.00	784	阿联酋	9.04	5	6.60
276	德国	20.26	6	5.90	826	英国	7.58	6	5.50
496	沙特阿拉伯	15.57	7	4.50	156	中国	6.28	7	4.60
356	印度	13.07	8	3.80	380	意大利	5.22	8	3.80
380	意大利	11.03	9	3.20	356	印度	5.00	9	3.60
826	英国	8.64	10	2.50	410	韩国	4.58	10	3.30
	合计	222.96	—	64.60		合计	92.24	—	67.10

数据来源：http：//atlas.media.mit.edu/zh/profile/country/kwt/#Origins

2014 年，科威特主要进口市场国家包括中国、美国、阿联酋、日本、韩国、德国、沙特阿拉伯、印度、意大利以及英国，从这些国家进口的进口额占科威特总进口额的比例分别为 13.00%、11.00%、8.40%、6.30%、6.00%、5.90%、4.50%、3.80%、3.20%、2.50%，科威特从这些国家进口的进口额合计 222.96 亿美元，占科威特总进口市场的比例合计 64.60%。2005 年，科威特主要进口市场合计进口额为 92.24 亿美元，占比合计 67.10%，主要进口市场国家包括：美国、德国、沙特阿拉伯、日本、阿联酋、英国、中国、意大利、印度以及韩国。

对比 2005 年及 2014 年科威特主要进口市场结构变化发现，科威特从中国市场进口的进口规模相对其他国家大幅增加，而对沙特阿拉伯等国家的进口规模相对减小。2014 年，科威特从中国进口的进口额达 44.59 亿美元，占比为 13%，为科威特第一大进口来源国，相对于 2005 年，科威特从中国进口的进口额年均增加 24.33%，占比增加了 8.4 个百分点，排名上升了 6 个名次；而对沙特阿拉伯的进口规模相对其他国家大幅下降，占比从 2005 年的 8.6% 下降至 2014 年的 4.5%，整体下降了 4.1 个百分点。下图 KW-15 为科威特主要进口市场结构示意图：

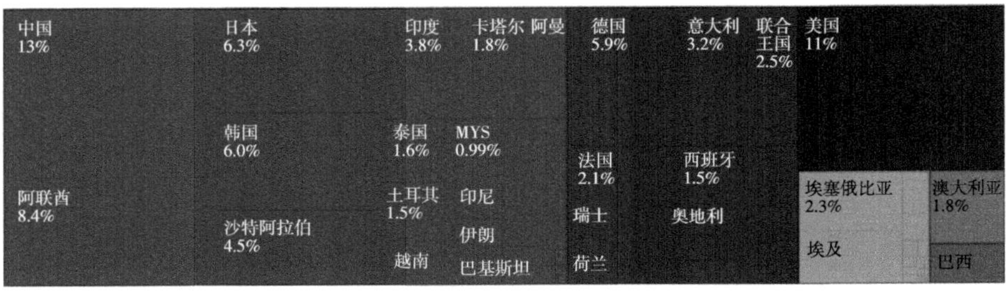

图 KW-15　科威特主要进口市场国家示意图

4. 贸易集中度

科威特出口贸易集中度和进口贸易集中度偏低，因而其贸易风险整体偏低。一般来说，贸易集中度越高，贸易市场越集中，从而面临的贸易风险就越高，反之相同。2013 年，科威特出口集中度指数为 0.100946，主要集中于亚洲市场；其中，韩国为其第 1 大货物销往目的地，占科威特出口市场的总占比是 17.00%；其次是印度和日本，占比分别为 16%、13%。科威特进口贸易集中度指数为 0.055188，进口市场主要分布于亚洲和欧洲，其中，中国为科威特第 1 大货物来源国，占其总进口市场的 13%，其次是美国和阿联酋，占比分别为 11%、8.4%。

（四）对外直接投资

科威特作为石油输出国组织（OPEC）成员，不仅资源丰富，而且政局稳定，法律健全，市场需求较大，主权信用较高，开放水平居于该地区领先水平，因此其对外国投资者有较强的吸引力①。但其外资流入目前正处于初步阶段，还有较大的上升空间。

联合国贸发会议（UNCTAD）数据显示，2014 年，科威特吸引外资流量为 4.86 亿美元，占“区域”“一带一路”及全球外资流入流量总规模的比例分别为 0.86%、0.11%、0.04%；截至 2014 年底，科威特吸引外资存量规模为 153.62 亿美元占“区域”“一带一路”及全球外资流入存量规模的比例分别为 1.63%、0.28%、0.06%。

土耳其对外直接投资较外资流入规模大。2014 年，科威特对外直接投资流量规模为 131.08 亿美元，占“区域”“一带一路”及全球对外直接投资流量总规模的比例分别为 30.37%、4.06%、0.97%；对外直接投资存量规模为 365.31 亿美元，占“区域”“一带一路”及全球对外直接投资存量规模的比例依次为 10.54%、1.36%、

① 数据来源：http：//fec.mofcom.gov.cn/article/tzhzcj/tzhz/

0.15%。近十年，科威特对外直接投资规模一直远远超过其外资流入规模，且在近两年差距有拉大的趋势。

1.FDI 流入情况

（1）FDI 流入流量

科威特外资流入规模小，相关占比亦是极小。2014 年，科威特 FDI 流入流量规模为 4.86 亿美元，占“区域”“一带一路”及全球 FDI 流入流量比例分别为 0.86%、0.11%、0.04%；相比于 2005 年，科威特外资流入流量规模小幅增加了 2.52 亿美元，相关占比分别上升了 0.45 个百分点、0.02 个百分点、0.01 个百分点。

表 KW-15 为科威特 2005—2014 年科威特外资流入流量及相关占比情况：

表 KW-15 科威特 FDI 流入流量及占比情况（2005—2014 年）

年份	FDI 流入流量（亿美元）	增幅（%）	占“区域”比例（%）	占“一带一路”比例（%）	占全球比例（%）
2005	2.34	875.00	0.41	0.09	0.03
2006	1.21	–48.29	0.13	0.03	0.01
2007	1.12	–7.44	0.11	0.02	0.01
2008	–0.06	–105.36	–0.01	0.00	0.00
2009	11.14	–18666.67	1.30	0.30	0.09
2010	13.05	17.15	1.73	0.30	0.10
2011	32.59	149.73	4.92	0.70	0.21
2012	28.73	–11.84	4.31	0.63	0.20
2013	14.34	–50.09	2.25	0.31	0.10
2014	4.86	–66.11	0.86	0.11	0.04

数据来源：http：//unctadstat.unctad.org/

由下图可直观看出，科威特外资流入流量规模在十年间处于大幅波动状态，且规模小。2005 年，科威特外资流入流量规模仅 2.34 亿美元，之后缓慢下降至 2008 年的 –0.06 亿美元；随后的 2009–2011 年，科威特外资流入流量规模大幅增加至 2011 年的 32.59 亿美元，较上年增加了 149.73%；但 2012—2014 年，科威特外资流入又处连续减小状态，直至 2014 年，科威特外资流入流量规模减至 4.86 亿美元，较上年减小了 66.11%，较 2005 年小幅增加了 2.52 亿美元。

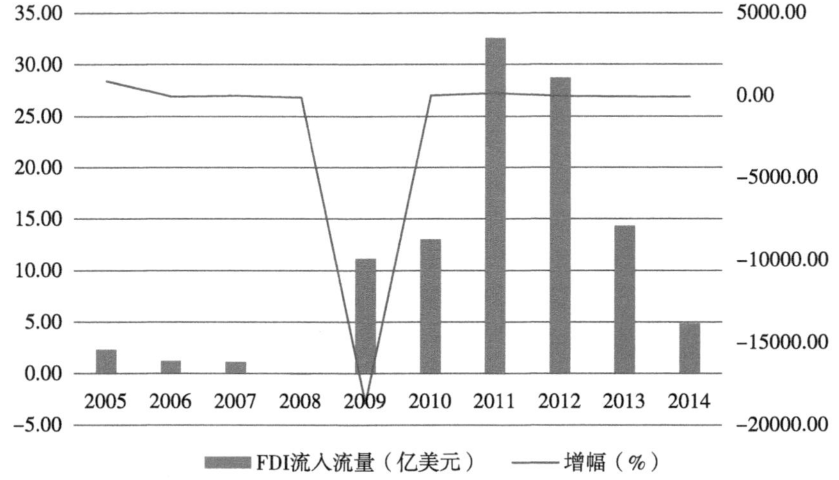

图 KW-16　科威特 FDI 流入流量及增幅情况（2005—2014 年）

下图 KW-17 科威特 2005—2014 年外资流入流量规模相关占比的变化情况：

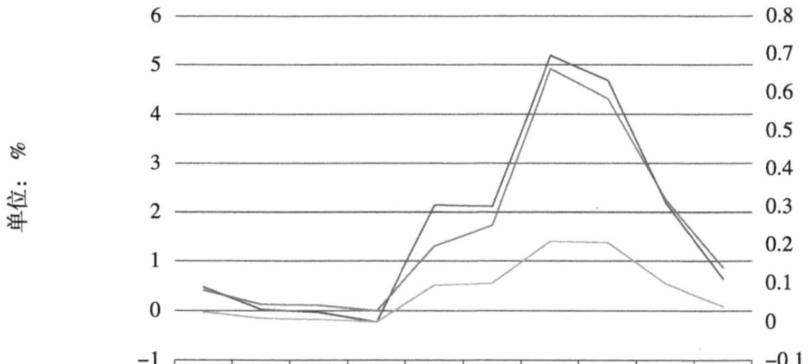

	2005	2006	2007	2008	2009	2010	2011	2012	2013	2014
占“区域”比例	0.41	0.13	0.11	-0.01	1.30	1.73	4.92	4.31	2.25	0.86
占“一带一路”比例	0.09	0.03	0.02	0.00	0.30	0.30	0.70	0.63	0.31	0.11
占全球比例	0.03	0.01	0.01	0.00	0.09	0.10	0.21	0.20	0.10	0.04

图 KW-17　科威特 FDI 流入流量占比情况（2005—2014 年）

科威特外资流入流量规模相关占比极小，且处于波动状态。首先，科威特外资流入流量规模占“区域”国家外资流入流量总规模的比重先从 2005 年的 0.41% 缓慢减小至 2008 年的 -0.01%，然后大幅增加至 2011 年的 4.92%；2012—2014 年，外资流入流量规模占“区域”比例快速下降至 0.86%，较 2011 年下降了 4.06 个百分点，较 2005 年增加了 0.45 个百分点；期间振幅为 4.93 个百分点。其次，占“一带一路”国家外资流入流量总规模比重从 2005 年的 0.09% 以与占“区域”比重相似的变化趋势变化至 2014 年的 0.11%，总体增加了 0.02 个百分点，期间振幅为 0.7 个百分点。最后占全球外资流入流量总规模的比例从 2005 年的 0.03% 小幅波动变化至 2014 年的 0.04%，整体增加了 0.01 个百分点，期间振幅为 0.21 个百分点。

（2）FDI 流入存量

科威特外资流入存量规模增长迅速，相关占比极小，但有小幅上升趋势。2014 年，科威特外资流入存量规模为 153.62 亿美元；占“区域”“一带一路”及全球比例分别为 1.63%、0.28% 及 0.06%；相比 2005 年，外资流入存量规模年均增长 42.23%，相关占比分别上升了 1.39 个百分点、0.24 个百分点以及 0.05 个百分点。

表 KW-16 为 2005—2014 年科威特外资流入存量规模及相关占比变化情况：

表 KW-16　科威特 FDI 流入存量及占比情况（2005—2014 年）

年份	FDI 流入存量（亿美元）	增幅（%）	占“区域”比例（%）	占“一带一路”比例（%）	占全球比例（%）
2005	6.45	58.09	0.24	0.04	0.01
2006	7.73	19.84	0.21	0.04	0.01
2007	9.45	22.25	0.19	0.03	0.01
2008	87.22	822.96	1.67	0.31	0.06
2009	102.31	17.30	1.55	0.29	0.06
2010	118.84	16.16	1.55	0.29	0.06
2011	151.76	27.70	2.01	0.35	0.07
2012	181.44	19.56	2.10	0.36	0.08
2013	160.97	-11.28	1.84	0.30	0.07
2014	153.62	-4.57	1.63	0.28	0.06

数据来源：http：//unctadstat.unctad.org/

下图 KW-18 为科威特外资流入存量规模变化及增幅变化的直观显示：

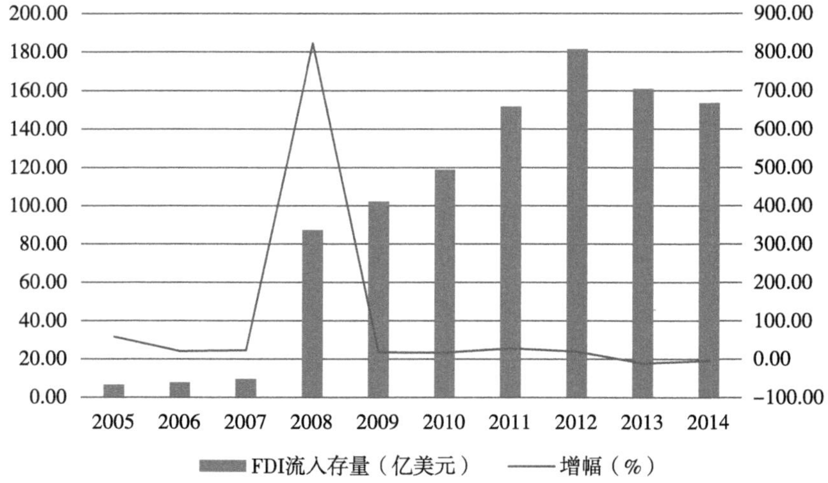

图 KW-18　科威特 FDI 流入存量及增幅情况（2005—2014 年）

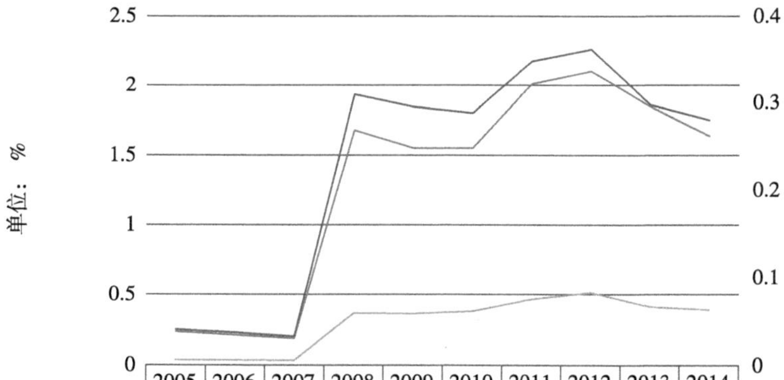

	2005	2006	2007	2008	2009	2010	2011	2012	2013	2014
占“区域”比例	0.24	0.21	0.19	1.67	1.55	1.55	2.01	2.10	1.84	1.63
占“一带一路”比例	0.04	0.04	0.03	0.31	0.29	0.29	0.35	0.36	0.30	0.28
占全球比例	0.01	0.01	0.01	0.06	0.06	0.06	0.07	0.08	0.07	0.06

图 KW-19　科威特 FDI 流入存量占比情况（2005—2014 年）

图 KW-19 显示，科威特外资流入存量相关占比虽小，但有一定幅度的增加。2005 年，科威特外资流入存量规模占“区域”外资流入存量总规模的比例为 0.24%，之后的两年处于小幅下降状态，但在 2008 年，占比大幅增加至 1.67%，较 2005 年总共增加了 1.43 个百分点；随后的 2009—2014 年，科威特外资流入存量规模在 2008 年的占比水平上下波动，直至 2014 年，占比下落到 1.63%，较 2008 年下降了 0.04 个百分点，较 2005 年增加了 1.39 个百分点，期间在 2012 年达最大占比值 2.10%，2007 年达最小占比值 0.19%，振幅为 1.91 个百分点。同时，科威特 FDI 流入存量规模占“一带一路”FDI 流入存量总规模的比例从 2005 年的 0.04% 以相似于占“区域”

比例的变化趋势变化至2014年的0.28%，总体增加了0.24个百分点，期间振幅为0.33个百分点。同样的，占全球比例从2005年的0.01%小幅上升至2014年的0.06%，整体增加了0.05个百分点，期间振幅为0.07个百分点。

2.FDI 流出

（1）FDI 流出流量

科威特对外直接投资规模大，其中在“区域”国家中占比排名第1位。超过“区域”对外直接投资总规模的三成比例，占“一带一路”及全球比例小，但占全球比例有小幅上升趋势。2014年，科威特对外直接投资规模为131.08亿美元，占“区域”“一带一路”及全球比例分别为30.37%、4.06%、0.97%；相比于2005年，科威特对外直接投资规模增加154.92%，占“区域”比例下降了5.89%，占“一带一路”比例下降了39.67%，占全球比例上升了49.23%。

科威特2005—2014年FDI流出流量及相关占比变化情况如下表KW-17：

表 KW-17　科威特 FDI 流出流量及占比情况（2005—2014 年）

年份	FDI 流出流量（亿美元）	增幅（%）	占“区域”比例（%）	占“一带一路”比例（%）	占全球比例（%）
2005	51.42	99.23	32.27	6.73	0.65
2006	82.11	59.68	21.41	5.47	0.61
2007	97.84	19.16	22.37	4.63	0.46
2008	90.91	-7.08	19.23	3.91	0.54
2009	85.82	-5.60	42.10	4.47	0.78
2010	58.90	-31.37	21.71	2.46	0.43
2011	107.73	82.90	25.50	4.05	0.68
2012	67.41	-37.43	24.13	2.80	0.53
2013	166.48	146.97	36.29	5.37	1.27
2014	131.08	-21.26	30.37	4.06	0.97

数据来源：http：//unctadstat.unctad.org/

2005—2014年，科威特FDI流出流量先呈倒抛物线状变化，后呈大幅波动上升趋势。2005-2010年，科威特FDI流出流量规模从2005年的51.42亿美元以“抛物线”状变化至2010年的58.90亿美元；随后的2011-2014年，科威特FDI流出流量大幅波动增加至2014年的131.08亿美元，虽然比上年减小了21.26%，但相对于2005年，整体增加了154.92%；期间，科威特FDI流出流量于2013年达最大值166.48亿美元。

科威特 FDI 流出流量及相关增幅变化情况的直观显示如下图 KW-20 所示：

科威特 FDI 流出流量相关占比在十年间的变化情况如下图，整体处于大幅波动状态。首先，科威特 FDI 流出流量占“区域”国家 FDI 流出流量总规模的比例先从 2005 年的 32.27% 波动变化至 2014 年的 30.37%，整体下降了 1.9 个百分点；期间占比于 2009 年达最大值 42.10%，于 2008 年达最小值 19.23%。其次，占“一带一路”国家 FDI 流出流量总规模比例先从 2005 年的 6.73% 沿线下降至 2008 年的 3.91%，总共下降了 2.82 个百分点；随后的 2009—2014 年，波动至 2014 年的 4.06%，较 2005 年整体下降了 2.67 个百分点，期间于 2010 年达最低值 2.46%。最后，占全球比例一直在低位运行，但整体有上升趋势，2005 年占比为 0.65%，之后小幅波动上升至 2014 年的 0.97%，整体提升了 0.32 个百分点。

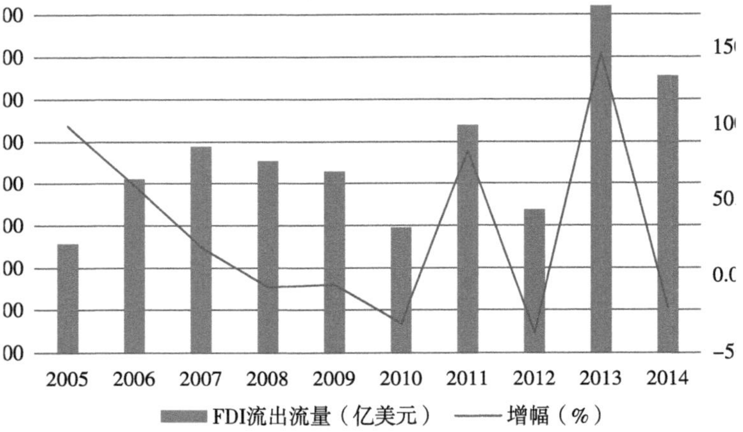

图 KW-20　科威特 FDI 流出流量及增幅情况（2005—2014 年）

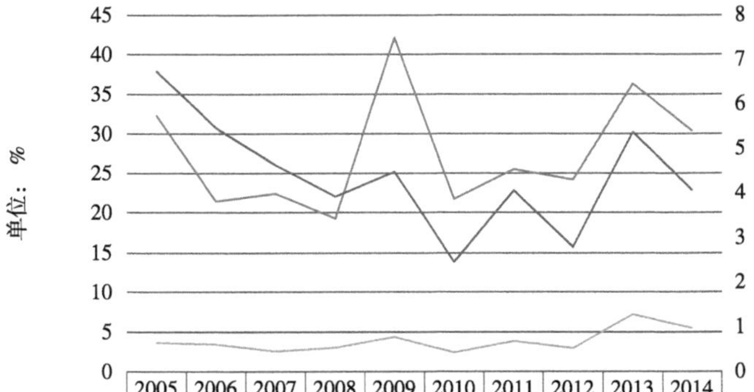

	2005	2006	2007	2008	2009	2010	2011	2012	2013	2014
占“区域”比例	32.27	21.41	22.37	19.23	42.10	21.71	25.50	24.13	36.29	30.37
占“一带一路”比例	6.73	5.47	4.63	3.91	4.47	2.46	4.05	2.80	5.37	4.06
占全球比例	0.65	0.61	0.46	0.54	0.78	0.43	0.68	0.53	1.27	0.97

图 KW-21　科威特 FDI 流出流量占比情况（2005—2014 年）

（2）FDI 流出存量

科威特 FDI 流出存量增长迅速，相关占比亦有小幅增加趋势。2014 年，科威特 FDI 流出存量规模为 365.31 亿美元，占“区域”“一带一路”及全球比例分别为 10.54%、1.36%、0.15%；相比于 2005 年，科威特 FDI 流出存量规模年均增加 22.47%，相关占比分别上升 18.29%、22.52%、200%。

下表为科威特 2005—2014 年 FDI 流出存量及相关占比具体情况：

表 KW-18　科威特 FDI 流出存量及占比情况（2005—2014 年）

年份	FDI 流出存量（亿美元）	增幅（%）	占“区域”比例（%）	占“一带一路”比例（%）	占全球比例（%）
2005	58.93	301.43	8.91	1.11	0.05
2006	108.45	84.03	11.54	1.40	0.07
2007	146.65	35.22	9.64	1.24	0.08
2008	224.36	52.99	11.45	1.95	0.14
2009	237.16	5.71	11.12	1.65	0.13
2010	281.89	18.86	11.69	1.62	0.14
2011	322.50	14.41	11.84	1.66	0.15
2012	310.23	−3.80	10.90	1.39	0.14
2013	371.53	19.76	11.67	1.46	0.15
2014	365.31	−1.67	10.54	1.36	0.15

数据来源：http：//unctadstat.unctad.org/

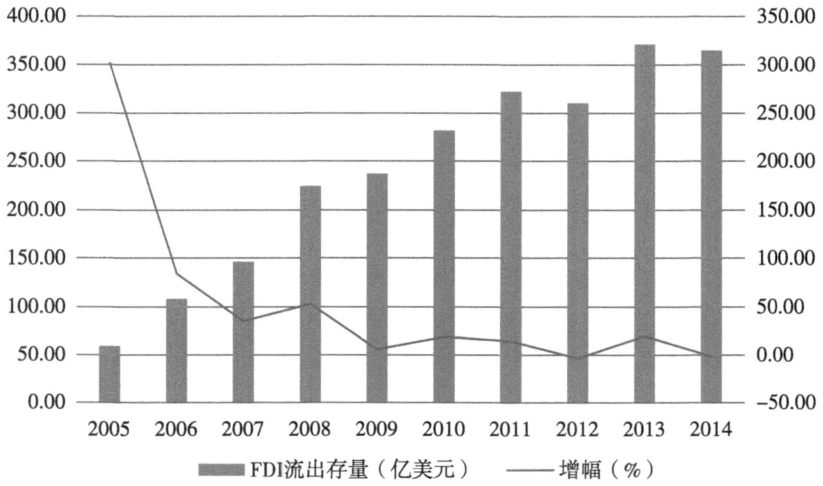

图 KW-22　科威特 FDI 流出存量及增幅情况（2005—2014 年）

如下图所示，科威特FDI流出存量相关占比都处于小幅波动状态，占“区域”比例超过“区域”FDI流出存量规模的一成比例，同时占“一带一路”及全球比例小，但整体都有上升趋势。首先，占“区域”比例从2005年的8.91%小幅波动至2014年的10.54%，总共增加了1.63个百分点，期间在2011年达最大占比值11.84%。其次，占“一带一路”国家FDI流出存量总规模比例从2005年的1.11%波动至2014年的1.36%，整体上升了0.25个百分点，期间在2008年达最大占比值1.95%。最后占全球比例从2005年的0.05%小幅增加至2014年的最高占比值0.15%，占比总共上升了0.10个百分点。

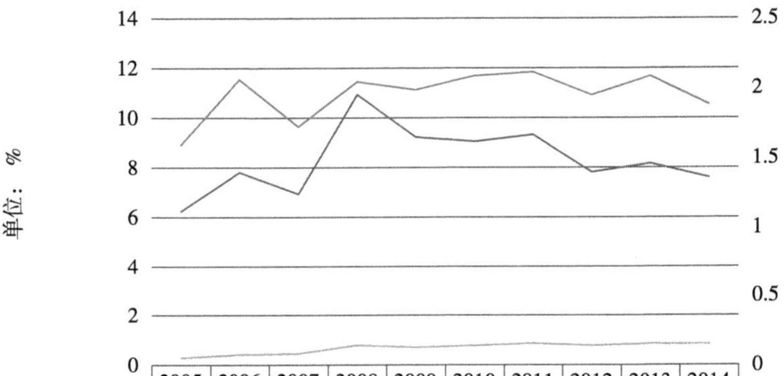

	2005	2006	2007	2008	2009	2010	2011	2012	2013	2014
——占“区域”比例	8.91	11.54	9.64	11.45	11.12	11.69	11.84	10.90	11.67	10.54
——占“一带一路”比例	1.11	1.40	1.24	1.95	1.65	1.62	1.66	1.39	1.46	1.36
——占全球比例	0.05	0.07	0.08	0.14	0.13	0.14	0.15	0.14	0.15	0.15

图 KW-23　科威特 FDI 流出存量占比情况（2005—2014 年）

3.FDI 净流入

十年间，科威特对外直接投资规模一直超过外资流入总规模，因此FDI净流入为负值。2005—2014年间，科威特对外直接投资规模与外资流入规模的差值于2013年达最大值，为152.14亿美元；于2012年达最小值，为38.69亿美元，此外，2014年，科威特对外直接投资超过外资流入规模126.23亿美元。

表 KW-19　科威特 FDI 净流入及增幅情况（2005—2014 年）

指标	2005	2006	2007	2008	2009	2010	2011	2012	2013	2014
FDI 净流入（亿美元）	–49.08	–80.89	–96.73	–90.97	–74.68	–45.85	–75.14	–38.69	–152.14	–126.23
增幅（%）	91.90	64.82	19.57	–5.96	–17.90	–38.60	63.87	–48.51	293.27	–17.04

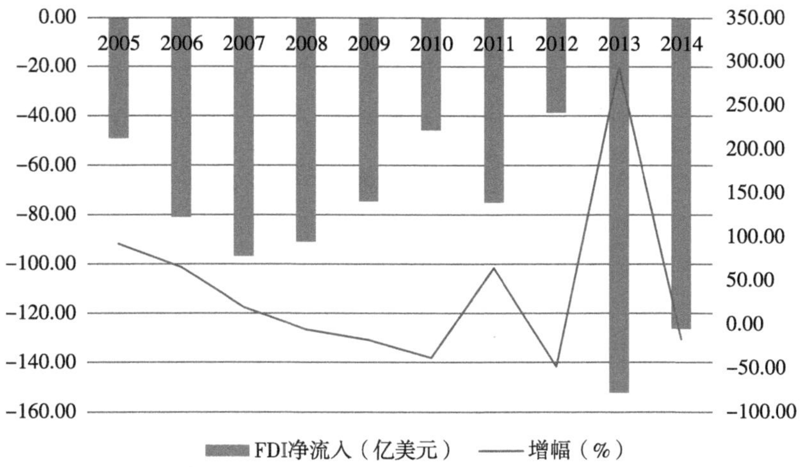

图 KW-24　科威特 FDI 净流入及增幅情况（2005—2014 年）

（五）中国与科威特的贸易关系

中国与科威特于 1971 年 3 月 22 日建立大师级外交关系，科威特是第一个与中国建交的海湾阿拉伯国家。建交以来，两国关系发展顺利，各领域合作稳步推进。近年来，中科友好合作关系继续巩固和发展，双方不仅在政治上保持着友好关系，而且在经贸、军事及文化等领域有着形式多样的合作，两国保持各层次友好交往。据统计，中国是科威特第 4 大的出口贸易市场，第 1 大货物进口来源地。

联合国贸发会议数据显示：2015 年，中科双边贸易额为 112.59 亿美元，较去年下降了 16.19%。其中，中国出口到科威特 37.76 亿美元，较上年减少了 10.12%。中国从科威特进口 74.83 亿美元，较上年减少了 25.21%。中国和科威特长期保持着贸易逆差关系，2015年，中国相对于科威特贸易顺差额为37.07亿美元，较上年减少了43.63%。

同时，据联合国商品贸易数据库统计，中国出口到科威特排名前 3 的商品包括：机械器具及其零件电机、电气、音像设备及其零件和钢铁制品，此 3 种商品的出口占比合计达 39.97%。中国从科威特进口规模排名前 3 的商品主要包括：矿物燃料、矿物油及其蒸馏产品等，有机化学品以及塑料及其制品，这 3 类商品占中国从科威特进口总额的 96.22%，其中中国从科威特进口的矿物燃料、矿物油及其蒸馏产品等产品占比达 81.68%。

1. 中国出口到科威特情况

（1）中国出口到科威特的数量关系

中国出口到科威特的出口额较小，但增长较快。2015 年，中国出口到科威特的出口总额 37.76 亿美元，较上年增长了 10.12%，较 2005 年年均增长了 19.65%。

表 KW-20 为 2005—2014 年中国出口到科威特数量关系具体情况：

表 KW-20　中国出口到科威特的数量关系（2005—2015 年）

指标	2005	2006	2007	2008	2009	2010	2011	2012	2013	2014	2015
出口额（亿美元）	6.28	8.61	13.46	17.51	15.43	18.49	21.28	20.89	26.76	34.29	37.76
增幅（%）	29.75	37.10	56.33	30.09	–11.88	19.83	15.09	–1.83	28.10	28.14	10.12

数据来源：http：//comtrade.un.org/

2005 年，中国出口到科威特出口总额为 6.28 亿美元，之后连续增加至 2008 年的 17.51 亿美元，增加了 178.82%；2009 年出现小幅下降，出口额为 15.43 亿美元，较上年减少了 11.88%；2010–2014 年，除在 2012 年有小幅下降外，中国出口到科威特的出口额连年增加至 2015 年的 37.76 亿美元，较 2005 年增加了 31.48 亿美元。下图 KW-25 为 2005—2015 年中国出口到科威特数额及增幅变化直观显示：

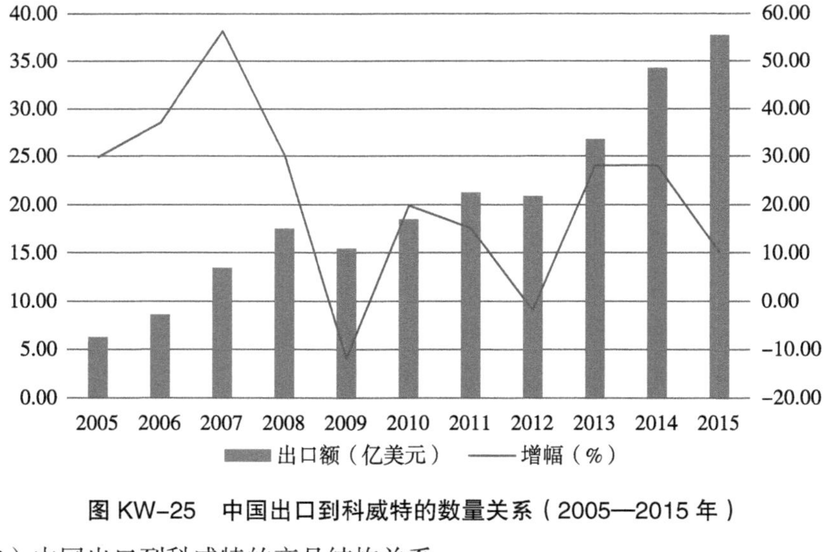

图 KW-25　中国出口到科威特的数量关系（2005—2015 年）

（2）中国出口到科威特的产品结构关系

中国出口到科威特的产品较为集中；其中出口产品排名前 3 的产品总额占中国出口到科威特出口总额的四成比例。

表 KW-21 及 KW-22 为 2005 年及 2015 年中国出口到科威特主要产品种类及相关占比情况：

表 KW-21　中国出口到科威特主要产品结构（2005 年）

商品	出口额（百万美元）	排名	占比（%）
针织或钩编的服装及衣着附件	67.13	1	10.68
电机、电气设备及其零件；录音机及放声机、电视图像、声音的录制和重放设备及其零件、附件	56.54	2	9.00
核反应堆、锅炉、机器、机械器具及其零件	56.45	3	8.98
钢铁制品	41.35	4	6.58
家具；寝具、褥垫、弹簧床垫、软坐垫及类似的填充制品；未列名灯具及照明装置；发光标志、发光铭牌及类似品；活动房屋	38.67	5	6.15
陶瓷产品	32.97	6	5.25
非针织或非钩编的服装及衣着附件	32.17	7	5.12
车辆及其零件、附件（铁道及电车道车辆除外）	24.29	8	3.86
木及木制品；木炭	22.55	9	3.59
塑料及其制品	21.13	10	3.36
合计	393.25	——	62.57

数据来源：http：//comtrade.un.org/

表 KW-22　中国出口到科威特主要产品结构（2015 年）

商品	出口额（百万美元）	排名	占比（%）
核反应堆、锅炉、机器、机械器具及其零件	586.13	1	15.52
电机、电气设备及其零件；录音机及放声机、电视图像、声音的录制和重放设备及其零件、附件	564.57	2	14.95
钢铁制品	358.72	3	9.50
家具；寝具、褥垫、弹簧床垫、软坐垫及类似的填充制品；未列名灯具及照明装置；发光标志、发光铭牌及类似品；活动房屋	258.05	4	6.83
针织或钩编的服装及衣着附件	248.96	5	6.59
非针织或非钩编的服装及衣着附件	159.67	6	4.23
石料、石膏、水泥、石棉、云母及类似材料的制品	139.03	7	3.68
塑料及其制品	138.40	8	3.67
铁道及电车道机车、车辆及其零件；铁道及电车道轨道固定装置及其零件、附件；各种机械（包括电动机械）交通信号设备	127.47	9	3.38
陶瓷产品	120.49	10	3.19
合计	2701.49	——	71.54

数据来源：http：//comtrade.un.org/

2015 年，中国出口到科威特排名前十的产品出口总额合计 2701.49 百万美元，占中国出口到科威特所有产品的 71.54%，相比于 2005 年当年排名前十的出口产品的出口额增加 2308.24 百万美元，相应的合计占比上升了 14.34%。其中，中国出口到科威特的核反应堆、锅炉、机器、机械器具及其零件产品的出口规模大幅增加，从 2005 年的 56.45 百万美元增加至 2015 年的 586.13 百万美元，总体增加了 529.68 百万美元，占比上升了 6.54 个百分点。同时，中国还增加了轨道及相关产品的出口规模，减少了木及木制品；木炭等产品的出口。

2. 中国从科威特进口情况

（1）中国从科威特进口的数量关系

2005—2015 年中国从科威特进口数量及相关增幅情况如表 KW-23 所示。

表 KW-23　中国从科威特进口数量关系（2005—2015 年）

指标	2005	2006	2007	2008	2009	2010	2011	2012	2013	2014	2015
进口额（亿美元）	10.21	19.24	22.91	50.39	35.01	67.09	91.75	104.67	95.87	100.05	74.83
增幅（%）	33.64	88.44	19.07	119.95	-30.52	91.63	36.76	14.08	-8.41	4.36	-25.21

数据来源：http://comtrade.un.org/

中国从科威特进口规模较小，但有大幅增加态势。2015 年，中国从科威特进口额为 74.83 亿美元，较 2005 年增加了 64.62 亿美元，年均增加 22.04%。

2005—2008 年，中国对科威特的进口从 2005 年的 10.21 亿美元先缓慢增加，后大幅增加至 2008 年的 50.39 亿美元，当年增幅为 119.95%；2009 年，受全球金融危机的影响，中国从科威特进口额下降至 35.01 亿美元，较上年下降了 30.52%；2010–2015 年，中国从科威特进口数额大幅增加，然后在高位波动，直至 2015 年，进口额为 74.83 亿美元，较上年减小了 25.21%，较 2005 年增加了 64.62 亿美元。期间，在 2012 年，中国从科威特的进口达最大值 104.67 亿美元。图 KW-26 为 2005—2014 年中国从科威特进口数额及对应的增幅变化情况具体示意图：

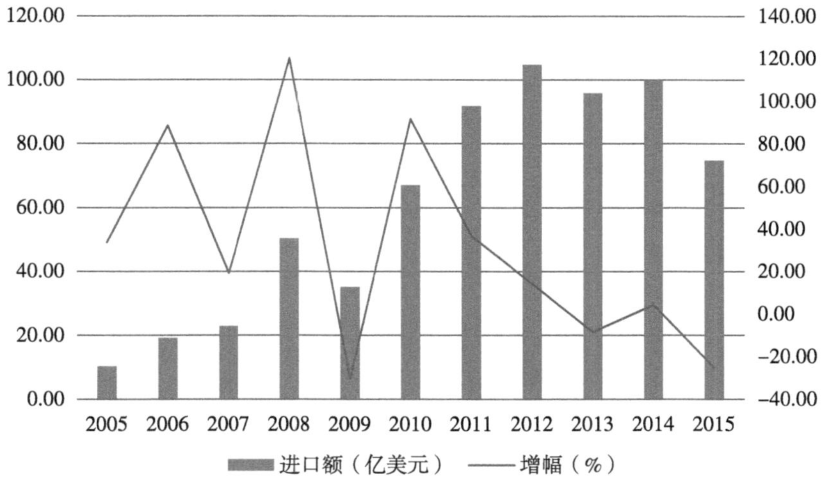

图 KW-26　中国从科威特进口数量关系（2005—2015 年）

（2）中国从科威特进口的产品结构关系

中国从科威特进口的主要进口产品尤其集中。2015 年，中国从科威特主要进口产品额合计 7483.07 百万美元，几乎涵盖了中国从科威特进口的所有产品。

表 KW-24 及表 KW-25 为 2005 年及 2015 年中国从科威特主要进口产品结构：

表 KW-24　中国从科威特主要进口产品结构（2005 年）

商品	进口额（百万美元）	排名	占比（%）
矿物燃料、矿物油及其蒸馏产品；沥青物质；矿物蜡	731.63	1	71.69
塑料及其制品	162.63	2	15.94
有机化学品	90.71	3	8.89
盐；硫磺；泥土及石料；石膏料、石灰及水泥	18.96	4	1.86
矿砂、矿渣及矿灰	13.80	5	1.35
杂项化学产品	1.47	6	0.14
铜及其制品	0.78	7	0.08
电机、电气设备及其零件；录音机及放声机、电视图像、声音的录制和重放设备及其零件、附件	0.17	8	0.02
木浆及其他纤维状纤维素浆；回收（废碎）纸或纸板	0.15	9	0.01
钢铁	0.14	10	0.01
合计	1020.44		99.99

数据来源：http：//comtrade.un.org/

表 KW-25　中国从科威特进口产品结构（2015 年）

产品种类	进口额（百万美元）	排名	占比（%）
矿物燃料、矿物油及其蒸馏产品；沥青物质；矿物蜡	6112.30	1	81.681
有机化学品	966.11	2	12.911
塑料及其制品	346.41	3	4.629
盐；硫磺；泥土及石料；石膏料、石灰及水泥	32.12	4	0.429
铜及其制品	14.25	5	0.190
杂项化学产品	10.16	6	0.136
无机化学品；贵金属、稀土金属、放射性元素及其同位素的有机及无机化合物	1.14	7	0.015
车辆及其零件、附件，但铁道及电车道车辆除外	0.34	8	0.005
矿砂、矿渣及矿灰	0.20	9	0.003
核反应堆、锅炉、机器、机械器具及其零件	0.05	10	0.001
合计	7483.08		100.000

数据来源：http：//comtrade.un.org/

2015 年，中国从科威特进口的排名前十的产品进口额合计 7483.08 百万美元；相比于 2005 年当年排名前十的产品合计进口额增加了 633.32%。其中，矿物燃料、矿物油及其蒸馏产品；沥青物质；矿物蜡产品一直是中国从科威特进口的最重要的产品，且进口规模进一步增大；2015 年，其进口规模为 6112.30 百万美元，占比为 81.681%，与 2005 年相比，进口规模增加了 5380.67 百万美元，占比上升了 9.991 个百分点。除此之外的其他产品进口规模都较小，相比 2005 年亦有不同幅度的变化。

十、伊拉克（The Republic of Iraq）[①]

（一）基本情况

伊拉克加快推进战后重建。伊拉克的版图在历史上曾是美索不达米亚文明古国巴比伦的所在地，是世界四大文明古国之一，丰厚的石油、天然气资源给伊拉克带来了巨大财富，但2003年伊拉克战争爆发给该国经济予以重创，战争结束后伊拉克政府着力恢复与各国，尤其是大国和周边国家的外交关系，并逐步获得外界的承认和支持。目前，伊拉克已与近90个国家恢复或建立了外交关系，并恢复了在阿拉伯国家联盟、伊斯兰会议组织、联合国机构、国际货币基金组织、石油输出国组织等地区和国际组织内的活动。2010年12月，联合国安理会通过决议，取消根据《联合国宪章》第七章对伊拉克在大规模杀伤性武器、导弹和民用核活动领域的制裁，结束“石油换食品”（Oil-for-Food）计划。2012年3月，欧盟首脑会议在伊拉克举行。5月，举办伊朗核问题六国对话会。2013年6月，安理会解除根据《联合国宪章》第七章对伊拉克采取的强制性措施。2015年，伊拉克人均GDP为4629.08美元，进入中上等收入经济体，能源、教育、卫生、就业、供电、供水、食品等领域得到不断发展。

1. 建国历程

伊拉克历史悠久，独立建国时间较长。伊拉克两河流域（美索不达米亚）是世界古代文明的发祥地之一，公元前4700年就出现了城邦国家，美索不达米亚的北部古称亚述，南部为巴比伦尼亚，而巴比伦尼亚北部叫阿卡德，南部为苏美尔。公元前2000年美索不达米亚先后建立阿卡德王国、乌尔帝国、被誉为“四大文明古国”之一的古巴比伦王国、亚述帝国和新巴比伦王国。公元前539年新巴比伦王国被波斯帝国所灭。公元7世纪时被阿拉伯帝国吞并，阿拔斯王朝时期定都于巴格达。833-945年，伊拉克被突厥人控制。945-1055年建立了布韦希王朝。塞尔柱人

---

① 由于联合国商品贸易数据库（UNCOMTRADE）、联合国贸发会议数据库（UNCTADSTAT）等国内外数据库未能提供伊拉克相关数据，因此，本章无法分析伊拉克与“一带一路”国家、中国的贸易关系。

和蒙古人先后入侵，阿拉伯帝国覆灭后，为伊尔汗国的领土。此后伊拉克受帖木儿汗国、土库曼人和萨非王朝的统治。16世纪，苏里曼大帝夺取了巴格达，伊拉克受奥斯曼土耳其帝国统治。1920年沦为英国“委任统治区”。1921年8月宣布独立，成立伊拉克王国，在英国保护下建立费萨尔王朝。1932年获得完全独立。1958年7月14日以阿卜杜勒·卡里姆·卡塞姆为首的“自由军官组织”推翻费萨尔王朝，成立伊拉克共和国。1963年2月8日阿拉伯复兴社会党推翻卡塞姆，建立以该党为主的政权，但由党外人士阿里夫任总统。1968年7月17日，以艾哈迈德·哈桑·贝克尔为首的复兴党军官集团联合阿卜杜勒·拉扎克·纳伊夫青年军官集团推翻了阿里夫，复兴党再度掌权，推行阿拉伯“统一、自由、社会主义”的 纲领，贝克尔出任总统。1979年7月贝克尔因病辞职，复兴党人萨达姆·侯赛因接任总统。1980年伊拉克因同伊朗边界纠纷发动历时8年的两伊战争。1990年，伊拉克入侵科威特引发海湾战争，受到联合国制裁。2003年3月20日，美、英等国单方面发动伊拉克战争。4月9日，美军攻占巴格达，萨达姆政权被推翻。5月1日，美国总统布什宣布伊拉克主要战事结束。2011年12月20日，美国从伊拉克完全撤军。巴格达是伊拉克首都，也是全国最大城市和经济、文化、交通中心及重要的国际航空站。官方语言为阿拉伯语和库尔德语，通用英语。2005年8月底出台永久宪法草案，并在10月举行的全民公决中获得通过，规定伊拉克实行联邦制，石油资源归全体人民所有。①

2. 人口情况

伊拉克人口出生率高，儿童占比较大。2015年伊拉克总人口达3642万人，其中城镇人口2530万人，农村人口1112万人，分别占总人口的69.47%和30.53%；男性人口1839万人，女性人口1803万人，分别占总人口的50.49%和49.51%，男女性别比例为：1.02∶1；0–14岁人口为1493万人，15–64岁人口为2038万人，65岁以上人口为111万人，分别占总人口的40.98%、55.96%、3.06%。2014年每千人的人口出生率为34.59‰，人口死亡率为5.19‰，人均预期寿命69.4岁。伊拉克阿拉伯人约占78%（什叶派约占60%，逊尼派约占18%），库尔德人约占18%，其余为土库曼人、亚美尼亚人等。

伊拉克的人口增长较快。2005—2015年，伊拉克的总人口数从2702万人增加到3642万人，增加了940万人，年均增长3.03%。伊拉克的人口增长呈缓慢增长态势，增长率从2005年的2.61%增加到2008年的3.21%，增长了0.6个百分点。

---

① http：//baike.baidu.com/link?url=l9_V4ryyMm7hIpQZjFDoL12oCt6HGrssdKzv3Hxte9bEVpCEx8rfdoFi_Ze_rrKWzqlD6C5BtZeva1dK4vvaEvBo–EQojY0Q8hPYb1z1px–zxeDxECGMwslRnO5jW4C3.

表 IR-1　伊拉克人口数及其构成（2015 年）

指　标	年末数（万人）	比重（%）
全国总人口	3642	100.00
其中：城镇	2530	69.47
农村	1112	30.53
其中：男性	1839	50.49
女性	1803	49.51
其中：0-14 岁	1493	40.98
15-64 岁	2038	55.96
65 岁以上	111	3.06

数据来源：世界银行（world bank）

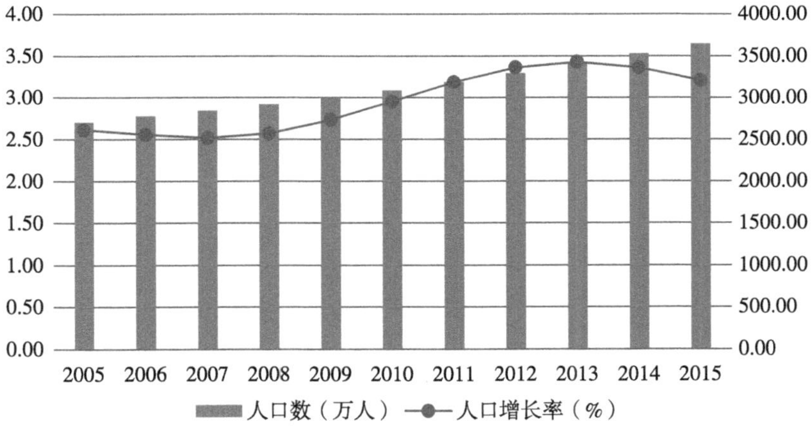

图 IR-1　伊拉克人口数及增长率变化（2005—2015 年）

数据来源：世界银行（world bank）

3. 地域状况

伊拉克地理位置得天独厚。伊拉克位于亚洲西南部，阿拉伯半岛东北部，国土面积约 43.7 万平方公里（包括 924 平方公里水域和伊拉克、沙特中立区伊拉克部分 3522 平方公里）。北接土耳其，东邻伊朗，西毗叙利亚、约旦，南连沙特阿拉伯、科威特，东南濒波斯湾。伊拉克出海口仅在东南端位于波斯湾头的一小段海岸。海岸线长 60 公里。领海宽度为 12 海里。西南为阿拉伯高原的部分，向东部平原倾斜；东北部有库尔德山地，西部是沙漠地带，高原与山地间有占大部分国土的美索不达米亚平原，绝大部分海拔不足百米。幼发拉底河和底格里斯河自西北向东南贯穿全境，两河在库尔纳汇合为夏台阿拉伯河，注入波斯湾。平原南部地势低洼，多湖泊与沼泽。平原以东为扎格罗斯山系的西部边缘。西南部为阿拉伯高原的一部分，分布有叙利亚沙漠。伊拉克夏季最高气温高达 50 摄氏度以上，冬季最低气温为 0 摄氏度左右。年平均降雨量由南至北为 100 至 500 毫米，北部山区达 700 毫米。伊拉克常年刮西北风，冬季凉爽、多雨，空气潮湿，夏季炎热干燥。首都巴格达市夏季七、八月温度 45 摄氏度左右，冬季一月温度为 4 摄氏度。每年六至九月为最干燥的季节，月平均降雨量为 1 毫米。最湿润的季节在三月，平均降雨量为 28 毫米。①

4. 资源禀赋

伊拉克的自然资源丰富。伊拉克的石油、天然气资源储量巨大，石油工业是其经济主要支柱。2010 年 10 月伊拉克石油部长称已探明储量 195.2 亿吨，在欧佩克和世界已探明石油总储量中分别占 12.0% 和 9.8%，位居世界第二位；天然气已探明储量 3.17 万亿立方米，占世界已探明总储量的 1.7%，居世界第十位。磷酸盐储量约 100 亿吨。②

5. 经济实力

伊拉克的经济总量和人均水平增长较快。2015 年，伊拉克的 GDP 为 1686.07 亿美元，分别占“一带一路”国家和全球的比例为 0.76% 和 0.22%，人均 GDP 为 4629.08 美元，分别是“一带一路”国家和全球人均 GDP 的 95.17% 和 45.66%，属于中上等收入经济体，城镇化率为 69.47%。2005—2015 年，伊拉克的 GDP 从 499.55 亿美元增加到 1686.07 亿美元，增加了 3.38 倍；人均 GDP 从 1848.97 美元增加到 4629.08 美元，增加了 2.5 倍。伊拉克的 GDP 增长和人均 GDP 增长率均在波动中呈下降态势。

---

① http://baike.baidu.com/link?url=l9_V4ryyMm7hIpQZjFDoL12oCt6HGrssdKzv3Hxte9bEVpCEx8rfdoFi_Ze_rrKWzqlD6C5BtZeva1dK4vvaEvBo-EQojY0Q8hPYb1z1px-zxeDxECGMwslRnO5jW4C3.

② http://baike.baidu.com/link?url=l9_V4ryyMm7hIpQZjFDoL12oCt6HGrssdKzv3Hxte9bEVpCEx8rfdoFi_Ze_rrKWzqlD6C5BtZeva1dK4vvaEvBo-EQojY0Q8hPYb1z1px-zxeDxECGMwslRnO5jW4C3.

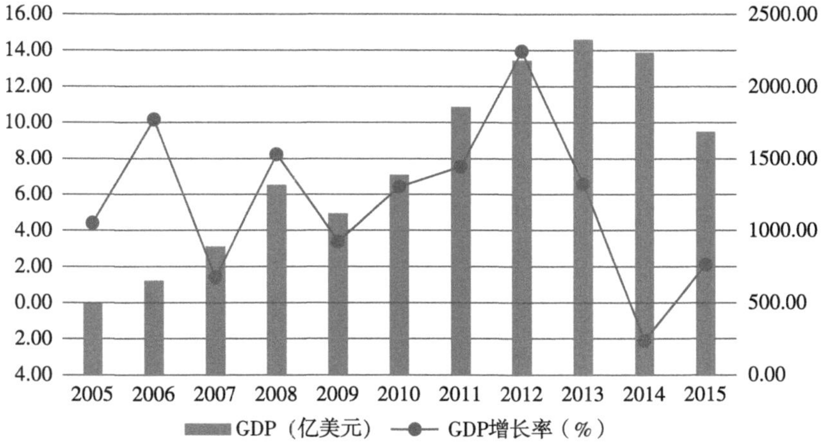

图 IR–2　伊拉克 GDP 及增长率变化（2005—2015 年）

数据来源：世界银行（world bank）

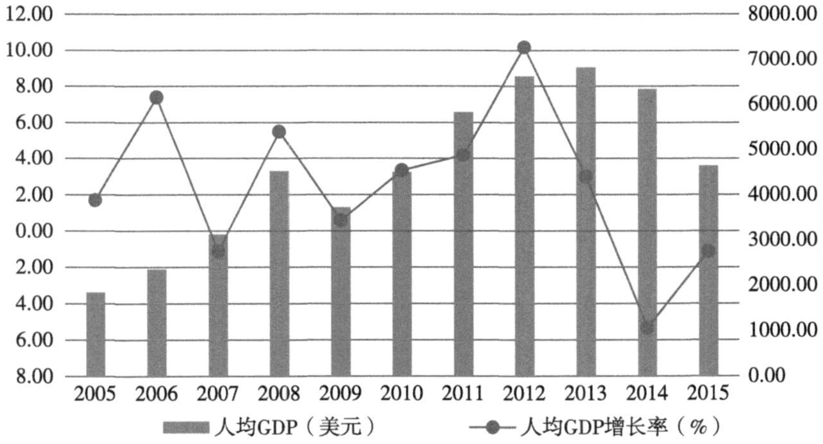

图 IR–3　伊拉克人均 GDP 及增长率变化（2005—2015 年）

数据来源：世界银行（world bank）

（二）产业情况

伊拉克高度依赖于石油工业。2015年，一、二、三产业结构比例为4：60：36，工业是伊拉克经济的支柱产业，农业占比较小。油气产业在伊拉克国民经济中始终处于主导地位，政府高达96%的财政预算来自于石油利润。近年来石油工业的复苏，导致伊拉克经济上升势头良好。①

1. 第一产业

伊拉克的农业发展较快，但在 GDP 中的占比有所下滑。2005—2015 年，伊拉克农业增加值从 34.40 亿美元增加到 93.49 亿美元，增加了 59.10 亿美元，年均增长 10.51%，农业增加值占 GDP 的比重从 6.89% 下降到 4.18%，下降了 2.70 个百分点。

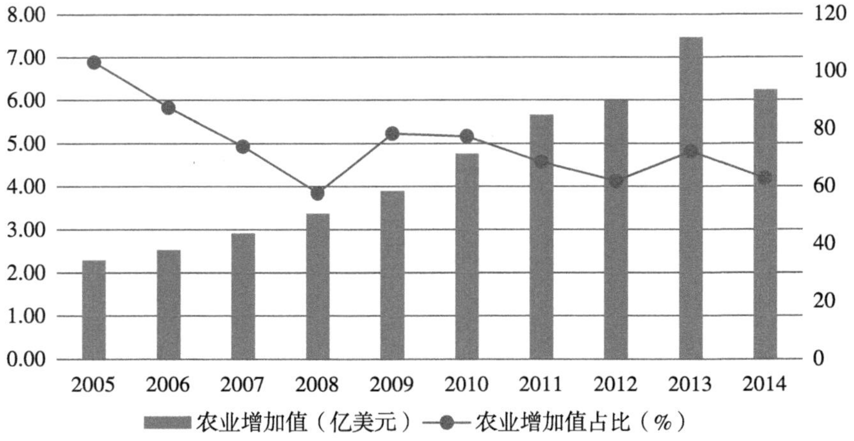

图 IR-4 伊拉克农业增加值及占比变化（2005—2015 年）

数据来源：世界银行（world bank）。

伊拉克的农牧业地位重要。伊拉克两河平原的灌溉农业已有数千年历史，其可耕地面积占国土总面积的 27.6%，农业人口占全国总人口的三分之一，农业用地严重依赖地表水，主要集中在底格里斯河和幼发拉底河之间的美索不达米亚平原，粮食不能完全自给。伊拉克的农产品主要有小麦、黑麦、大麦、稻米、棉花、烟草、温带水果与椰枣等，椰枣输出量居世界首位。畜牧业偏重在东北部地区，养殖牛、羊、驴、马，西南部干旱高原上有游牧业。2011 年，伊拉克排名前三的主要农作物分别为小麦、大麦、番茄，其产量分别为 280.89 万吨、105.95 万吨、82.01 万吨；排名前三的主要畜禽产品为鸡蛋、牛奶、羊奶，其产量分别为 10.19 亿只、23.3 万吨、5.58 万吨。全国有椰枣树 3300 余万株，平均年产椰枣约 630 万吨。

2. 第二产业

伊拉克的工业发展迅速，但在 GDP 中的比重有所下降。2005—2015 年，伊拉克工业增加值从 317.76 亿美元增加到 1329.30 亿美元，增加了 1011.54 亿美元，年均增

① http：//www.fmprc.gov.cn/web/gjhdq_676201/gj_676203/yz_676205/1206_677148/1206x0_677150/.

长 15.39%，工业增加值占 GDP 的比重从 63.61% 下降到 59.47%，下降了 4.13 个百分点。

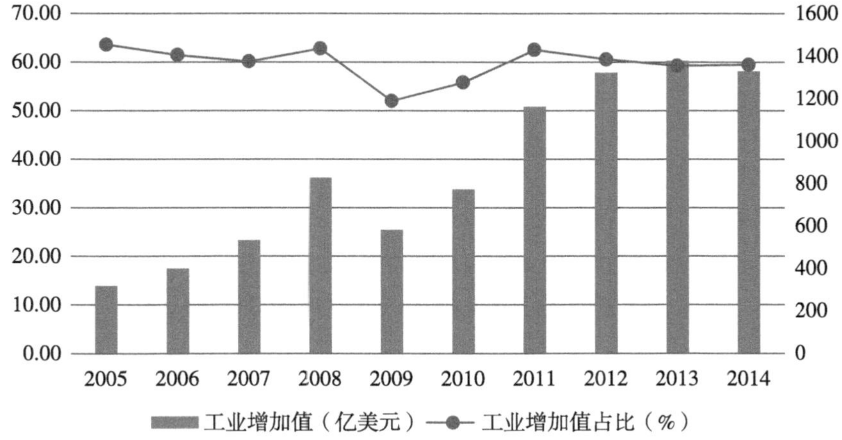

图 IR-5　伊拉克工业增加值及占比变化（2005—2015 年）

数据来源：世界银行（world bank）

伊拉克工业主要有石油开采、提炼和天然气开采。伊拉克于 1973 年实现了石油工业的国有化，其石油出口收入约占国内生产总值的 45%，政府收入的 90%。伊拉克战争结束后，石油生产逐渐恢复，迄今已举行 4 轮油气田开发招标。2015 年 6 月，原油日产量 365 万桶，石油日均出口量约 325 万桶。伊拉克 70% 的天然气属于石油伴生气，主要产于北部基尔库克油田和 南部鲁迈拉油田。伊拉克有 9 个集气站，日处理天然气 0.42 亿立方米。

3. 第三产业

伊拉克的服务业发展迅猛，在 GDP 中的占比不断增加。2005—2015 年，伊拉克的服务等附加值从 147.39 亿美元增加到 812.28 亿美元，增加了 664.89 亿美元，年均增长 18.61%，工业增加值占 GDP 的比重从 29.50% 增加到 36.34%，增加了 6.84 个百分点。

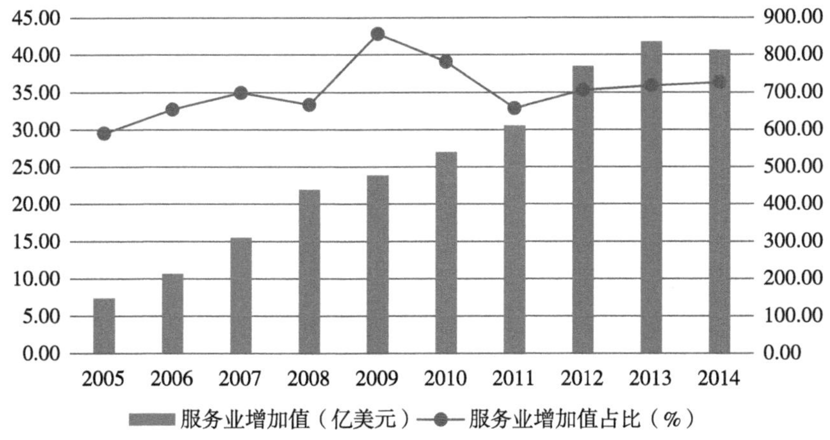

图 IR-6　伊拉克服务等附加值及占比变化（2005—2015 年）

数据来源：世界银行（world bank）

伊拉克的服务业发展较为滞后。伊拉克旅游资源丰富，主要旅游点有乌尔城（公元前 2060 年）遗址、亚述帝国（公元前 910 年）遗迹和哈特尔城遗址（俗名“太阳城”），位于巴格达西南 90 公里处的巴比伦是世界著名的古城遗址，巴比伦“空中花园”被列为古代世界七大奇迹之一。受伊拉克战争的持续影响，战后动荡不安的安全局势给伊拉克服务业特别是旅游业造成了极大的创伤。2008 年，伊拉克的社会和私人服务业占 GDP 的比重为 13%，交通和通讯业为 7%，批发、零售和宾馆业为 6%，金融银行业为 1%。

（三）进出口贸易情况

1. 参与贸易协定情况

伊拉克不是世界贸易组织（WTO）成员国。

伊拉克与 11 个国家签订有双边自由贸易区协议（FTA）。这 11 个国家分别是阿尔及利亚、埃及、约旦、黎巴嫩、阿曼、卡塔尔、苏丹、叙利亚、突尼斯、也门和阿联酋。如 2001 年 9 月，伊拉克与阿联酋签署两国自由贸易协定。2002 年 4 月，伊拉克与黎巴嫩签署双边自由贸易协定，黎巴嫩成为第 7 个与伊拉克签署自由贸易协定的阿拉伯国家。2002 年 6 月，伊拉克与卡塔尔签署自由贸易协议，2006 年 9 月，伊拉克与约旦签署自由贸易协定。2007年，伊拉克加入“大阿拉伯自由贸易协定”。

2. 进口情况

（1）进口贸易数量

伊拉克的进口发展较快。2015 年，伊拉克的进口金额为 520 亿美元，分别占“一带一路”国家、全球出口额的比重为0.96%、0.31%，和2005年相比增加了284.68亿美元，年均增长 8.25%，分别比“一带一路”国家、全球高 0.57 个百分点、3.79 个百分点。

伊拉克的进口增长在波动中处于下降趋势。伊拉克的进口增长率从 2005 年的 10.47% 下降到 2015 年的 –11.86%，下降了 22.33 个百分点。增长最快的年份出现在 2008年，增长率达53.37%，增长率下降最快的年份出现在2015年，增长率为–11.86%。

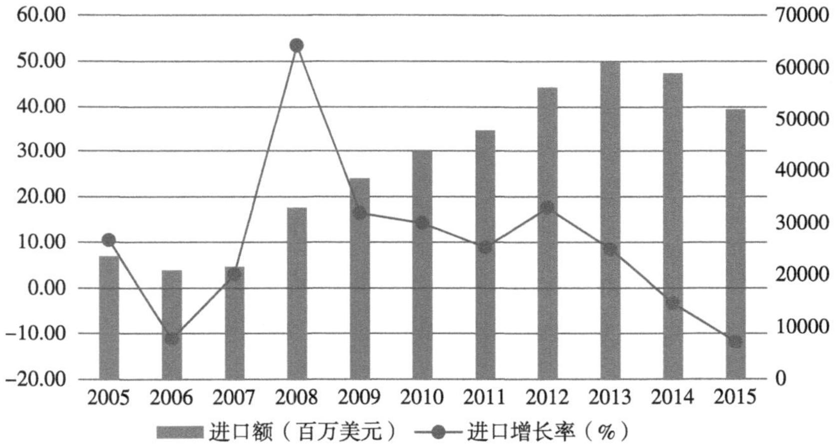

图 IR–7 伊拉克进口额及增长率变化（2005—2015 年）

数据来源：联合国贸发会议数据库（UNCTADSTAT）

（2）进口市场结构

伊拉克的进口国主要来自土耳其、叙利亚等国。2009 年，伊拉克进口的主要贸易伙伴为：土耳其，占比 24.99%；叙利亚，占比 17.36%；美国，占比 8.66%；中国，占比 6.79%；约旦，占比 4.17%；意大利，占比 3.98%；德国，占比 3.97%。其中，有 4 个国家来自于亚洲，2 个国家来自欧洲，1 个国家来自北美洲。

（3）进口产品结构

伊拉克主要进口各种食品、药品和工业制成品。

3. 出口情况

（1）出口贸易数量

伊拉克的出口增长较快。2015 年，伊拉克的出口金额为 493.20 亿美元，分别占“一带一路”国家、全球出口额的比重为 0.82%、0.30%，和 2005 年相比，伊拉克出口额增加了 256.63 亿美元，年均增长 7.61%，分别比“一带一路”国家低 0.03 个百分点，比全球高出 2.99 个百分点。

伊拉克的出口增长在波动中处于下降趋势。伊拉克的出口增长在 2009 年、2013 年、2014 年和 2015 年出现负增长，其余年份均为正向增长。增幅最大的年份出现在 2011 年，其增长率为 58.58%，降幅最大的年份出现在 2015 年，其增长率为 -41.72%。

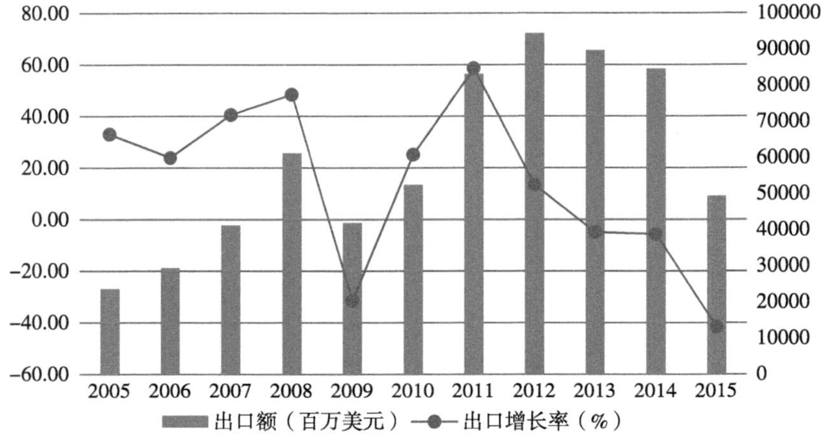

图 IR-8 伊拉克出口额及增长率变化（2005—2015 年）

数据来源：联合国贸发会议数据库（UNCTADSTAT）。

（2）出口市场结构

伊拉克出口主要集中在亚洲、欧洲和北美洲。2009 年伊拉克出口的主要贸易伙伴为：美国，占比 27.62%；印度，占比 14.45%；意大利，占比 10.14%；韩国，占比 8.62%；中国台湾，占比 5.61%；中国，占比 4.23%；荷兰，占比 4.13%；日本，占比 3.99%。其中，有 5 个国家及地区来自亚洲，2 个国家来自欧洲，1 个国家来自北美洲。

（3）出口产品结构

伊拉克出口的产品主要有原油、天然气、椰枣、化肥等。

4. 贸易集中度

伊拉克在绝大多数年份保持着贸易顺差状态，国际贸易对该国相对有利。2005—2015 年，伊拉克的净出口额在除 2015 年外一直大于零，净出口额从 1.65 亿美元下降到 -26.8 亿美元，下降了 28.45 亿美元。从变化过程看，伊拉克的净出口额变化呈“M”形趋势，2005-2010 年呈快速上升势头，2009 年快速下滑，后迅速反弹，2012 年达到最高点，为 381.58 亿美元，随后三年快速下降，2015 年出现负增长。

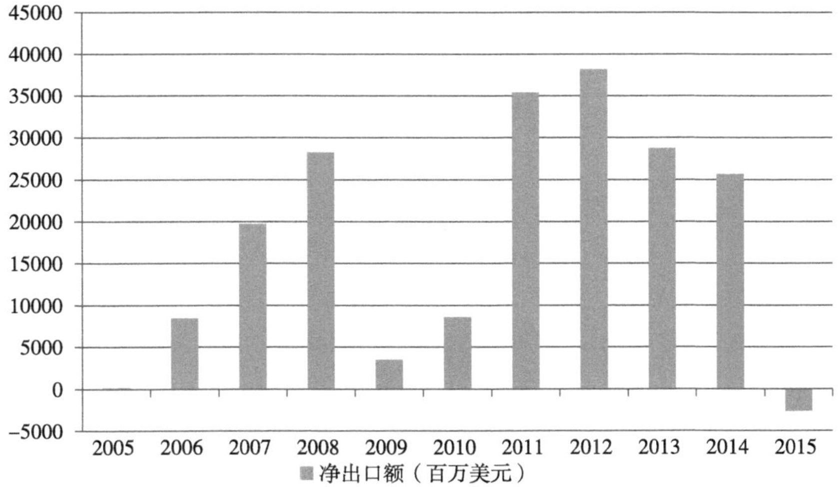

图 IR-9　伊拉克净出口额变化（2005—2015 年）

数据来源：联合国贸发会议数据库（UNCTADSTAT）

（四）对外直接投资

伊拉克的投资环境有所改善。战后的伊拉克政府于 2006 年 10 月首次通过了一项国家投资法，其目的旨在开放经济和吸引外国投资，为伊拉克提供一个更加有利的投资环境，但从实际情况看，仅有投资法远远不够。2007 年以来，伊拉克逐渐呈现“三足鼎立”的分裂局面：北部由库尔德人掌控；中西部落在“伊斯兰国”（ISIS）极端组织手中；中南部则由巴格达中央政府掌控。由此造成的后果就是，伊拉克社会团体以及基地组织势力盘踞不退，国内安全面临严重威胁。不过，随着伊拉克军队夺回了被 ISIS 占领的费卢杰（Fallujah）和拉马迪（Ramadi）等城市，伊拉克议会恢复了一定程度的稳定。当然，国际投资者对重返伊拉克信心倍增，国际货币基金组织（IMF）功不可没。今年 7 月，IMF 为伊拉克批准了 53 亿美元的救助金，以堵住该国预算窟窿、重振投资者信心。救助协议要求伊拉克实施重要的经济改革措施、削减开支、抗击腐败，为提供更多援助铺平了道路。①

1.FDI 流入情况

（1）流量

伊拉克吸引外资流量大幅增加。2014 年，伊拉克吸引外资的流量规模为 4781.80

① http：//opinion.china.com.cn/opinion_54_130554.html；http：//www.gfta.org.cn/Iraq/.

百万美元，占“一带一路”国家和全球的比例分别为1.08%、0.39%。2005—2014年，伊拉克吸引外资量从515.30百万美元增加到4781.80百万美元，增加了 4266.50百万美元，年均增加28.08%，其增幅比“一带一路”国家、全球高出22.18个百分点、24.92个百分点。[①]

伊拉克吸引外资流量增长在波动中处于下降趋势。伊拉克吸引外资流量增长率从2005年的71.77%下降到2014年的-6.81%，下降了78.58个百分点，其中，有4年出现负增长，分别为2006年、2009年、2010年、2014年，增长最快的年份是2007年，增长率高达153.73%，增长最慢的是2006年，其增长率为-25.67%。

表 IR-2 伊拉克吸引投资流量情况（2005—2014年）

年份	投资量（百万美元）	投资增长率（%）	在“一带一路”国家中的占比（%）	在全球的占比（%）
2005	515.30	71.77	0.20	0.06
2006	383.00	-25.67	0.10	0.03
2007	971.80	153.73	0.21	0.05
2008	1855.70	90.95	0.36	0.12
2009	1598.30	-13.87	0.44	0.13
2010	1396.20	-12.64	0.32	0.11
2011	1882.30	34.82	0.40	0.12
2012	3400.40	80.65	0.75	0.24
2013	5131.20	50.90	1.11	0.35
2014	4781.80	-6.81	1.08	0.39

数据来源：http：//unctad.org/en/Pages/DIAE/FDI%20Statistics/FDI-Statistics-Bilateral.aspx

① 吸引外资流量为负数，表明当期统计时间段里有外资企业减少了注册资本，相对应的就减少了合同利用外资，如果当期没有新增合同利用外资，或新增合同利用外资低于减资的部分，当期合同利用外资统计就会出现负数。

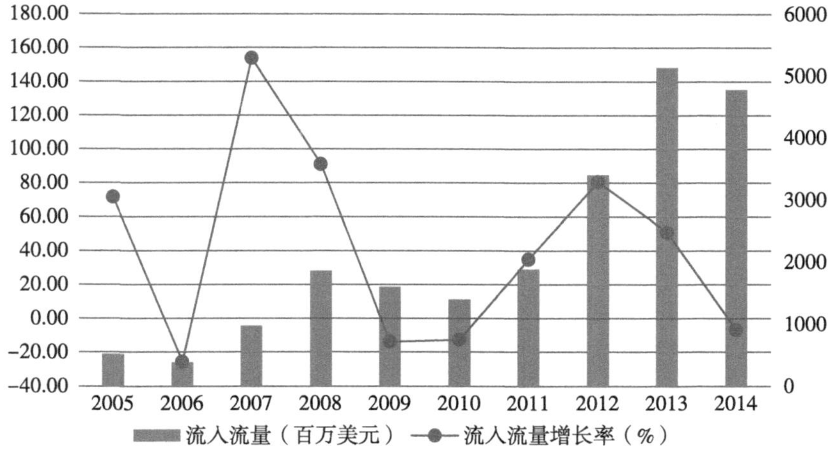

图 IR-10　伊拉克吸引投资流量及增长率变化（2005—2014 年）

数据来源：联合国贸发会议数据库（UNCTADSTAT）

（2）存量

伊拉克吸引外商投资的存量规模增长迅猛。2014 年，伊拉克吸引外资的存量规模为 23161.01 百万美元，占"一带一路"国家和全球的比例分别为 0.42%、0.09%。2005—2014 年，伊拉克吸引外资存量从 1760.31 百万美元增加到 23161.01 百万美元，增加了 21400.70 百万美元，年均增长 33.15%，其增幅比"一带一路"国家、全球高出 18.59 个百分点、23.77 个百分点。

伊拉克吸引外资存量增长在波动中下降。伊拉克吸引外资存量增长率从 2005 年的 41.39% 下降到 2014 年的 26.02%，下降了 15.37 个百分点，增长最快的年份是 2008 年，增长率高达 59.57%，增长最慢的是 2010 年，其增长率为 21.25%。

表 IR-3　伊拉克吸引投资存量情况（2005—2014 年）

年份	投资量（百万美元）	投资增长率（%）	在"一带一路"国家中的占比（%）	在全球的占比（%）
2005	1760.31	41.39	0.11	0.02
2006	2143.31	21.76	0.10	0.02
2007	3115.11	45.34	0.11	0.02
2008	4970.81	59.57	0.18	0.03
2009	6569.11	32.15	0.19	0.04
2010	7965.31	21.25	0.19	0.04
2011	9847.61	23.63	0.23	0.05

续表

年份	投资量（百万美元）	投资增长率（%）	在“一带一路”国家中的占比（%）	在全球的占比（%）
2012	13248.01	34.53	0.26	0.06
2013	18379.21	38.73	0.34	0.08
2014	23161.01	26.02	0.42	0.09

数据来源：http：//unctad.org/en/Pages/DIAE/FDI%20Statistics/FDI-Statistics-Bilateral.aspx

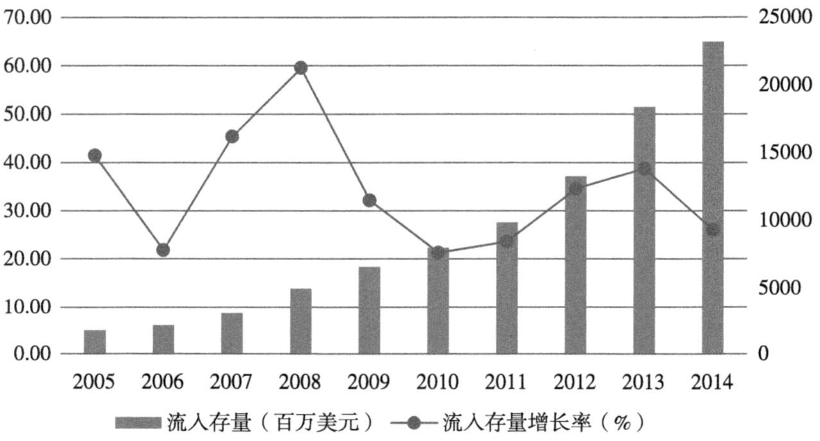

图 IR-11　伊拉克吸引投资存量及增长率变化（2005—2014 年）

数据来源：联合国贸发会议数据库（UNCTADSTAT）

2.FDI 流出情况

（1）流量

伊拉克对外投资流量增长较快。2014 年，伊拉克对外投资的流量为 241.50 百万美元。2005—2014 年，伊拉克对外投资流量从 88.70 百万美元增加到 241.50 百万美元，增加了 152.80 百万美元，年均增长 11.77%，其增幅比“一带一路”国家低 5.6 个百分点、比全球高出 5.69 个百分点。

伊拉克对外投资流量增长在波动中出现大幅下降。伊拉克对外投资流量增长率从 2006 年的 243.86% 下降到 2014 年的 6.34%，下降了 237.52 个百分点，其中，有 2 年出现负增长，分别为 2007 年、2013 年，增长最快的年份是 2008 年，增长率高达 325.32%，增长最慢的是 2007 年，其增长率为 -97.41%。

表 IR-4　伊拉克对外投资流量情况（2005—2014 年）

年份	投资量（百万美元）	投资增长率（%）	在“一带一路”国家中的占比（%）	在全球的占比（%）
2005	88.70	—	0.12	0.01
2006	305.00	243.86	0.20	0.02
2007	7.90	-97.41	0.00	0.00
2008	33.60	325.32	0.01	0.00
2009	71.90	113.99	0.04	0.01
2010	124.90	73.71	0.05	0.01
2011	366.00	193.03	0.14	0.02
2012	489.50	33.74	0.20	0.04
2013	227.10	-53.61	0.07	0.02
2014	241.50	6.34	0.07	0.02

数据来源：http://unctad.org/en/Pages/DIAE/FDI%20Statistics/FDI-Statistics-Bilateral.aspx。

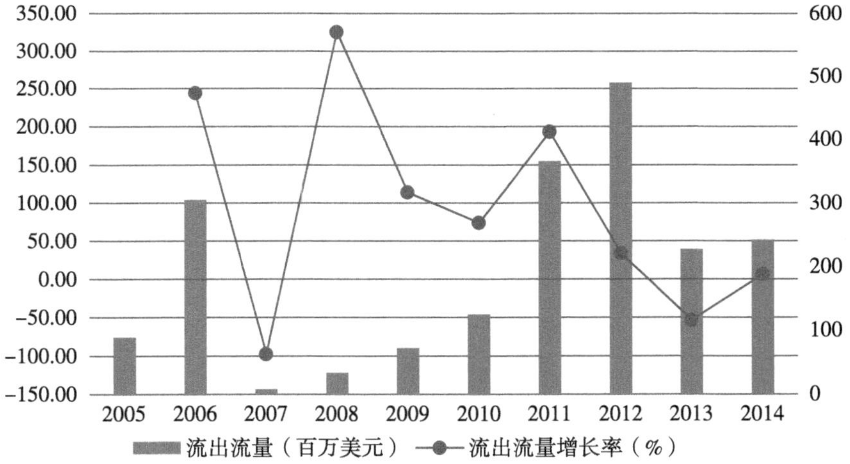

图 IR-12　伊拉克对外投资流量及增长率变化（2005—2014 年）

数据来源：联合国贸发会议数据库（UNCTADSTAT）。

（2）存量

伊拉克对外投资存量增长非常快。2014 年，伊拉克对外投资的存量规模为 1956.10 百万美元，占“一带一路”国家和全球的比例分别为 0.07%、0.01%。2005—2014 年，伊拉克对外投资存量从 88.70 百万美元增加到 1956.10 百万美元，增加了 1867.40 百万美元，年均增长 41.01%，其增幅比“一带一路”国家、全球高出 21.20

个百分点、32.41个百分点。

伊拉克的对外投资存量增长呈“L”型变化。伊拉克对外投资存量增长率从2006年的343.86%下降到2014年的14.08%，下降了329.78个百分点，波动最大的年份出现在2007年，增长率为2.01%，较2006年下降了341.85个百分点。

表 IR-5　伊拉克对外投资存量情况（2005—2014年）

年份	投资量（百万美元）	投资增长率（%）	在“一带一路”国家中的占比（%）	在全球的占比（%）
2005	88.70	—	0.02	0.00
2006	393.70	343.86	0.05	0.00
2007	401.60	2.01	0.03	0.00
2008	435.20	8.37	0.04	0.00
2009	507.10	16.52	0.04	0.00
2010	632.00	24.63	0.04	0.00
2011	998.00	57.91	0.05	0.00
2012	1487.50	49.05	0.07	0.01
2013	1714.60	15.27	0.07	0.01
2014	1956.10	14.08	0.07	0.01

数据来源：http：//unctad.org/en/Pages/DIAE/FDI%20Statistics/FDI-Statistics-Bilateral.aspx

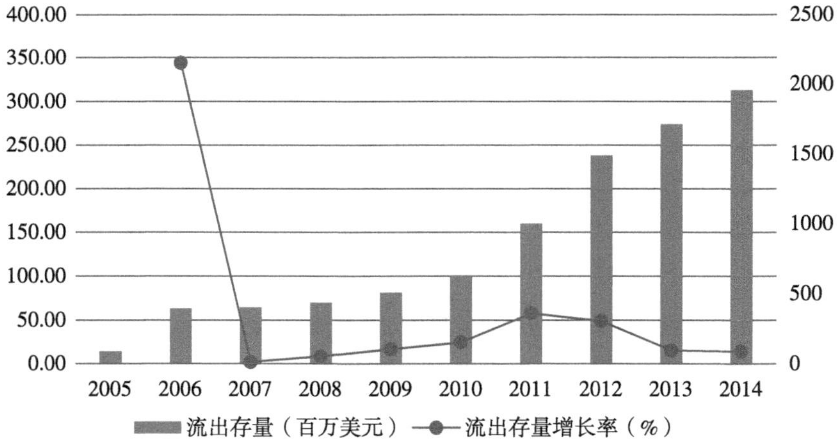

图 IR-13　伊拉克对外投资存量及增长率变化（2005—2014年）

数据来源：联合国贸发会议数据库（UNCTADSTAT）

3.FDI净流入情况

伊拉克是FDI净流入国家，且净流入量增长非常快。2005—2014年，伊拉克的

FDI 净流入一直大于零，FDI 净流入值从 426.60 百万美元增加到 4540.30 百万美元，增加了 10.64 倍。从变化过程看，伊拉克的净流入量总体处于上升态势，最高点出现在 2013 年，其值为 4904.10 百万美元。

表 IR-6 伊拉克 FDI 净流入情况（2005—2014 年）

年份	FDI 净流入（百万美元）	年份	FDI 净流入（百万美元）
2005	426.60	2010	1271.30
2006	78.00	2011	1516.30
2007	963.90	2012	2910.90
2008	1822.10	2013	4904.10
2009	1526.40	2014	4540.30

数据来源：根据资料整理得出

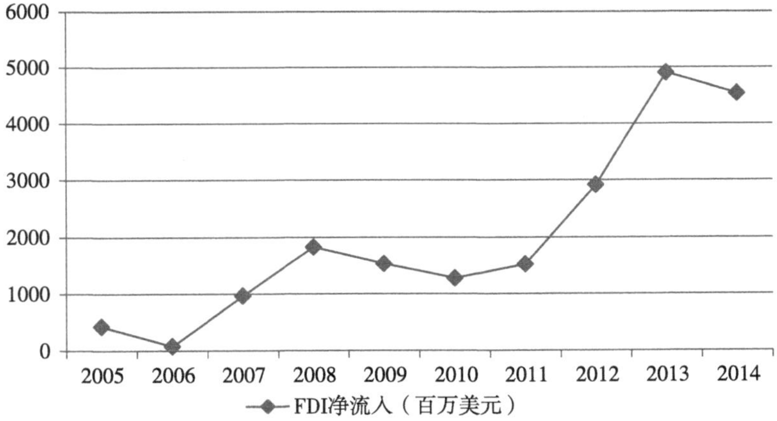

图 IR-14 伊拉克 FDI 净流入变化（2005—2014 年）

数据来源：联合国贸发会议数据库（UNCTADSTAT）

（五）中国与伊拉克的贸易关系

中国与伊拉克于 1958 年 8 月 25 日建交。建交后两国关系平稳发展。1981 年 5 月，中伊签订贸易协定，成立贸易经济技术合作混合委员会。1990 年海湾危机后，中国根据联合国安理会有关决议，中止了与伊拉克的经贸、军事往来。此后，随着形势的发展，中国与伊拉克逐渐恢复交往。2003 年 3 月，伊拉克战争爆发后，中伊双边关系受到影响。战后，随着伊拉克政治重建的发展，中伊双边交往逐渐恢复。

2007 年 6 月在北京召开了第十二届混委会会议。[①]

1. 中国对伊拉克的出口情况

中国出口伊拉克的产品相对集中于机电产品和服装产品。2015 年，中国出口伊拉克的总金额为 7925456 千美元，排在前三位的产品主要有机械、核反应堆、锅炉等；电气、电子设备；针织或钩编服装、饰品，出口金额分别为 1426319 千美元、1095437 千美元、423837 千美元，在进口总金额中的比重分别为 18.00%、13.82%、5.35%，排名前十的产品占当年出口额的 67.6%。

表 IR–7　中国对伊拉克的出口情况（2015 年）

排名	产品	金额（千美元）	比重（%）
1	机械、核反应堆、锅炉等	1426319	18.00
2	电气、电子设备	1095437	13.82
3	针织或钩编服装、饰品	423837	5.35
4	钢铁制品	411242	5.19
5	塑料及其制品	393919	4.97
6	家具，灯饰，标牌，预制建筑	349640	4.41
7	非铁路车辆、电车	343088	4.33
8	非针织或钩编服装、饰品	332745	4.20
9	石材，石膏，水泥，石棉，云母等制品	308607	3.89
10	鞋类，护腿等及其部分产品	272515	3.44
合计		5357349	67.6

数据来源：http：//www.trademap.org/Product_SelProductCountry.aspx

2. 中国从伊拉克的进口情况

中国从伊拉克的进口以矿物燃料为主。2015 年，中国从伊拉克进口规模达到 12670542 千美元，进口的产品主要有矿物燃料、油、蒸馏产品等；食用水果、坚果、柑橘类水果果皮、瓜；橡胶及其制品、进口金额分别为 12668861 千美元、730 千美元、665 千美元，在总金额的比重分别为 99.99%、0.01%、0.01%。

① http：//wcm.fmprc.gov.cn/pub/chn/pds/gjhdq/gj/yz/1206_39/.

表 IR–8　中国从伊拉克的进口情况（2015 年）

排名	产品	金额（千美元）	比重（%）
1	矿物燃料，油，蒸馏产品等	12668861	99.99
2	食用水果，坚果，柑橘类水果果皮，瓜	730	0.01
3	橡胶及其制品	665	0.01
4	紫胶，树胶，树脂，未列名提取的植物液汁	136	0.00
5	生皮（毛皮除外）及皮革	118	0.00
6	机械、核反应堆、锅炉等	15	0.00
7	电气、电子设备	4	0.00
8	非铁路车辆、电车	4	0.00
9	陶瓷产品	3	0.00
10	地毯及其他纺织地板覆盖物	3	0.00
合计		12670539	100.00

数据来源：http：//www.trademap.org/Product_SelProductCountry.aspx

十一、卡塔尔（The State of Qatar）

（一）基本情况

卡塔尔是海湾地区重要国家。卡塔尔位于海湾西岸卡塔尔半岛上，属热带沙漠气候，炎热干燥，沿岸潮湿，四季不很明显，年平均降水量仅75.2毫米。卡塔尔国土面积虽然不大，但海岸线较长，油气资源丰富，战略位置重要，2015年人均GDP为7.47万美元，位居世界前列，属于高收入经济体。卡塔尔政局稳定，对内进行适度政治、经济改革，着力推进国家现代化建设，对外积极参与地区热点问题解决，外交活跃。

1. 建国历程

卡塔尔的建国历程较短。在卡塔尔半岛上，当地居民已经维持了数千年的生产活动，但在前期的大部分时间，也仅仅是一些游牧部落的短期居住，这些部落为了各自利益相互争斗，使整个领地分分合合，一直没有建立统一的主权。卡塔尔在7世纪是阿拉伯帝国的一部分。1517年葡萄牙入侵，1555年被并入奥斯曼帝国版图，遭土耳其统治200多年。1846年萨尼·本·穆罕默德建立了卡塔尔酋长国。1882年英国入侵，并于1916年强迫卡塔尔酋长接受奴役性条约，卡塔尔变为英国的保护国。20世纪50年代，英国放弃波斯湾阿拉伯国家的呼声越来越高。1968年，英国官方宣布他们将在3年时间内放弃（政治上而非经济上）对波斯湾的控制，随后卡塔尔加入了巴林和其他七个休战国家联盟。1971年，卡塔尔举行开国典礼，正式成为一个主权独立的国家。多哈（Doha），也叫贝达，是卡塔尔首都，也是全国第一大城市和政治、经济、交通、文化中心，波斯湾著名港口之一。卡塔尔系君主立宪制的酋长国，埃米尔为国家元首和武装部队最高司令，掌握国家最高权力，由阿勒萨尼家族世袭，卡塔尔禁止任何政党活动，伊斯兰教为国教。①

2. 人口情况

卡塔尔是世界上性别比例失调最为严重的国家。2015 年卡塔尔总人口达 224 万人，其中城镇人口 222 万人，农村人口 2 万人，分别占总人口的 99.12% 和 0.88%；男性人口 147 万人，女性人口 77 万人，分别占总人口的 65.52% 和 34.48%，男女性别比例为：1.9：1，是世界上最缺少女性的国家之一；0–14 岁人口为 35 万人，15–64 岁人口为 187 万人，65 岁以上人口为 2 万人，分别占总人口的 15.52%、83.29%、1.19%。2014 年每千人的人口出生率为 11.88‰，人口死亡率为 1.48‰，人均预期寿命 78.59 岁。卡塔尔外籍人主要来自印度、巴基斯坦和东南亚国家。

表 QA-1　卡塔尔人口数及其构成（2015 年）

指　标	年末数（万人）	比重（%）
全国总人口	224	100.00
其中：城镇	222	99.12
农村	2	0.88
其中：男性	147	65.52
女性	77	34.48
其中：0–14 岁	35	15.52
15–64 岁	187	83.29
65 岁以上	2	1.19

数据来源：世界银行（world bank）。

卡塔尔的人口呈快速增长态势。2005—2015 年，卡塔尔的总人口数从 84 万人增加到 224 万人，增加了 140 万人，年均增长 10.3%，卡塔尔的人口增长率从 13.38% 下降到 2.87%，下降了 10.51 个百分点，卡塔尔人口数量增长经历了两个阶段：第一个阶段是高速增长期（2005–2010 年），此时的人口增长呈倒“U”字型变化态势，2007 年为其增长率顶峰，达到 17.62%，此后开始下降，但增长率仍然维持在 10% 以上；第二个阶段是快速下降期（2010–2015 年），卡塔尔的人口增长率呈直线下降趋势，增长率从 2005 年的 10.4% 下降到 2015 年的 2.87%。

① http：//baike.baidu.com/link?url=RX5kmoeqv5OXe2Uudu4DykHKzwwo5gQgVqcOIpO3Y7nLV2YKbf5ph8ScYHa1XncFtpryHI966fzBVfBHSTUkK_.

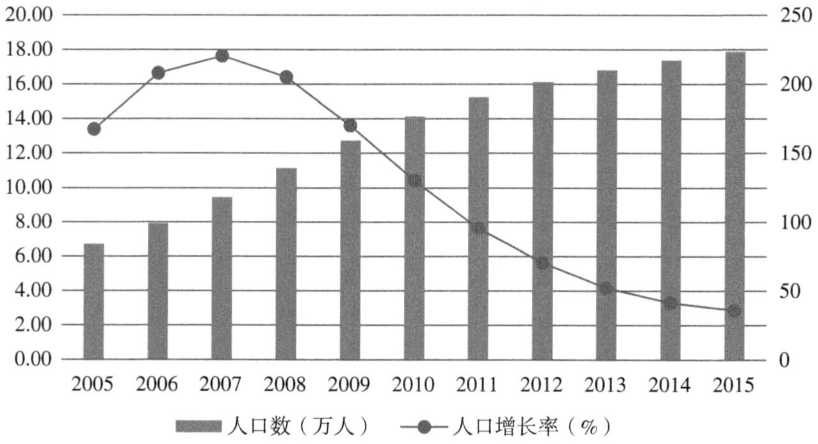

图 QA-1 卡塔尔人口数及增长率变化（2005—2015 年）

数据来源：世界银行（world bank）

3. 地域状况

卡塔尔是中东地区小国，但战略地位重要。卡塔尔位于波斯湾西南岸的卡塔尔半岛上，是亚洲西部的一个阿拉伯国家，其国土面积仅为 11437 平方公里，南北长 160 公里，东西宽 55-58 公里，但该国绝大部分领土均被波斯湾所围绕，拥有海岸线长度超过 550 公里，是世界重要的产油产气国。卡塔尔战略经济地位非常重要，陆地上与阿联酋和沙特阿拉伯接壤，海洋上与巴林相邻，在海湾地区政治格局中扮演着重要的角色。卡塔尔地势平坦，大部分地区为覆盖沙土的荒漠，靠近西海岸地势略高，由兹克瑞特向南存在大范围裸露石灰岩。①

4. 资源禀赋

卡塔尔的化石能源资源丰富，但水资源匮乏。卡塔尔的化石能源资源主要有石油和天然气。截至 2013 年，已探明石油储量为 28 亿吨，居世界第 13 位，主要分布在兹克瑞特向南的大范围石灰岩地区，天然气储量 25.78 万亿立方米，居世界第 3 位，仅次于俄罗斯和伊朗，主要气田为北方气田。地下水源贫乏，这里的汽油比水便宜，2011 年每升汽油大约 8 毛钱卡币（1 卡币相当于 1.74 元人民币），仅为一升水价格的 1/2，淡水主要使用海水淡化水，饮用水一般使用桶装纯净水或瓶装矿泉

① http：//www.fmprc.gov.cn/web/gjhdq_676201/gj_676203/yz_676205/1206_676596/1206x0_676598/.

水。①

5. 经济实力

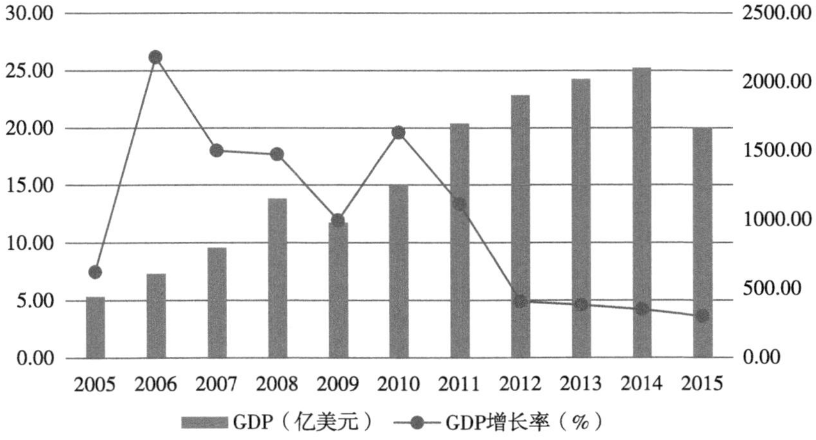

图 QA-2 卡塔尔 GDP 及增长率变化（2005—2015 年）

数据来源：世界银行（world bank）

卡塔尔的经济发展总量不大，但人均水平位居世界前列。2015 年，卡塔尔 GDP 达到 1669.08 亿美元，分别占“一带一路”国家和全球的比例为 0.75% 和 0.22%，人均 GDP 为 7.47 万美元，分别是“一带一路”国家和全球的 15.36 倍和 7.37 倍，排名世界第 2 位，属于高收入经济体，城镇化率为 99.12%。近年来卡塔尔的经济呈快速上升趋势。2005—2015 年，卡塔尔的 GDP 从 445.30 亿美元增加到 1669.08 亿美元，增加了 1223.78 亿美元，年均增长 14.12%；GDP 增长率总体上处于下降趋势，2005—2011 年处于高速增长阶段，年均增长率在 10% 以上，2012-2015 年进入低速增长阶段，年均增长率在 5% 以下。石油、天然气是卡塔尔的经济支柱，国际油气价格的走势与卡塔尔的经济走势密切相关，2012 年以来的国际油气价格疲软是影响卡特尔经济增长的重要因素。

① http：//baike.baidu.com/link?url=RX5kmoeqv5OXe2Uudu4DykHKzwwo5gQgVqcOIpO3Y7nLV2YKbf5ph8ScYHa1XncFtpryHI966fzBVfBHSTUkK_.

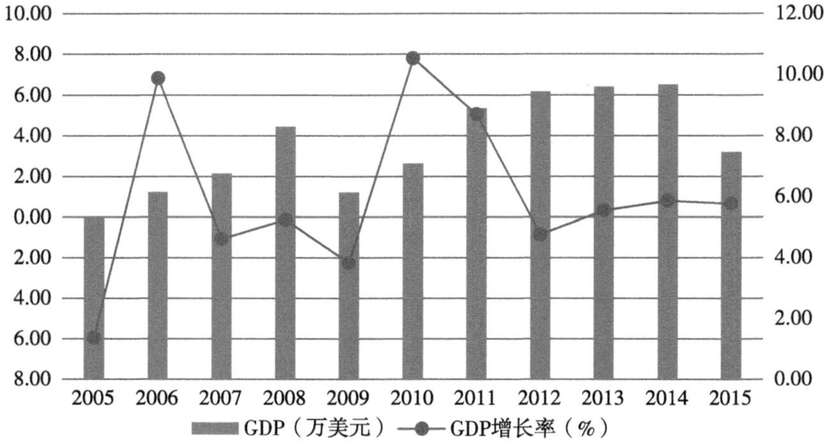

图 QA-3 卡塔尔人均 GDP 及增长率变化 (2005—2015 年)

数据来源：世界银行（world bank）

（二）产业情况

2000 年以来，卡塔尔政府大力推行经济多元化战略，制造业、建筑业、金融业甚至旅游会展、知识经济和高技术经济等在石油美元的支持下异军突起，成为推动其经济增长的重要动力。从卡塔尔近几年的 GDP 增长构成看，其传统能源产业几乎不再增长，新兴产业增长较快，经济结构正在持续优化。此外，卡塔尔政府坚持通过国家预算强力推动经济多元化发展。在 2016 年的财政预算中，政府又拿出近一半资金重点投向拉动经济多元化增长且关乎民生的三大领域：基础设施建设、教育和医疗。统计数据显示，卡塔尔的产业结构不断优化，第三产业占比逐渐增加。2005—2015 年，一、二、三产业结构比例从 0.13：74.50：25.37 调整为 0.14：55.76：44.10，第一产业增加值占 GDP 的比重基本保持不变，第二产业增加值占 GDP 的主导地位下降，第三产业增加值比重则增加了 18.73 个百分点，这意味着卡塔尔经济正在由原来的油气工业主导型向多元复合型经济转型初显成效。[①]

1. 第一产业

卡塔尔的农业发展较为迅速，但在 GDP 中的占比变化不大。2005—2015 年，卡塔尔农业增加值从 0.59 亿美元增加到 2.27 亿美元，增加了 1.68 亿美元，年均增长

① http：//www.fmprc.gov.cn/web/gjhdq_676201/gj_676203/yz_676205/1206_676596/1206x0_676598/.

14.38%，农业增加值占 GDP 的比重从 0.13% 上升到 0.14%，上升了 0.01 个百分点。

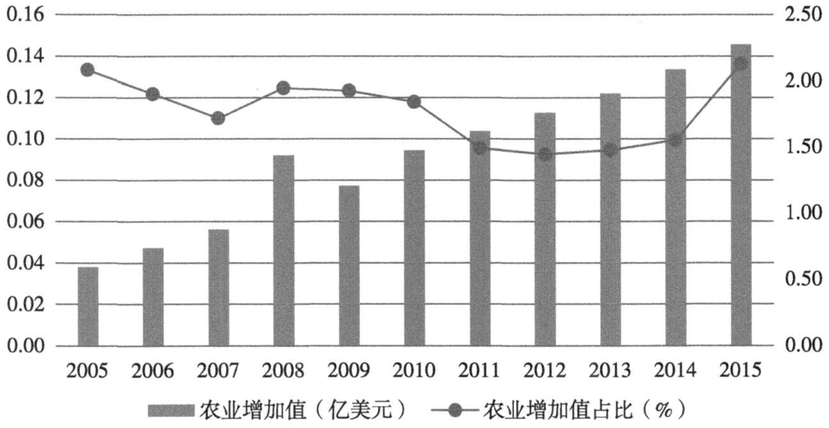

图 QA-4 卡塔尔农业增加值及占比变化 (2005—2015 年)

数据来源：世界银行（world bank）

卡塔尔的农产品基本不能自给。2005—2015 年，粮食产量从 0.71 万吨减少到 0.20 万吨，减少了 0.51 万吨，但人均粮食产量仅为 0.91 千克，远不能满足卡塔尔人民的消费需求。此外，蔬菜、水果、肉蛋奶等主要依赖进口，只有鱼、虾类海产品产量可基本满足本国需求。目前排名前三的主要农作物分别为海枣、用于牧草和青贮的三叶草、番茄，2011 年其产量分别为 2.07 万吨、10.87 万吨、1.07 万吨；排名前三的主要畜禽产品为鸡蛋、羊肉、牛奶，2011 年其产量分别为 0.9 亿只、0.87 万吨、0.69 万吨。

2. 第二产业

卡塔尔的工业增长迅猛，但在 GDP 中的占比不断下降。2005—2015 年，卡塔尔工业增加值从 331.74 亿美元增加到 930.70 亿美元，增加了 598.96 亿美元，年均增长 10.87%，工业增加值占 GDP 的比重从 74.50% 下降到 55.76%，下降了 18.74 个百分点。

卡塔尔工业主要为石油和天然气、相关工业及能源密集型工业，其中包括炼油厂、石化工厂、化肥厂、钢铁厂和水泥厂，同时还建立了一些造纸厂、洗涤剂厂、颜料厂、食品厂和塑料厂等。卡塔尔是中东重要的液化天然气（LNG）出口国。2013 年，卡塔尔液化天然气年产能已达 7700 万吨。

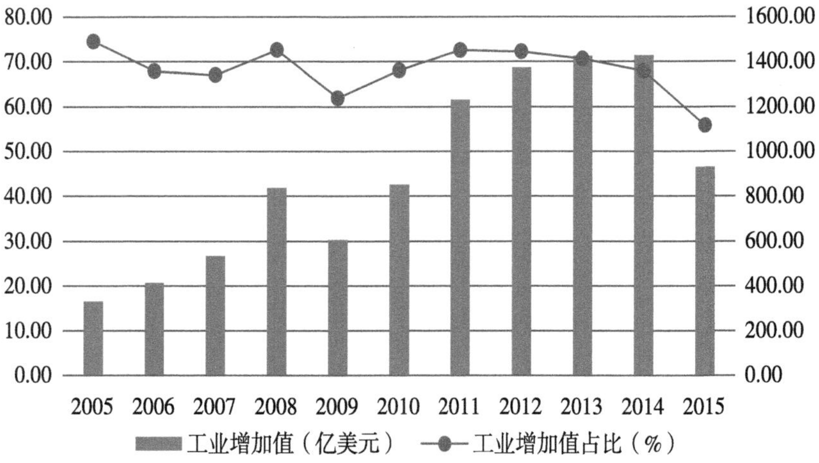

图 QA-5 卡塔尔工业增加值及占比变化（2005—2015 年）

数据来源：世界银行（world bank）

3. 第三产业

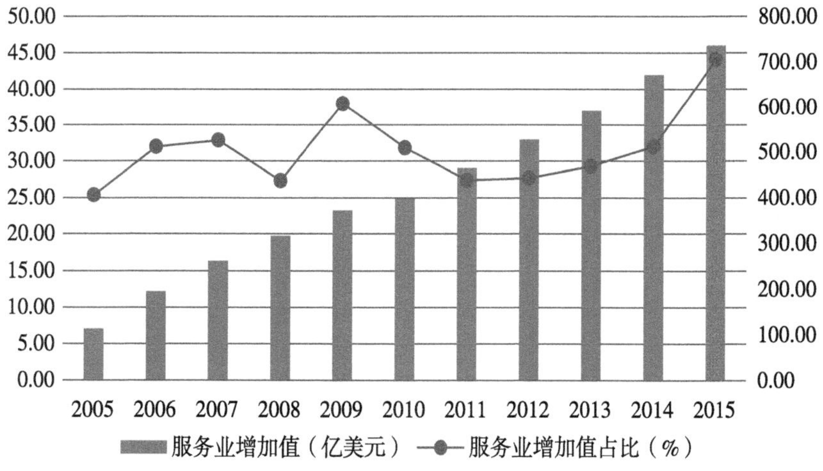

图 QA-6 卡塔尔服务等附加值及占比变化（2005—2015 年）

数据来源：世界银行（world bank）

卡塔尔的服务业发展非常快，且在 GDP 中的占比大幅攀升。2005—2015 年，卡塔尔服务等附加值从 112.97 亿美元增加到 736.10 亿美元，增加了 623.13 亿美元，年均增长 20.61%，工业增加值占 GDP 的比重从 25.37% 增加到 44.10%，增加了 18.73 个百分点。

卡塔尔本身就是对石油依赖性相对小的国家，远低于沙特对石油的依赖。而且该国正在寻求非能源产业领跑国民经济，以航空、港口运输业、金融、旅游会展、知识经济等为中心，谋求资源国家转型的新模式。

（三）进出口贸易情况

1. 参与贸易协定情况

卡塔尔是世界贸易组织（WTO）成员国。卡塔尔于 1994 年成为关贸总协定第 121 个成员国，1995 年成为世界贸易组织成员。

卡塔尔是海合会重要成员。1981 年 5 月 25 日，阿联酋、阿曼、巴林、卡塔尔、科威特和沙特阿拉伯六个海湾阿拉伯国家元首在阿联酋开会，宣布成立海湾阿拉伯国家合作委员会，并签署了合作委员会章程。1983 年 3 月建立了海合会成员国之间的自由贸易区。六国于 2003 年 1 月 1 日建立并启动关税同盟。此外，卡塔尔还与中国、新加坡、印度、美国等国签署了自由贸易协定。

2. 进口情况

（1）进口贸易数量

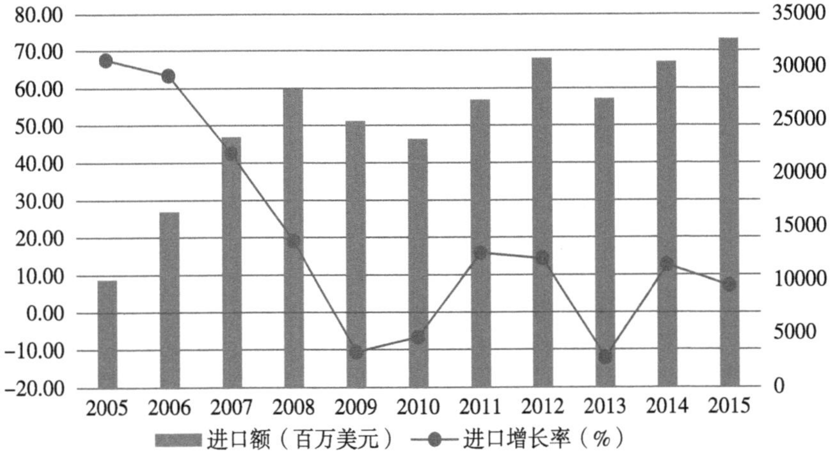

图 QA-7　卡塔尔进口额及增长率变化（2005—2015 年）

数据来源：联合国贸发会议数据库（UNCTADSTAT）

卡塔尔的进口发展较快。2015 年，卡塔尔的进口金额为 326.10 亿美元，分别占“一带一路”国家、全球出口额的比重为 0.60%、0.20%，和 2005 年相比增加了 225.49 亿美元，年均增长 13.96%。

卡塔尔的进口增长呈下降趋势。经历了三个阶段：一是快速下降期（2005-2009

年），增长率从 67.55% 下降到 -10.67%，下降了 78.22 个百分点；二是缓慢回升期（2009-2011 年），增长率触底反弹至 15.86%；三是小幅波动期（2011—2015 年），这一时期增长率变化不稳定，2013 年出现负增长，但 2014 年迅速恢复至 12.63%，但 2015 年又开始出现下降态势。

（2）进口市场结构

卡塔尔的进口地相对较为分散，主要分布在亚洲、美洲和欧洲。2015 年卡塔尔进口排名前十的国家分别为：中国、美国、阿联酋、德国、日本、英国、意大利、沙特、法国、印度，十个国家的进口金额合计为 219.49 亿美元，约占总进口额的 67.31%。其中，排名第一的国家为中国，进口金额为 37.65 亿美元，约占总进口额的 11.55%。从变化趋势看，日本的进口份额出现显著下降趋势，从 2005 年的 11.64% 下降到 2015 年的 6.54%，其次是德国，下降了 1.69 个百分点，中国取代日本成为卡塔尔最大的进口国，来自中国的进口份额从 2005 年的 5.17% 上升到 2015 年的 11.55%，上升了 6.38 个百分点。

表 QA-2　卡塔尔主要贸易进口国情况（2015 年）

排名	国别	国家代码	所属区域	2015 年		2005 年	
				进口额（亿美元）	占比（%）	进口额（亿美元）	占比（%）
1	中国	156	东亚	37.65	11.55	5.20	5.17
2	美国	840	北美洲	35.76	10.96	11.63	11.56
3	阿联酋	784	西亚	28.61	8.77	6.47	6.43
4	德国	276	欧洲	24.42	7.49	9.24	9.18
5	日本	392	东亚	21.34	6.54	11.71	11.64
6	英国	826	欧洲	18.53	5.68	5.76	5.72
7	意大利	380	欧洲	14.51	4.45	6.50	6.46
8	沙特	966	西亚	14.06	4.31	5.75	5.72
9	法国	250	欧洲	12.46	3.82	4.25	4.23
10	印度	356	南亚	12.16	3.73	3.88	3.85
合计				219.49	67.31	70.39	69.96

资料来源：http：//wits.worldbank.org/country-analysis-visualization.html

（3）进口产品结构

卡塔尔进口的产品相对集中于机电、运输设备、金属等。2015 年，卡塔尔进口排名前十的产品分别为机电、运输设备、金属、化学药品、混杂产品、石材和玻璃、动物产品、矿石、塑料或橡胶、食物产品。其中，位居第一的进口产品是机电产品，进口金额为84.59亿美元，占比为25.94%，需要指出的是，机电、运输设备、金属三类产品的进口金额超过总数的一半以上。

表 QA-3　卡塔尔主要的进口产品情况（2015 年）

排名	产品	金额（亿美元）	占比（%）
1	机器、电子设备	84.59	25.94
2	运输设备	64.88	19.89
3	金属	34.30	10.52
4	化学药品	24.11	7.39
5	混杂产品	22.45	6.89
6	石材、玻璃	16.03	4.91
7	动物产品	12.54	3.84
8	矿石	11.70	3.59
9	塑料或橡胶	10.86	3.33
10	食物产品	10.47	3.21
合计		291.93	89.51

数据来源：http：//www.trademap.org/Product_SelProductCountry.aspx。

3. 出口情况

（1）出口贸易数量

卡塔尔的出口发展迅猛。2015 年，卡塔尔的出口金额为 779.71 亿美元，分别占“一带一路”国家、全球出口额的比重为 1.30%、0.47%，和 2005 年相比，卡塔尔出口额增加了 522.08 亿美元，年均增长 13.09%，在“一带一路”国家、全球出口额的比重分别增加了 0.40、0.23 个百分点。

卡塔尔的出口增长率在波动中呈下降趋势。2005—2015 年卡塔尔出口增长率大致分为三个阶段：第一个阶段为缓慢下降期（2005—2007 年），这一阶段增长率从 37.88% 下降到 23.40%，第二阶段为大幅波动期（2007–2010 年），增长率的变化是大起大落，2008 年达到顶点为 60.18%，2009 年迅速下降为 –28.67%，2010 年又迅速恢复到 56.15%，第三阶段是快速下降期（2010–2015 年），这时期的增长率从 56.15% 快速下降到 –40.75%，降幅超过 95 个百分点。

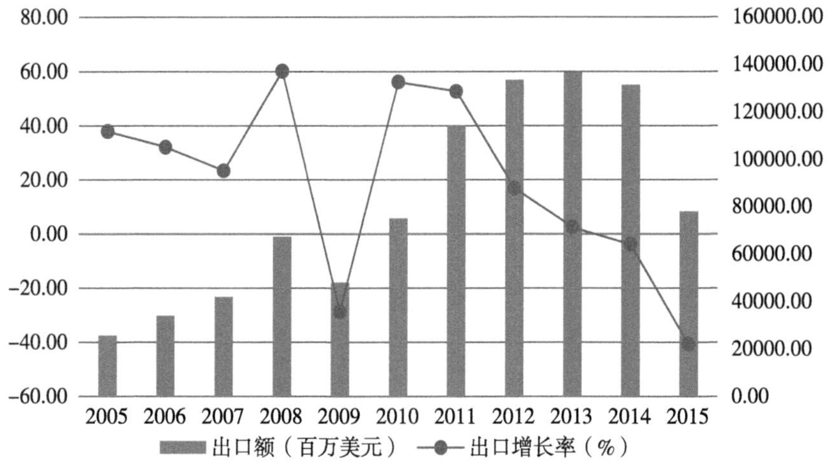

图 QA-8　卡塔尔出口额及增长率变化（2005—2015 年）

数据来源：联合国贸发会议数据库（UNCTADSTAT）

（2）出口市场结构

卡塔尔的出口地主要集中在亚洲。2015 年卡塔尔出口排名前十的国家分别为：日本、韩国、印度、中国、阿联酋、新加坡、英国、其他亚洲国家、泰国和意大利，这十个国家的出口金额合计为 632.49 亿美元，约占总出口额的 81.12%。其中，排名前三的国家为日本、韩国和印度，出口金额为 389.69 亿美元，2015 年约占总出口额的 56.35%，这三个国家都属于亚洲。从变化趋势看，日本的出口份额出现显著下降趋势，从 2005 年的 40% 下降到 2015 年的 25.94%，取而代之是印度和中国，其印度的出口份额从 2005 年的 3.48% 上升到 2015 年的 10.52%，中国的出口份额从 2005 年的 1.46% 上升到 2015 年的 7.39%。

表 QA-4　卡塔尔主要贸易出口国情况（2015 年）

排名	国别	国家代码	所属区域	2015 年		2005 年	
				出口额（亿美元）	占比（%）	出口额（亿美元）	占比（%）
1	日本	400	西亚	161.94	25.94	103.04	40.00
2	韩国	410	东亚	134.89	19.89	40.58	15.57
3	印度	356	南亚	92.86	10.52	8.96	3.48
4	中国	156	东亚	52.38	7.39	3.77	1.46
5	阿联酋	784	西亚	47.35	6.89	11.76	4.56
6	新加坡	702	东南亚	35.03	4.91	21.12	8.20

续表

排名	国别	国家代码	所属区域	2015年		2005年	
				出口额（亿美元）	占比（%）	出口额（亿美元）	占比（%）
7	英国	826	欧洲	34.81	3.84	0.16	0.06
8	其他亚洲国家	—	亚洲	30.29	3.59	6.87	2.67
9	泰国	764	东南亚	26.96	3.33	5.23	2.03
10	意大利	380	欧洲	15.96	3.21	0.2	0.08
合计				632.49	81.118	201.69	78.11

资料来源：http：//wits.worldbank.org/country-analysis-visualization.html

（3）出口产品结构

卡塔尔的出口以燃料产品为主，结构相对较为单一。2015年，卡塔尔出口排名前十的产品有：燃料、混杂产品、运输设备、化学药品、金属、机电、矿石、动物产品、塑料或橡胶、木材，其中，燃料的出口排名第一位，出口金额为645.34亿美元，占比为82.77%，在所有出口产品中占主导地位。

表QA-5 卡塔尔主要的出口产品情况（2015年）

排名	产品	金额（亿美元）	占比（%）
1	燃料	645.34	82.77
2	混杂产品	89.06	11.42
3	运输设备	12.64	1.62
4	化学药品	9.04	1.16
5	金属	8.61	1.10
6	机器、电子设备	7.72	0.99
7	矿石	3.46	0.44
8	动物产品	1.35	0.17
9	塑料或橡胶	0.83	0.11
10	木材	0.53	0.07
合计		778.59	99.86

数据来源：http：//www.trademap.org/Product_SelProductCountry.aspx

4. 贸易集中度

卡塔尔长期保持着贸易顺差状态，国际贸易对该国有利。2005—2015年，卡塔尔的净出口额一直大于零，净出口额从126.80亿美元增加到453.60亿美元，增加了

2.58 倍，但 2014 年、2015 年的净出口额出现下降趋势。

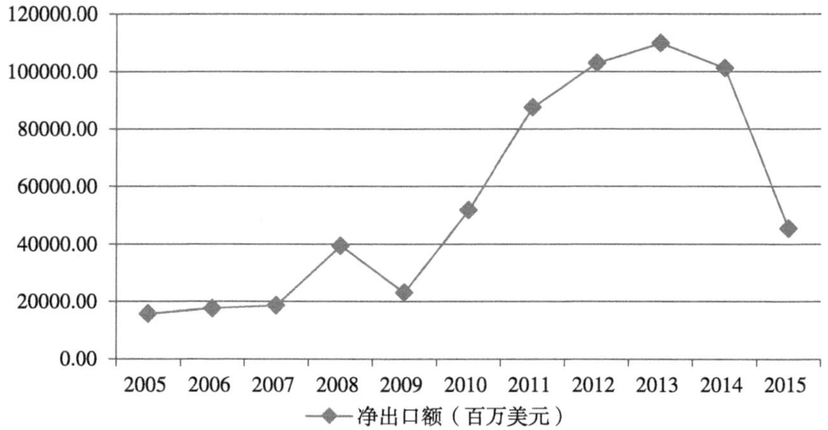

图 QA-9 卡塔尔净出口额变化（2005—2015 年）

数据来源：联合国贸发会议数据库（UNCTADSTAT）

如下图所示卡塔尔的出口贸易风险相对较大。2013 年，卡塔尔的进口贸易集中度为 0.0687，出口贸易集中度为 0.1349。2013 年，中国在卡塔尔出口贸易伙伴中，累积份额为 5.1，占比为 67.30%，排名第 5。中国在卡塔尔进口贸易伙伴中，累积份额为 8，占比为 35.10%，排名第 3。

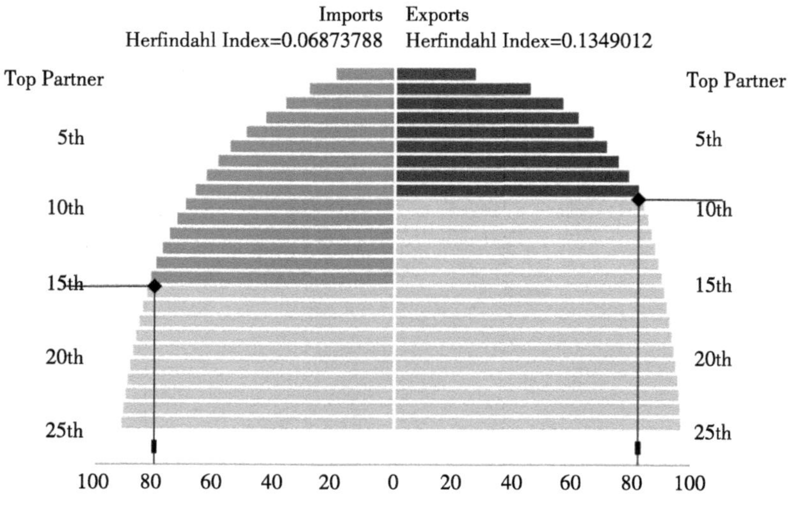

图 QA-10 卡塔尔同贸易伙伴的集中度指数（2013 年）

资料来源：https：//unite.un.org/

（四）对外直接投资

卡塔尔积极营造环境吸引外来投资。在世界银行发布的《2015 营商环境报告》中，卡塔尔阿拉伯营商环境排名第 50 位，综合得分 69.96 分，远高于中东北非地区国家的平均值 59.23 分，是最受投资者欢迎的阿拉伯国家之一。在世界经济论坛《2014—2015 年全球竞争力报告》中显示，卡塔尔在全球最具竞争力的 144 个国家和地区中，排名第 16 位。为提高外资吸引力和增强对外的投资能力，2005 年卡塔尔在首都多哈正式成立卡塔尔投资局（QIA），该投资局是中东最大的主权财富基金。卡塔尔鼓励各种外国资本和合资企业以各种形式参与卡塔尔的经济建设，包括技术转让、市场管理和股权投资。为此，卡塔尔已通过立法进一步鼓励外国资本的投资活动。具体措施包括，进一步放宽外资在卡塔尔企业中的持股比例；在能源方面，给予外资企业天然气价格补贴，仅收取象征性电费；对外资企业仅收取约每平方米 3.64 美元的象征性租金；在税收方面也给予外资企业优惠，进口机械设备和零部件免征相应税款；在一定期限内免征企业所得税及外籍人员个人所得税等。美国、日本和巴林是卡塔尔前三大外资来源地，占卡塔尔吸引外资总额 40%。其中，仅埃克森美孚公司对卡塔尔投资就已经超过 210 亿美元。①

1.FDI 流入情况

（1）流量

卡塔尔吸引外资流量不断减少。2014 年，卡塔尔吸引外资的流量规模为 1040.38 百万美元，占“一带一路”国家和全球的比例分别为 0.24%、0.08%。2005—2014 年，卡塔尔吸引外资量从 2500 百万美元减少到 1040.38 百万美元，减少了 1459.62 百万美元，年均减少 9.28%。②

卡塔尔吸引外资流量增长处于快速下降趋势。大致分为两个阶段：第一个阶段是缓慢下降期（2005—2008 年），增长率从 2005 年的 108.51% 下降到 2008 年的 -19.60%，增速由正转为负，2009 年增长迅速反弹到最高点，而后进入第二个阶段，即快速下降期（2009—2014 年），这个时期的主要特点是降速快、降幅大，从 2009 年的顶点 115.02% 下降到 2013 年谷底 -312.28%，仅用 4 年时间下降了 427.3%。

---

① http：//www.china.com.cn/opinion/think/2015-06/10/content_35781798_2.htm.

② 吸引外资流量为负数，表明当期统计时间段里有外资企业减少了注册资本，相对应的就减少了合同利用外资，如果当期没有新增合同利用外资，或新增合同利用外资低于减资的部分，当期合同利用外资统计就会出现负数。

表 QA-6　卡塔尔吸引投资流量情况（2005—2014 年）

年份	投资量（百万美元）	投资增长率（%）	在“一带一路”国家中的占比（%）	在全球的占比（%）
2005	2500.00	108.51	0.95	0.27
2006	3500.00	40.00	0.93	0.25
2007	4700.00	34.29	1.02	0.25
2008	3778.63	-19.60	0.74	0.25
2009	8124.74	115.02	2.21	0.68
2010	4670.33	-42.52	1.08	0.35
2011	938.52	-79.90	0.20	0.06
2012	395.88	-57.82	0.09	0.03
2013	-840.38	-312.28	-0.18	-0.06
2014	1040.38	-223.80	0.24	0.08

数据来源：http：//unctad.org/en/Pages/DIAE/FDI%20Statistics/FDI-Statistics-Bilateral.aspx

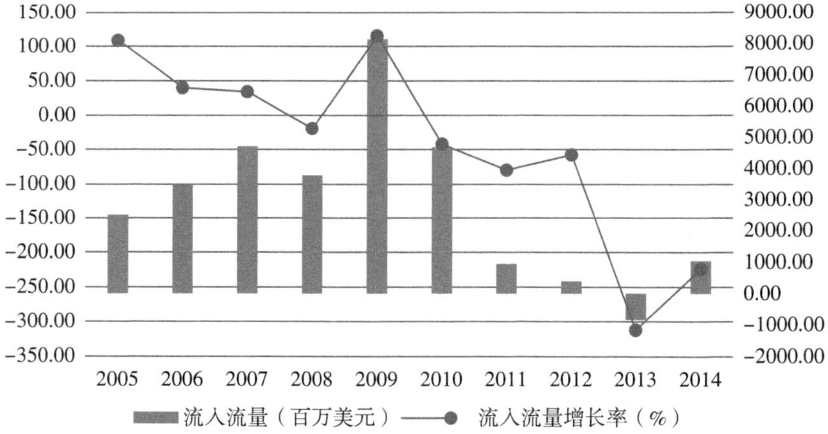

图 QA-11　卡塔尔吸引投资流量及增长率变化（2005—2014 年）

数据来源：联合国贸发会议数据库（UNCTADSTAT）

（2）存量

卡塔尔吸引外商投资的存量规模不断增大。2014 年，卡塔尔吸引外资的存量规模为 31004.06 百万美元，占“一带一路”国家和全球的比例分别为 0.56%、0.13%。2005—2014 年，卡塔尔吸引外资存量从 7155.03 百万美元增加到 31004.06 百万美元，增加了 23849.03 百万美元，年均增长 17.69%，其增幅分别比“一带一路”国家、全球高出 3.14 个百分点、8.13 个百分点。

卡塔尔吸引外资存量增长放缓。大致也可以分为两个阶段：第一阶段是快速下降阶段（2005—2008 年），2005—2007 年下降较为平缓，但 2007-2008 年降幅快速增大，达到近 30 个百分点，2009 年反弹至 2007 年水平，此后经历另一轮的下降趋势（2009—2014 年），但下降曲线较为平滑，类似半“U”字形。

表 QA-7 卡塔尔吸引投资存量情况（2005—2014 年）

年份	投资量（百万美元）	投资增长率（%）	在“一带一路”国家中的占比（%）	在全球的占比（%）
2005	7155.03	53.71	0.44	0.07
2006	10655.03	48.92	0.50	0.08
2007	15355.03	44.11	0.52	0.09
2008	17768.89	15.72	0.63	0.12
2009	25893.62	45.72	0.75	0.15
2010	30563.95	18.04	0.74	0.16
2011	31502.47	3.07	0.72	0.15
2012	30873.02	-2.00	0.62	0.14
2013	29963.68	-2.95	0.55	0.12
2014	31004.06	3.47	0.56	0.13

数据来源：http：//unctad.org/en/Pages/DIAE/FDI%20Statistics/FDI-Statistics-Bilateral.aspx

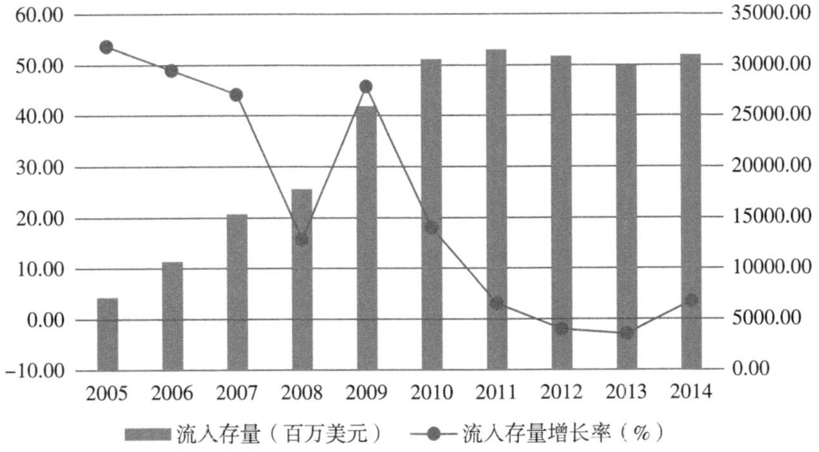

图 QA-12 卡塔尔吸引投资存量及增长率变化（2005—2014 年）

数据来源：联合国贸发会议数据库（UNCTADSTAT）

2.FDI 流出情况

（1）流量

卡塔尔对外投资流量增长较快，远高于世界平均水平。2014 年，卡塔尔对外投资的流量为 6748.35 百万美元，占“一带一路”国家和全球的比例分别为 2.09%、0.50%。2005—2014 年，卡塔尔对外投资流量从 351.91 百万美元增加到 6748.35 百万美元，增加了 6396.44 百万美元，年均增长 38.84%，其增幅比“一带一路”国家、全球高出 21.47 个百分点、32.76 个百分点。

表 QA-8　卡塔尔对外投资流量情况（2005—2014 年）

年份	投资量（百万美元）	投资增长率（%）	在“一带一路”国家中的占比（%）	在全球的占比（%）
2005	351.91	-19.64	0.46	0.04
2006	127.43	-63.79	0.08	0.01
2007	5160.25	3949.45	2.44	0.24
2008	3657.77	-29.12	1.57	0.22
2009	3214.57	-12.12	1.67	0.29
2010	1863.17	-42.04	0.78	0.14
2011	10108.53	442.54	3.80	0.64
2012	1840.11	-81.80	0.76	0.14
2013	8021.43	335.92	2.59	0.61
2014	6748.35	-15.87	2.09	0.50

数据来源：http：//unctad.org/en/Pages/DIAE/FDI%20Statistics/FDI-Statistics-Bilateral.aspx

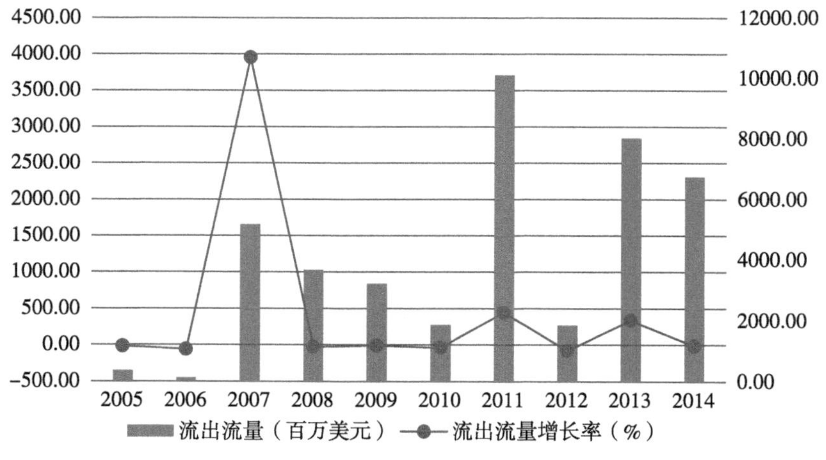

图 QA-13　卡塔尔对外投资流量及增长率变化（2005—2014 年）

数据来源：联合国贸发会议数据库（UNCTADSTAT）

卡塔尔对外投资流量增长波动巨大。在整个时间段内，增长率的变化随意性较强，没有表现出明显的规律。除2007年、2011年、2013年出现正增长以外，其他的年份均表现为负向增长。以上出现正增长的年份，2007年对外投资急速增长，增长率高达3949.45%，其他两年的变化也达到442.54%、335.92%，出现负增长的年份增长率变化相对比较平稳。

（2）存量

卡塔尔对外投资存量规模较大且增速快。2014年，卡塔尔对外投资的存量规模为35182.32百万美元，占“一带一路”国家和全球的比例分别为1.31%、0.14%。2005—2014年，卡塔尔对外投资存量从948.48百万美元增加到35182.32百万美元，增加了34233.84百万美元，年均增长49.40%，其增幅比“一带一路”国家、全球高出29.59个百分点、40.79个百分点。

除少数年份外，卡塔尔对外投资存量增长平稳。卡塔尔对外投资存量增长在2012年出现负增长，其他年份均为正增长。增长最快的一年出现在2007年，增速达到479.62%，增长最慢的年份是2012年，增速为-9.89%。

表 QA-9　卡塔尔对外投资存量情况（2005—2014年）

年份	投资量（百万美元）	投资增长率（%）	在“一带一路”国家中的占比（%）	在全球的占比（%）
2005	948.48	58.99	0.18	0.01
2006	1075.91	13.44	0.14	0.01
2007	6236.16	479.62	0.53	0.03
2008	7467.21	19.74	0.65	0.05
2009	10681.79	43.05	0.74	0.06
2010	12544.96	17.44	0.72	0.06
2011	22653.49	80.58	1.17	0.11
2012	20412.54	-9.89	0.92	0.09
2013	28433.97	39.30	1.12	0.12
2014	35182.32	23.73	1.31	0.14

数据来源：http：//unctad.org/en/Pages/DIAE/FDI%20Statistics/FDI-Statistics-Bilateral.aspx

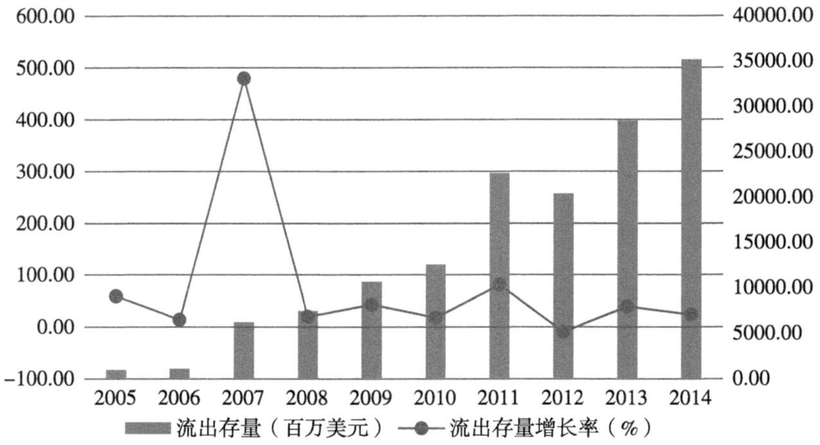

图 QA-14 卡塔尔对外投资存量及增长率变化（2005—2014 年）

数据来源：联合国贸发会议数据库（UNCTADSTAT）

3.FDI 净流入情况

卡塔尔 FDI 净流入呈“N”型变化态势。2005—2014 年，卡塔尔的 FDI 净流入从 2148.09 百万美元减少到 -5707.97 百万美元，减少了 7856.06 百万美元。十年来，FDI 净流入为负值的有 2007 年、2011 年、2012 年、2013 年、2014 年，为正值的有 2005 年、2006 年、2008 年、2009、2010 年。卡塔尔的 FDI 净流入在 2005-2006 年净流入处于上升阶段，2007-2008 年处于下降阶段，2009-2010 年出现局部反弹，但 2011 年又开始出现连续下降趋势。

表 QA-10 卡塔尔 FDI 净流入情况（2005—2014 年）

年份	FDI 净流入（百万美元）	年份	FDI 净流入（百万美元）
2005	2148.09	2010	2807.16
2006	3372.57	2011	-9170.01
2007	-460.25	2012	-1444.23
2008	120.85	2013	-8861.81
2009	4910.16	2014	-5707.97

数据来源：根据资料整理得出

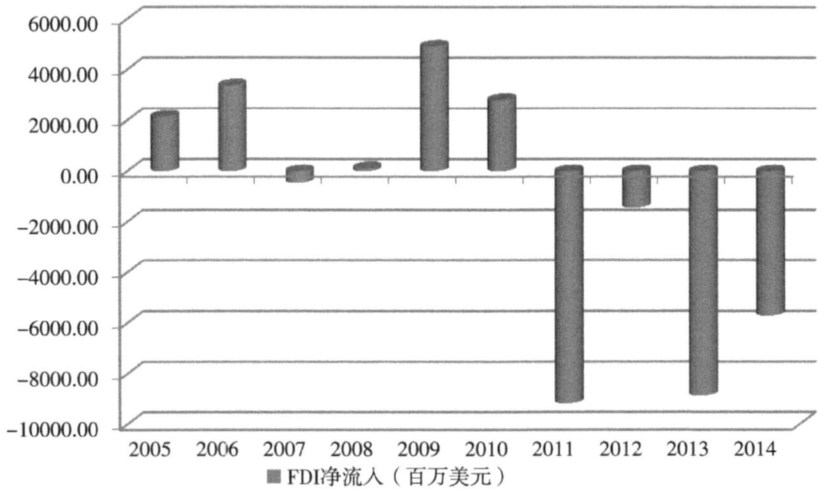

图 QA-15 卡塔尔 FDI 净流入变化（2005—2014 年）

数据来源：联合国贸发会议数据库（UNCTADSTAT）

（五）卡塔尔与“一带一路”国家的贸易关系

1. 卡塔尔与“一带一路”国家进出口情况

（1）出口

卡塔尔向“一带一路”国家的出口发展很快，出口份额呈快速上升趋势。2005-2013 年，卡塔尔出口到“一带一路”国家的贸易总额从 48.91 亿美元增加到 403.77 亿美元，增加了 354.86 亿美元，年均增长 30.19%；卡塔尔向“一带一路”国家的出口额占当年出口总额的比重从 2005 年的 18.98% 增加到 2013 年的 29.50%，上升了 10.52 个百分点。

卡塔尔向“一带一路”国家出口的地区主要集中在印度、中国和新加坡三国。2013 年，卡塔尔出口“一带一路”国家排名前三位的分别为：印度、中国和新加坡，出口金额为 143.03 亿美元、88.65 亿美元和 69.63 亿美元，占出口“一带一路”国家总额的 35.42%、21.95%、17.24%，三者合计占比达 74.62%。和 2005 年相比，印度取代新加坡位居榜首，中国升至第二位。

表 QA-11 卡塔尔向“一带一路”国家的出口情况（2005 年）

排名	国家代码	国别	进口额（亿美元）	排名	国家代码	国别	进口额（亿美元）
1	702	新加坡	21.12	24	616	波兰	0.00
2	356	印度	8.96	25	398	哈塞克斯坦	0.00
3	764	泰国	5.23	26	100	保加利亚	0.00
4	156	中国	3.77	27	703	斯洛伐克	0.00
5	608	菲律宾	3.01	28	70	波黑	0.00
6	682	沙特	2.26	29	8	阿尔巴尼亚	0.00
7	586	巴基斯坦	2.09	30	51	亚美尼亚	0.00
8	400	约旦	0.54	31	112	白俄罗斯	0.00
9	818	埃及	0.45	32	116	柬埔寨	0.00
10	704	越南	0.29	33	191	克罗地亚	0.00
11	458	马来西亚	0.27	34	233	爱沙尼亚	0.00
12	792	土耳其	0.27	35	268	格鲁吉亚	0.00
13	144	斯里兰卡	0.20	36	376	以色列	0.00
14	512	阿曼	0.19	37	417	吉尔吉斯斯坦	0.00
15	422	黎巴嫩	0.12	38	428	拉脱维亚	0.00
16	887	也门	0.08	39	440	立陶宛	0.00
17	360	印度尼西亚	0.05	40	462	马尔代夫	0.00
18	804	乌克兰	0.01	41	496	蒙古	0.00
19	31	阿塞拜疆	0.00	42	498	摩尔多瓦	0.00
20	348	匈牙利	0.00	43	626	东帝汶	0.00
21	203	捷克	0.00	44	688	塞尔维亚	0.00
22	642	罗马尼亚	0.00	45	705	斯洛文尼亚	0.00
23	643	俄罗斯	0.00	46	470	马其顿	0.00

数据来源：重庆“一带一路”投资与贸易研究实验室

表 QA-12 卡塔尔向“一带一路”国家的出口情况（2013 年）

排名	国家代码	国别	出口额（亿美元）	排名	国家代码	国别	出口额（亿美元）
1	356	印度	143.03	24	440	立陶宛	0.05
2	156	中国	88.65	25	398	哈塞克斯坦	0.05
3	702	新加坡	69.63	26	8	阿尔巴尼亚	0.05

续表

排名	国家代码	国别	出口额（亿美元）	排名	国家代码	国别	出口额（亿美元）
4	764	泰国	35.68	27	348	匈牙利	0.04
5	360	印度尼西亚	12.04	28	705	斯洛文尼亚	0.04
6	682	沙特	11.34	29	31	阿塞拜疆	0.03
7	608	菲律宾	10.06	30	688	塞尔维亚	0.02
8	458	马来西亚	9.64	31	470	马其顿	0.02
9	792	土耳其	7.85	32	112	白俄罗斯	0.02
10	512	阿曼	5.63	33	703	斯洛伐克	0.01
11	400	约旦	2.35	34	203	捷克	0.01
12	704	越南	2.32	35	428	拉脱维亚	0.00
13	586	巴基斯坦	2.21	36	268	格鲁吉亚	0.00
14	144	斯里兰卡	0.76	37	116	柬埔寨	0.00
15	818	埃及	0.57	38	462	马尔代夫	0.00
16	422	黎巴嫩	0.42	39	233	爱沙尼亚	0.00
17	642	罗马尼亚	0.29	40	70	波黑	0.00
18	616	波兰	0.27	41	417	吉尔吉斯斯坦	0.00
19	804	乌克兰	0.21	42	498	摩尔多瓦	0.00
20	887	也门	0.17	43	51	亚美尼亚	0.00
21	643	俄罗斯	0.16	44	376	以色列	0.00
22	191	克罗地亚	0.08	45	496	蒙古	0.00
23	100	保加利亚	0.06	46	626	东帝汶	0.00

数据来源：重庆“一带一路”投资与贸易研究实验室

（2）进口

卡塔尔从“一带一路”国家的进口发展较快，进口份额有小幅提升。2005–2013年，卡塔尔从“一带一路”国家的进口总额从19.93亿美元增加到64.06亿美元，增加了44.13亿美元，年均增长15.71%。卡塔尔从“一带一路”国家的进口额占当年进口总额的比重从2005年的19.81%增加到2013年的23.69%，上升3.88个百分点。

卡塔尔从“一带一路”国家进口的地区主要分布在亚洲。2013年，排名前三的进口国依次为：中国、沙特和印度，其进口金额分别为17.11亿美元、14.89亿美元、

7.59 亿美元，占从“一带一路”国家进口额的比重为 11.08%、4.73%、3.18%。和 2005 年相比，中国取代沙特成为卡塔尔第一进口国。

表 QA-13 卡塔尔从“一带一路”国家的进口情况（2005 年）

排名	国家代码	国别	进口额（亿美元）	排名	国家代码	国别	进口额（亿美元）
1	682	沙特	7.10	24	887	也门	0.03
2	356	印度	3.03	25	643	俄罗斯	0.02
3	156	中国	2.04	26	398	哈萨克斯坦	0.01
4	702	新加坡	1.16	27	705	斯洛文尼亚	0.01
5	764	泰国	1.13	28	376	以色列	0.00
6	458	马来西亚	0.96	29	100	保加利亚	0.00
7	792	土耳其	0.82	30	428	拉脱维亚	0.00
8	512	阿曼	0.70	31	268	格鲁吉亚	0.00
9	360	印度尼西亚	0.62	32	496	蒙古	0.00
10	586	巴基斯坦	0.40	33	440	立陶宛	0.00
11	422	黎巴嫩	0.36	34	70	波黑	0.00
12	400	约旦	0.35	35	233	爱沙尼亚	0.00
13	203	捷克	0.22	36	116	柬埔寨	0.00
14	191	克罗地亚	0.16	37	462	马尔代夫	0.00
15	348	匈牙利	0.14	38	688	塞尔维亚	0.00
16	804	乌克兰	0.13	39	8	阿尔巴尼亚	0.00
17	608	菲律宾	0.12	40	31	阿塞拜疆	0.00
18	818	埃及	0.11	41	51	亚美尼亚	0.00
19	616	波兰	0.11	42	112	白俄罗斯	0.00
20	642	罗马尼亚	0.06	43	417	吉尔吉斯斯坦	0.00
21	703	斯洛伐克	0.05	44	498	摩尔多瓦	0.00
22	704	越南	0.04	45	626	东帝汶	0.00
23	144	斯里兰卡	0.03	46	470	马其顿	0.00

数据来源：重庆“一带一路”投资与贸易研究实验室

表 QA-14 卡塔尔从“一带一路”国家的进口情况（2013 年）

排名	国家代码	国别	进口额（亿美元）	排名	国家代码	国别	进口额（亿美元）
1	156	中国	17.11	24	887	也门	0.10
2	682	沙特	14.89	25	100	保加利亚	0.10
3	356	印度	7.59	26	804	乌克兰	0.08
4	512	阿曼	3.96	27	705	斯洛文尼亚	0.07
5	764	泰国	3.78	28	31	阿塞拜疆	0.02
6	702	新加坡	2.62	29	688	塞尔维亚	0.01
7	792	土耳其	2.44	30	440	立陶宛	0.01
8	458	马来西亚	2.20	31	428	拉脱维亚	0.01
9	818	埃及	2.19	32	233	爱沙尼亚	0.01
10	400	约旦	1.34	33	417	吉尔吉斯斯坦	0.01
11	360	印度尼西亚	0.95	34	470	马其顿	0.01
12	422	黎巴嫩	0.94	35	376	以色列	0.00
13	586	巴基斯坦	0.79	36	51	亚美尼亚	0.00
14	203	捷克	0.76	37	398	哈萨克斯坦	0.00
15	616	波兰	0.31	38	112	白俄罗斯	0.00
16	642	罗马尼亚	0.29	39	70	波黑	0.00
17	191	克罗地亚	0.28	40	8	阿尔巴尼亚	0.00
18	703	斯洛伐克	0.26	41	496	蒙古	0.00
19	348	匈牙利	0.25	42	268	格鲁吉亚	0.00
20	608	菲律宾	0.25	43	116	柬埔寨	0.00
21	643	俄罗斯	0.18	44	462	马尔代夫	0.00
22	704	越南	0.15	45	498	摩尔多瓦	0.00
23	144	斯里兰卡	0.10	46	626	东帝汶	0.00

数据来源：重庆“一带一路”投资与贸易研究实验室

（3）净出口

卡塔尔与大部分“一带一路”国家保持贸易顺差状态。2005–2013 年，卡塔尔向“一带一路”国家的净出口额从 28.98 亿美元增加到 339.70 亿美元，上升了 310.72 亿美元，增长了 11.72 倍。2013 年，卡塔尔与“一带一路”国家的贸易顺差排名前三的国家分别为：印度、中国和新加坡，净出口额分别为135.44亿美元、71.54亿美元、67.01亿美元。

表 QA-15 卡塔尔与“一带一路”国家的贸易顺差情况（2013年）

排名	国家代码	国别	净出口（亿美元）	排名	国家代码	国别	净出口（亿美元）
1	356	印度	135.44	24	268	格鲁吉亚	0.00
2	156	中国	71.54	25	462	马尔代夫	0.00
3	702	新加坡	67.01	26	116	柬埔寨	0.00
4	764	泰国	31.90	27	498	摩尔多瓦	0.00
5	360	印度尼西亚	11.09	28	626	东帝汶	0.00
6	608	菲律宾	9.81	29	70	波黑	0.00
7	458	马来西亚	7.44	30	496	蒙古	0.00
8	792	土耳其	5.41	31	51	亚美尼亚	0.00
9	704	越南	2.17	32	376	以色列	0.00
10	512	阿曼	1.67	33	417	吉尔吉斯斯坦	–0.01
11	586	巴基斯坦	1.42	34	233	爱沙尼亚	–0.01
12	400	约旦	1.01	35	428	拉脱维亚	–0.01
13	144	斯里兰卡	0.65	36	643	俄罗斯	–0.02
14	804	乌克兰	0.13	37	705	斯洛文尼亚	–0.03
15	887	也门	0.08	38	616	波兰	–0.04
16	398	哈萨克斯坦	0.04	39	100	保加利亚	–0.04
17	8	阿尔巴尼亚	0.04	40	348	匈牙利	–0.20
18	440	立陶宛	0.04	41	191	克罗地亚	–0.21
19	112	白俄罗斯	0.02	42	703	斯洛伐克	–0.24
20	470	马其顿	0.01	43	422	黎巴嫩	–0.51
21	688	塞尔维亚	0.01	44	203	捷克	–0.75
22	31	阿塞拜疆	0.01	45	818	埃及	–1.62
23	642	罗马尼亚	0.00	46	682	沙特	–3.55

数据来源：重庆“一带一路”投资与贸易研究实验室

2. 卡塔尔与“一带一路”国家贸易竞争关系

卡塔尔与“一带一路”国家贸易竞争关系总体较弱。2013年卡塔尔与“一带一路”国家平均贸易竞争指数为0.1115，CS值小于0.2，说明两者的竞争关系弱。与卡塔尔贸易竞争关系强的“一带一路”国家有5个，占总数的10.87%，平均CS值为0.5510，这些国家分别为也门、马来西亚、印度尼西亚、埃及、阿曼，与卡塔尔贸易竞争关系较强的“一带一路”国家有5个，占总数的10.87%，平均CS值为0.2666，这些国家分别为沙特、阿塞拜疆、哈萨克斯坦、俄罗斯、阿尔巴尼亚，与卡塔尔贸易竞争关系弱的“一带一路”国家有36个，占总数的78.26%，平均CS值为0.0290。

卡塔尔与“一带一路”国家贸易竞争关系呈下降趋势。2005–2013年，卡塔尔与“一带一路”国家平均贸易竞争指数从0.1840下降到0.1115，下降了0.0725；与卡塔尔贸易竞争关系强的“一带一路”国家，从2005年的10个下降到2013年的5个，减少了5个。

表 QA-16　卡塔尔与“一带一路”国家贸易竞争情况（2005年、2013年）

国家代码	国家	2013年		2005年	
		CS值	排名	CS值	排名
887	也门	0.7355	1	0.8390	2
458	马来西亚	0.6000	2	0.4935	9
360	印度尼西亚	0.5282	3	0.8083	5
818	埃及	0.4769	4	0.3679	10
512	阿曼	0.4142	5	0.9252	1
682	沙特	0.2796	6	0.8337	3
31	阿塞拜疆	0.2703	7	0.7659	7
398	哈萨克斯坦	0.2685	8	0.8333	4
643	俄罗斯	0.2635	9	0.7552	8
8	阿尔巴尼亚	0.2509	10	0.0560	16
704	越南	0.0917	11	0.7870	6
496	蒙古	0.0804	12	0.0186	29
112	白俄罗斯	0.0788	13	0.1114	12
428	拉脱维亚	0.0762	14	0.0412	20
702	新加坡	0.0761	15	0.0324	23
642	罗马尼亚	0.0757	16	0.0133	31
233	爱沙尼亚	0.0664	17	0.0697	14
100	保加利亚	0.0583	18	0.0514	19
440	立陶宛	0.0531	19	0.0293	24
792	土耳其	0.0430	20	0.0237	27
191	克罗地亚	0.0411	21	0.0076	34

续表

国家代码	国家	2013年		2005年	
		CS值	排名	CS值	排名
348	匈牙利	0.0394	22	0.0546	17
356	印度	0.0383	23	0.0124	32
70	波黑	0.0363	24	0.0012	39
268	格鲁吉亚	0.0340	25	0.1107	13
608	菲律宾	0.0296	26	0.0154	30
764	泰国	0.0281	27	0.1145	11
616	波兰	0.0180	28	0.0524	18
688	塞尔维亚	0.0169	29	0.0090	33
703	斯洛伐克	0.0109	30	0.0284	25
804	乌克兰	0.0094	31	0.0240	26
417	吉尔吉斯斯坦	0.0081	32	0.0001	43
376	以色列	0.0073	33	0.0595	15
705	斯洛文尼亚	0.0073	34	0.0034	37
156	中国	0.0054	35	0.0382	22
203	捷克	0.0045	36	0.0401	21
400	约旦	0.0035	37	0.0005	41
470	马其顿	0.0024	38	0.0022	38
422	黎巴嫩	0.0011	39	0.0061	35
626	东帝汶	0.0005	40	0.0008	40
116	柬埔寨	0.0004	41	0.0002	42
144	斯里兰卡	0.0001	42	0.0222	28
586	巴基斯坦	0.0001	43	0.0058	36
51	亚美尼亚	0.0000	44	0.0000	45
462	马尔代夫	0.0000	45	0.0000	46
498	摩尔多瓦	0.0000	46	0.0001	44

数据来源：重庆“一带一路”投资与贸易研究实验室

表 QA-17 2005 年和 2013 年卡塔尔与“一带一路”国家 CS 值统计情况

年份	类型	国家数量	占比（%）	均值
2005	“一带一路”国家	46	100.00	0.1840
	其中：CS>0.3	10	21.74	0.7409
	0.2<CS<0.3	0	0.00	0.0000
	CS<0.2	36	78.26	0.0293
2013	“一带一路”国家	46	100.00	0.1115
	其中：CS>0.3	5	10.87	0.5510
	0.2<CS<0.3	5	10.87	0.2666
	CS<0.2	36	78.26	0.0290

数据来源：重庆“一带一路”投资与贸易研究实验室

表 QA-18 卡塔尔与“一带一路”国家 CS 值排名前 10 的国家（2005 年、2013 年）

排名	2005 年			2013 年		
	国家	CS 值	区域	国家	CS 值	区域
1	阿曼	0.9252	西亚北非	也门	0.7355	西亚北非
2	也门	0.839	西亚北非	马来西亚	0.6000	东南亚
3	沙特	0.8337	西亚北非	印度尼西亚	0.5282	东南亚
4	哈萨克斯坦	0.8333	中亚	埃及	0.4769	西亚北非
5	印度尼西亚	0.8083	东南亚	阿曼	0.4142	西亚北非
6	越南	0.787	东南亚	沙特	0.2796	西亚北非
7	阿塞拜疆	0.7659	独联体	阿塞拜疆	0.2703	独联体
8	俄罗斯	0.7552	欧洲	哈萨克斯坦	0.2685	中亚
9	马来西亚	0.4935	东南亚	俄罗斯	0.2635	欧洲
10	埃及	0.3679	西亚北非	阿尔巴尼亚	0.2509	中东欧

数据来源：重庆“一带一路”投资与贸易研究实验室

卡塔尔的贸易竞争对手主要集中在亚洲。2013 年卡塔尔与“一带一路”国家 CS 值排名前十位的国家有 4 个国家来自于西亚北非地区，有 2 个国家来自于东南亚，各有一个国家来自独联体、中亚、欧洲、中东欧。较之 2005 年，来自中东欧的阿尔巴尼亚取代了来自东南亚的越南。

3. 卡塔尔与“一带一路”国家贸易互补关系

卡塔尔与“一带一路”国家贸易互补关系总体弱，贸易有利于卡塔尔进口。2013 年卡塔尔与“一带一路”国家平均贸易互补指数为 0.0915，TCI 值小于 0.2，表明两者之间的互补关系弱。与卡塔尔贸易互补关系较强的“一带一路”国家有 3 个，占总数的 6.52%，平均 TCI 值为 0.2223，这三个国家分别为印度、立陶宛、白俄罗斯；与卡塔尔贸易互补关系弱的“一带一路”国家有 43 个，占总数的 93.48%，平均 TCI 值为 0.0824。一般认为，以本国出口计算的贸易互补性指数大于以他国出口计算的贸易互补性指数，说明利于本国出口，反之利于他国出口。2013 年，以卡塔尔出口计算的贸易互补性指数为 0.0915，以他国出口计算的贸易互补性指数为 0.1720，说明与“一带一路”国家的贸易总体上有利于卡塔尔进口，有助于他国的出口。

表 QA-19 卡塔尔与“一带一路”国家贸易互补情况（2005 年）

国家代码	国家	TCI 值（以本国出口计算）	排名	TCI 值（以他国出口计算）	排名
112	白俄罗斯	0.3318	1	0.1552	21
356	印度	0.2851	2	0.1876	15
440	立陶宛	0.2446	3	0.1895	14
400	约旦	0.1916	4	0.1823	17
818	埃及	0.1647	5	0.0974	29
764	泰国	0.1591	6	0.2220	7
804	乌克兰	0.1541	7	0.1516	22
792	土耳其	0.1477	8	0.2246	6
470	马其顿	0.1459	9	0.1143	26
586	巴基斯坦	0.1427	10	0.0775	34
360	印度尼西亚	0.1358	11	0.1384	25
688	塞尔维亚	0.1269	12	0.1619	19
144	斯里兰卡	0.1183	13	0.0862	31
702	新加坡	0.1146	14	0.2060	10
100	保加利亚	0.1122	15	0.1609	20
376	以色列	0.1087	16	0.1498	23
616	波兰	0.1053	17	0.2702	2
348	匈牙利	0.1023	18	0.2367	5
642	罗马尼亚	0.1008	19	0.1917	13
608	菲律宾	0.0953	20	0.1007	28
156	中国	0.0947	21	0.2409	3

续表

国家代码	国家	TCI 值（以本国出口计算）	排名	TCI 值（以他国出口计算）	排名
203	捷克	0.0947	22	0.2914	1
191	克罗地亚	0.0942	23	0.2093	9
643	俄罗斯	0.0818	24	0.0769	35
703	斯洛伐克	0.0785	25	0.2060	11
233	爱沙尼亚	0.0687	26	0.2030	12
458	马来西亚	0.0669	27	0.1771	18
398	哈萨克斯坦	0.0610	28	0.0262	42
512	阿曼	0.0568	29	0.0570	38
428	拉脱维亚	0.0534	30	0.1874	16
704	越南	0.0362	31	0.1048	27
268	格鲁吉亚	0.0335	32	0.0858	32
887	也门	0.0286	33	0.0249	43
8	阿尔巴尼亚	0.0282	34	0.0702	37
422	黎巴嫩	0.0264	35	0.2208	8
498	摩尔多瓦	0.0251	36	0.0904	30
70	波黑	0.0239	37	0.1416	24
682	沙特	0.0206	38	0.0437	40
705	斯洛文尼亚	0.0195	39	0.2369	4
417	吉尔吉斯斯坦	0.0177	40	0.0763	36
462	马尔代夫	0.0162	41	0.0267	41
31	阿塞拜疆	0.0151	42	0.0249	44
51	亚美尼亚	0.0140	43	0.0507	39
496	蒙古	0.0119	44	0.0168	45
116	柬埔寨	0.0116	45	0.0149	46
626	东帝汶	0.0104	46	0.0818	33

数据来源：重庆“一带一路”投资与贸易研究实验室。

表 QA-20　卡塔尔与“一带一路”国家贸易互补情况（2013 年）

国家代码	国家	TCI 值（以本国出口计算）	排名	TCI 值（以他国出口计算）	排名
356	印度	0.2310	1	0.2209	15
440	立陶宛	0.2198	2	0.2797	6
112	白俄罗斯	0.2161	3	0.1754	24
586	巴基斯坦	0.1805	4	0.1003	33
156	中国	0.1767	5	0.3178	3
764	泰国	0.1724	6	0.2620	9
100	保加利亚	0.1706	7	0.2144	18
702	新加坡	0.1676	8	0.2252	14
376	以色列	0.1471	9	0.1626	26
400	约旦	0.1422	10	0.2048	21
360	印度尼西亚	0.1404	11	0.1612	27
688	塞尔维亚	0.1342	12	0.2362	13
144	斯里兰卡	0.1194	13	0.0713	37
616	波兰	0.1190	14	0.3415	2
348	匈牙利	0.1088	15	0.2782	7
608	菲律宾	0.1044	16	0.1111	31
428	拉脱维亚	0.1013	17	0.2553	12
233	爱沙尼亚	0.1007	18	0.2635	8
191	克罗地亚	0.0997	19	0.2178	17
458	马来西亚	0.0975	20	0.2087	19
642	罗马尼亚	0.0965	21	0.2575	10
792	土耳其	0.0963	22	0.3161	4
70	波黑	0.0952	23	0.1771	23
887	也门	0.0917	24	0.0314	43
498	摩尔多瓦	0.0867	25	0.1479	29
268	格鲁吉亚	0.0791	26	0.1642	25
398	哈萨克斯坦	0.0775	27	0.0511	40
818	埃及	0.0773	28	0.1598	28
703	斯洛伐克	0.0637	29	0.2915	5
422	黎巴嫩	0.0622	30	0.2205	16
512	阿曼	0.0593	31	0.0687	38
496	蒙古	0.0560	32	0.0313	44

续表

国家代码	国家	TCI 值（以本国出口计算）	排名	TCI 值（以他国出口计算）	排名
203	捷克	0.0459	33	0.3418	1
116	柬埔寨	0.0425	34	0.0465	42
704	越南	0.0395	35	0.1845	22
51	亚美尼亚	0.0338	36	0.0681	39
626	东帝汶	0.0305	37	0.0983	35
705	斯洛文尼亚	0.0265	38	0.2564	11
470	马其顿	0.0260	39	0.1275	30
8	阿尔巴尼亚	0.0218	40	0.0833	36
804	乌克兰	0.0180	41	0.2070	20
682	沙特	0.0115	42	0.0487	41
643	俄罗斯	0.0096	43	0.1002	34
31	阿塞拜疆	0.0062	44	0.0229	45
417	吉尔吉斯斯坦	0.0049	45	0.1011	32
462	马尔代夫	0.0006	46	0.0008	46

数据来源：重庆“一带一路”投资与贸易研究实验室。

卡塔尔与“一带一路”国家之间的贸易互补性基本维持不变。2005-2013 年，卡塔尔与“一带一路”国家平均贸易互补指数从 0.0908 上升到 0.0915，增加了 0.0007。与卡塔尔贸易互补关系强的国家从 2005 年的 1 个变为 2013 年的 0 个，减少了 1 个；与卡塔尔贸易互补关系较强的国家从 2005 年的 2 个变为 2013 年的 3 个，增加了 1 个。

表 QA-21　卡塔尔与“一带一路”国家贸易互补关系统计情况（2005 年、2013 年）

年份	类别	指标	国家数量（个）	占比（%）	均值
2005 年	以本国出口计算	“一带一路”国家	46	100.00	0.0908
		其中：TCI>0.3	1	2.17	0.3318
		0.2<TCI<0.3	2	4.35	0.2649
		TCI<0.2	43	93.48	0.0771
	以他国出口计算	“一带一路”国家	46	100.00	0.1368
		其中：TCI>0.3	0	0.00	0.0000
		0.2<TCI<0.3	12	26.09	0.2307
		TCI<0.2	34	73.91	0.1036

续表

年份	类别	指标	国家数量（个）	占比（%）	均值
2013 年	以本国出口计算	“一带一路”国家	46	100.00	0.0915
		其中：TCI>0.3	0	0.00	0.0000
		0.2<TCI<0.3	3	6.52	0.2223
		TCI<0.2	43	93.48	0.0824
	以他国出口计算	“一带一路”国家	46	100.00	0.1720
		其中：TCI>0.3	4	8.70	0.3293
		0.2<TCI<0.3	17	36.96	0.2412
		TCI<0.2	25	54.35	0.0998

数据来源：重庆“一带一路”投资与贸易研究实验室。

表 QA-22 卡塔尔与“一带一路”国家 TCI 值排名前 10 的国家（2005 年、2013 年）

排名	2005 年			2013 年		
	国家	TCI 值	区域	国家	TCI 值	区域
1	白俄罗斯	0.3318	独联体	印度	0.2310	南亚
2	印度	0.2851	南亚	立陶宛	0.2198	中东欧
3	立陶宛	0.2446	中东欧	白俄罗斯	0.2161	独联体
4	约旦	0.1916	西亚北非	巴基斯坦	0.1805	南亚
5	埃及	0.1647	西亚北非	中国	0.1767	东亚
6	泰国	0.1591	东南亚	泰国	0.1724	东南亚
7	乌克兰	0.1541	独联体	保加利亚	0.1706	中东欧
8	土耳其	0.1477	西亚北非	新加坡	0.1676	东南亚
9	马其顿	0.1459	中东欧	以色列	0.1471	西亚北非
10	巴基斯坦	0.1427	南亚	约旦	0.1422	西亚北非

数据来源：重庆“一带一路”投资与贸易研究实验室。

卡塔尔的贸易互补国主要分布在亚洲和中东欧地区。2013 年，卡塔尔与“一带一路”国家 CS 值排名前十位的国家中有 3 个国家来自于中东欧，2 个国家来自东南亚，2 个国家来自南亚，2 个国家来自西亚北非，分别有 1 个国家来自东亚、独联体。和 2005 年比较，中国、保加利亚、新加坡和以色列取代了埃及、乌克兰、土耳其和马其顿成为卡塔尔贸易互补排名前十的国家。

（六）中国与卡塔尔的贸易关系

1988 年 7 月 9 日，中华人民共和国和卡塔尔国建交。2014 年 11 月 3 日，基于当前中国和卡塔尔关系发展的现实需要和双方进一步提升双边关系水平的共同意愿，双方建立了战略伙伴关系，目前双边关系取得了长足发展，政治互信不断加深，经贸、能源、人文等领域合作成果丰硕。[①]

1. 中国对卡塔尔的出口情况

中国出口卡塔尔的产品相对集中于机械电子类。2015 年，中国出口卡塔尔的总金额为 2279509 千美元，排在前三位的产品主要有机械、核反应堆、锅炉等；电气、电子设备；家具、灯饰、标牌、预制建筑，出口金额分别为 526331 千美元、221732 千美元、193902 千美元，在进口总金额中的比重分别为 23.09%、9.73%、8.51%。

表 QA-23　中国对卡塔尔的出口情况（2015 年）

排名	产品	金额（千美元）	比重（%）
1	机械、核反应堆、锅炉等	526331	23.09
2	电气、电子设备	221732	9.73
3	家具，灯饰，标牌，预制建筑	193902	8.51
4	非铁路车辆、电车	193164	8.47
5	钢铁制品	115185	5.05
6	鞋类、护腿等	77010	3.38
7	非针织或钩编服装、饰品	73959	3.24
8	石材，石膏，水泥，石棉，云母等制品	73657	3.23
9	陶瓷制品	69942	3.07
10	钢铁	67019	2.94
合计		1611901	70.71

数据来源：http：//www.trademap.org/Product_SelProductCountry.aspx

2. 中国从卡塔尔的进口情况

中国从卡塔尔的进口以矿物燃料为主。2015 年，中国从卡塔尔进口规模达到 4615094 千美元，进口的产品主要有矿物燃料、油、蒸馏产品等；塑料及其制品；有机化学品，进口金额分别为 3630758 千美元、642931 千美元、115819 千美元，占总进口额的比重分别为 78.67%、13.93%、2.51%，上述三项出口金额约占出口总金额

① http：//wcm.fmprc.gov.cn/pub/chn/pds/gjhdq/gj/yz/1206_15/.

的 95.11%。

表 QA-24　中国从卡塔尔的进口情况（2015 年）

排名	产品	金额（千美元）	比重（%）
1	矿物燃料、油、蒸馏产品等	3630758	78.67
2	塑料及其制品	642931	13.93
3	有机化学品	115819	2.51
4	盐，硫，土，石材，石膏，石灰，水泥	104960	2.27
5	无机化学品，贵重金属化合物，同位素	96165	2.08
6	铜及其制品	10841	0.23
7	矿石，矿渣及矿灰	8921	0.19
8	其他化工产品	4258	0.09
9	电气，电子设备	126	0.00
10	铝及其制品	90	0.00
合计		4614869	99.99

数据来源：http：//www.trademap.org/Product_SelProductCountry.aspx

3. 中国与卡塔尔的贸易关系分析

（1）中国与卡塔尔的贸易互补关系强。2013 年，以中国出口计算的贸易互补指数为 0.3178，在“一带一路”国家中排名第 20 位。

（2）中国与卡塔尔贸易互补关系具有增强的趋势。2005–2013 年，以中国出口计算的贸易互补指数从 0.2409 增加到 0.3178，增加了 31.92%。

（3）中国与卡塔尔之间的贸易有利于我国出口。以中国出口计算的贸易互补指数大于以卡塔尔出口计算的贸易互补指数，有利于中国出口，同时有利于卡塔尔进口。2005 年，以中国出口计算的贸易互补指数为 0.2409，以卡塔尔出口计算的贸易互补指数为 0.0947；2013 年，以中国出口计算的贸易互补指数为 0.3178，以卡塔尔出口计算的贸易互补指数为 0.1767。

（4）中国与卡塔尔的贸易竞争关系一直较弱。2005 年，两国贸易竞争指数为 0.0382，贸易竞争关系较弱，排名为 38 位。2013 年，中国与卡塔尔的贸易竞争指数为 0.0054，贸易竞争关系较弱，排名为 44 位。2005 年至 2013 年，中国与卡塔尔的贸易竞争指数下降了 0.0328，排名下降了 6 位。

十二、约旦（The Hashemite Kingdom of Jordan）

（一）基本情况

约旦是一个比较小的阿拉伯国家，但相对周边国家来说约旦政治经济和文化生活等方面稳定。约旦人民生活较为富裕，在伊斯兰国家中相对开放。然而约旦比较缺乏淡水资源，石油资源不丰富。旅游业是约旦支柱产业之一，佩特拉古城、死海和瓦迪拉姆沙漠等景点是世界各国游客探险旅行和休闲度假的首选目的地。目前，约旦人均 GDP 约为 4940.05 美元，属于中上等收入经济体。

1. 建国历程

约旦独立建国距今约有半个世纪的时间。约旦原是巴勒斯坦的一部分。公元 7 世纪初属阿拉伯帝国版图。1516 年被土耳其人占领，属奥斯曼帝国的大马士革省。1920 年，圣雷莫会议将巴勒斯坦地区划为英国的委任统治地。同年 7 月，法军占领大马士革。1921 年英国以约旦河为界，把巴勒斯坦一分为二，西部仍称巴勒斯坦，东部建立外约旦酋长国。1923 年外约旦成为英国委任统治下的一个半独立的埃米尔国。1928 年英国迫使外约旦接受为期 20 年的“英约协定”，使英国对外约旦的统治合法化。1946 年 3 月 22 日，外约旦同英国签订伦敦条约，废除了英国的委任统治，英国承认外约旦的独立，但保留在政治、经济和军事上的特权。同年 5 月 25 日，阿卜杜拉登基为王（1946–1951 年在位），改国名为外约旦哈希姆王国。第一次中东战争（阿以战争）爆发。在战争过程中，外约旦部队占领了 1947 年联合国分治决议划归巴勒斯坦人的约旦河西岸的大部分地区和耶路撒冷旧城所属的大约 4800 平方公里的土地。1950 年 4 月，外约旦宣布把该地区纳入该国版图，国名改称约旦哈希姆王国。1952 年 1 月颁布新宪法，规定立法权属于议会和国王。1957 年 3 月，约旦政府废除《英约同盟条约》，7 月英军全部撤出约旦，从此约旦走向独立发展的道路。2010 年以来约旦政府致力于民族经济的发展，取得重要成就，文化教育事业有很大发展，人民生活水平逐渐提高。自 2011 年西亚北非局势动荡以来，约旦推出全国对话、更换内阁、惩治腐败、修改部分法律、提前举行议会选举等一系列举措。2013 年 3 月，约旦首次以国王同议会协商方式推选首相。约旦的国教为伊斯兰教，92% 的居民属伊斯兰教逊尼派，另有少数属什叶派和德鲁兹派。信奉基督教的居民约占 6%，主要属希腊东正教派，官方语言为阿拉伯语，通用英语。①

2. 人口情况

约旦的人口年龄结构合理，人口自然增长较快。2015 年约旦总人口达 959 万人，其中城镇人口 636 万人，农村人口 124 万人，分别占总人口的 83.68% 和 16.32%；男性人口 493 万人，女性人口 466 万人，分别占总人口的 51.40% 和 48.60%，男女性别比例为：1.06∶1；0–14 岁人口为 341 万人，15–64 岁人口为 582 万人，65 岁以上人口为 36 万人，分别占总人口的 35.53%、60.69%、3.79%。2014 年每千人的人口出生率为 27.05‰，人口死亡率为 3.84‰，人均预期寿命 74.05 岁。98% 的人口为阿拉伯人，还有少量切尔克斯人、土库曼人和亚美尼亚人。

表 JO–1 约旦人口数及其构成 (2015 年)

指 标	年末数（万人）	比重（%）
全国总人口	959	100.00
其中：城镇	636	83.68
农村	124	16.32
其中：男性	493	51.40
女性	466	48.60
其中：0–14 岁	341	35.53
15–64 岁	582	60.69
65 岁以上	36	3.79

数据来源：世界银行（world bank）

约旦的人口增长较为迅速。2005—2015 年，约旦的总人口数从 533 万人增加到 759 万人，增加了 226 万人，年均增长 3.59%。约旦的人口增长呈倒“U”型变化趋势。经历了两个阶段：第一个阶段是缓慢上升阶段（2005—2008 年），增长率从 2005 年的 3.07% 增加到 2008 年的 4.26%，增长了 1.19 个百分点；第二阶段是缓慢下降阶段（2008–2015 年），增长率从 2008 年的 4.26% 下降到 2015 年的 2.38%，7 年间下降了 1.88 个百分点。

① http://baike.baidu.com/link?url=SOJrIOw76bI8wXDwyM1X0tPATtaqWy7tf62rAIyK0ozkdms-wzwBJdzm65DYDAICxzVEi7W2qKrihhhsJLJtx97gVHxrFi3zTJT7RO2-Dzm。

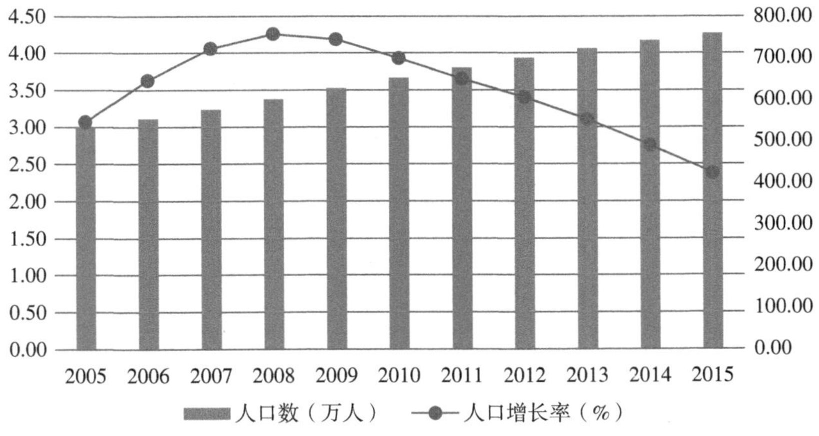

图 JO-1　约旦人口数及增长率变化（2005—2015 年）

数据来源：世界银行（world bank）

3. 地域状况

约旦属于西亚内陆小国。约旦位于亚洲西部，阿拉伯半岛的西北部，西与巴勒斯坦、以色列为邻，北与叙利亚接壤，东北与伊拉克交界，东南和南部与沙特阿拉伯相连，亚喀巴湾是唯一出海口。约旦国土面积 89342 平方公里，其中陆地面积 88802 平方公里，海洋面积 540 平方公里。地势西高东低。西部多山地，东部和东南部为沙漠。沙漠占全国面积 80% 以上。约旦河流经西部注入死海。死海是咸水湖，湖面低于海平面 392 米，为世界陆地最低点。约旦西部高地属亚热带地中海型气候，气候温和，平均气温 1 月为 7–14℃，7 月为 26–33℃，东部和东南部为沙漠。①

4. 资源禀赋

约旦的自然资源并不丰富，水资源尤为缺乏。约旦国内主要的资源有磷酸盐、钾盐、铜、锰、油页岩和少量天然气。磷酸盐储量约 20 亿吨。死海海水可提炼钾盐，储量达 40 亿吨。油页岩储量 400 亿吨，但商业开采价值低。约旦是世界上十大严重缺水的国家之一。约旦西部山区和约旦河谷地区年降水量在 380–630 毫米之间，而东部沙漠地区气候恶劣，日夜温差大，干燥，风沙大，年降水量少于 50 毫米。②

5. 经济实力

约旦的经济总量较小，但发展较快。2015 年，约旦的 GDP 为 375.17 亿美元，

---

① http：//baike.baidu.com/link?url=SOJrIOw76bI8wXDwyM1X0tPATtaqWy7tf62rAIyK0ozkdms-wzwBJdzm65DYDAICxzVEi7W2qKrihhhsJLJtx97gVHxrFi3zTJT7RO2-Dzm

② http：//wcm.fmprc.gov.cn/preview/xybfs/gjgk/t312282.html

分别占“一带一路”国家和全球的比例为 0.17% 和 0.05%，人均 GDP 为 4940.05 美元，分别占“一带一路”国家和全球的比例为 48.73% 和 101.56%，属于中上等收入经济体，城镇化率为 83.68%。2005—2015 年，约旦的 GDP 从 125.89 亿美元增加到 375.17 亿美元，增加了 2.98 倍；人均 GDP 从 2360.53 美元增加到 4940.05 美元，增加了 2.09 倍。约旦的 GDP 及人均 GDP 增长率变化呈“Z”型趋势，2005—2007 年相对较为平稳，2007-2010 年降幅较大，2010-2015 年略有上升。

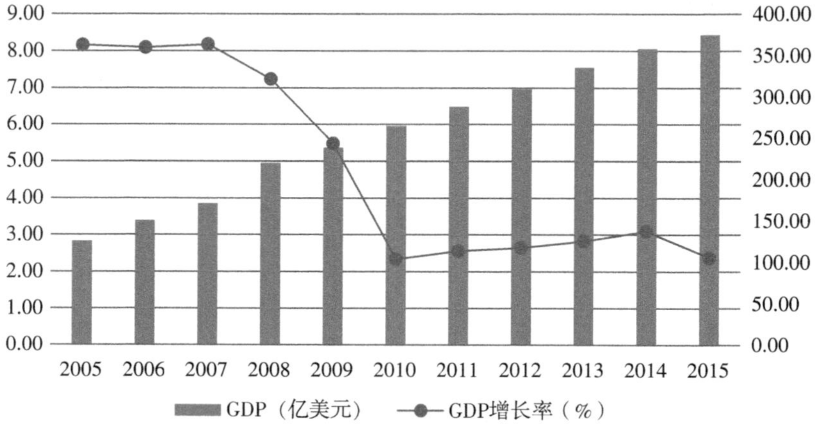

图 JO-2 约旦 GDP 及增长率变化（2005—2015 年）

数据来源：世界银行（world bank）

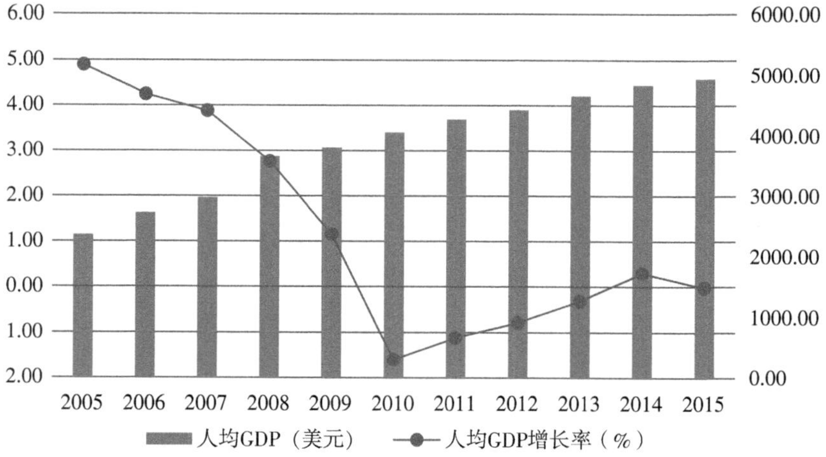

图 JO-3 约旦人均 GDP 及增长率变化（2005—2015 年）

数据来源：世界银行（world bank）

（二）产业情况

约旦经济基础薄弱，资源较贫乏，可耕地面积少，对外依存度高。国民经济主要支柱为侨汇、旅游和外援。阿卜杜拉二世国王执政后，大力推行经济改革，改善投资环境，积极寻求外援，扭转了约旦经济长期负增长或零增长的局面， 2009 年以来，受国际金融危机影响及西亚北非地区局势动荡冲击，约旦经济增长速度下滑。约旦政府加大对经济调控力度，开源节流，并在金融、基建、招商引资、争取外援等方面采取相应措施，取得一定成效。目前约旦的产业结构相对较为合理，2015 年，一、二、三产业结构比例为 4：30：66，服务业是约旦的重要经济支柱，农业占比较小。①

1. 第一产业

约旦的农业发展较快，但在 GDP 中的占比略有上升。2005—2015 年，约旦农业增加值从 3.47 亿美元增加到 13.80 亿美元，增加了 10.33 亿美元，年均增长 14.79%，农业增加值占 GDP 的比重从 3.09% 上升到 4.17%，上升了 1.08 个百分点。

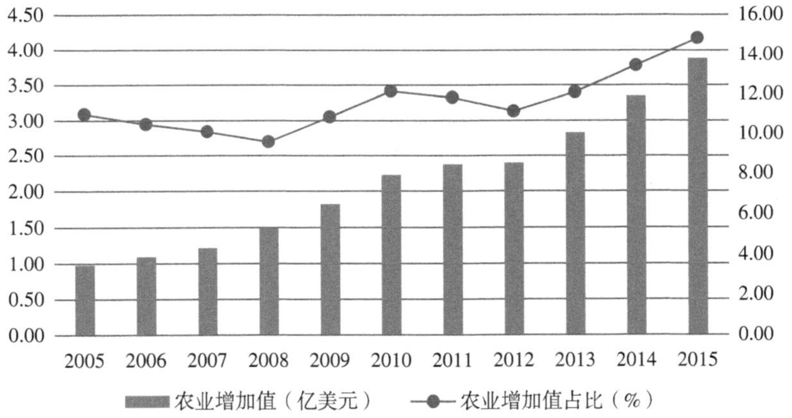

图 JO-4　约旦农业增加值及占比变化（2005—2015 年）

数据来源：世界银行（world bank）

约旦的农业不发达，粮食不能自给。农业人口约占全国劳动力的 12%。可耕地面积仅占国土面积 7.8%，已耕地面积约 50 万公顷，多集中在约旦河谷，全部私人经营。水资源缺乏是制约农业的发展主要障碍。目前建有 10 个主要水坝，总容量 3.27 亿立方米，其中 91% 位于干旱地区。主要农作物有蔬菜、水果、橄榄等。农产品不能满足国内需求，约 3/4 的粮食和肉类主要依靠进口。2011 年，约旦排名前三的主要农作物分别为用于牧草和青贮的苜蓿、土豆、番茄，其产量分别为 9.99 万吨、

---

① http：//wcm.fmprc.gov.cn/preview/xybfs/gjgk/t312282.html

21.65 万吨、77.78 万吨；排名前三的主要畜禽产品为鸡蛋、牛奶、羊皮，其产量分别为 11.37 亿只、23.86 万吨、20.10 万吨。

2. 第二产业

约旦的工业发展较快，在 GDP 中的占比略有提升。2005—2015 年，约旦工业增加值从 32.14 亿美元增加到 98.01 亿美元，增加了 65.87 亿美元，年均增长 11.79%，工业增加值占 GDP 的比重从 28.61% 上升到 29.64%，增加了 1.03 个百分点。

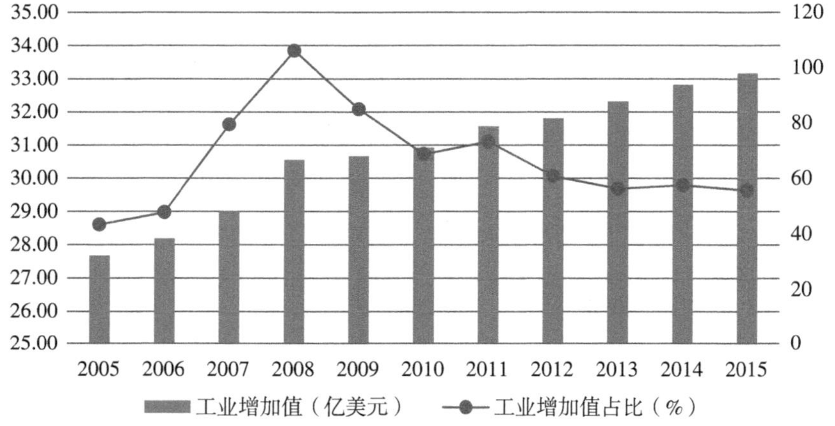

图 JO-5　约旦工业增加值及占比变化（2005—2015 年）

数据来源：世界银行（world bank）

约旦的工业以轻工业和小型加工工业为主。主要有采矿、炼油、食品加工、制药、玻璃、纺织、塑料制品、卷烟、皮革、制鞋、造纸等。目前，约旦在磷酸盐、钾盐、炼油、水泥、化肥等领域有 5 个规模较大的工业企业，其中，磷酸盐年产量 450 万吨，年出口 435 万吨；钾盐年产量 183 万吨，大部分供外销；化肥年产量 583 万吨；水泥年产量 195 万吨；炼油年产量 250 万吨。

3. 第三产业

约旦的服务业发展迅速，但在 GDP 中的占比有小幅下降。2005—2015 年，约旦的服务等附加值从 76.71 亿美元增加到 218.84 亿美元，增加了 142.13 亿美元，年均增长 11.05%，工业增加值占 GDP 的比重从 68.3% 减少到 66.19%，减少了 2.11 个百分点。

约旦的服务业主要集中于旅游业、电信服务业、金融业等。旅游业是约旦三大经济支柱之一和主要外汇来源之一。2012 年，约旦旅游收入 35 亿美元，同比增长

15.3%。主要旅游景区有安曼、死海、杰拉什、佩特拉、阿杰隆古堡、亚喀巴、月亮谷等。近年来，约旦大力发展电信和信息产业。1999 年，约旦启动通信技术领域发展倡议，该行业投资已达 25 亿美元。2012 年，约旦互联网用户 426 万人，普及率达 67%，手机用户 898.4 万，普及率达 140%。约旦金融系统比较发达、开放。全国有 26 家银行，全部是上市私有银行。外国银行可在约旦设立分行，但不得为境外实体融资。2008 年国际金融危机后，约旦加强了金融监管，暂停外国银行在约旦设立分行的业务。

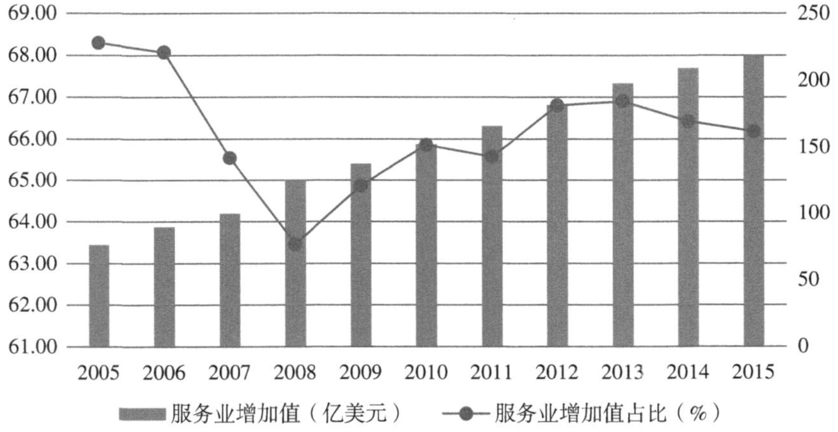

图 JO-6　约旦服务等附加值及占比变化（2005—2015 年）

数据来源：世界银行（world bank）

（三）进出口贸易情况

1. 参与贸易协定情况

约旦是世界贸易组织（WTO）成员国。2000 年 4 月 11 日，约旦正式加入世界贸易组织，标志着约旦经济正在与世界经济接轨。

约旦先后与美国、欧盟、以色列、大阿拉伯自由贸易区等国家和地区签订自由贸易协定。2000 年 10 月，约旦和美国签署自由贸易协定。2003 年 7 月 9 日，以色列、欧盟、约旦在意大利巴勒莫（Palermo）举行的“地中海－欧盟贸易部长会议”会议期间签署三边自由贸易协定。2004 年 5 月 16 日，以色列工贸部长和约旦工贸部长在世界经济论坛会议期间分别代表各自政府签署了以约自由贸易协定。2007 年，约旦加入“大阿拉伯自由贸易协定”，该协定将建立区内共同市场以实现经济互补。

2012 年 11 月，约旦同巴勒斯坦签署自由贸易协定。2015 年 2 月，约旦与坦桑尼亚正式签署双边自由贸易协定。

2. 进口情况

（1）进口贸易数量

约旦的进口发展较快。2015 年，约旦的进口金额为 203.32 亿美元，分别占“一带一路”国家、全球出口额的比重为 0.38%、0.12%，和 2005 年相比增加了 98.35 亿美元，年均增长 6.83%，比“一带一路”国家低 0.85 个百分点，高出世界平均水平 2.38 个百分点。

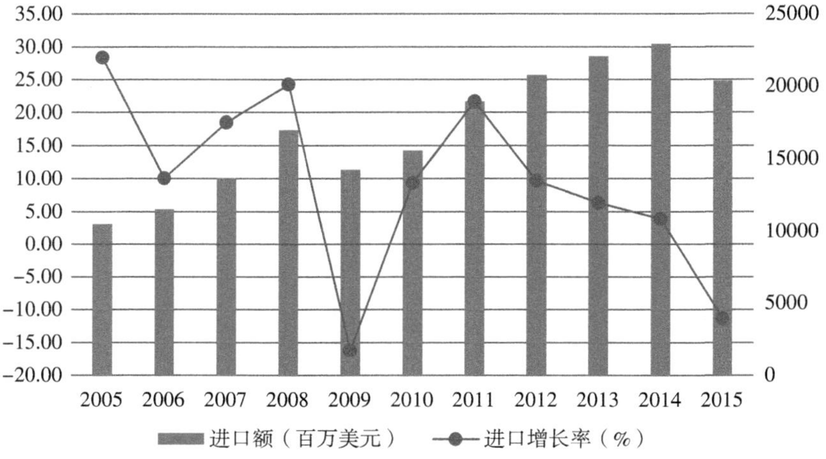

图 JO-7 约旦进口额及增长率变化（2005—2015 年）

数据来源：联合国贸发会议数据库（UNCTADSTAT）

约旦的进口增长在波动中处于下降趋势。约旦的进口增长率从 2005 年的 28.34% 下降到 2015 年的 -11.33%。约旦的进口增长率在下降的过程中还经历了两次比较大的波动，分别发生在 2006 年、2009 年，增长率出现大幅下降，降幅分别达 18.33 个百分点、40.45 个百分点。

（2）进口市场结构

约旦的进口地主要分布在亚洲和欧洲。2014 年约旦进口排名前十的国家分别为：沙特、中国、美国、印度、阿联酋、德国、土耳其、韩国、意大利和俄罗斯，十个国家的进口金额为 143.73 亿美元，约占总进口额的 63.20%，有 6 个国家来自亚洲、3 个国家来自欧洲。其中，沙特是约旦最大的进口来源国，2014 年进口金额为 44.54 亿美元，约占总进口额的 19.59%。从变化趋势看，沙特仍然稳居第一的位置，增长最快的是印度，其进口份额上升了 4.09 个百分点，下降最快的是德国，其进口份额下降了 4.06 个百分点，其排名下降了 3 位。

表 JO-2 约旦主要贸易进口国情况（2014 年）

排名	国别	国家代码	所属区域	2014 年		2005 年	
				进口额（亿美元）	占比（%）	进口额（亿美元）	占比（%）
1	沙特	682	西亚	44.54	19.59	24.79	23.71
2	中国	156	东亚	23.92	10.52	9.62	9.20
3	美国	840	北美洲	13.20	5.80	5.86	5.61
4	印度	356	南亚	12.44	5.47	1.44	1.38
5	阿联酋	784	西亚	10.93	4.80	2.14	2.05
6	德国	276	欧洲	8.97	3.95	8.37	8.01
7	土耳其	792	西亚	8.49	3.73	2.53	2.42
8	韩国	410	东亚	7.63	3.36	3.73	3.56
9	意大利	380	欧洲	6.97	3.07	3.51	3.36
10	俄罗斯	643	欧洲	6.64	2.92	1.31	1.26
合计				143.73	63.20	63.31	60.56

资料来源：http：//wits.worldbank.org/country-analysis-visualization.html

（3）进口产品结构

约旦进口的产品相对集中于燃料、机电和蔬菜等产品。2014 年，约旦进口排名前十的产品分别为燃料、机电、蔬菜、运输设备、化学药品、金属、事物产品、纺织和服装、石材和玻璃、动物产品，十类产品合计进口金额为 199.39 亿美元，占比为 87.68%，其中，燃料是约旦主要的进口产品，进口金额为 61.96 亿美元，占比为 27.25%。

表 JO-3 约旦主要的进口产品情况（2014 年）

排名	产品	金额（亿美元）	占比（%）
1	燃料	61.96	27.25
2	机电	24.35	10.71
3	蔬菜	17.90	7.87
4	运输设备	17.25	7.59
5	化学药品	15.62	6.87

续表

排名	产品	金额（亿美元）	占比（%）
6	金属	15.53	6.83
7	食物产品	13.25	5.83
8	纺织和服装	12.60	5.54
9	石材和玻璃	10.96	4.82
10	动物产品	9.96	4.38
合计		199.39	87.68

数据来源：http：//www.trademap.org/Product_SelProductCountry.aspx

3. 出口情况

（1）出口贸易数量

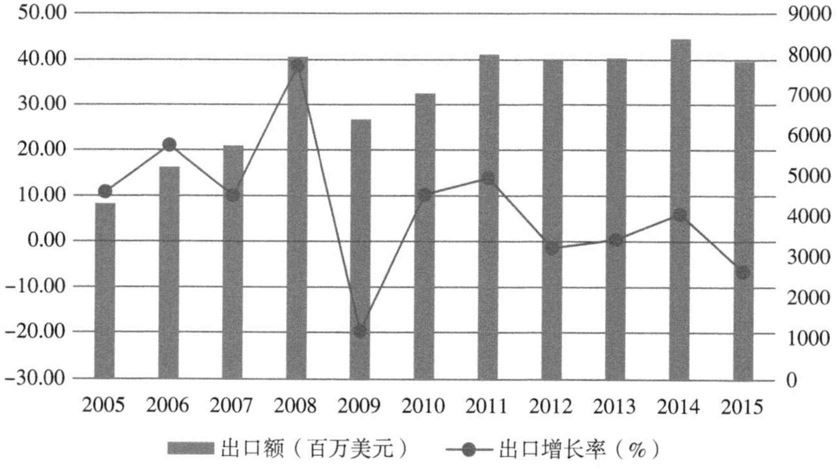

图 JO-8 约旦出口额及增长率变化（2005—2015 年）

数据来源：联合国贸发会议数据库（UNCTADSTAT）

约旦的出口增长很快。2015 年，约旦的出口金额为 78.29 亿美元，分别占“一带一路”国家、全球出口额的比重为 0.13%、0.05%，和 2005 年相比，约旦出口额增加了 35.27 亿美元，年均增长 6.17%。

约旦的出口增长在波动中处于下降趋势。约旦的出口增长率从 2005 年的 10.79% 下降到 2015 年的 –6.64%，下降了 17.43 个百分点。从变化过程，出现负增长的年份有 2009 年、2012 年、2015 年，其中增长最快的年份出现在 2008 年，达 38.64%，波动的谷底则出现在 2009 年，达 –19.68%。

（2）出口市场结构

约旦的出口地主要集中在亚洲国家。2014 年约旦出口排名前十的国家及地区分别为：美国、伊拉克、沙特、自由经济区、印度、阿联酋、叙利亚、中国、科威特和土耳其，这十个出口国家及地区的金额合计为 62.12 亿美元，约占总出口额的 74.08%，其中，有 8 个国家来自亚洲。从变化趋势看，美国仍居榜首，但出口份额出现大幅下降，降幅达 10.5 个百分点，是出口份额下降最大的国家，增长最快的国家是沙特，从 2005 年的 5.62% 上升到 12.39%，增加了 6.77 个百分点，但其排名未发生变化。

表 JO-4　约旦主要贸易出口国情况（2014 年）

排名	国别及地区	国家代码	所属区域	2014 年		2005 年	
				出口额（亿美元）	占比（%）	出口额（亿美元）	占比（%）
1	美国	840	北美洲	13.23	15.78	11.24	26.28
2	伊拉克	368	西亚	12.84	15.32	7.33	17.13
3	沙特	682	西亚	10.39	12.39	2.40	5.62
4	自由经济区	—	—	8.22	9.80	3.33	7.78
5	印度	356	南亚	6.51	7.76	3.46	8.09
6	阿联酋	784	西亚	3.32	3.96	1.71	4.00
7	叙利亚	760	西亚	2.24	2.67	2.02	4.73
8	中国	156	东亚	1.86	2.22	0.40	0.93
9	科威特	414	西亚	1.80	2.14	0.73	1.69
10	土耳其	792	西亚	1.71	2.03	0.26	0.60
合计				62.12	74.08	32.89	76.86

资料来源：http：//wits.worldbank.org/country-analysis-visualization.html

（3）出口产品结构

约旦的出口产品主要是化学药品、纺织和服装、蔬菜等产品。2014 年，约旦出口排名前十的产品有：化学药品、纺织和服装、蔬菜、机电、矿石、食物产品、金属、塑料或橡胶、动物产品、木材，其中，化学药品是约旦出口排名第一的产品，出口金额为 24.74 亿美元，占比为 29.51%，排名前三的产品出口金额达 46.76 亿美元，占比为 55.77%。

表 JO-5 约旦主要的出口产品情况（2014 年）

排名	产品	金额（亿美元）	占比（%）
1	化学药品	24.74	29.51
2	纺织和服装	13.82	16.48
3	蔬菜	8.20	9.78
4	机电	6.51	7.76
5	矿石	5.14	6.14
6	食物产品	4.94	5.89
7	金属	4.31	5.14
8	塑料或橡胶	3.86	4.60
9	动物产品	3.35	3.99
10	木材	2.70	3.22
合计		77.57	92.51

数据来源：http：//www.trademap.org/Product_SelProductCountry.aspx

4. 贸易集中度

约旦在大部分年份保持着贸易逆差状态，国际贸易对该国相对不利。2005—2015 年，约旦的净出口额一直小于零，净出口值从 –61.96 亿美元下降到 –125.04 亿美元，下降了 63.07 亿美元。

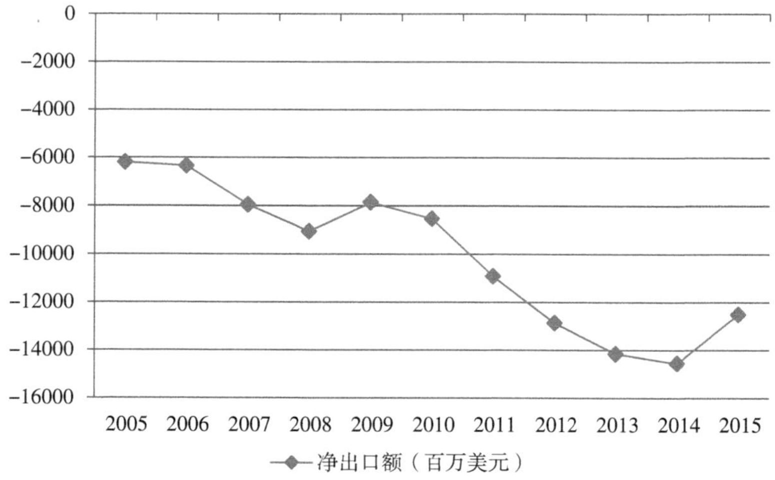

图 JO-9 约旦净出口额变化（2005—2015 年）

数据来源：联合国贸发会议数据库（UNCTADSTAT）

约旦的进口贸易风险相对较大。2013 年，约旦的进口贸易集中度为 0.0830，出口贸易集中度为 0.0799。2013 年，中国在约旦进口贸易伙伴中，累积份额为 10.36，占比为 29.00%，排名第 2；中国占约旦出口贸易伙伴中，累积份额为 1.34，占比为 84.20%，排名第 16。

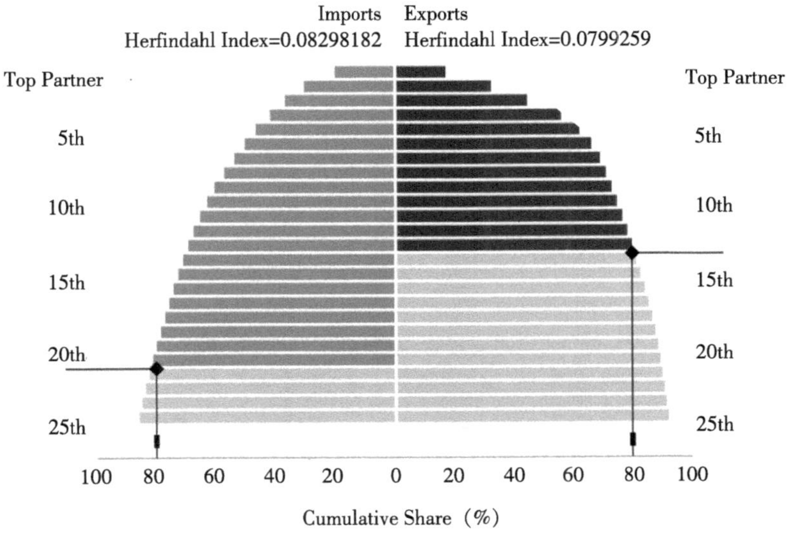

图 JO-10 约旦同贸易伙伴的集中度指数（2013 年）

资料来源：http：//comtrade.un.org/labs/

（四）对外直接投资

约旦的投资环境要优于周边中东地区。约旦目前国内形势较为稳定，拥有自由市场导向的经济，投资环境比较强，吸引力较大。加之良好的基础设施条件、便利的交通运输部门和发达的银行业，拥有中东地区最先进且管理得当的资本市场，使得约旦成为众多投资者密切关注的国度。约旦司法体系较为先进，对于外国投资者的资本和利润汇出没有限制，比其他中东国家的管控政策宽松许多。约旦政府致力于改善投资环境，不断制订和完善投资法规，积极吸引外资，尤其鼓励外商在约旦工业区投资办厂。然而约旦国内同样面临着经济基础薄弱、贫困和高失业率的经济风险，政治上也面临着国内民众满意度不高、腐败严重等内部风险和周边战乱与恐怖主义威胁等外部风险。[①]

① http：//opinion.china.com.cn/opinion_27_136827.html

1.FDI 流入情况

（1）流量

约旦吸引外资流量有小幅下降趋势。2014 年，约旦吸引外资的流量规模为 1760.42 百万美元，占“一带一路”国家和全球的比例分别为 0.40%、0.14%。2005—2014 年，约旦吸引外资量从 1984.49 百万美元减少到 1760.42 百万美元，减少了 224.06 百万美元，年均减少 1.32%。[①]

约旦吸引外资流量增长大致呈“L”型变化趋势。大致分为两个阶段：第一个阶段是大幅下降期（2005—2007 年），增长率从 2005 年的 111.83% 迅速下降到 2006 年的 -26.01%。第二个阶段是缓慢恢复期，增长率在波动中处于上升趋势，至 2015 年增长率恢复到 0.74%。

表 JO-6　约旦吸引投资流量情况（2005—2014 年）

年份	投资量（百万美元）	投资增长率占比（%）	在“一带一路”国家中的占比（%）	在全球的占比（%）
2005	1984.49	111.83	0.75	0.21
2006	3544.01	78.59	0.94	0.25
2007	2622.14	-26.01	0.57	0.14
2008	2826.26	7.78	0.55	0.19
2009	2413.10	-14.62	0.66	0.20
2010	1650.85	-31.59	0.38	0.12
2011	1473.52	-10.74	0.31	0.09
2012	1497.32	1.62	0.33	0.11
2013	1747.46	16.71	0.38	0.12
2014	1760.42	0.74	0.40	0.14

数据来源：http：//unctad.org/en/Pages/DIAE/FDI%20Statistics/FDI-Statistics-Bilateral.aspx

① 吸引外资流量为负数，表明当期统计时间段里有外资企业减少了注册资本，相对应地就减少了合同利用外资，如果当期没有新增合同利用外资，或新增合同利用外资低于减资的部分，当期合同利用外资统计就会出现负数。

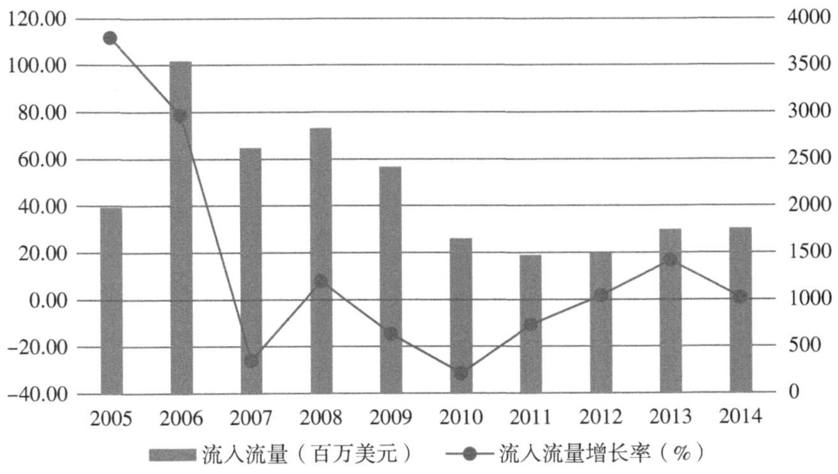

图 JO-11　约旦吸引投资流量及增长率变化（2005—2014 年）

数据来源：联合国贸发会议数据库（UNCTADSTAT）

（2）存量

约旦吸引外商投资的存量规模增长较慢。2014 年，约旦吸引外资的存量规模为 28733.80 百万美元，占“一带一路”国家和全球的比例分别为 0.52%、0.12%。2005—2014 年，约旦吸引外资存量从 13228.79 百万美元增加到 28733.80 百万美元，增加了 15505.01 百万美元，年均增长 9.00%，其增幅分别比“一带一路”国家、全球低 5.56 个百分点、0.38 个百分点。

约旦吸引外资存量增长在波动中呈下降趋势。大致分为两个阶段：第一阶段是大幅波动期（2005—2008 年），这一时期增长率于 2006 年达到谷底，增长率为 -3.90%，后迅速反弹至 49.55%，2008 年又下落至 7.33% 的增长率；第二阶段是缓慢上涨期，增长率从 2008 年的 7.33% 上升到 2014 年的 7.48%，增长了 0.15 个百分点。

表 JO-7　约旦吸引投资存量情况（2005—2014 年）

年份	投资量（百万美元）	投资增长率（%）	在“一带一路”国家中的占比（%）	在全球的占比（%）
2005	13228.79	59.08	0.82	0.12
2006	12713.13	-3.90	0.60	0.09
2007	19012.72	49.55	0.64	0.11
2008	20405.80	7.33	0.72	0.14
2009	20761.41	1.74	0.60	0.12

续表

年份	投资量（百万美元）	投资增长率（%）	在“一带一路”国家中的占比（%）	在全球的占比（%）
2010	21898.59	5.48	0.53	0.11
2011	23372.11	6.73	0.54	0.11
2012	24869.44	6.41	0.50	0.11
2013	26733.80	7.50	0.49	0.11
2014	28733.80	7.48	0.52	0.12

数据来源：http：//unctad.org/en/Pages/DIAE/FDI%20Statistics/FDI-Statistics-Bilateral.aspx

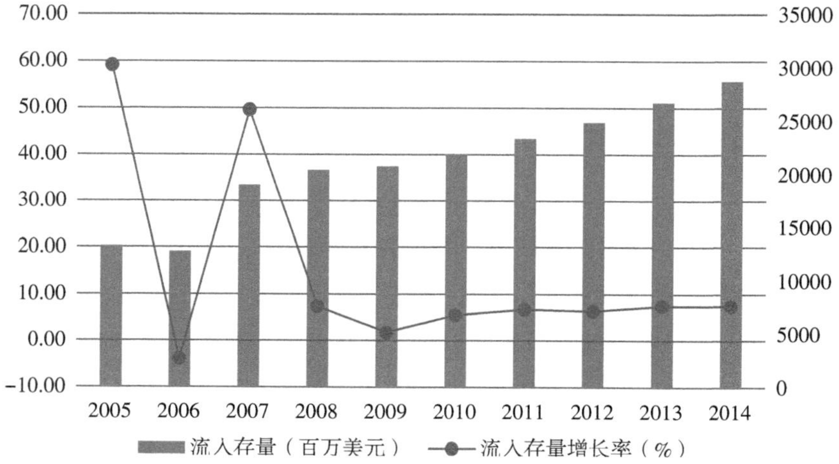

图 JO-12　约旦吸引投资存量及增长率变化（2005—2014 年）

数据来源：联合国贸发会议数据库（UNCTADSTAT）

2.FDI 流出情况

（1）流量

约旦对外投资流量下降明显。2014年，约旦对外投资的流量为83.38 百万美元，占“一带一路”国家和全球的比例分别为 0.03%、0.01%。2005—2014 年，约旦对外投资流量从 163.19 百万美元下降到 83.38 百万美元，下降了 79.81 百万美元，年均减少 7.19%。

约旦对外投资流量增长呈“W”形变化趋势。大致可以分为四个阶段：2005-2006 年为第一阶段，增长率出现大幅下降，降幅达 981.51 个百分点，2006-2009 年为第二阶段，增长率经过 3 年的增长迅速攀升至 464.57%，到达次高点后开始进入大幅下降阶段，至 2012 年增长率降到 -82.65%，2013-2014 年为第四个阶段，增长率

恢复为正数，2014 年达 433.33%

表 JO-8　2005—2014 年约旦对外投资流量情况

年份	投资量（百万美元）	投资增长率占比（%）	在“一带一路”国家中的占比（%）	在全球的占比（%）
2005	163.19	796.90	0.21	0.02
2006	-138.08	-184.62	-0.09	-0.01
2007	48.10	-134.83	0.02	0.00
2008	12.82	-73.34	0.01	0.00
2009	72.39	464.57	0.04	0.01
2010	28.45	-60.70	0.01	0.00
2011	30.85	8.42	0.01	0.00
2012	5.35	-82.65	0.00	0.00
2013	15.63	192.11	0.01	0.00
2014	83.38	433.33	0.03	0.01

数据来源：http：//unctad.org/en/Pages/DIAE/FDI%20Statistics/FDI-Statistics-Bilateral.aspx

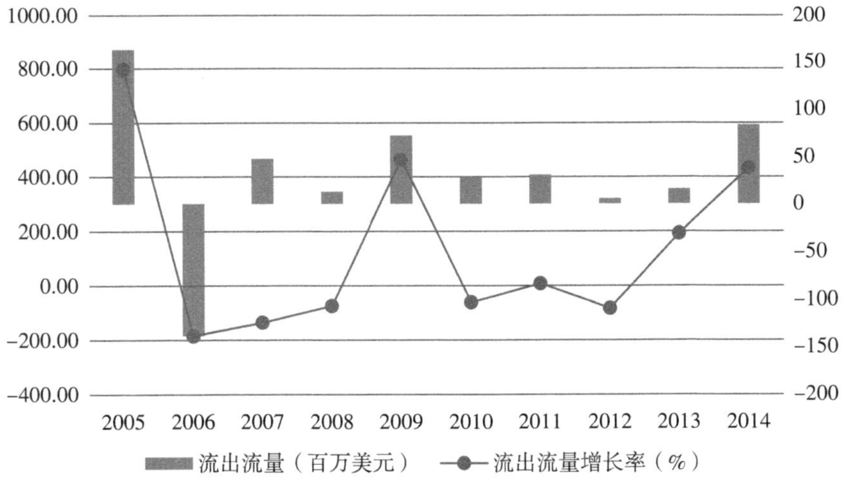

图 JO-13　约旦对外投资流量及增长率变化（2005—2014 年）

数据来源：联合国贸发会议数据库（UNCTADSTAT）

（2）存量

约旦对外投资存量增长较慢。2014 年，约旦对外投资的存量规模为 608.45 百万美元，占“一带一路”国家和全球的比例分别为 0.02%、0.00%。2005—2014 年，约旦对外投资存量从 449.65 百万美元增加到 608.45　百万美元，增加了 158.80 百万美元，年均增长 3.42%，其增幅比“一带一路”国家、全球低 16.39 个百分点、5.19 个百分点。

表 JO-9 约旦对外投资存量情况（2005—2014 年）

年份	投资量（百万美元）	投资增长率占比（%）	在“一带一路”国家中的占比（%）	在全球的占比（%）
2005	449.65	56.89	0.08	0.00
2006	311.57	-30.71	0.04	0.00
2007	359.66	15.44	0.03	0.00
2008	372.38	3.54	0.03	0.00
2009	444.37	19.33	0.03	0.00
2010	473.10	6.47	0.03	0.00
2011	503.94	6.52	0.03	0.00
2012	509.30	1.06	0.02	0.00
2013	524.93	3.07	0.02	0.00
2014	608.45	15.91	0.02	0.00

数据来源：http：//unctad.org/en/Pages/DIAE/FDI%20Statistics/FDI-Statistics-Bilateral.aspx

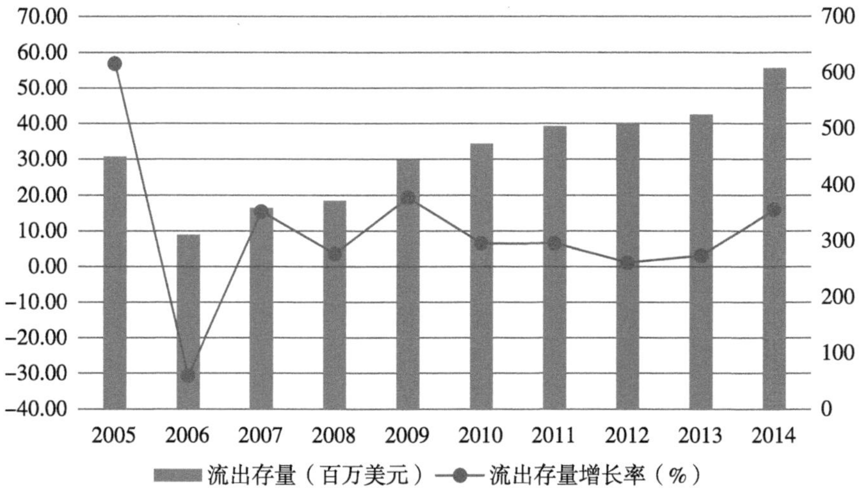

图 JO-14 约旦对外投资存量及增长率变化（2005—2014 年）

数据来源：联合国贸发会议数据库（UNCTADSTAT）

约旦的对外投资存量增长在波动中处于下降趋势。大致可以分为两个阶段：第一个阶段是快速下降阶段（2005—2007 年），这一时期增长率从 2005 年的 56.89% 下降到 2006 年的 -30.71%，降幅达 87.60 个百分点，后又反弹至 2007 年的 15.44%；第二个阶段是温和波动阶段（2007-2015 年），增长率在期间发生多次小幅波动，但增长率始终在 9% 上下波动。

3.FDI 净流入情况

约旦是 FDI 净流入国家，净流入量有小幅下降。2005—2014 年，约旦的 FDI 净流入一直大于零，FDI 净流入值从 1821.30 百万美元减少到 1677.04 百万美元，减少了 144.26 百万美元。从变化过程看，约旦的净流入量在经过 2006 年的大幅上升以后，总体处于下降态势，最低点出现在 2011 年，其值为 1442.68 百万美元。

表 JO-10　约旦 FDI 净流入情况（2005—2014 年）

年份	FDI 净流入（百万美元）	年份	FDI 净流入（百万美元）
2005	1821.30	2010	1622.39
2006	3682.09	2011	1442.68
2007	2574.05	2012	1491.97
2008	2813.43	2013	1731.83
2009	2340.70	2014	1677.04

数据来源：根据资料整理得出

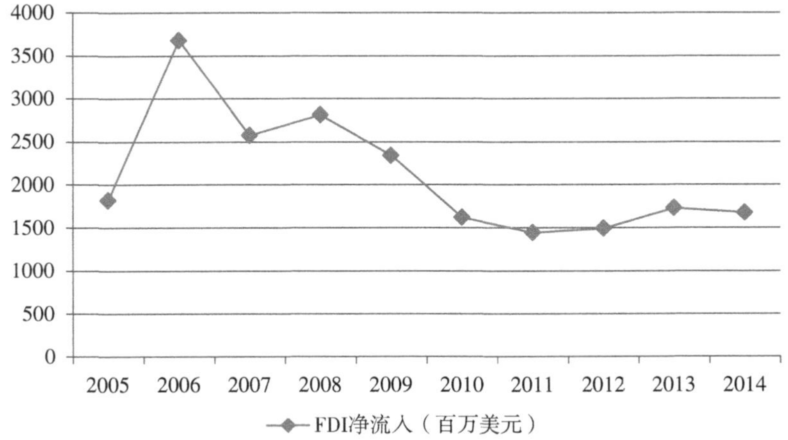

图 JO-15　约旦 FDI 净流入变化（2005—2014 年）

数据来源：联合国贸发会议数据库（UNCTADSTAT）

（五）约旦与“一带一路”国家的贸易关系

1. 约旦与“一带一路”国家进出口情况

（1）出口

约旦向“一带一路”国家的出口发展很快，出口份额呈快速上升趋势。2005-2013 年，约旦出口到“一带一路”国家的贸易总额从 11.07 亿美元增加到 27.99 亿美元，增加了 16.92 亿美元，年均增长 12.29%；约旦向“一带一路”国家的出口额占当年出口总额的比重从 2005 年的 25.74% 增加到 2013 年的 35.38%，上升了 9.64 个百分点。

2013 年，约旦向“一带一路”国家出口的地区主要集中在沙特、印度和印度尼西亚。2013 年，约旦出口“一带一路”国家排名前三位的分别为：沙特、印度和印度尼西亚，出口金额分别为9.63亿美元、4.85亿美元和2.29亿美元，分别占出口“一带一路”国家金额的 34.40%、17.33%、8.18%，三者合计占比达 59.91%。和 2005 年相比，沙特取代印度位居榜首，成为约旦主要的出口国。

表 JO-11 约旦向“一带一路”国家的出口情况（2005 年）

排名	国家代码	国别	出口额（亿美元）	排名	国家代码	国别	出口额（亿美元）
1	356	印度	3.46	24	144	斯里兰卡	0.03
2	682	沙特	2.40	25	702	新加坡	0.02
3	376	以色列	1.18	26	31	阿塞拜疆	0.01
4	422	黎巴嫩	0.65	27	703	斯洛伐克	0.01
5	818	埃及	0.45	28	498	摩尔多瓦	0.01
6	156	中国	0.40	29	70	波黑	0.01
7	634	卡塔尔	0.35	30	398	哈萨克斯坦	0.00
8	887	也门	0.33	31	191	克罗地亚	0.00
9	512	阿曼	0.28	32	8	阿尔巴尼亚	0.00
10	792	土耳其	0.26	33	203	捷克	0.00
11	458	马来西亚	0.24	34	268	格鲁吉亚	0.00
12	586	巴基斯坦	0.22	35	462	马尔代夫	0.00
13	360	印度尼西亚	0.14	36	705	斯洛文尼亚	0.00
14	804	乌克兰	0.09	37	233	爱沙尼亚	0.00
15	100	保加利亚	0.09	38	417	吉尔吉斯斯坦	0.00

续表

排名	国家代码	国别	出口额（亿美元）	排名	国家代码	国别	出口额（亿美元）
16	616	波兰	0.09	39	428	拉脱维亚	0.00
17	608	菲律宾	0.08	40	470	马其顿	0.00
18	764	泰国	0.07	41	51	亚美尼亚	0.00
19	642	罗马尼亚	0.06	42	116	柬埔寨	0.00
20	704	越南	0.05	43	112	白俄罗斯	0.00
21	440	立陶宛	0.03	44	496	蒙古	0.00
22	348	匈牙利	0.03	45	626	东帝汶	0.00
23	643	俄罗斯	0.03	46	688	塞尔维亚	0.00

数据来源：重庆“一带一路”投资与贸易研究实验室

表 JO-12　约旦向“一带一路”国家的出口情况（2013 年）

排名	国家代码	国别	出口额（亿美元）	排名	国家代码	国别	出口额（亿美元）
1	682	沙特	9.63	24	31	阿塞拜疆	0.03
2	356	印度	4.85	25	703	斯洛伐克	0.02
3	360	印度尼西亚	2.29	26	70	波黑	0.01
4	422	黎巴嫩	1.54	27	144	斯里兰卡	0.01
5	634	卡塔尔	1.34	28	398	哈萨克斯坦	0.01
6	818	埃及	1.30	29	498	摩尔多瓦	0.00
7	376	以色列	1.13	30	203	捷克	0.00
8	156	中国	1.06	31	51	亚美尼亚	0.00
9	792	土耳其	1.03	32	705	斯洛文尼亚	0.00
10	458	马来西亚	1.02	33	8	阿尔巴尼亚	0.00
11	100	保加利亚	0.56	34	616	波兰	0.00
12	887	也门	0.55	35	191	克罗地亚	0.00
13	512	阿曼	0.53	36	116	柬埔寨	0.00
14	764	泰国	0.29	37	112	白俄罗斯	0.00
15	586	巴基斯坦	0.15	38	268	格鲁吉亚	0.00
16	608	菲律宾	0.12	39	440	立陶宛	0.00
17	804	乌克兰	0.12	40	428	拉脱维亚	0.00
18	704	越南	0.10	41	470	马其顿	0.00

续表

排名	国家代码	国别	出口额（亿美元）	排名	国家代码	国别	出口额（亿美元）
19	643	俄罗斯	0.07	42	417	吉尔吉斯斯坦	0.00
20	642	罗马尼亚	0.06	43	462	马尔代夫	0.00
21	348	匈牙利	0.06	44	233	爱沙尼亚	0.00
22	702	新加坡	0.05	45	496	蒙古	0.00
23	688	塞尔维亚	0.03	46	626	东帝汶	0.00

数据来源：重庆“一带一路”投资与贸易研究实验室

（2）进口

约旦从“一带一路”国家的进口发展较快，进口份额有小幅下降。2005-2013年，约旦从“一带一路”国家的进口总额从55.42亿美元增加到112.14亿美元，增加了56.72亿美元，年均增长9.21%。约旦从“一带一路”国家的进口额占当年进口总额的比重从2005年的52.79%下降到2013年的50.82%，下降1.97个百分点。

约旦从“一带一路”国家进口的地区主要分布在亚洲。2013年，排名前三的进口国依次为：中国、沙特和印度，其进口金额分别为34.35亿美元、18.52亿美元、16.98亿美元，分别占从“一带一路”国家进口额的比重为30.63%、16.52%、15.14%。和2005年相比，中国取代沙特成为约旦第一进口国。

表 JO-13 约旦从“一带一路”国家的进口情况（2005年）

排名	国家代码	国别	进口额（亿美元）	排名	国家代码	国别	进口额（亿美元）
1	682	沙特	27.33	24	100	保加利亚	0.10
2	156	中国	8.32	25	440	立陶宛	0.09
3	792	土耳其	2.89	26	112	白俄罗斯	0.09
4	818	埃及	1.96	27	703	斯洛伐克	0.08
5	804	乌克兰	1.82	28	705	斯洛文尼亚	0.04
6	356	印度	1.72	29	608	菲律宾	0.02
7	360	印度尼西亚	1.57	30	688	塞尔维亚	0.02
8	376	以色列	1.16	31	887	也门	0.01
9	458	马来西亚	1.14	32	70	波黑	0.01
10	764	泰国	1.10	33	498	摩尔多瓦	0.01
11	643	俄罗斯	0.87	34	233	爱沙尼亚	0.01

续表

排名	国家代码	国别	进口额（亿美元）	排名	国家代码	国别	进口额（亿美元）
12	422	黎巴嫩	0.75	35	191	克罗地亚	0.01
13	203	捷克	0.70	36	428	拉脱维亚	0.00
14	512	阿曼	0.63	37	470	马其顿	0.00
15	348	匈牙利	0.56	38	116	柬埔寨	0.00
16	634	卡塔尔	0.54	39	8	阿尔巴尼亚	0.00
17	616	波兰	0.35	40	51	亚美尼亚	0.00
18	702	新加坡	0.34	41	626	东帝汶	0.00
19	642	罗马尼亚	0.32	42	417	吉尔吉斯斯坦	0.00
20	144	斯里兰卡	0.27	43	31	阿塞拜疆	0.00
21	586	巴基斯坦	0.26	44	268	格鲁吉亚	0.00
22	398	哈萨克斯坦	0.20	45	462	马尔代夫	0.00
23	704	越南	0.11	46	496	蒙古	0.00

数据来源：重庆“一带一路”投资与贸易研究实验室

表 JO-14　约旦从“一带一路”国家的进口情况（2013 年）

排名	国家代码	国别	进口额（亿美元）	排名	国家代码	国别	进口额（亿美元）
1	156	中国	34.35	24	203	捷克	0.35
2	682	沙特	18.52	25	512	阿曼	0.34
3	356	印度	16.98	26	348	匈牙利	0.33
4	818	埃及	8.52	27	440	立陶宛	0.15
5	792	土耳其	7.44	28	112	白俄罗斯	0.13
6	804	乌克兰	4.12	29	705	斯洛文尼亚	0.11
7	764	泰国	2.64	30	398	哈萨克斯坦	0.10
8	642	罗马尼亚	2.46	31	688	塞尔维亚	0.09
9	634	卡塔尔	2.35	32	608	菲律宾	0.08
10	702	新加坡	1.75	33	233	爱沙尼亚	0.03
11	643	俄罗斯	1.70	34	428	拉脱维亚	0.03
12	360	印度尼西亚	1.59	35	268	格鲁吉亚	0.02
13	458	马来西亚	1.59	36	70	波黑	0.02
14	422	黎巴嫩	1.42	37	116	柬埔寨	0.01

续表

排名	国家代码	国别	进口额（亿美元）	排名	国家代码	国别	进口额（亿美元）
15	376	以色列	0.98	38	8	阿尔巴尼亚	0.00
16	616	波兰	0.71	39	470	马其顿	0.00
17	586	巴基斯坦	0.59	40	51	亚美尼亚	0.00
18	887	也门	0.51	41	498	摩尔多瓦	0.00
19	704	越南	0.48	42	31	阿塞拜疆	0.00
20	191	克罗地亚	0.46	43	417	吉尔吉斯斯坦	0.00
21	144	斯里兰卡	0.44	44	462	马尔代夫	0.00
22	703	斯洛伐克	0.38	45	496	蒙古	0.00
23	100	保加利亚	0.36	46	626	东帝汶	0.00

数据来源：重庆“一带一路”投资与贸易研究实验室

（3）净出口

约旦与大部分“一带一路”国家保持贸易逆差状态。2005-2013 年，约旦向“一带一路”国家的净出口额从 -44.34 亿美元下降到 -84.14 亿美元，降低了 39.80 亿美元。约旦与“一带一路”国家的贸易逆差排名前三的国家分别为：中国、印度和沙特，净出口额分别为 -33.29 亿美元、-12.13 亿美元、-8.89 亿美元。

表 JO-15　约旦与“一带一路”国家的贸易顺差情况（2013 年）

排名	国家代码	国别	净出口（亿美元）	排名	国家代码	国别	净出口（亿美元）
1	360	印度尼西亚	0.69	24	705	斯洛文尼亚	-0.10
2	100	保加利亚	0.20	25	112	白俄罗斯	-0.13
3	512	阿曼	0.19	26	440	立陶宛	-0.15
4	376	以色列	0.15	27	348	匈牙利	-0.27
5	422	黎巴嫩	0.12	28	203	捷克	-0.34
6	887	也门	0.05	29	703	斯洛伐克	-0.36
7	608	菲律宾	0.04	30	704	越南	-0.39
8	31	阿塞拜疆	0.03	31	144	斯里兰卡	-0.43
9	498	摩尔多瓦	0.00	32	586	巴基斯坦	-0.44
10	51	亚美尼亚	0.00	33	191	克罗地亚	-0.46
11	462	马尔代夫	0.00	34	458	马来西亚	-0.57

续表

排名	国家代码	国别	净出口（亿美元）	排名	国家代码	国别	净出口（亿美元）
12	496	蒙古	0.00	35	616	波兰	-0.71
13	626	东帝汶	0.00	36	634	卡塔尔	-1.01
14	417	吉尔吉斯斯坦	0.00	37	643	俄罗斯	-1.64
15	8	阿尔巴尼亚	0.00	38	702	新加坡	-1.70
16	470	马其顿	0.00	39	764	泰国	-2.36
17	70	波黑	0.00	40	642	罗马尼亚	-2.40
18	116	柬埔寨	0.00	41	804	乌克兰	-4.01
19	268	格鲁吉亚	-0.02	42	792	土耳其	-6.41
20	428	拉脱维亚	-0.03	43	818	埃及	-7.22
21	233	爱沙尼亚	-0.03	44	682	沙特	-8.89
22	688	塞尔维亚	-0.06	45	356	印度	-12.13
23	398	哈萨克斯坦	-0.09	46	156	中国	-33.29

数据来源：重庆“一带一路”投资与贸易研究实验室

2. 约旦与“一带一路”国家贸易竞争关系

约旦与“一带一路”国家贸易竞争关系总体较弱。2013 年约旦与“一带一路”国家平均贸易竞争指数为 0.0544，CS 值小于 0.2，说明两者的竞争关系弱。与约旦贸易竞争关系较强的“一带一路”国家有 1 个，占总数的 2.17%，平均 CS 值为 0.2819，这个国家是斯洛文尼亚；与约旦贸易竞争关系弱的“一带一路”国家有 45 个，占总数的 97.83%，平均 CS 值为 0.0493。

约旦与“一带一路”国家贸易竞争关系略有下降。2005–2013 年，约旦与“一带一路”国家平均贸易竞争指数从 0.0572 下降到 0.0544，下降了 0.0028；与约旦贸易竞争关系较强的“一带一路”国家，从 2005 年的 0 个变为 2013 年的 1 个，增加了 1 个。

表 JO-16　约旦与“一带一路”国家贸易竞争情况（2005 年、2013 年）

国家代码	国家	2013 年		2005 年	
		CS 值	排名	CS 值	排名
705	斯洛文尼亚	0.2819	1	0.1691	3
498	摩尔多瓦	0.1585	2	0.0275	27
348	匈牙利	0.1465	3	0.1445	4

续表

国家代码	国家	2013 年		2005 年	
		CS 值	排名	CS 值	排名
191	克罗地亚	0.1316	4	0.0983	9
616	波兰	0.1267	5	0.0772	16
792	土耳其	0.1100	6	0.1736	2
428	拉脱维亚	0.1073	7	0.0708	17
376	以色列	0.1071	8	0.0604	21
642	罗马尼亚	0.0950	9	0.0656	19
356	印度	0.0842	10	0.1107	7
100	保加利亚	0.0840	11	0.0626	20
818	埃及	0.0838	12	0.0101	38
688	塞尔维亚	0.0805	13	0.0790	13
422	黎巴嫩	0.0732	14	0.1895	1
203	捷克	0.0722	15	0.0787	14
156	中国	0.0599	16	0.1065	8
440	立陶宛	0.0582	17	0.0455	24
268	格鲁吉亚	0.0525	18	0.0317	26
704	越南	0.0505	19	0.0256	29
702	新加坡	0.0480	20	0.0546	22
70	波黑	0.0476	21	0.0236	31
703	斯洛伐克	0.0473	22	0.0783	15
764	泰国	0.0470	23	0.0961	11
233	爱沙尼亚	0.0423	24	0.0828	12
470	马其顿	0.0423	25	0.0970	10
586	巴基斯坦	0.0383	26	0.0470	23
116	柬埔寨	0.0338	27	0.1160	6
112	白俄罗斯	0.0225	28	0.0231	32
458	马来西亚	0.0224	29	0.0660	18
804	乌克兰	0.0224	30	0.0169	35
144	斯里兰卡	0.0212	31	0.1238	5
417	吉尔吉斯斯坦	0.0191	32	0.0204	33
51	亚美尼亚	0.0159	33	0.0324	25
626	东帝汶	0.0120	34	0.0168	36

续表

国家代码	国家	2013 年		2005 年	
		CS 值	排名	CS 值	排名
360	印度尼西亚	0.0115	35	0.0203	34
8	阿尔巴尼亚	0.0107	36	0.0258	28
608	菲律宾	0.0083	37	0.0251	30
643	俄罗斯	0.0065	38	0.0053	41
512	阿曼	0.0042	39	0.0016	42
634	卡塔尔	0.0035	40	0.0005	46
887	也门	0.0031	41	0.0007	45
496	蒙古	0.0025	42	0.0105	37
682	沙特	0.0020	43	0.0010	44
31	阿塞拜疆	0.0014	44	0.0085	40
398	哈萨克斯坦	0.0010	45	0.0013	43
462	马尔代夫	0.0004	46	0.0087	39

数据来源：重庆“一带一路”投资与贸易研究实验室

表 JO-17　约旦与“一带一路”国家 CS 值统计情况（2005 年、2013 年）

年份	类型	国家数量（个）	占比（%）	均值
2005	“一带一路”国家	46	100.00	0.0572
	其中：CS>0.3	0	0.00	0.0000
	0.2<CS<0.3	0	0.00	0.0000
	CS<0.2	46	100.00	0.0572
2013	“一带一路”国家	46	100.00	0.0544
	其中：CS>0.3	0	0.00	0.0000
	0.2<CS<0.3	1	2.17	0.2819
	CS<0.2	45	97.83	0.0493

数据来源：重庆“一带一路”投资与贸易研究实验室

表 JO-18　约旦与“一带一路”国家 CS 值排名前 10 的国家（2005 年、2013 年）

排名	2005 年			2013 年		
	国家	CS 值	区域	国家	CS 值	区域
1	斯洛文尼亚	0.2819	中东欧	黎巴嫩	0.1895	西亚北非

续表

排名	2005 年			2013 年		
	国家	CS 值	区域	国家	CS 值	区域
2	摩尔多瓦	0.1585	中东欧	土耳其	0.1736	西亚北非
3	匈牙利	0.1465	中东欧	斯洛文尼亚	0.1691	中东欧
4	克罗地亚	0.1316	中东欧	匈牙利	0.1445	中东欧
5	波兰	0.1267	中东欧	斯里兰卡	0.1238	南亚
6	土耳其	0.1100	西亚北非	柬埔寨	0.116	东南亚
7	拉脱维亚	0.1073	中东欧	印度	0.1107	南亚
8	以色列	0.1071	西亚北非	中国	0.1065	东亚
9	罗马尼亚	0.0950	中东欧	克罗地亚	0.0983	中东欧
10	印度	0.0842	南亚	马其顿	0.097	中东欧

数据来源：重庆“一带一路”投资与贸易研究实验室

约旦的贸易竞争对手主要集中在亚洲和中东欧地区。2013 年约旦与“一带一路”国家 CS 值排名前十位的国家有 4 个国家来自于中东欧地区，有 2 个国家来自于南亚，有 2 个国家来自于西亚北非，各有 1 个国家来自东亚、东南亚。较之 2005 年，来自西亚北非的黎巴嫩取代了来自中东欧的斯洛文尼亚成为约旦最为激烈的竞争国。

3. 约旦与“一带一路”国家贸易互补关系

约旦与“一带一路”国家贸易互补关系总体弱，贸易有利于约旦进口。2013 年约旦与“一带一路”国家平均贸易互补指数为 0.1693，TCI 值小于 0.2，表明两者之间的互补关系弱。与约旦贸易互补关系较强的“一带一路”国家有 12 个，占总数的 26.09%，平均 TCI 值为 0.2063，这些国家分别为黎巴嫩、阿尔巴尼亚、摩尔多瓦、格鲁吉亚、克罗地亚、波黑、卡塔尔、俄罗斯、罗马尼亚、斯洛文尼亚、沙特和拉脱维亚；与约旦贸易互补关系弱的“一带一路”国家有 34 个，占总数的 73.91%，平均 TCI 值为 0.1562。一般认为，以本国出口计算的贸易互补性指数大于以他国出口计算的贸易互补性指数，说明利于本国出口，反之利于他国出口。2013 年，以约旦出口计算的贸易互补性指数为 0.2152，以他国出口计算的贸易互补性指数为 0.1693，说明与“一带一路”国家的贸易总体上有利于约旦进口，有助于他国的出口。

约旦与“一带一路”国家之间的贸易互补关系基本维持不变。2005–2013 年，约旦与“一带一路”国家平均贸易互补指数从 0.1710 下降到 0.1693，下降了 0.0007。与约旦贸易互补关系较强的国家从 2005 年的 9 个变为 2013 年的 12 个，增加了 3 个。

表 JO-19　约旦与“一带一路”国家贸易互补情况（2005 年）

国家代码	国家	TCI 值（以本国出口计算）	排名	TCI 值（以他国出口计算）	排名
422	黎巴嫩	0.2263	1	0.1997	26
428	拉脱维亚	0.2204	2	0.2225	19
191	克罗地亚	0.2192	3	0.2452	13
643	俄罗斯	0.2082	4	0.2909	1
268	格鲁吉亚	0.2067	5	0.1159	36
682	沙特	0.2054	6	0.2134	22
70	波黑	0.2049	7	0.1121	37
8	阿尔巴尼亚	0.2018	8	0.0655	41
512	阿曼	0.2003	9	0.2134	21
642	罗马尼亚	0.1988	10	0.2077	24
100	保加利亚	0.1965	11	0.1831	29
705	斯洛文尼亚	0.1962	12	0.2135	20
440	立陶宛	0.1959	13	0.2614	7
616	波兰	0.1956	14	0.264	6
498	摩尔多瓦	0.1951	15	0.1033	38
703	斯洛伐克	0.1948	16	0.2467	12
203	捷克	0.1926	17	0.2588	8
688	塞尔维亚	0.1913	18	0.2047	25
233	爱沙尼亚	0.1884	19	0.2283	18
348	匈牙利	0.1861	20	0.2703	4
398	哈萨克斯坦	0.1835	21	0.2306	17
634	卡塔尔	0.1823	22	0.1916	28
470	马其顿	0.1814	23	0.1424	33
417	吉尔吉斯斯坦	0.1812	24	0.1504	30
462	马尔代夫	0.1706	25	0.0591	44
804	乌克兰	0.1697	26	0.15	31
376	以色列	0.1666	27	0.1322	34
51	亚美尼亚	0.1622	28	0.0597	43
496	蒙古	0.1617	29	0.0296	45
887	也门	0.1574	30	0.1989	27
704	越南	0.1564	31	0.2733	3

续表

国家代码	国家	TCI 值（以本国出口计算）	排名	TCI 值（以他国出口计算）	排名
144	斯里兰卡	0.156	32	0.0629	42
792	土耳其	0.1532	33	0.2514	10
31	阿塞拜疆	0.1451	34	0.2349	14
112	白俄罗斯	0.1448	35	0.2094	23
702	新加坡	0.1445	36	0.2342	16
586	巴基斯坦	0.1416	37	0.1201	35
360	印度尼西亚	0.135	38	0.2504	11
764	泰国	0.1318	39	0.2775	2
458	马来西亚	0.1301	40	0.2664	5
116	柬埔寨	0.122	41	0.0169	46
818	埃及	0.1212	42	0.1445	32
356	印度	0.1196	43	0.2526	9
608	菲律宾	0.1154	44	0.1022	39
626	东帝汶	0.107	45	0.075	40
156	中国	0.1032	46	0.2347	15

数据来源：重庆“一带一路”投资与贸易研究实验室

表 JO-20　约旦与“一带一路”国家贸易互补情况（2013 年）

国家代码	国家	TCI 值（以本国出口计算）	排名	TCI 值（以他国出口计算）	排名
422	黎巴嫩	0.2126	1	0.3135	6
8	阿尔巴尼亚	0.2119	2	0.1742	30
498	摩尔多瓦	0.2112	3	0.142	38
268	格鲁吉亚	0.209	4	0.1732	31
191	克罗地亚	0.2077	5	0.2678	16
70	波黑	0.2059	6	0.1587	34
634	卡塔尔	0.2048	7	0.1422	37
643	俄罗斯	0.2047	8	0.3626	4
642	罗马尼亚	0.2031	9	0.2451	21
705	斯洛文尼亚	0.2028	10	0.2524	19
682	沙特	0.2012	11	0.1723	32

续表

国家代码	国家	TCI 值（以本国出口计算）	排名	TCI 值（以他国出口计算）	排名
428	拉脱维亚	0.2001	12	0.2899	10
398	哈萨克斯坦	0.1987	13	0.1948	27
440	立陶宛	0.1932	14	0.3818	1
688	塞尔维亚	0.1912	15	0.2506	20
100	保加利亚	0.1906	16	0.287	11
470	马其顿	0.1863	17	0.1259	39
462	马尔代夫	0.1858	18	0.0024	46
51	亚美尼亚	0.1804	19	0.07	42
616	波兰	0.18	20	0.3097	8
804	乌克兰	0.1782	21	0.1778	28
376	以色列	0.1758	22	0.1457	35
417	吉尔吉斯斯坦	0.1749	23	0.1964	26
203	捷克	0.1745	24	0.2668	17
512	阿曼	0.1737	25	0.1768	29
233	爱沙尼亚	0.1716	26	0.2684	15
818	埃及	0.1649	27	0.3638	3
112	白俄罗斯	0.1635	28	0.3271	5
887	也门	0.1627	29	0.1615	33
703	斯洛伐克	0.1625	30	0.2526	18
31	阿塞拜疆	0.1625	31	0.1999	25
348	匈牙利	0.1622	32	0.2804	14
496	蒙古	0.1522	33	0.1444	36
144	斯里兰卡	0.1479	34	0.0643	43
704	越南	0.1464	35	0.2186	24
608	菲律宾	0.1453	36	0.1101	41
458	马来西亚	0.1394	37	0.2848	12
360	印度尼西亚	0.1362	38	0.2321	23
702	新加坡	0.1333	39	0.302	9
792	土耳其	0.1322	40	0.3102	7
764	泰国	0.1264	41	0.2811	13
116	柬埔寨	0.1193	42	0.0398	45

续表

国家代码	国家	TCI 值（以本国出口计算）	排名	TCI 值（以他国出口计算）	排名
586	巴基斯坦	0.1146	43	0.1227	40
356	印度	0.0997	44	0.3705	2
626	东帝汶	0.0934	45	0.0508	44
156	中国	0.0919	46	0.2361	22

数据来源：重庆“一带一路”投资与贸易研究实验室

表 JO-21　约旦与“一带一路”国家贸易互补关系统计情况（2005 年、2013 年）

年份	类别	指标	国家数量（个）	占比（%）	均值
2005	以本国出口计算	“一带一路”国家	46	100.00	0.1710
		其中：TCI>0.3	0	0.00	0.0000
		0.2<TCI<0.3	9	19.57	0.2104
		TCI<0.2	37	80.43	0.1615
	以他国出口计算	“一带一路”国家	46	100.00	0.1842
		其中：TCI>0.3	0	0.00	0.0000
		0.2<TCI<0.3	25	54.35	0.2422
		TCI<0.2	21	45.65	0.1150
2013	以本国出口计算	“一带一路”国家	46	100.00	0.1693
		其中：TCI>0.3	0	0.00	0.0000
		0.2<TCI<0.3	12	26.09	0.2063
		TCI<0.2	34	73.91	0.1562
	以他国出口计算	“一带一路”国家	46	100.00	0.2152
		其中：TCI>0.3	9	19.57	0.3379
		0.2<TCI<0.3	15	32.61	0.2609
		TCI<0.2	22	47.83	0.1339

数据来源：重庆“一带一路”投资与贸易研究实验室

表 JO-22　约旦与“一带一路”国家 TCI 值排名前 10 的国家（2005 年、2013 年）

排名	2005 年			2013 年		
	国家	TCI 值	区域	国家	TCI 值	区域
1	黎巴嫩	0.2263	西亚北非	黎巴嫩	0.2126	西亚北非
2	拉脱维亚	0.2204	中东欧	阿尔巴尼亚	0.2119	中东欧

续表

排名	2005 年			2013 年		
	国家	TCI 值	区域	国家	TCI 值	区域
3	克罗地亚	0.2192	中东欧	摩尔多瓦	0.2112	中东欧
4	俄罗斯	0.2082	欧洲	格鲁吉亚	0.2090	独联体
5	格鲁吉亚	0.2067	独联体	克罗地亚	0.2077	中东欧
6	沙特	0.2054	西亚北非	波黑	0.2059	中东欧
7	波黑	0.2049	中东欧	卡塔尔	0.2048	西亚北非
8	阿尔巴尼亚	0.2018	中东欧	俄罗斯	0.2047	欧洲
9	阿曼	0.2003	西亚北非	罗马尼亚	0.2031	中东欧
10	罗马尼亚	0.1988	中东欧	斯洛文尼亚	0.2028	中东欧

数据来源：重庆“一带一路”投资与贸易研究实验室

约旦的贸易互补国主要分布在中东欧地区。2013 年，约旦与“一带一路”国家 CS 值排名前十位的国家中有 6 个国家来自中东欧，有 2 个国家来自西亚北非，分别有 1 个国家来自欧洲、独联体。和 2005 年相比，来自中东欧的阿尔巴尼亚、摩尔多瓦和西亚北非的卡塔尔取代来自中东欧的拉脱维亚、西亚北非的沙特和阿曼成为约旦贸易互补指数排名前十的国家。

（六）中国与约旦的贸易关系

中国与约旦于 1977 年 4 月 7 日建交。1979 年 5 月，中约两国签订贸易协定。近年来，双边贸易合作快速增长，中国已成为约旦第三大贸易伙伴和第一大商品进口来源国。两国签订的重要双边协议和文件有：《中华人民共和国和约旦哈希姆王国关于建立外交关系的联合公报》（1977 年 4 月）、《中华人民共和国政府和约旦哈希姆王国政府关于建立中国—约旦战略对话小组的谅解备忘录》（2006 年 12 月）、《中约两国政府经济技术合作协定》（2007 年 10 月）、《中约两国政府 2007–2010 年文化合作执行计划》（2007 年 10 月）。①

1. 中国对约旦的出口情况

中国出口约旦的产品相对集中于服装、机电、钢铁等产品。2015 年，中国出口约旦的总金额为 3431339 千美元，排在前三位的产品主要有针织或钩编服装、饰品；电气、电子设备；机械、核反应堆、锅炉等，出口金额分别为 479204 千美元、

① http：//wcm.fmprc.gov.cn/pub/chn/pds/gjhdq/gj/yz/

468221 千美元、239731 千美元，在进口总金额中的比重分别为 13.97%、13.65%、6.99%。

表 JO-23　中国对约旦的出口情况（2015 年）

排名	产品	金额（千美元）	比重（%）
1	针织或钩编服装、饰品	479204	13.97
2	电气、电子设备	468221	13.65
3	机械、核反应堆、锅炉等	239731	6.99
4	非针织或钩编服装、饰品	212589	6.20
5	鞋类，护腿等及其部分产品	183648	5.35
6	钢铁	175404	5.11
7	家具，灯饰，标牌，预制建筑	167023	4.87
8	塑料及其制品	132754	3.87
9	针织或钩编织物	131192	3.82
10	钢铁制品	112340	3.27
合计		2302106	67.09

数据来源：http：//www.trademap.org/Product_SelProductCountry.aspx

2. 中国从约旦的进口情况

中国从约旦的进口以肥料为主。2015 年，中国从约旦进口规模达到 287490 千美元，进口的产品主要有肥料；有机化学品；无机化学品、贵重金属化合物、同位素，进口金额分别为 218055 千美元、35664 千美元、22022 千美元，在总金额的比重分别为 75.85%、12.41%、7.66%，上述三项出口金额约占出口总金额的 95.92%。

表 JO-24　中国从约旦的进口情况（2015 年）

排名	产品	金额（千美元）	比重（%）
1	肥料	218055	75.85
2	有机化学品	35664	12.41
3	无机化学品，贵重金属化合物，同位素	22022	7.66
4	针织或钩编服装、饰品	7530	2.62
5	橡胶及其制品	1219	0.42
6	非针织或钩编服装、饰品	953	0.33
7	机械、核反应堆、锅炉等	757	0.26
8	塑料及其制品	341	0.12
9	生皮（毛皮除外）及皮革	327	0.11

续表

排名	产品	金额（千美元）	比重（%）
10	其他化工产品	172	0.06
合计		287040	99.84

数据来源：http：//www.trademap.org/Product_SelProductCountry.aspx

3. 中国与约旦的贸易关系分析

（1）中国与约旦的贸易互补关系总体较强。2013 年，以中国出口计算的贸易互补指数为 0.2361，在“一带一路”国家中排名第 17 位。

（2）中国与约旦贸易互补关系略有增强。2005–2013 年，以中国出口计算的贸易互补指数从 0.2347 增加到 0.2361，增加了 0.59%。

（3）中国与约旦之间的贸易有利于我国出口。以中国出口计算的贸易互补指数大于以约旦出口计算的贸易互补指数，有利于中国出口，同时有利于约旦进口。2005 年，以中国出口计算的贸易互补指数为 0.2347，以约旦出口计算的贸易互补指数为 0.1032；2013 年，以中国出口计算的贸易互补指数为 0.2361，以约旦出口计算的贸易互补指数为 0.0919。

（4）中国与约旦的贸易竞争关系一直较弱。2005 年，两国贸易竞争指数为 0.1065，贸易竞争关系较弱，排名为第 16 位。2013 年，中国与约旦的贸易竞争指数为 0.0599，贸易竞争关系较弱，排名为第 26 位。2005 年至 2013 年，中国与约旦的贸易竞争指数下降了 0.0737，排名下降了 10 位。

十三、黎巴嫩（The Republic of Lebanon）

（一）基本情况

黎巴嫩是中亚小国，地理位置十分重要。黎巴嫩地处西亚，国土面积仅 1 万平方公里，人口不足600万，绝大多数为阿拉伯人，官方语言为阿拉伯语，通用法语、英语，居民主要信奉伊斯兰教和基督教，受法国、英国等西方国家的影响较重，是中东地区最为开放的国家之一。黎巴嫩位于欧亚非大陆交汇处，战略地位十分重要，历史上曾是重要的东西方贸易集散地，20 世纪 60–70 年代，黎巴嫩首都贝鲁特成为中东地区最大的转口贸易中心和金融中心，被誉为“中东小巴黎”，黎巴嫩也有“东方瑞士”之美誉。目前，黎巴嫩人均 GDP 约为 8000 美元，属于中上等收入经济体。

1. 建国历程

黎巴嫩独立建国已有 70 多年历史。黎巴嫩旧译利巴嫩，是一个历史非常悠久的地区，早在 2000 多年前，腓尼基人就生活在这片土地上。公元前 64 年，古罗马占领了黎巴嫩。此后相继受埃及、亚述、巴比伦、波斯、罗马统治；七至十六世纪初成为阿拉伯帝国一部分。1517 年被奥斯曼帝国占领。17 世纪初，黎巴嫩埃米尔法赫鲁丁二世势力逐渐壮大，新建了一支军队并实行社会改革，建立起独立的大黎巴嫩。1920 年成为法国委任统治地。1926 年 5 月，黎巴嫩宣告成为共和国，颁布了宪法，但仍保留法国的委任统治权。1941 年 6 月英军在自由法国部队协助下占领黎巴嫩。同年 11 月自由法国部队宣布结束对黎巴嫩的委任统治。1943 年 11 月 22 日，黎巴嫩摆脱法国委任统治正式宣布独立，成立黎巴嫩共和国。黎巴嫩是议会民主共和国。议会实行一院制，现有 128 个议席，基督教和伊斯兰教议员各占一半。黎党派林立，但力量分散，目前无一党占绝对优势。[①]

---

① http：//baike.baidu.com/link?url=MyJiGjyk7GOAimuAEwDsjHwOsGETdQR02QkH9bNnnzxNj-ZoVBh3OCftxRecKfSyB_8IzlY4XXL0Nf62M-vwnpMzydylxuhPaakenujHjWpu62fv9fZ4vJeO8iE0NJtN.

2. 人口情况

黎巴嫩是人口结构相对合理的国家。2015 年黎巴嫩总人口达 585 万人，其中城镇人口 514 万人，农村人口 71 万人，分别占总人口的 87.79% 和 12.21%；男性人口 285 万人，女性人口 300 万人，分别占总人口的 48.80% 和 51.20%，男女性别比例为：0.95∶1；0–14 岁人口为 140 万人，15–64 岁人口为 397 万人，65 岁以上人口为 48 万人，分别占总人口的 23.99%、67.87%、8.14%。2014 年每千人的人口出生率为 15.19‰，人口死亡率为 4.56‰，人均预期寿命 79.37 岁。

表 LE–1　黎巴嫩人口数及其构成（2015 年）

指标	年末数（万人）	比重（%）
全国总人口	585	100.00
其中：城镇	514	87.79
农村	71	12.21
其中：男性	285	48.80
女性	300	51.20
其中：0–14 岁	140	23.99
15–64 岁	397	67.87
65 岁以上	48	8.14

数据来源：世界银行（world bank）

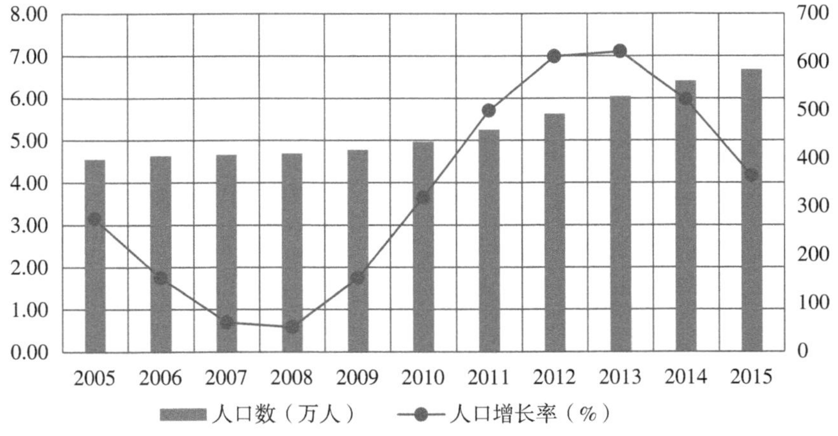

图 LE–1　黎巴嫩人口数及增长率变化（2005—2015 年）

数据来源：世界银行（world bank）

黎巴嫩的人口增长缓慢。2005—2015 年，黎巴嫩的总人口数从 399 万人增加到 585 万人，增加了 186 万人，年均增长 3.91%。黎巴嫩的人口增长呈“S”形变化趋势。经历了三个阶段：第一个阶段是缓慢下降阶段（2005—2008 年），增长率从 2005 年的 3.15% 下降到 2008 年的 0.58%，并于 2008 年触底；第二阶段是快速上升阶段（2008-2013 年），增长率从 2008 年的 0.58% 上升到 2013 年的 7.11%，并达到顶点；第三个阶段是快速下降阶段（2013-2015 年），两年间下降了 2.94 个百分点。

3. 地域状况

黎巴嫩国土面积不大。2015 年，黎巴嫩共和国面积为 10452 平方公里，位于西亚南部地中海东岸，东部和北部与叙利亚交界，南部与巴勒斯坦（以色列）为邻，西濒地中海，海岸线长 220 公里。黎巴嫩全境按地形可分为沿海平原，沿海平原东侧的黎巴嫩山地，黎巴嫩山东侧的贝卡谷地和东部的安提黎巴嫩山。黎巴嫩山纵贯全境，库尔内特·萨乌达山海拔 3083 米，为黎巴嫩最高峰。黎巴嫩河流众多，多向西注入地中海。

黎巴嫩属热带地中海型气候。沿海一带夏季气候炎热潮湿，冬季温暖，高山地区积雪可达 4-6 个月，大部分地区 10 月至次年 4 月为雨季。沿海平原和贝卡谷地 7 月平均最高气温为 32℃，1 月平均最高和最低气温分别为 7℃和 2℃。年平均降水量 1000 毫米左右，山区为 1200 毫米以上。①

4. 资源禀赋

黎巴嫩的矿产资源少，且开采不多。矿藏主要有铁、铅、铜、褐煤和沥青等。黎巴嫩与塞浦路斯之间海域已经证明有大量石油和天然气，石油储量达 0.9-1.2 亿吨，天然气储量达 0.57-2.55 万亿立方米，但目前尚未大规模开采。②

5. 经济实力

黎巴嫩的经济总量较小。2015 年，黎巴嫩 GDP 达到 471.03 亿美元，分别占“一带一路”国家和全球的比例为 0.21% 和 0.06%，人均 GDP 为 8050.75 美元，分别占“一带一路”国家和全球的比例为 165.51% 和 79.41%，属于中上等收入经济体，城镇化率为 87.79%。近年来黎巴嫩的经济增长呈“Π”型变化趋势。2005—2015 年，黎巴嫩的 GDP 从 212.88 亿美元增加到 471.03 亿美元，增加了 258.15 亿美元，年均增长 8.27%。GDP 增长总体分为三个阶段：2005-2006 年为缓慢增长阶段，年均增长率

---

① http：//www.fmprc.gov.cn/web/gjhdq_676201/gj_676203/yz_676205/1206_676668/1206x0_676670/.

② http：//baike.baidu.com/link?url=MyJiGjyk7GOAimuAEwDsjHwOsGETdQR02QkH9bNnnzxNj-ZoVBh3OCftxRecKfSyB_8IzlY4XXL0Nf62M-vwnpMzydylxuhPaakenujHjWpu62fv9fZ4vJeO8iE0NJtN.

为 2.15%，2007 年进入高速增长阶段，2009 年达到顶峰，2010 年略有下降，但这一时期平均增长率达 9.20%，2011 年又回归到 2006 年水平，2011-2015 年平均增长率为 1.68%。

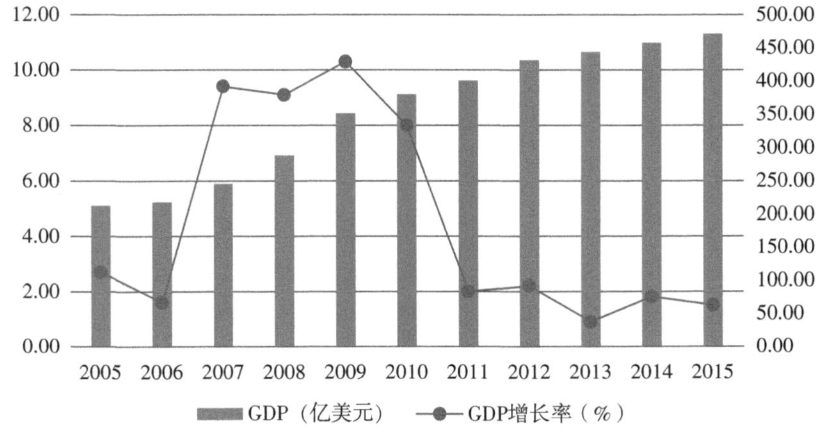

图 LE-2　黎巴嫩 GDP 及增长率变化（2005—2015 年）

数据来源：世界银行（world bank）

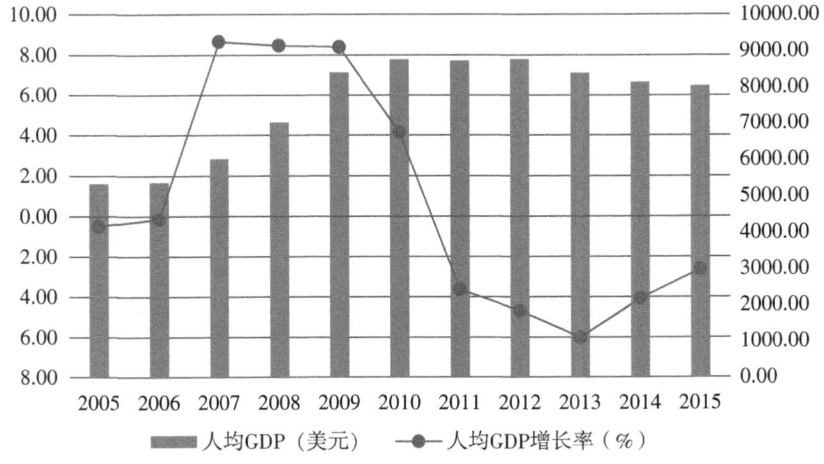

图 LE-3　黎巴嫩人均 GDP 及增长率变化（2005—2015 年）

数据来源：世界银行（world bank）。

（二）产业情况

黎巴嫩是一个以服务业为主的国家。2015 年，一、二、三产业结构比例为 5 : 21 : 74，其中，服务业是黎巴嫩经济的支柱产业，其产值占国内生产总值的 70% 以上，而服务业主要靠旅游业带动，工业是黎巴嫩的一个薄弱产业，受人力资源以及较高的生产成本所限，黎巴嫩工业品难以与本地区及国际同行竞争，农业由于国土狭小，可耕地面积有限，加上投资不足，集约化程度较低，发展相对滞后。[①]

1. 第一产业

黎巴嫩的农业发展较为迅速，在 GDP 中的占比略有上升。2005—2015 年，黎巴嫩农业增加值从 7.54 亿美元增加到 24.26 亿美元，增加了 16.72 亿美元，年均增长 12.41%，农业增加值占 GDP 的比重从 3.96% 上升到 5.57%，上升了 1.61 个百分点。

黎巴嫩种植业在一产业中的比重接近六成。2014 年种植业的增加值为 14.02 亿美元，占比 57.8%，养殖业为 10.24 亿美元，占比 42.2%。种植业中，果树占种植业总产值的比例是 41.1%；蔬菜和花卉占 21.2%；田间作物占 19.5%；农产品加工占 12.7%；森林产品占 2.4%；其他为农作物占 3.1%，值得一提的是，种植类中土豆产量最大，年产值 1.60 亿美元，占比 12.9%。养殖业中，禽类产值占畜牧业产值的比例是 46.9%；奶制品占 20.4%；肉类占 14.7%；海产类产品占 12.1%；蜂蜜养殖占 5.9%。

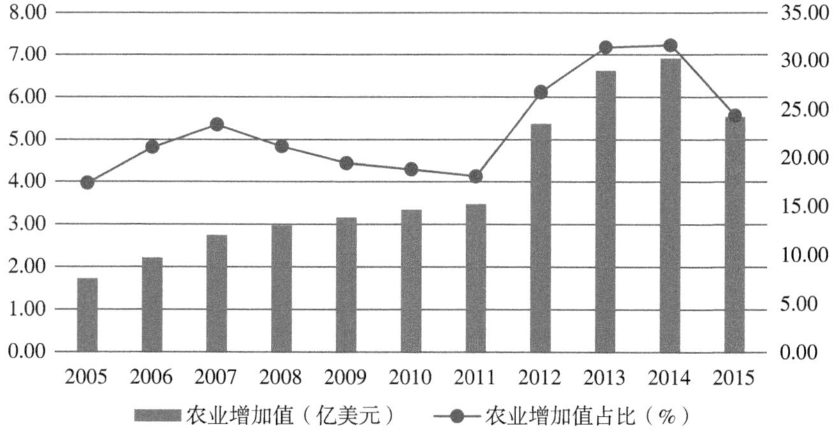

图 LE-4　黎巴嫩农业增加值及占比变化（2005—2015 年）

数据来源：世界银行（world bank）

① http：//www.fmprc.gov.cn/web/gjhdq_676201/gj_676203/yz_676205/1206_676668/1206x0_676670/.

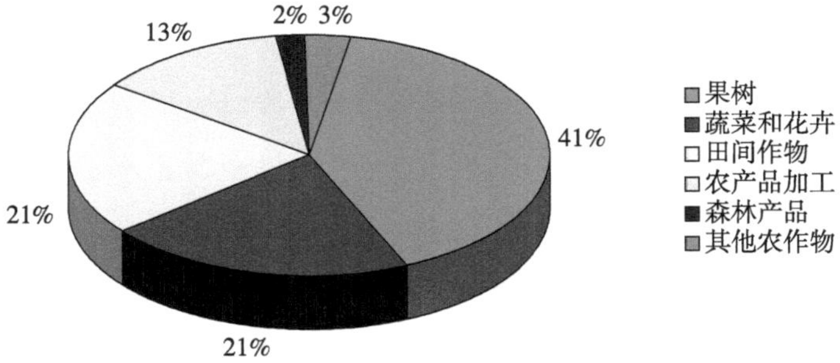

图 LE-5　黎巴嫩种植业结构分布图（2014 年）

数据来源：wind 数据库

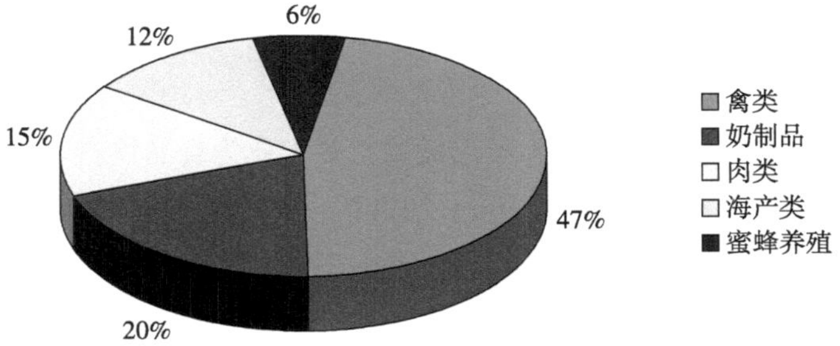

图 LE-6　黎巴嫩养殖业结构分布图（2014 年）

数据来源：wind 数据库

2. 第二产业

黎巴嫩的工业发展迅速，在 GDP 中的占比不断提升。2005—2015 年，黎巴嫩工业增加值从 30.63 亿美元增加到 90.11 亿美元，增加了 59.48 亿美元，年均增长 11.39%，工业增加值占 GDP 的比重从 16.10% 增长到 20.67%，增加了 4.57 个百分点。

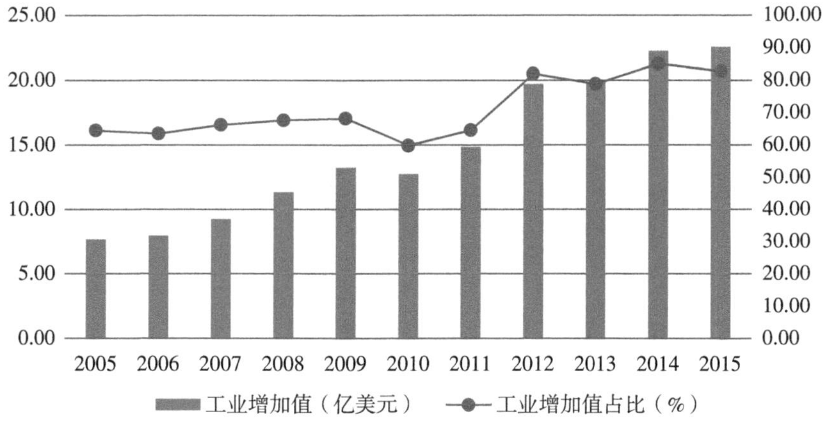

图 LE-7　黎巴嫩工业增加值及占比变化（2005—2015 年）

数据来源：世界银行（world bank）

黎巴嫩的工业基础相对薄弱。黎巴嫩的主要工业为食品饮料、珠宝、建筑材料等，但工业品生产成本高,市场竞争力弱。2014年，饮料食品业的产值为15.85亿美元，占比 17%；建筑业的产值为 24.06 亿美元，占比 27%；家具制造业的产值为 13.42 亿美元，占比 15%；机械制造业的产值为 4.77 亿美元，占比 5%；金属制造业的产值为 5.41 亿美元，占比 6%；非金属制造业的产值为 8.83 亿美元，占比 10%；出版印刷业的产值为 8.29 亿美元，占比 9%。木材纸制品业的产值为 1.62 亿美元，占比 2%。纺织制衣皮革的产值为 7.84 亿美元，占比 9%。

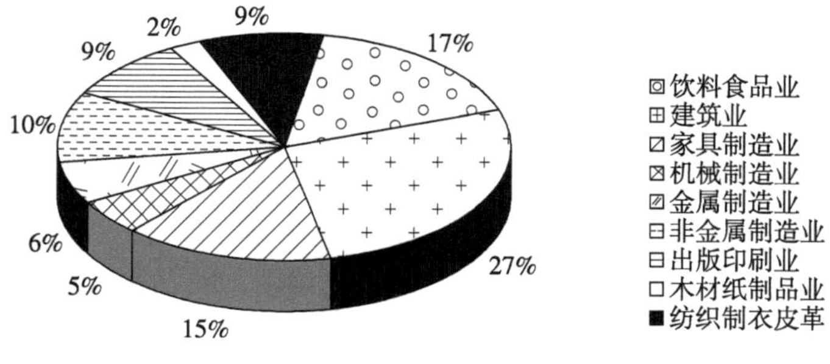

图 LE-8　黎巴嫩工业结构分布图（2014 年）

数据来源：wind 数据库

3. 第三产业

黎巴嫩的服务业发展较快，但在 GDP 中的占比有小幅下降。2005—2015 年，黎巴嫩的服务等附加值从 152.10 亿美元增加到 321.56 亿美元，增加了 169.46 亿美元，年均增长 7.78%，工业增加值占 GDP 的比重从 79.94% 减少到 73.76%，减少了 6.18

个百分点。

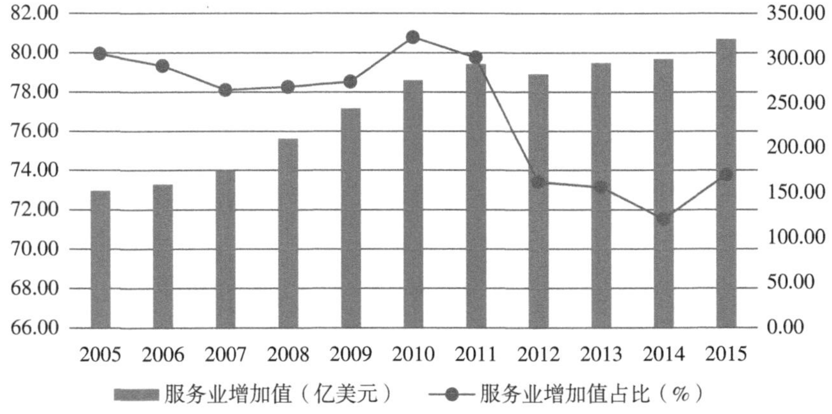

图 LE-9 黎巴嫩服务等附加值及占比变化（2005—2015 年）

数据来源：世界银行（world bank）

黎巴嫩服务业主要靠旅游业的带动。旅游业已成为黎巴嫩经济支柱产业之一，占 GDP 的 7%，2010 年以前旅游业发展最快，游客超过 200 多万人次 / 年。2011 年后受地区安全局势的影响，近 5 年游客减少了 30%，旅店业客房入住率徘徊在 50%，最好状况也仅达 73%。尽管受到地区安全局势的不利影响，黎巴嫩旅游部门已启动多项战略投资项目以期恢复旅游业生机，同时拓宽游客来源地区，吸引更多游客。

（三）进出口贸易情况

1. 参与贸易协定情况

黎巴嫩不是世界贸易组织（WTO）成员国。黎巴嫩于 1999 年 1 月正式申请加入“世贸组织”，目前正在就主要经济领域的入世条件与世贸组织成员开展谈判。

黎巴嫩与欧盟、海湾合作委员会（以下简称海合会）、伊拉克等地区和国家签署了自由贸易协定。2002 年 4 月，黎巴嫩与伊拉克正式签署双边自由贸易协定。2004 年 5 月，黎巴嫩成为世界上第一个与海合会签署自由贸易协定的阿拉伯国家。同年 6 月，黎巴嫩与欧洲自由贸易联盟（EFTA）正式签署自由贸易协定。根据协定，欧洲自由贸易联盟成员国将从 2005 年起，取消来自黎巴嫩产品的进口关税（部分农产品除外），黎巴嫩则在 2008-2015 年间逐步取消从欧洲自由贸易联盟成员国进口商品的关税。协定涵盖工业品、渔产品、加工农产品、投资、部分服务以及知识产权等领域。

2. 进口情况

（1）进口贸易数量

黎巴嫩的进口发展较迅速。2015 年，黎巴嫩的进口金额为 184.38 亿美元，分别占“一带一路”国家、全球进口额的比重为 0.34%、0.11%，和 2005 年相比增加了 88.05 亿美元，年均增长 6.71%，较“一带一路”国家平均水平低 0.97 个百分点，高出世界平均水平 2.25 个百分点。

黎巴嫩的进口增长呈斜“3”字型下降趋势。经历了三个阶段：第一阶段是大幅波动期（2005-2009 年），这个时期的增长率从 2005 年的 0.25% 快速攀升至 2008 年的 36.76%，年均增长 12.17%，2009 年又突降至 -1.07%，增长过程是大起大落，表现相当不稳定；第二阶段是缓慢恢复期（2009-2011 年），经历了 2009 年的负增长后，2011 年恢复至 12.41%；第三阶段是持续下降期（2011—2015 年），增长率经过 4 年的下降，至 2015 年出现 -12.76% 的增长。

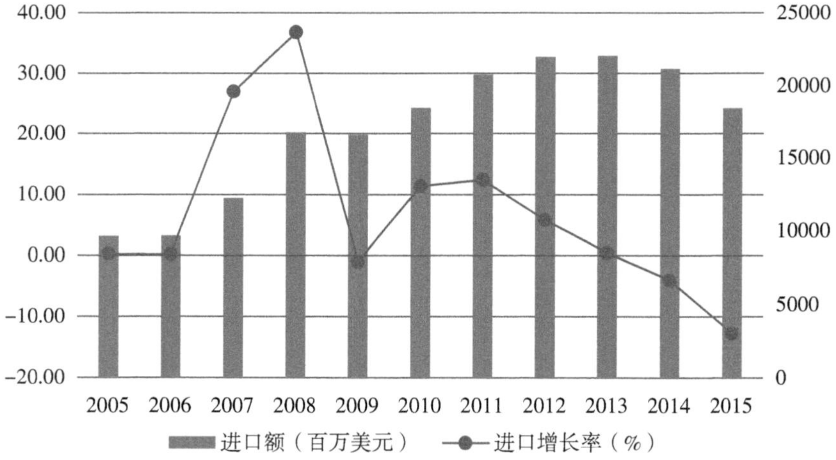

图 LE-10　黎巴嫩进口额及增长率变化（2005—2015 年）

数据来源：联合国贸发会议数据库（UNCTADSTAT）。

（2）进口市场结构

黎巴嫩的进口地主要分布在欧洲。2014 年黎巴嫩进口排名前十的国家分别为：中国、意大利、法国、德国、美国、俄罗斯、希腊、土耳其、比利时和英国，十个国家的进口金额为 114.34 亿美元，约占总进口额的 55.81%，有 70% 的国家来自欧洲。其中，中国是黎巴嫩最大的进口来源国，进口金额为 24.83 亿美元，约占总进口额的 12.12%。从变化趋势看，来自意大利的进口份额显著下降，降幅达 2.38 个百分点，其榜首地位也被中国取代，来自法国、德国、英国等传统欧洲强国的进口也出现了不同程度地下降，来自中国的进口份额在十年间出现大幅跃升，增幅达 4.25 个百分点。

表 LE-2　黎巴嫩主要贸易进口国情况（2014 年）

排名	国别	国家代码	所属区域	2015 年		2005 年	
				进口额（亿美元）	占比（%）	进口额（亿美元）	占比（%）
1	中国	156	亚洲	24.83	12.12	7.34	7.87
2	意大利	38	欧洲	16.44	8.03	9.71	10.41
3	法国	966	欧洲	12.74	6.22	7.89	8.46
4	德国	276	欧洲	12.56	6.13	6.57	7.04
5	美国	84	北美洲	12.27	5.99	5.49	5.88
6	俄罗斯	643	欧洲	8.87	4.33	5.09	5.46
7	希腊	300	欧洲	8.16	3.98	0.97	1.04
8	土耳其	792	西亚北非	7.05	3.44	2.00	2.14
9	比利时	056	欧洲	6.04	2.95	1.75	1.88
10	英国	826	欧洲	5.37	2.62	3.23	3.46
合计				114.34	55.81	53.65	50.04

资料来源：http：//wits.worldbank.org/country-analysis-visualization.html

（3）进口产品结构

黎巴嫩进口的产品相对集中于燃料、机电和化学药品等。2014 年，黎巴嫩进口排名前十的产品分别为燃料、机电、化学药品、运输设备、金属、石材和玻璃、食物产品、蔬菜、动物产品、塑料或橡胶，十类产品合计进口金额为 178.29 亿美元，占比为 87.02%，其中，燃料是黎巴嫩主要的进口产品，进口金额为 47.46 亿美元，占比为 23.17%。

表 LE-3　黎巴嫩主要的进口产品情况（2014 年）

排名	产品	金额（亿美元）	占比（%）
1	燃料	47.46	23.17
2	机电	21.87	10.68
3	化学药品	20.08	9.80
4	运输设备	15.07	7.36
5	金属	14.99	7.32
6	石材、玻璃	14.35	7.00
7	食物产品	14.12	6.89
8	蔬菜	11.55	5.64
9	动物产品	10.50	5.13
10	塑料或橡胶	8.29	4.05
合计		178.29	87.02

数据来源：http：//www.trademap.org/Product_SelProductCountry.aspx

3. 出口情况

（1）出口贸易数量

黎巴嫩的出口在“一带一路”国家中所占份额较小，但增长较快。2015 年，黎巴嫩的出口金额为 39.82 亿美元，分别占“一带一路”国家、全球出口额的比重为 0.07%、0.02%，和 2005 年相比，黎巴嫩出口额增加了 16.45 亿美元，年均增长 5.47%，低于“一带一路”国家 2.16 个百分点，高出全球平均水平 0.86 个百分点。

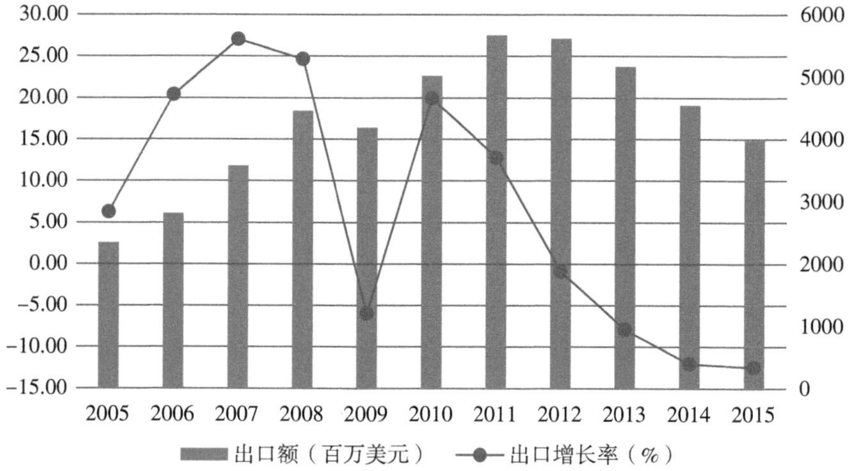

图 LE-11　黎巴嫩出口额及增长率变化（2005—2015 年）

数据来源：联合国贸发会议数据库（UNCTADSTAT）

黎巴嫩的出口增长率呈“M”字型下降趋势。大致分为三个阶段：第一个阶段是快速上升期（2005—2007 年），这一阶段增长率从 6.28% 快速攀升至最高点 27.01%；第二阶段是大幅波动期（2007-2010 年），增长率在 2009 年迅速掉落至 -5.99%，后于 2010 年快速反弹至 19.92%；第三阶段是持续下降期（2010-2015 年），这一时期增长率经历了五年的下滑，至 2015 年增长率降至谷底，为 -12.46%。

（2）出口市场结构

黎巴嫩的出口地主要集中在周边西亚国家。2015 年黎巴嫩出口排名前十的国家分别为：沙特、阿联酋、南非、伊拉克、叙利亚、土耳其、约旦、卡塔尔、瑞士和埃及，这十个出口国家的金额合计为 20.31 亿美元，约占总出口额的 61.31%，其中，有 8 个国家来自西亚地区。从变化趋势看，沙特取代叙利亚成为黎巴嫩最主要的出口国，出口份额从 2005 年的 7.44% 增加到 2014 年的 11.39%，增加了 3.95 个百分点，叙利亚则从第 1 名下降至第 5 名，增长幅度最大的是南非，出口份额从从 2005 年的 0.21% 增加到 2014 年的 8.97%，增长了 8.76 个百分点，降幅最大的是瑞士，下降了 4.05 个百分点。

表 LE-4　黎巴嫩主要贸易出口国情况（2015 年）

排名	国别	国家代码	所属区域	2015 年		2005 年	
				出口额（亿美元）	占比（%）	出口额（亿美元）	占比（%）
1	沙特	682	西亚	3.77	11.39	1.40	7.44
2	阿联酋	784	西亚	3.20	9.66	1.55	8.24
3	南非	710	非洲	2.97	8.97	0.04	0.21
4	伊拉克	368	西亚	2.56	7.73	1.78	9.49
5	叙利亚	760	西亚	2.42	7.31	1.87	9.98
6	土耳其	792	西亚	1.45	4.37	1.22	6.47
7	约旦	400	西亚	1.30	3.92	0.75	4.00
8	卡塔尔	634	西亚	0.93	2.82	0.36	1.93
9	瑞士	756	欧洲	0.87	2.61	1.25	6.66
10	埃及	818	西亚	0.84	2.53	0.55	2.90
合计				20.31	61.31	10.77	57.32

资料来源：http：//wits.worldbank.org/country-analysis-visualization.html

（3）出口产品结构

黎巴嫩的出口产品主要是石材和玻璃、食物产品、机电、化学药品、金属等。2015 年，黎巴嫩出口排名前十的产品有：石材和玻璃、食物产品、机电、化学药品、金属、木材、蔬菜、塑料或橡胶、混杂产品、纺织与服装，其中，石材和玻璃是黎巴嫩出口排名第一的产品，出口金额为 5.77 亿美元，占比为 17.43%，排名前五的产品出口金额达 22.9 亿美元，占比为 69.16%。

表 LE-5 黎巴嫩主要的出口产品情况（2015 年）

排名	产品	金额（亿美元）	占比（%）
1	石材、玻璃	5.77	17.43
2	食物产品	5.15	15.55
3	机电	4.43	13.38
4	化学药品	3.81	11.51
5	金属	3.74	11.29
6	木材	2.44	7.37
7	蔬菜	2.40	7.25
8	塑料或橡胶	1.37	4.14
9	混杂产品	1.25	3.79
10	纺织与服装	1.24	3.74
合计		31.62	95.45

数据来源：http：//www.trademap.org/Product_SelProductCountry.aspx

4. 贸易集中度

黎巴嫩长期保持着贸易逆差状态，国际贸易对该国相对不利。2005—2015 年，黎巴嫩的净出口额一直小于零，净出口值从 -72.96 亿美元下降到 -144.57 亿美元，下降了 71.61 亿美元，但 2014—2015 年的净出口额出现减少趋势。

黎巴嫩的出口贸易风险相对较大。2013 年，黎巴嫩的进口贸易集中度为 0.0472，出口贸易集中度为 0.0776。2013 年，中国在黎巴嫩进口贸易伙伴中，累积份额为 10.75，占比为 10.80%，排名第 1；中国在黎巴嫩出口贸易伙伴中，所占份额较少，排名第 45。

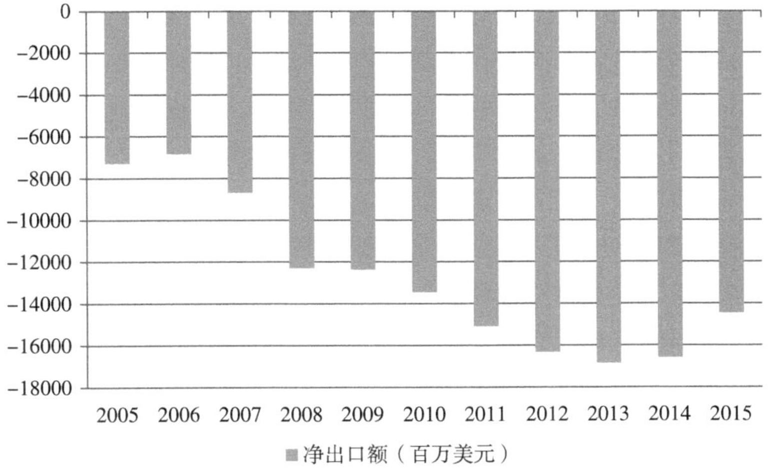

图 LE-12 黎巴嫩净出口额变化（2005—2015 年）

数据来源：联合国贸发会议数据库（UNCTADSTAT）

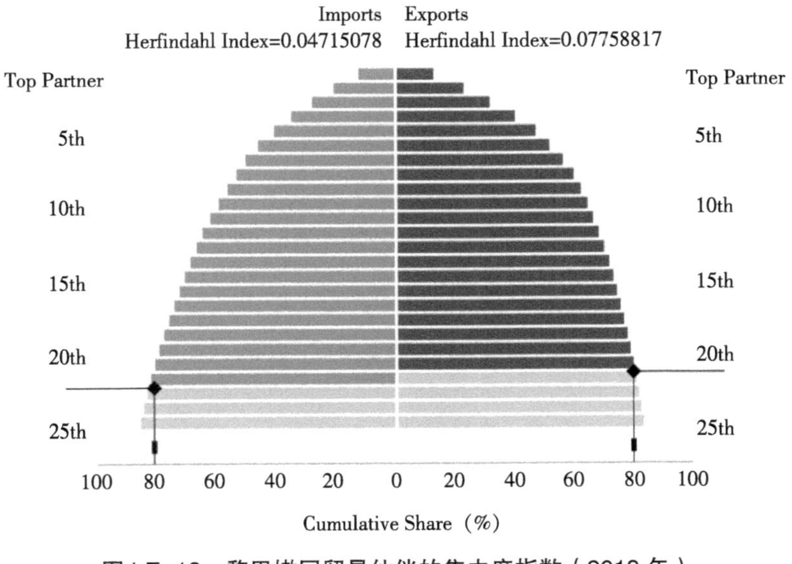

图 LE-13 黎巴嫩同贸易伙伴的集中度指数（2013 年）

资料来源：http：//comtrade.un.org/labs/

（四）对外直接投资

黎巴嫩政府积极鼓励投资，提供了宽松的投资环境和优惠的政策，并以法律的形式加以保障。2001 年 8 月，黎巴嫩颁布第一部《投资法》，汲取他国吸引投资的经验，对投资者约束有限，实行对内资、侨资和外资一视同仁的国民待遇原则，鼓励市场自由竞争和促进私营部门发展，并给予地区优惠、产业优惠等一揽子投资优惠政策和良好的配套服务。15% 的低企业税率和适当的税收制度以及稳健的投资保护措施，扩大了投资者的利润空间，吸引着来自世界各国的投资者。黎巴嫩对投资方式没有特别限制，外国投资者可以建立、购买、出售企业的股权，并能从事各种营利性活动。黎巴嫩对外资并购也无特别限制，但在银行企业并购等方面有所规定，主要目的是加强对金融企业的监管。黎巴嫩投资发展局（IDAL）是其总理直接领导的黎巴嫩投资主管部门，有权对新的投资项目授予许可，并有权对重大的投资项目给予特别激励、免税及便利条件。①

1.FDI 流入情况

（1）流量

黎巴嫩吸引外资流量有小幅下降。2014 年，黎巴嫩吸引外资的流量规模为 3070.12 百万美元，占“一带一路”国家和全球的比例分别为 0.70%、0.25%。2005—2014 年，黎巴嫩吸引外资量从 3321.49 百万美元减少到 3070.12 百万美元，减少了 251.37 百万美元，年均减少 0.87%。

黎巴嫩吸引外资流量增长大致呈“W”形变化趋势。大致分为两个阶段：第一个阶段是大幅波动期（2005-2010 年），增长率从 2005 年的 33.73% 迅速下降到 2006 年的 -5.71%，随后快速反弹，至 2008 年增长率达 18.55%，2009-2010 年增长率开始下滑，2010 年到达谷底为 -14.41%。第二个阶段是缓慢恢复期，增长率虽在 2013 年又出现下降趋势，但总体上处于上升态势，2014 年增长率恢复至 6.61%。

表 LE-6　黎巴嫩吸引投资流量情况（2005—2014 年）

年份	投资量（百万美元）	投资增长率（%）	在“一带一路”国家中的占比（%）	在全球的占比（%）
2005	3321.49	33.73	1.26	0.36
2006	3131.67	-5.71	0.83	0.22
2007	3375.98	7.80	0.73	0.18
2008	4002.25	18.55	0.78	0.27
2009	4378.68	9.41	1.19	0.37
2010	3747.69	-14.41	0.86	0.28

① http://opinion.china.com.cn/opinion_38_129738.html.

续表

年份	投资量（百万美元）	投资增长率（%）	在“一带一路”国家中的占比（%）	在全球的占比（%）
2011	3389.83	-9.55	0.72	0.22
2012	3169.66	-6.50	0.70	0.23
2013	2879.84	-9.14	0.62	0.20
2014	3070.12	6.61	0.70	0.25

数据来源：http：//unctad.org/en/Pages/DIAE/FDI%20Statistics/FDI-Statistics-Bilateral.aspx

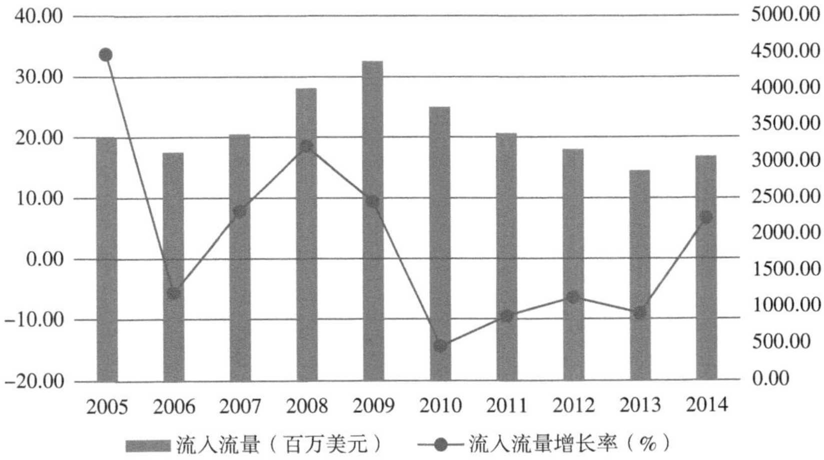

图 LE-14　黎巴嫩吸引投资流量及增长率变化（2005—2014 年）

数据来源：联合国贸发会议数据库（UNCTADSTAT）

（2）存量

黎巴嫩吸引外商投资的存量规模不断增大，但增速低于全球平均水平。2014 年，黎巴嫩吸引外资的存量规模为 56833.74 百万美元，占“一带一路”国家和全球的比例分别为 1.03%、0.23%。2005—2014 年，黎巴嫩吸引外资存量从 25688.03 百万美元增加到 56833.74 百万美元，增加了 31145.71 百万美元，年均增长 9.22%，其增幅分别比“一带一路”国家、全球低 5.33 个百分点、0.16 个百分点。

黎巴嫩吸引外资存量增长呈直线下降趋势。黎巴嫩吸引外资存量增长率从 2005 年的 14.85% 下降到 2014 年的 5.71%，下降了 9.14 个百分点。从变化过程看，除 2008 年略有上涨外，其他年份的增长率均表现为下降态势。

表 LE-7 黎巴嫩吸引投资存量情况（2005—2014 年）

年份	投资量（百万美元）	投资增长率（%）	在“一带一路”国家中的占比（%）	在全球的占比（%）
2005	25688.03	14.85	1.59	0.23
2006	28819.70	12.19	1.36	0.21
2007	32195.68	11.71	1.09	0.19
2008	36197.93	12.43	1.28	0.24
2009	40576.61	12.10	1.17	0.23
2010	44324.30	9.24	1.07	0.23
2011	47714.13	7.65	1.09	0.23
2012	50883.78	6.64	1.02	0.23
2013	53763.62	5.66	0.99	0.22
2014	56833.74	5.71	1.03	0.23

数据来源：http：//unctad.org/en/Pages/DIAE/FDI%20Statistics/FDI-Statistics-Bilateral.aspx

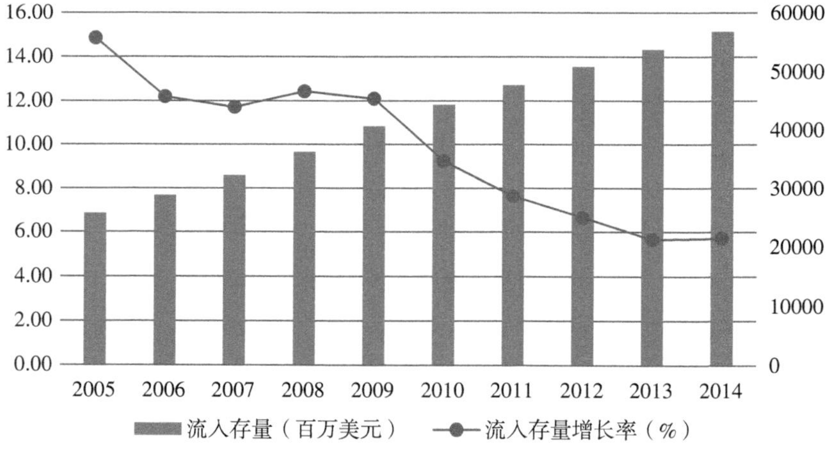

图 LE-15 黎巴嫩吸引投资存量及增长率变化（2005—2014 年）

数据来源：联合国贸发会议数据库（UNCTADSTAT）

2.FDI 流出情况

（1）流量

黎巴嫩对外投资流量增长迅速，其增速高于世界平均水平。2014 年，黎巴嫩对外投资的流量为 1892.88 百万美元，占“一带一路”国家和全球的比例分别为 0.59%、0.14%。2005—2014 年，黎巴嫩对外投资流量从 715.50 百万美元增加到

1892.88 百万美元，增加了 1177.38 百万美元，年均增长 11.42%，其增幅比“一带一路”国家低 5.95 个百分点、比全球高出 5.33 个百分点。

黎巴嫩对外投资流量增长波动较大。大致可以分为两个阶段：第一个阶段是小幅波动阶段（2005–2009 年），增长率在［-13.49，22.24］区间范围内波动，最大振幅为 35.73%；第二个阶段是大幅波动阶段（2009—2014 年），增长率在［-56.76，94.43］区间范围内波动，最大振幅为 151.19%。

表 LE-8　黎巴嫩对外投资流量情况（2005—2014 年）

年份	投资量（百万美元）	投资增长率（%）	在“一带一路”国家中的占比（%）	在全球的占比（%）
2005	715.50	-13.49	0.94	0.09
2006	874.65	22.24	0.58	0.07
2007	848.09	-3.04	0.40	0.04
2008	986.58	16.33	0.42	0.06
2009	1125.77	14.11	0.59	0.10
2010	486.83	-56.76	0.20	0.04
2011	934.22	91.90	0.35	0.06
2012	1009.15	8.02	0.42	0.08
2013	1962.09	94.43	0.63	0.15
2014	1892.88	-3.53	0.59	0.14

数据来源：http：//unctad.org/en/Pages/DIAE/FDI%20Statistics/FDI-Statistics-Bilateral.aspx

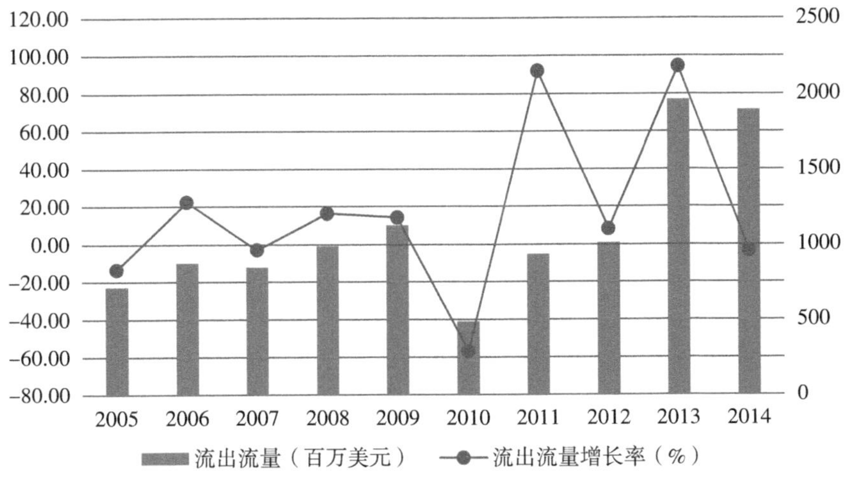

图 LE-16　黎巴嫩对外投资流量及增长率变化（2005—2014 年）

数据来源：联合国贸发会议数据库（UNCTADSTAT）

（2）存量

黎巴嫩对外投资存量规模不大但增速很快。2014 年，黎巴嫩对外投资的存量规模为 12629.49 百万美元，占“一带一路”国家和全球的比例分别为 0.47%、0.05%。2005—2014 年，黎巴嫩对外投资存量从 2509.24 百万美元增加到 12629.49 百万美元，增加了 10120.25 百万美元，年均增长 19.67%，其增幅比“一带一路”国家低 0.14 个百分点、比全球高出 11.06 个百分点。

表 LE-9　黎巴嫩对外投资存量情况（2005—2014 年）

年份	投资量（百万美元）	投资增长率（百万美元）	在“一带一路”国家中的占比（%）	在全球的占比（%）
2005	2509.24	39.89	0.47	0.02
2006	3383.89	34.86	0.44	0.02
2007	4231.98	25.06	0.36	0.02
2008	5218.56	23.31	0.45	0.03
2009	6344.33	21.57	0.44	0.03
2010	6831.16	7.67	0.39	0.03
2011	7765.38	13.68	0.40	0.04
2012	8774.53	13.00	0.39	0.04
2013	10736.61	22.36	0.42	0.04
2014	12629.49	17.63	0.47	0.05

数据来源：http：//unctad.org/en/Pages/DIAE/FDI%20Statistics/FDI-Statistics-Bilateral.aspx

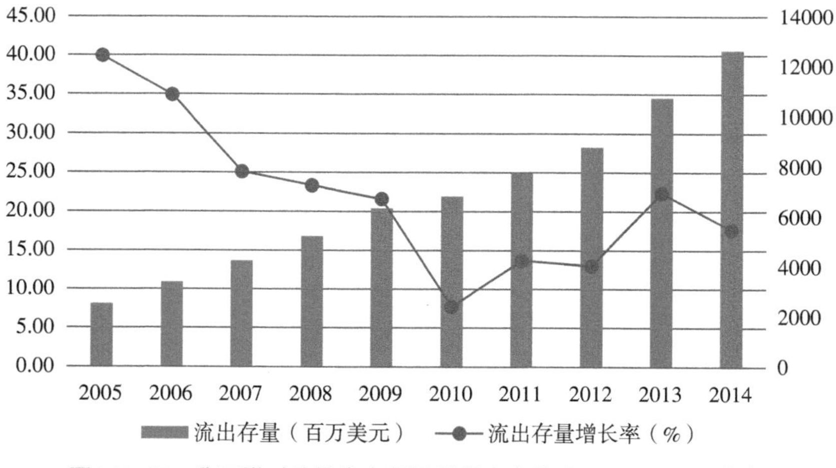

图 LE-17　黎巴嫩对外投资存量及增长率变化（2005—2014 年）

数据来源：联合国贸发会议数据库（UNCTADSTAT）

黎巴嫩的对外投资存量增长呈类似“V”型变动趋势。大致可以分为两个阶段：第一个阶段是快速下降阶段（2005–2010 年），这一时期增长率从 2005 年的 39.89% 下降到 2010 年的 7.67%，五年间共下降了 32.22 个百分点；第二个阶段是缓慢恢复阶段（2010–2014 年），增长率从 2010 年的 7.67% 恢复到 2014 年的 17.63%，接近 2009 年的增长水平。

3.FDI 净流入情况

黎巴嫩是 FDI 净流入国家，但净流入量呈下降趋势。2005—2014 年，黎巴嫩的 FDI 净流入一直大于零，FDI 净流入值从 2605.99 百万美元减少到 1177.24 百万美元，减少了 1428.75 百万美元。从变化过程看，黎巴嫩的净流入量大致呈倒“V”型变化趋势，最大值为 3260.86 百万美元，出现在 2010 年，最小值为 917.75 百万美元，出现在 2013 年。

表 LE–10　黎巴嫩 FDI 净流入情况（2005—2014 年）

年份	FDI 净流入（百万美元）	年份	FDI 净流入（百万美元）
2005	2605.99	2010	3260.86
2006	2257.02	2011	2455.61
2007	2527.89	2012	2160.50
2008	3015.67	2013	917.75
2009	3252.91	2014	1177.24

数据来源：联合国贸发会议数据库（UNCTADSTAT）

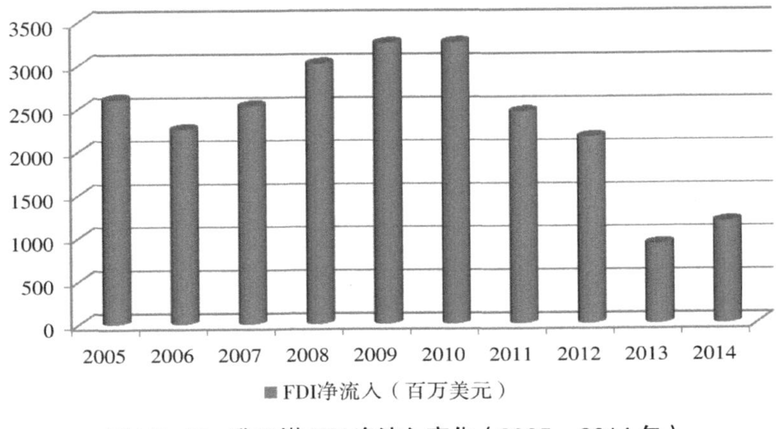

图 LE–18　黎巴嫩 FDI 净流入变化（2005—2014 年）

数据来源：联合国贸发会议数据库（UNCTADSTAT）

（五）黎巴嫩与“一带一路”国家的贸易关系

1. 黎巴嫩与“一带一路”国家进出口情况

（1）出口

黎巴嫩向“一带一路”国家出口的发展较快，出口份额呈下降态势。2005-2013年，黎巴嫩出口到“一带一路”国家的贸易总额从5.31亿美元增加到9.79亿美元，增加了4.48亿美元，年均增长7.95%；卡塔尔向“一带一路”国家的出口额占当年出口总额的比重从2005年的22.73%减少到2013年的18.95%，下降了3.78个百分点。

黎巴嫩向“一带一路”国家出口的地区主要集中在西亚地区。2013年，黎巴嫩出口“一带一路”国家排名前三位的分别为：沙特、土耳其和约旦，出口金额分别为3.47亿美元、1.83亿美元和1.42亿美元，分别占出口“一带一路”国家金额的35.42%、18.67%、14.48%，三者合计占比达68.56%。

表 LE-11　黎巴嫩向“一带一路”国家的出口情况（2005年）

排名	国家代码	国别	出口额（亿美元）	排名	国家代码	国别	出口额（亿美元）
1	682	沙特	1.40	24	360	印度尼西亚	0.01
2	792	土耳其	1.22	25	100	保加利亚	0.01
3	400	约旦	0.75	26	764	泰国	0.00
4	818	埃及	0.55	27	462	马尔代夫	0.00
5	634	卡塔尔	0.36	28	398	哈萨克斯坦	0.00
6	156	中国	0.26	29	233	爱沙尼亚	0.00
7	356	印度	0.20	30	428	拉脱维亚	0.00
8	887	也门	0.11	31	608	菲律宾	0.00
9	144	斯里兰卡	0.08	32	498	摩尔多瓦	0.00
10	512	阿曼	0.07	33	704	越南	0.00
11	643	俄罗斯	0.04	34	31	阿塞拜疆	0.00
12	586	巴基斯坦	0.04	35	70	波黑	0.00
13	642	罗马尼亚	0.03	36	268	格鲁吉亚	0.00
14	705	斯洛文尼亚	0.03	37	191	克罗地亚	0.00
15	804	乌克兰	0.02	38	440	立陶宛	0.00
16	51	亚美尼亚	0.02	39	703	斯洛伐克	0.00
17	203	捷克	0.02	40	470	马其顿	0.00
18	616	波兰	0.02	41	496	蒙古	0.00
19	112	白俄罗斯	0.02	42	116	柬埔寨	0.00
20	348	匈牙利	0.02	43	376	以色列	0.00

续表

排名	国家代码	国别	出口额（亿美元）	排名	国家代码	国别	出口额（亿美元）
21	458	马来西亚	0.01	44	417	吉尔吉斯斯坦	0.00
22	8	阿尔巴尼亚	0.01	45	626	东帝汶	0.00
23	702	新加坡	0.01	46	688	塞尔维亚	0.00

数据来源：重庆“一带一路”投资与贸易研究实验室

表 LE-12　黎巴嫩向“一带一路”国家的出口情况（2013 年）

排名	国家代码	国别	出口额（亿美元）	排名	国家代码	国别	出口额（亿美元）
1	682	沙特	3.47	24	804	乌克兰	0.01
2	792	土耳其	1.83	25	702	新加坡	0.01
3	400	约旦	1.42	26	498	摩尔多瓦	0.01
4	634	卡塔尔	0.94	27	608	菲律宾	0.01
5	818	埃及	0.73	28	462	马尔代夫	0.01
6	156	中国	0.29	29	704	越南	0.00
7	356	印度	0.25	30	348	匈牙利	0.00
8	512	阿曼	0.18	31	440	立陶宛	0.00
9	887	也门	0.18	32	144	斯里兰卡	0.00
10	100	保加利亚	0.11	33	688	塞尔维亚	0.00
11	643	俄罗斯	0.07	34	428	拉脱维亚	0.00
12	31	阿塞拜疆	0.04	35	191	克罗地亚	0.00
13	642	罗马尼亚	0.03	36	8	阿尔巴尼亚	0.00
14	586	巴基斯坦	0.03	37	112	白俄罗斯	0.00
15	764	泰国	0.03	38	703	斯洛伐克	0.00
16	458	马来西亚	0.02	39	233	爱沙尼亚	0.00
17	616	波兰	0.02	40	70	波黑	0.00
18	268	格鲁吉亚	0.02	41	496	蒙古	0.00
19	203	捷克	0.02	42	417	吉尔吉斯斯坦	0.00
20	705	斯洛文尼亚	0.02	43	116	柬埔寨	0.00
21	51	亚美尼亚	0.01	44	376	以色列	0.00
22	360	印度尼西亚	0.01	45	626	东帝汶	0.00
23	398	哈萨克斯坦	0.01	46	470	马其顿	0.00

数据来源：重庆“一带一路”投资与贸易研究实验室

（2）进口

黎巴嫩从“一带一路”国家进口的发展较快，进口份额有小幅上升趋势。2005-2013年，黎巴嫩从“一带一路”国家的进口总额从23.37亿美元增加到72.44亿美元，增加了49.07亿美元，年均增长15.19%。黎巴嫩从“一带一路”国家的进口额占当年进口总额的比重从2005年的24.26%增加到2013年的32.89%，上升8.63个百分点。

中国是黎巴嫩第一进口大国。2013年，黎巴嫩从“一带一路”国家进口排名前三的依次为：中国、土耳其和埃及，其进口金额分别为24.91亿美元、8.19亿美元、7.04亿美元，分别占从“一带一路”国家进口额的比重为34.39%、11.31%、9.72%。和2005年相比，土耳其、埃及取代沙特、俄罗斯成为黎巴嫩进口排名前3的国家。

表 LE-13 黎巴嫩从“一带一路”国家的进口情况（2005年）

排名	国家代码	国别	进口额（亿美元）	排名	国家代码	国别	进口额（亿美元）
1	156	中国	4.72	24	144	斯里兰卡	0.06
2	682	沙特	4.47	25	512	阿曼	0.05
3	643	俄罗斯	2.37	26	31	阿塞拜疆	0.04
4	792	土耳其	1.96	27	608	菲律宾	0.03
5	818	埃及	1.74	28	705	斯洛文尼亚	0.03
6	642	罗马尼亚	1.58	29	498	摩尔多瓦	0.02
7	804	乌克兰	1.02	30	688	塞尔维亚	0.01
8	764	泰国	0.70	31	398	哈萨克斯坦	0.01
9	356	印度	0.69	32	428	拉脱维亚	0.01
10	400	约旦	0.65	33	887	也门	0.01
11	100	保加利亚	0.45	34	440	立陶宛	0.00
12	458	马来西亚	0.44	35	496	蒙古	0.00
13	191	克罗地亚	0.43	36	51	亚美尼亚	0.00
14	348	匈牙利	0.34	37	233	爱沙尼亚	0.00
15	203	捷克	0.33	38	116	柬埔寨	0.00
16	360	印度尼西亚	0.24	39	70	波黑	0.00
17	702	新加坡	0.22	40	376	以色列	0.00
18	586	巴基斯坦	0.21	41	470	马其顿	0.00
19	616	波兰	0.13	42	8	阿尔巴尼亚	0.00
20	634	卡塔尔	0.12	43	268	格鲁吉亚	0.00
21	703	斯洛伐克	0.11	44	417	吉尔吉斯斯坦	0.00

续表

排名	国家代码	国别	进口额（亿美元）	排名	国家代码	国别	进口额（亿美元）
22	112	白俄罗斯	0.10	45	462	马尔代夫	0.00
23	704	越南	0.08	46	626	东帝汶	0.00

数据来源：重庆“一带一路”投资与贸易研究实验室

表 LE-14　黎巴嫩从“一带一路”国家的进口情况（2013 年）

排名	国家代码	国别	进口额（亿美元）	排名	国家代码	国别	进口额（亿美元）
1	156	中国	24.91	24	144	斯里兰卡	0.20
2	792	土耳其	8.19	25	112	白俄罗斯	0.20
3	818	埃及	7.04	26	705	斯洛文尼亚	0.09
4	643	俄罗斯	5.13	27	688	塞尔维亚	0.06
5	682	沙特	4.30	28	428	拉脱维亚	0.06
6	804	乌克兰	3.74	29	398	哈萨克斯坦	0.05
7	356	印度	3.06	30	608	菲律宾	0.05
8	100	保加利亚	2.42	31	8	阿尔巴尼亚	0.03
9	642	罗马尼亚	2.40	32	440	立陶宛	0.03
10	764	泰国	2.16	33	498	摩尔多瓦	0.02
11	400	约旦	1.54	34	70	波黑	0.02
12	458	马来西亚	0.99	35	887	也门	0.02
13	616	波兰	0.77	36	233	爱沙尼亚	0.02
14	360	印度尼西亚	0.76	37	626	东帝汶	0.01
15	348	匈牙利	0.63	38	116	柬埔寨	0.00
16	203	捷克	0.63	39	496	蒙古	0.00
17	703	斯洛伐克	0.54	40	51	亚美尼亚	0.00
18	704	越南	0.54	41	268	格鲁吉亚	0.00
19	702	新加坡	0.46	42	470	马其顿	0.00
20	634	卡塔尔	0.42	43	31	阿塞拜疆	0.00
21	191	克罗地亚	0.38	44	376	以色列	0.00
22	586	巴基斯坦	0.31	45	417	吉尔吉斯斯坦	0.00
23	512	阿曼	0.28	46	462	马尔代夫	0.00

数据来源：重庆“一带一路”投资与贸易研究实验室

（3）净出口

黎巴嫩与大部分“一带一路”国家保持贸易逆差状态。2005–2013 年，黎巴嫩向“一带一路”国家的净出口额从 –18.06 亿美元增加到 –62.65 亿美元，增长了 3.47 倍。黎巴嫩与“一带一路”国家的逆差排名前三的国家分别为：中国、土耳其和埃及，净出口额分别为 –24.62 亿美元、–6.36 亿美元、–6.31 亿美元。

表 LE–15 黎巴嫩与“一带一路”国家的贸易顺差情况（2013 年）

排名	国家代码	国别	净出口（亿美元）	排名	国家代码	国别	净出口（亿美元）
1	634	卡塔尔	0.51	24	400	约旦	–0.12
2	887	也门	0.16	25	144	斯里兰卡	–0.20
3	31	阿塞拜疆	0.04	26	112	白俄罗斯	–0.20
4	268	格鲁吉亚	0.02	27	586	巴基斯坦	–0.28
5	51	亚美尼亚	0.01	28	191	克罗地亚	–0.37
6	462	马尔代夫	0.01	29	702	新加坡	–0.45
7	417	吉尔吉斯斯坦	0.00	30	704	越南	–0.53
8	376	以色列	0.00	31	703	斯洛伐克	–0.54
9	470	马其顿	0.00	32	203	捷克	–0.61
10	496	蒙古	0.00	33	348	匈牙利	–0.62
11	116	柬埔寨	0.00	34	616	波兰	–0.74
12	626	东帝汶	–0.01	35	360	印度尼西亚	–0.75
13	498	摩尔多瓦	–0.01	36	682	沙特	–0.83
14	233	爱沙尼亚	–0.02	37	458	马来西亚	–0.96
15	70	波黑	–0.02	38	764	泰国	–2.14
16	440	立陶宛	–0.02	39	100	保加利亚	–2.31
17	8	阿尔巴尼亚	–0.03	40	642	罗马尼亚	–2.36
18	608	菲律宾	–0.04	41	356	印度	–2.80
19	398	哈萨克斯坦	–0.04	42	804	乌克兰	–3.73
20	428	拉脱维亚	–0.05	43	643	俄罗斯	–5.06
21	688	塞尔维亚	–0.06	44	818	埃及	–6.31
22	705	斯洛文尼亚	–0.07	45	792	土耳其	–6.36
23	512	阿曼	–0.10	46	156	中国	–24.62

数据来源：重庆“一带一路”投资与贸易研究实验室。

2. 黎巴嫩与“一带一路”国家贸易竞争关系

黎巴嫩与“一带一路”国家贸易竞争关系较弱。2013 年黎巴嫩与“一带一路”国家平均贸易竞争指数为 0.1466，CS 值小于 0.2，说明两者的竞争关系弱。与黎巴嫩贸易竞争关系强的“一带一路”国家有 8 个，占总数的 17.39%，平均 CS 值为 0.4211，这些国家分别为吉尔吉斯斯坦、印度、土耳其、白俄罗斯、立陶宛、埃及、克罗地亚和泰国，与黎巴嫩贸易竞争关系较强的“一带一路”国家有 5 个，占总数的 10.87%，平均 CS 值为 0.2504，这些国家分别为爱沙尼亚、保加利亚、新加坡、拉脱维亚和俄罗斯，与黎巴嫩贸易竞争关系弱的“一带一路”国家有 23 个，占总数的 50.00%，平均 CS 值为 0.0644。

黎巴嫩与“一带一路”国家贸易竞争越来越激烈。2005–2013 年，黎巴嫩与“一带一路”国家平均贸易竞争指数从 0.0702 上升到 0.1466，上升了 0.0764；与黎巴嫩贸易竞争关系强的“一带一路”国家，从 2005 年的 1 个增加到 2013 年的 8 个，增加了 7 个。

表 LE–16　黎巴嫩与“一带一路”国家贸易竞争情况（2005 年、2013 年）

国家代码	国家	2013 年		2005 年	
		CS 值	排名	CS 值	排名
417	吉尔吉斯斯坦	0.8353	1	0.5222	1
356	印度	0.4180	2	0.1561	3
792	土耳其	0.4128	3	0.1505	4
112	白俄罗斯	0.3807	4	0.0412	29
440	立陶宛	0.3700	5	0.0541	24
818	埃及	0.3299	6	0.0322	32
191	克罗地亚	0.3154	7	0.1149	7
764	泰国	0.3063	8	0.1124	8
233	爱沙尼亚	0.2872	9	0.0602	21
100	保加利亚	0.2654	10	0.0801	12
702	新加坡	0.2605	11	0.0529	25
428	拉脱维亚	0.2325	12	0.0728	15
643	俄罗斯	0.2065	13	0.0185	38
616	波兰	0.1840	14	0.0920	11
705	斯洛文尼亚	0.1756	15	0.0698	17
458	马来西亚	0.1703	16	0.0595	22

续表

国家代码	国家	2013 年		2005 年	
		CS 值	排名	CS 值	排名
496	蒙古	0.1426	17	0.1502	5
70	波黑	0.1158	18	0.0483	27
376	以色列	0.1089	19	0.1030	9
586	巴基斯坦	0.1076	20	0.0404	30
642	罗马尼亚	0.1000	21	0.0783	13
688	塞尔维亚	0.0992	22	0.0567	23
703	斯洛伐克	0.0857	23	0.0717	16
156	中国	0.0843	24	0.0661	19
348	匈牙利	0.0843	25	0.0500	26
498	摩尔多瓦	0.0783	26	0.0690	18
400	约旦	0.0732	27	0.1895	2
360	印度尼西亚	0.0658	28	0.0281	34
203	捷克	0.0613	29	0.0753	14
470	马其顿	0.0561	30	0.1159	6
804	乌克兰	0.0446	31	0.0257	35
268	格鲁吉亚	0.0387	32	0.0612	20
144	斯里兰卡	0.0382	33	0.0481	28
704	越南	0.0343	34	0.0197	37
51	亚美尼亚	0.0327	35	0.1030	10
398	哈萨克斯坦	0.0303	36	0.0060	43
608	菲律宾	0.0254	37	0.0286	33
31	阿塞拜疆	0.0252	38	0.0117	40
8	阿尔巴尼亚	0.0249	39	0.0336	31
626	东帝汶	0.0132	40	0.0136	39
116	柬埔寨	0.0064	41	0.0096	41
682	沙特	0.0057	42	0.0018	46
887	也门	0.0043	43	0.0038	45
512	阿曼	0.0040	44	0.0060	44
462	马尔代夫	0.0031	45	0.0199	36
634	卡塔尔	0.0011	46	0.0061	42

数据来源：重庆“一带一路”投资与贸易研究实验室

表 LE-17 黎巴嫩与“一带一路”国家 CS 值统计情况（2005 年、2013 年）

年份	类型	国家数量（个）	占比（%）	均值
2005 年	“一带一路”国家	46	100.00	0.0702
	其中：CS>0.3	1	2.17	0.5222
	0.2<CS<0.3	0	0.00	0.0000
	CS<0.2	45	97.83	0.0602
2013 年	“一带一路”国家	46	100.00	0.1466
	其中：CS>0.3	8	17.39	0.4211
	0.2<CS<0.3	5	10.87	0.2504
	CS<0.2	23	50.00	0.0644

数据来源：重庆“一带一路”投资与贸易研究实验室

表 LE-18 黎巴嫩与“一带一路”国家 CS 值排名前 10 的国家（2005 年、2013 年）

排名	2005 年			2013 年		
	国家	CS 值	区域	国家	CS 值	区域
1	吉尔吉斯斯坦	0.5222	中亚	吉尔吉斯斯坦	0.8353	中亚
2	约旦	0.1895	西亚北非	印度	0.4180	南亚
3	印度	0.1561	南亚	土耳其	0.4128	西亚北非
4	土耳其	0.1505	西亚北非	白俄罗斯	0.3807	独联体
5	蒙古	0.1502	东亚	立陶宛	0.3700	中东欧
6	马其顿	0.1159	中东欧	埃及	0.3299	西亚北非
7	克罗地亚	0.1149	中东欧	克罗地亚	0.3154	中东欧
8	泰国	0.1124	东南亚	泰国	0.3063	东南亚
9	以色列	0.1030	西亚北非	爱沙尼亚	0.2872	中东欧
10	亚美尼亚	0.1030	中东欧	保加利亚	0.2654	中东欧

数据来源：重庆“一带一路”投资与贸易研究实验室

黎巴嫩的贸易竞争对手主要集中在亚洲、独联体和中东欧地区。2013 年黎巴嫩与“一带一路”国家 CS 值排名前十位的国家有 4 个国家来自于中东欧，有 2 个国家来自于西亚北非地区，各有 1 个国家来自中亚、南亚、东南亚和独联体。较之 2005 年，白俄罗斯、立陶宛、埃及、爱沙尼亚和保加利亚取代约旦、蒙古、马其顿、以色列和亚美尼亚成为黎巴嫩排名前十的竞争对手。

3. 黎巴嫩与“一带一路”国家贸易互补关系

表 LE-19　黎巴嫩与“一带一路”国家贸易互补情况（2005 年）

国家代码	国家	TCI 值（以本国出口计算）	排名	TCI 值（以他国出口计算）	排名
8	阿尔巴尼亚	0.2642	1	0.0857	38
70	波黑	0.2561	2	0.1505	28
428	拉脱维亚	0.2431	3	0.3105	6
191	克罗地亚	0.2349	4	0.3131	5
462	马尔代夫	0.2319	5	0.1613	27
682	沙特	0.2284	6	0.1185	33
634	卡塔尔	0.2208	7	0.0264	46
705	斯洛文尼亚	0.2201	8	0.2563	16
688	塞尔维亚	0.2183	9	0.2360	18
643	俄罗斯	0.2178	10	0.2276	19
268	格鲁吉亚	0.2126	11	0.0907	37
203	捷克	0.2101	12	0.2817	12
498	摩尔多瓦	0.2101	13	0.1240	32
512	阿曼	0.2097	14	0.0579	42
642	罗马尼亚	0.2086	15	0.2986	7
233	爱沙尼亚	0.2086	16	0.2605	15
616	波兰	0.2070	17	0.2957	9
703	斯洛伐克	0.2050	18	0.3198	4
398	哈萨克斯坦	0.2049	19	0.0753	39
470	马其顿	0.2005	20	0.2205	21
400	约旦	0.1997	21	0.2263	20
440	立陶宛	0.1986	22	0.4658	1
100	保加利亚	0.1914	23	0.2922	11
144	斯里兰卡	0.1873	24	0.0937	36
496	蒙古	0.1823	25	0.0629	41
348	匈牙利	0.1821	26	0.2555	17
376	以色列	0.1801	27	0.1469	29
792	土耳其	0.1794	28	0.2980	8
417	吉尔吉斯斯坦	0.1774	29	0.1994	23

续表

国家代码	国家	TCI 值（以本国出口计算）	排名	TCI 值（以他国出口计算）	排名
51	亚美尼亚	0.1756	30	0.0634	40
704	越南	0.1713	31	0.1438	30
31	阿塞拜疆	0.1703	32	0.2114	22
887	也门	0.1699	33	0.0364	44
356	印度	0.1674	34	0.3271	3
112	白俄罗斯	0.1664	35	0.3934	2
764	泰国	0.1650	36	0.2750	13
804	乌克兰	0.1644	37	0.1719	26
702	新加坡	0.1495	38	0.2933	10
586	巴基斯坦	0.1478	39	0.1271	31
458	马来西亚	0.1419	40	0.1911	24
626	东帝汶	0.1369	41	0.0507	43
818	埃及	0.1233	42	0.0950	35
156	中国	0.1231	43	0.2653	14
360	印度尼西亚	0.1229	44	0.1755	25
116	柬埔寨	0.1210	45	0.0276	45
608	菲律宾	0.1106	46	0.1106	34

数据来源：重庆“一带一路”投资与贸易研究实验室

表 LE-20　黎巴嫩与“一带一路”国家贸易互补情况（2013 年）

国家代码	国家	TCI 值（以本国出口计算）	排名	TCI 值（以他国出口计算）	排名
8	阿尔巴尼亚	0.3149	1	0.0880	37
400	约旦	0.3135	2	0.2126	22
428	拉脱维亚	0.2917	3	0.3072	9
51	亚美尼亚	0.2830	4	0.0807	39
705	斯洛文尼亚	0.2822	5	0.2965	12
470	马其顿	0.2793	6	0.1591	31
498	摩尔多瓦	0.2787	7	0.1944	24
70	波黑	0.2776	8	0.1753	28
268	格鲁吉亚	0.2755	9	0.1652	30
233	爱沙尼亚	0.2671	10	0.2956	13

续表

国家代码	国家	TCI 值（以本国出口计算）	排名	TCI 值（以他国出口计算）	排名
417	吉尔吉斯斯坦	0.2649	11	0.1963	23
496	蒙古	0.2636	12	0.0569	42
191	克罗地亚	0.2620	13	0.3223	8
792	土耳其	0.2533	14	0.3344	7
144	斯里兰卡	0.2495	15	0.0905	36
682	沙特	0.2376	16	0.1068	35
804	乌克兰	0.2325	17	0.1787	27
376	以色列	0.2301	18	0.1750	29
100	保加利亚	0.2267	19	0.3665	4
688	塞尔维亚	0.2230	20	0.2638	19
440	立陶宛	0.2218	21	0.4927	1
634	卡塔尔	0.2205	22	0.0622	41
398	哈萨克斯坦	0.2204	23	0.0837	38
356	印度	0.2142	24	0.4394	2
462	马尔代夫	0.2128	25	0.0029	46
702	新加坡	0.2123	26	0.3471	5
643	俄罗斯	0.2093	27	0.2785	16
458	马来西亚	0.2054	28	0.2550	20
764	泰国	0.2053	29	0.3040	10
360	印度尼西亚	0.2035	30	0.1843	25
642	罗马尼亚	0.2007	31	0.2865	15
203	捷克	0.1956	32	0.2772	17
616	波兰	0.1948	33	0.3469	6
586	巴基斯坦	0.1908	34	0.1178	33
608	菲律宾	0.1900	35	0.1072	34
116	柬埔寨	0.1887	36	0.0485	44
31	阿塞拜疆	0.1881	37	0.0788	40
112	白俄罗斯	0.1853	38	0.3677	3
512	阿曼	0.1850	39	0.1255	32
626	东帝汶	0.1840	40	0.0557	43
818	埃及	0.1820	41	0.2431	21
703	斯洛伐克	0.1798	42	0.2965	11
704	越南	0.1795	43	0.1841	26

续表

国家代码	国家	TCI 值（以本国出口计算）	排名	TCI 值（以他国出口计算）	排名
348	匈牙利	0.1678	44	0.2955	14
887	也门	0.1600	45	0.0293	45
156	中国	0.1162	46	0.2695	18

数据来源：重庆“一带一路”投资与贸易研究实验室

黎巴嫩与“一带一路”国家贸易互补关系总体较强，且有利于黎巴嫩出口。2013 年黎巴嫩与“一带一路”国家平均贸易互补指数为 0.2244，TCI 值介于 0.2 至 0.3 之间，表明两者之间的互补关系较强。与黎巴嫩贸易互补关系较强的“一带一路”国家有 2 个，占总数的 4.35%，平均 TCI 值为 0.3142，这 2 个国家分别为阿尔巴尼亚、约旦；与黎巴嫩贸易互补关系较强的“一带一路”国家有 29 个，占总数的 63.04%，平均 TCI 值为 0.2415。一般认为，以本国出口计算的贸易互补性指数大于以他国出口计算的贸易互补性指数，说明利于本国出口，反之利于他国出口。2013 年，以黎巴嫩出口计算的贸易互补性指数为 0.2244，以他国出口计算的贸易互补性指数为 0.2097，说明与“一带一路”国家的贸易总体上有利于黎巴嫩出口，有助于他国的进口。

黎巴嫩与“一带一路”国家之间的贸易互补性处于上升趋势。2005-2013 年，黎巴嫩与“一带一路”国家平均贸易互补指数从 0.1874 上升到 0.2244，增加了 0.037。与黎巴嫩贸易互补关系强的国家从 2005 年的 0 个变为 2013 年的 2 个，增加了 2 个；与黎巴嫩贸易互补关系较强的国家从 2005 年的 20 个变为 2013 年的 29 个，增加了 9 个。

表 LE-21　黎巴嫩与“一带一路”国家贸易互补关系统计情况（2005—2013 年）

年份	类别	指标	国家数量（个）	占比（%）	均值
2005 年	以本国出口计算	“一带一路”国家	46	100	0.1874
		其中：TCI>0.3	0	0.00	0.0000
		0.2<TCI<0.3	20	43.48	0.2206
		TCI<0.2	26	56.52	0.1618
	以他国出口计算	“一带一路”国家	46	100.00	0.1937
		其中：TCI>0.3	6	13.04	0.3550
		0.2<TCI<0.3	16	34.78	0.2621
		TCI<0.2	24	52.17	0.1078

续表

年份	类别	指标	国家数量（个）	占比（%）	均值
2013年	以本国出口计算	“一带一路”国家	46	100.00	0.2244
		其中：TCI>0.3	2	4.35	0.3142
		0.2<TCI<0.3	29	63.04	0.2415
		TCI<0.2	15	32.61	0.1792
	以他国出口计算	“一带一路”国家	46	100.00	0.2097
		其中：TCI>0.3	10	21.74	0.3628
		0.2<TCI<0.3	12	26.09	0.2725
		TCI<0.2	24	52.17	0.1145

数据来源：重庆“一带一路”投资与贸易研究实验室

表 LE-22　黎巴嫩与“一带一路”国家 TCI 值排名前 10 的国家（2005—2013 年）

排名	2005年			2013年		
	国家	TCI值	区域	国家	TCI值	区域
1	阿尔巴尼亚	0.2642	中东欧	阿尔巴尼亚	0.3149	中东欧
2	波黑	0.2561	中东欧	约旦	0.3135	西亚北非
3	拉脱维亚	0.2431	中东欧	拉脱维亚	0.2917	中东欧
4	克罗地亚	0.2349	中东欧	亚美尼亚	0.2830	中东欧
5	马尔代夫	0.2319	南亚	斯洛文尼亚	0.2822	中东欧
6	沙特	0.2284	西亚北非	马其顿	0.2793	中东欧
7	卡塔尔	0.2208	西亚北非	摩尔多瓦	0.2787	中东欧
8	斯洛文尼亚	0.2201	中东欧	波黑	0.2776	中东欧
9	塞尔维亚	0.2183	中东欧	格鲁吉亚	0.2755	独联体
10	俄罗斯	0.2178	欧洲	爱沙尼亚	0.2671	中东欧

数据来源：重庆“一带一路”投资与贸易研究实验室

黎巴嫩的贸易互补国主要分布在中东欧地区。2013 年，黎巴嫩与“一带一路”国家 CS 值排名前十位的国家有 8 个国家来自于中东欧，分别有 1 个国家来自西亚北非和独联体。和 2005 年比较，约旦、亚美尼亚、马其顿、摩尔多瓦和格鲁吉亚取代克罗地亚、马尔代夫、沙特、卡塔尔和塞尔维亚成为黎巴嫩贸易互补排名前十的国家。

（六）中国与黎巴嫩的贸易关系

1971 年 11 月 9 日，中国和黎巴嫩建交。目前双边关系发展平稳，在经贸、人文等领域合作成果丰硕，先后签订了《中黎贸易协定》（1995 年 12 月）、《海运协定》（1995 年 6 月）、《民用航空运输协定》（1996 年 6 月）、《中黎两国鼓励和相互投资保护协定》（1996 年 6 月）、《中黎两国政府经济、贸易和技术合作协定》（1996 年 6 月）、《中黎两国经济技术和贸易合作委员会第一次会议纪要》（2002 年 4 月）、《中华人民共和国政府和黎巴嫩共和国政府经济技术合作协定》（2005 年 6 月）、《中华人民共和国政府与黎巴嫩共和国政府旅游合作协定》（2005 年 12 月）等。[①]

1. 中国对黎巴嫩的出口情况

中国出口黎巴嫩的产品相对较为分散。2015 年，中国出口黎巴嫩的总金额为 2291021 千美元，排在前三位的产品主要有电气、电子设备；钢铁；机械、核反应堆、锅炉等，出口金额分别为 271184 千美元、253657 千美元、227919 千美元，在进口总金额中的比重分别为 11.84%、11.07%、9.95%，排名前十的产品占当年出口额的 63.11%。

表 LE-23　中国对黎巴嫩的出口情况（2015 年）

排名	产品	金额（千美元）	比重（%）
1	电气、电子设备	271184	11.84
2	钢铁	253657	11.07
3	机械、核反应堆、锅炉等	227919	9.95
4	家具，灯饰，标牌，预制建筑	170359	7.44
5	塑料及其制品	136936	5.98
6	非针织或钩编服装、饰品	93985	4.10
7	钢铁制品	88856	3.88
8	陶瓷制品	83234	3.63
9	非铁路车辆、电车	63958	2.79
10	石材，石膏，水泥，石棉，云母等制品	55674	2.43
合计		1445762	63.11

数据来源：http：//www.trademap.org/Product_SelProductCountry.aspx

① http：//wcm.fmprc.gov.cn/pub/chn/pds/gjhdq/gj/yz/1206_18/.

2. 中国从黎巴嫩的进口情况

中国从黎巴嫩的进口以铜及其制品为主。2015 年，中国从黎巴嫩进口规模达到 17378 千美元，进口的产品主要有铜及其制品、塑料及其制品、锌及其制品，进口金额分别为 14501 千美元、1267 千美元、344 千美元，在总金额的比重分别为 83.44%、7.29%、1.98%，上述三项出口金额约占出口总金额的 92.71%。

表 LE-24 中国从黎巴嫩的进口情况（2015 年）

排名	产品	金额（千美元）	比重（%）
1	铜及其制品	14501	83.44
2	塑料及其制品	1267	7.29
3	锌及其制品	344	1.98
4	机械、核反应堆、锅炉等	245	1.41
5	盐，硫，土，石材，石膏，石灰，水泥	198	1.14
6	铅及其制品	194	1.12
7	饮料，酒及醋	186	1.07
8	生皮（毛皮除外）及皮革	108	0.62
9	铝及其制品	80	0.46
10	印刷书籍，报纸，图片等	43	0.25
合计		17166	98.78

数据来源：http：//www.trademap.org/Product_SelProductCountry.aspx。

3. 中国与黎巴嫩的贸易关系分析

（1）中国与黎巴嫩的贸易互补关系总体较强。2013 年，以中国出口计算的贸易互补指数为 0.2695，在“一带一路”国家中排名第 31 位。

（2）中国与黎巴嫩贸易互补关系略有增强。2005–2013 年，以中国出口计算的贸易互补指数从 0.2653 增加到 0.2695，增加了 1.58%。

（3）中国与黎巴嫩之间的贸易有利于我国出口。以中国出口计算的贸易互补指数大于以黎巴嫩出口计算的贸易互补指数，有利于中国出口，同时有利于黎巴嫩进口。2005 年，以中国出口计算的贸易互补指数为 0.2653，以黎巴嫩出口计算的贸易互补指数为 0.1231；2013 年，以中国出口计算的贸易互补指数为 0.2695，以黎巴嫩出口计算的贸易互补指数为 0.1162。

（4）中国与黎巴嫩的贸易竞争关系一直较弱。2005 年，两国贸易竞争指数为 0.0661，贸易竞争关系较弱，排名为 26 位。2013 年，中国与黎巴嫩的贸易竞争指数为 0.0843，贸易竞争关系较弱，排名为 22 位。2005 年至 2013 年，中国与黎巴嫩的贸易竞争指数下降了 0.0182，排名上升了 4 位。

十四、巴林（The Kingdom of Bahrain）[①]

（一）基本情况

巴林是首个步入后石油经济的波斯湾国家。目前巴林的经济并不依赖石油，银行业和旅游业已成为其重要的支撑产业。该国首都麦纳麦，是国内外大型金融机构所在地。巴林具有较高的人类发展指数（世界排名第44位），人均GDP为23395.75美元，被世界银行认定为高收入经济体。1995年，美国海军第五舰队司令部设在麦纳麦。2001年，巴林成为主要非北约盟国成员。

1. 建国历程

巴林独立建国历史较短。公元前3000年左右苏美尔人定居并建有城市。公元前1000年腓尼基人定居于此，成为当时重要的贸易中心。公元前6世纪起先后被伊朗的波斯帝国和萨珊王朝占据。公元7世纪成为阿拉伯帝国巴士拉省的一部分。894年，巴林的卡尔马特派发动起义，脱离阿拉伯帝国建立了独立政权卡尔马特共和国，1077年被阿拔斯王朝吞并。1507–1602年被葡萄牙人占领。1602–1702年被伊朗人占领，隶属于萨非王朝法尔斯省。1703年赶走波斯人，宣布独立。1820年英国人入侵，强迫其签订波斯湾总和平条约。1880年和1892年英国又先后迫其签订政治、军事条约，成为英国的保护国。1933年英国攫取了巴林石油开采权。1957年11月，英国政府声明巴林是“英国保护下的独立酋长国”。1971年3月英国宣布，英国同波斯湾诸酋长国签订的所有条约在同年年底终止。1971年8月14日，巴林获得完全独立，改巴林酋长国为巴林国。2002年2月14日，改国名为“巴林王国”，国家元首埃米尔改称为国王。现政府为君主立宪。由元首授权“国务会议”掌理行政。国会则由44名议员组成，由内阁（国务会议）成员及人民选举产生。今系阿拉伯联盟会员国之一，亦为1982年5月26日成立的海湾合作理事会6个成员国之一。巴林

① 由于联合国商品贸易数据库（UNCOMTRADE）、联合国贸发会议数据库（UNCTADSTAT）等国内外数据库未能提供巴林相关数据，因此，本章无法分析巴林与“一带一路”国家、中国的贸易关系。

对外号称中立，参加不结盟国家组织。麦纳麦市是巴林的首都，全国第一大城市，全国经济、交通、贸易和文化中心，同时也是海湾地区重要的金融中心、重要港口及贸易中转站，享有“波斯湾明珠”的美誉。①

2. 人口情况

巴林的男女结构比例失衡，人口自然增长较快。2015 年巴林总人口达 138 万人，其中城镇人口 122 万人，农村人口 16 万人，分别占总人口的 88.41% 和 11.59%；男性人口 77 万人，女性人口 61 万人，分别占总人口的 56.14% 和 43.86%，男女性别比例为：1.28 : 1；0–14 岁人口为 30 万人，15–64 岁人口为 105 万人，65 岁以上人口为 3 万人，分别占总人口的 21.74%、76.09%、2.17%。2014 年每千人的人口出生率为 14.64‰，人口死亡率为 2.34‰，人均预期寿命 76.68 岁。阿拉伯人约占 60%，外籍人主要为印度、巴基斯坦、孟加拉、伊朗、菲律宾和阿曼人。

表 BA–1 巴林人口数及其构成（2015 年）

指 标	年末数（万人）	比重（%）
全国总人口	138	100.00
其中：城镇	122	88.41
农村	16	11.59
其中：男性	77	56.14
女性	61	43.86
其中：0–14 岁	30	21.74
15–64 岁	105	76.09
65 岁以上	3	2.17

数据来源：世界银行（world bank）。

巴林的人口增长较快。2005—2015 年，巴林的总人口数从 87 万人增加到 138 万人，增加了 51 万人，年均增长 4.74%。巴林的人口增长呈斜“7”型变化趋势。经历了两个阶段：第一个阶段是缓慢上升阶段（2005—2007 年），增长率从 2005 年的 7.05% 增加到 2007 年的 8.72%，增长了 1.67 个百分点；第二阶段是缓慢下降阶段（2007–2015 年），增长率从 2008 年的 8.72% 下降到 2015 年的 1.12%，八年间下降了 7.6 个百分点。

① http://baike.baidu.com/link?url=iN5XjL29AH1K_P6Fx4quas65uRvFvUKrVWu9mJ6HcMqAOr7FjrVknbJMbQP3imuq0KaUdmQ__GfMvBLRdj_Ehq

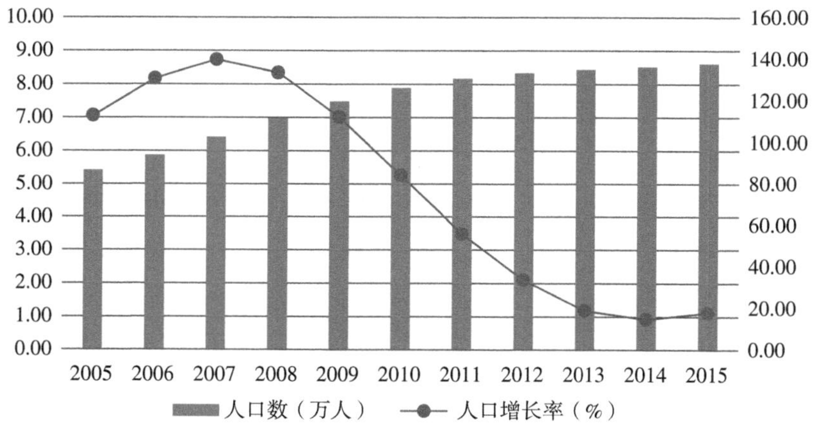

图 BA-1 巴林人口数及增长率变化（2005—2015 年）

数据来源：世界银行（world bank）

3. 地域状况

巴林是位于波斯湾西南部的岛国。界于卡塔尔和沙特阿拉伯之间，距沙特阿拉伯东海岸 24 公里、卡塔尔西海岸 28 公里，国土面积 750 平方公里，由巴林岛等 36 个大小不等的岛屿组成。最大的是巴林岛。各岛地势低平，主岛地势由沿海向内地逐渐升高，最高海拔为 135 米。巴林属热带沙漠气候，夏季炎热、潮湿，7–9 月平均气温为 35℃。冬季温和宜人，11月至次年4 月气温在 15–24℃之间。年平均降水量 77 毫米。①

4. 资源禀赋

巴林的化石能源资源较为丰富。巴林是海湾地区最早开采石油的国家，已探明石油储量 2055 万吨，天然气储量 1182 亿立方米，分别占全球的 0.01%、0.08%。其他资源较为缺乏。②

5. 经济实力

巴林的经济总量小，但人均水平较高。2015 年，巴林的 GDP 为 322.21 亿美元，分别占“一带一路”国家和全球的比例为 0.15% 和 0.04%，人均 GDP 为 23395.75 美元，分别是“一带一路”国家和全球的 4.81 倍和 2.31 倍，属于高收入经济体，城镇化率为 88.78%，2015 年的一、二、三产业结构比例为 0.3 : 41.4 : 58.3。2005—2015 年，巴林的 GDP 从 159.69 亿美元增加到 322.21 亿美元，增加了 2.02 倍；人均 GDP 从 18418.07 美元增加到 23395.75 美元，增加了 1.27 倍。巴林的 GDP 增长在波动中

① http：//baike.baidu.com/link?url=iN5XjL29AH1K_P6Fx4quas65uRvFvUKrVWu9mJ6HcMqAOr7FjrVknbJMbQP3imuq0KaUdmQ__GfMvBLRdj_Ehq

② http：//www.fmprc.gov.cn/web/gjhdq_676201/gj_676203/yz_676205/1206_676356/1206x0_676358/.

下降，人均 GDP 增长率在波动中上升。

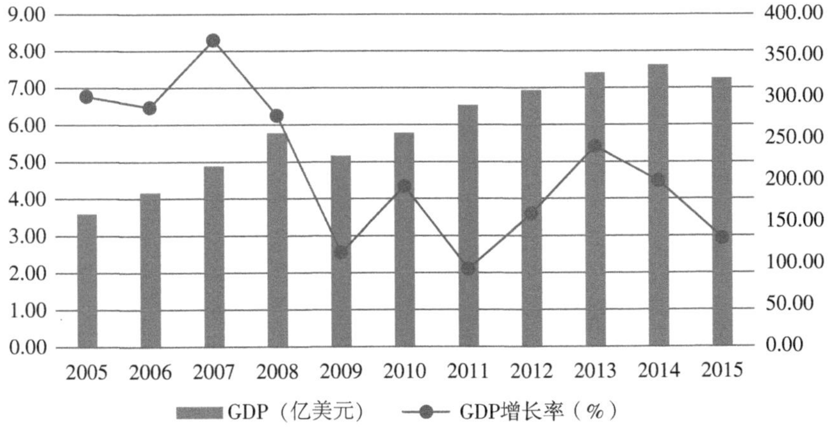

图 BA-2　巴林 GDP 及增长率变化（2005—2015 年）

数据来源：世界银行（world bank）

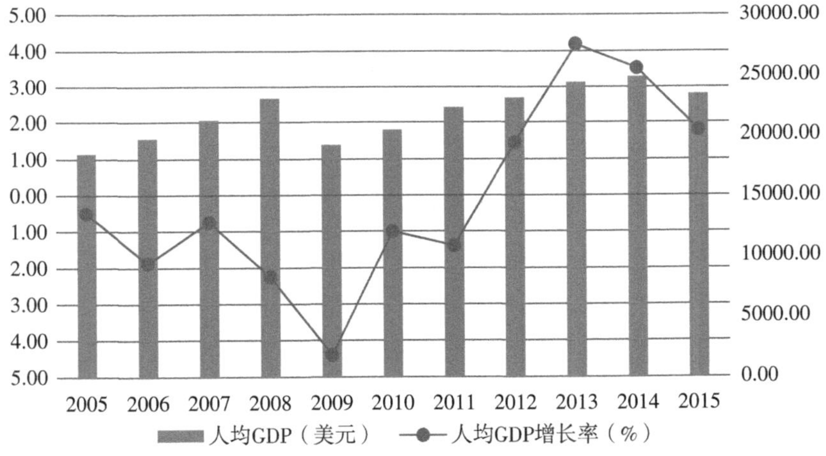

图 BA-3　巴林人均 GDP 及增长率变化（2005—2015 年）

数据来源：世界银行（world bank）

（二）产业情况

近年来巴林开始向多元化经济发展。2015 年，一、二、三产业结构比例为 0.3：41.4：58.3，服务业成为巴林经济的支柱产业，农业占比非常小。石油天然气行业作为其支柱性产业为巴林政府提供了主要的财税收入，但不同于其他海湾国家，巴林早在 20 世纪 70 年代末起就开始着重发展金融业，目前已成为海湾地区的金融中心。[①]

1. 第一产业

巴林的农业发展缓慢。2010–2015年，巴林农业增加值从0.77亿美元增加到0.97亿美元，增加了0.20亿美元，年均增长4.81%，农业增加值占GDP的比重基本保持不变。

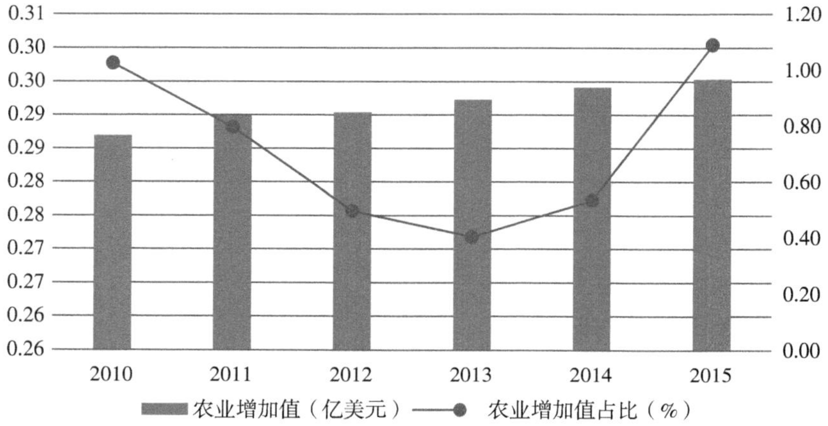

图 BA-4 巴林农业增加值及占比变化（2005—2015 年）

数据来源：世界银行（world bank）

巴林的可耕地较少，主要农产品基本依靠进口。巴林的可耕地面积1.1万公顷，约占全国总面积的14%，目前实际种植面积4766公顷。农业人口约占劳动力总人口的1.5%。农业对国内生产总值的贡献率 约为0.28%，粮食主要靠进口，本地农产品的供给量仅占巴林食品需求总量的6%。巴林主要农产品有水果、蔬菜、家禽、海产品等。2011年，巴林排名前三的主要农作物分别为海枣、用于牧草和青贮的苜蓿、新鲜水果，其产量分别为1.46万吨、3.13万吨、0.51万吨；排名前三的主要畜禽产品为鸡蛋、羊肉、牛奶，其产量分别为0.58亿只、1.68万吨、0.95万吨。

2. 第二产业

巴林的工业发展较慢，在GDP中的占比有小幅下降。2010–2015年，巴林工业增加值从115.65亿美元增加到133.30亿美元，增加了17.65亿美元，年均增长2.88%，工业增加值占GDP的比重从44.98%下降到41.37%，下降了3.61个百分点。

① http：//wcm.fmprc.gov.cn/pub/chn/gxh/cgb/zcgmzysx/yz/1206_5/1207/t312290.htm

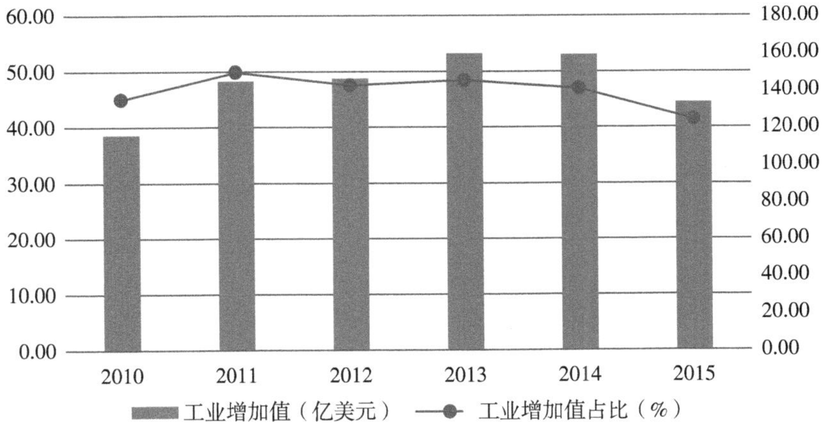

图 BA-5　巴林工业增加值及占比变化（2005—2015 年）

数据来源：世界银行（world bank）

巴林的工业以炼油、石化、铝制品工业等为主。2012 年原油产量约 867 万吨，天然气产量约 167.6 亿立方米，铝产量 90 万吨以上。目前巴林有 10 个基础配套齐全的工业区。北西特拉工业区（North Sitra Industrial Area）、南阿勒巴工业区（South ALBA Industrial Area）、南希德工业区（South Hidd Industrial Area）、玛阿米尔工业区（Maameer Industrial Areas）、北冶炼区（North Refinery Industrial Area）、西特拉转盘工业区（Sitra Roundabout Industrial Area）、阿拉德工业区（Arad Industrial Area）等，都配有必要的道路、电、下水道、水、通讯等基础设施。

3. 第三产业

巴林的服务业发展较快，在 GDP 中的占比不断提升。2010–2015 年，巴林的服务等附加值从 140.72 亿美元增加到 187.94 亿美元，增加了 47.22 亿美元，年均增长 5.96%，工业增加值占 GDP 的比重从 54.73% 增加到 58.33%，增加了 3.60 个百分点。

巴林的服务业主要以金融业为主。金融业发达是巴林经济的显著特点。巴林享有中东地区金融服务中心的美誉。目前，有 400 多家地区和国际金融服务机构在巴林设立办事处，各国银行在巴林总资产达 855 亿美元。2013 年巴林金融业产值占国内生产总值的 16.7%，是巴林第二大产业。巴林批准设立了很多离岸银行，它们不经营当地业务，但是为本地区巨额石油美元收入进入国际市场提供了渠道。此外，巴林的批发零售、宾馆餐饮也正快速发展。2013 年，批发零售业占 GDP 的比重达 3.99%，宾馆餐饮业占 2.13%。

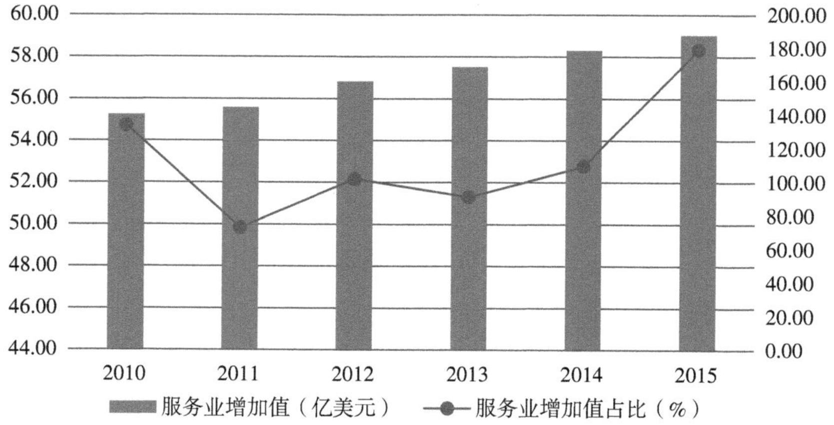

图 BA-6　巴林服务等附加值及占比变化（2005—2015 年）

数据来源：世界银行（world bank）

（三）进出口贸易情况

1. 参与贸易协定情况

巴林是世界贸易组织（WTO）成员国。巴林于 1995 年 1 月 1 日加入世界贸易组织（WTO），为该组织创会会员之一。

巴林与世界 68 个国家签订双边经贸协定。具体包括中国、法国、印度、新加坡、英国等，同时巴林和其他 17 个阿拉伯国家共同加入了泛阿拉伯自由贸易协定。2006 年，巴林成为海湾地区第一个同美国签订自由贸易协定的国家。随着自由贸易协定的签订，2009 年双边贸易额增加 44%，总量达到 11 亿美元。巴林还是海合会成员国，将获益于海合会与其他国家的双边协定。①

2. 进口情况

（1）进口贸易数量

巴林的进口发展较慢。2015 年，巴林的进口金额为 97 亿美元，分别占“一带一路”国家、全球出口额的比重为 0.18%、0.06%，和 2005 年相比增加了 3.06 亿美元，年均增长 0.32%，分别比“一带一路”国家、全球低 7.35 个百分点、4.13 个百分点。

巴林的进口增长在波动中处于下降趋势。巴林的进口增长率从 2005 年的 27.20% 下降到 2015 年的 –30.27%，下降了 57.47 个百分点。增长最快的年份出现在 2008 年，增长率达 30.40%，下降最快的年份出现在 2009 年，增长率为 –32.58%。

① http：//wcm.fmprc.gov.cn/pub/chn/gxh/cgb/zcgmzysx/yz/1206_5/1207/t312290.htm

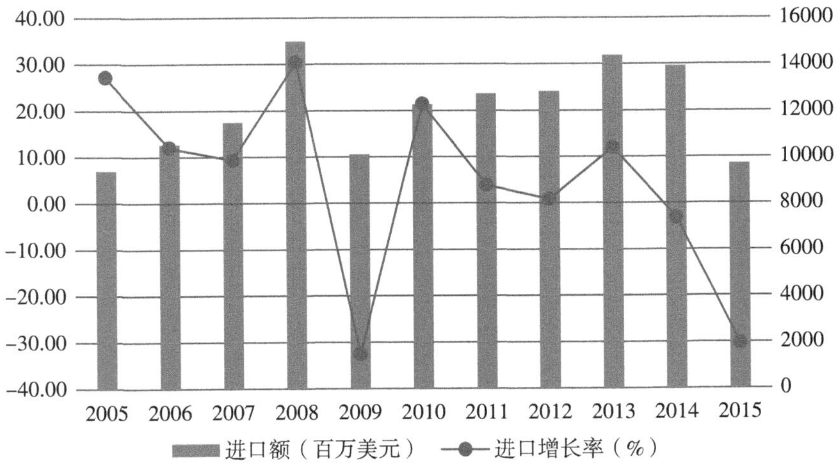

图 BA-7 巴林进口额及增长率变化（2005—2015 年）

数据来源：联合国贸发会议数据库（UNCTADSTAT）

（2）进口市场结构

巴林的进口地主要分布在亚洲、美洲和欧洲。2014 年巴林进口排名前十的国家分别为：沙特、中国、阿联酋、日本、美国、澳大利亚、德国、印度、巴西、意大利，十个国家的进口金额为 157.39 亿美元，约占总进口额的 78.41%，有 5 个国家来自亚洲、分别有 2 个国家来自美洲和欧洲。其中，沙特是巴林最大的进口来源国，2014 年进口金额为 83.67 亿美元，约占总进口额的 41.68%。从变化趋势看，沙特增长最快，进口份额增长了 37.52 个百分点，跃居第一位，中国次之，进口份额增长了 3.99 个百分点，排名第二位，来自日本的进口份额下降了近 1 个百分点。

表 BA-2 巴林主要贸易进口国情况（2014 年）

排名	国别	国家代码	所属区域	2014 年		2005 年	
				进口额（亿美元）	占比（%）	进口额（亿美元）	占比（%）
1	沙特	682	西亚	83.67	41.68	3.88	4.16
2	中国	156	东亚	16.16	8.05	3.79	4.06
3	阿联酋	784	西亚	10.72	5.34	2.33	2.49
4	日本	392	东亚	10.35	5.16	5.71	6.12
5	美国	840	北美洲	9.51	4.74	3.42	3.66
6	澳大利亚	036	大洋洲	8.06	4.02	4.30	4.60
7	德国	276	欧洲	5.80	2.89	3.81	4.07

续表

排名	国别	国家代码	所属区域	2014年		2005年	
				进口额（亿美元）	占比（%）	进口额（亿美元）	占比（%）
8	印度	356	南亚	5.04	2.51	2.13	2.28
9	巴西	076	南美洲	4.64	2.31	2.04	2.18
10	意大利	380	欧洲	3.44	1.71	1.94	2.08
合计				157.39	78.41	33.34	35.70

资料来源：http：//wits.worldbank.org/country-analysis-visualization.html

（3）进口产品结构

巴林进口的产品相对集中于燃料和运输设备。2014年，巴林进口排名前十的产品分别为燃料、运输设备、机电、矿石、化学药品、金属、食物产品、石材和玻璃、动物产品、纺织和服装，十类产品合计进口金额为182.48亿美元，占比为90.91%，其中，燃料是巴林主要的进口产品，进口金额为80.45亿美元，占比为40.08%。

表BA-3 巴林主要的进口产品情况（2014年）

排名	产品	金额（亿美元）	占比（%）
1	燃料	80.45	40.08
2	运输设备	22.27	11.10
3	机电	20.61	10.27
4	矿石	12.34	6.15
5	化学药品	11.15	5.55
6	金属	8.81	4.39
7	食物产品	7.53	3.75
8	石材和玻璃	6.78	3.38
9	动物产品	6.70	3.34
10	纺织和服装	5.86	2.92
合计		182.48	90.91

数据来源：http：//www.trademap.org/Product_SelProductCountry.aspx

3. 出口情况

（1）出口贸易数量

巴林的出口增长缓慢。2015 年，巴林的出口金额为 112 亿美元，分别占“一带一路”国家、全球出口额的比重为 0.19%、0.07%，和 2005 年相比，巴林出口额增加了 9.58 亿美元，年均增长 0.89%，分别比“一带一路”国家、全球低 6.74 个百分点、3.71 个百分点。

巴林的出口增长在波动中处于下降趋势。巴林的出口增长在 2009 年、2014 年、2015 年出现负增长，其余年份均为正向增长。降幅较大的年份出现在 2009 年、2015 年，其增长率分别为 –31.43%、–45.42%。

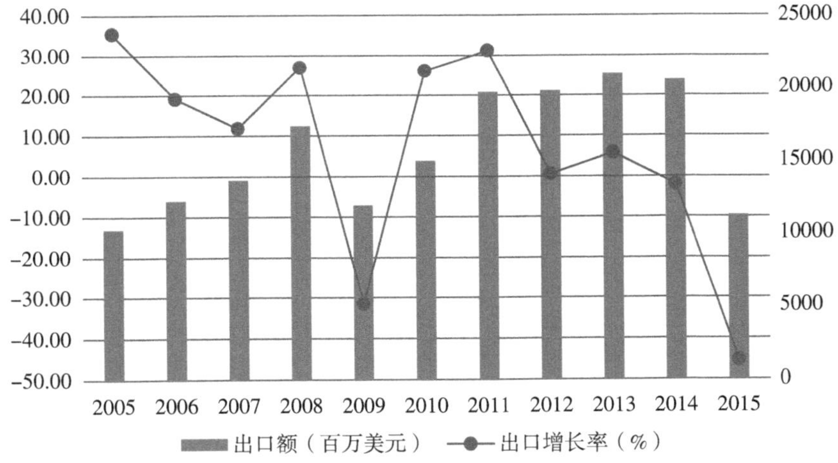

图 BA–8　巴林出口额及增长率变化（2005—2015 年）

数据来源：联合国贸发会议数据库（UNCTADSTAT）

（2）出口市场结构

巴林的出口地主要集中在西亚北非地区。2014 年巴林出口排名前十的国家分别为：未指明国别的、沙特、阿联酋、美国、卡塔尔、阿曼、埃及、阿尔及利亚、科威特和土耳其，这十个出口国家的金额合计为 161.99 亿美元，约占总出口额的 89.84%，其中，有 6 个国家来自西亚，2 个国家来自北非。从变化趋势看，未指明国别的地区稳居榜首，但出口份额大幅下降，降幅达 25.70 个百分点，沙特的增长最快，阿联酋次之，沙特的增长幅度达 10.7 个百分点，阿联酋的增幅达 6.22 个百分点。

表 BA-4 巴林主要贸易出口国情况（2014 年）

排名	国别	国家代码	所属区域	2015 年		2005 年	
				出口额（亿美元）	占比（%）	出口额（亿美元）	占比（%）
1	未指明国别	—	—	90.78	50.35	77.87	76.05
2	沙特	682	西亚	30.73	17.04	6.49	6.34
3	阿联酋	784	西亚	14.02	7.77	1.58	1.55
4	美国	840	北美洲	9.12	5.06	2.62	2.56
5	卡塔尔	634	西亚	5.53	3.07	1.14	1.11
6	阿曼	512	西亚	2.98	1.65	0.41	0.40
7	埃及	818	北非	2.46	1.37	0.13	0.13
8	阿尔及利亚	012	北非	2.21	1.22	0.13	0.13
9	科威特	414	西亚	2.20	1.22	0.82	0.80
10	土耳其	792	西亚	1.96	1.09	0.22	0.21
合计				161.99	89.84	91.42	89.29

资料来源：http：//wits.worldbank.org/country-analysis-visualization.html

（3）出口产品结构

巴林的出口主要是燃料和金属产品。2014 年，巴林出口排名前十的产品有：燃料、金属、机电、运输设备、化学药品、矿石、石材和玻璃、食物产品、纺织和服装、塑料或橡胶，这十项出口产品的金额合计为 174.09 亿美元，约占总出口额的 96.55%，其中，燃料是巴林出口排名第一的产品，出口金额为 92.84 亿美元，占比为 51.49%。

表 BA-5 巴林主要的出口产品情况（2014 年）

排名	产品	金额（亿美元）	占比（%）
1	燃料	92.84	51.49
2	金属	34.83	19.32
3	机电	9.54	5.29
4	运输设备	8.27	4.59

续表

排名	产品	金额（亿美元）	占比（%）
5	化学药品	7.97	4.42
6	矿石	6.01	3.33
7	石材和玻璃	5.54	3.07
8	食物产品	3.83	2.12
9	纺织和服装	2.78	1.54
10	塑料或橡胶	2.49	1.38
合计		174.09	96.55

数据来源：http：//www.trademap.org/Product_SelProductCountry.aspx

4. 贸易集中度

巴林一直保持着贸易顺差状态，国际贸易对该国相对有利。2005—2015 年，巴林的净出口额一直大于零，净出口额从 8.49 亿美元增加到 15 亿美元，增加了 6.51 亿美元，增长了 76.68%。从变化过程看，巴林的净出口额在 2005-2010 年变化较为平稳，但在 2010-2014 年出现较大幅度的增长，2012 年达到顶点，为 69.38 亿美元，2015 年出现大幅回落。

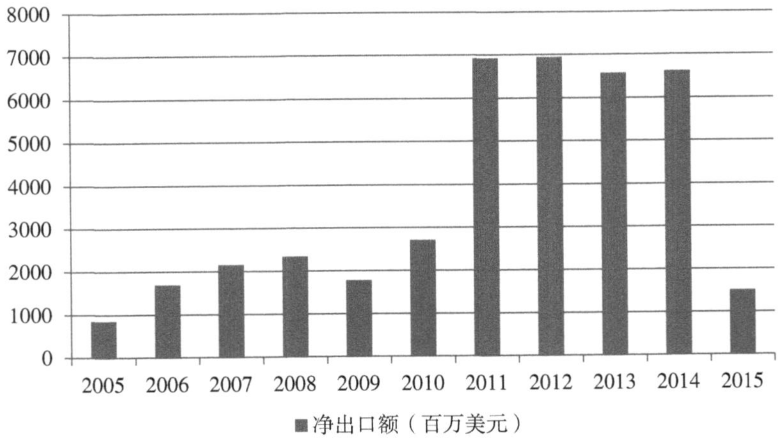

图 BA-9 巴林净出口额变化（2005—2015 年）

数据来源：联合国贸发会议数据库（UNCTADSTAT）

（四）对外直接投资

作为开放性和市场化程度较高的国家，巴林的政治局势比较稳定，投资政治风险较低。自1999年哈马德继任埃米尔以来，巴林政府注意保持内外政策的连贯性，政权实现了平稳过渡。如今巴林为了降低对石油的依存度，实现经济多元化发展，进一步开放市场，欢迎国外资本进入巴林投资金融、基础设施等领域，其政治环境有一定保证。①

1.FDI流入情况

（1）流量

巴林吸引外资流量略有下降。2014年，巴林吸引外资的流量规模为957.45百万美元，占“一带一路”国家和全球的比例分别为0.22%、0.08%。2005—2014年，巴林吸引外资量从1048.67百万美元减少到957.45百万美元，减少了91.22百万美元，年均减少1%。②

巴林吸引外资流量增长在波动中下降。巴林吸引外资流量增长率从2005年的21.19%下降到2014年的-3.17%，其中，有4年出现负增长，分别为2007年、2009年、2010年、2014年，增长最快的年份是2011年，增长率高达401.02%，增长最慢的是2009年，其增长率为-90.25%。

表BA-6　巴林吸引投资流量情况（2005—2014年）

年份	投资量（百万美元）	投资增长率（%）	在“一带一路”国家中的占比（%）	在全球的占比（%）
2005	1048.67	21.19	0.40	0.11
2006	2914.89	177.96	0.77	0.21
2007	912.23	-68.70	0.20	0.05
2008	2638.30	189.21	0.51	0.18
2009	257.18	-90.25	0.07	0.02
2010	155.85	-39.40	0.04	0.01

① http：//opinion.china.com.cn/opinion_62_129962.html

② 吸引外资流量为负数，表明当期统计时间段里有外资企业减少了注册资本，相对应的就减少了合同利用外资，如果当期没有新增合同利用外资，或新增合同利用外资低于减资的部分，当期合同利用外资统计就会出现负数。

续表

年份	投资量（百万美元）	投资增长率（%）	在"一带一路"国家中的占比（%）	在全球的占比（%）
2011	780.85	401.02	0.17	0.05
2012	891.22	14.13	0.20	0.06
2013	988.83	10.95	0.21	0.07
2014	957.45	-3.17	0.22	0.08

数据来源：http：//unctad.org/en/Pages/DIAE/FDI%20Statistics/FDI-Statistics-Bilateral.aspx

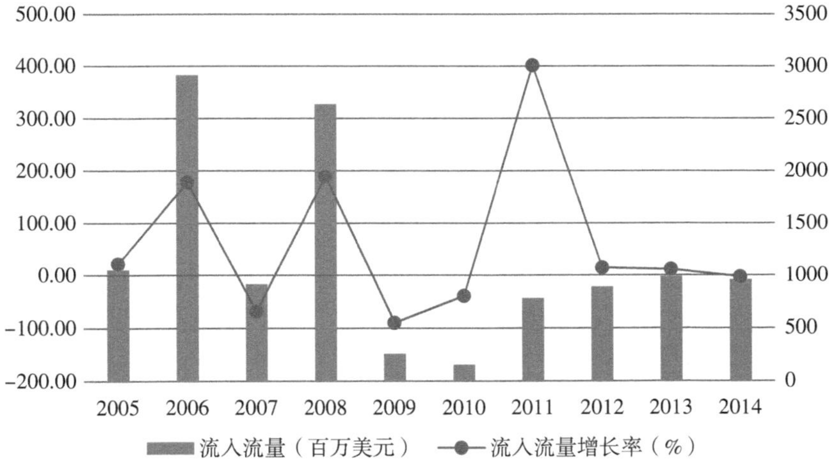

图 BA-10 巴林吸引投资流量及增长率变化（2005—2014 年）

数据来源：联合国贸发会议数据库（UNCTADSTAT）

（2）存量

巴林吸引外商投资的存量规模增长较快。2014 年，巴林吸引外资的存量规模为 18771.28 百万美元，占"一带一路"国家和全球的比例分别为 0.34%、0.08%。2005—2014 年，巴林吸引外资存量从 8276.04 百万美元增加到 18771.28 百万美元，增加了 10495.23 百万美元，年均增长 9.52%，其增幅比"一带一路"国家低 5.03 个百分点，高出全球 0.15 个百分点。

巴林吸引外资存量增长在波动中呈下降趋势。巴林吸引外资存量增长率从 2005 年的 12.54% 下降到 2014 年的 5.37%，下降了 7.17 个百分点，增长最快的年份是 2006 年，增长率高达 35.22%，增长最慢的是 2010 年，其增长率为 1.04%。

表 BA-7 巴林吸引投资存量情况（2005—2014 年）

年份	投资量（百万美元）	投资增长率（%）	在“一带一路”国家中的占比（%）	在全球的占比（%）
2005	8276.04	12.54	0.51	0.08
2006	11190.66	35.22	0.53	0.08
2007	12103.69	8.16	0.41	0.07
2008	14741.18	21.79	0.52	0.10
2009	14998.14	1.74	0.43	0.09
2010	15153.99	1.04	0.37	0.08
2011	15934.84	5.15	0.37	0.08
2012	16826.06	5.59	0.34	0.08
2013	17814.89	5.88	0.33	0.07
2014	18771.28	5.37	0.34	0.08

数据来源：http：//unctad.org/en/Pages/DIAE/FDI%20Statistics/FDI-Statistics-Bilateral.aspx

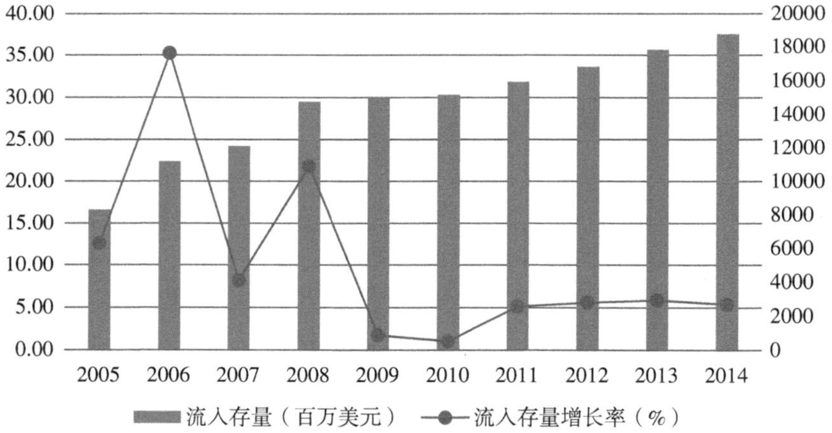

图 BA-11 巴林吸引投资存量及增长率变化（2005—2014 年）

数据来源：联合国贸发会议数据库（UNCTADSTAT）

2.FDI 流出情况

（1）流量

巴林对外投资流量下降明显。2014 年，巴林对外投资的流量为 -79.79 百万美元。2005—2014 年，巴林对外投资流量从 1135.37 百万美元下降到 -79.79 百万美元，下降了 1215.16 百万美元。

巴林对外投资流量增长在波动中下降。巴林对外投资流量增长率从 2005 年的

9.63% 下降到 2014 年的 -79.79%，下降了 89.42 个百分点，其中，有 5 年出现负增长，分别为 2006 年、2008 年、2009 年、2010 年、2014 年，增长最快的年份是 2011 年，增长率高达 167.52%，增长最慢的是 2009 年，其增长率为 -210.55%。

表 BA-8　巴林对外投资流量情况（2005—2014 年）

年份	投资量（百万美元）	投资增长率（%）	在"一带一路"国家中的占比（%）	在全球的占比（%）
2005	1135.37	9.63	1.49	0.14
2006	980.05	-13.68	0.65	0.07
2007	1669.15	70.31	0.79	0.08
2008	1620.48	-2.92	0.70	0.10
2009	-1791.49	-210.55	-0.93	-0.16
2010	334.04	-118.65	0.14	0.02
2011	893.62	167.52	0.34	0.06
2012	922.34	3.21	0.38	0.07
2013	1052.39	14.10	0.34	0.08
2014	-79.79	-107.58	-0.02	-0.01

数据来源：http：//unctad.org/en/Pages/DIAE/FDI%20Statistics/FDI-Statistics-Bilateral.aspx

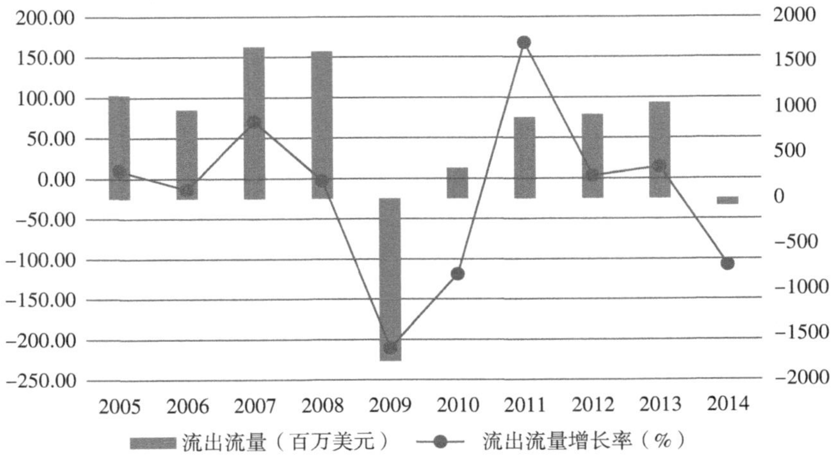

图 BA-12　巴林对外投资流量及增长率变化（2005—2014 年）

数据来源：联合国贸发会议数据库（UNCTADSTAT）

（2）存量

巴林对外投资存量增长较慢。2014 年，巴林对外投资的存量规模为 10671.54

百万美元，占“一带一路”国家和全球的比例分别为0.40%、0.04%。2005—2014年，巴林对外投资存量从5070.47百万美元增加到10671.54百万美元，增加了5601.08百万美元，年均增长8.62%，其增幅比“一带一路”国家低11.19%、高出全球0.01个百分点。

表 BA-9 巴林对外投资存量情况（2005—2014年）

年份	投资量（百万美元）	投资增长率（%）	在“一带一路”国家中的占比（%）	在全球的占比（%）
2005	5070.47	28.85	0.96	0.04
2006	6050.52	19.33	0.78	0.04
2007	7719.66	27.59	0.65	0.04
2008	9340.13	20.99	0.81	0.06
2009	7548.67	-19.18	0.52	0.04
2010	7882.71	4.43	0.45	0.04
2011	8776.33	11.34	0.45	0.04
2012	9698.67	10.51	0.44	0.04
2013	10751.06	10.85	0.42	0.04
2014	10671.54	-0.74	0.40	0.04

数据来源：http：//unctad.org/en/Pages/DIAE/FDI%20Statistics/FDI-Statistics-Bilateral.aspx

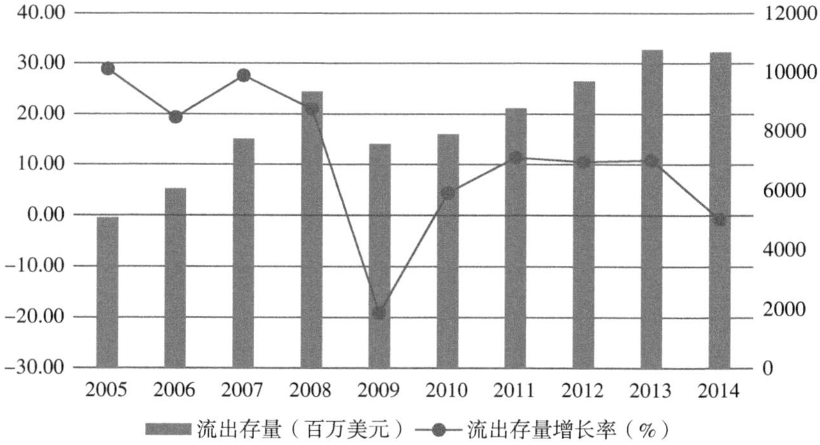

图 BA-13 巴林对外投资存量及增长率变化（2005—2014年）

数据来源：联合国贸发会议数据库（UNCTADSTAT）

巴林的对外投资存量增长也是在波动中下降。巴林对外投资存量增长率从2005

年的 28.85% 下降到 2014 年的 -0.74%，下降了 29.59 个百分点，波动最大的年份出现在 2009 年，增长率为 -19.18%，较之 2008 年下降了 40.17 个百分点。

3.FDI 净流入情况

巴林是 FDI 净流入国家，净流入量波动较大。2005—2014 年，巴林的 FDI 净流入值从 -86.70 百万美元增加到 1037.23 百万美元增加了 1123.93 百万美元。从变化过程看，巴林的净流入量在 2009 年达到了顶点，为 2048.67 百万美元，随后处于下降态势，2014 年恢复至 1037.23 百万美元。

表 BA-10　巴林 FDI 净流入情况（2005—2014 年）

年份	FDI 净流入（百万美元）	年份	FDI 净流入（百万美元）
2005	-86.70	2010	-178.19
2006	1934.84	2011	-112.77
2007	-756.91	2012	-31.12
2008	1017.82	2013	-63.56
2009	2048.67	2014	1037.23

数据来源：根据资料整理得出。

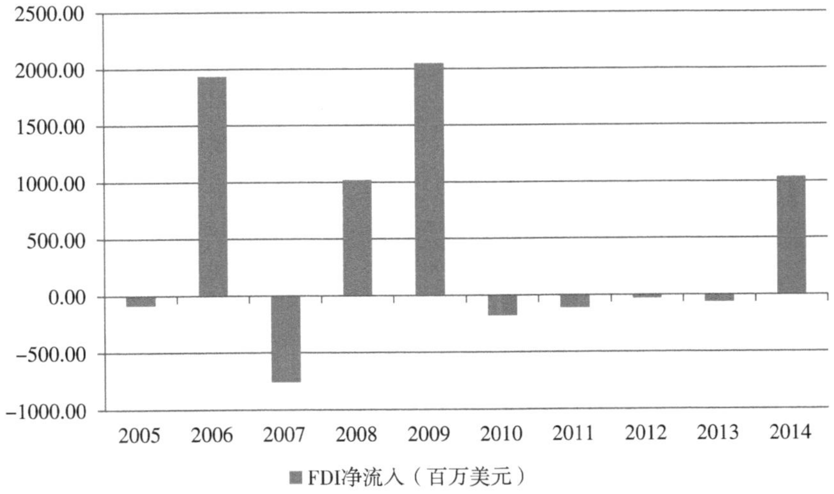

图 BA-14　巴林 FDI 净流入变化（2005—2014 年）

数据来源：联合国贸发会议数据库（UNCTADSTAT）

（五）中国与巴林的贸易关系

1989 年 4 月 18 日，中国与巴林国正式建立外交关系。建交后，两国关系发展顺利，双方在政治、经济、贸易、文化、新闻等领域合作稳步发展，先后签订了《中华人民共和国政府和巴林国政府经济、贸易和技术合作协定》（1990 年）、《中华人民共和国政府和巴林国政府关于鼓励和相互保护投资协定》（1999 年）等重要贸易协定。①

1. 中国对巴林的出口情况

中国出口巴林的产品相对较为分散。2015 年，中国出口巴林的总金额为 1014519 千美元，排在前三位的产品主要有电气、电子设备；机械、核反应堆、锅炉等；钢铁制品，出口金额分别为 127061 千美元、122871 千美元、91026 千美元，在进口总金额中的比重分别为 12.52%、12.11%、8.97%，排名前十的产品占当年出口额的 63.45%。

表 BA-11　中国对巴林的出口情况（2015 年）

排名	产品	金额（千美元）	比重（%）
1	电气、电子设备	127061	12.52
2	机械、核反应堆、锅炉等	122871	12.11
3	钢铁制品	91026	8.97
4	家具，灯饰，标牌，预制建筑	74968	7.39
5	铝及其制品	62866	6.2
6	塑料及其制品	34281	3.38
7	陶瓷制品	33879	3.34
8	无机化学品，贵重金属化合物，同位素	32448	3.2
9	矿物燃料，油，蒸馏产品等	32363	3.19
10	针织或钩编服装、饰品	31965	3.15
合计		643728	63.45

数据来源：http：//www.trademap.org/Product_SelProductCountry.aspx

2. 中国从巴林的进口情况

中国从巴林的进口以矿物燃料、棉花等产品为主。2015 年，中国从巴林进口规模达到 111579 千美元，进口的产品主要有矿物燃料，油，蒸馏产品等；棉花；有机

① http：//wcm.fmprc.gov.cn/pub/chn/pds/gjhdq/gj/yz/1206_5/

化学品，进口金额分别为74257千美元、11766千美元、9415千美元，在总金额的比重分别为66.55%、10.54%、8.44%，上述三项出口金额约占出口总金额的85.53%。

表 BA-12 中国从巴林的进口情况（2015年）

排名	产品	金额（千美元）	比重（%）
1	矿物燃料，油，蒸馏产品等	74257	66.55
2	棉花	11766	10.54
3	有机化学品	9415	8.44
4	橡胶及其制品	5405	4.84
5	铅及其制品	4096	3.67
6	盐，硫，土，石材，石膏，石灰，水泥	1869	1.68
7	玻璃及其制品	1547	1.39
8	矿石，矿渣及矿灰	1454	1.3
9	塑料及其制品	945	0.85
10	电气、电子设备	526	0.47
合计		111280	99.73

数据来源：http：//www.trademap.org/Product_SelProductCountry.aspx

十五、也门（The Republic of Yemen）

（一）基本情况

也门是一个典型的资源型国家，也是世界上经济最不发达的国家之一。也门自然资源丰富，经济发展主要依赖石油出口收入，非石油矿产资源储量丰富但开发基本处于起步阶段。长期的战乱导致也门经济发展滞后，人均 GDP 不足 1500 美元，属于中下等收入经济体。

1. 建国历程

也门历史悠久，但统一建国的历史较短。也门有 3000 多年文字记载的历史，是阿拉伯世界古代文明摇篮之一。公元前 14 世纪到公元 525 年，先后建立麦因、萨巴和赫米叶尔三个王朝。7 世纪成为阿拉伯帝国的一部分。16 世纪初葡萄牙人入侵，1789 年英国占领了属也门的丕林岛，1839 年又占领了亚丁，并在当年九月建立殖民地。1863-1882 年英国先后吞并哈达拉毛等 30 多处酋长领地，组成“亚丁保护地”，将也门南方的大部分领土分割出来，并在亚丁周边地区建立以松散联盟为基础的缓冲区。1918 年，奥斯曼帝国崩溃，也门在 1918 年脱离奥斯曼帝国宣布独立，成立也门穆塔瓦基利亚王国。1934 年，也门王国在同沙特阿拉伯王室的战争中失败，英国乘机迫使其签署不平等条约，承认英国对南部也门的占领，也门被正式分割为 7 南北两方。1959-1963 年英国先后将也门南部的六个苏丹国拼凑成“南阿拉伯联邦”，后“亚丁保地”宣布加入。1962 年北也门发生革命，建立阿拉伯也门共和国，成为阿拉伯第一个摆脱殖民统治宣告独立的国家。1963 年南部人民在“民主阵线”领导下，举行大规模的反英武装斗争。1967 年，英国撤出，南也门人民共和国成立。1970 年，改名为也门民主人民共和国，开始奉行亲苏联的社会主义。1990 年 5 月 22 日，北、南也门宣布统一，成立了也门共和国。1994 年 5 月，也门北、南方领导人在统一等问题上矛盾激化，爆发内战。7 月内战结束，南方军队失败，也门重归统一。阿拉伯也门和民主也门议会讨论了塔兹统一协定草案，并决定 5 月 22 日为统一后的也门共和国的诞生日。也门实行民主共和制，也门人民是权力的来源和主体，通过选举投票直接行使政治权力。2014 年 2 月 10 日，也门宣布将国家由共和制变为联邦制。也门的政治体制建立在政治多元化和多党制基础之上，通过大选实现政权的和平交替。也门在南北统一后于 1991 年 5 月经全民公决通过了统一宪法。也门有 46 个政党，主要政党有：全国人民大会、伊斯兰改革集团、也门社会党等。[①]

2. 人口情况

也门是农村人口占多数的国家。2015 年也门总人口达 2683 万人，其中城镇人口 929 万人，农村人口 1755 万人，分别占总人口的 34.61% 和 65.39%；男性人口 1350 万人，女性人口 1334 万人，分别占总人口的 50.30% 和 49.70%，男女性别比例为：1.01：1；0–14 岁人口为 1080 万人，15–64 岁人口为 1528 万人，65 岁以上人口为 75 万人，分别占总人口的 40.26%、56.95%、2.79%。2014 年每千人的人口出生率为 32.42‰，人口死亡率为 6.92‰，人均预期寿命 63.82 岁。也门的居民绝大多数都是阿拉伯人，有极少部分非洲人。

表 YE–1　也门人口数及其构成（2015 年）

指　标	年末数（万人）	比重（%）
全国总人口	2683	100.00
其中：城镇	929	34.61
农村	1755	65.39
其中：男性	1350	50.30
女性	1334	49.70
其中：0–14 岁	1080	40.26
15–64 岁	1528	56.95
65 岁以上	75	2.79

数据来源：世界银行（world bank）。

也门的人口规模增长较快，但增长速度呈下降趋势。2005—2015 年，也门的总人口数从 2050 万人增加到 2683 万人，增加了 633 万人，年均增长 2.73%，高出世界平均水平 1.67 个百分点。也门的人口增长率经历了两个发展阶段：第一个阶段是相对平稳阶段（2005—2008 年），增长率在 2.83% 附近徘徊，第二个阶段是缓慢下降

① http：//baike.baidu.com/link?url=AQNbJwL8NH0kk8FVQSllsq7jCPznLvw_35jB2iyik_r9pUSPBHvZPf7WPtpx0b_UQ73PCmKGrlyc9O4b4e21ra.

阶段（2008-2015年），从2008年的2.82%下降到2015年的2.45%，7年间下降了0.37个百分点。

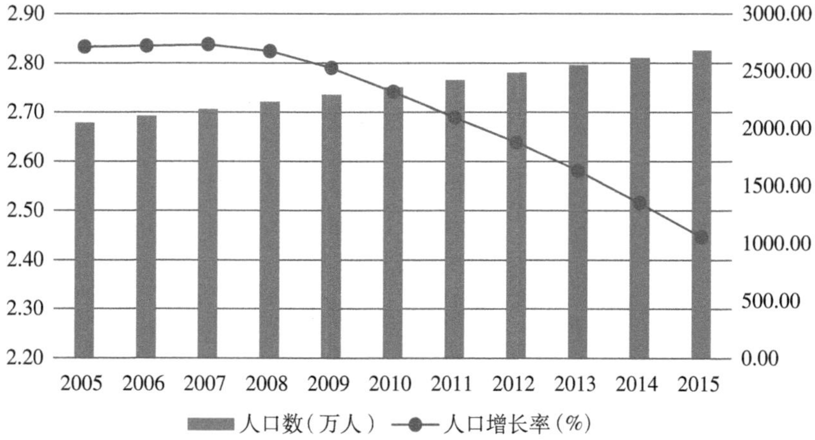

图 YE-1 也门人口数及增长率变化（2005—2015 年）

数据来源：世界银行（world bank）

3. 地域状况

也门的地理位置十分重要。也门位于阿拉伯半岛南端，北纬 12-20 度，东经 41-54 度，国土面积 55.5 万平方公里。其北部与沙特接壤，南濒阿拉伯海、亚丁湾，东邻阿曼，西隔曼德海峡与非洲大陆的埃塞俄比亚、索马里、吉布提等相望。也门有约 2000 公里的海岸线，海上交通十分便利。位于西南的曼德海峡是国际重要通航海峡之一，联通印度洋和地中海，是欧亚非三大洲的海上交通要道，战略位置极为重要。位于阿拉伯海亚丁湾的亚丁是历史上有名的港口之一。也门的地势大致可分为山地、高原、沿海平原、沙漠地区和岛屿 5 个部分。

也门的南北部气候差异较大。南部属热带干旱气候。一年分凉热两季，4-10 月为热季，平均气温 37 度，11月至次年3 月为凉季，平均气温为 27 摄氏度。年降雨量为 50 毫米。亚丁气温较高，热季气温高达 41.8 摄氏度，凉季气温最低 17.5 摄氏度，年均降雨量 94.7 毫米。北部气候种类较多，东面缓坡伸向鲁卜哈利沙漠，是沙漠和半沙漠地区，气候干燥，炎热少雨；中央高原，海拔 1500-4000 米高，气候凉爽；丘陵地区，气候温和，雨量充沛，年降水量在 1000 毫米以上，雨季多集中在 3-5 月和 7-9 月；西部红海沿岸是帖哈麦地区，气候炎热而潮湿，夏季气温一般在 35-40 摄氏度，湿度一般为 80-90%，年降水量在 400 毫米以下，是阿拉伯半岛降水量最多的地区。①

4. 资源禀赋

也门自然资源较为丰富。也门的石油和天然气是其最主要的自然资源，目前已探明的石油储量约 8.2 亿吨，天然气储量约 5000 亿立方米，也门经济发展主要依赖石油出口收入。也门的非石油资源也比较丰富，金属矿主要有金、银、铅、锌。根据也门地质矿产调查局的调查，在哈贾、哈德拉毛、萨达、焦夫、阿比洋等省和萨那地区的 30 多处发现大量黄金矿藏。其中，在哈贾省 Alharka 地区黄金矿可达 3900 万吨，每吨矿石黄金含量为 65 克；哈德拉毛省的 Madn 谷地约有 67.8 万吨金矿，每吨含金量约 15 克；在西部平原发现的金矿含金量为每吨 12–32 克；萨那地区为 3–5 克。专家称，也门金矿主要位于前寒武纪时代丰富的火山岩地区。也门政府正与一些国外公司合作进行相关物探，黄金资源会吸引许多潜在投资者。非金属矿主要有石膏和无水石膏，建筑和装饰用石材，岩盐等。由于缺乏准确翔实的基础地质勘查资料，加之经济落后和引资力度不足等原因，也门的非石油矿产资源开发基本处于起步阶段。也门水资源紧缺，主要依靠地下水。一些地方由于过度开采地下水，水资源紧张的趋势进一步加剧。②

5. 经济实力

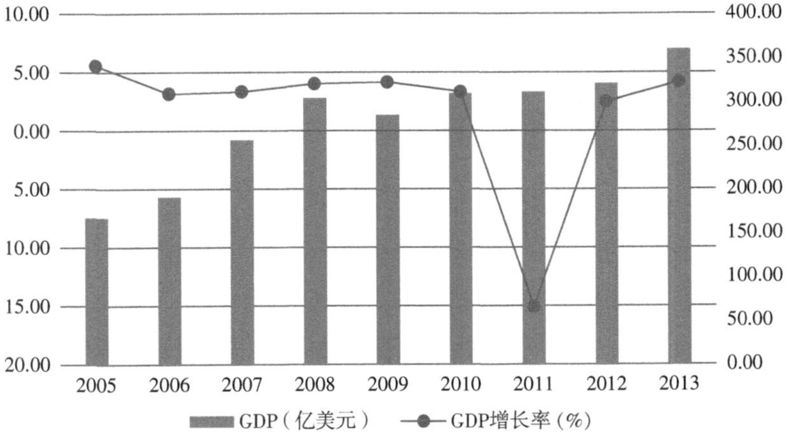

图 YE-2　也门 GDP 及增长率变化（2005—2015 年）

数据来源：世界银行（world bank）

① http：//baike.baidu.com/link?url=AQNbJwL8NH0kk8FVQSllsq7jCPznLvw_35jB2iyik_r9pUSPBHvZPf7WPtpx0b_UQ73PCmKGrlyc9O4b4e21ra.

② http：//baike.baidu.com/link?url=AQNbJwL8NH0kk8FVQSllsq7jCPznLvw_35jB2iyik_r9pUSPBHvZPf7WPtpx0b_UQ73PCmKGrlyc9O4b4e21ra.

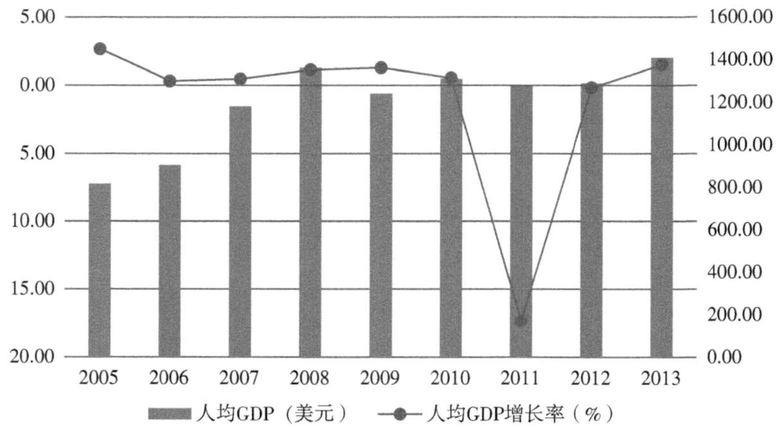

图 YE-3 也门人均 GDP 及增长率变化（2005—2015 年）

数据来源：世界银行（world bank）

也门的经济总量较小，但发展较快。2013 年，也门的 GDP 为 359.55 亿美元，分别占“一带一路”国家和全球的比例为 0.15% 和 0.04%，人均 GDP 为 1408.15 美元，分别占“一带一路”国家和全球的比例为 27.73% 和 13.17%，属于中下等收入经济体，城镇化率为 34.61%。2005—2015 年，也门的 GDP 从 167.54 亿美元增加到 359.55 亿美元，增加了 2.15 倍；人均 GDP 从 817.08 美元增加到 1408.15 美元，增加了 1.72 倍。也门的 GDP 及人均 GDP 增长率变化总体较为平稳，2011 年出现大幅度下滑，GDP 及人均 GDP 增长率分别为 -15.09%、-17.34%。

（二）产业情况

也门是典型的农牧业国家。农业和渔业是也门最主要的产业，全国近 70% 的人口从事农业生产，工业主要集中于石油和天然气生产，服务业中的贸易批发和零售业近年来正加快发展，也门的产业结构正逐步优化，产业结构比例从 2005 年的 11：49：40 调整为 2006 年的 10：49：41，其中，农业的比重略有下降，服务业在 2006 年有 1 个百分点的增长。[①]

1. 第一产业

也门的农业发展较为缓慢。2005-2006 年，也门农业增加值从 17.67 亿美元增加到 19.36 亿美元，增加了 1.69 亿美元，增长 9.57%，农业增加值占 GDP 的比重从 10.55% 下降到 10.15%，下降了 0.40 个百分点。

① http：//www.fmprc.gov.cn/web/gjhdq_676201/gj_676203/yz_676205/1206_677124/1206x0_677126/.

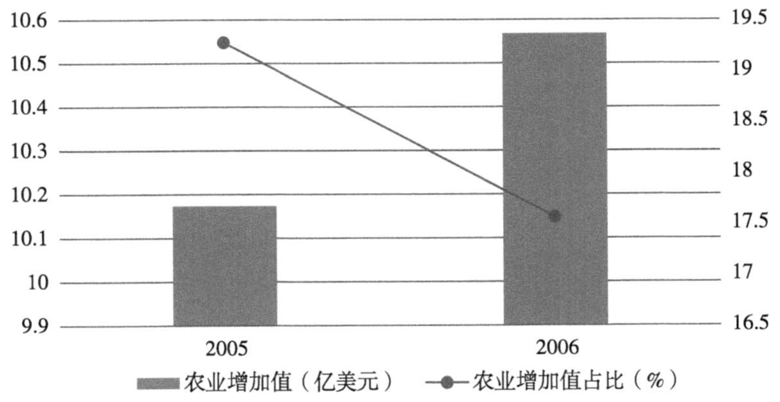

图 YE-4　也门农业增加值及占比变化（2005—2006 年）

数据来源：世界银行（world bank）

也门的粮食不能自给，主要农产品有高粱和蛋奶等。全国有可耕地 360 万公顷，已耕地面积约 160 万公顷，农业人口约占全国人口的 65.39%。农产品主要有高粱、棉花、咖啡、鸡蛋、鸡肉、牛奶、谷子、玉米、大麦、豆类、芝麻、和烟叶等，有近一半的粮食依靠进口，棉花和咖啡可供出口。目前排名前三的主要农作物分别为用于牧草和青贮的苜蓿、用于牧草和青贮的高粱、高粱 2011 年其产量分别为 113.64 万吨、197.05 万吨、41.20 万吨；排名前三的主要畜禽产品为鸡蛋、鸡肉、牛奶，2011 年其产量分别为 11.95 亿只、14.97 万吨、20.82 万吨。

2. 第二产业

也门的工业发展迅速。2005-2006 年，也门工业增加值从 82.08 亿美元增加到 93.97 亿美元，增加了 11.90 亿美元，增长 14.49%，工业增加值占 GDP 的比重从 48.99% 上升到 49.25%，增加了 0.26 个百分点。

也门的工业极不发达。也门的工业生产主要集中在食品加工、饮料、烟草、金银加工、家具制造、家用轻工产品、建材水泥等领域。20 世纪 80 年代中期开始开采石油，主要来自马里卜、马西拉、吉那、夏卜洼和东夏卜洼 5 个区块，目前也门日产石油约 5.5 万吨，约 1 万吨经亚丁和马里卜两个炼油厂提炼后供本国消费，其他部分按产品分成协议分配给各方，参加国际交易。为开发天然气资源，1995 年 9 月也门政府和法国道达尔（TOTAL）公司签署了合作开发天然气的意向。1997 年 2 月 19 日，也门政府正式与几家公司签订了开发天然气的协议，成立液化天然气项目公司，项目完工后，将实现年产液化天然气 510.3 万吨，可以为也门带来 7 亿美元的年外汇收入。

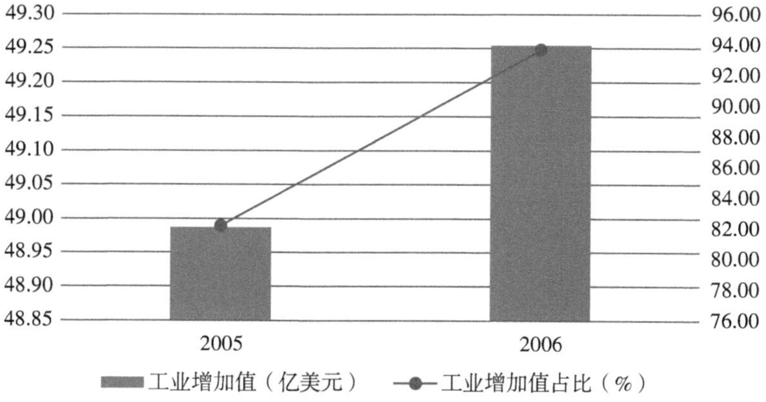

图 YE-5　也门工业增加值及占比变化（2005—2006 年）

数据来源：世界银行（world bank）

为恢复和发展经济，改善投资发展环境，也门政府从 1994 年始采取了一系列改革措施，实行自由化市场经济政策，通过优化利用本国自然资源与廉价劳动力，采取种种措施加快并扩大也门的工业化进程。近年来，政府正在采取一系列措施实施工业领域改革和开发，鼓励私营领域在生产、投资和吸引外资方面发挥重要作用。为了促进工业发展并吸引工业投资，政府修改了有关条规和立法，努力为投资者提供各种便利并对工业投资项目减免关税和其他税赋，例如生产用设备的关税减半。同时也门政府努力改善基础设施并设立了 11 个工业区并更新工业数据库。

3. 第三产业

也门的服务业发展迅速。2005-2006 年，也门的服务等附加值从 67.79 亿美元增加到 77.48 亿美元，增加了 9.69 亿美元，增长 14.29%，工业增加值占 GDP 的比重从 40.46% 减少到 40.61%，减少了 0.14 个百分点。服务业的快速发展主要是当地投资在此行业的大幅度提升所致，增长点主要在贸易、宾馆、餐饮、运输、通讯业，尤其是房地产和服务业有较大的增长，非常活跃。

贸易批发和零售业在推动经济增长中发挥着重要作用。批发零售业在国民生产总值中的比例由 2005 年的 12.8% 提升到 2006 年的 13.3%。2006 年各行业实现的增长率分别为：个人服务和社会服务最高为 9.8%；交通运输和零售业为 9.2%；批发零售、餐饮、宾馆业为 4.7%；政府服务为 4.1%；金融和保险业为 2.2%；家庭服务业为 1.8%。由于在这一领域的投资逐年大幅度提高，预计未来几年服务业的增长幅度将会有大的提升。特别是对贸易、运输、通讯、金融业需求的增加，服务业在国民生产总值中的贡献分量会越来越重。

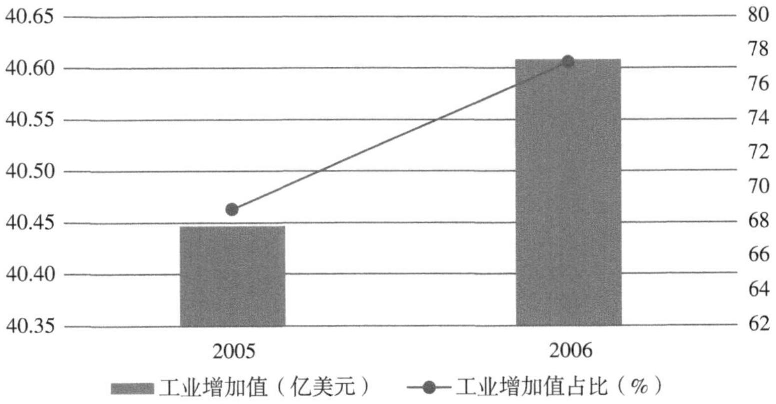

图 YE-6　也门服务等附加值及占比变化（2005—2006 年）

数据来源：世界银行（world bank）

（三）进出口贸易情况

1. 参与贸易协定情况

也门是世界贸易组织（WTO）成员国。2013 年 12 月 4 日，世界贸易组织第九次部长级会议在印度尼西亚巴厘岛通过协议，正式批准也门加入世贸组织。也门成为该组织的第 160 个成员，为 13 年入世历程画上句号。

也门是大阿拉伯自由贸易区的成员国之一。大阿拉伯自由贸易区与欧盟 - 地中海合作伙伴联盟以及世界贸易组织一起，构成了也门开展国际经济贸易合作的三大主要基点，在也门对外贸易关系中有着重要地位，目前，也门正积极加入“大阿拉伯自由贸易协定”。2001 年，也门与伊拉克正式签署双边自由贸易协定。

2. 进口情况

（1）进口贸易数量

也门的进口发展非常迅速。2015 年，也门的进口金额为 129 亿美元，分别占“一带一路”国家、全球出口额的比重为 0.24%、0.08%，和 2005 年相比增加了 75.22 亿美元，年均增长 9.14%，高出“一带一路”国家、世界平均水平 1.46 个百分点、4.68 个百分点。

也门的进口增长在波动中处于下降趋势。大致分为两个阶段：一是大幅波动期（2005—2011 年），增长率在 2006 年、2009 年出现大幅下降趋势，2009 年下降最为厉害，达到 -12.91%，后恢复至 2011 年的 21.66%，二是快速下降期（2011—2015 年），2011 年以后增长率逐步下降，2015 年降至 -0.31%。

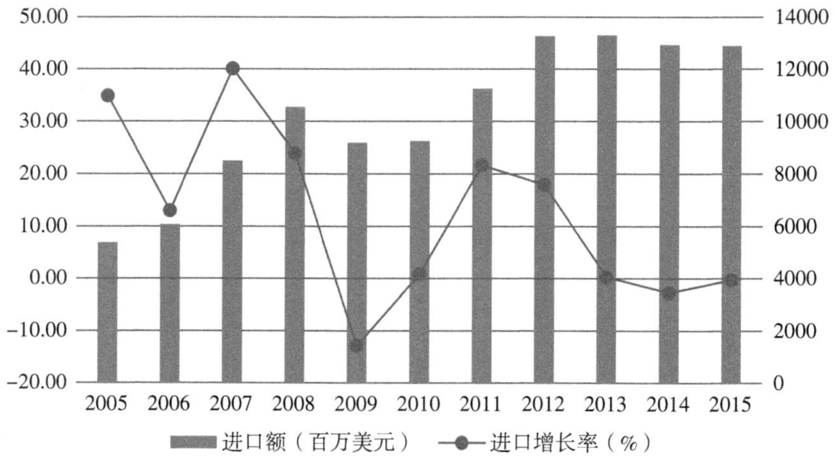

图 YE-7 也门进口额及增长率变化（2005—2015 年）

数据来源：联合国贸发会议数据库（UNCTADSTAT）

（2）进口市场结构

也门的进口地主要分布在亚洲和美洲。2014 年也门进口排名前十的国家分别为：中国、土耳其、沙特、印度、未详细说明国家、巴西、美国、阿联酋、日本和阿根廷，十个国家的进口金额为 74.87 亿美元，约占总进口额的 62.17%，有 6 个国家来自亚洲、3 个国家来自美洲。其中，中国是也门最大的进口来源国，进口金额为 13.66 亿美元，约占总进口额的 11.35%。从变化趋势看，来自阿联酋的进口份额显著下降，降幅达 3.28 个百分点，其榜首地位也被中国取代，来自美国、日本等国的进口出现了不同程度的下降，进口份额增长最快的是中国，在十年间增长了 5.15 个百分点，其次是土耳其和印度。

表 YE-2 也门主要贸易进口国情况（2014 年）

排名	国别	国家代码	所属区域	2014 年		2005 年	
				进口额（亿美元）	占比（%）	进口额（亿美元）	占比（%）
1	中国	156	东亚	13.66	11.35	3.35	6.20
2	土耳其	792	西亚	8.49	7.05	1.52	2.81
3	沙特	682	西亚	8.23	6.83	3.43	6.36
4	印度	356	南亚	8.05	6.68	1.80	3.34
5	未详细说明国家	—	—	7.65	6.36	2.59	4.79
6	巴西	076	南美洲	7.42	6.16	1.97	3.65

续表

排名	国别	国家代码	所属区域	2014 年		2005 年	
				进口额（亿美元）	占比（%）	进口额（亿美元）	占比（%）
7	美国	840	北美洲	6.76	5.61	3.62	6.71
8	阿联酋	784	西亚	5.83	4.84	4.38	8.12
9	日本	392	东亚	4.70	3.90	2.85	5.28
10	阿根廷	032	南美洲	4.09	3.39	0.26	0.49
合计				74.87	62.17	25.78	47.74

资料来源：http：//wits.worldbank.org/country-analysis-visualization.html

（3）进口产品结构

也门进口的产品相对集中于蔬菜、食物和机电等消费类产品。2014 年，也门进口排名前十的产品分别为蔬菜、食物产品、机电、金属、运输设备、化学药品、动物产品、木材、塑料或橡胶、石材和玻璃，十类产品合计进口金额为 110.34 亿美元，占比为 91.63%，其中，蔬菜是也门主要的进口产品，进口金额为 24.37 亿美元，占比为 20.24%。

表 YE-3　也门主要的进口产品情况（2014 年）

排名	产品	金额（亿美元）	占比（%）
1	蔬菜	24.37	20.24
2	食物产品	16.53	13.73
3	机电	14.41	11.96
4	金属	12.16	10.10
5	运输设备	11.69	9.71
6	化学药品	8.34	6.92
7	动物产品	7.10	5.90
8	木材	6.84	5.68
9	塑料或橡胶	5.42	4.50
10	石材、玻璃	3.48	2.89
合计		110.34	91.63

2014 年数据来源：http：//www.trademap.org/Product_SelProductCountry.aspx

3. 出口情况

（1）出口贸易数量

也门的出口下降很快。2015 年，也门的出口金额为 10 亿美元，分别占“一带一路”国家、全球出口额的比重为 0.02%、0.01%，和 2005 年相比，也门出口额减少了 46.08 亿美元，年均减少 15.84%。

也门的出口在波动中快速下降。也门的出口增长率从 2005 年的 37.70% 下降到 2015 年的 -87.18%，下降了 124.88 个百分点。从变化过程，出现的负增长年份有 2007 年、2009 年、2012 年、2014 年、2015 年，其中 2015 年是波动的谷底，也是近十年来降幅最大的一年，这与也门的内乱有直接的关系。

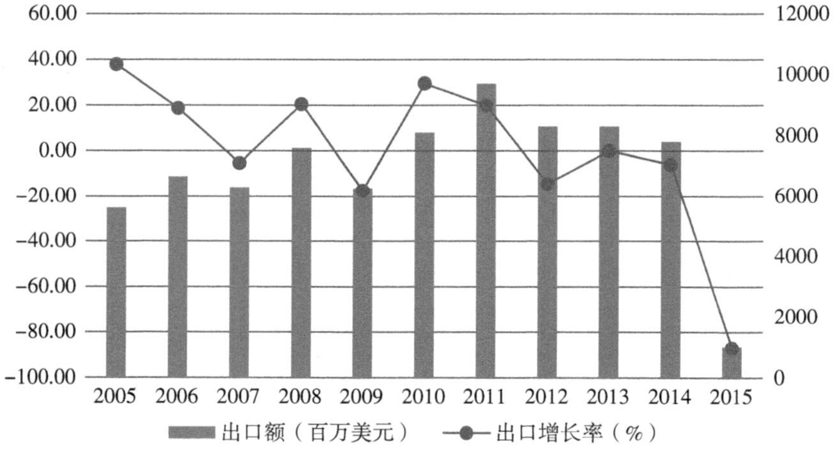

图 YE-8　也门出口额及增长率变化（2005—2015 年）

数据来源：联合国贸发会议数据库（UNCTADSTAT）

（2）出口市场结构

也门的出口地主要集中在亚洲国家。2015 年也门出口排名前十的国家分别为：中国、沙特、泰国、马来西亚、阿联酋、阿曼、索马里、埃及、韩国和约旦，这十个出口国家的金额合计为 21.82 亿美元，约占总出口额的 90.29%，其中，有 8 个国家来自亚洲。从变化趋势看，中国的榜首地位未发生变化，增长最快的是沙特，从 2005 年的 1.77% 上升到 20.99%，增加了 19.22 个百分点，其排名也升至第 2 位，其次是马来西亚和阿曼，下降最快的是韩国，其进口份额下降了 4.57 个百分点。

表 YE-4 也门主要贸易出口国情况（2015 年）

排名	国别	国家代码	所属区域	2014 年		2005 年	
				出口额（亿美元）	占比（%）	出口额（亿美元）	占比（%）
1	中国	156	东亚	8.61	35.62	19.76	35.24
2	沙特	682	西亚	5.07	20.99	0.99	1.77
3	泰国	764	东南亚	3.30	13.67	6.66	11.88
4	马来西亚	458	东南亚	1.21	5.00	0.22	0.40
5	阿联酋	784	西亚	1.01	4.17	1.85	3.29
6	阿曼	512	西亚	0.73	3.01	0.03	0.05
7	索马里	706	北非	0.68	2.81	0.23	0.41
8	埃及	818	北非	0.47	1.92	0.21	0.38
9	韩国	410	东亚	0.42	1.72	3.53	6.29
10	约旦	400	西亚	0.33	1.38	0.01	0.02
合计				21.82	90.29	33.49	59.73

资料来源：http：//wits.worldbank.org/country-analysis-visualization.html。

（3）出口产品结构

也门的出口产品主要是燃料、运输设备和动物产品。2014 年，也门出口排名前十的产品有：燃料、运输设备、动物产品、蔬菜、食物产品、机电、金属、化学药品、皮革制品、石材和玻璃，其中，燃料是也门出口排名第一的产品，出口金额为 13.49 亿美元，占比为 55.82%，排名前三的产品出口金额达 19.33 亿美元，占比为 79.99%。

表 YE-5 也门主要的出口产品情况（2014 年）

排名	产品	金额（亿美元）	占比（%）
1	燃料	13.49	55.82
2	运输设备	3.45	14.29
3	动物产品	2.39	9.88
4	蔬菜	1.59	6.56

续表

排名	产品	金额（亿美元）	占比（%）
5	食物产品	0.87	3.59
6	机电	0.78	3.23
7	金属	0.65	2.70
8	化学药品	0.37	1.53
9	皮革制品	0.20	0.84
10	石材、玻璃	0.19	0.80
合计		23.99	99.25

数据来源：http：//www.trademap.org/Product_SelProductCountry.aspx。

4. 贸易集中度

也门在大部分年份保持着贸易逆差状态，国际贸易对该国相对不利。2005—2015 年，也门净出口额小于零的年份有 9 年，净出口额从 2.29 亿美元下降到 -119.00 亿美元，下降了 121.29 亿美元。

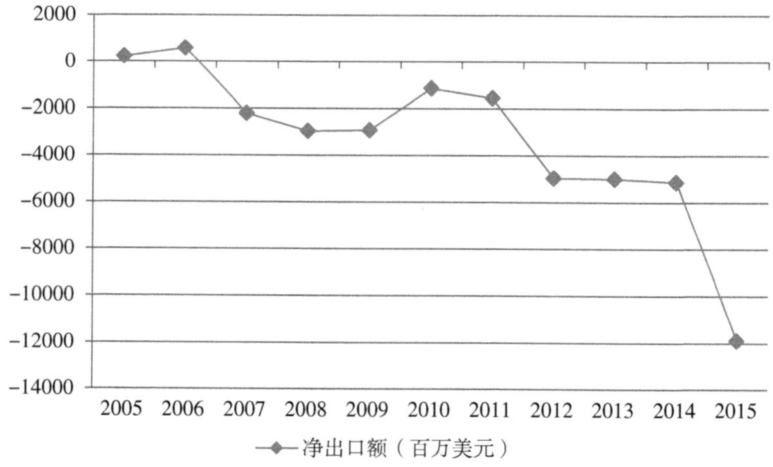

图 YE-9　也门净出口额变化（2005—2015 年）

数据来源：联合国贸发会议数据库（UNCTADSTAT）

也门的出口贸易风险相对较大。2013 年，也门的进口贸易集中度为 0.0491，出口贸易集中度为 0.2243。

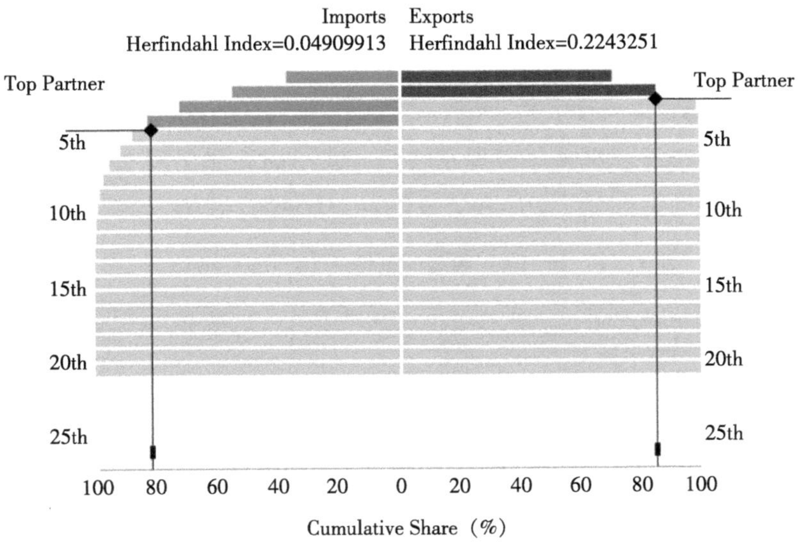

图 YE-10　也门同贸易伙伴的集中度指数（2013 年）

资料来源：http：//comtrade.un.org/labs/

（四）对外直接投资

当前也门国内政治局势动荡，投资所面临的政治风险较大。首先，也门国内仍处在战乱之中，全国已经陷入了四分五裂的无政府状态。国际社会普遍支持的也门哈迪政府已经在也门国内丧失了实际控制权，而控制也门西部主要城市的胡塞武装成为了一个“现实政府”，却无法得到国际社会的广泛承认。其次也门一直面临着较大的反恐压力。也门国内长期活跃着“基地组织半岛分支”。过去十多年间，美国在也门不断发起空袭行动，同时支持也门萨利赫政府打击“基地组织半岛分支”，遏制极端主义扩张。然而随着也门国内局势动荡，美国和也门政府打击“基地组织半岛分支”的能力被大幅削弱。①

1.FDI 流入情况

（1）流量

也门吸引的外资减持注册资本的数量有所增加。2014 年，也门吸引外资的流量规模为 -577.60 百万美元，占“一带一路”国家和全球的比例分别为 -0.13%、-0.05%。2005—2014 年，也门吸引外资量从 -302.06 百万美元减少到 -577.60 百万美

① http：//opinion.china.com.cn/opinion_3_130603.html.

元，减少了275.54百万美元。①

也门吸引外资流量增长在波动中呈上升趋势。也门吸引外资流量增长率在2005年、2006年、2007年、2009年、2011年、2013年共6年出现负增长，只有2008年、2010年、2012年、2014年出现正增长。波动的谷底出现在2006年，增长率为-471.12%，最高点出现在2014年，极值为332.34%。

表 YE-6　也门吸引投资流量情况（2005—2014年）

年份	投资量（百万美元）	投资增长率（%）	在“一带一路”国家中的占比（%）	在全球的占比（%）
2005	-302.06	-310.38	-0.11	-0.03
2006	1120.98	-471.12	0.30	0.08
2007	917.30	-18.17	0.20	0.05
2008	1554.62	69.48	0.30	0.10
2009	129.19	-91.69	0.04	0.01
2010	188.63	46.00	0.04	0.01
2011	-518.42	-374.84	-0.11	-0.03
2012	-531.00	2.43	-0.12	-0.04
2013	-133.60	-74.84	-0.03	-0.01
2014	-577.60	332.34	-0.13	-0.05

数据来源：http：//unctad.org/en/Pages/DIAE/FDI%20Statistics/FDI-Statistics-Bilateral.aspx。

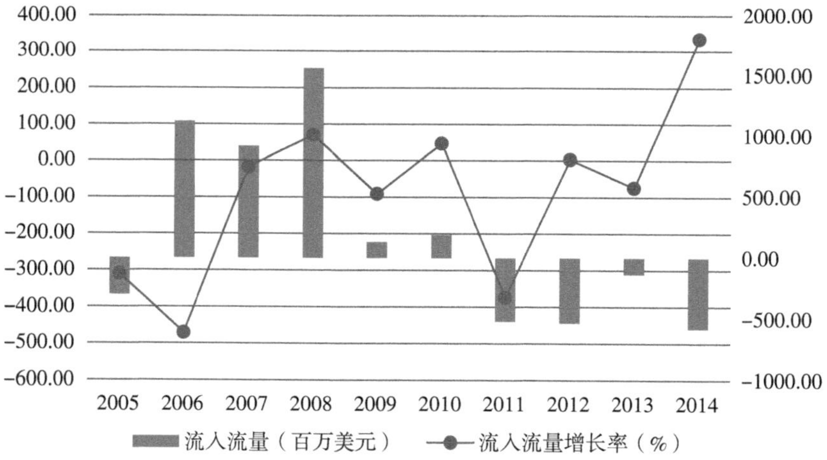

图 YE-11　也门吸引投资流量及增长率变化（2005—2014年）

数据来源：联合国贸发会议数据库（UNCTADSTAT）

① 吸引外资流量为负数，表明当期统计时间段里有外资企业减少了注册资本，相对应的就减少了合同利用外资，如果当期没有新增合同利用外资，或新增合同利用外资低于减资的部分，当期合同利用外资统计就会出现负数。

（2）存量

也门吸引外商投资的存量规模增速较快。2014 年，也门吸引外资的存量规模为 3096.94 百万美元，占“一带一路”国家和全球的比例分别为 0.06%、0.01%。2005—2014 年，也门吸引外资存量从 803.30 百万美元增加到 3096.94 百万美元，增加了 2293.64 百万美元，年均增长 16.18%，其增幅高出“一带一路”国家和全球 1.61 个百分点、6.79 个百分点。

表 YE-7　也门吸引投资存量情况（2005—2014 年）

年份	投资量（百万美元）	投资增长率（%）	在“一带一路”国家中的占比（%）	在全球的占比（%）
2005	803.30	-35.68	0.05	0.01
2006	1924.28	139.55	0.09	0.01
2007	2985.12	55.13	0.10	0.02
2008	4539.74	52.08	0.16	0.03
2009	4668.93	2.85	0.13	0.03
2010	4857.56	4.04	0.12	0.02
2011	4339.14	-10.67	0.10	0.02
2012	3808.14	-12.24	0.08	0.02
2013	3674.54	-3.51	0.07	0.02
2014	3096.94	-15.72	0.06	0.01

数据来源：http：//unctad.org/en/Pages/DIAE/FDI%20Statistics/FDI-Statistics-Bilateral.aspx

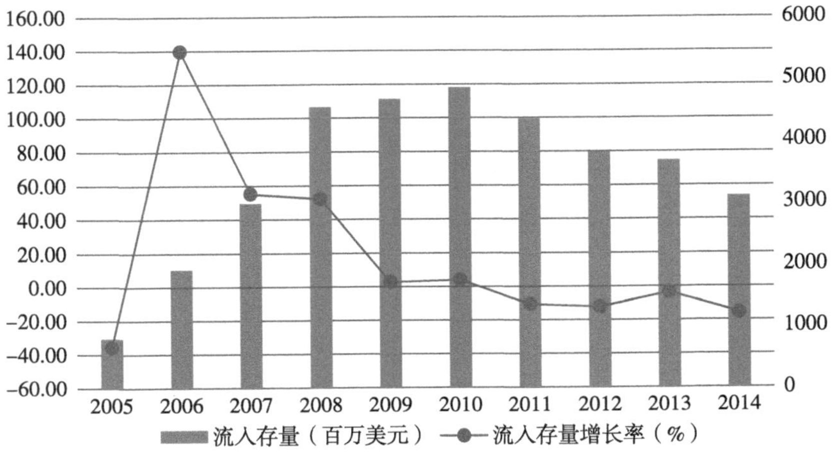

图 YE-12　也门吸引投资存量及增长率变化（2005—2014 年）

数据来源：联合国贸发会议数据库（UNCTADSTAT）

也门吸引外资存量增长呈斜“7”字型变化趋势。大致可以分为两个阶段：第一阶段（2005—2006 年）大幅上升阶段，增长率从 2005 年的 -35.68% 增长到 2006 年的 139.55%，1 年间增加了 175.23 个百分点；第二个阶段（2006-2014 年）缓慢下降阶段，增长率从 2006 年的 139.55% 下降到 2014 年的 -15.72%，年均下降 19.40 个百分点。

2.FDI 流出情况

（1）流量

也门对外投资流量增长较慢。2014 年，也门对外投资的流量为 73.43 百万美元，占“一带一路”国家和全球的比例分别为 0.02%、0.01%。2005—2014 年，也门对外投资流量从 65.04 百万美元增加到 73.43 百万美元，增加了 8.40 百万美元，年均增长 1.36%，其增幅比“一带一路”国家、全球低 16.01 个百分点、4.73 个百分点。

也门对外投资流量呈“L”型变动趋势。大致可以分为两个阶段：第一个阶段是大幅下降阶段（2005—2006 年），增长率从 2005 年的 202.74% 增长到 2006 年的 -14.08%，1 年间下降了 216.82 个百分点；第二个阶段（2006-2014 年）缓慢上升阶段，增长率从 2006 年的 -14.08% 增加到 2014 年的 1.07%，年均增长 1.89 个百分点。

表 YE-8　也门对外投资流量情况（2005—2014 年）

年份	投资量（百万美元）	投资增长率（%）	在“一带一路”国家中的占比（%）	在全球的占比（%）
2005	65.04	202.74	0.09	0.01
2006	55.88	-14.08	0.04	0.00
2007	53.79	-3.74	0.03	0.00
2008	66.00	22.69	0.03	0.00
2009	66.36	0.55	0.03	0.01
2010	70.32	5.96	0.03	0.01
2011	76.56	8.88	0.03	0.00
2012	71.08	-7.16	0.03	0.01
2013	72.66	2.21	0.02	0.01
2014	73.43	1.07	0.02	0.01

数据来源：http：//unctad.org/en/Pages/DIAE/FDI%20Statistics/FDI-Statistics-Bilateral.aspx

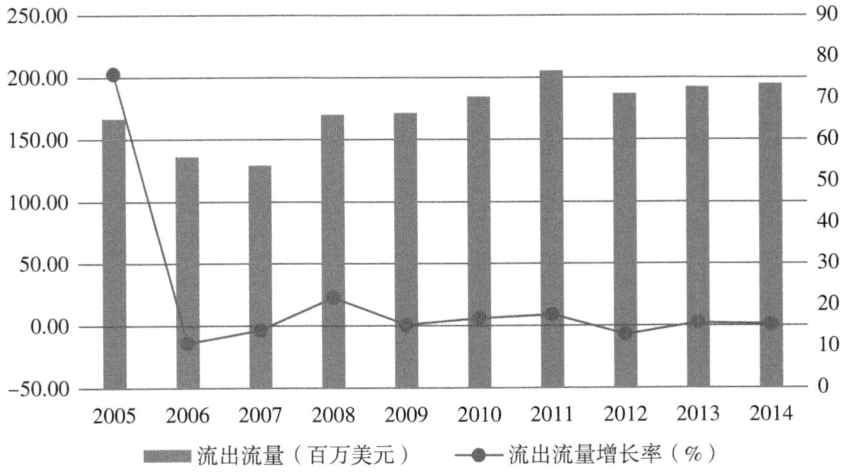

图 YE-13　也门对外投资流量及增长率变化（2005—2014 年）

数据来源：联合国贸发会议数据库（UNCTADSTAT）

（2）存量

也门对外投资存量规模小但增速较快。2014 年，也门对外投资的存量规模为 806.43 百万美元，占“一带一路”国家和全球的比例分别为 0.03%、0.00%。2005—2014 年，也门对外投资存量从 200.33 百万美元增加到 806.43 百万美元，增加了 606.10 百万美元，年均增长 16.73%，其增幅比“一带一路”国家低 3.07 个百分点、比全球高出 8.12 个百分点。

也门的对外投资存量增长呈稳步下降趋势。也门的对外投资存量增长率从 2005 年的 48.07% 下降到 2014 年的 10.02%，下降了 38.05 个百分点。

表 YE-9　也门对外投资存量情况（2005—2014 年）

年份	投资量（百万美元）	投资增长率（%）	在“一带一路”国家中的占比（%）	在全球的占比（%）
2005	200.33	48.07	0.04	0.00
2006	256.21	27.90	0.03	0.00
2007	310.01	21.00	0.03	0.00
2008	376.01	21.29	0.03	0.00
2009	442.37	17.65	0.03	0.00
2010	512.69	15.90	0.03	0.00
2011	589.25	14.93	0.03	0.00

续表

年份	投资量（百万美元）	投资增长率（%）	在“一带一路”国家中的占比（%）	在全球的占比（%）
2012	660.34	12.06	0.03	0.00
2013	732.99	11.00	0.03	0.00
2014	806.43	10.02	0.03	0.00

数据来源：http：//unctad.org/en/Pages/DIAE/FDI%20Statistics/FDI-Statistics-Bilateral.aspx

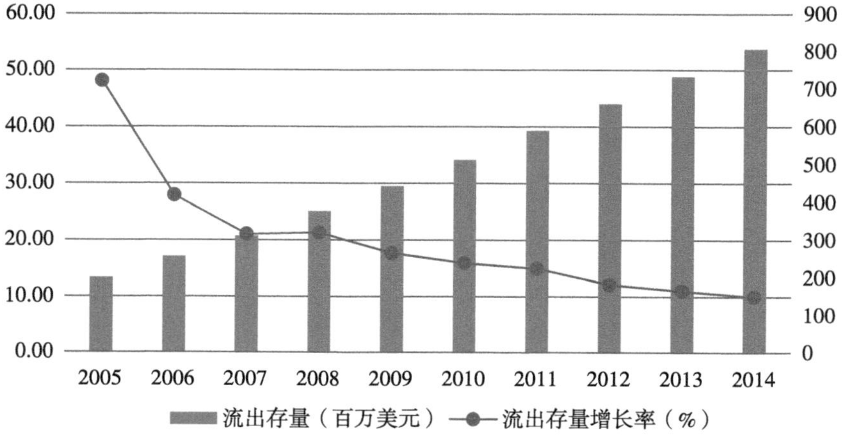

图 YE-14 也门对外投资存量及增长率变化（2005—2014 年）

数据来源：联合国贸发会议数据库（UNCTADSTAT）

3.FDI 净流入情况

也门是 FDI 净流出国家。2005—2014 年，FDI 净流入值从 -367.10 百万美元变为 -651.03 百万美元，增加了 283.93 百万美元。从变化过程看，也门有 5 年的 FDI 净流入大于零，分别为 2006 年、2007 年、2008 年、2009 年、2010 年，其余年份的 FDI 净流入均小于零。

表 YE-10 也门 FDI 净流入情况（2005—2014 年）

年份	FDI 净流入（百万美元）	年份	FDI 净流入（百万美元）
2005	-367.10	2010	118.31
2006	1065.10	2011	-594.98
2007	863.51	2012	-602.08
2008	1488.62	2013	-206.26
2009	62.83	2014	-651.03

数据来源：根据资料整理得出

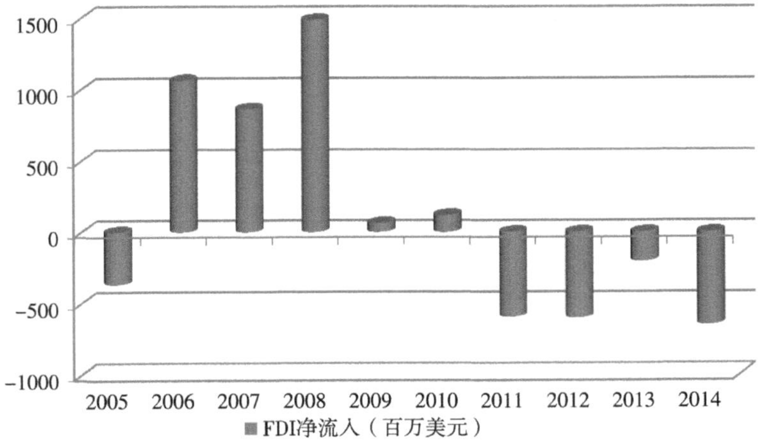

图 YE-15　也门 FDI 净流入变化（2005—2014 年）

数据来源：联合国贸发会议数据库（UNCTADSTAT）

（五）也门与“一带一路”国家的贸易关系

1. 也门与“一带一路”国家进出口情况

（1）出口

也门向“一带一路”国家出口的发展很快，出口份额呈快速上升趋势。2005-2013 年，也门出口到“一带一路”国家的贸易总额从 37.50 亿美元增加到 45.23 亿美元，增加了 7.73 亿美元，年均增长 2.36%；也门向“一带一路”国家的出口额占当年出口总额的比重从 2005 年的 66.87% 减少到 2013 年的 54.49%，下降了 12.38 个百分点。

也门向“一带一路”国家出口的地区主要集中在中国、泰国和印度三国。2013 年，也门出口“一带一路”国家排名前三位的分别为：中国、泰国和印度，出口金额分别为 17.19 亿美元、13.79 亿美元和 5.44 亿美元，分别占出口“一带一路”国家金额的 38.01%、30.49%、12.03%，三者合计占比达 80.53%。和 2005 年相比，中国仍居榜首，泰国升至第二位。

表 YE-11　也门向“一带一路”国家的出口情况（2005 年）

排名	国家代码	国别	出口额（亿美元）	排名	国家代码	国别	出口额（亿美元）
1	156	中国	19.76	24	70	波黑	0.00
2	356	印度	9.11	25	100	保加利亚	0.00

续表

排名	国家代码	国别	出口额（亿美元）	排名	国家代码	国别	出口额（亿美元）
3	764	泰国	6.66	26	112	白俄罗斯	0.00
4	682	沙特	0.99	27	116	柬埔寨	0.00
5	702	新加坡	0.40	28	191	克罗地亚	0.00
6	458	马来西亚	0.22	29	203	捷克	0.00
7	818	埃及	0.21	30	233	爱沙尼亚	0.00
8	512	阿曼	0.03	31	268	格鲁吉亚	0.00
9	634	卡塔尔	0.03	32	348	匈牙利	0.00
10	804	乌克兰	0.02	33	376	以色列	0.00
11	586	巴基斯坦	0.02	34	398	哈萨克斯坦	0.00
12	400	约旦	0.01	35	417	吉尔吉斯斯坦	0.00
13	792	土耳其	0.01	36	428	拉脱维亚	0.00
14	422	黎巴嫩	0.01	37	440	立陶宛	0.00
15	144	斯里兰卡	0.01	38	462	马尔代夫	0.00
16	704	越南	0.00	39	496	蒙古	0.00
17	616	波兰	0.00	40	498	摩尔多瓦	0.00
18	360	印度尼西亚	0.00	41	608	菲律宾	0.00
19	642	罗马尼亚	0.00	42	643	俄罗斯	0.00
20	626	东帝汶	0.00	43	688	塞尔维亚	0.00
21	8	阿尔巴尼亚	0.00	44	703	斯洛伐克	0.00
22	31	阿塞拜疆	0.00	45	705	斯洛文尼亚	0.00
23	51	亚美尼亚	0.00	46	470	马其顿	0.00

数据来源：重庆“一带一路”投资与贸易研究实验室。

表 YE-12 也门向“一带一路”国家的出口情况（2013 年）

排名	国家代码	国别	出口额（亿美元）	排名	国家代码	国别	出口额（亿美元）
1	156	中国	17.19	24	642	罗马尼亚	0.00
2	764	泰国	13.79	25	70	波黑	0.00
3	356	印度	5.44	26	8	阿尔巴尼亚	0.00

续表

排名	国家代码	国别	出口额（亿美元）	排名	国家代码	国别	出口额（亿美元）
4	682	沙特	2.20	27	51	亚美尼亚	0.00
5	702	新加坡	2.14	28	100	保加利亚	0.00
6	458	马来西亚	1.42	29	112	白俄罗斯	0.00
7	608	菲律宾	1.20	30	116	柬埔寨	0.00
8	400	约旦	0.51	31	191	克罗地亚	0.00
9	818	埃及	0.42	32	233	爱沙尼亚	0.00
10	704	越南	0.34	33	268	格鲁吉亚	0.00
11	792	土耳其	0.27	34	376	以色列	0.00
12	512	阿曼	0.12	35	398	哈萨克斯坦	0.00
13	634	卡塔尔	0.10	36	417	吉尔吉斯斯坦	0.00
14	144	斯里兰卡	0.04	37	428	拉脱维亚	0.00
15	586	巴基斯坦	0.02	38	440	立陶宛	0.00
16	422	黎巴嫩	0.02	39	462	马尔代夫	0.00
17	360	印度尼西亚	0.01	40	496	蒙古	0.00
18	804	乌克兰	0.01	41	498	摩尔多瓦	0.00
19	31	阿塞拜疆	0.00	42	626	东帝汶	0.00
20	643	俄罗斯	0.00	43	688	塞尔维亚	0.00
21	203	捷克	0.00	44	703	斯洛伐克	0.00
22	348	匈牙利	0.00	45	705	斯洛文尼亚	0.00
23	616	波兰	0.00	46	470	马其顿	0.00

数据来源：重庆“一带一路”投资与贸易研究实验室

（2）进口

也门从“一带一路”国家进口的发展较快，进口份额有小幅增加。2005–2013年，也门从“一带一路”国家的进口总额从26.31亿美元增加到 72.49亿美元，增加了46.18亿美元，年均增长13.50%。也门从“一带一路”国家的进口额占当年进口总额的比重从2005年的48.93%增加到2013年的54.49%，上升5.56个百分点。

也门从“一带一路”国家进口的地区主要分布在亚洲。2013 年，排名前三的进口国依次为：中国、印度和沙特，其进口金额分别为 21.39 亿美元、13.38 亿美元、9.75 亿美元，分别占从“一带一路”国家进口额的比重为 29.51%、18.46%、13.45%。和 2005 年相比，中国取代沙特成为也门第一进口国。

表 YE-13 也门从“一带一路”国家的进口情况（2005 年）

排名	国家代码	国别	进口额（亿美元）	排名	国家代码	国别	进口额（亿美元）
1	682	沙特	7.09	24	705	斯洛文尼亚	0.02
2	156	中国	5.47	25	428	拉脱维亚	0.01
3	356	印度	3.06	26	608	菲律宾	0.01
4	792	土耳其	1.97	27	144	斯里兰卡	0.01
5	643	俄罗斯	1.89	28	112	白俄罗斯	0.00
6	458	马来西亚	1.19	29	100	保加利亚	0.00
7	764	泰国	0.93	30	191	克罗地亚	0.00
8	818	埃及	0.88	31	233	爱沙尼亚	0.00
9	360	印度尼西亚	0.75	32	688	塞尔维亚	0.00
10	512	阿曼	0.75	33	470	马其顿	0.00
11	586	巴基斯坦	0.58	34	398	哈萨克斯坦	0.00
12	702	新加坡	0.38	35	70	波黑	0.00
13	400	约旦	0.33	36	440	立陶宛	0.00
14	804	乌克兰	0.28	37	116	柬埔寨	0.00
15	642	罗马尼亚	0.19	38	8	阿尔巴尼亚	0.00
16	616	波兰	0.13	39	51	亚美尼亚	0.00
17	422	黎巴嫩	0.11	40	268	格鲁吉亚	0.00
18	634	卡塔尔	0.08	41	376	以色列	0.00
19	704	越南	0.07	42	417	吉尔吉斯斯坦	0.00
20	203	捷克	0.04	43	462	马尔代夫	0.00
21	31	阿塞拜疆	0.03	44	496	蒙古	0.00
22	348	匈牙利	0.03	45	498	摩尔多瓦	0.00
23	703	斯洛伐克	0.02	46	626	东帝汶	0.00

数据来源：重庆“一带一路”投资与贸易研究实验室

表 YE-14　也门从“一带一路”国家的进口情况（2013 年）

排名	国家代码	国别	进口额（亿美元）	排名	国家代码	国别	进口额（亿美元）
1	156	中国	21.39	24	144	斯里兰卡	0.04
2	356	印度	13.38	25	703	斯洛伐克	0.04
3	682	沙特	9.75	26	440	立陶宛	0.01
4	792	土耳其	6.05	27	100	保加利亚	0.01
5	458	马来西亚	5.04	28	233	爱沙尼亚	0.01
6	764	泰国	2.78	29	688	塞尔维亚	0.00
7	818	埃及	2.43	30	70	波黑	0.00
8	512	阿曼	2.35	31	398	哈萨克斯坦	0.00
9	643	俄罗斯	2.18	32	428	拉脱维亚	0.00
10	702	新加坡	2.10	33	470	马其顿	0.00
11	360	印度尼西亚	1.56	34	31	阿塞拜疆	0.00
12	586	巴基斯坦	1.38	35	191	克罗地亚	0.00
13	400	约旦	0.55	36	8	阿尔巴尼亚	0.00
14	704	越南	0.24	37	112	白俄罗斯	0.00
15	422	黎巴嫩	0.18	38	51	亚美尼亚	0.00
16	634	卡塔尔	0.17	39	498	摩尔多瓦	0.00
17	616	波兰	0.17	40	376	以色列	0.00
18	203	捷克	0.16	41	116	柬埔寨	0.00
19	705	斯洛文尼亚	0.15	42	268	格鲁吉亚	0.00
20	804	乌克兰	0.13	43	417	吉尔吉斯斯坦	0.00
21	348	匈牙利	0.09	44	462	马尔代夫	0.00
22	608	菲律宾	0.08	45	496	蒙古	0.00
23	642	罗马尼亚	0.06	46	626	东帝汶	0.00

数据来源：重庆“一带一路”投资与贸易研究实验室

（3）净出口

也门与半数“一带一路”国家保持贸易顺差状态。2005–2013 年，也门向“一带一路”国家的净出口额从 11.19 亿美元变为 –27.27 亿美元，减少了 38.46 亿美元。也门与“一带一路”国家的贸易顺差排名前三的国家分别为：泰国、菲律宾和越南，净出口额分别为 11.01 亿美元、1.12 亿美元、0.10 亿美元。

表 YE-15 也门与“一带一路”国家的贸易顺差情况（2013 年）

排名	国家代码	国别	净出口（亿美元）	排名	国家代码	国别	净出口（亿美元）
1	764	泰国	11.01	24	233	爱沙尼亚	–0.01
2	608	菲律宾	1.12	25	100	保加利亚	–0.01
3	704	越南	0.10	26	440	立陶宛	–0.01
4	702	新加坡	0.03	27	703	斯洛伐克	–0.04
5	144	斯里兰卡	0.00	28	400	约旦	–0.05
6	31	阿塞拜疆	0.00	29	642	罗马尼亚	–0.06
7	268	格鲁吉亚	0.00	30	634	卡塔尔	–0.08
8	417	吉尔吉斯斯坦	0.00	31	348	匈牙利	–0.09
9	462	马尔代夫	0.00	32	804	乌克兰	–0.13
10	496	蒙古	0.00	33	705	斯洛文尼亚	–0.15
11	626	东帝汶	0.00	34	203	捷克	–0.16
12	116	柬埔寨	0.00	35	422	黎巴嫩	–0.16
13	376	以色列	0.00	36	616	波兰	–0.17
14	498	摩尔多瓦	0.00	37	586	巴基斯坦	–1.35
15	51	亚美尼亚	0.00	38	360	印度尼西亚	–1.55
16	112	白俄罗斯	0.00	39	818	埃及	–2.02
17	8	阿尔巴尼亚	0.00	40	643	俄罗斯	–2.17
18	191	克罗地亚	0.00	41	512	阿曼	–2.23
19	470	马其顿	0.00	42	458	马来西亚	–3.61
20	428	拉脱维亚	0.00	43	156	中国	–4.20
21	398	哈萨克斯坦	0.00	44	792	土耳其	–5.79
22	70	波黑	0.00	45	682	沙特	–7.55
23	688	塞尔维亚	0.00	46	356	印度	–7.94

数据来源：重庆“一带一路”投资与贸易研究实验室

2. 也门与“一带一路”国家贸易竞争关系

也门与“一带一路”国家贸易竞争关系总体较弱。2013 年也门与“一带一路”国家平均贸易竞争指数为 0.1901，CS 值小于 0.2，说明两者的竞争关系弱。与也门贸易竞争关系强的“一带一路”国家有 10 个，占总数的 21.74%，平均 CS 值为 0.7371，这些国家分别为阿曼、沙特、阿塞拜疆、哈萨克斯坦、阿尔巴尼亚、埃及、卡塔尔、俄罗斯、印度尼西亚、马来西亚，与也门贸易竞争关系较强的“一带一路”国家有2个，占总数的4.35%，平均CS值为0.2599，这些国家分别为越南、蒙古，与也门贸易竞争关系弱的“一带一路”国家有34个，占总数的73.91%，平均CS值为0.0251。

也门与“一带一路”国家之间的贸易竞争有小幅上扬。2005-2013年，也门与“一带一路”国家平均贸易竞争指数从0.1818上升到0.1901，上升了0. 0.083；与也门贸易竞争关系强的“一带一路”国家，从2005年的9个上升到2013年的10个，增加了1个，与也门贸易竞争关系较强的“一带一路”国家从2005年的0个增加到2013年的2个，增加了2个。

表 YE-16　也门与“一带一路”国家贸易竞争情况（2005年、2013年）

国家代码	国家	2013年		2005年	
		CS值	排名	CS值	排名
512	阿曼	0.8870	1	0.9796	3
682	沙特	0.8279	2	0.9877	2
31	阿塞拜疆	0.8256	3	0.9100	5
398	哈萨克斯坦	0.8224	4	0.9904	1
8	阿尔巴尼亚	0.7679	5	0.0661	14
818	埃及	0.7442	6	0.1950	10
634	卡塔尔	0.7355	7	0.8390	7
643	俄罗斯	0.7073	8	0.8578	6
360	印度尼西亚	0.5340	9	0.5933	8
458	马来西亚	0.5189	10	0.3977	9
704	越南	0.2728	11	0.9329	4
496	蒙古	0.2469	12	0.0240	18
112	白俄罗斯	0.1367	13	0.1163	13
608	菲律宾	0.0912	14	0.0228	19
428	拉脱维亚	0.0742	15	0.0027	28
268	格鲁吉亚	0.0718	16	0.1312	12
233	爱沙尼亚	0.0565	17	0.0009	31
642	罗马尼亚	0.0565	18	0.0004	37
702	新加坡	0.0536	19	0.0015	29
764	泰国	0.0467	20	0.1355	11
348	匈牙利	0.0388	21	0.0157	20
70	波黑	0.0288	22	0.0003	39
616	波兰	0.0262	23	0.0139	21

续表

国家代码	国家	2013 年		2005 年	
		CS 值	排名	CS 值	排名
792	土耳其	0.0257	24	0.0041	25
100	保加利亚	0.0247	25	0.0002	41
440	立陶宛	0.0241	26	0.0275	17
356	印度	0.0136	27	0.0014	30
417	吉尔吉斯斯坦	0.0122	28	0.0064	23
191	克罗地亚	0.0107	29	0.0008	33
804	乌克兰	0.0107	30	0.0421	15
688	塞尔维亚	0.0100	31	0.0008	34
156	中国	0.0080	32	0.0407	16
376	以色列	0.0054	33	0.0001	44
705	斯洛文尼亚	0.0049	34	0.0009	32
422	黎巴嫩	0.0043	35	0.0038	27
203	捷克	0.0039	36	0.0053	24
400	约旦	0.0031	37	0.0007	35
144	斯里兰卡	0.0022	38	0.0006	36
626	东帝汶	0.0020	39	0.0004	38
703	斯洛伐克	0.0019	40	0.0040	26
462	马尔代夫	0.0016	41	0.0002	42
51	亚美尼亚	0.0014	42	0.0001	45
498	摩尔多瓦	0.0010	43	0.0002	43
470	马其顿	0.0008	44	0.0003	40
586	巴基斯坦	0.0006	45	0.0065	22
116	柬埔寨	0.0002	46	0.0000	46

数据来源：重庆“一带一路”投资与贸易研究实验室

表 YE-17 也门与“一带一路”国家 CS 值统计情况（2005 年、2013 年）

年份	类型	国家数量（个）	占比（%）	均值
2005 年	“一带一路”国家	46	100.00	0.1818
	其中：CS>0.3	9	19.57	0.8320
	0.2<CS<0.3	0	0.00	0.0000
	CS<0.2	37	80.43	0.0236
2013 年	“一带一路”国家	46	100.00	0.1901
	其中：CS>0.3	10	21.74	0.7371
	0.2<CS<0.3	2	4.35	0.2599
	CS<0.2	34	73.91	0.0251

数据来源：重庆“一带一路”投资与贸易研究实验室

表 YE-18 也门与“一带一路”国家 CS 值排名前 10 的国家（2005 年、2013 年）

排名	2005 年			2013 年		
	国家	CS 值	区域	国家	CS 值	区域
1	哈萨克斯坦	0.9904	中亚	阿曼	0.8870	西亚北非
2	沙特	0.9877	西亚北非	沙特	0.8279	西亚北非
3	阿曼	0.9796	西亚北非	阿塞拜疆	0.8256	独联体
4	越南	0.9329	东南亚	哈萨克斯坦	0.8224	中亚
5	阿塞拜疆	0.9100	独联体	阿尔巴尼亚	0.7679	中东欧
6	俄罗斯	0.8578	欧洲	埃及	0.7442	西亚北非
7	卡塔尔	0.8390	西亚北非	卡塔尔	0.7355	西亚北非
8	印度尼西亚	0.5933	东南亚	俄罗斯	0.7073	欧洲
9	马来西亚	0.3977	东南亚	印度尼西亚	0.5340	东南亚
10	埃及	0.1950	西亚北非	马来西亚	0.5189	东南亚

数据来源：重庆“一带一路”投资与贸易研究实验室

也门的贸易竞争对手主要来自于亚洲。2013 年也门与“一带一路”国家 CS 值排名前十位的国家有 4 个国家来自于西亚北非地区，有 2 个国家来自于东南亚，各有 1 个国家来自独联体、中亚、欧洲、中东欧。较之 2005 年，阿曼取代哈萨克斯坦位居首位。

3. 也门与“一带一路”国家贸易互补关系

表 YE-19　也门与“一带一路”国家贸易互补情况（2005 年）

国家代码	国家	TCI 值（以本国出口计算）	排名	TCI 值（以他国出口计算）	排名
112	白俄罗斯	0.279	1	0.1129	23
356	印度	0.2697	2	0.1541	11
440	立陶宛	0.2386	3	0.138	16
360	印度尼西亚	0.1996	4	0.1389	15
400	约旦	0.1989	5	0.1574	9
804	乌克兰	0.1861	6	0.176	3
764	泰国	0.1676	7	0.1683	6
470	马其顿	0.1475	8	0.0938	26
586	巴基斯坦	0.1412	9	0.0687	34
608	菲律宾	0.1381	10	0.0786	32
688	塞尔维亚	0.1316	11	0.1618	8
702	新加坡	0.1181	12	0.1316	17
818	埃及	0.1117	13	0.2816	1
376	以色列	0.1114	14	0.0828	30
642	罗马尼亚	0.1101	15	0.1157	22
144	斯里兰卡	0.1083	16	0.0454	38
191	克罗地亚	0.1054	17	0.1505	13
792	土耳其	0.1004	18	0.1677	7
156	中国	0.0888	19	0.1314	18
616	波兰	0.087	20	0.1875	2
703	斯洛伐克	0.0824	21	0.1472	14
398	哈萨克斯坦	0.073	22	0.0262	45
203	捷克	0.0627	23	0.1734	4
348	匈牙利	0.0567	24	0.151	12
458	马来西亚	0.0559	25	0.1073	24
682	沙特	0.0414	26	0.0551	35
70	波黑	0.0397	27	0.0991	25
512	阿曼	0.038	28	0.0413	40
643	俄罗斯	0.0367	29	0.0523	36

续表

国家代码	国家	TCI 值（以本国出口计算）	排名	TCI 值（以他国出口计算）	排名
422	黎巴嫩	0.0364	30	0.1699	5
268	格鲁吉亚	0.035	31	0.0854	29
8	阿尔巴尼亚	0.0344	32	0.0518	37
428	拉脱维亚	0.033	33	0.1312	19
704	越南	0.0322	34	0.0778	33
51	亚美尼亚	0.0309	35	0.0434	39
705	斯洛文尼亚	0.0292	36	0.1574	10
233	爱沙尼亚	0.029	37	0.1305	20
498	摩尔多瓦	0.0283	38	0.0911	28
417	吉尔吉斯斯坦	0.0275	39	0.0922	27
31	阿塞拜疆	0.0274	40	0.0316	43
626	东帝汶	0.0269	41	0.08	31
116	柬埔寨	0.0262	42	0.0384	42
462	马尔代夫	0.0257	43	0.0386	41
100	保加利亚	0.0255	44	0.1182	21
634	卡塔尔	0.0249	45	0.0286	44
496	蒙古	0.0236	46	0.0122	46

数据来源：重庆“一带一路”投资与贸易研究实验室

表 YE-20　也门与“一带一路”国家贸易互补情况（2013 年）

国家代码	国家	TCI 值（以本国出口计算）	排名	TCI 值（以他国出口计算）	排名
356	印度	0.3783	1	0.1997	9
440	立陶宛	0.258	2	0.1957	10
112	白俄罗斯	0.2456	3	0.1855	14
156	中国	0.1873	4	0.1414	21
100	保加利亚	0.1848	5	0.1868	13
764	泰国	0.183	6	0.207	6
400	约旦	0.1615	7	0.1627	18
376	以色列	0.1548	8	0.103	32
688	塞尔维亚	0.152	9	0.2057	7

续表

国家代码	国家	TCI 值（以本国出口计算）	排名	TCI 值（以他国出口计算）	排名
586	巴基斯坦	0.1451	10	0.1159	30
616	波兰	0.1363	11	0.2124	4
702	新加坡	0.1361	12	0.2028	8
608	菲律宾	0.1225	13	0.0772	36
348	匈牙利	0.1185	14	0.2197	3
191	克罗地亚	0.1178	15	0.1646	17
642	罗马尼亚	0.1155	16	0.2118	5
70	波黑	0.1075	17	0.1386	23
360	印度尼西亚	0.1033	18	0.1254	26
144	斯里兰卡	0.0985	19	0.0516	38
428	拉脱维亚	0.0952	20	0.2377	1
233	爱沙尼亚	0.0934	21	0.1894	12
818	埃及	0.0916	22	0.1395	22
398	哈萨克斯坦	0.0884	23	0.0358	44
792	土耳其	0.0879	24	0.2261	2
498	摩尔多瓦	0.0873	25	0.1207	29
703	斯洛伐克	0.0784	26	0.1792	16
458	马来西亚	0.0728	27	0.1382	24
203	捷克	0.0619	28	0.1835	15
268	格鲁吉亚	0.054	29	0.1595	20
626	东帝汶	0.0438	30	0.0479	40
682	沙特	0.0344	31	0.0486	39
704	越南	0.034	32	0.1231	28
462	马尔代夫	0.034	33	0.0022	46
643	俄罗斯	0.0329	34	0.0935	34

续表

国家代码	国家	TCI 值（以本国出口计算）	排名	TCI 值（以他国出口计算）	排名
512	阿曼	0.0328	35	0.1236	27
804	乌克兰	0.0325	36	0.1362	25
634	卡塔尔	0.0314	37	0.0917	35
8	阿尔巴尼亚	0.0308	38	0.0524	37
470	马其顿	0.0307	39	0.1011	33
422	黎巴嫩	0.0293	40	0.16	19
705	斯洛文尼亚	0.0288	41	0.1931	11
31	阿塞拜疆	0.0273	42	0.0401	43
417	吉尔吉斯斯坦	0.0262	43	0.1067	31
51	亚美尼亚	0.0255	44	0.045	42
496	蒙古	0.0249	45	0.0179	45
116	柬埔寨	0.0201	46	0.0465	41

数据来源：重庆“一带一路”投资与贸易研究实验室

也门与“一带一路”国家贸易互补关系总体弱，贸易有利于也门进口。2013 年也门与“一带一路”国家平均贸易互补指数为 0.0965，TCI 值小于 0.2，表明两者之间的互补关系弱。与也门贸易互补关系强的“一带一路”国家有 1 个，占总数的 2.17%，平均 TCI 值为 0.3783，这个国家为印度；与也门贸易互补关系较强的“一带一路”国家有 2 个，占总数的 4.35%，平均 TCI 值为 0.2518。一般认为，以本国出口计算的贸易互补性指数大于以他国出口计算的贸易互补性指数，说明利于本国出口，反之利于他国出口。2013 年，以也门出口计算的贸易互补性指数为 0.0965，以他国出口计算的贸易互补性指数为 0.1336，说明与“一带一路”国家的贸易总体上有利于也门进口，有助于他国的出口。

也门与“一带一路”国家之间的贸易互补性略有上升。2005–2013 年，也门与“一带一路”国家平均贸易互补指数从 0.0874 上升到 0.0965，增加了 0.0091。与也门贸易互补关系强的国家从 2005 年的 0 个变为 2013 年的 1 个，增加了 1 个；与也门贸易互补关系较强的国家从 2005 年的 3 个变为 2013 年的 2 个，减少了 1 个。

表 YE-21 也门与“一带一路”国家贸易互补关系统计情况（2005 年、2013 年）

年份	类别	指标	国家数量（个）	占比（%）	均值
2005	以本国出口计算	“一带一路”国家	46	100.00	0.0874
		其中：TCI>0.3	0	0.00	0.0000
		0.2<TCI<0.3	3	6.52	0.2624
		TCI<0.2	43	93.48	0.0752
	以他国出口计算	“一带一路”国家	46	100.00	0.1081
		其中：TCI>0.3	9	19.57	0.0000
		0.2<TCI<0.3	1	2.17	0.2816
		TCI<0.2	36	78.26	0.1043
2013	以本国出口计算	“一带一路”国家	46	100.00	0.0965
		其中：TCI>0.3	1	2.17	0.3783
		0.2<TCI<0.3	2	4.35	0.2518
		TCI<0.2	43	93.48	0.0827
	以他国出口计算	“一带一路”国家	46	100.00	0.1336
		其中：TCI>0.3	0	0.00	0.0000
		0.2<TCI<0.3	8	17.39	0.2154
		TCI<0.2	38	82.61	0.1164

数据来源：重庆“一带一路”投资与贸易研究实验室

表 YE-22 也门与“一带一路”国家 TCI 值排名前 10 的国家（2005 年、2013 年）

排名	2005 年			2013 年		
	国家	TCI 值	区域	国家	TCI 值	区域
1	白俄罗斯	0.2790	独联体	印度	0.3783	南亚
2	印度	0.2697	南亚	立陶宛	0.2580	中东欧
3	立陶宛	0.2386	中东欧	白俄罗斯	0.2456	独联体
4	印度尼西亚	0.1996	东南亚	中国	0.1873	东亚
5	约旦	0.1989	西亚北非	保加利亚	0.1848	中东欧
6	乌克兰	0.1861	独联体	泰国	0.1830	东南亚

续表

排名	2005年			2013年		
	国家	TCI值	区域	国家	TCI值	区域
7	泰国	0.1676	东南亚	约旦	0.1615	西亚北非
8	马其顿	0.1475	中东欧	以色列	0.1548	西亚北非
9	巴基斯坦	0.1412	中亚	塞尔维亚	0.1520	中东欧
10	菲律宾	0.1381	东南亚	巴基斯坦	0.1451	中亚

数据来源：重庆“一带一路”投资与贸易研究实验室

也门的贸易互补国主要分布在亚洲和中东欧地区。2013年，也门与“一带一路”国家TCI值排名前十位的国家有3个国家来自于中东欧，有2个国家来自西亚北非，分别有1个国家来自南亚、东亚、东南亚、中亚和独联体。和2005年比较，印度取代白俄罗斯成为也门最具互补性的国家。

（六）中国与也门的贸易关系

1956年9月24日中国与也门穆塔瓦基利亚王国建立公使级外交关系。1963年2月13日升格为大使级（当时也门已是阿拉伯也门共和国，即北也门）。1968年1月31日中国与也门民主人民共和国（南也门）建立大使级外交关系。1990年也门统一后，两国建交日期定为1956年9月24日。近年来，中也传统友好合作关系稳步向前发展。2012年9月，外交部长杨洁篪出席在纽约举行的也门之友小组第四届部长级会议。2013年1月，外交部副部长翟隽访问也门。3月，中方出席在伦敦举行的也门之友小组第五届部长级会议，9月，外交部长王毅出席在纽约举行的也门之友小组第六届部长级会议。2014年6月，也门外长科尔比来华出席中阿合作论坛第六届部长级会议。9月，外交部亚非司司长陈晓东作为王毅外长代表出席在纽约举行的也门之友小组第八届部长级会议。[①]

1. 中国对也门的出口情况

中国出口也门的产品相对集中于纺织服装产品、机电产品、农产品等。2015年，中国出口也门的总金额为1436297千美元，排在前三位的产品主要有电气、电子设备；针织或钩编服装、饰品；鞋类，护腿等及其部分产品，出口金额分别为212812千美元、172061千美元、136312千美元，在进口总金额中的比重分别为

① http：//wcm.fmprc.gov.cn/pub/chn/pds/gjhdq/gj/yz/1206_38/.

14.82%、11.98%、9.49%。

表 YE-23　中国对也门的出口情况（2015 年）

排名	产品	金额（千美元）	比重（%）
1	电气、电子设备	212812	14.82
2	针织或钩编服装、饰品	172061	11.98
3	鞋类，护腿等及其部分产品	136312	9.49
4	非针织或钩编服装、饰品	102451	7.13
5	机械、核反应堆、锅炉等	86911	6.05
6	人造丝	67798	4.72
7	蔬菜，水果，坚果等食物	58579	4.08
8	塑料及其制品	54082	3.77
9	钢铁制品	42888	2.99
10	橡胶及其制品	37869	2.64
合计		971763	67.66

数据来源：http：//www.trademap.org/Product_SelProductCountry.aspx

2. 中国从也门的进口情况

中国从也门的进口以矿物燃料为主。2015 年，中国从也门进口规模达到 891450 千美元，进口的产品主要有矿物燃料、油、蒸馏产品等；塑料及其制品；橡胶及其制品，进口金额分别为 874270 千美元、12735 千美元、2352 千美元，在总金额的比重分别为 98.07%、1.43%、0.26%。

表 YE-24　中国从也门的进口情况（2015 年）

排名	产品	金额（千美元）	比重（%）
1	矿物燃料、油、蒸馏产品等	874270	98.07
2	塑料及其制品	12735	1.43
3	橡胶及其制品	2352	0.26
4	鱼类，甲壳类，软体动物，未列名水生无脊椎动物	1094	0.12
5	珍珠，宝石，金属，硬币等	602	0.07
6	铝及其制品	110	0.01
7	铅及其制品	77	0.01
8	木纸浆，纤维素材料，废料等	76	0.01
9	电气，电子设备	71	0.01
10	机械、核反应堆、锅炉等	21	0.00

续表

排名	产品	金额（千美元）	比重（%）
合计		891408	100.00

数据来源：http：//www.trademap.org/Product_SelProductCountry.aspx

3. 中国与也门的贸易关系分析

（1）中国与也门的贸易互补关系比较弱。2013 年，以中国出口计算的贸易互补指数为 0.1414，在“一带一路”国家中排名第 44 位。

（2）中国与也门贸易互补关系具有增强的趋势。2005–2013 年，以中国出口计算的贸易互补指数从 0.1314 增加到 0.1414，增加了 7.61%。

（3）中国与也门之间的贸易有利于我国出口。以中国出口计算的贸易互补指数大于以也门出口计算的贸易互补指数，有利于中国出口，同时有利于也门进口。2013 年，以中国出口计算的贸易互补指数为 0.1414，以也门出口计算的贸易互补指数为 0.1873。

（4）中国与也门的贸易竞争关系一直较弱。2005 年，两国贸易竞争指数为 0.0407，贸易竞争关系较弱，排名为 16 位。2013 年，中国与也门的贸易竞争指数为 0.008，贸易竞争关系较弱，排名为 32 位。2005 年至 2013 年，中国与也门的贸易竞争指数下降了 0.0327，排名下降了 16 位。

十六、叙利亚（The Syrian Arab Republic）[①]

（一）基本情况

叙利亚正经历着旷日持久的内战。叙利亚是世界古老文明的发源地之一，曾历经罗马帝国、阿拉伯帝国和奥斯曼帝国等大国统治，第一次世界大战后由法国委任统治，1944 年独立，1963 年起由阿萨德家族领导的阿拉伯复兴社会党执政至今，内战前的叙利亚是一个中等收入国家，2007 年人均 GDP 为 2079.99 美元，属于中下等收入经济体。但从 2011 年年初开始，叙利亚政府与叙利亚反对派之间爆发了旷日持久的冲突，同时随着叙利亚内战的不断蔓延，越来越多的伊斯兰极端组织得以发展和壮大，包括“伊斯兰国”“胜利阵线”“伊斯兰阵线”等极端团体不断涌现，加上外部势力彼此相互交错，叙利亚内战的形势日趋复杂化。2011–2015 年，叙利亚因这场血腥冲突而四分五裂，大约 20 万叙利亚人死于这场内战，国内近一半平民流离失所。卫星照片显示，2011 年叙利亚内战后，叙利亚境内夜光减少 83%。

1. 建国历程

叙利亚历史悠久但建国时间较短。叙利亚是一个具有悠久历史和古老文明的国家，远在旧石器时代早期，叙利亚就有了原始人类。公元前 3000 年时有原始城邦国家存在。公元前 8 世纪起，先后被亚述、马其顿、罗马、阿拉伯、欧洲十字军、埃及马姆鲁克王朝、奥斯曼帝国等统治。1920 年 4 月，沦为法国委任统治地。1940 年 6 月，法国向德国投降，叙利亚被纳粹德国控制。1941 年 9 月 27 日，“自由法兰西军”总司令贾德鲁将军以盟国名义宣布叙利亚独立。1943 年 8 月，叙利亚成立了自己的政府，舒克里・库阿特利当选叙利亚共和国首任总统。1946 年 4 月 17 日，英、法被迫撤军，叙利亚获得完全独立。1958 年 2 月 1 日，叙利亚和埃及宣布合并，成立阿拉伯联合共和国。1961 年 9 月 28 日，叙利亚宣布脱离“阿联”，成立阿拉伯叙

---

① 由于联合国商品贸易数据库（UNCOMTRADE）、联合国贸发会议数据库（UNCTADSTAT）等国内外数据库未能提供叙利亚相关数据，因此，本章无法分析叙利亚与“一带一路”国家、中国的贸易关系。

利亚共和国。1963 年 3 月 8 日，阿拉伯复兴社会党组成新政府。1970 年 11 月 13 日，国防部长兼空军司令阿萨德发动“纠正运动”，改组党和政府，阿萨德自任总理。1971 年 3 月，阿萨德当选总统，任至 2000 年 6 月 10 日去世。阿次子巴沙尔·阿萨德于同年 7 月 10 日继任总统。从 2011 年年初开始，爆发了叙利亚政府与叙利亚反对派之间旷日持久的冲突。2012 年 6 月 26 日，总统巴沙尔·阿萨德宣布叙利亚进入战争状态。2012 年 9 月起，大量的叙利亚人民为躲避战争变成了国际难民。叙利亚首都是大马士革，世界著名古城，被誉为“天国里的城市”，位于叙利亚西南巴拉达河右岸。市区建在克辛山山坡上，面积约 100 平方公里，已有 4500 多年的历史，人口超过 470 万。阿拉伯语为国语，通用英语和法语，少数叙利亚人仍使用古老的阿拉米语。[①]

2. 人口情况

叙利亚的男女比例失衡，成年男性死亡率较高。2015 年叙利亚总人口达 1850 万人，其中城镇人口 1067 万人，农村人口 783 万人，分别占总人口的 57.66% 和 42.34%；男性人口 948 万人，女性人口 902 万人，分别占总人口的 51.22% 和 48.78%，男女性别比例为：1.05：1；0–14 岁人口为 687 万人，15–64 岁人口为 1088 万人，65 岁以上人口为 75 万人，分别占总人口的 37.12%、58.81%、4.06%。2014 年每千人的人口出生率为 23.08‰，人口死亡率为 5.66‰，每千名成年男性的死亡率高达 282.64‰，人均预期寿命 70.07 岁。阿拉伯人占叙利亚总人口的 80% 以上，其余为库尔德人、亚美尼亚人、土耳其人和彻尔克斯人等。

表 SY–1　叙利亚人口数及其构成（2015 年）

指　标	年末数（万人）	比重（%）
全国总人口	1850	100.00
其中：城镇	1067	57.66
农村	783	42.34
其中：男性	948	51.22
女性	902	48.78
其中：0–14 岁	687	37.13
15–64 岁	1088	58.81
65 岁以上	75	4.06

数据来源：世界银行（world bank）

叙利亚的人口增长较慢。2005—2015 年，叙利亚的总人口数从 1813 万人增加到 1850 万人，增加了 37 万人，年均增长 0.2%。叙利亚的人口增长呈“Z”字形变化趋势。经历了两个阶段：第一个阶段是缓慢上升阶段（2005—2007 年），增长率从

① http://baike.baidu.com/link?url=GXLsHtRxZ_kaAFUG3tsIDdE2afqvMRfYupXBxzPa6QdNbaYF-4AZFS-wUv117ry6yNFSviyOfoPw4f5sxJVxSby5_7-fCb30yKvcWVG8PTs1k-WoaZMgXIOe9LR3TDUB.

2005 年的 2.57% 增加到 2007 年的 3.66%，增长了 1.09 个百分点；第二阶段是快速下降阶段（2007-2015 年），增长率由正增长向负增长转变，其值从 2007 年的 3.66% 下降到 2013 年的 -3.34%，下降了 7 个百分点，第三阶段是缓慢恢复阶段（2013-2015 年），这一阶段增长率仍为负，但数值有所上升。

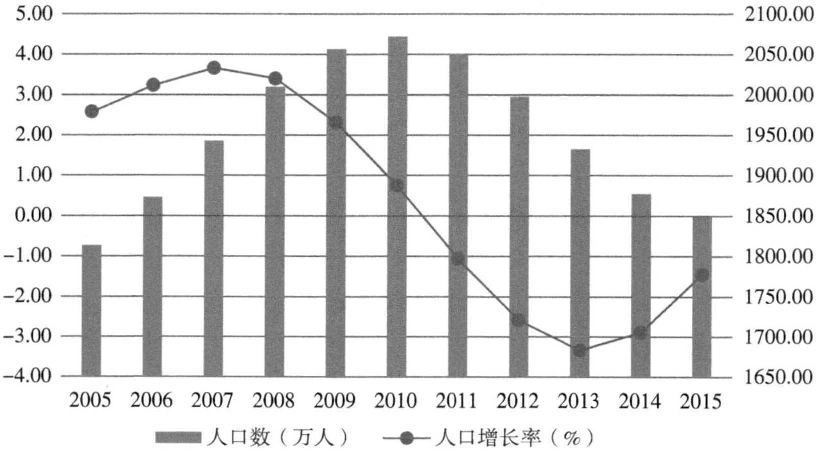

图 SY-1　叙利亚人口数及增长率变化（2005—2015 年）

数据来源：世界银行（world bank）

3. 地域状况

叙利亚的地理位置十分重要。叙利亚位于亚洲大陆西部，地处世界石油天然气最丰富的中东中心位置，北与土耳其接壤，东同伊拉克交界，南与约旦毗连，西南与黎巴嫩和巴勒斯坦（以色列）为邻，西与塞浦路斯隔地中海相望，总面积为 185180 平方公里（含戈兰高地）。叙利亚领土大部分是西北向东南倾斜的高原。全国可分为四个地带：西部山地和位于两座山脉之间的山间纵谷，包括海拔 2841 米的全国最高峰——位于西南部的谢赫山；西北部地中海沿岸平原（有长 183 公里的海岸线）；东部内陆的高原；东南叙利亚沙漠。叙利亚东部的幼发拉底河是全国最重要的河流，它贯穿东部国境，然后经伊拉克注入波斯湾。幼发拉底河流域的 15 个国家被誉为是“文明的摇篮”。西部纵谷有阿西河经土耳其倾注入地中海。叙利亚南部是热带沙漠气候，北部是地中海气候。叙利亚的气候比较干燥，全国有五分之三的地区全年降雨量少于 25 厘米，这主要归因于高山的阻挡。①

① http://baike.baidu.com/link?url=GXLsHtRxZ_kaAFUG3tsIDdE2afqvMRfYupXBxzPa6QdNbaYF-4AZFS-wUv117ry6yNFSviyOfoPw4f5sxJVxSby5_7-fCb30yKvcWVG8PTs1k-WoaZMgXIOe9LR3TDUB.

4. 资源禀赋

叙利亚矿产资源丰富。主要有有石油、磷酸盐、天然气、岩盐、沥青、磷灰石，铜、铁等。已探明石油储量3.4亿吨，石油及其产品基本自给，并部分出口。已探明的天然气储量6500亿立方米，磷酸盐储量6.5亿吨，岩盐储量5500万吨。①

5. 经济实力

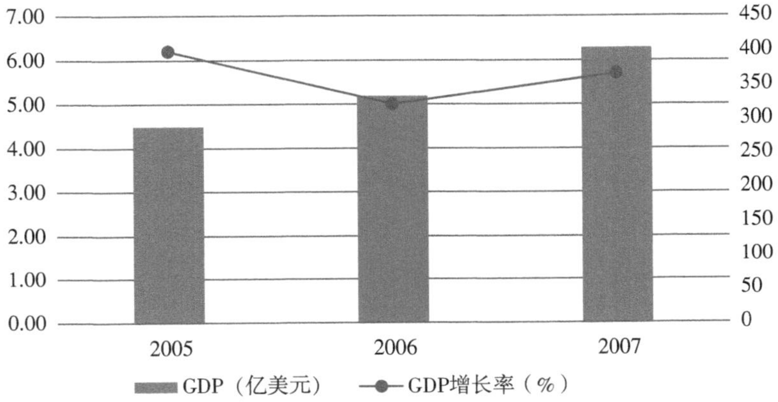

图 SY-2　叙利亚 GDP 及增长率变化（2005—2007 年）

数据来源：世界银行（world bank）

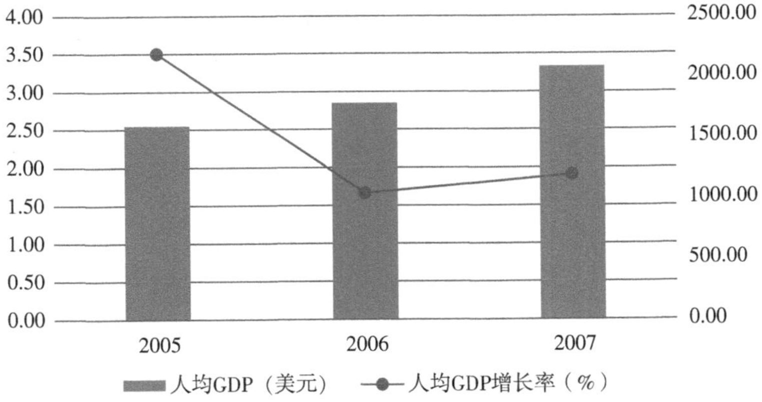

图 SY-3　叙利亚人均 GDP 及增长率变化（2005—2007 年）

数据来源：世界银行（world bank）

叙利亚的经济总量小，人均水平较低。2007年，叙利亚的GDP为404.05亿美

① http：//baike.baidu.com/link?url=GXLsHtRxZ_kaAFUG3tsIDdE2afqvMRfYupXBxzPa6QdNbaYF-4AZFS-wUv117ry6yNFSviyOfoPw4f5sxJVxSby5_7-fCb30yKvcWVG8PTs1k-WoaZMgXIOe9LR3TDUB.

元，分别占“一带一路”国家和全球的比例为0.34%和0.07%，人均GDP为2079.99美元，分别占“一带一路”国家和全球的24.06%、73.84%，属于中下等收入经济体，城镇化率为57.66%。2005—2007年，叙利亚的GDP从288.59亿美元增加到404.05亿美元，增加了1.4倍；人均GDP从1591.53美元增加到2079.99美元，增加了1.31倍。叙利亚的GDP增长及人均GDP增长率在波动中有所下降。

（二）产业情况

叙利亚经济形势十分严峻。近年来，叙利亚经济逐步向社会市场经济转轨，叙利亚政府力图通过实施经济建设和社会发展的“十一五计划”（2011—2015年），优化经济结构，推动经济发展。但受多重因素影响，叙利亚经济改革进程较为缓慢。2011年叙利亚局势动荡后，美国、欧盟、阿拉伯联盟对叙利亚实施制裁，叙利亚面临石油出口中断、外汇收入锐减、货币贬值、物价上升、失业率高等多重压力，经济形势更趋严峻。2007年，一、二、三产业结构比例为18∶33∶49，农业占比非常高，工业支撑能力不足。①

1. 第一产业

叙利亚的农业发展较快，但在GDP中的占比略有下降。2005—2007年，叙利亚农业增加值从59.81亿美元增加到78.94亿美元，增加了19.12亿美元，年均增长14.88%，农业增加值占GDP的比重从19.49%下降到17.93%，下降了1.56个百分点。

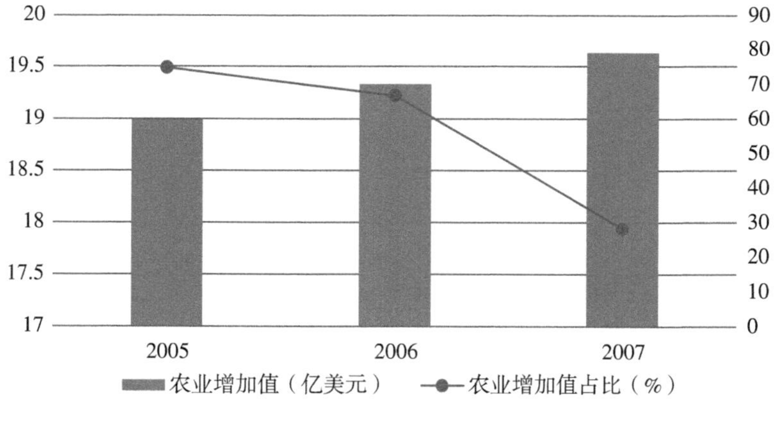

图 SY-4　叙利亚农业增加值及占比变化（2005—2007年）

数据来源：世界银行（world bank）

叙利亚是中东地区农业大国，农业在国民经济中占据重要位置。叙利亚农业耕

① http://www.fmprc.gov.cn/web/gjhdq_676201/gj_676203/yz_676205/1206_677100/1206x0_677102/.

种面积为473.6万公顷，农业人口440万人。主要作物有小麦、大麦、玉米。经济作物有棉花、豆类、甜菜和烟草，其中棉花是出口创汇第一的农作物。水果有柑桔、大马士革杏、无花果、橄榄等。叙利亚是中东地区重要畜牧业国家，主要畜禽品种有牛、绵羊、山羊和鸡。水资源缺乏是影响叙利亚农业发展的主要因素。2011年，叙利亚排名前三的主要农作物分别为用于糖用甜菜、番茄、小麦，其产量分别为180.52万吨、115.50万吨、385.83万吨；排名前三的主要畜禽产品为鸡蛋、牛奶、羊奶，其产量分别为34.37亿只、170.18万吨、70.56万吨。

2. 第二产业

叙利亚的工业发展较快，在GDP中的占比有小幅下降。2005—2007年，叙利亚工业增加值从111.12亿美元增加到145.10亿美元，增加了33.99亿美元，年均增长14.27%，工业增加值占GDP的比重从36.21%下降到32.97%，下降了3.24个百分点。

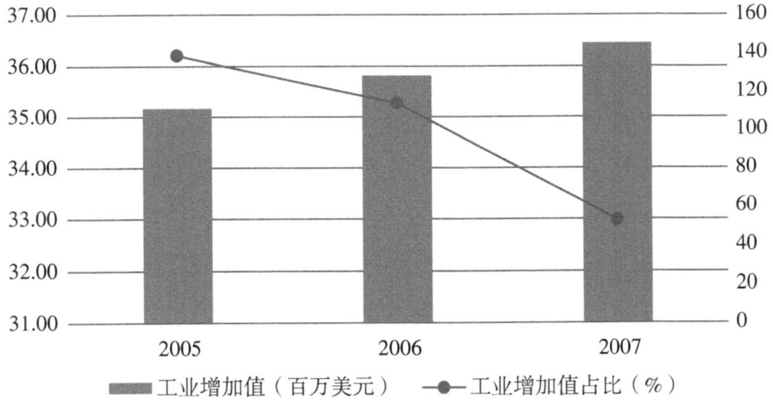

图SY-5 叙利亚工业增加值及占比变化（2005—2007年）

数据来源：世界银行（world bank）

叙利亚工业基础薄弱。叙利亚的现代工业只有几十年历史，主要有采掘工业、加工工业和水电工业。开掘工业有石油、天然气、磷酸盐、大理石等。加工工业主要有纺织、食品、皮革、化工、水泥、烟草等。

3. 第三产业

叙利亚的服务业发展较快，在GDP中的占比不断提升。2005—2007年，叙利亚的服务等附加值从135.97亿美元增加到215.99亿美元，增加了80.02亿美元，年均增长26.03%，工业增加值占GDP的比重从44.31%增加到49.09%，增加了4.78个百分点。

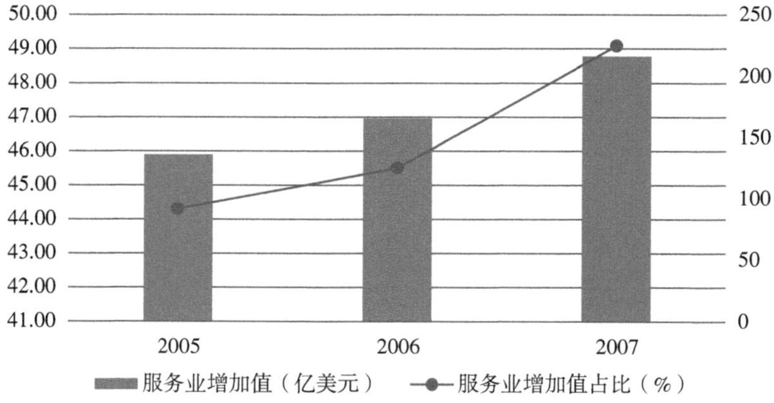

图 SY-6 叙利亚服务等附加值及占比变化（2005—2007 年）

数据来源：世界银行（world bank）

叙利亚的服务业主要以旅游业为主。叙利亚拥有较好的旅游发展基础和潜力，政府对旅游业发展也十分重视，尤其是 21 世纪初，在叙利亚经济改革进程中优先发展旅游业得到了政府的认同和支持，使旅游获得迅速的发展。根据叙利亚旅游部发布的数字，2004 年叙利亚的旅游收入达到 22 亿美元，比 2003 年的 14 亿美元增长了 57%，访叙的游客人数达 615.3 万人，比 2003 年的 430 万人增长了 40%。其中周边阿拉伯国家游客人数由 2003 年的 154 万增至 2004 年的 235 万，增长迅速，欧洲及美国游客的数量由 2003 年的 22 万人增至 2004 年的 30 万人，增幅也较为显著。另外，游客的大幅增加，叙利亚各个饭店的入住人次也比 2002 年增加了 43%，饭店整体入住率达到了 66%。叙利亚银行业较为滞后，叙利亚主要的银行有叙利亚中央银行、叙利亚商业银行，叙利亚政府规定国家对所有的银行、保险公司和对外贸易进行监督，2001 年 2 月，叙利亚人民议会通过关于允许设立私人银行的证券交易市场法案。

（三）进出口贸易情况

1. 参与贸易协定情况

叙利亚不是世界贸易组织（WTO）成员国。

叙利亚与土耳其、伊朗等国签有自由贸易协定。2004 年 12 月，叙利亚与土耳其签署了建立叙土自由贸易区合作协议，目前由于土耳其对叙利亚实施经济制裁，叙利亚决定暂停执行与土耳其的自由贸易协议。2010 年 10 月，叙利亚与伊朗签署叙伊自由贸易协定，旨在未来五年内逐步减少两国所有交易商品的关税及其它税费。同时，两国工业部还签订了谅解备忘录，包括成立各产业投资公司等内容。

2. 进口情况

（1）进口贸易数量

叙利亚的进口下降明显。2015 年，叙利亚的进口金额为 50 亿美元，分别占“一带一路”国家、全球出口额的比重为 0.09%、0.03%，和 2005 年相比增加了 58.62 亿美元，年均减少 7.47%。

叙利亚的进口增长在波动中下降。叙利亚的进口增长率从 2005 年的 29.14% 下降到 2015 年的 –25.37%，下降了 54.51 个百分点。增长最快的年份出现在 2005 年，增长率达 29.14%，增长率下降最快的年份出现在 2012 年，增长率为 –56.55%。

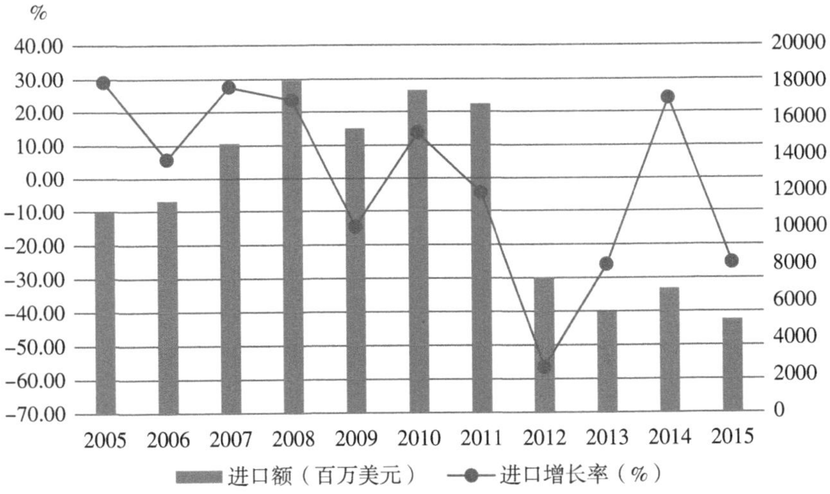

图 SY-7　叙利亚进口额及增长率变化（2005—2015 年）

数据来源：联合国贸发会议数据库（UNCTADSTAT）

（2）进口市场结构

叙利亚的进口地主要分布在亚洲和欧洲。2010 年叙利亚进口排名前十的国家分别为：土耳其、中国、意大利、乌克兰、俄罗斯、韩国、沙特、埃及、德国、巴西，十个国家的进口金额为 105.78 亿美元，约占总进口额的 60.24%，有 4 个国家来自亚洲、有 3 个国家来自欧洲，各有 1 个国家来自非洲、独联体和美洲。其中，土耳其是叙利亚最大的进口来源国，进口金额为 16.72 亿美元，约占总进口额的 9.52%。从变化趋势看，土耳其增长最快，进口份额增长了 5.26 个百分点，排名从第

6 位升至第 1 位；乌克兰下降最快，进口份额下降了 3.96 个百分点，排名从第 2 位降至第 4 位。

表 SY-2 叙利亚主要贸易进口国情况（2010 年）

排名	国别	国家代码	所属区域	2014 年		2005 年	
				进口额（亿美元）	占比（%）	进口额（亿美元）	占比（%）
1	土耳其	792	西亚	16.72	9.52	3.37	4.26
2	中国	156	东亚	15.46	8.80	6.36	8.05
3	意大利	380	欧洲	12.93	7.36	3.00	3.80
4	乌克兰	804	独联体	11.34	6.46	8.23	10.42
5	俄罗斯	643	欧洲	11.09	6.31	2.98	3.77
6	韩国	410	东亚	9.25	5.27	3.60	4.56
7	沙特	682	西亚	8.08	4.60	3.44	4.35
8	埃及	818	北非	7.40	4.22	2.80	3.55
9	德国	276	欧洲	7.39	4.21	2.35	2.98
10	巴西	076	南美洲	6.13	3.49	1.31	1.66
合计				105.78	60.24	37.43	47.40

资料来源：http：//wits.worldbank.org/country-analysis-visualization.html

（3）进口产品结构

叙利亚进口的产品主要燃料、机电、金属和蔬菜等。2010 年，叙利亚进口排名前十的产品分别为燃料、机电、金属、蔬菜、食物产品、化学药品、运输设备、塑料或橡胶、纺织和服装、木材，十类产品合计进口金额为 165.19 亿美元，占比为 94.06%，其中，燃料是叙利亚主要的进口产品，2010 年进口金额为 34.51 亿美元，占比为 19.65%。

表 SY-3 叙利亚主要的进口产品情况（2010 年）

排名	产品	金额（亿美元）	占比（%）
1	燃料	34.51	19.65
2	机电	23.22	13.22
3	金属	22.83	13.00
4	蔬菜	19.22	10.94
5	食物产品	15.75	8.97
6	化学药品	12.83	7.31

续表

排名	产品	金额（亿美元）	占比（%）
7	运输设备	12.67	7.21
8	塑料或橡胶	11.84	6.74
9	纺织和服装	6.60	3.76
10	木材	5.73	3.26
合计		165.19	94.06

数据来源：http：//www.trademap.org/Product_SelProductCountry.aspx

3. 出口情况

（1）出口贸易数量

叙利亚的出口出现大幅下降。2015 年，叙利亚的出口金额为 22 亿美元，分别占“一带一路”国家、全球出口额的比重为 0.04%、0.01%，和 2005 年相比增加了 65.08 亿美元，年均减少 12.85%。

叙利亚的出口增长在波动中有小幅下降。叙利亚的出口增长率从 2005 年的 18.03% 下降到 2015 年的 10.00%，下降了 8.03 个百分点。叙利亚的出口增长在 2009 年、2011 年、2012 年、2013 年出现负增长，其余年份均为正向增长。增长最快的年份出现在 2008 年，增长率达 33.47%，增长率下降最快的年份出现在 2012 年，增长率为 -63.64%。

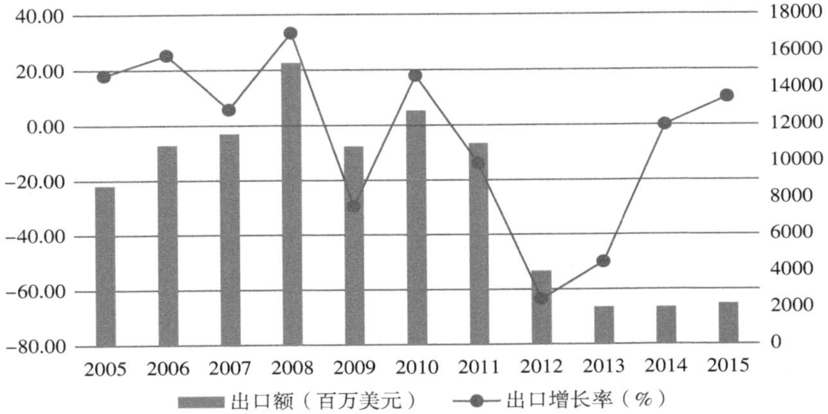

图 SY-8　叙利亚出口额及增长率变化（2005—2015 年）

数据来源：联合国贸发会议数据库（UNCTADSTAT）。

（2）出口市场结构

叙利亚的出口地主要集中在西亚和欧洲。2010年叙利亚出口排名前十的国家分别为：伊拉克、意大利、德国、土耳其、沙特、法国、黎巴嫩、约旦、美国、荷兰，这十个出口国家的金额合计为85.87亿美元，约占总出口额的75.64%，其中，有5个国家来自西亚，4个国家来自欧洲，1个国家来自北美洲。从变化趋势看，伊拉克是叙利亚最大的出口国，出口金额为22.95亿美元，约占总进口额的20.21%。从变化趋势看，伊拉克增长最快，出口份额增长了15.84个百分点，排名从第8位升至第1位，德国次之，排名从第13位升至第3位；意大利下降最快，出口份额下降了16.46个百分点，排名从第1位降至第2位。

表 SY-4　叙利亚主要贸易出口国情况（2014年）

排名	国别	国家代码	所属区域	2015年		2005年	
				出口额（亿美元）	占比（%）	出口额（亿美元）	占比（%）
1	伊拉克	368	西亚	22.95	20.21	2.82	4.37
2	意大利	380	欧洲	15.20	13.39	19.25	29.85
3	德国	276	欧洲	14.77	13.01	1.01	1.57
4	土耳其	792	西亚	6.29	5.54	2.90	4.50
5	沙特	682	西亚	5.43	4.78	3.70	5.74
6	法国	250	欧洲	4.85	4.27	11.34	17.58
7	黎巴嫩	422	西亚	4.36	3.84	1.90	2.94
8	约旦	400	西亚	4.06	3.58	1.52	2.36
9	美国	840	北美洲	4.00	3.52	3.06	4.75
10	荷兰	528	欧洲	3.97	3.50	2.82	4.38
合计				85.87	75.64	50.32	78.02

资料来源：http：//wits.worldbank.org/country-analysis-visualization.html

（3）出口产品结构

叙利亚的出口主要是燃料、纺织服装和蔬菜等产品。2010年，叙利亚出口排名前十的产品有：燃料、纺织和服装、蔬菜、食物产品、化学药品、动物产品、塑料或橡胶、金属、机电、矿石，这十项出口产品的金额合计为109.51亿美元，约占总出口额的96.46%，其中，燃料是叙利亚出口排名第一的产品，出口金额为56.64亿美元，占总出口额比为49.89%。

表 SY-5　叙利亚主要的出口产品情况（2010 年）

排名	产品	金额（亿美元）	占比（%）
1	燃料	56.64	49.89
2	纺织和服装	11.99	10.56
3	蔬菜	11.27	9.93
4	食物产品	7.94	6.99
5	化学药品	5.53	4.87
6	动物产品	5.18	4.56
7	塑料或橡胶	3.75	3.30
8	金属	2.92	2.57
9	机电	2.21	1.94
10	矿石	2.09	1.84
合计		109.51	96.46

数据来源：http：//www.trademap.org/Product_SelProductCountry.aspx

4. 贸易集中度

叙利亚一直保持着贸易逆差状态，国际贸易对该国相对不利。2005—2015 年，叙利亚的净出口额一直小于零，净出口额从 -21.54 亿美元变为 -28 亿美元，逆差额增加了 6.46 亿美元。叙利亚最大逆差出现在 2011 年，净出口额为 -58 亿美元，最小逆差出现在 2006 年，净出口额为 -5.69 亿美元。

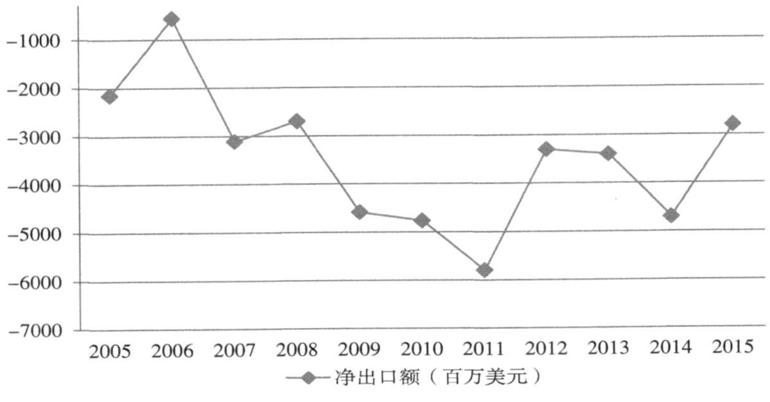

图 SY-9　叙利亚净出口额变化（2005—2015 年）

数据来源：联合国贸发会议数据库（UNCTADSTAT）

（四）对外直接投资

叙利亚投资环境较为恶劣。首先，当前叙利亚国内并不存在一个令行全国的机构，由于长期的内战破坏以及堪忧的国内安全形势，导致在叙利亚的投资遭到巨大干扰；其次，叙利亚国内面临较大的恐怖主义威胁，当前叙利亚国内各个极端组织活动频繁，甚至占领了叙利亚东部、北部、西部（戈兰高地和叙利亚－黎巴嫩边境地区）以及南部部分地区大片土地，并且直接对叙利亚政府控制区渗透和发动袭击；第三是叙利亚面临国际制裁，使得叙利亚的对外贸易困难重重，2011 年叙利亚动荡发生后，西方社会宣布制裁叙利亚政府，石油禁运制裁协议包括禁止进口叙利亚原油及石油产品，以及对叙利亚石油出口相关融资和保险进行制裁。由于国内战争仍将持续，因此叙利亚并不具备投资的客观环境。①

1.FDI 流入情况

（1）流量

叙利亚吸引外资流量有较大幅度上升。2011 年，叙利亚吸引外资的流量规模为 804.16 百万美元，占“一带一路”国家和全球的比例分别为 0.17%、0.05%。2005—2011 年，叙利亚吸引外资量从 500.00 百万美元增加到 804.16 百万美元，增加了 304.16 百万美元，年均增加 8.24%，其增幅比“一带一路”国家、全球低 1.84 个百分点、0.87 个百分点。②

叙利亚吸引外资流量增长在波动中下降。叙利亚吸引外资流量增长率从 2005 年的 56.25% 下降到 2011 年的 –45.27%，其中，有 2 年出现负增长，分别为 2010 年、2011 年，增长最快的年份是 2007 年，增长率高达 88.46%，增长最慢的是 2011 年，其增长率为 –45.27%。

表 SY–6 叙利亚吸引投资流量情况（2005—2014 年）

年份	投资量（百万美元）	投资增长率（%）	在“一带一路”国家中的占比（%）	在全球的占比（%）
2005	500.00	56.25	0.19	0.05
2006	659.00	31.80	0.17	0.05

① http：//world.huanqiu.com/article/2015-08/7273117.html.

② 吸引外资流量为负数，表明当期统计时间段里有外资企业减少了注册资本，相对应的就减少了合同利用外资，如果当期没有新增合同利用外资，或新增合同利用外资低于减资的部分，当期合同利用外资统计就会出现负数。

续表

年份	投资量（百万美元）	投资增长率（%）	在“一带一路”国家中的占比（%）	在全球的占比（%）
2007	1241.96	88.46	0.27	0.07
2008	1465.62	18.01	0.29	0.10
2009	2569.55	75.32	0.70	0.22
2010	1469.20	-42.82	0.34	0.11
2011	804.16	-45.27	0.17	0.05
2012	0.00	0.00	0.00	0.00
2013	0.00	0.00	0.00	0.00
2014	0.00	0.00	0.00	0.00

数据来源：http：//unctad.org/en/Pages/DIAE/FDI%20Statistics/FDI-Statistics-Bilateral.aspx

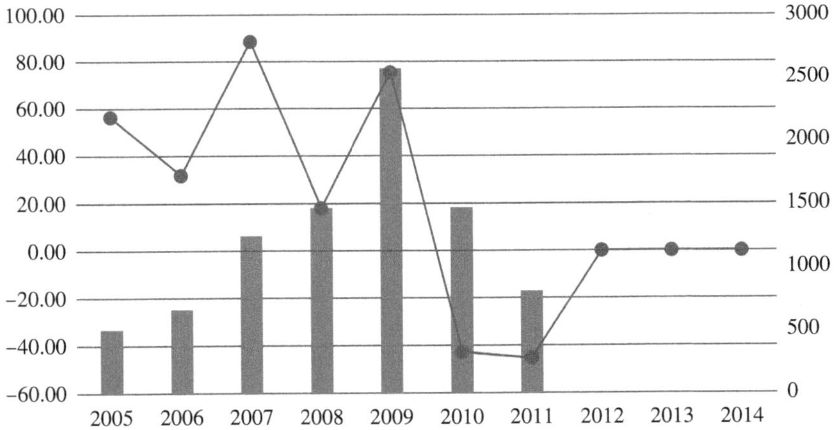

图 SY-10 叙利亚吸引投资流量及增长率变化（2005—2014 年）

数据来源：联合国贸发会议数据库（UNCTADSTAT）

（2）存量

叙利亚吸引外商投资的存量规模增长较快。2014 年，叙利亚吸引外资的存量规模为 10742.91 百万美元，占“一带一路”国家和全球的比例分别为 0.20%、0.04%。2005—2014 年，叙利亚吸引外资存量从 2532.00 百万美元增加到 10742.91 百万美元，增加了 8210.91 百万美元，年均增长 17.42%，其增幅比“一带一路”国家低 2.86 个百分点，高出全球 8.04 个百分点。

叙利亚吸引外资存量增长在波动中下降。叙利亚吸引外资存量增长率从 2005 年的 29.91% 下降到 2014 年的 0，下降了 29.91 个百分点，增长最快的年份是 2009 年，增长率高达 43.55%，增长最慢的是 2012—2014 年，其增长率为 0。

表 SY-7 叙利亚吸引投资存量情况（2005-2014 年）

年份	投资量（百万美元）	投资增长率（%）	在“一带一路”国家中的占比（%）	在全球的占比（%）
2005	2532.00	29.91	0.16	0.02
2006	3191.00	26.03	0.15	0.02
2007	4433.00	38.92	0.15	0.03
2008	5900.00	33.09	0.21	0.04
2009	8469.55	43.55	0.24	0.05
2010	9938.75	17.35	0.24	0.05
2011	10742.91	8.09	0.25	0.05
2012	10742.91	0.00	0.21	0.05
2013	10742.91	0.00	0.20	0.04
2014	10742.91	0.00	0.20	0.04

数据来源：http：//unctad.org/en/Pages/DIAE/FDI%20Statistics/FDI-Statistics-Bilateral.aspx

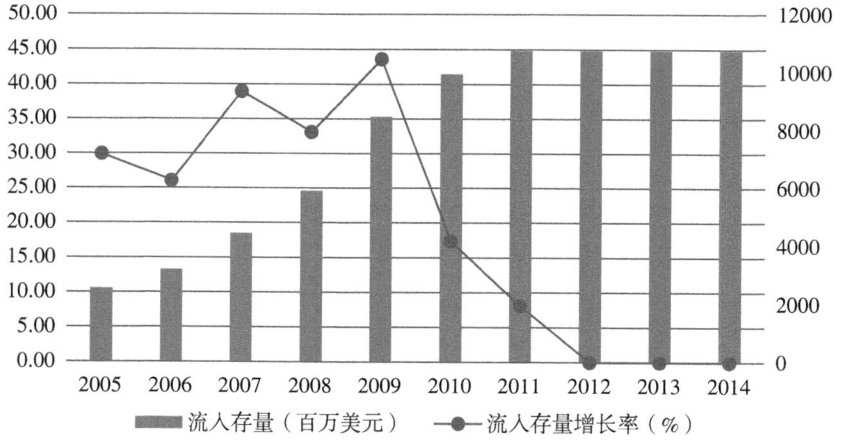

图 SY-11 叙利亚吸引投资存量及增长率变化（2005—2014 年）

数据来源：联合国贸发会议数据库（UNCTADSTAT）

2.FDI 流出情况

（1）流量

表 SY-8　叙利亚对外投资流量情况（2005—2014 年）

年份	投资量（百万美元）	投资增长率（%）	在"一带一路"国家中的占比（%）	在全球的占比（%）
2005	79.84	47.01	0.10	0.01
2006	-11.38	-114.25	-0.01	0.00
2007	2.04	-117.93	0.00	0.00
2008	1.52	-25.43	0.00	0.00
2009	0.00	0.00	0.00	0.00
2010	0.00	0.00	0.00	0.00
2011	0.00	0.00	0.00	0.00
2012	0.00	0.00	0.00	0.00
2013	0.00	0.00	0.00	0.00
2014	0.00	0.00	0.00	0.00

数据来源：http：//unctad.org/en/Pages/DIAE/FDI%20Statistics/FDI-Statistics-Bilateral.aspx

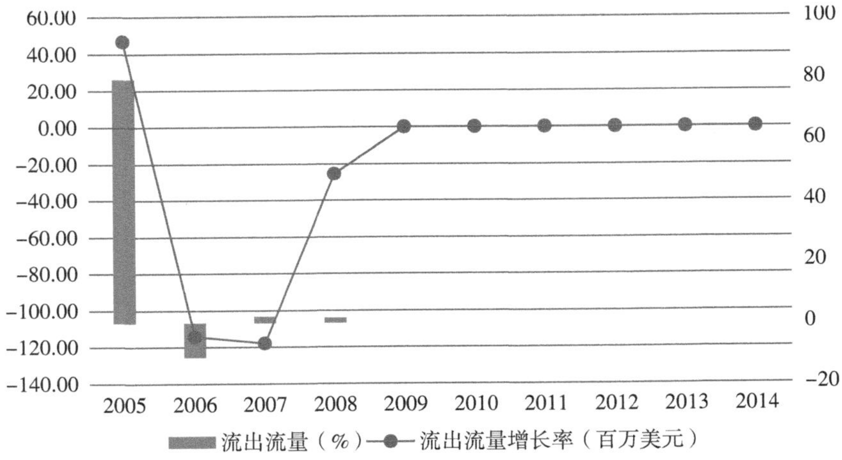

图 SY-12　叙利亚对外投资流量及增长率变化（2005—2014 年）

数据来源：联合国贸发会议数据库（UNCTADSTAT）

叙利亚对外投资流量规模很小，且下降明显。2008 年，叙利亚对外投资的流量为 1.52 百万美元。2005—2008 年，叙利亚对外投资流量从 79.84 百万美元减少到 1.52 百万美元，减少了 78.32 百万美元。

叙利亚对外投资流量增长呈“U”型变化趋势。叙利亚对外投资流量增长率从2005年的47.01%下降到2014年的–25.43%，下降了72.44个百分点，其中，有3年出现负增长，分别为2006年、2007年、2008年，增长最慢的是2007年，其增长率为–117.93%。

（2）存量

表 SY–9　叙利亚对外投资存量情况（2005—2014年）

年份	投资量（百万美元）	投资增长率（%）	在“一带一路”国家中的占比（%）	在全球的占比（%）
2005	428.44	22.90	0.08	0.00
2006	417.07	–2.66	0.05	0.00
2007	419.11	0.49	0.04	0.00
2008	420.63	0.36	0.04	0.00
2009	420.63	0.00	0.03	0.00
2010	420.63	0.00	0.02	0.00
2011	420.63	0.00	0.02	0.00
2012	420.63	0.00	0.02	0.00
2013	420.63	0.00	0.02	0.00
2014	420.63	0.00	0.02	0.00

数据来源：http：//unctad.org/en/Pages/DIAE/FDI%20Statistics/FDI–Statistics–Bilateral.aspx

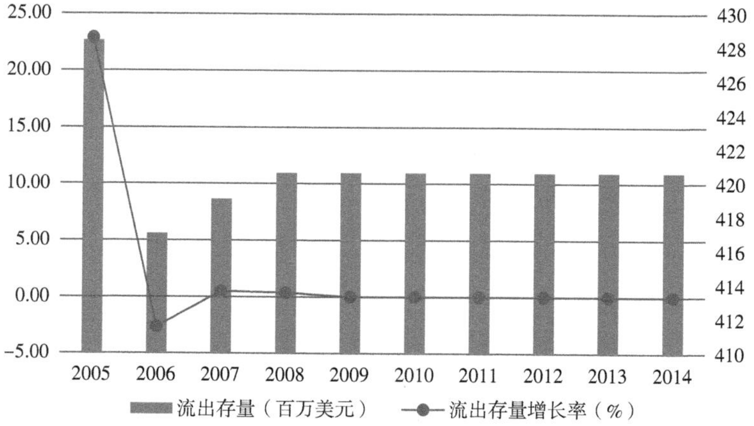

图 SY–13　叙利亚对外投资存量及增长率变化（2005—2014年）

数据来源：联合国贸发会议数据库（UNCTADSTAT）

2005—2014 年，叙利亚对外投资存量略有下降。2014 年，叙利亚对外投资的存量规模为 420.63 百万美元，占“一带一路”国家和全球的比例分别为 0.02%、0.00%。2005—2014 年，叙利亚对外投资存量从 428.44 百万美元减少到 420.63 百万美元，减少了 7.81 百万美元。

叙利亚的对外投资存量增长呈“L”型波动趋势。叙利亚对外投资存量增长率从 2005 年的 22.90% 下降到 2014 年的 0%，下降了 22.90 个百分点，波动最大的年份出现在 2006 年，增长率为 -2.66%，较之 2008 年下降了 25.56 个百分点。

3.FDI 净流入情况

叙利亚是 FDI 净流入国家，净流入量大幅上升。2005—2011 年，叙利亚的 FDI 净流入一直大于零，FDI 净流入值从 420.16 百万美元增加到 804.16 百万美元，增加了 1.91 倍，叙利亚的净流入峰值出现在 2009 年，其值为 2569.55 百万美元，2009 年以后逐步下降。

表 SY-10　叙利亚 FDI 净流入情况（2005—2014 年）

年份	FDI 净流入（百万美元）	年份	FDI 净流入（百万美元）
2005	420.16	2010	1469.20
2006	670.38	2011	804.16
2007	1239.92	2012	0.00
2008	1464.10	2013	0.00
2009	2569.55	2014	0.00

数据来源：根据资料整理得出

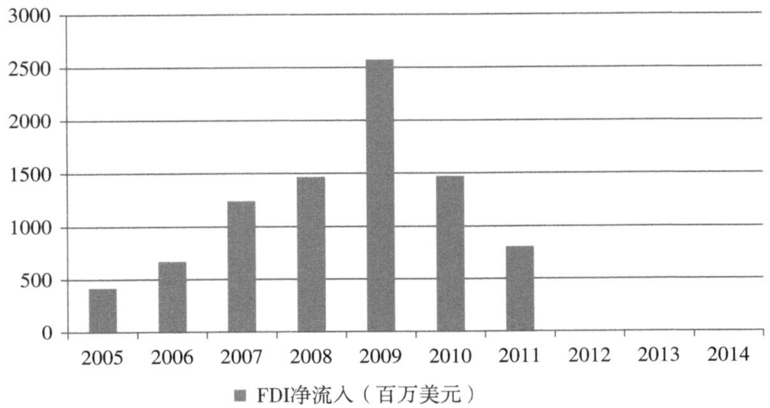

图 SY-14　叙利亚 FDI 净流入变化（2005—2014 年）

数据来源：联合国贸发会议数据库（UNCTADSTAT）

（五）中国与叙利亚的贸易关系

1956 年 8 月 1 日，中国与叙利亚建交。目前，双边关系发展平稳良好。两国签订的重要双边协议和文件有：《中华人民共和国和阿拉伯叙利亚共和国建立大使级外交关系联合公报》（1956 年 8 月）、《中华人民共和国外交部和阿拉伯叙利亚共和国外交部定期政治磋商协定》（1996 年 10 月）、《中华人民共和国政府与阿拉伯叙利亚共和国政府经济合作协定》（2004 年 6 月）、《中华人民共和国政府向阿拉伯叙利亚共和国政府提供优惠贷款的框架协议》（2004 年 6 月）、《中华人民共和国政府和阿拉伯叙利亚共和国政府旅游合作协议》（2004 年 6 月）、《中华人民共和国政府与阿拉伯叙利亚共和国政府经济技术合作协定》（2005 年 6 月）。a

1. 中国对叙利亚的出口情况

中国出口叙利亚的产品主要集中于机电、鞋类等。2015 年，中国出口叙利亚的总金额为 1024351 千美元，排在前三位的产品主要有电气、电子设备；机械、核反应堆、锅炉等；鞋类，护腿等及其部分产品，出口金额分别为 163624 千美元、80537 千美元、61558 千美元，在进口总金额中的比重分别为 15.97%、7.86%、6.01%，排名前十的产品占当年出口额的 57%。

表 SY-11　中国对叙利亚的出口情况（2015 年）

排名	产品	金额（千美元）	比重（%）
1	电气、电子设备	163624	15.97
2	机械、核反应堆、锅炉等	80537	7.86
3	鞋类，护腿等及其部分产品	61558	6.01
4	塑料及其制品	52112	5.09
5	非铁路车辆、电车	41888	4.09
6	钢铁制品	41334	4.04
7	人造丝	37313	3.64
8	家具，灯饰，标牌，预制建筑	35545	3.47
9	针织或钩编织物	35365	3.45
10	橡胶及其制品	34614	3.38
合计		583890	57.00

数据来源：http：//www.trademap.org/Product_SelProductCountry.aspx。

① http：//wcm.fmprc.gov.cn/pub/chn/pds/gjhdq/gj/yz/1206_36/.

2. 中国从叙利亚的进口情况

中国从叙利亚的进口以植物编结材料制品为主。2015 年，中国从叙利亚进口规模达到 3479 千美元，进口的产品主要有植物编结材料制品，未列名蔬菜制品；塑料及其制品；生皮（毛皮除外）及皮革，进口金额分别为 2727 千美元、526 千美元、63 千美元，占总金额的比重分别为 78.38%、15.12%、1.81%，上述三项出口金额约占出口总金额的 95.31%。

表 SY-12　中国从叙利亚的进口情况（2015 年）

排名	产品	金额（千美元）	比重（%）
1	植物编结材料制品，未列名蔬菜制品	2727	78.38
2	塑料及其制品	526	15.12
3	生皮（毛皮除外）及皮革	63	1.81
4	盐，硫，土，石材，石膏，石灰，水泥	57	1.64
5	肥皂，润滑剂，蜡，蜡烛，造型膏	44	1.26
6	家具，灯饰，标牌，预制建筑	21	0.60
7	机械、核反应堆、锅炉等	17	0.49
8	电气、电子设备	14	0.40
9	咖啡，茶，马黛茶及调味香料	3	0.09
10	印刷书籍，报纸，图片等	2	0.06
合计		3474	99.86

数据来源：http：//www.trademap.org/Product_SelProductCountry.aspx

十七、巴勒斯坦（The State of Palestine）[①]

（一）基本情况

巴勒斯坦是一个长期饱受战乱的中东国家。巴勒斯坦国（简称巴勒斯坦）位于亚洲西部，是一个由居住约旦河西岸以色列占领区以及加沙地带的阿拉伯人所建立的国家。其中哈马斯占有加沙地带，而巴勒斯坦解放组织（巴解）则管治西岸，受巴勒斯坦民族权力机构监督。巴勒斯坦建立于1988年11月15日，目前是联合国观察员国，正在争取正式席位。和世界上大多数国家建立了外交关系，与以色列的关系仍然紧张。巴勒斯坦经济发展相对滞后，2010年底世界银行报告认为，巴勒斯坦经济已经达到建立独立国家的水平。2013年，巴勒斯坦人均GDP为1695.6美元，属于中下等收入经济体。同时国际援助是巴勒斯坦民族权力机构的主要收入来源之一。2008—2010年，巴民族权力机构每年获得的财政援助分别为18亿美元、14亿美元和12亿美元，美国和欧盟是最大的援助方。2011年，由于巴勒斯坦谋求加入联合国，美国冻结部分对巴勒斯坦援助，巴勒斯坦全年仅获得9.83亿美元援助，财政缺口巨大。2012年，中东问题“四方机制”呼吁国际社会向巴勒斯坦提供11亿美元财政援助。2012年，由于外部财政援助未能及时到位，以色列持续对巴勒斯坦封锁等原因，巴勒斯坦出现严重财政困难。

1. 建国历程

巴勒斯坦建国历程较短。巴勒斯坦古称迦南。公元前20世纪前后，闪米特族的迦南人定居在巴勒斯坦的沿海和平原。公元前13世纪腓力斯丁人在沿海建立国家。

① 由于世界银行（World Bank）、联合国商品贸易数据库（UNCOMTRADE）、联合国贸发会议数据库（UNCTADSTAT）等国内外数据库未能提供巴勒斯坦国相关数据，因此，本章无法分析巴勒斯坦的产业发展、进出口贸易情况，更无法探讨巴勒斯坦与“一带一路”国家、中国的贸易关系。

公元前13世纪末希伯来各部落入侵迦南地区从而定居。公元前1020年至公元前923年，犹太人建立希伯来王国，后亚述、巴比伦、波斯等外族都曾占领巴勒斯坦。公元前1世纪罗马帝国侵入，绝大部分犹太人流往世界各地。公元622年，阿拉伯人战胜罗马帝国，接管巴勒斯坦，成为阿拉伯帝国的一部分。随着阿拉伯人不断移入并和当地土著居民同化，逐步形成了现代巴勒斯坦阿拉伯人。16世纪起巴勒斯坦成为奥斯曼帝国的一部分。1920年英国以约旦河为界把巴勒斯坦分为东西两部分，东部称外约旦，西部仍称巴勒斯坦为英国委任统治地。19世纪末在“犹太复国运动”者策动下，大批犹太人移入巴勒斯坦，与当地阿拉伯人不断发生流血冲突。第二次世界大战后，在英、美的支持下，1947年联合国大会通过181号决议，规定巴勒斯坦在1948年结束英国的委任统治后建立犹太国（约1.52万平方公里）和阿拉伯国（约1.15万平方公里），耶路撒冷（176平方公里）国际化。阿拉伯国家反对和拒绝该决议，于以色列建国的次日即5月15日向以色列宣战，结果战败，以色列占领了上述决议规定的阿拉伯国地区大部分土地；另外，约旦占领了约旦河西岸4800平方公里土地；加沙地带的258平方公里则为埃及占领。1967年6月5日，第三次中东战争爆发，以色列在这次战争中占领了约旦河西岸和加沙地带，即整个巴勒斯坦。很多巴人被迫流落到周围阿拉伯国家和世界各地，沦为难民。1988年11月15日在阿尔及尔举行的巴勒斯坦全国委员会第19次特别会议通过《独立宣言》，宣布在巴勒斯坦建立首都为耶路撒冷的巴勒斯坦国。1994年5月，根据巴以达成的协议，巴勒斯坦在加沙、杰里科等地实行有限自治。1995年以来，根据巴以签署的各项协议，巴勒斯坦自治区逐渐扩大，巴勒斯坦逐渐收回并控制着包括加沙和约旦河西岸的约2500平方公里的土地。巴勒斯坦法定的首都是耶路撒冷，但实际的首都是在拉姆安拉。通用阿拉伯语，主要信仰伊斯兰教。①

2. 人口情况

巴勒斯坦人口增长较快。2015年巴勒斯坦全国总人口为510万人，其中加沙地区有220万人，约旦河西岸有290万人，并有逾660万人在外的难民和侨民，与2012年人口数（435.6万）相比，巴勒斯坦总人口增加了74.4万人，增长了17.08%。巴勒斯坦主要民族为阿拉伯人和犹太人，阿拉伯人是该地区的主要居民。

3. 地域状况

巴勒斯坦战略地位重要。巴勒斯坦位于亚洲西部，地处亚、非、欧三洲交通要

---

① http：//baike.baidu.com/link?url=tEMA9XPR3nMpAqslTbzM5hTXiSirjT3S-2Rp52MD0lFMltyRydkkDJ8r6bDcvr8gzIjI1X-g9kM-sc-QT_CE5S6dIsLkYldVsFKOhTRyq7jEncYyaJVabZ6NWEvOoy4_

冲。现时巴勒斯坦由加沙地区和西岸地区组成，加沙地带西濒地中海，面积365平方公里，有40公里长的海岸线，约旦河西岸东邻约旦，面积5884平方公里。巴勒斯坦属亚热带地中海式气候，夏季炎热干燥，最热月份为7－8月，气温最高达38℃左右。冬季微冷湿润多雨，平均气温为4－11℃，最冷月份为1月。雨季为12月至次年3月，南北雨量悬殊，最北部平均降水量900毫米，最南部仅50毫米左右。

4. 资源禀赋

巴勒斯坦资源较为丰富。主要矿藏储备有：天然气4920亿立方米、石油0.25亿吨、煤1850亿吨、铁4.3亿吨、铝土7400万吨，还有大量的铬矿、大理石和宝石。[①]

5. 经济实力

巴勒斯坦经济发展水平较低。2013年，巴勒斯坦的GDP为70.08亿美元，分别占“一带一路”国家和全球的比例为0.03%和0.01%，人均GDP为1695.6美元，分别是“一带一路”国家和全球的34.91%和15.97%，属于中下等收入经济体。

（二）产业情况

巴勒斯坦尚未建立起完整的经济体系。目前，巴勒斯坦百废待兴，基本上以农业为主，经济上严重依赖以色列，巴以冲突持续对巴勒斯坦经济发展形成严重制约。同时巴勒斯坦经济在很大程度上靠外国捐赠驱动。

1. 第一产业

农业是巴勒斯坦的主导产业。巴勒斯坦四季分明，农产品丰富，农业是巴勒斯坦的经济支柱。主要农产品有水果、蔬菜和橄榄（油）等。可耕地面积约为16.6万公顷。从事农业的劳动力占劳动力总数约20%。2012年，巴勒斯坦农业产值达3.3亿美元，约占国内生产总值的5%。

2. 第二产业

巴勒斯坦的工业发展水平很低。巴勒斯坦的工业规模较小，主要是加工业，如塑料、橡胶、化工、食品、石材、制药、造纸、印刷、建筑、纺织、制衣、家具等。2012年，巴勒斯坦工业产值约为14亿美元，约占国内生产总值的19%。截至2013年底，巴勒斯坦共有各种工业企业5400余家，外资企业仅25家。

3. 第三产业

巴勒斯坦的服务业主要以旅游业为主。巴勒斯坦气候宜人，有大量的历史文

---

① http：//wcm.fmprc.gov.cn/pub/chn/pds/gjhdq/gj/yz/1206_4/

化古迹，旅游资源丰富，主要旅游城市有耶路撒冷、拉马拉、比拉、伯利恒、杰里科、纳布卢斯、希伯伦、加沙等。巴勒斯坦金融业有一定的发展，巴勒斯坦货币管理局（Palestine Monetary Authority，PMA）于 1994 年底成立。该机构作为巴勒斯坦中央银行预备机构，在确定金融政策、调控和监督各银行活动方面起着主导作用。根据巴勒斯坦金融机构提供的资料，目前在巴民族权力机构控制区的银行共有 22 家。巴勒斯坦银行 9 家，阿拉伯银行 11 家，其它外国银行 2 家。巴勒斯坦至今没有自己的货币，使用以色列货币（谢克尔）和约旦货币（第纳尔）。[①]

（三）进出口贸易情况

1. 参与贸易协定情况

巴勒斯坦不是世界贸易组织（WTO）成员国。

巴勒斯坦与南共市（南方共同市场）、约旦等国家和地区签署了自由贸易协定。2011 年 12 月 20 日，巴勒斯坦外交部长里亚德·马勒基和南共市四个成员国（巴西、阿根廷、乌拉圭和巴拉圭）的外交部长于当天在乌拉圭首都蒙得维的亚举行的第 42 届南共市首脑会议签署了自贸协定，表现出南美共同体对巴勒斯坦独立建国的支持。2012 年 11 月，约旦同巴勒斯坦签署自由贸易协定。

2. 进出口情况

2012 年，巴勒斯坦的进出口总额为 49.57 亿美元，其中，进口额 42.18 亿美元、出口额为 7.39 亿美元。水果、蔬菜和橄榄（油）是巴勒斯坦重要的外贸出口产品。

（四）对外直接投资

巴勒斯坦投资环境较为恶劣。目前，巴勒斯坦与大部分国家建立了较好的对外关系，巴解组织成立后，得到阿拉伯国家和世界许多国家的广泛支持。1988 年 11 月 15 日巴勒斯坦宣告成立，现已得到 137 个国家的正式承认。1988 年 12 月 15 日，巴勒斯坦正式成为联合国观察国。2011 年 9 月，巴勒斯坦申请成为联合国正式成员国。10 月，巴勒斯坦成为联合国教科文组织正式成员国。2012 年 11 月 29 日，第 67 届联合国大会（联大）通过决议，授予巴勒斯坦联合国观察员国地位。但同以色列的关系依然紧张。双方的暴力冲突仍时有发生，巴勒斯坦民族联合政府成立后，以色列对其采取“不承认、不交往”政策，维持对巴勒斯坦封锁，但与阿巴斯保持接触。巴以和

---

① http://wcm.fmprc.gov.cn/pub/chn/pds/gjhdq/gj/yz/1206_4/

谈目前在耶路撒冷的归属、犹太人定居点、巴勒斯坦难民回归、巴以边界划定等棘手问题上没有达成一致，冲突仍在继续。巴以之间的暴力冲突，将成为影响投资的重要因素。①

1.FDI 流入情况

（1）流量

巴勒斯坦吸引外资流量增长较快。2014 年，巴勒斯坦吸引外资的流量规模为 123.90 百万美元，占“一带一路”国家和全球的比例分别为 0.03%、0.01%。2005—2014 年，巴勒斯坦吸引外资量从 46.54 百万美元增加到 123.90 百万美元，增加了 77.36 百万美元，年均增加 11.49%，其增幅比“一带一路”国家、全球高出 5.58 个百分点、8.32 个百分点。②

巴勒斯塔吸引外资流量增长在波动中下降。巴勒斯塔吸引外资流量增长率从 2005 年的 –4.82% 下降到 2014 年的 –29.49%，下降了 24.67 个百分点，其中，有 5 年出现负增长，分别为 2005 年、2006 年、2010 年、2012 年、2014 年，增长最快的年份是 2009 年，增长率高达 483.34%，增长最慢的是 2012 年，其增长率为 –83.28%。

表 PA–1　2005—2014 年巴勒斯坦吸引投资流量情况

年份	投资量（百万美元）	投资增长率（%）	在“一带一路”国家中的占比（%）	在全球的占比（%）
2005	46.54	–4.82	0.02	0.01
2006	18.59	–60.06	0.00	0.00
2007	28.30	52.23	0.01	0.00
2008	51.51	82.03	0.01	0.00
2009	300.47	483.34	0.08	0.03
2010	206.28	–31.35	0.05	0.02
2011	349.31	69.34	0.07	0.02
2012	58.41	–83.28	0.01	0.00
2013	175.71	200.85	0.04	0.01
2014	123.90	–29.49	0.03	0.01

数据来源：http：//unctad.org/en/Pages/DIAE/FDI%20Statistics/FDI–Statistics–Bilateral.aspx

① http：//www.fmprc.gov.cn/web/gjhdq_676201/gj_676203/yz_676205/1206_676332/1206x0_676334/

② 吸引外资流量为负数，表明当期统计时间段里有外资企业减少了注册资本，相对应的就减少了合同利用外资，如果当期没有新增合同利用外资，或新增合同利用外资低于减资的部分，当期合同利用外资统计就会出现负数。

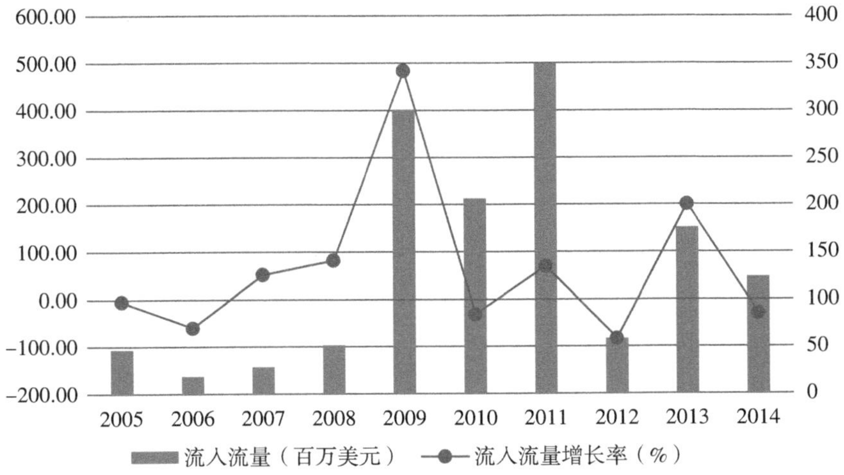

图 PA-1　巴勒斯坦吸引投资流量及增长率变化（2005—2014 年）

数据来源：http：//unctad.org/en/Pages/DIAE/FDI%20Statistics/FDI-Statistics-Bilateral.aspx。

（2）存量

巴勒斯坦吸引外商投资的存量规模增长较快。2014 年，巴勒斯坦吸引外资的存量规模为 2453.00 百万美元，占“一带一路”国家和全球的比例分别为 0.04%、0.01%。2005—2014 年，巴勒斯坦吸引外资存量从 1559.84 百万美元增加到 2453.00 百万美元，增加了 893.16 百万美元，年均增长 5.16%，其增幅比“一带一路”国家低出 0.75 个百分点，高出全球 1.99 个百分点。

表 PA-2　巴勒斯坦吸引投资存量情况（2005—2014 年）

年份	投资量（百万美元）	投资增长率（%）	在“一带一路”国家中的占比（%）	在全球的占比（%）
2005	1559.84	3.08	0.10	0.01
2006	1578.43	1.19	0.07	0.01
2007	1606.72	1.79	0.05	0.01
2008	1658.23	3.21	0.06	0.01
2009	1958.70	18.12	0.06	0.01
2010	2175.30	11.06	0.05	0.01
2011	2328.00	7.02	0.05	0.01
2012	2336.00	0.34	0.05	0.01
2013	2459.00	5.27	0.05	0.01
2014	2453.00	-0.24	0.04	0.01

数据来源：http：//unctad.org/en/Pages/DIAE/FDI%20Statistics/FDI-Statistics-Bilateral.aspx

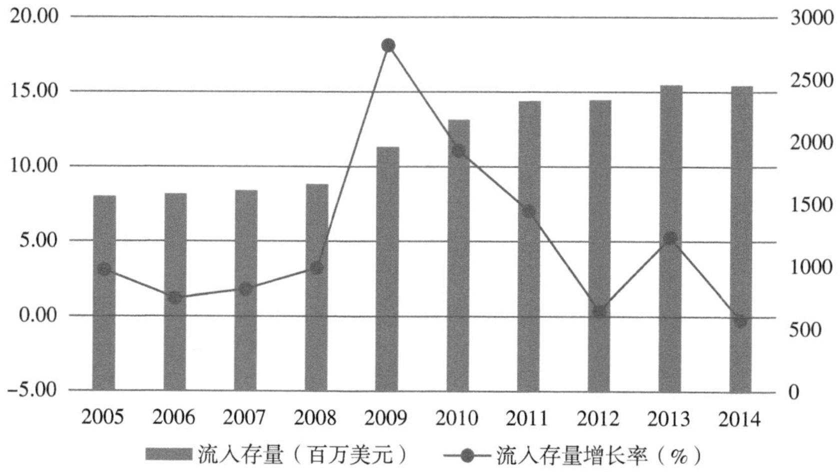

图 PA-2 巴勒斯坦吸引投资存量及增长率变化（2005—2014 年）

数据来源：http://unctad.org/en/Pages/DIAE/FDI%20Statistics/FDI-Statistics-Bilateral.aspx

巴勒斯坦吸引外资存量增长率有小幅下降。巴勒斯坦吸引外资存量增长率从2005 年的 3.08% 下降到 2014 年的 -0.24%，下降了 3.32 个百分点，增长最快的年份是 2009 年，增长率达 18.12%，增长最慢的是 2014 年，其增长率为 -0.24%。

2.FDI 流出情况

（1）流量

巴勒斯坦对外投资流量有显著下降。2014 年，巴勒斯坦对外投资的流量为 -32.20 百万美元。2005—2014 年，巴勒斯坦对外投资流量从 42.48 百万美元下降到 -32.20 百万美元，下降了 74.68 百万美元。

表 PA-3 巴勒斯坦对外投资流量情况（2005—2014 年）

年份	投资量（百万美元）	投资增长率（%）	在“一带一路”国家中的占比（%）	在全球的占比（%）
2005	42.48	-570.31	0.06	0.01
2006	129.42	204.65	0.09	0.01
2007	43.86	-66.11	0.02	0.00
2008	-4.28	-109.75	0.00	0.00
2009	69.31	-1720.98	0.04	0.01
2010	84.42	21.80	0.04	0.01
2011	-128.08	-251.71	-0.05	-0.01
2012	29.09	-122.71	0.01	0.00
2013	-48.33	-266.14	-0.02	0.00
2014	-32.20	-33.38	-0.01	0.00

数据来源：http://unctad.org/en/Pages/DIAE/FDI%20Statistics/FDI-Statistics-Bilateral.aspx

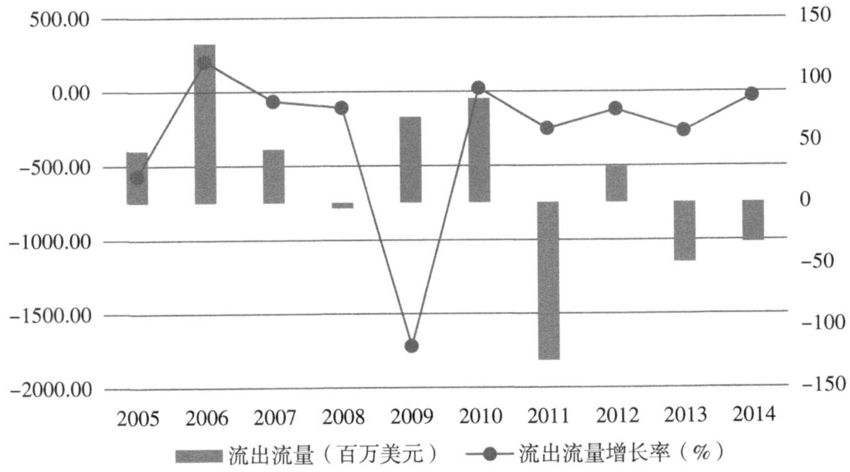

图 PA-3 巴勒斯坦对外投资流量及增长率变化（2005—2014 年）

数据来源：http：//unctad.org/en/Pages/DIAE/FDI%20Statistics/FDI-Statistics-Bilateral.aspx

巴勒斯坦对外投资流量增长在大幅波动中上升。巴勒斯坦对外投资流量增长率从 2005 年的 -570.31% 上升到 2014 年的 -33.38%，上升了 536.93 个百分点，其中，只有 2 年出现正增长，分别为 2006 年、2010 年，增长最快的年份是 2006 年，增长率高达 204.65%，增长最慢的是 2009 年，其增长率为 -1720.98%。

（2）存量

表 PA-4 巴勒斯坦对外投资存量情况（2005—2014 年）

年份	投资量（百万美元）	投资增长率（%）	在“一带一路”国家中的占比（%）	在全球的占比（%）
2005	0.00	—	0.00	0.00
2006	40.00	—	0.01	0.00
2007	83.86	109.64	0.01	0.00
2008	79.59	-5.10	0.01	0.00
2009	148.90	87.09	0.01	0.00
2010	241.00	61.85	0.01	0.00
2011	192.20	-20.25	0.01	0.00
2012	232.00	20.71	0.01	0.00
2013	171.00	-26.29	0.01	0.00
2014	167.00	-2.34	0.01	0.00

数据来源：http：//unctad.org/en/Pages/DIAE/FDI%20Statistics/FDI-Statistics-Bilateral.aspx

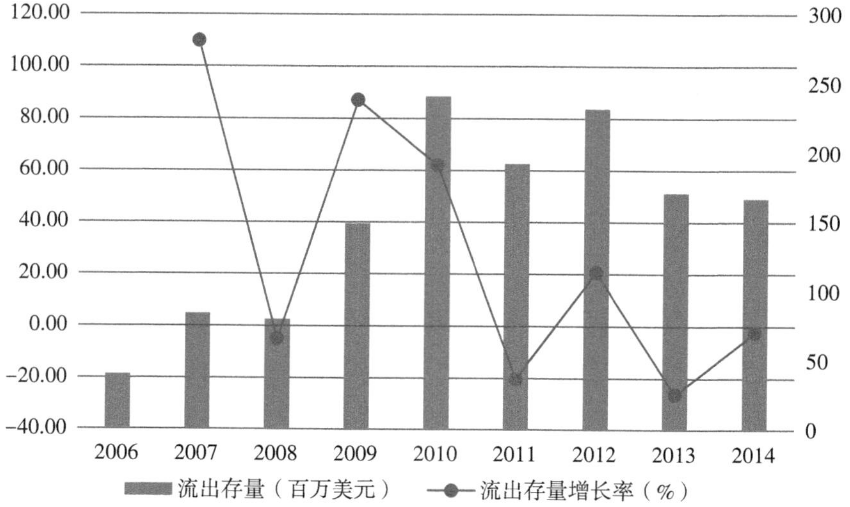

图 PA-4　巴勒斯坦对外投资存量及增长率变化（2005—2014 年）

数据来源：http：//unctad.org/en/Pages/DIAE/FDI%20Statistics/FDI-Statistics-Bilateral.aspx

巴勒斯坦对外投资存量增长迅速。2014 年，巴勒斯坦对外投资的存量规模为 167.00 百万美元，占“一带一路”国家和全球的比例分别为 0.01%、0.00%。2006—2014 年，巴勒斯坦对外投资存量从 40.00 百万美元增加到 167.00 百万美元，增加了 127 百万美元，年均增长 19.56%，其增幅比“一带一路”国家、全球高出 2.75 个百分点、12.90 个百分点。

巴勒斯坦的对外投资存量增长在波动中大幅下降。巴勒斯坦对外投资存量增长率从 2007 年的 109.64% 下降到 2014 年的 -2.34%，下降了 111.98 个百分点，波动最大的年份出现在 2008 年，增长率为 -5.10%，较之 2007 年下降了 114.74 个百分点。

3.FDI 净流入情况

巴勒斯坦是 FDI 净流入国家，净流入量出现大幅增加。2005—2014 年，巴勒斯坦的 FDI 净流入有 8 年大于零，FDI 净流入值从 4.06 百万美元增加到 156.10 百万美元，增加了 152.04 百万美元。从变化过程看，巴勒斯坦的净流入量在经过 2011 年的大幅上升以后，总体处于下降态势，最高点出现在 2011 年，其值为 477.39 百万美元。

表 PA-5　巴勒斯坦 FDI 净流入情况（2005—2014 年）

年份	FDI 净流入（百万美元）	年份	FDI 净流入（百万美元）
2005	4.06	2010	121.86
2006	-110.84	2011	477.39
2007	-15.56	2012	29.31

续表

年份	FDI 净流入（百万美元）	年份	FDI 净流入（百万美元）
2008	55.78	2013	224.05
2009	231.16	2014	156.10

数据来源：联合国贸发会议数据库（UNCTADSTAT）

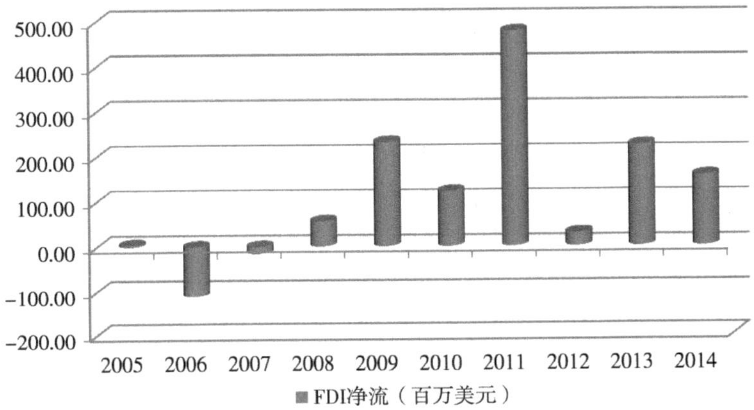

图 PA-5　巴勒斯坦 FDI 净流入变化（2005—2014 年）

数据来源：联合国贸发会议数据库（UNCTADSTAT）

主要参考文献

[1] Leamer, Edward. Sources of International Comparative Advantage: Theory and Evidence [M]. Cambridge, MA: MIT Press, 1984.

[2] Leamer, Edward. The Heckscher-Ohlin Model in Theory and Practice [M]. New Jersey: Princeton University, 1995.

[3] Rakotoarisoa, M. and A. Gulati. Competitiveness and trade potential of India's dairy industry [J]. Food Policy, 2006, 31 (3): 216-227.

[4] Wang, J. X., et al. An Analysis of Appalachian Hardwood Products in the Chinese Market [J]. Wood and Fiber Science, 2010, 42 (1): 71-80.

[5] Simeone, J. Timber export taxes and trade between Russia and China: Development of the forestry sector in the Russian Far East [J]. Forestry Chronicle, 2012, 88 (5): 585-592.

[6] Hu Bin. Oil and gas cooperation between China and Central Asia in an environment of political and resource competition.

[7] Wasserman, S., Faust. K. Social Network Analysis: Methods and Applications. Cambridge: Cambridge University Press, 1994: 89.

[8] Schiavo, S., Reyes, J., Fagiolo, G. International Trade and Financial Integration: A Weighted Network Analysis [J]. Quantitative Finance, 2010, 10: 389-399.

[9] Cassi, L., Morrison, A., Ter Wal, A. L. J. The Evolution of Trade and Scientific Collaboration Networks in the Global Wine Sector: A Longitudinal Study Using Network Analysis [J]. Journal of Economic Geography, 2012, 88: 311-334.

[10] White, H. C., Boorman, S. A., Breiger, R. L. Social Structure from Multiple Networks I: Blockmodels of Roles and Positions [J]. American Journal of Sociology, 1976, 81: 730-779.

[11] Snyder, D., Kick, E. L., Structural Position in the World System and Economic Growth, 1955-1970: A Multiple-network Analysis of Transitional Interactions [J]. The American Journal of Sociology, 1979, 84 (5): 1096-1126.

[12] John Scott. 社会网络分析方法 [M]. 刘军，译 . 重庆大学出版社，2007.

[13] 罗伯特 J. 凯伯，国际贸易：第 13 版，北京：中国人民大学出版社，2012.

[14] 蔡春林 . 新兴经济体参与新丝绸之路建设的策略研究 [J]. 国际贸易，2014 (05)：25-29.

[15] 胡鞍钢，马伟，鄢一龙 . "丝绸之路经济带"：战略内涵、定位和实现路径 [J]. 新疆师范

大学学报（哲学社会科学版），2014（02）：1–10.

［16］陈万灵，何传添．海上丝绸之路的各方博弈及其经贸定位［J］．改革，2014(03）：74–83。

［17］徐圆．中国与东盟贸易关系及结构分析［J］．世界经济研究，2005（05）：78–82.

［18］万广华，M．S．Qure shi，伏润民．中国和印度的贸易扩张：威胁还是机遇？［J］．经济研究，2008（4）：66–77.

［19］孙致陆，李先德．经济全球化背景下中国与印度农产品贸易发展研究——基于贸易互补性、竞争性和增长潜力的实证分析［J］．国际贸易问题，2013（12）：68–78.

［20］赵翊．"一带一路"战略与中国对阿拉伯国家出口潜力分析［J］．阿拉伯世界研究，2014（03）：58–67.

［21］李敬，陈澍，万广华，付陈梅．中国区域经济增长的空间关联及其解释——基于网络分析方法［J］．经济研究，2014（11）：4–16.

图书在版编目（CIP）数据

“一带一路”相关国家贸易投资关系研究．西亚北非十六国 / 李敬，李然，谢晓英著．-- 北京：经济日报出版社，2016.12

ISBN 978-7-5196-0071-6

Ⅰ．①一… Ⅱ．①李… ②李… ③谢… Ⅲ．①国际贸易－国际投资－经济关系－研究－西亚②国际贸易－国际投资－经济关系－研究－北非 Ⅳ．①F75

中国版本图书馆 CIP 数据核字（2016）第 313396 号

“一带一路”相关国家贸易投资关系研究．西亚北非十六国

作　者	李　敬　李　然　谢晓英
责任编辑	王曼珩
出版发行	经济日报出版社
社　址	北京市西城区白纸坊东街 2 号
邮政编码	100054
电　话	编辑部 63584556　发行部 010-63567692 63538621
网　址	www.edpbook.com.cn
E-mail	edpbook@126.com
经　销	全国新华书店
印　刷	北京建宏印刷有限公司
开　本	710×1000 mm　1/16
印　张	37.75
字　数	648 千字
版　次	2017 年 5 月第一版
印　次	2017 年 5 月第一次印刷
书　号	ISBN 978-7-5196-0071-6
定　价	168.00 元